怀化统计年鉴

HUAIHUA TONGJI NIANJIAN

2016

怀 化 市 人 民 政 府 主办

《怀化统计年鉴》编辑部 编

线装書局

图书在版编目(CIP)数据

怀化统计年鉴·2016 / 《怀化统计年鉴》编辑部编.
-- 北京 : 线装书局, 2016.12
ISBN 978-7-5120-2568-4

Ⅰ. ①怀… Ⅱ. ①怀… Ⅲ. ①统计资料—怀化—2016—年鉴 Ⅳ. ①C832.643-54

中国版本图书馆 CIP 数据核字(2016)第 304650 号

怀化统计年鉴·2016

作　　者:《怀化统计年鉴》编辑部
责任编辑: 姚　欣
出版发行: 线装書局
地　　址: 北京市西城区鼓楼西大街 41 号(100009)
电　　话: 010-64045283(发行部)64045583(总编室)
网　　址: www.zgxzsj.com
经　　销: 新华书店
印　　制: 怀化建南印务有限公司
开　　本: 880mm×1230mm　1/16
印　　张: 25
字　　数: 755 千字
版　　次: 2016 年 12 月第 1 版第 1 次印刷
印　　数: 0001—2000 册

更多资讯请访问官网

定　　价: 328.00 元

《怀化统计年鉴》编辑部

编 者 说 明

一、《怀化统计年鉴·2016》由中共怀化市委领导、怀化市人民政府主办、《怀化统计年鉴》编辑部编纂并公开发行的一部综合性、权威性、文献性大型年鉴。本年鉴详细记载了怀化市2015年国民经济和社会发展等方面的活动情况，是党政机关、企事业单位、科研教学人员及来怀化投资者了解怀化、研究怀化，进行宏观决策、经营管理、科研教学必备的工具书。

二、本年鉴内容主要包括：1、综合；2、人口与劳动工资；3、财政、金融；4、节能减排；5、固定资产投资与建筑业；6、农业和农村经济；7、工业；8、交通、运输、邮电业；9、国内商业、对外经济；10、社会发展；11、湖南省各市州县资料。

三、本年鉴所对比的数据除特别说明以外，均以我部所编历年年鉴资料为准，本年鉴中价值指标均按当年价格计算，指数均按可比价格计算，如有变化，表后即有说明。本年鉴数据均为电脑合成，由于单位取舍按四舍五入处理产生的计算误差，均未作机械调整。

四、本年鉴中地区生产总值及相关产业的核算数据，是根据全国第二次农业普查、全国第二次经济普查结果进行最终修订的统计数据，相应年份的相关数据应以本年鉴为准。

五、本年鉴由线装书局正式出版，编辑工作得到了市委、市政府及各部门、各单位的大力支持，对此我们深表谢意。

《怀化统计年鉴》编辑部

2016年11月23日

目 录

一、综 合

二、人口与劳动工资

三、财政、金融

四、节能减排

五、固定资产投资与建筑业

六、农业和农村经济

七、工 业

八、交通、运输、邮电业

九、国内商业、对外经济

十、社会发展

十一、湖南省各市州县资料

怀化市统计局
关于 2015 年国民经济和社会发展的
统　计　公　报

（2016 年 2 月 28 日）

2015 年，面对经济下行压力持续加大的困难局面，市委、市政府团结带领全市人民，深入贯彻落实中央和省委省政府各项决策部署，主动适应经济发展新常态，采取一系列稳增长、促改革、调结构、惠民生、防风险政策措施，全市经济社会发展取得新成就，全面建成小康社会迈出坚实步伐。

一、综合

据抽样调查推算，全市年末户籍人口 525. 85 万人，常住人口 490. 16 万人。常住人口中男性 253. 60 万人，女性 236. 565 万人，分别占常住人口总数的 51. 7% 和 48. 3%。全年出生人口 7 万人、出生率 13. 14‰，死亡人口 3. 98 万人、死亡率 7. 5‰，人口自然增长率 5. 64‰。常住人口城镇化率为 42. 75%，提高 1. 4 个百分点。

初步核算，全市实现地区生产总值（GDP）1273. 25 亿元、增长 8. 5%，其中，非公有制经济增加值 735. 48 亿元、增长 8. 8%，占 GDP 的 57. 8%。第一产业实现增加值 184. 36 亿元、增长 3. 7%，第二产业实现增加值 532. 68 亿元、增长 6. 8%，第三产业实现增加值 556. 20 亿元、增长 11. 6%。三次产业对 GDP 增长贡献率分别为 4. 9%、36. 6% 和 58. 5%。三次产业结构调整为 14. 5：41. 8：43. 7，与去年比，第一产业持平，第二产业回落 1. 9 个百分，第三产业提高 2. 0 个百分点。人均 GDP 达 26060 元，增长 7. 6%。

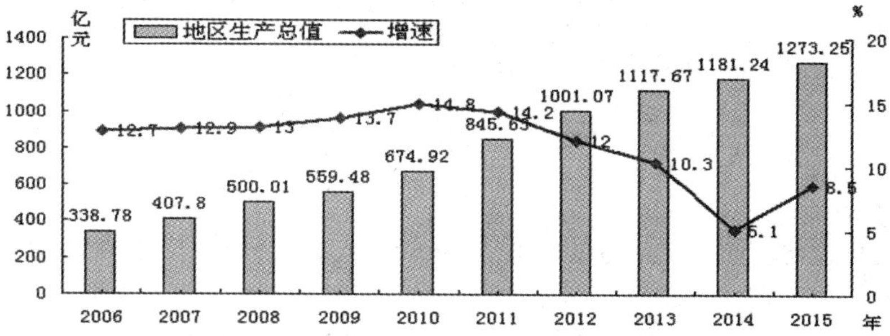

图 1　怀化市地区生产总值及增长情况

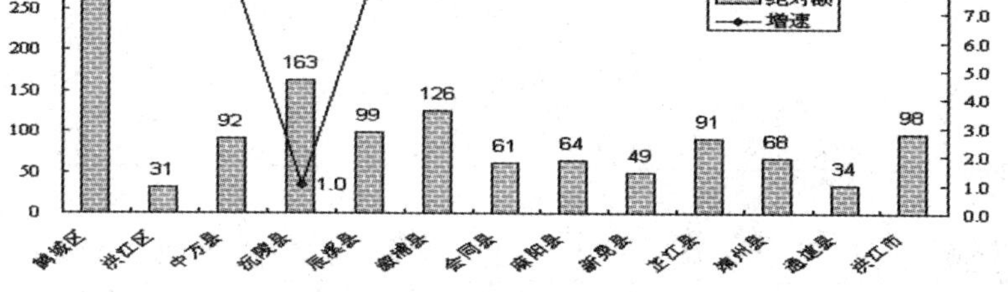

图 2　2015 年怀化市各县 市地区生产总值增长情况

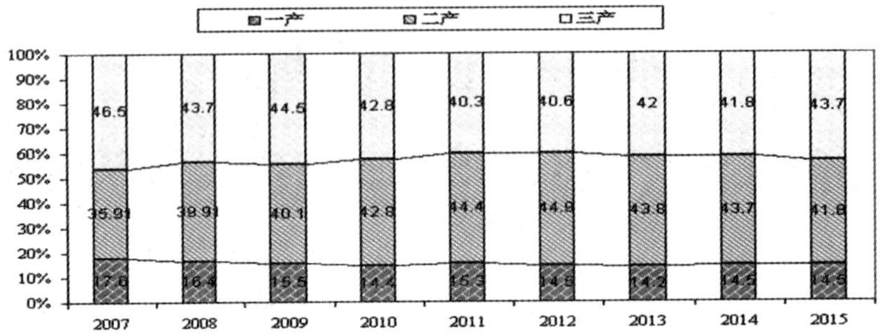

图3 怀化市三次产业结构情况

全市实现公共财政收入110.79亿元、增长10.7%，其中，地方财政收入73.56亿元、增长11.1%，税收收入43.73亿元、增长9.9%。公共财政支出334.53亿元、增长19.1%，其中，一般公共服务支出39.51亿元、下降0.3%，教育支出57.42亿元、增长14.8%，医疗卫生支出34.32亿元、增长15.8%，民生支出260.57亿元、增长21.9%，较上年提高了2.4个百分点。

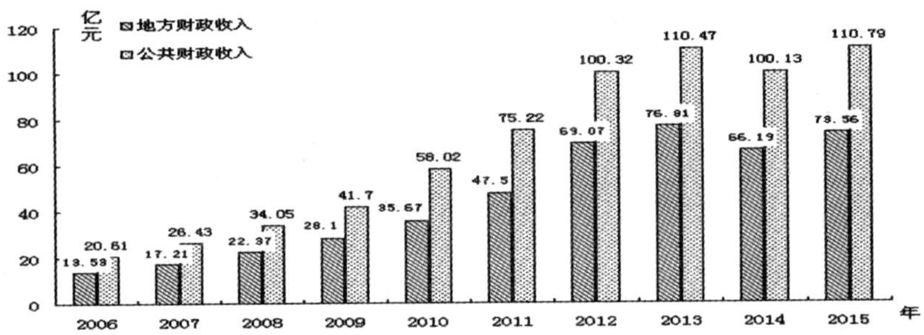

图4 怀化市财政收入增长情况

全市居民消费价格指数（CPI）比上年上涨1.1%，涨幅较去年同期收窄1.1个百分点，低于全国平均水平0.3个百分点。其中，娱乐教育文化用品及服务、医疗保健和个人用品、食品、衣着、家庭设备用品及维修服务累计分别上涨0.5%、2.7%、2.2%、1.8%和0.6%，居住和交通通信类价格分别下降0.4%和0.8%。

二、农业

全年完成农林牧渔业增加值178.09亿元、增长3.7%，其中，农业增加值106.69亿元、增长8.1%，林业增加值21.74亿元、下降9.1%，牧业增加值40.54亿元、下降0.5%，渔业增加值和6.58亿元、增长11%。

表1 2015年主要作物种植面积

指标	绝对数（万公顷）	比上年增长（%）
粮食	32.51	
棉花	0.16	-26.8
油料	11.96	-0.3
烟叶	0.24	-24.5
蔬菜	8.14	6.3

全年粮食作物播种面积32.51万公顷、与上年基本持平；油料播种面积11.96万公顷、下降0.3；蔬菜播种面积8.14万公顷、增长6.3%。粮食产量182.96万吨、增长1.3%；油料产量16.48万吨、增长2.2%；蔬菜产量155.5万吨、增长10%。

表 2　2015 年主要农产品产量

指标	绝对数（万公顷）	比上年增长（%）
粮食	182.96	1.3
油料	16.48	2.2
#油菜籽	15.45	2.6
棉花	0.1	-33.6
烤烟	0.364	-51.6
茶叶	0.27	4.06
水果	143.35	10.75
蔬菜	155.5	10

全市猪肉产量 25.45 万吨、下降 3.0%，牛肉产量 1.76 万吨、增长 2.8%，羊肉产量 0.74 万吨、增长 4.8%，禽肉产量 6.39 万吨、增长 5.1%，禽蛋产量 1.62 万吨、增长 2.4%，其中鸡蛋产量 1.12 万吨、增长 7.1%。

年末牛存栏 60.82 万头、增长 3.9%，生猪存栏 247.44 万头、下降 3.9%。猪、牛、羊、家禽分别出栏（笼）337.91 万头、14.27 万头、42.68 万只、4333.01 万羽，分别下降 3.6%，增长 3.2%、4.5%、3.3%。

全年完成 10 座小（Ⅰ）型、55 座小（Ⅱ）型病险水库除险加固工程，实施三个批次 9 个县市区全国小农水重点县年度项目建设，修复水库、堤防、农田灌排设施和水源、饮水工程等水毁水利工程 2 万处，完成新建和维护各类小型农田水利工程 3.5 万处，实现新增和改善灌溉面积 33.1 万亩。兴建农村安全饮水工程 372 处，累计解决 44 万人饮水不安全问题。

农村土地承包经营权确权颁证试点工作全面启动，全市 12 个县市区 24 个村农户土地承包信息录入基本完成。新型经营主体不断壮大，全市农民合作社、家庭农场、专业大户分别达 3770 个、887 个、1.5 万户。农村土地流转不断加快，全市流转耕地 95 万亩，占耕地总面积的 28%。全市农机总动力达 95.58 万台/391.46 万千瓦，主要农作物耕种收综合机械化水平达 39.2%。

三、工业和建筑业

全部工业增加值增长 6.8%，规模以上工业增加值增长 7.0%，其中，非公有制经济工业增加值增长 10.0%。按经济类型分，国有企业增加值下降 10.0%，股份制企业增加值增长 10.1，外商及港澳台投资企业增加值增长 6.8%；按轻重工业分，重工业增加值增占规模以上工业增加值的比重达 70.1%、长 6.3%，轻工业增加值增长 8.8%。全市园区（省级以上产业园区）规模以上工业增加值增长 9.2%，占全市规模以上工业的 34.4%，提高 9.8 个百分点。

表 3　2015 年规模工业增加值分类分行业情况

类别及行业	绝对数（亿元）	比上年增长（%）
按经济类型分		
#国有企业	19.38	-10.0
集体企业	1.64	-22.1

类别及行业	绝对数（亿元）	比上年增长（%）
股份制企业	257.04	10.1
外商及港澳台投资企业	21.42	6.8
按轻重工业分		
#轻工业	94.77	8.8
重工业	222.47	6.3
按行业分		
#农副食品加工业	29.43	8.2
石油加工、炼焦和核燃料加工业	0.10	214.3
化学原料及化学制品制造业	30.74	14.5
医药制造业	11.30	18.6
非金属矿物制品业	26.55	13.5
黑色金属冶炼及压延加工业	24.17	26.7
有色金属冶炼及压延加工业	19.21	20.7
专用设备制造业	5.20	22.0
汽车制造业	0.71	9.9
计算机、通信和其他电子设备制造业	0.51	63.8
电力、热力生产和供应业	53.59	-2.4

全市规模以上工业企业实现主营业务收入842.49亿元、增长5.2%，实现利润13.48亿元、增长20.2%，实现利税39.68亿元、下降11.9%。规模以上工业亏损企业亏损总额8.44亿元、下降9.1%，企业亏损面8.0%。规模以上工业新产品产值42.48亿元、增长1.5倍。规模以上工业产品产销率98.9%。

全年具有建筑业资质等级的独立核算企业完成建筑业增加值60.94亿元、增长6.7%，回落4.2个百分点，实现利润总额2.79亿元、下降5.9%。

四、固定资产投资

全年施工项目2350个，其中新开工1576个。全社会固定资产投资跃上千亿台阶，达到1008.00亿元（不含跨区投资15亿元）、增长18.4%，比全省高0.2个百分点，比去年提升12.2个百分点。投资亿元以上项目151个，完成投资148.58亿元。按产业分，第一、二、三产业分别完成投资78.05亿元、358.27亿元和571.68亿元，分别增长47.5%、37.7%和6.1%。按投资方向分，工业投资300.28亿元、增长19.8%；技改投资309.50亿元、增长16.4%；基础设施投资308.53亿元、下降1.8%；民生投资69.42亿元、增长39.6%；生态投资82.67亿元、增长25.9%；战略性新兴产业投资176.39亿元、增长24.3%。按企业注册类型分，内资企业完成投资1002.87亿元、增长18.5%；国有企业完成投资508.8亿元、增长16.4%；私营企业完成投资270.46亿元、增长16.4%。按经济类型分，国有投资516.78亿元、增长14.9%；民间投资481.41亿元、增长25.2%。从资金来源看，国家预算资金到位40.93亿元、下降41.4%；自筹资金764.79亿元、增长23.6%；国内贷款35.15亿元、下降37.6%。从区域来看，13个县市区中有11个投资增速超过全市，鹤城区、中方县、沅陵县固定资产投资完成额突破100亿元。

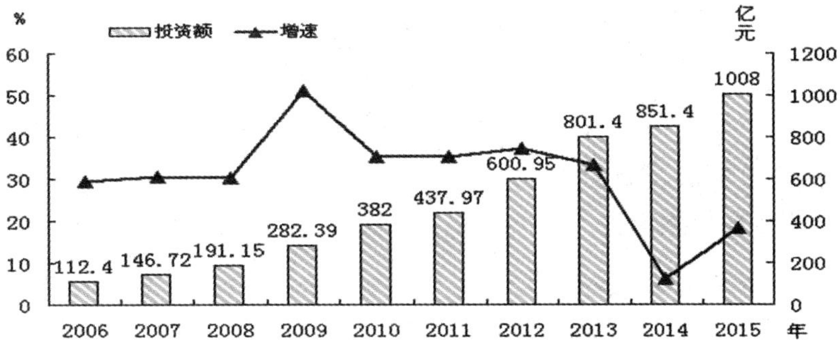

图5　2015 年全社会固定资产投资增长情况

全年纳入统计的重点建设项目（不含跨区项目）256 个，完成投资 244.60 亿元。其中，交通项目完成投资 14.02 亿元，城建项目完成投资 60.66 亿元，工业项目完成投资 76.74 亿元，商贸物流项目完成投资 38.21 亿元，农业（水利）项目完成投资 15.52 亿元，社会发展及民生项目完成投资 21.30 亿元。

全年完成房地产开发投资 117.21 亿元、增长 15.1%，提高 29.1 个百分点。房屋施工面积 1394.90 万平方米、增长 1.6%，其中，新开工面积 439.04 万平方米、增长 6.8%。房屋竣工面积 331.03 万平方米、增长 67.3%。商品房销售面积 402.08 万平方米、增长 25.5%，其中期房 254.07 万平方米、增长 16.1%。商品房销售额 145.34 亿元、增长 43.5%，其中期房 98.74 万平方米、增长 46.3%。房屋待售面积 138.52 万平方米、增长 29.7%。

表4　2015 年分产业投资情况

产　业	投资额（亿元）	比上年增长（%）
第一产业	78.05	47.5
第二产业	358.27	37.7
#采矿业	14.38	-40.3
制造业	220.78	32.6
电力、燃气及水的生产和供应业	65.13	8.3
建筑业	57.99	516.6
第三产业	571.68	
#批发和零售业	20.07	-42.8
交通运输、仓储和邮政业	83.14	-22.6
住宿和餐饮业	10.07	1.5
信息传输、软件和信息技术服务业	2.57	42.7
金融业	4.29	1765.9
房地产业	204.06	25.3
租赁和商务服务业	23.07	71.7
科学研究和技术服务业	2.13	-28.4
水利、环境和公共设施管理业	158.56	9.4
教育	19.88	16
卫生和社会工作	15.59	16.8
文化、体育和娱乐业	3.88	-41
公共管理、社会保障和社会组织	21.65	5.8

五、国内贸易

全年实现社会消费品零售总额502.76亿元，增长11.5%。按经营地分，城镇消费品零售额429.07亿元、增长11.5%，乡村消费品零售额73.68亿元、增长11.0%。按消费类型统计，批发业、零售业、住宿业、餐饮业分别实现零售总额33.18亿元、406.97亿元、14.67亿元和47.93亿元，分别增长12.6%、11.1%、13.0%和12.9%。

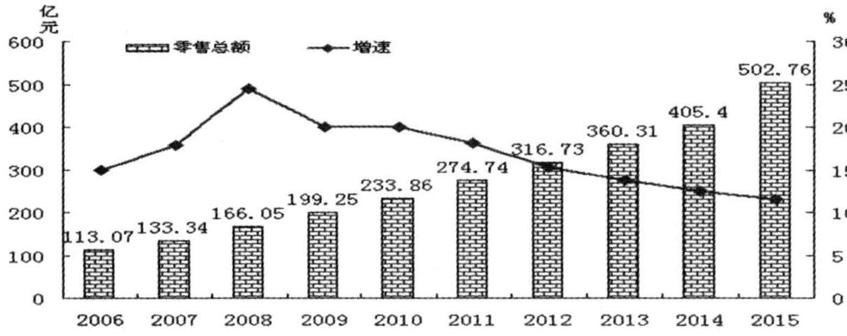

图6　怀化市社会消费品零售总增长情况

限额以上批零商品零售额133.49亿元、增长5.0%，其中，汽车类零售额增长23.6%，石油及制品类下降9.1%，食品饮料烟酒类增长13.9%，服装、鞋帽、针纺织品类下降3.8%，中西药品类增长46.5%，日用品类增长2.1%，金银珠宝类下降12.3%，通讯器材类增长17.8.6%，家具类增长0.3%，五金、电料类增长15.9%。

表5　2015年限额以上批零商品零售额及增长情况

指　　标	零售额（亿元）	比上年增长（%）
粮油、食品、饮料、烟酒类	23.63	13.9
服装、鞋帽、针纺织品类	10.01	-3.8
化妆品类	0.61	18.4
金银珠宝类	1.10	-12.3
日用品类	5.26	2.1
五金、电科类	0.59	15.9
体育、娱乐用品类	0.30	12.3
书报杂志类	4.84	17.8
电子出版物及音像制品类	0.24	19.8
家用电器和音像器材类	3.26	4.9
中西药品类	3.38	46.5
文化办公用品类	1.81	21.3
家具类	0.07	0.3
通讯器材类	0.14	17.8
石油及制品类	45.65	-9.1
机电产品及设备类	0.58	19.9
汽车类	31.12	23.6

六、对外经济

全年实现进出口总额（海关口径）4441 万美元、下降 57.9%，其中，出口总额 3515 万美元、下降 64.4%，进口总额 926 万美元、增长 34.8%。

新批外商投资项目 16 个，合同使用外资 25130 万美元，实际利用外资 11394 万美元，分别增长 46.5%和 4.5%。新批境内省外项目 78 个，合同利用境内省外资金 123.72 亿元、下降 34.4，实际引进境内省外资金 174.62 亿元、增长 13.9%。新批境内市外项目 252 个、下降 14.9%，合同利用境内市外资金 382.67 亿元、下降 37.2%，实际引进境内市外资金 479.77 亿元、增长 16.1%。

七、交通、邮电和旅游

年末公路通车里程达 20571.35 公里，其中，高速公路通车里程 675 公里。年末民用汽车保有量 22.77 万辆、增长 19.6%，其中，轿车 11.04 万辆。本年新注册汽车 4.03 万辆。全年货运周转量 101.27 亿吨公里、增长 13.0%，客运周转量 43.22 万人公里、增长 6.1%。

全年完成邮电业务总量（2010 年不变价）49.76 亿元、增长 20.4%，其中，电信业务总量 46.34 亿元、增长 21.2%，邮政业务总量 3.43 亿元、增长 10.5%。年末移动电话用户 336.08 万户、下降 0.7%，移动电话普及率为 68.57 部/百人，减少 1.54 部/百人。年末固定电话用户 37.07 万户、下降 25.5%，固定电话普及率为 7.56 部/百人，减少 2.75 部/百人。互联网用户达 49.49 万户，增长 24.5%。

全市旅游等级景区（点）增加至 34 个、增长 17.2%，其中，4A 级景区（点）5 个、增长了 25%。星级饭店 45 家。全年共接待旅游人数 3324.39 万人次、增长 17.3%，其中，接待国内旅游人数 3316.34 万人次、增长 17.2%，接待境外入境旅游人数 8.05 万人次、增长 29.5%。全年实现旅游总收入 226.80 亿元、增长 28%，其中，国内旅游收入 225.50 亿元、增长 27.9%。

八、金融、证券和保险业

全市年末金融机构各项存款余额（本外币合计，下同）1478.30 亿元、增长（比年初，下同）18.3%。其中，人民币存款余额增长 18.6%，个人存款余额 1032.73 亿元、增长 12.2%。年末金融机构各项贷款余额 832.54 亿元、增长 19.3%，其中，人民币贷款余额增长 19.8%，短期贷款 163.64 亿元、增长 16.55%，中长期贷款 657.71 亿元、增长 19.0%，个人消费信贷贷款 174.63 亿元、增长 27.5%。分行业看，农林牧渔业贷款余额 11.47 亿元、下降 37.7%；制造业贷款余额 42.04 亿元、增长 0.3%；电力燃气及水的生产和供应业贷款余额 88.29 亿元、增长 0.4%；批发与零售业贷款余额 44.68 亿元、增长 17.3%；房地产业贷款余额 20.13 亿元、增长 6.2%。

实现证券交易额 2965.52 亿元、增长 2.4 倍。保险机构原保险保费收入 39.08 亿元、增长 24.8%，其中，财产险原保险保费收入 12.68 亿元、增长 18.82%，寿险保费收入 26.40 亿元、增长 27.9%。各项赔付支出 9.80 亿元、增长 20%。

九、教育和科学技术

全市有普通高校 3 所。普通高等教育在校学生 4.29 万人、下降 5.4%；中等职业教育在校学生 4.69 万人、下降 4.1%；普通高中在校学生 6.28 万人、增长 4.4%；初中在校学生 14.92 万人、增长 0.9%；普通小学在校学生 33.92 万人、增长 4.9%；特殊教育在校学生 0.13 万人，增长 1.2 倍。九年义务教育巩固率 95.51%。小学适龄儿童入学率 99.99%。高中阶段教育毛入学率 93.59%。各类民办学校 651 所、在校学生 13.20 万人。义务教育阶段合格学校 556 所，其中新增 88 所。平均受教育年限 9.1 年。落实义务教育保障资金 4.87 亿元。发放中职国家助学金 3215.3 万元，资助中职学生 3.7 万人；发放国家奖学金、助学金 3207.6 万元。

全市拥有省级工程（技术）研究中心 2 个，有国家安排科技攻关计划项目 3 项，承担国家各类科技计划项目 4 项。全年申请各项专利 999 件、增长 30%，授权专利 767 件、增长 78%，其中，发明专利 35 件、增长 21%。签订技术合同 218 项、增长 5.8%，成交金额 2.44 亿元、增长 26.4%。R&D 经费（全社会研究与试验发展经费）支出占 GDP 比重 0.5%。

十、文化和卫生

全市拥有艺术表演团体4个，群众艺术馆、文化馆15个，公共图书馆15个，博物馆（纪念馆）8个，拥有国家级非物质文化遗产保护目录达10个，省级非物质文化遗产保护目录达20个。全年新闻出版业销售收入2.63亿元，全年新闻出版利润总额0.27亿元，完成文化及相关产业增加值37.51亿元、增长32.35%。文娱节庆活动异彩纷呈，成功承办湖南省纪念抗战胜利70周年大会、第五届中国·芷江和平文化节和纪念向警予同志诞辰120周年等重大活动。

全市拥有体育场地5407个、增长25%，其中，体育馆5座，游泳池28个。农民优育健身工程行政村3885个。全年获全国冠军25个，亚洲冠军10个。

全市拥有卫生计生机构（含村卫生室）5210个，其中，医院、卫生院368个，村卫生室3846个，社区卫生服务中心（站）26个，诊所、卫生所、医务室626个。卫生技术人员26021人，增加1451人，其中，执业医师、执业助理医师9615人，增加549人；注册护士10614人，增加932人。疾病预防控制中心（防疫站）14个，有卫生技术人员498人。医院、卫生院床位27293张。全市平均预期寿命76.5岁。

十一、环境、节能和安全生产

全市森林覆盖率达70.8%，活立木蓄积量8027.33万立方米。申报的沅陵齐眉界国家森林公园和靖州排牙山国家森林公园，通过专家组评审，批复后我市国家级森林公园将达到5个。全年空气质量优良天数286天，空气质量达标率78.6%。地表水达标率94.4%。城市建成区绿化覆盖率37.2%。

单位GDP水耗（2010年不变价）168.1立方米/万元。规模工业综合能源消费量为198.83万吨标准煤，其中六大高耗能行业综合能源消费量154.95吨。全社会用电总量87.73亿千瓦时、增长1.19%，其中工业用电量50.71亿千瓦时、增长-5.46%，生活用电量19.42亿千瓦时、增长8.83%。全年化学需氧排放量6.49亿吨，二氧化硫排放量4.38亿吨，氨氮排放量0.77亿吨。

全年发生各类经营性生产安全事故247起，死亡49人，减少74起、29人，分别下降30.0%和37.2%，比省下达进度控制指标少40人。亿元地区生产总值事故死亡人数为0.0227人/亿元、下降64.5%；工矿商贸事故死亡11人、下降57.7%；道路交通事故死亡11人、下降35.3%。

十二、人民生活和社会保障

全面建成小康社会步伐明显加快。2015年度全面小康总体实现程度82%，比2014年提升5.2个百分点，综合得分排名全省第6，比上年上升8个名次。市级荣获全面小康管理成效优秀奖，中方县、芷江县、通道县获全面小康经济快进县奖，麻阳县、新晃县获扶贫实绩综合优秀奖。

抽样调查显示，全市城乡居民可支配收入为12550元、增长9.6%，其中，城镇居民人均可支配收入为20693元、增长7.8%，农村居民人均可支配收入7203、增长11.2%。城乡居民收入比为（以农为1）2.87。恩格尔系数为35.6%。基尼系数为0.41。

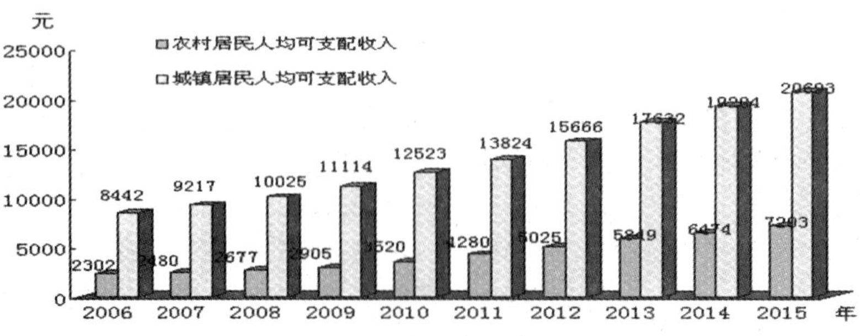

图7　怀化市城乡居民收入

新增城镇就业3.67万人，农村劳动力转移就业5.28万人，失业人员再就业1.87万人，城镇登记失业率4.25%以内。城镇基本医疗保险参保人数110.10万人，城镇基本养老保险职工人数54.99万人，新型农村养老保险参保人数293.54万人，新型农村合作医疗参保人数390万人，参保率98.7%。获得政府最低生活保障的城镇居民人数9.02万人，发放最低生活保障经费2.84亿元，获得政府最低生活保障的农村居民人数33.50万人，发放最低生活保障经费4.49亿元。全市拥有福利院14所、敬老院202所，在全国率先启动550个空巢老人和留守儿童关爱服务中心建设。销售社会福利彩票5.1亿元，筹集社会福利资金1.37亿元。开工保障性住房4.3万套，改造农村危旧房2.1万户。

全市居民人均消费支出9858元，按常住地分，城镇居民人均消费支出14302元，农村居民人均消费支出6940元。食品烟酒消费支出3506元，占消费支出的35.6%；衣着消费支出662元，占消费支出的6.7%；居住消费支行1841元，占消费支出的18.7%；生活用品及服务消费支出612元，占消费支出的6.2%；交通通信消费支出1118元，占消费支出的11.3%；教育文化娱乐消费支出1297元，占消费支出的13.2%；医疗保健消费支出695元，占消费支出的7.0%。

说明： 1、本公报数据为初步统计数，正式数据以统计年鉴为准，部分数据因四舍五入的原因，个别地方存在与分项合计不等情况；

2、地区生产总值及各项增加值增长速度按可比价计算，其它按现价计算；

3、非统计直接口径的数据均来自市直相关部门、政府工作报告和省小康办反馈数据。

统计常用知识

国内生产总值　即GDP，指按市场价格计算的一个国家（或地区）所有常住单位在一定时期内生产活动的最终成果。国家统计局规定，我国地方（如我市）GDP的中文名称，可以“怀化市生产总值”、“怀化地区生产总值”或“地区生产总值”出现。GDP有三种表现形态，即价值形态、收入形态和产品形态。从价值形态看，它是所有常住单位在一定时期内生产的全部货物和服务价值超过同期投入的全部非固定资产货物和服务价值的差额，即所有常住单位的增加值之和；从收入形态看，它是所有常住单位在一定时期内创造并分配给常住单位和非常住单位的初次收入分配之和；从产品形态看，它是最终使用的货物和服务减去进口货物和服务。在实际核算中，GDP的三种表现形态表现为三种计算方法，即生产法、收入法和支出法。三种方法分别从不同的方面反映GDP及其构成。

增加值　指常住单位生产过程中创造的新增价值和固定资产的转移价值。它可以按生产法计算，也可以按收入法计算。按生产法计算，它等于总产出减去中间投入；按收入法计算，它等于劳动者报酬、生产税净额、固定资产折旧、营业盈余之和。

工业增加值　指工业企业在报告期内以货币表现的工业生产活动的最终成果。工业增加值有两种计算方法：一是生产法，即工业总产值减去工业中间投入；二是收入法（又称要素分配法），即从收入的角度出发，根据生产要素在生产过程中应得到的收入份额计算，具体构成项目有固定资产折旧、劳动者报酬、生产税净额、营业盈余。

农作物总播种面积　指应该在调查年度内收获农产品的作物的播种面积之和。

农作物产量　指调查年度内全社会生产农产品的数量，不论耕地上与非耕地上的农作物产量，都应统计在内。各种主要作物产量按国家的统一规定计算。谷物一律按脱粒后原粮计算（玉米按脱粒后的粒子计算）；薯类产量按五斤折一斤计算；豆类按去豆荚后干豆计算；棉花按去籽后的皮棉计算；麻类除亚麻以麻杆计算，苎麻以刮皮后的干麻计算，苘麻和线麻以熟麻皮计算外，其余一律以生麻皮计算；烤烟和晒烟均以干烟叶计算；花生以带壳的干花生计算；甘蔗以蔗杆计算，甜菜以根块计算。城市郊区按蔬菜计算的薯类和豆类产量按鲜品统计。

全社会固定资产投资　固定资产投资是社会固定资产再生产的主要手段。通过建造和购置固定资产的活动，国民经济不断采用先进技术装备，建立新兴部门，进一步调整经济结构和生产力的地区分布，增强经济实力，为改善人民物质文化生活创造物质条件。这对我国的社会主义现代化建设具有重要意义。

固定资产投资额是以货币表现的建造和购置固定资产活动的工作量，它是反映固定资产投资规模、速度、比例关系和使用方向的综合性指标。全社会固定资产投资按经济类型可分为国有、集体、个体、联营、股份制、外商、港澳台商、其他等。按照管理渠道，全社会固定资产投资总额分为基本建设、更新改造、房地产开发投资和其他固定资产投资四个部分。

新增固定资产　指在报告期内交付使用的固定资产价值，包括建成投入生产或交付使用的工程投资和达到固定资产标准的设备、工具、器具的投资及有关应摊入的费用和属于增加固定资产价值的其他建设费用。

新增生产能力（或工程效益）　指在报告期内按照新增生产能力（或工程效益）的计算条件和标准，实际建成投入生产或交付使用的生产能力（或工程效益）。新增生产能力（或工程效益）是通过固定资产投资活动而增加的设计能力，应以能独立发挥生产能力（或工程效益）的工程为对象，如一座矿井、一座转炉、一套化工装置、一条铁路专用线等；当工程建成，经有关部门验收鉴定合格，正式移交投入生产时作新增生产能力或效益统计。不包括主体工程虽已建成，但设备尚不配套或缺乏正常生产所必需的附属辅助工程，因而不具备正常生产条件的工程；生产作业线尚未建成，采取临时措施（如厂房尚未建成，临时安装部分设备，或缺乏主体配套设备，临时利用代用设备等）进行生产，虽能生产设计规定的产品，但不能保持正常生产的工程。

城镇居民家庭可支配收入 指被调查的城镇居民家庭在支付个人所得税、财产税及其他经常性转移支出后所余下的实际收入。

农村居民家庭纯收入 指农村常住居民家庭总收入中，扣除从事生产和非生产经营费用支出、缴纳税款和上交承包集体任务金额以后剩余的，可直接用于进行生产性、非生产性建设投资、生活消费和积蓄的那一部分收入。农村居民家庭纯收入包括从事生产性和非生产性的经营收入，取自在外人口寄回带回和国家财政救济、各种补贴等非经营性收入；既包括货币收入，又包括自产自用的实物收入。但不包括向银行、信用社和向亲友借款等属于借贷性的收入。

农民现金收入 指农村住户在报告期内得到的现金收入。包括基本收入、转移性收入和储蓄借贷现金收入。

平均预期寿命 指一个人口群体按照某一时期分年龄死亡水平，平均能够存活的年龄，利用年龄死亡率编制生命表可以计算出具体数值。通常表示为一个人口群体从出生起平均存活的年龄（岁）。通过2000年人口普查分年龄死亡率计算，我国2000年人口平均预期寿命为71.4岁，我市为70.8岁。

人口总负担系数 指被抚养人口（0~14岁和65岁以上人口）与15~64岁人口的比例。总负担系数=被抚养人口数/15至64岁人口数×100%。

就业人员 指在一定年龄以上，有劳动能力，从事一定社会劳动并取得劳动报酬或经营收入的人员。在城镇劳动力调查中，对城镇16岁及以上，具有劳动能力并符合以下条件之一的人员列为就业人员：1、为取得报酬或经营利润，调查周内从事了1小时以上（含1小时）的劳动；2、由于学习、休假等原因在调查周内暂时处于未工作状态，但有工作单位或场所。

失业人员 指在一定年龄以上，有劳动能力，在调查期间无工作，当前有就业的可能并以某种方式寻找工作的人员。

失业率 是失业人员数占经济活动人口的比重。城镇失业率=城镇失业人数/（城镇就业人数+城镇失业人数）×100%。

居民消费价格指数 是反映一条定时期（年、季、月）内城市、农村居民购买的消费品价格和服务项目价格变动趋势和程度的相对数。

零售价格指数 是反映一定时期内城乡商品价格变动趋势和程度的一种经济指数。

景气指数 又称景气度，是对景气调查中的定性问题通过定量方法加工汇总，综合反映某一特定调查群体或某一社会经济现象所处的状态或发展趋势的一种指标。景气指数的数值介于0和200之间，100为临界值。当景气指数大于100时，表明所处状况趋于上升或改善，处于景气状态，越接近200状态越好；反之，当景气指数小于100，表明所处状况趋于下降或恶化，处于不景气状态，越接近0状态越差。

森林覆盖率 是反映森林资源的丰富程度和生态平衡状况的重要指标，是指一个国家或地区森林面积占土地面积的百分比。在计算森林覆盖率时，森林面积包括郁闭度0.2以上（含0.2）的乔木林地面积和竹林地面积，国家特别规定的灌木林地面积、农田林网以及四旁（村旁、路旁、水旁、宅旁）林地的覆盖面积。

恩格尔系数 居民家庭收入（或总支出）中用来购买食物支出所占的比重。国际上通常用它来衡量一个国家或地区人民生活水平的状况。根据联合国粮农组织提出的标准，恩格尔系数在59%以上的为贫困，50~59%的为温饱，40~50%的为小康，低于40%的为富裕。恩格尔系数=食物支出金额/生活消费总支出金额。

基尼系数 是反映收入分配程度的指标，它来源于洛仑茨曲线。意大利经济学家基尼把洛伦茨曲线中实际收入分配曲线与收入分配绝对水平之间的面积设为A，实际收入分配曲线与横坐标之间的面积设为B，以A/（A+B）的商表示不平等程度，成为基尼系数。国际上普遍把基尼系数作为衡量收入分配差异程度的指标。一般标准为：基尼系数在 0.2 以下表示高度平均，0.2～0.3 表示相对平均，0.3～0.4 表示分配相对合理，0.4～0.5 表示差距较大，0.5 以上表示差距悬殊，0.4 一般作为警戒线。

大中小城市划分 是按照市区（不包括市辖县）的非农业人口总数对城市规模进行的划分。目前我国统计工作中，将城市分为以下几组：100 万人口以上的为特大城市，50～100 万人口的为大城市，20～50 万人口的为中等城市，20 万人口以下的为小城市。

东中西部地区划分 指我国三大经济地带，即东部、中部、西部三大第五。传统的东中西部的划分与目前正在进行的振兴东北的东北地区、西部大开发中的西部地区和中部崛起的中部地区的概念不尽相同。根据全国人大常委会提出的东中部地区划分：东部地区包括北京、天津、河北、辽宁、上海、江苏、浙江、福建、山东、广东和海南 11 个省市，中部地区包括山西、吉林、黑龙江、安徽、江西、河南、湖北、湖南 8 省，西部地区包括重庆、四川、贵州、云南、西藏、陕西、甘肃、青海、宁夏、新疆、内蒙古、广西 12 省市区。

绿色 GDP 人类的经济活动包括两方面的活动，一方面为社会创造财富，即所谓“正面效应”，但另一方面又在以某种形式和手段对社会生产力的发展起着阻碍作用，即所谓“负面效应”。改革现行的国民经济核算体系，对环境资源进行核算，从现行的 GDP 中扣除环境资源成本和对环境资源的保护费用，其结果可称之为“绿色 GDP”。绿色 GDP 指标实际代表了国民经济增长的净正效应。绿色 GDP 占 GDP 的比重越高，表明国民经济增长的正面效应越高、负面效应越低；反之亦然。

GDDS 是 General Data Dissemination System 的缩写，即数据通用公布系统。1997 年国际货币基金组织建立了 GDDS，是一个综合性统计框架，涵盖了数据特征（范围、频率和及时性）、公布数据的质量、公布数据的完整性以及公众可得性等四个方面。2002 年 4 月 15 日，我国正式加入 GDDS。

城市化率 = 市镇人口数/总人口数 × 100%。

工业化率 = 工业增加值/地区生产总值 × 100%。

增加值率 = 现行价（行业）增加值/现行价（行业）总产出 × 100%。

投资率 = 资本形成总额/支出法生产总值 × 100%。

消费率 = 最终消费总额/支出法生产总值 × 100%。

各产业对 GDP 增长（相对）贡献率 = 各产业可比价增加值增加额/可比价 GDP 增加额 × 100%。

各产业对 GDP 增长（绝对）贡献率 = 各产业对 GDP 增长相对贡献率 × GDP 增长速度。

投资乘数 = 1/（1 - 边际消费倾向）。

社会劳动生产率 = 生产总值/全社会劳动者平均人数 × 100%。

工业全员劳动生产率 =（工业增加值/全部工业从业人员平均人数）×（12/累计月数）。

一、综　　合

资料整理、校对：方满伯　朱晓春　陈　熠
杨　军　杨学理　赵　弘
曾邵文　廖文忠　黄建海
杨　钦　段　波　刘晓莉
唐文广　金清华　邓　芳

行　政　区　划

（2015 年底）　　　　单位：个

	街道办事处数	镇　数	乡　数	民族乡
全　市	11	101	73	19
鹤城区	7	1	2	7
洪江区	4		2	4
中方县		11		1
沅陵县		8	11	2
辰溪县		9	9	5
溆浦县		18	18	7
会同县		8	4	6
麻阳县		7	11	
新晃县		9		2
芷江县		9	9	
靖州县		6	5	
通道县		8	2	1
洪江市		7	11	2

续表

	居民委员会数	村民委员会数	居民小组数	村民小组数
全　市	308	3854	2531	35508
鹤城区	64	91	600	944
洪江区	20	20	297	137
中方县	15	214	52	2172
沅陵县	34	465	325	4722
辰溪县	21	422	234	3518
溆浦县	46	653	252	6374
会同县	13	345	87	3148
麻阳县	17	305	54	1861
新晃县	13	296	43	2991
芷江县	16	299	108	3134
靖州县	13	186	87	1686
通道县	10	242	54	1657
洪江市	26	316	338	3164

人口与自然资源

	单　位	2015 年		单　位	2015 年
一、人口			森林覆盖率	%	70.83
年底人口数	万人	525.85	活林木蓄积量	万立方米	8027.33
人口密度	人/平方公里	178.00	五、水文、水利		
二、土地			天然河道数	条	2716
土地面积	平方公里	27572	沅水干流境内长度	公里	446
其中：耕地	千公顷	342.81	沅水大支流数	条	154
三、气候			沅水小支流数	条	2562
年平均降水量	毫米	1766.3	沅水年出境水量	亿立方米	662.7
年日照时间	小时	1240.7	水能资源理论蕴藏量	万千瓦	347
年平均气温	摄氏度	17.4	其中：可开发量	万千瓦	311
四、森林			其中：已开发量	万千瓦	311
有林地面积	千公顷	1837424			

全市森林覆盖率

单位：%

	2015 年	2014 年	2013 年	2012 年	2011 年	2010 年	2005 年
全　市	70.83	70.83	68.58	68.58	68.58	68.58	66.75
鹤城区	66.37	66.22	64.23	64.23	64.23	64.23	61.00
洪江区	68.24	68.58	64.03	64.03	64.03	62.03	65.00
中方县	67.96	68.07	63.48	63.48	63.48	63.49	65.00
沅陵县	75.92	76.15	76.14	76.19	76.19	76.21	72.30
辰溪县	59.95	59.94	57.81	57.81	57.81	57.82	55.63
溆浦县	67.49	69.01	61.84	61.84	61.84	61.86	52.50
会同县	73.86	73.37	72.14	72.14	72.14	72.15	70.52
麻阳县	66.04	66.03	66.00	66.00	66.00	62.01	56.70
新晃县	69.09	69.08	69.07	69.07	69.07	69.08	66.76
芷江县	70.1	67.96	62.81	62.43	62.43	62.43	63.20
靖州县	74.93	74.19	74.06	74.06	74.06	74.07	77.00
通道县	76.93	76.85	74.56	74.56	74.56	74.56	77.20
洪江市	68.24	68.14	65.58	65.58	65.58	65.58	67.97

平 均 气 温

（2015 年）　　　　单位：摄氏度

	一月	二月	三月	四月	五月	六月	七月	八月	九月	十月	十一月	十二月	全年平均
鹤城区	7.7	8.5	12.2	18.1	22.2	25.5	26.1	26.6	23.5	19.3	12.1	7.1	17.4
沅陵县	8.2	8.6	12.5	17.6	21.8	25.2	26.4	27.0	24.1	19.9	12.3	7.8	17.6
辰溪县	8.1	8.8	12.7	18.0	22.3	25.9	26.7	27.2	24.3	19.8	12.3	7.6	17.8
溆浦县	7.9	8.8	12.6	18.0	22.4	25.9	26.3	26.7	24.2	19.6	12.7	7.7	17.7
会同县	8.2	8.9	12.4	18.9	23.3	26.9	26.1	25.9	23.7	18.8	12.9	7.5	17.8
麻阳县	8.2	8.9	12.6	18.1	22.4	26.0	26.6	26.7	24.1	19.5	12.6	7.6	17.8
新晃县	7.7	8.4	12.2	17.7	21.9	25.6	25.2	25.3	22.9	18.4	12.4	7.2	17.1
芷江县	7.7	8.5	12.1	17.7	22.0	25.5	25.5	25.8	23.5	18.9	12.3	7.2	17.2
靖州县	8.2	8.9	12.2	18.4	22.7	25.9	25.2	25.6	23.4	18.5	13.1	7.5	17.5
通道县	8.1	9.3	12.5	18.4	22.6	25.7	24.9	25.1	23.2	18.6	13.6	7.8	17.5
洪江市	7.9	8.9	12.2	18.1	22.2	26.0	25.6	26.1	23.6	18.9	12.4	7.3	17.4

降 水 量

（2015 年）　　　　单位：毫米

	一月	二月	三月	四月	五月	六月	七月	八月	九月	十月	十一月	十二月	全年合计
鹤城区	36.1	62.7	100.2	105.6	225.0	441.2	224.0	203.8	83.4	102.6	83.8	97.9	1766.3
沅陵县	8.1	76.5	44.6	122.0	207.5	419.9	127.8	101.1	114.5	26.2	75.4	54.6	1378.2
辰溪县	11.5	36.5	72.8	58.9	144.2	472.1	128.0	140.0	115.3	38.4	89.1	77.7	1384.5
溆浦县	13.6	45.3	98.8	84.0	169.8	250.5	204.3	110.9	111.1	48.2	89.7	84.1	1310.3
会同县	44.2	115.2	60.6	61.6	204.4	210.6	223.5	203.6	78.5	72.3	121.3	107.1	1502.9
麻阳县	17.1	30.7	71.5	48.2	153.5	326.0	142.8	142.4	135.6	44.2	78.6	82.6	1273.2
新晃县	28.4	33.1	53.3	96.6	252.7	330.2	135.2	163.3	132.5	90.9	56.8	87.6	1460.6
芷江县	26.0	33.4	60.6	97.7	198.4	273.1	177.7	227.3	91.1	120.9	57.6	80.3	1444.1
靖州县	51.5	35.7	60.6	52.4	172.8	253.6	174.7	233.0	103.7	106.7	185.3	127.0	1557.0
通道县	64.5	100.0	62.8	62.9	188.3	196.4	198.6	172.7	103.9	119.3	251.2	109.8	1630.4
洪江市	40.4	60.2	79.5	93.0	164.1	357.2	258.0	157.7	114.9	84.8	96.4	116.8	1623.0

平均气压

（2015 年）　　单位：百帕

	一月	二月	三月	四月	五月	六月	七月	八月	九月	十月	十一月	十二月	全年平均
鹤城区	993.8	990.6	988.5	983.9	978.2	975.0	975.6	977.7	981.0	988.2	991.1	995.6	984.9
沅陵县	1007.2	1003.9	1001.5	996.7	990.5	987.0	987.5	989.6	994.8	1000.8	1004.3	1009.0	997.7
辰溪县	1007.0	1003.7	1001.4	996.4	990.4	986.9	987.5	989.6	994.6	1000.6	1004.0	1008.8	997.6
溆浦县	1000.3	997.1	994.9	990.2	984.2	981.0	981.5	983.6	988.5	994.4	997.4	1002.1	991.3
会同县	990.6	987.5	985.4	981.0	975.2	972.5	973.0	975.2	979.6	985.3	987.8	992.4	982.1
麻阳县	1004.2	1001.0	998.7	993.8	987.9	984.4	985.1	987.2	992.1	998.1	1001.3	1006.1	995.0
新晃县	983.1	980.0	978.1	973.7	968.2	965.0	966.0	968.0	972.5	978.1	980.4	984.9	974.8
芷江县	992.2	989.0	987.0	982.5	976.7	973.7	974.3	976.4	981.0	986.7	989.4	994.0	983.6
靖州县	985.7	982.6	980.7	976.4	970.7	968.2	968.6	970.7	975.0	980.6	982.9	987.4	977.5
通道县	976.2	973.2	971.5	967.6	962.1	959.9	960.0	962.2	966.2	971.5	973.6	977.8	968.5
洪江市	994.4	991.2	989.1	984.5	978.7	975.7	976.2	978.3	982.9	988.7	991.5	996.2	985.6

日照时间

（2015 年）　　单位：小时

	一月	二月	三月	四月	五月	六月	七月	八月	九月	十月	十一月	十二月	全年合计
鹤城区	51.3	53.2	62.8	140.0	89.1	163.7	164.7	206.0	76.6	165.3	33.4	34.6	1240.7
沅陵县	38.3	41.4	47.6	108.6	81.9	99.4	160.7	196.1	81.9	141.2	22.7	19.7	1039.5
辰溪县	40.1	48.5	52.8	127.2	86.7	123.3	157.3	193.3	86.6	137.8	28.4	27.6	1109.6
溆浦县	47.9	46.7	46.5	122.2	81.9	131.7	143.7	186.2	101.9	153.3	36.7	33.7	1132.4
会同县	50.2	48.7	36.1	139.2	93.6	141.5	142.3	190.0	84.0	148.6	38.9	35.4	1148.5
麻阳县	48.2	46.7	46.3	117.7	86.3	115.0	164.5	198.4	91.1	157.4	22.6	24.5	1118.7
新晃县	37.1	45.7	43.0	108.4	89.1	100.1	137.6	166.3	64.8	132.9	31.5	23.9	980.4
芷江县	54.7	53.6	50.4	137.9	99.7	159.9	168.5	202.8	91.8	162.4	32.5	33.7	1247.9
靖州县	48.7	39.9	33.3	128.0	99.6	134.1	128.0	152.8	71.3	141.0	21.4	32.7	1030.8
通道县	47.2	36.2	28.8	127.0	89.8	110.5	141.9	191.7	73.3	153.2	40.1	32.7	1072.4
洪江市	43.3	50.1	45.0	101.5	82.8	115.2	129.5	168.3	69.7	132.1	30.5	29.5	997.5

国民经济和社会

	1978 年	1998 年	2000 年	2005 年	2006 年	2007 年
人口就业						
一、人口						
年底总人口（万人）	381.95	478.82	483.60	498.37	500.00	502.32
其中：市镇人口	37.66	88.97	110.75	141.07	155.30	166.33
农村人口	344.29	389.85	372.85	357.30	344.70	335.99
其中：非农业人口	39.96	90.08	89.60	97.00	92.86	94.09
农业人口	341.99	388.74	389.24	401.37	407.14	408.23
其中：男	197.89	248.55	251.47	256.61	256.96	258.15
女	184.06	230.27	232.13	242.69	243.04	244.17
二、就业						
社会从业人员数（万人）	163.46	305.30	262.70	271.56	274.07	276.26
其中：职工	18.09	33.50	35.90	26.83	26.73	26.40
农村从业人员	145.37	255.80	219.70	219.12	217.67	214.65
宏观经济						
一、国民经济核算						
地区生产总值（万元）	107859	1713209	1846012	2891769	3387849	4077951
其中：第一产业	64176	576442	566119	568081	575782	719472
第二产业	26189	455622	485918	927158	1168405	1462475
其中：工业	23283	398748	411487	789464	1004708	1265765
第三产业	17494	681145	793975	1396530	1643662	1896004
支出法地区生产总值（万元）	107859	1713209	1846012	2891769	3387849	4077951
其中：最终消费	86477	1260532	1361553	2007357	2282266	2699530
其中：居民消费	76770	997908	1135271	1479807	1699848	1931881
政府消费	9707	262624	226282	527550	582418	767649
资本形成总额	13018	285998	410744	815080	1034656	1325151
其中：固定资本形成	9624	260585	324669	681824	896192	1169518
存货增加	3394	25413	86075	133256	138464	155633
人均地区生产总值（元）	284	3732	4241	6430	7463	8911
二、固定资产投资						
全社会固定投资总额（万元）	19656	235066	310841	847375	1123526	1467215

发展总量指标（一）

2008 年	2009 年	2010 年	2011 年	2012 年	2013 年	2014 年	2015 年
504.63	508.88	509.72	513.53	516.50	521.00	525.50	525.85
174.69	184.22	185.44	186.83	186.27	195.13	201.13	209.54
329.93	324.66	324.28	326.70	291.23	287.37	285.87	280.62
95.14	94.65	94.83	104.44	104.58	114.70	103.96	93.75
409.49	414.23	414.89	409.09	411.92	406.30	421.54	432.1
259.33	261.52	265.33	266.85	247.54	250.15	251.96	253.6
245.29	247.36	244.39	246.68	229.96	232.35	235.04	236.56
292.34	293.30	294.74	299.70	302.68	303.3	304.23	305.25
25.97	25.28	25.96	25.22	27.28	26.94	26.51	100.9
220.33	214.18	210.18	212.80	209.70	207.8	206.10	204.35
5000084	5594841	6749228	8456310	10010673	11176674	11812366	12732479
820601	866185	974320	1293145	1452979	1589309	1712006	1843623
1994085	2241716	2888988	3752772	4491760	4898406	5156987	5326836
1753483	1965216	2562718	3339062	4007731	4361618	4590648	4720694
2185398	2486940	2885920	3410393	4065934	4688959	4943373	5562020
5000084	5594841	6749228	8456310	10010673	11176674	11812366	12732479
3145444	3593649	4244354	5073786	5697859	5778905	6184730	6737848
2162084	2328920	2672262	3095009	3346610	3380631	3714508	4092241
983360	1264729	1572092	1978777	2351249	2398274	2470222	2645607
1805640	1962572	2472703	3357155	4294237	5415226	5656212	6034548
1627655	1778336	2271173	3095297	4014682	5114705	5349981	5719130
177985	184236	201530	261858	279555	300521	306231	315418
10812	12041	14371	17816	21018	23285	24368	26060
1911508	2823880	3820000	4379668	6513365	8014159	8513543	10080035

国民经济和社会

	1978 年	1998 年	2000 年	2005 年	2006 年	2007 年
三、财政金融						
财政总收入（万元）	11660	113466	111267	171956	206111	264338
其中：地方财政收入	11660	84279	83142	110098	135310	172120
上划中央收入	–	29187	28125	58900	67353	87749
地方财政支出（万元）	11614	124727	152446	386578	507141	707205
金融机构各项存款余额（万元）	20098	1030579	1389009	2795996	3296126	3981850
金融机构各项贷款余额（万元）	36720	1107915	1044435	1516554	1729396	2025071
金融机构现金收入（万元）	33077	3575634	4578690	10971570	22707717	14152135
金融机构现金支出（万元）	31493	3553441	4470206	10806641	22558505	14029551
四、物价指数（以上年为100）						
零售物价指数	100. 7	98. 7	98. 4	101. 4	102. 2	105. 0
居民消费价格指数	100. 7	99. 6	99. 6	102. 2	102. 3	105. 6
五、外经外贸						
外贸进出口（万美元）	1120	6063	769	3482	2200	3496
其中：出口	1120	4569	731	3327	2150	2255
实际利用外资总额（万美元）		3553	971	1895	1915	2652
产 业						
一、农业						
农林牧渔业总产值（万元）	75015	823488	861970	1091083	882127	1138984
其中：农业	52377	443139	468311	546285	452345	542234
林业	10003	72247	76537	112871	117341	133147
牧业	12322	288161	291001	384787	276272	422683
渔业	313	19941	26121	27938	31646	36138
主要农产品产量						
粮食（万吨）	130. 99	176. 01	182. 23	171. 37	154. 16	158. 31
其中：稻谷	111. 16	153. 98	159. 23	144. 75	142. 52	143. 01
棉花（万吨）	0. 10	0. 23	0. 24	0. 17	0. 06	0. 08
油料（万吨）	2. 34	8. 98	10. 72	10. 46	7. 00	8. 11
其中：油菜籽	2. 16	7. 52	8. 97	8. 51	6. 28	7. 23
麻类（吨）	97. 00	95. 00	85. 00	82. 00	127. 00	68. 00
烟叶（万吨）	0. 38	0. 67	0. 57	0. 49	0. 15	0. 31
茶叶（吨）	945	1072	988	1457	1571	1623
水果（万吨）	0. 69	21. 09	23. 62	67. 55	71. 71	82. 66
其中：柑橘	0. 12	18. 56	20. 60	31. 22	39. 89	48. 52
油茶籽（万吨）	2. 92	2. 34	2. 47	2. 57	2. 51	2. 55
油桐籽（万吨）	1. 07	1. 36	1. 41	1. 53	1. 57	1. 59

发展总量指标（二）

2008 年	2009 年	2010 年	2011 年	2012 年	2013 年	2014 年	2015 年
340508	417035	580158	752158	1003168	1104683	1001274	1107921
223682	281081	356709	475409	690729	768071	661890	735606
111266	128595	180202	220401	242429	261045	256673	285133
954694	1254632	1455507	1810021	2225273	2571436	2809030	3399317
4605363	5601087	6764999	8138738	9797259	11283814	12463427	14783765
2208046	2817246	3566086	4265691	5227578	6193987	6956818	8325445
15119594	16329161	18724207	-	-	-	-	-
14929869	16124259	18568466	-	-	-	-	-
106. 2	99. 0	103. 5	105. 1	102. 0	101. 2	100. 8	99. 8
106. 6	100. 5	103. 4	105. 4	102. 1	102. 5	102. 2	101. 1
3006	3865	4681	5425	7096	8338	10560	4441
2801	1502	2005	2615	1469	6977	9872	3515
4085	5073	6276	7112	8179	9415	10906	11394
1367958	1446872	1630593	2157272	2448331	2662489	2872308	3094260
598064	702425	817829	1127931	1309484	1431630	1584502	1768945
143697	141747	146781	205864	243320	273582	288834	260479
580957	553655	612313	762550	824148	876555	903162	953718
40086	43735	48200	55294	65182	73905	88311	102871
165. 93	184. 19	185. 59	178. 00	182. 26	177. 03	180. 65	182. 96
147. 34	154. 21	154. 66	144. 69	144. 57	139. 81	139. 83	139. 84
0. 06	0. 09	0. 13	0. 13	1715. 00	0. 17	0. 16	0. 10
8. 45	12. 39	13. 95	14. 13	14. 05	15. 17	16. 12	16. 48
7. 43	11. 41	13. 03	13. 14	13. 02	14. 10	15. 05	15. 44
74. 00	47. 00	44. 00	21. 00	16. 00	26. 00	26. 00	16. 00
0. 45	0. 87	0. 80	0. 96	1. 18	0. 90	0. 89	0. 50
1668	1711	1817	2132	2179	2363	2575	2679
87. 32	96. 08	105. 48	113. 05	115. 66	122. 81	129. 43	143. 34
50. 33	61. 65	24. 99	58. 17	58. 93	81. 46	89. 20	94. 32
2. 48	2. 57	2. 59	2. 78	3. 36	4. 37	4. 51	1. 67
1. 52	1. 55	1. 59	1. 60	1. 74	1. 55	1. 57	4. 57

国民经济和社会

	1978 年	1998 年	2000 年	2005 年	2006 年	2007 年
肉类总产（万吨）	…	28.68	30.41	37.92	26.53	26.56
其中：猪肉	4.48	22.57	22.96	28.03	20.31	19.40
肉猪出栏数（万头）	94.93	310.21	309.45	370.35	269.39	280.40
生猪存栏数（万头）	132.36	241.55	243.30	269.12	193.49	220.34
水产品（万吨）	0.21	2.36	2.75	3.91	4.13	4.56
二、工业						
工业总产值（万元）	62088	2092078	1128846	2271706	2015564	2865805
其中：国有经济	39087	367934	417923	648481	832414	1050962
主要工业产品产量						
布（万米）	3488	3398	5166	6187	7948	7531
化学纤维（吨）		2838	1816	5302	5095	4084
机制纸及纸板（万吨）	0.58	5.87	3.76	6.60	8.79	10.22
日用陶瓷（万件）	3682	9296	5465	5327	5886	6638
原煤（万吨）	198.56	153.80	42.07	94.84	110.04	130.74
发电量（万千瓦小时）	72223	775158	839334	882619	857270	1102945
其中：水电	53443	756274	813131	849861	831270	1075954
水泥（万吨）	28.44	109.49	130.00	303.36	427.26	460.51
塑料制品（万吨）		0.99	1.14	0.79	1.43	1.40
配混合饲料（万吨）		7.24	7.07	16.65	13.04	21.16
工业企业主要财务指标（规模以上）						
工业增加值（万元）		261716	285871	644377	815314	1183487
产品销售收入（万元）		479837	529160	1426002	1856131	2789301
流动资产年末数（万元）	12588	339283	391505	399804	417601	540122
固定资产净值年末数（万元）	51384	1041776	1019623	1433839	1471261	1606535
利税总额	5378	40493	61787	127786	124289	198270
其中：利润总额	2018	-5346	4169	49821	38462	77072
三、交通运输业						
全社会货运量（万吨）	290	1656	2085	2634	2760	3468
全社会客运量（万人）	671	5207	8751	7623	6442	6584
货运周转量（不含铁路、亿吨公里）	2.00	5.78	9.12	25.64	26.96	35.18
客运周转量（不含铁路、亿人公里）	2.23	16.50	20.04	23.20	25.88	27.13
邮电业务总量（万元）	387	33565	43148	153612	198691	271613
其中：邮政业务量		3512	5254	12015	14417	15950
电信业务量		30053	37894	141597	184274	255663

发展总量指标（三）

2008 年	2009 年	2010 年	2011 年	2012 年	2013 年	2014 年	2015 年
27. 29	29. 06	33. 13	32. 50	33. 84	33. 61	34. 84	34. 47
20. 17	21. 50	25. 00	24. 16	25. 04	24. 83	26. 22	25. 45
299. 45	320. 52	330. 70	321. 17	334. 02	334. 99	349. 89	337. 91
239. 26	241. 78	241. 54	252. 44	260. 52	251. 30	257. 58	247. 44
4. 92	5. 20	5. 56	5. 59	6. 21	6. 65	7. 39	8. 14
3877506	5458219	7016787	10283262	8271517	9003765. 4	8564134	9382842
792621	1402850	1942000	2205081	2289215	2092279. 6	1847059	714631
4829	4155	3556	3119	3478	3475	3356	2063
4084	3326	4154	5451	6110	5223	6000	3387
10. 73	7. 92	10. 13	11. 78	11. 68	13. 39	13. 40	12. 3
10456	8363	9502	354. 44	304. 88	215. 10	–	–
95. 67	115. 81	105. 03	106. 77	126. 75	141. 50	102. 56	39. 11
1226420	1274947	1582548	1290156	1711745	1543009	1865933	1852708
1216307	1266599	1574198	1259578	1663292	1488948	1807894	1562042
428. 48	574. 31	684. 53	690. 33	833. 91	901. 56	881. 40	871. 09
4. 03	6. 67	10. 57	12. 59	10. 91	10. 64	9. 4	9. 5
25. 93	31. 77	37. 08	38. 48	37. 30	45. 11	42. 8	49. 9
1517491	1797506	2589430	3489564	2869973	3187510	2908851	2801079
3136422	4664276	6793599	9837952	7914077	8509516	8182702	8952312
821426	950848	1318427	1271405	1456672	1361318	1802956	1528858
2411900	2330283	2810864	3693809	3363989	3880145	3935026	4404501
197969	413437	759418	1057862	738767	825228	654998	715107
88663	214611	490499	684742	432908	495989	273653	380850
2334	2703	3276	3880	4633. 26	5138. 70	5300. 93	6251. 98
7311	6909	7600	9433	10145. 90	10868. 96	11639. 89	13267. 56
29. 71	35. 76	44. 02	55. 71	71. 26	81. 55	89. 65	101. 27
39. 17	40. 24	46. 32	59. 01	68. 46	79. 29	40. 73	43. 22
364278	476915	583333	251126	274257	300149. 60	412607. 44	497635. 00
18845	20912	21221	17414	19724	25482. 20	30382. 01	34256. 00
345433	456003	562112	233712	254533	274667. 41	382225. 43	463379. 00

国民经济和社会

	1978 年	1998 年	2000 年	2005 年	2006 年	2007 年
四、国内商业						
社会消费品零售总额（万元）	35495	576354	676271	989600	1145400	1359400
其中：批发零售贸易业	23072	370971	431786	816022	944653	1124342
住宿和餐饮业	…	…	93301	146524	168388	200810
教育、卫生、文化						
一、教育						
各类普通教育学校数（所）	5352	4433	3993	1617	1498	1323
其中：高等学校	1	1	2	3	3	3
普通中学	684	384	378	383	381	379
普通小学	4657	3946	3608	1231	1114	941
各类普通教育在校学生数（万人）	81.29	87.36	79.14	60.46	58.03	56.05
其中：高等学校	0.07	0.28	0.45	2.46	2.82	2.74
普通中学	24.34	21.45	26.25	29.08	25.97	22.98
普通小学	66.88	57.77	50.39	28.92	29.24	30.33
各类普通教育专任教师数（万人）	4.01	4.50	4.60	3.98	3.95	3.93
其中：高等学校	…	0.03	0.05	0.10	0.11	0.12
普通中学	1.36	1.36	1.55	1.81	1.80	1.78
普通小学	2.62	2.70	2.72	2.07	2.04	2.03
二、卫生						
卫生机构数（个）	909	480	478	455	466	467
其中：医院、卫生院	404	417	404	401	397	398
医疗机构病床数（万张）	1.15	1.06	1.14	1.27	1.31	1.23
卫生技术人员数（万人）	0.86	1.34	1.40	1.40	1.35	1.45
其中：医院、卫生院	…	…	1.02	1.21	1.19	1.29
三、文化						
艺术表演团体个数（个）	15	6	6	7	7	7
电视人口覆盖率（%）	10.0	86.0	87.9	87.9	95.0	96.0
广播人口覆盖率（%）	10.0	55.0	55.0	55.5	90.0	91.5

发展总量指标（四）

2008 年	2009 年	2010 年	2011 年	2012 年	2013 年	2014 年	2015 年
1660472	1992469	2338594	2747360	3167257	3603097	4510783	5027557
1359933	1641126	2056086	2428037	2769325	3186388	4033308	4401546
262625	308846	282508	319323	397932	416709	477474	626011
2029	1892	1761	1785	2400	1722	1721	2435
3	3	3	3	3	3	3	3
375	364	357	354	351	350	350	355
1651	1525	1401	1428	2046	1369	1368	1349
54. 87	54. 71	54. 58	56. 17	54. 00	55. 58	56. 81	76. 41
2. 86	3. 12	3. 22	3. 51	3. 22	3. 81	3. 66	4. 29
20. 87	19. 79	19. 45	19. 64	19. 36	20. 20	20. 80	21. 2
31. 14	31. 80	31. 91	33. 02	31. 42	31. 57	32. 35	33. 9
3. 91	3. 88	3. 83	3. 39	3. 83	3. 88	3. 93	4. 73
0. 13	0. 13	0. 14	0. 13	0. 14	0. 15	0. 15	0. 16
1. 75	1. 72	1. 68	1. 68	1. 68	1. 70	1. 74	1. 75
2. 03	2. 03	2. 00	1. 58	2. 01	2. 03	2. 04	2. 02
503	416	396	381	406	432	515	5210
370	351	351	338	361	388	392	368
1. 54	1. 51	1. 51	2. 10	2. 64	2. 35	2. 67	28186
1. 66	1. 24	1. 83	1. 94	2. 03	2. 34	2. 46	26021
1. 31	1. 14	1. 43	1. 77	1. 63	1. 84	1. 97	22619
7	7	7	7	3	3	4	4
96. 0	97. 1	97. 5	98. 0	98. 5	98. 53	98. 55	93. 37
91. 5	91. 5	91. 5	92. 8	93. 1	93. 29	93. 37	98. 55

国民经济和社会

	1978 年	1998 年	2000 年	2005 年	2006 年	2007 年
家庭、生活、环境						
一、家庭与婚姻						
家庭总户数（万户）	81.00	129.86	132.53	146.87	151.59	154.01
家庭平均规模（人/户）	3.48	3.69	3.70	3.39	3.30	3.26
其中：城镇家庭	…	2.74	2.79	3.05	3.00	3.05
农村家庭	…	3.91	3.89	4.04	4.46	4.40
城镇家庭平均就业人口负担系数	…	0.63	0.70	0.87	0.86	0.76
准予登记结婚数（对）	…	29697	28410	32214	32700	36778
准予离婚数（对）	…	2168	2200	4676	3549	6173
二、居住						
城镇居民人均居住面积（平方米）	4.50	7.89	17.84	23.17	28.78	32.18
农村居民人均居住面积（平方米）	10.21	18.32	27.77	31.45	31.14	30.78
三、生活						
城镇居民人均可支配收入（元）	502	4499	5163	7686	8442	9217
农村居民人均纯收入（元）	92	1679	1817	2293	2302	2479
城镇居民人均消费支出（元）	…	3345	3828	5761	6255	6742
农村居民人均消费支出（元）	90	1591	1495	1984	2061	2362
居民储蓄存款余额（万元）	3224	745435	1026886	2094675	2426753	2814708
居民人均储蓄余额（元）	8	1560	2130	4203	4854	5607
四、工资福利						
职工工资总额（万元）	10088	164078	191715	295597	342379	441030
其中：国有单位	7787	133144	150485	234960	271368	352279
城镇集体单位	2301	18818	18998	15258	16758	22408
其他类型单位		12116	22232	45379	54253	66343
职工人均工资（元/年）	573	4950	5726	11670	13548	17015
其中：国有单位	587	5160	5888	12108	14161	17942
城镇集体单位	536	3510	3807	7858	9076	11679
其他类型单位		8649	7572	11422	12875	15188
五、环境、灾害						
工业废水达标率（%）	…	36.70	41.40	86.99	92.57	93.54
火灾发生数（起）	…	166	122	272	248	529
交通事故发生数（起）	…	319	1900	473	404	352

发展总量指标（五）

2008 年	2009 年	2010 年	2011 年	2012 年	2013 年	2014 年	2015 年
157.76	157.41	161.16	164.23	166.09	167.26	168.70	168.82
3.20	3.23	3.16	3.65	3.11	3.11	3.12	3.12
3.05	3.05	3.07	3.01	3.11	3.11	3.11	3.11
4.02	4.03	3.68	3.94	4.00	4.00	4.00	4.00
0.94	0.93	0.71	0.92	0.93	0.93	0.93	0.93
42903	43386	42834	44345	41442	42724	40844	37016
7457	7749	8665	8537	9758	11142	12144	12133
31.01	31.13	32.21	32.52	32.45	33.50	37.24	36.82
32.08	32.87	33.43	38.06	36.21	33.10	44.44	49.02
10026	11114	12523	13824	15666	17632	19205	20693
2677	2905	3520	4280.29	5025	5849	6474	7203
7675	8535	9013	9663	10821	11958	13135	14302
2650	2580	3070	3573	3778	4968	-	6940
3361425	3965703	4737545	5667724	6922375	8061107	9182776	10327371
6661	8526	9991	11930	14533	16794	18856	21069
528696	605797	694177	807662	920304	976581	1113732	1173240
413272	466943	535491	581444	665345	695546	796369	831813
25582	17041	26008	35021	39215	44883	48411	30191
89842	121812	132678	191197	215744	236152	268952	311236
20401	24091	27039	32255	35217	37746	43340	49410
21668	24954	28068	32464	36239	38975	43296	51857
13279	12838	17934	29370	27607	30076	33341	37819
18276	23854	25789	32306	33965	36140	41355	45068
91.34	92.92	87.57	90.00	-	-	-	-
322	356	205	258	209	181	266	109
245	327	525	439	391	75	423	66

国民经济和社会发展速度指标

	2015年比以下年份增长%		平均每年增长%		
	2014年	2000年	2009－2015年	2002－2015年	1979－2015年
怀化市生产总值	108.5	364.7	11.2	11.2	8.9
其中：第一产业	103.7	43.6	4.6	2.8	2.7
第二产业	106.8	697.2	13.6	15.2	12.7
其中：工业增加值	106.8	736.1	13.9	15.6	13.0
第三产业	111.6	402.6	11.0	11.6	11.3
人均生产总值	107.6	317.3	10.3	10.3	7.9
预算内财政总收入	110.7	1086.2	18.4	17.9	13.7
其中：地方财政收入	111.1	995.3	18.5	17.3	12.5
地方财政支出	105.4	1926.7	17.5	22.2	16.3
金融机构各项存款余额	18.6	964.3	18.1	17.6	19.6
金融机构各项贷款余额	19.7	697.1	18.6	15.6	15.8
住户存款余额	12.5	905.7	17.4	16.8	24.0
实际利用外资总额	4.5	1073.4	15.8	18.7	---
全社会货运量	13.8	550.1	6.7	9.6	9.8
全社会客运量	5.7	55.5	8.7	4.9	7.4
邮电业务总量	20.4	2719.5	17.7	24.6	23.9

国民经济主要比例关系

单位:%

	1978年	1998年	2000年	2005年	2010年	2011年	2012年	2013年	2014年	2015
一、工业化率	21.6	23.3	22.3	27.3	38	39.5	40	39	38.9	37.1
二、三次产业结构										
第一产业	59.5	33.6	30.7	19.6	14.4	15.3	14.5	14.2	14.5	14.5
第二产业	24.3	26.6	26.3	32.1	42.8	44.4	44.9	43.8	43.7	41.8
第三产业	16.2	39.8	43	48.3	42.8	40.3	40.6	42	41.8	43.7
三、城市化率	9.9	18.6	19.1	28.3	36.1	37.7	39	40.4	41.3	42.8
四、农林牧渔业比例										
农业	…	53.8	54.3	50.1	50.1	52.3	56.2	57.4	55.2	57.2
林业	…	8.8	8.9	10.3	9	9.5	14.5	14.2	10.1	8.4
牧业	…	35	33.8	35.3	37.6	35.3	26.1	24.9	31.4	30.8
渔业	…	2.4	3	2.6	3	2.6	3	3.1	3.1	3.3
农林牧渔服务业	…	…	…	1.7	0.3	0.3	0.2	0.3	0.3	0.3
五、投资消费率										
投资率	12.1	16.7	22.3	28.2	36.6	39.7	42.9	48.5	47.9	47.4
消费率	80.2	73.6	73.8	69.4	62.9	60	56.9	51.7	52.4	52.9
六、财政收入相当于GDP的比重	10.8	6.6	6	5.9	8.6	8.9	10	9.9	8.5	8.7
七、全社会增加值率	61.2	48.3	49	50.5	45.2	44.9	44.4	44.7	44.4	44.8
其中：第一产业	85.6	70	65.7	64.9	59.8	59.9	59.3	59.7	59.8	59.7
第二产业	36.5	32	31.9	36.5	35.2	35.2	34.8	34.8	34.7	34.8
第三产业	59.4	52.5	57.2	60.4	56.6	56.7	56.6	56.9	55.8	55.3

环境保护投资指数

	2015 年
环境保护投资指数（%）	0.96
生态保护和环境治理业	6.56
废弃资源综合利用业	0.22
燃气生产和供应业	5.51

房地产价格指数

（以上年为 100）

	2005 年	2006 年	2007 年	2008 年	2009 年	2010 年	2011 年	2012 年	2013 年	2014 年
房屋销售价格指数	105.5	103.6	109.8	112.0	104.0	105.0				99.6
一、商品房	106.2	101.5	110.9	109.6	104.3	103.9				99.3
其中：住宅	106.9	101.7	111.8	111.2	103.4	103.6	105.6	106.8	100.3	
非住宅	103.5	100.7	107.1	103.7	105.4	104.9				
二、二手房	103.8	109.1	107.2	118.4	103.8	107.6				100.3
其中：住宅	104.4	109.3	106.7	120.4	104.8	108.6	106.1	103.2	100	
非住宅	99.3	107.7	110.3	104.0	100.6	100.3				
房屋租赁价格指数	101.8	102.0	109.9	102.5	101.8	105.3				
其中：住宅	100.0	104.3	107.5	106.4	102.1	106.1	107.2	104.1	100.5	
办公用房	100.0	99.7		100.0	100.5	104.2				
商业娱乐用房	102.7	101.2	110.2	100.1	101.4	105.1				
工业仓储用房	99.4	106.0	112.8	113.8	102.7	104.6				
物业管理价格指数	100.0	106.0	120.0	100.3	100.2	100.5	112.0	100	100.9	
其中：住宅	100.0	106.2	122.9	100.4	100.2	100.5	112.0		100.9	
商业娱乐用房	100.0	106.6	100.0	100.0	100.1	100.4				
土地交易价格指数	103.0	102.1	105.3	107.7	102.9	102.7	103.7	106.7		
其中：居民住宅用地	103.7	102.6	105.9	110.3	103.2	102.8	103.6			
工业仓储用地	103.3		105.0	109.8	101.8	102.2	101.9			
商业娱乐用地	102.8	101.1	103.6	102.2	102.6	102.3	104.0			
其他用地	101.0	101.5	104.9	103.7	100.3	101.7	100.0	105.3		

居民消费价格分类指数

（以上年为100）

	2015年
居民消费价格总指数	101.1
一、食品	102.2
1. 粮食	101.5
2. 淀粉	109.2
3. 干豆类及豆制品	104.0
4. 油脂	97.8
5. 肉禽及其制品	106.9
6. 蛋	95.8
7. 水产品	101.6
8. 菜	105.1
9. 调味品	102.1
10. 糖	100.0
11. 茶及饮料	99.5
12. 干鲜瓜果	95.8
13. 糕点饼干	99.3
14. 液体乳及乳制品	101.3
15. 在外用膳食品	100.2
16. 其他食品	103.8
二、烟酒及用品	102.2
三、衣着	101.8
四、家庭设备用品及维修服务	100.6
五、医疗保健和个人用品	102.7
六、交通和通信	98.2
七、娱乐教育文化用品及服务	100.5
八、居住	99.6

商品零售价格指数

（以上年为100）

	2015年
商品零售价格总指数	99.8
一、食品	102.2
二、饮料、烟酒	101.7
三、服装、鞋帽	101.6
四、纺织品	103.3
五、家用电器及音像器材	100.1
六、文化办公用品	98.5
七、日用品	100.7
八、体育娱乐用品	104.2
九、交通、通信用品	98.7
十、家具	99.3
十一、化妆品	99.8
十二、金银珠宝	94.1
十三、中西药品及医疗保健用品	103.4
十四、书报杂志及电子出版物	101.5
十五、燃料	85.1
十六、建筑材料及五金电料	98.8

历年物价总指数

（以上年为100）

	城市居民消费价格指数	食　品	服务项目	零售价格指数	食　品
1988年	120.2	122.9	117.7	120.4	122.9
1989年	117.2	113.2	137.9	115.1	113.2
1990年	102.3	98.9	114.3	100.9	98.9
1991年	102.8	102.4	106.7	102.3	102.4
1992年	109.8	111.3	124.8	107.8	111.3
1993年	116.2	117.5	131.7	113.6	117.5
1994年	120.6	130.1	133.6	115.6	131.5
1995年	117.0	128.8	114.9	115.9	132.0
1996年	107.4	102.5	114.0	104.5	102.1
1997年	101.3	98.3	104.4	100.0	99.8
1998年	99.6	98.3	106.5	98.7	99.1
1999年	100.5	98.7	107.5	98.4	98.1
2000年	100.2	96.6	107.1	99.5	97.3
2001年	100.9	100.8	105.1	99.6	101.3
2002年	100.1	101.2	107.8	99.2	104.0
2003年	101.5	103.1	102.1	101.1	103.2
2004年	106.8	100.0	109.1	106.3	112.6
2005年	102.4	105.9	102.6	101.5	105.7
2006年	102.3	103.2	102.0	102.3	104.3
2007年	105.8	114.1	104.7	105.0	115.5
2008年	106.6	116.2	103.8	106.2	117.8
2009年	100.5	99.6	104.1	99.0	99.6
2010年	103.4	106.1	102.9	103.5	106.3
2011年	106.0	111.4	104.9	105.1	110.7
2012年	102.3	104.0	101.7	101.8	104.1
2013年	102.6	103.7	104.3	100.6	103.4
2014年	102.2	102.5	103.3	100.8	102.3
2015年	101.1	102.2		99.8	102.2

总 产 出

（按当年价格计算）　　　　单位：万元

	总产出	第一产业	第二产业	工 业	建筑业	第三产业	交通运输邮政业	批发零售住宿餐饮业
1978 年	176226	75015	71775	62088	9687	29436	9183	10744
1979 年	199162	84755	80518	70485	10033	33889	10176	12119
1980 年	222956	86211	97206	85296	11910	39539	10583	13432
1981 年	244132	88459	110956	95375	15590	44708	11218	14792
1982 年	274833	101294	123640	106433	17207	49899	12115	16296
1983 年	299206	108827	131871	113799	18072	58508	13347	20946
1984 年	331169	128051	139121	120718	18403	63997	14618	22299
1985 年	387944	142466	164650	139537	25113	80828	20222	25156
1986 年	442771	159266	185503	152759	32744	98002	25871	27860
1987 年	589023	189626	256146	207599	48547	143251	38832	37829
1988 年	774817	220490	334545	269419	65126	219782	58773	51976
1989 年	840512	243806	349415	291229	58186	247291	64033	61032
1990 年	916575	284690	358093	296943	61150	273792	69365	72969
1991 年	982145	296131	386151	310810	75341	299863	74905	89168
1992 年	1190347	328101	488488	362866	125622	373758	99058	102770
1993 年	1616959	386204	726592	470032	256560	504163	159956	126357
1994 年	2121377	574751	897609	627613	269996	649017	198666	178022
1995 年	2675958	731900	1103690	854177	249513	840368	253852	236891
1996 年	2890197	796200	1112360	905594	206766	981637	302849	272424
1997 年	3135762	812981	1212178	1058805	153373	1110603	336889	288907
1998 年	3545388	823488	1423545	1233965	189580	1298355	483943	297345
1999 年	3488559	842549	1377481	1239542	137939	1268529	373873	315364
2000 年	3770642	861970	1521490	1273387	248103	1387182	399662	327822
2001 年	4048922	877433	1674890	1312818	362072	1496599	470210	318111
2002 年	4273216	861156	1758991	1352563	406428	1653069	507825	337463
2003 年	4615364	830384	1970483	1509430	461053	1814497	548452	354335
2004 年	5421951	869007	2488078	1929649	558429	2064866	617363	380536
2005 年	5725870	874751	2540404	2139149	401255	2310715	552132	422208
2006 年	7018875	882127	3467780	2987705	480075	2668968	575479	532426
2007 年	8805181	1138983	4476759	3899866	576893	3189438	602133	636444
2008 年	10159658	1367958	4941932	4236317	705615	3849768	626885	831317
2009 年	12302074	1446872	6451943	5641049	810894	4403259	722353	982586
2010 年	14929939	1630594	8202822	7275919	926903	5096523	806763	1137728
2011 年	18837320	2157270	10665393	9490079	1175314	6014657	897807	1354784
2012 年	22543158	2448331	12905563	11530446	1375117	7189264	1132135	1514121
2013 年	24981005	2662489	14081763	12499003	1582760	8236753	1180817	1676447
2014 年	26579951	2864810	14855467	13185061	1679308	8859674	1255348	2063553
2015 年	28443955	3086012	15302468	13514688	1796860	10055475	1320626	2232194

总 产 出 构 成

（按当年价格计算）　　单位:%

	总产出	第一产业	第二产业			第三产业			
				工　业	建筑业		交通运输邮政业	批发零售住宿餐饮业	其　他
1978 年	100.0	42.6	40.7	35.2	5.5	16.7	5.2	6.1	5.4
1979 年	100.0	42.6	40.4	35.4	5.0	17.0	5.1	6.1	5.8
1980 年	100.0	38.7	43.6	38.3	5.3	17.7	4.7	6.0	7.0
1981 年	100.0	36.2	45.4	39.1	6.4	18.3	4.6	6.1	7.7
1982 年	100.0	36.9	45.0	38.7	6.3	18.2	4.4	5.9	7.8
1983 年	100.0	36.4	44.1	38.0	6.0	19.6	4.5	7.0	8.1
1984 年	100.0	38.7	42.0	36.5	5.6	19.3	4.4	6.7	8.2
1985 年	100.0	36.7	42.4	36.0	6.5	20.8	5.2	6.5	9.1
1986 年	100.0	36.0	41.9	34.5	7.4	22.1	5.8	6.3	10.0
1987 年	100.0	32.2	43.5	35.2	8.2	24.3	6.6	6.4	11.3
1988 年	100.0	28.5	43.2	34.8	8.4	28.4	7.6	6.7	14.1
1989 年	100.0	29.0	41.6	34.6	6.9	29.4	7.6	7.3	14.5
1990 年	100.0	31.1	39.1	32.4	6.7	29.9	7.6	8.0	14.3
1991 年	100.0	30.2	39.3	31.6	7.7	30.5	7.6	9.1	13.8
1992 年	100.0	27.6	41.0	30.5	10.6	31.4	8.3	8.6	14.4
1993 年	100.0	23.9	44.9	29.1	15.9	31.2	9.9	7.8	13.5
1994 年	100.0	27.1	42.3	29.6	12.7	30.6	9.4	8.4	12.8
1995 年	100.0	27.4	41.2	31.9	9.3	31.4	9.5	8.9	13.1
1996 年	100.0	27.5	38.5	31.3	7.2	34.0	10.5	9.4	14.1
1997 年	100.0	25.9	38.7	33.8	4.9	35.4	10.7	9.2	15.5
1998 年	100.0	23.2	40.2	34.8	5.3	36.6	13.6	8.4	14.6
1999 年	100.0	24.2	39.5	35.5	4.0	36.4	10.7	9.0	16.6
2000 年	100.0	22.9	40.4	33.8	6.6	36.8	10.6	8.7	17.5
2001 年	100.0	21.7	41.4	32.4	8.9	37.0	11.6	7.9	17.5
2002 年	100.0	20.2	41.2	31.7	9.5	38.7	11.9	7.9	18.9
2003 年	100.0	18.0	42.7	32.7	10.0	39.3	11.9	7.7	19.8
2004 年	100.0	16.0	45.9	35.6	10.3	38.1	11.4	7.0	19.7
2005 年	100.0	15.3	44.4	37.4	7.0	40.4	9.6	7.4	23.3
2006 年	100.0	12.6	49.4	42.6	6.8	38.0	8.2	7.6	22.2
2007 年	100.0	12.9	50.8	44.3	6.6	36.2	6.8	7.2	22.2
2008 年	100.0	13.5	48.6	41.7	6.9	37.9	6.2	8.2	23.5
2009 年	100.0	11.8	52.4	45.9	6.6	35.8	5.9	8.0	21.9
2010 年	100.0	10.9	54.9	48.7	6.2	34.1	5.4	7.6	21.1
2011 年	100.0	11.5	56.6	50.4	6.2	31.9	4.8	7.2	20.0
2012 年	100.0	10.9	57.2	51.1	6.1	31.9	5.0	6.7	20.2
2013 年	100.0	10.7	56.4	50.0	6.3	33.0	4.7	6.7	21.5
2014 年	100.0	10.8	55.9	49.6	6.3	33.3	4.7	7.8	20.8
2015 年	100.0	10.8	53.8	47.5	6.3	35.4	4.6	7.8	22.9

总产出指数

（按可比价格计算·以上年为100）　　单位:%

	总产出	第一产业	第二产业			第三产业		
				工　业	建筑业		交通运输邮政业	批发零售住宿餐饮业
1979年	112.5	111.3	113.4	113.9	110.6	113.7	108.6	110.6
1980年	106.3	98.5	115.7	117.0	107.9	105.4	93.9	100.0
1981年	104.9	101.3	105.6	102.8	124.7	110.9	104.2	108.3
1982年	119.0	120.3	122.1	124.7	108.2	109.7	106.2	108.3
1983年	105.7	96.8	110.3	111.5	103.0	114.6	107.6	125.5
1984年	105.5	106.8	104.2	104.8	99.8	106.2	106.7	103.3
1985年	105.6	95.6	110.4	107.4	131.2	113.5	124.0	101.5
1986年	110.3	107.8	109.7	108.2	118.5	115.4	122.1	105.7
1987年	118.6	105.7	124.8	125.7	119.9	124.8	135.7	122.8
1988年	110.1	91.8	112.5	112.7	111.1	128.5	109.4	116.6
1989年	101.2	113.1	97.8	100.4	83.3	96.7	101.4	93.1
1990年	104.2	98.8	103.9	103.8	104.9	110.6	109.0	120.3
1991年	106.6	107.0	104.6	100.8	123.2	108.7	108.0	122.2
1992年	117.7	107.4	129.0	121.2	160.5	119.7	123.2	110.1
1993年	120.3	93.4	140.3	124.6	187.8	131.4	156.2	120.2
1994年	117.6	108.6	119.3	130.2	97.4	124.3	120.2	136.4
1995年	112.0	101.5	110.3	117.3	91.4	124.2	126.4	131.7
1996年	105.2	106.7	98.1	104.0	77.7	113.4	115.6	108.8
1997年	107.6	110.2	106.5	113.5	74.2	106.9	111.2	106.1
1998年	112.9	101.0	120.5	120.1	123.6	113.1	110.0	104.1
1999年	102.3	105.0	96.9	100.5	72.8	107.1	100.9	106.1
2000年	105.6	102.8	106.5	98.5	182.3	106.4	104.8	103.2
2001年	107.5	100.2	113.5	107.5	144.0	106.7	117.7	97.8
2002年	106.9	97.2	108.6	108.5	109.1	111.1	108.2	104.8
2003年	110.8	100.2	117.5	116.9	119.8	110.0	109.1	108.8
2004年	111.5	100.3	117.4	116.9	118.9	110.9	115.7	106.9
2005年	114.3	100.3	118.3	118.8	115.8	116.1	103.4	117.8
2006年	112.9	107.9	112.1	112.2	111.6	115.7	100.4	122.9
2007年	113.0	104.6	115.6	114.9	119.7	113.1	101.2	113.4
2008年	114.4	105.1	116.4	118.6	105.3	115.3	105.2	118.9
2009年	121.8	108.1	133.8	136.9	115.5	112.8	114.1	118.1
2010年	116.4	104.4	121.6	123.4	109.0	112.9	111.5	113.3
2011年	115.8	104.1	120.3	120.8	116.1	112.7	110.4	112.0
2012年	113.3	104.6	115.0	115.1	114.5	112.8	108.3	110.0
2013年	110.5	102.7	110.3	109.9	113.4	112.6	103.5	109.9
2014年	105.3	104.3	106.2	106.4	104.5	104.2	107.0	107.2
2015年	108.5	103.5	106.4	106.4	106.7	112.6	105.0	107.9

总产出指数

（按可比价格计算·以1980年为100）　　单位:%

	总产出	第一产业	第二产业	工　业	建筑业	第三产业	交通运输邮政业	批发零售住宿餐饮业
1978年	83.6	91.3	76.2	75.0	83.8	83.4	98.1	90.4
1979年	94.1	101.6	86.4	85.4	92.7	94.9	106.5	100.0
1980年	100.0	100.0	100.0	100.0	100.0	100.0	100.0	100.0
1981年	104.9	101.3	105.6	102.8	124.7	110.9	104.2	108.3
1982年	124.8	121.9	129.0	128.1	134.9	121.7	110.7	117.3
1983年	132.0	118.0	142.3	142.9	138.9	139.4	119.1	147.2
1984年	139.2	126.0	148.3	149.7	181.9	148.0	127.0	152.0
1985年	147.0	120.5	163.6	160.9	215.6	168.0	157.5	154.4
1986年	162.1	130.0	179.5	174.0	258.6	193.9	192.3	163.1
1987年	192.1	137.3	223.9	218.7	287.2	242.0	261.0	200.3
1988年	211.6	126.1	251.9	246.5	239.4	311.0	285.4	233.5
1989年	214.2	142.6	246.4	247.5	251.1	300.8	289.5	217.4
1990年	223.3	140.9	256.1	256.8	251.1	332.5	315.6	361.5
1991年	233.7	152.7	266.8	263.4	282.2	336.8	327.6	271.2
1992年	261.1	156.4	314.1	295.8	404.2	384.6	395.3	287.3
1993年	276.2	161.1	348.7	320.1	489.5	389.6	457.8	300.8
1994年	298.0	168.3	384.6	336.1	541.9	420.0	477.9	311.9
1995年	326.6	172.5	408.1	386.5	430.8	515.3	548.6	414.8
1996年	364.8	179.9	466.5	487.0	360.1	630.7	618.3	502.8
1997年	414.8	191.1	541.1	594.1	271.5	734.1	722.8	576.2
1998年	494.4	199.3	630.8	674.3	410.2	813.4	823.8	632.7
1999年	542.9	207.7	703.3	745.1	489.4	904.5	908.9	708.6
2000年	593.4	214.1	777.1	815.9	579.4	1007.6	1009.8	783.0
2001年	637.9	214.6	882.0	877.1	834.3	1075.1	1188.5	765.8
2002年	681.8	208.6	957.9	951.6	910.3	1194.4	1286.0	802.5
2003年	755.3	209.0	1125.5	1112.5	1090.5	1313.9	1403.0	873.2
2004年	842.2	209.6	1321.3	1300.5	1296.6	1457.1	1623.3	933.4
2005年	962.7	210.3	1563.6	1545.1	1502.0	1691.8	1677.8	1100.0
2006年	1087.0	227.0	1752.3	1733.0	1676.5	1957.8	1685.3	1352.2
2007年	1228.2	237.5	2026.5	1990.9	2007.6	2214.4	1704.9	1533.5
2008年	1405.3	249.6	2359.0	2360.5	2114.0	2553.2	1794.1	1823.7
2009年	1711.6	269.8	3156.3	3231.6	2441.6	2880.0	2047.0	2153.1
2010年	1992.3	281.7	3838.1	3987.8	2661.3	3251.5	2282.4	2439.0
2011年	2307.1	293.2	4617.2	4817.3	3089.8	3664.5	2519.8	2732.1
2012年	2613.9	306.7	5309.8	5544.7	3537.8	4133.5	2728.9	3005.3
2013年	2888.4	315.0	5856.7	6093.6	4011.9	4654.3	2824.4	3303.2
2014年	3041.5	328.5	6219.8	6483.6	4192.5	4849.8	3022.1	3542.5
2015年	3300.0	339.7	6617.9	6898.5	4473.3	5460.9	3173.2	3822.2

地　区　生　产　总　值

（按当年价格计算）　　　　单位：万元

	地　区 总收入	地　区 生产总值	第一产业	第二产业			第三产业			人均地区 生产总值 （元/人）
					工　业	建筑业		交通运输仓 储邮政业	批发零售 住宿餐饮业	
1978 年	107859	107859	64176	26189	23283	2906	17494	5602	5374	284
1979 年	118036	118036	69021	29089	26079	3010	19926	6106	6181	307
1980 年	133367	133367	75245	34963	31389	3574	23159	6350	6985	344
1981 年	143151	143151	78282	39012	34335	4677	25857	6731	7544	364
1982 年	161626	161626	89119	43746	38601	5145	28761	7269	8148	405
1983 年	173479	173479	94362	47108	42106	5002	32009	8142	8718	429
1984 年	190798	190798	104810	50113	44666	5447	35875	8956	10200	467
1985 年	212335	212335	105665	59163	51629	7534	47507	12538	13266	515
1986 年	252541	252541	126354	67448	57625	9823	58739	16299	15299	605
1987 年	328229	328229	150330	88906	74970	13936	88993	24853	24748	773
1988 年	414580	414580	166382	112710	91864	20846	135488	37027	32831	954
1989 年	454945	454945	186713	122951	105916	17035	145281	39701	31737	1027
1990 年	497509	497509	219606	120288	100044	20244	157615	41619	35292	1110
1991 年	523156	523156	220166	126869	102405	24464	176121	45073	45986	1155
1992 年	624332	624332	233034	168142	127350	40792	223156	61431	54133	1366
1993 年	796617	796617	273237	228856	151888	76968	294524	98749	64126	1733
1994 年	1063583	1063583	402377	283808	202809	80999	377398	122647	90346	2294
1995 年	1348793	1348793	513184	350876	276022	74854	484733	156716	120222	2881
1996 年	1509616	1509616	588556	354667	292637	62030	566393	186964	138255	3199
1997 年	1600511	1600511	613734	378158	332146	46012	608619	207979	146620	3453
1998 年	1713209	1713209	576442	455622	398748	56874	681145	228763	150902	3732
1999 年	1744227	1744227	553049	465280	400550	64730	725898	230811	160047	3635
2000 年	1846012	1846012	566119	485918	411487	74431	793975	246732	166369	4241
2001 年	1948152	1948152	568330	515473	434760	80713	864348	263724	171157	4004
2002 年	2035402	2035402	542241	538523	447922	90601	954638	284821	181569	4156
2003 年	2163892	2163892	511950	602649	499871	102778	1049293	307607	190647	4874
2004 年	2510755	2510755	552783	763518	639033	124485	1194454	346257	204744	5639
2005 年	2891769	2891769	568081	927158	789464	137694	1396530	357805	237962	6430
2006 年	3387849	3387849	575782	1168405	1004708	163697	1643662	371276	284784	7463
2007 年	4077951	4077951	719472	1462475	1265765	196710	1896004	373103	345568	8911
2008 年	5000084	5000084	820601	1994085	1753483	240602	2185398	315563	436411	10812
2009 年	5594841	5594841	866185	2241716	1965216	276500	2486940	363620	438807	12041
2010 年	6749228	6749228	974320	2888988	2562718	326270	2885920	403140	603602	14371
2011 年	8456310	8456310	1293145	3752772	3339062	413710	3410393	447431	702366	17816
2012 年	10010673	10010673	1452979	4491760	4007731	484029	4065934	563455	783421	21018
2013 年	11176674	11176674	1589309	4898406	4361618	536788	4688959	589758	862748	23285
2014 年	11812366	11812366	1712006	5156987	4590648	569532	4943373	613173	1134242	24368
2015 年	12732479	12732479	1843623	5326836	4720694	609399	5562020	641116	1213074	26060

地区生产总值构成

（按当年价格计算）　　　　单位：%

	地　区 生产总值	第一产业	第二产业			第三产业			
				工　业	建筑业		交通运输仓储邮政业	批发零售住宿餐饮业	其　他
1978 年	100.0	59.5	24.3	21.6	2.7	16.2	5.2	5.0	6.0
1979 年	100.0	58.5	24.6	22.1	2.6	16.9	5.2	5.2	6.5
1980 年	100.0	56.4	26.2	23.5	2.7	17.4	4.8	5.2	7.4
1981 年	100.0	54.7	27.3	24.0	3.3	18.1	4.7	5.3	8.1
1982 年	100.0	55.1	27.1	23.9	3.2	17.8	4.5	5.0	8.3
1983 年	100.0	54.4	27.2	24.3	2.9	18.5	4.7	5.0	8.7
1984 年	100.0	54.9	26.3	23.4	2.9	18.8	4.7	5.3	8.8
1985 年	100.0	49.8	27.9	24.3	3.5	22.4	5.9	6.2	10.2
1986 年	100.0	50.0	26.7	22.8	3.9	23.3	6.5	6.1	10.7
1987 年	100.0	45.8	27.1	22.8	4.2	27.1	7.6	7.5	12.0
1988 年	100.0	40.1	27.2	22.2	5.0	32.7	8.9	7.9	15.8
1989 年	100.0	41.0	27.0	23.3	3.7	31.9	8.7	7.0	16.2
1990 年	100.0	44.1	24.2	20.1	4.1	31.7	8.4	7.1	16.2
1991 年	100.0	42.1	24.3	19.6	4.7	33.7	8.6	8.8	16.3
1992 年	100.0	37.3	26.9	20.4	6.5	35.7	9.8	8.7	17.2
1993 年	100.0	34.3	28.7	19.1	9.7	37.0	12.4	8.0	16.5
1994 年	100.0	37.8	26.7	19.1	7.6	35.5	11.5	8.5	15.5
1995 年	100.0	38.0	26.0	20.5	5.5	35.9	11.6	8.9	15.4
1996 年	100.0	39.0	23.5	19.4	4.1	37.5	12.4	9.2	16.0
1997 年	100.0	38.3	23.6	20.8	2.9	38.0	13.0	9.2	15.9
1998 年	100.0	33.6	26.6	23.3	3.3	39.8	13.4	8.8	17.6
1999 年	100.0	31.7	26.7	23.0	3.7	41.6	13.2	9.2	19.2
2000 年	100.0	30.7	26.3	22.3	4.0	43.0	13.4	9.0	20.6
2001 年	100.0	29.2	26.5	22.3	4.1	44.4	13.5	8.8	22.0
2002 年	100.0	26.6	26.5	22.0	4.5	46.9	14.0	8.9	24.0
2003 年	100.0	23.7	27.9	23.1	4.7	48.5	14.2	8.8	25.5
2004 年	100.0	22.0	30.4	25.5	5.0	47.6	13.8	8.2	25.6
2005 年	100.0	19.6	32.1	27.3	4.8	48.3	12.4	8.2	27.7
2006 年	100.0	17.0	34.5	29.7	4.8	48.5	11.0	8.4	29.2
2007 年	100.0	17.6	35.9	31.0	4.8	46.5	9.1	8.5	28.9
2008 年	100.0	16.4	39.9	35.1	4.8	43.7	6.3	8.7	28.7
2009 年	100.0	15.5	40.1	35.1	4.9	44.5	6.5	7.8	30.1
2010 年	100.0	14.4	42.8	38.0	4.8	42.8	6.0	8.9	27.8
2011 年	100.0	15.3	44.4	39.5	4.9	40.3	5.3	8.3	26.7
2012 年	100.0	14.5	44.9	40.0	4.8	40.6	5.6	7.8	27.2
2013 年	100.0	14.2	43.8	39.0	4.8	42.0	5.3	7.7	29.0
2014 年	100.0	14.5	43.7	38.9	4.8	41.8	5.2	9.6	27.1
2015 年	100.0	14.5	41.8	37.1	4.8	43.7	5.0	9.5	29.1

地区生产总值指数（一）

（按可比价格计算·以上年为100）　　单位:%

	地区总收入	地区生产总值	第一产业	第二产业	工业	建筑业	第三产业	交通运输仓储邮政业	批发零售住宿餐饮业	其他	人均地区生产总值
1978年	124.3	124.3	100.3	122.4	122.7	118.9	109.8	110.6	109.9	108.9	122.8
1979年	110.1	110.1	109.6	109.9	112.4	91.4	112.1	106.9	112.8	141.1	108.9
1980年	108.8	108.8	102.9	126.8	126.4	130.6	105.9	93.9	102.0	140.1	107.8
1981年	103.7	103.7	105.4	95.8	92.6	124.6	109.9	104.2	106.2	127.2	102.3
1982年	118.1	118.1	119.6	122.3	125.6	101.1	108.0	106.2	106.2	113.7	116.2
1983年	102.1	102.1	95.4	112.4	113.8	101.7	109.5	109.4	104.5	113.5	100.7
1984年	103.4	103.4	100.8	105.0	104.8	106.7	108.9	106.7	113.5	106.7	102.4
1985年	99.6	99.6	86.7	110.0	107.4	133.0	120.0	126.0	117.0	118.8	98.6
1986年	114.5	114.5	115.1	111.3	110.3	118.5	117.5	124.0	110.1	124.1	113.0
1987年	117.0	117.0	105.8	119.6	120.3	114.8	135.9	137.9	146.3	140.1	115.1
1988年	103.2	103.2	87.4	108.4	106.4	122.0	121.5	118.4	105.4	126.8	100.9
1989年	103.6	103.6	115.1	103.2	107.1	79.7	91.2	90.8	81.9	97.8	101.6
1990年	101.5	101.5	99.2	98.1	96.1	114.5	108.6	105.5	111.9	106.9	100.4
1991年	104.0	104.0	104.1	99.7	100.3	96.9	107.2	104.2	125.3	97.5	102.9
1992年	109.3	109.3	101.2	123.0	118.3	147.1	110.5	117.8	101.2	108.3	108.6
1993年	109.3	109.3	100.3	119.4	116.7	130.6	112.6	134.2	111.1	99.7	108.7
1994年	107.3	107.3	102.2	108.7	104.9	122.6	111.8	105.3	110.6	116.9	106.1
1995年	108.0	108.0	103.0	109.8	117.1	86.9	111.6	113.6	115.9	113.7	107.1
1996年	110.2	110.2	104.3	117.0	125.7	80.3	110.2	111.3	110.3	111.4	109.4
1997年	110.2	110.2	103.6	115.2	121.5	73.3	111.8	112.8	109.7	113.2	109.5
1998年	108.8	108.8	103.8	114.0	113.2	123.2	108.3	109.9	108.9	106.6	108.3
1999年	108.0	108.0	103.8	110.4	109.8	116.5	109.0	108.5	109.5	108.8	107.5
2000年	107.4	107.4	102.9	109.2	108.4	116.8	109.2	107.5	109.9	110.5	107.0
2001年	107.8	107.8	100.2	112.1	112.0	112.5	110.8	109.4	109.0	112.4	108.0
2002年	107.7	107.7	97.2	110.9	110.6	112.8	112.4	110.6	108.5	114.9	107.0
2003年	109.2	109.2	100.2	115.9	115.6	117.2	110.3	109.0	108.7	111.6	108.5
2004年	109.8	109.8	100.3	115.4	115.2	116.2	111.1	115.6	106.8	110.1	109.4
2005年	112.6	112.6	100.1	119.1	119.9	114.8	114.2	103.3	118.0	125.7	111.5
2006年	112.7	112.7	100.5	117.7	118.5	113.0	114.3	103.0	115.7	118.9	111.6
2007年	112.9	112.9	103.8	118.2	119.5	110.5	112.5	100.8	115.4	116.2	112.0
2008年	113.0	113.0	105.1	119.8	121.0	112.0	110.7	80.0	117.2	119.2	111.8
2009年	113.7	113.7	108.1	118.6	119.1	115.4	111.5	114.0	117.8	109.2	113.2
2010年	114.8	114.8	104.4	120.9	122.0	112.6	112.9	110.6	113.5	113.3	113.6
2011年	114.2	114.2	104.5	118.8	119.2	116.1	112.7	110.2	110.6	114.0	113.0
2012年	112.0	112.0	104.6	113.7	113.6	114.5	112.5	107.6	109.0	114.7	111.6
2013年	110.3	110.3	102.7	110.3	110.5	109.2	112.4	103.9	107.8	115.5	109.4
2014年	105.1	105.1	104.4	106.8	107.1	104.5	103.5	104.8	107.7	101.8	104.1
2015年	108.5	108.5	103.7	106.8	106.8	106.7	111.6	104.5	107.3	114.6	107.6

地区生产总值指数（二）

（按可比价格计算·以1990年为100）

单位:%

	地区总收入	地区生产总值	第一产业	第二产业			第三产业				人均地区生产总值
					工业	建筑业		交通运输仓储邮政业	批发零售住宿餐饮业	其他	
1991年	104.0	104.0	104.1	99.7	100.3	96.9	107.2	104.2	125.3	97.5	102.9
1992年	113.7	113.7	105.3	122.7	118.7	142.5	118.5	122.7	126.8	105.6	112.9
1993年	124.3	124.3	105.7	146.5	138.5	186.2	133.4	164.7	140.9	105.3	123.6
1994年	133.4	133.4	108.0	159.2	145.3	228.2	149.1	173.5	155.8	123.1	131.9
1995年	144.1	144.1	111.2	174.8	170.1	198.3	166.4	197.0	180.6	139.9	142.9
1996年	158.8	158.8	116.0	204.6	213.8	159.3	183.4	219.3	199.2	155.9	157.6
1997年	175.0	175.0	120.2	235.7	259.8	116.7	205.0	247.4	218.5	176.5	173.9
1998年	190.4	190.4	124.8	268.8	294.1	143.8	222.1	271.9	238.0	188.1	189.5
1999年	205.6	205.6	129.5	296.7	322.9	167.6	242.0	295.0	260.6	204.7	204.7
2000年	220.9	220.9	133.3	324.0	350.0	195.7	264.2	317.1	286.4	226.1	221.6
2001年	238.2	238.2	133.6	363.2	392.0	220.2	292.7	346.9	312.2	253.6	239.3
2002年	256.5	256.5	129.9	403.0	433.6	248.3	329.2	383.7	338.7	291.2	256.0
2003年	280.2	280.2	130.1	466.9	501.2	291.1	363.1	418.2	368.2	324.9	277.8
2004年	307.5	307.5	130.5	538.6	577.4	338.2	403.4	483.4	393.2	357.8	304.0
2005年	346.3	346.3	130.6	641.3	692.3	388.2	460.5	499.5	464.1	449.9	339.0
2006年	390.2	390.2	131.3	754.7	820.4	438.6	526.4	514.5	537.0	535.0	378.4
2007年	440.5	440.5	136.3	892.2	980.4	484.7	592.3	518.6	619.8	621.6	423.7
2008年	497.8	497.8	143.2	1068.8	1186.3	542.9	655.9	414.9	726.4	741.1	473.8
2009年	566.0	566.0	154.8	1267.6	1412.9	626.5	731.3	472.9	855.9	809.3	536.3
2010年	649.8	649.8	161.6	1532.5	1723.8	705.4	825.6	523.0	971.5	916.6	609.2
2011年	742.0	742.0	168.9	1820.6	2054.7	819.0	930.5	576.4	1074.4	1044.6	688.2
2012年	831.1	831.1	176.7	2070.1	2334.2	937.8	1046.8	620.2	1171.2	1197.9	768.0
2013年	916.7	916.7	181.4	2283.3	2579.3	1024.0	1176.6	644.3	1262.2	1383.0	840.6
2014年	963.4	963.4	189.4	2438.6	2762.4	1070.1	1217.8	675.3	1358.8	1407.8	875.0
2015年	1045.3	1045.3	196.4	2604.4	2950.2	1141.8	1359.1	705.7	1458.5	1613.5	941.6

行业增加值

（按当年价格计算）

单位：万元

	2015年	2014年	2013年	2012年	2011年	2010年	2009年	2008年	2007年	2006年	2005年
怀化市生产总值	12732479	11812366	11176674	10010673	8456310	6749228	5594841	5000084	4077951	3387849	2891769
1、农业	1848985	1716880	1589309	1452979	1293145	974320	866185	820601	719472	575782	568081
2、工业	4720694	4590648	4361618	4007731	3339062	2562718	1965216	1753483	1265765	1004708	789464
3、建筑业	609399	569532	536788	484029	413710	326270	276500	240602	196710	163697	137694
4、交通运输仓储邮政业	641116	613173	589758	563455	447431	403140	363620	315563	373103	371276	357805
5、批发零售住宿餐饮业	1213074	1134242	862748	783421	702366	603602	515129	436411	345568	284784	237962
6、金融保险业	344925	284796	207654	188088	160976	144100	128431	105888	83058	65165	54103
7、房地产	791853	695002	761842	619104	526041	418885	361218	319237	237674	181035	132492
8、其他行业	2562433	2208093	2266957	1911866	1573579	1316193	1118542	1008299	856601	741402	614168

地区生产

（按当年价

	地区生产总值	最终消费	居民消费	农业居民	非农业居民	政府消费
1978 年	107859	86477	76770	64144	12626	9707
1979 年	118036	91959	80609	66309	14300	11350
1980 年	133367	104721	91782	74280	17502	12939
1981 年	143151	111002	97416	77463	19953	13586
1982 年	161626	132851	116857	93761	23096	15994
1983 年	173479	156204	139510	113600	25910	16694
1984 年	190798	167331	149049	119273	29776	18282
1985 年	212335	185700	164798	129683	35115	20902
1986 年	252541	215623	186553	143608	42945	29070
1987 年	328229	265509	228403	175668	52735	37106
1988 年	414580	331194	281323	208982	72341	49871
1989 年	454945	348293	294126	217432	76694	54167
1990 年	497509	381147	324666	246637	78029	56481
1991 年	523156	397902	336944	251870	85074	60958
1992 年	624332	436290	365483	269320	96163	70807
1993 年	796617	507871	418986	297330	121656	88885
1994 年	1063583	754578	621124	440292	180832	133454
1995 年	1348793	997160	827576	541962	285614	169584
1996 年	1509616	1102600	903368	569836	333532	199232
1997 年	1600511	1211001	964121	590676	373445	246880
1998 年	1713209	1260532	997908	621889	376019	262624
1999 年	1744227	1336210	1049440	648995	400445	286770
2000 年	1846012	1361553	1135271	556303	578968	226282
2001 年	1948152	1440994	1181690	576835	604855	259304
2002 年	2035402	1530602	1234237	591990	642247	296365
2003 年	2163892	1618325	1305435	598044	707391	312890
2004 年	2510755	1769071	1418662	609634	809027	350409
2005 年	2891769	2007357	1479807	616487	863320	527550
2006 年	3387849	2282266	1699848	647376	1052472	582418
2007 年	4077951	2699530	1931881	713873	1218008	767649
2008 年	5000084	3145444	2162084	793877	1368207	983360
2009 年	5594841	3593649	2328920	806574	1522346	1264729
2010 年	6749228	4244354	2672262	940127	1732135	1572092
2011 年	8456310	5073786	3095009	1114203	1980806	1978777
2012 年	10010673	5697859	3346610	1157514	2189096	2351249
2013 年	11176674	5778905	3380631	1163300	2217331	2398274
2014 年	11812366	6184730	3714508	1419226	2295282	2470222
2015 年	12732479	6737848	4092241	1561149	2531092	2645607

总值（支出法）

格计算）　　单位：万元

资本形成总额	固定资本形成总额	存货增加	货物和服务净出口	资本形成率（投资率）	最终消费率（消费率）
13018	9624	3394	8364	12. 1	80. 2
17752	12039	5713	8325	15. 0	77. 9
21148	14292	6856	7498	15. 9	78. 5
26278	18708	7570	5871	18. 4	77. 5
28446	20648	7798	329	17. 6	82. 2
29952	21686	8266	12677	17. 3	90. 0
33126	23206	9920	9659	17. 4	87. 7
40336	30639	9697	13701	19. 0	87. 5
51082	40668	10414	14161	20. 2	85. 4
77971	58500	19471	15251	23. 8	80. 9
101308	70280	31028	17922	24. 4	80. 0
111889	61170	50719	5237	24. 6	76. 6
107680	70003	37677	8682	21. 6	76. 6
113025	90561	22464	12229	21. 6	76. 1
162592	138947	23645	25450	26. 0	69. 9
255596	244890	10706	33150	32. 1	63. 8
242245	237999	4246	66760	22. 8	70. 9
350522	302093	48429	1111	26. 0	73. 9
320281	271863	48418	86735	21. 2	73. 0
220461	219704	757	169049	13. 8	75. 7
285998	260585	25413	166679	16. 7	73. 6
297283	291208	6075	110734	17. 0	76. 6
410744	324669	86075	73715	22. 3	73. 8
441322	367123	74199	65836	22. 7	74. 0
440623	392848	47775	64177	21. 6	75. 2
489571	468913	20658	55996	22. 6	74. 8
683604	559144	124460	58080	27. 2	70. 5
815080	681824	133256	69332	28. 2	69. 4
1034656	896192	138464	70927	30. 5	67. 4
1325151	1169518	155633	53270	32. 5	66. 2
1805640	1627655	177985	49000	36. 1	62. 9
1962572	1778336	184236	38620	35. 1	64. 2
2472703	2271173	201530	32171	36. 6	62. 9
3357155	3095297	261858	25369	39. 7	60. 0
4294237	4014682	279555	18577	42. 9	56. 9
5415226	5114705	300521	－17457	51. 7	48. 5
5656212	5349981	306231	－28576	47. 9	52. 4
6034548	5719130	315418	－39917	47. 4	52. 9

最终消费指数

（按可比价格计算）　　　　单位:%

	以上年为100					以1990年为100				
	最终消费	居民消费	农业居民	城镇居民	政府消费	最终消费	居民消费	农业居民	城镇居民	政府消费
1991年	104.4	103.8	102.1	109.0	107.9	104.4	103.8	102.1	109.0	107.9
1992年	100.3	99.2	99.1	99.6	106.1	104.7	103.0	101.2	108.6	114.5
1993年	99.2	98.3	95.0	108.1	103.7	103.8	101.2	96.1	117.4	118.7
1994年	112.1	112.8	112.5	113.6	108.6	116.4	114.2	108.1	133.3	128.9
1995年	114.6	116.7	108.8	137.1	104.0	133.4	133.3	117.7	182.8	134.1
1996年	109.0	108.2	103.6	117.7	113.5	145.5	144.3	121.9	215.1	152.2
1997年	116.1	114.2	110.8	120.2	126.5	168.9	164.7	135.1	258.6	192.5
1998年	107.0	107.4	109.5	103.9	105.2	180.7	176.9	147.9	268.7	202.5
1999年	109.6	109.7	109.2	110.6	108.9	198.0	194.1	161.5	297.2	220.6
2000年	102.2	107.8	85.2	144.8	80.6	202.3	209.2	137.7	430.5	177.8
2001年	107.0	105.6	102.0	109.1	114.2	216.6	221.0	140.5	469.7	203.1
2002年	105.4	102.0	100.4	103.4	122.0	228.3	225.3	141.0	485.6	247.7
2003年	106.1	105.4	101.0	109.3	109.0	242.3	237.6	142.4	530.7	270.0
2004年	108.7	108.7	102.0	114.2	108.5	263.3	258.2	145.2	606.0	292.2
2005年	110.8	102.8	101.9	103.4	141.7	291.7	265.4	148.0	626.6	415.0
2006年	110.5	110.7	102.0	117.0	109.7	322.3	293.9	150.9	733.2	455.4
2007年	110.3	109.4	105.3	112.0	113.0	355.6	321.5	158.9	820.9	514.7
2008年	109.9	106.7	106.9	106.7	118.5	390.6	343.2	169.7	875.4	609.8
2009年	110.8	107.4	103.7	109.6	119.1	432.8	368.6	176.0	959.5	726.3
2010年	112.0	109.2	111.1	108.2	118.3	484.7	402.5	195.5	1038.2	859.2
2011年	111.5	108.1	110.1	107.0	117.3	540.5	435.1	215.3	1110.9	1007.9
2012年	109.1	105.2	102.4	106.8	115.2	589.7	457.7	220.5	1186.4	1161.1
2013年	108.4	107.3	107.0	107.4	110.0	639.2	491.2	235.9	1274.2	1277.2
2014年	106.6	109.7	121.0	103.7	102.3	681.4	538.8	285.4	1321.3	1306.5
2015年	108.3	109.7	109.4	109.9	106.3	737.9	591.1	312.2	1452.1	1388.8

资本形成总额指数

（按可比价格计算）　　　　单位:%

	以上年为100			以1990年为100		
	资本形成总额	固定资本形成总额	存货增加	资本形成总额	固定资本形成总额	存货增加
1991年	110.6	118.0	82.7	110.6	118.0	82.7
1992年	130.0	131.8	128.3	143.7	155.5	102.8
1993年	129.2	134.5	90.8	185.6	209.2	140.9
1994年	115.3	116.7	88.3	213.9	244.1	181.4
1995年	85.9	82.0	109.8	183.7	200.2	169.8
1996年	93.2	93.0	92.1	171.2	186.2	164.9
1997年	82.5	86.9	80.6	141.3	161.8	128.2
1998年	121.1	117.5	124.6	171.1	190.1	157.3
1999年	114.4	117.3	110.8	195.8	223.0	170.8
2000年	103.4	96.7	123.4	202.4	215.7	210.8
2001年	108.3	109.8	104.8	219.2	236.8	220.9
2002年	110.6	114.1	102.0	242.4	270.1	225.3
2003年	118.7	129.1	90.1	287.7	348.6	202.9
2004年	115.4	118.7	102.3	332.2	414.0	207.6
2005年	117.0	119.2	107.1	388.8	493.5	222.3
2006年	120.9	124.5	102.4	470.1	614.6	227.7
2007年	120.5	123.5	101.9	566.6	759.2	231.9
2008年	120.4	122.8	102.2	682.1	932.2	237.1
2009年	119.9	121.4	105.6	817.9	1131.7	250.4
2010年	120.2	121.6	105.7	983.1	1376.1	264.7
2011年	119.2	120.4	105.5	1171.9	1656.9	279.2
2012年	117.1	117.2	115.8	1372.3	1941.9	323.3
2013年	114.3	114.8	107.3	1568.5	2229.3	347.0
2014年	103.1	103.2	102.0	1617.1	2300.6	353.9
2015年	108.9	109.2	105.0	1761.0	2512.3	371.6

居民消费水平

单位：元/人

	绝对值（按现行价格计算，元）			指　数（按可比价格计算，以上年为100，%）			指　数（按可比价格计算，以1990年为100%）		
	总　计	农业居民	非农业居民	总　计	农业居民	非农业居民	总　计	农业居民	非农业居民
1991年	744	642	1407	103.8	102.1	109.0	103.8	102.1	109.0
1992年	800	683	1542	99.2	99.1	99.6	103.0	101.2	108.6
1993年	904	755	1743	98.3	95.0	108.1	101.2	96.1	117.4
1994年	1339	1118	2591	112.8	112.5	113.6	114.2	108.1	133.3
1995年	1768	1378	3819	116.7	108.8	137.1	133.3	117.7	182.8
1996年	1915	1459	4110	108.2	103.6	117.7	144.3	121.9	215.1
1997年	2030	1519	4342	114.2	110.8	120.2	164.7	135.1	258.6
1998年	2089	1600	4227	107.4	109.5	103.9	176.9	147.9	268.7
1999年	2187	1664	4453	109.7	109.2	110.6	194.1	161.5	297.2
2000年	2608	1673	5638	107.6	106.6	109.3	208.9	172.2	324.8
2001年	2721	1745	5836	105.9	102.6	108.1	221.1	176.6	351.2
2002年	2880	1828	6131	103.3	102.5	102.3	228.5	181.1	359.2
2003年	3021	1867	6316	104.6	102.1	102.2	238.9	185.0	367.2
2004年	3186	1905	6456	105.5	102.1	102.1	252.0	188.8	374.7
2005年	3290	1912	6780	101.8	101.2	101.8	256.5	191.0	381.3
2006年	3744	2068	7464	109.7	105.0	105.7	281.3	200.6	402.9
2007年	4221	2332	8038	108.5	107.6	104.2	305.3	215.9	419.8
2008年	4675	2625	8546	105.6	108.2	101.0	322.4	233.5	423.7
2009年	5012	2721	9051	106.9	103.2	109.1	344.7	241.0	462.4
2010年	5690	3132	10219	108.0	109.7	107.4	372.3	264.4	496.4
2011年	6521	3720	11312	114.6	118.8	110.7	426.7	314.1	549.6
2012年	7026	3942	11983	104.8	104.5	102.3	447.2	328.2	562.2
2013年	7043	4021	11627	100.2	102.0	97.0	448.1	334.8	545.3
2014年	7663	4952	11585	108.6	122.1	99.8	486.6	408.8	544.2
2015年	8376	5512	12326	109.3	111.3	106.4	531.9	455.0	579.1

各县市区生产总值及构成

（按当年价格计算·2015年）

	生产总值合计（万元）	第一产业	第二产业			第三产业			按常住人口计算的人均GDP（元/人）
				工　业	建筑业		交通运输仓储邮电业	批发零售住宿餐饮业	
鹤城区	2864889	95432	806904	556906	250634	1962553	128428	549460	47190
洪江区	314175	16379	229268	216390	13014	68528	5402	17215	47173
中方县	917590	120354	539236	509659	29588	258000	41912	31298	37870
沅陵县	1629817	193482	1046560	969189	77806	389775	38125	89469	27318
辰溪县	994107	156577	415412	345845	69790	422118	66561	99604	21550
溆浦县	1257759	302395	425196	379643	46143	530168	60895	92893	16743
会同县	607694	125033	145690	132845	12845	336971	42938	44805	18404
麻阳县	640026	155765	211435	186343	25092	272826	34980	54685	18334
新晃县	494479	69697	251990	234972	17018	172792	24409	33429	19851
芷江县	906696	212996	388523	377616	11514	305177	38960	50445	26175
靖州县	680357	135597	251166	232091	19125	293594	62421	51405	27127
通道县	340151	72146	114242	107118	7321	153763	23440	27386	16106
洪江市	978242	187771	351739	323564	29509	438732	53618	63937	23072

各县市区生产总值指数

（以上年为100·2015年）

	生产总值合计	第一产业	第二产业			第三产业			人均生产总值
				工　业	建筑业		交通运输仓储邮电业	批发零售贸易餐饮业	
鹤城区	108.5	103.7	108.1	109.2	105.3	109.0	103.0	107.1	107.2
洪江区	108.9	103.7	108.9	108.6	115.8	109.9	106.7	107.6	108.4
中方县	108.3	103.7	109.0	109.6	98.0	108.5	104.4	107.3	107.7
沅陵县	101.0	104.1	98.1	97.5	107.0	108.8	105.5	107.2	99.8
辰溪县	108.1	104.1	103.8	103.2	107.4	114.2	105.4	126.1	107.7
溆浦县	108.4	104.1	108.8	108.5	110.7	110.1	104.9	107.7	108.0
会同县	108.6	104.1	108.6	108.7	107.7	109.8	105.0	107.4	107.3
麻阳县	109.5	104.0	108.6	108.5	109.5	112.6	103.7	107.1	109.1
新晃县	109.0	103.6	109.4	109.4	109.5	109.9	101.8	107.3	108.5
芷江县	108.3	103.9	108.4	108.5	105.0	110.5	102.5	107.5	107.8
靖州县	109.2	104.2	110.1	110.3	108.2	110.1	106.1	107.8	107.9
通道县	108.3	103.9	107.9	107.9	107.6	110.3	102.0	107.9	107.5
洪江市	108.7	103.6	108.4	108.1	111.5	110.7	105.6	107.4	107.3

各县市区生产总值及其行业增加值

（按当年价格计算·2015年）

单位：万元

	生产总值合计	农　业	工　业	建筑业	交通运输仓储邮电业	批发零售住宿餐饮业	金　融保险业	房地产业	其　他
鹤城区	2864889	96821	556906	250634	128428	549460	117883	494502	670255
洪江区	314175	16416	216390	13014	5402	17215	5212	5566	34960
中方县	917590	120642	509659	29588	41912	31298	8354	24350	151787
沅陵县	1629817	194034	969189	77806	38125	89469	30335	28945	201914
辰溪县	994107	157707	345845	69790	66561	99604	22383	29332	202885
溆浦县	1257759	302607	379643	46143	60895	92893	38777	87928	248873
会同县	607694	125039	132845	12845	42938	44805	15897	26148	207177
麻阳县	640026	155769	186343	25092	34980	54685	15671	16635	150851
新晃县	494479	70377	234972	17018	24409	33429	8987	22498	82789
芷江县	906696	213074	377616	11514	38960	50445	21004	10303	183780
靖州县	680357	135888	232091	19125	62421	51405	14696	16357	148374
通道县	340151	72703	107118	7321	23440	27386	9656	13471	79056
洪江市	978242	187909	323564	29509	53618	63937	29657	29804	260244

各县市区全社会总产出

（按当年价格计算·2015年）　　单位：万元

	总产出（万元）	第一产业	第二产业	工　业	建筑业	第三产业	交通运输仓储邮政业	批发零售贸易餐饮业
鹤城区	5406875	156955	2205071	1495206	710967	3044849	227823	748743
洪江区	862844	26854	703503	642996	60955	132487	8600	31155
中方县	2390008	206112	1769536	1725375	44194	414360	99327	54474
沅陵县	4342123	317143	3142384	2811627	332850	882596	72203	245437
辰溪县	2158777	281636	1204780	1086216	119327	672361	98148	175428
溆浦县	3189677	541561	1521341	1354956	167333	1126775	121176	176802
会同县	1033300	199574	377731	338151	39580	455995	56654	86399
麻阳县	1537941	243890	760053	703158	56895	533998	56516	76804
新晃县	1091404	141404	533848	466467	67381	416152	69688	94331
芷江县	1972699	326622	1082755	1061506	22869	563322	95144	89374
靖州县	1801552	223685	846445	799295	47280	731422	257063	155534
通道县	732519	123237	372659	354702	18295	236623	50307	45728
洪江市	2048057	297336	1051320	970742	84674	699401	80118	116897

各县市区支出法生产总值

（按当年价格计算·2015年）

	支出法生产总值合　计（万元）	最终消费	资本形成总额	货物和服务净出口	投资率%	消费率%
鹤城区	2864889	1764796	991048	109045	34.6	61.6
洪江区	314175	115744	198347	84	63.1	36.8
中方县	917590	351561	564699	1330	61.5	38.3
沅陵县	1629817	722972	500641	406204	30.7	44.4
辰溪县	994108	602677	338844	52587	34.1	60.6
溆浦县	1257759	891670	338880	27209	26.9	70.9
会同县	607694	374776	243018	-10100	40.0	61.7
麻阳县	640026	378245	261902	-121	40.9	59.1
新晃县	494479	370300	119254	4925	24.1	74.9
芷江县	906696	379643	528241	-1188	58.3	41.9
靖州县	680357	355013	324569	775	47.7	52.2
通道县	340151	236359	171964	-68172	50.6	69.5
洪江市	978242	542801	465456	-30015	47.6	55.5

各县市区生产总值项目构成

（按当年价格计算·2015 年） 单位：万元

	生产总值合计	劳动者报酬	固定资产折旧	生产税净额	营业盈余
鹤城区	2864889	1026902	324006	565228	948753
洪江区	314175	137930	47314	63597	65334
中方县	917590	361009	110521	113210	332850
沅陵县	1629817	685223	279511	283969	381114
辰溪县	994107	695360	64127	139637	94983
溆浦县	1257759	885195	78421	150014	144129
会同县	607694	436566	22791	53388	94949
麻阳县	640026	437222	80264	102652	19888
新晃县	494479	220958	148863	65676	58982
芷江县	906696	634612	26182	86600	159302
靖州县	680357	408581	46453	147895	77428
通道县	340151	191966	27839	62412	57934
洪江市	978242	555816	109822	132442	180162

各县市区支出法生产总值结构

（按当年价格计算·2015 年）

	资本形成总额				最终消费					
	绝对数（万元）		比重（%）		绝对数（万元）				比重（%）	
	固定资本形成总额	存货增加	固定资产形成总额	存货增加	居民消费	农业居民	非农业居民	政府消费	居民消费	政府消费
鹤城区	718160	272888	72.5	27.5	1089056	39328	1049728	675740	61.7	38.3
洪江区	173902	24445	87.7	12.3	73573	5538	68035	42171	63.6	36.4
中方县	552894	11805	97.9	2.1	239491	109111	130380	112070	68.1	31.9
沅陵县	436518	64123	87.2	12.8	538999	271337	267662	183973	74.6	25.4
辰溪县	286057	52787	84.4	15.6	349580	189101	160479	253097	58.0	42.0
溆浦县	250104	88776	73.8	26.2	812789	421185	391604	78881	91.2	8.8
会同县	236368	6650	97.3	2.7	323710	163600	160110	51066	86.4	13.6
麻阳县	175840	86062	67.1	32.9	262897	170448	92449	115348	69.5	30.5
新晃县	86421	32833	72.5	27.5	310582	149898	160684	59718	83.9	16.1
芷江县	391196	137045	74.1	25.9	281112	142656	138456	98531	74.0	26.0
靖州县	243904	80665	75.1	24.9	263976	111214	152762	91037	74.4	25.6
通道县	164071	7893	95.4	4.6	138638	58239	80399	97721	58.7	41.3
洪江市	445288	20168	95.7	4.3	393408	258050	135358	149393	72.5	27.5

各县市区居民收支情况表

（2015 年）　　单位：元

	城镇人均可支配收入（元）		城镇人均消费支出（元）		农村人均可支配收入（元）	
	2015 年	增长%	2015 年	增长%	2015 年	增长%
全　市	20693	7.8	9858	12.2	7203	11.2
鹤城区	25578	7.9	17858	10.7	10657	10.9
洪江区	16826	8.6	11047	38.3	8152	10.3
中方县	21671	8.5	9527	6.9	8433	11.3
沅陵县	17621	7.7	8946	13.3	7042	10.0
辰溪县	17904	8.7	9147	18.5	7436	11.1
溆浦县	18272	8.4	9390	13.8	8379	10.6
会同县	17134	8.3	9495	8.5	7407	11.0
麻阳县	17924	7.6	7930	20.7	6158	14.6
新晃县	15865	8.8	7604	7.6	6003	11.3
芷江县	18502	8.9	6918	6.2	6533	11.9
靖州县	17151	7.8	8718	18.0	7156	11.2
通道县	16280	8.5	6071	36.6	5339	11.6
洪江市	18618	8.0	9853	16.2	8325	10.7

个体工商户基本情况

（2015 年）

	户数（户）	本期开业	从业人数（人）	本期开业	资金数额	本期开业
合　计	133532	24218	15399	12215	853436.82	264805.92

私营企业基本情况

（2015 年）

	户数（户）	城　镇	本期开业	投资者人数（人）	城　镇	雇工人数（人）
合　计	16225	12666	3720	41448	29880	6543
农、林、牧、渔业	1729	820	511	4025	1985	1397
农、林、牧、渔服务业	84	59	13	250	192	71
采矿业	476	191	79	1089	420	287
开采辅助活动		0		0		
制造业	1651	988	303	4558	2646	1406
金属制品、机械和设备修理业	8	7	3	14	10	10
电力、热力、燃气及水生产和供应业	328	143	29	6555	2526	267
建筑业	803	716	239	1829	1604	192
批发和零售业	4723	4002	1017	8933	7769	897
交通运输、仓储和邮政业	416	339	96	1427	1094	276
住宿和餐饮业	329	306	70	723	620	127
信息传输、软件和信息技术服务业	854	701	184	1120	967	161
金融业	405	287	102	1239	1165	31
房地产业	955	913	113	2457	2357	284
租赁和商务服务业	1947	1845	560	4166	3853	423
科学研究和技术服务业	258	231	74	660	585	129
水利、环境和公共设施管理业	71	57	26	135	111	26
居民服务、修理和其他服务业	736	672	136	1573	1341	150
教育	74	65	40	186	156	56
卫生和社会工作	29	26	8	69	63	5
文化、体育和娱乐业	441	364	133	704	618	429
其他						

城市社会经济基本情况（一）

（2015 年）

	计量单位	全市	其中：市辖区
一、人口、劳动力及土地资源			
（一）人口			
年末总人口	万人	525. 85	38. 11
年平均人口	万人	514. 62	37. 76
常住人口	万人	490. 16	60. 79
年出生人口	人	72201	5876
年死亡人口	人	32219	2880
年末总户数	万户	168. 82	15. 35
（二）从业人员			
从业人员期末人数（城镇）	万人	26. 42	6. 99
第一产业（农、林、牧、渔业）	万人	0. 15	0. 00
第二产业	万人	6. 63	1. 22
（1）采矿业	万人	0. 24	0. 00
（2）制造业	万人	2. 49	0. 32
（3）电力、热力、燃气及水生产和供应业	万人	1. 18	0. 07
（4）建筑业	万人	2. 71	0. 83
第三产业	万人	19. 64	5. 76
（1）交通运输、仓储和邮政业	万人	0. 53	0. 36
（2）信息传输、计算机服务和软件业	万人	1. 29	0. 80
（3）批发和零售业	万人	0. 18	0. 06
（4）住宿、餐饮业	万人	0. 39	0. 30
（5）金融业	万人	0. 89	0. 63
（6）房地产业	万人	0. 55	0. 19
（7）租赁和商务服务业	万人	0. 26	0. 07
（8）科学研究、技术服务和地质勘查业	万人	0. 32	0. 17
（9）水利、环境和公共设施管理业	万人	0. 69	0. 28
（10）居民服务和其他服务业	万人	0. 06	0. 05
（11）教育	万人	4. 84	0. 78
（12）卫生、社会保障和社会福利业	万人	2. 74	0. 78
（13）文化、体育和娱乐业	万人	0. 24	0. 12
（14）公共管理和社会组织	万人	6. 66	1. 17
（15）国际组织	万人	0. 00	0. 00
城镇私营和个体从业人员	人	448800	0. 00
年末城镇登记失业人员数	人	61062	31520
（三）土地面积及水资源			
行政区域土地面积	平方公里	27572	666
其中：建成区面积	平方公里	165	64
城市建设用地面积	平方公里	172	71
其中：居住用地面积	平方公里	44. 97	14
公共设施用地面积	平方公里	13. 51	7
工业用地面积	平方公里	15. 99	5. 3
水资源总量	万平方米	2631000	-
二、综合经济			
（一）地区生产总值（当年价格）	万元	12732479	2864889
第一产业增加值	万元	1843623	95432
第二产业增加值	万元	5326836	806904
第三产业增加值	万元	5562020	1962553
地区生产总值（2010 年价格）	万元	10854001	2410463

城市社会经济基本情况（二）

（2015 年）

	计量单位	全　市	其中：市辖区
人均地区生产总值	元	26060	47190
地区生产总值增长率	%	8.50	8.50
（二）财政			
公共财政收入	万元	1107921	419760
其中：税收收入	万元	809662	301586
其中：企业所得税	万元	125933	42377
个人所得税	万元	38000	18020
公共财政支出	万元	3345277	600197
其中：一般性公共服务支出	万元	395118	96962
科学技术支出	万元	12700	12547
教育支出	万元	574213	91794
文化体育与传媒支出	万元	72927	10842
医疗卫生支出	万元	343168	45879
节能保护支出	万元	69383	7767
城乡社区事务支出	万元	160333	60014
交通运输支出	万元	172399	39250
社会保障和就业支出	万元	572983	111518
住房保障支出	万元	192079	61128
（三）金融			
年末金融机构各项存款余额	万元	14783765	4970346
其中：住户存款	万元	10327371	2766609
年末金融机构各项贷款余额	万元	8325445	3631320
（四）保险			
保费收入	万元	390758	-
其中：财产险	万元	126779	-
人身险	万元	263979	-
赔款、给付	万元	98045	-
其中：财产险	万元	55143	-
人身险	万元	42902	-
三、规模以上工业			
（一）工业企业数	个	575	59
其中：内资企业	个	562	57
国有企业	个	16	
私营企业	个	412	37
港、澳、台商投资企业	个	6	
外商投资企业	个	7	2
（二）工业总产值（当年价）	万元	9068500	927100
其中：内资企业	万元	8628720	863300
国有企业	万元	342100	
私营企业	万元	5720300	563500
港、澳、台商投资企业	万元	49180	
外商投资企业	万元	390600	63800
（三）企业财务			
从业人员年平均人数	万人	9.78	0.74
流动资产合计	万元	1529000	276700
固定资产合计	万元	4584000	142000
主营业务收入	万元	8952000	897500
主营业务成本	万元	7331000	787400

城市社会经济基本情况（三）

（2015 年）

	计量单位	全　市	其中：市辖区
主营业务税金及附加	万元	73000	13400
本年应交增值税	万元	261000	4500
利润总额	万元	381000	22600
（四）战略性新兴产业总产值	万元	1140742	16100
四、交通运输、通讯与能源			
（一）交通运输			
铁路旅客运量	万人	942.02	–
铁路货物运量	万吨	202	–
公路客运量（全社会）	万人	11716.81	–
公路货运量（全社会）	万吨	5701	–
水运客运量（全社会）	万人	590.30	–
水运货运量（全社会）	万吨	332	–
民用航空客运量	万人	18.43	–
民用航空货邮运量	吨	25	–
沿海港口货物吞吐量（规模以上）	万吨	0.00	–
内河港口货物吞吐量（规模以上）	万吨	0.00	–
境内公路总里程	公里	20443	–
其中：高速公路里程	公里	675	–
民用汽车拥有量	辆	227661	–
其中：私人汽车拥有量	辆	203271	–
（二）邮电通信			
年末邮政局（所）数	处	216	27
邮政业务收入	万元	34256	–
电信业务收入	万元	463379	–
固定电话年末用户数	万户	37.07	–
移动电话年末用户数	万户	336.09	–
其中：3G 及以上电话用户	万户	65.10	–
互联网宽带接入用户数	万户	49.49	–
（三）能源电力			
规模以上工业能源消费量	万吨标准煤	672	–
其中：第一产业能源消费量	万吨标准煤	53	–
第二产业能源消费量	万吨标准煤	320	–
第三产业能源消费量	万吨标准煤	151	–
居民生活用能	万吨标准煤	148.00	–
全社会用电量	万千瓦时	877285	189300
其中：工业用电	万千瓦时	507109	43700
城乡居民生活用电	万千瓦时	194189	55200
五、贸易、外经与旅游			
（一）贸易			
社会消费品零售总额	万元	5027559	1740011
限额以上批发零售贸易业商品销售总额	万元	2074466	1820872
限额以上批发零售企业数（法人数）	个	132	73
其中：零售业	个	104	58
限额以上批发零售贸易业企业财务			
其中：从事批发和零售业活动的从业人员平均人数	万人	1.98	1.60
流动资产合计	万元	497308	448512
固定资产合计	万元	124453	90324

城市社会经济基本情况（四）

（2015 年）

	计量单位	全　市	其中：市辖区
主营业务收入	万元	1784619	1571551
主营业务成本	万元	1540071	1355497
主营业务税金及附加	万元	44820	43036
本年应交增值税	万元	27198	25380
利润总额	万元	58649	52348
（二）外经			
货物进口额（海关数）	万美元	926	–
货物出口额（海关数）	万美元	5035	–
外商直接投资合同项目	个	16	4
当年实际使用外资金额	万美元	11394	1050
（三）旅游			
入境游客人数（含一日游游客）	人次	80503	–
其中：外国人	人次	16033	–
港、澳、台同胞	人次	64470	–
国际旅游（外汇）收入	万美元	2104	–
国内游客	人次	33163393	–
国内旅游收入	万元	2255007	–
六、固定资产投资			
（一）固定资产投资			
全社会固定资产投资	万元	10080045	1643930
固定资产投资（不含农户）	万元	10080045	1643930
其中：房地产开发投资	万元	1172099	625433
其中：住宅	万元	807318	370161
全年新增固定资产	万元	10235041	987046
（二）房地产			
商品房屋销售面积	万平方米	402.08	149.32
其中：住宅	万平方米	346.84	129.03
其中：别墅、高档公寓	万平方米	4.25	0.83
商品房屋销售额	万元	1453371	632018
其中：住宅	万元	1010960	422804
其中：别墅、高档公寓	万元	12236	2672
待售面积	万平方米	138.15	80.79
（三）保障性住房建设			
保障性住房本年完成投资	万元	120098	15193
其中：廉租房	万元		
公共租赁住房	万元	120098	15193
保障性住房新开工面积	万平方米	1083821.00	168041.00
其中：廉租房	万平方米	0.00	0.00
公共租赁住房	万平方米	1083821.00	168041.00
保障性住房竣工面积	万平方米	616795.00	97141.00
其中：廉租房	万平方米	0.00	0.00
公共租赁住房	万平方米	616795.00	97141.00
七、教育、科技、体育、文化与卫生			
（一）教育			
学校数			
普通高等学校数	所	3	3
中等职业教育学校数	所	44	17

城市社会经济基本情况（五）

（2015 年）

	计量单位	全　市	其中：市辖区
普通中学数	所	355	33
普通小学数	所	1349	58
成人高等学校数	所	1	1
专任教师数			
其中：普通高等学校专任教师数	人	1590	1590
中等职业教育学校专任教师数	人	2456	1104
普通中学专任教师数	人	17469	2607
普通小学专任教师数	人	20190	2360
成人高等专任教师数	人	44	44
在校学生数			
其中：普通高等学校在校学生数	人	37570	37570
中等职业教育学校在校学生数	人	46866	24225
普通中学在校学生数	万人	21.20	3.69
普通小学在校学生数	万人	33.92	5.23
成人高等学校在校学生数	人	7075	7075
初中毕业生升学率	%	86.41	90.45
（二）科技			
科技活动人员	人	4194	400
R&D 人员数	人	1730	122
R&D 内部经费支出	万元	45154	876
专利申请受理量	项	999	254
专利申请授权量	项	767	184
其中：发明	项	35	14
（三）文化			
体育场馆数	个	21	5
剧场、影剧院数	个	5	1
公共图书馆图书总藏量	千册	1679.57	614.96
订销报刊杂志累计份数	千份	4107.30	895.02
广播节目综合人口覆盖率	%	91.20	91.20
电视节目综合人口覆盖率	%	97.50	97.50
有线电视入户率	%	69.54	94.94
（四）卫生			
医院、卫生院数	个	368	18
医院、卫生院床位数	张	27293	4891
医生数（执业医师＋执业助理医师）	人	9615	2231
注册护士	人	10614	2924
八、人民生活			
在岗职工平均人数	万人	23.74	5.88
在岗职工工资总额	万元	1173239.80	343190.50
在岗职工平均工资	元	49006	57335
（一）居民收支			
工资性收入	元	12669	16751
经营净收入	元	2774	1451
财产净收入	元	949	1547
转移净收入	元	4301	5829
城镇居民人均可支配收入	元	20693	25578
城镇居民人均消费支出	元	14302	18715

城市社会经济基本情况（六）

（2015 年）

	计量单位	全　市	其中：市辖区
其中：食品烟酒	元	4864	5701
衣着	元	1043	1275
居住	元	2425	2924
生活用品及服务	元	921	1152
交通和通信	元	1881	3354
教育文化和娱乐	元	2037	2666
医疗保健	元	919	1325
其他用品及服务	元	212	318
（二）居民生活			
每百户居民家庭拥有量			
其中：家用汽车	辆	12	14
消毒碗柜	台	12	19
洗碗机	台		
固定电话	部	38	51
移动电话	部	222	253
其中：接入互联网	部	111	128
计算机	台	58	82
其中：接入互联网	台	50	80
电冰箱（柜）	台	97	103
彩色电视机	台	105	111
中高档乐器	架	2	4
照相机	架	19	35
摄像机	架	4	4
洗衣机	台	91	99
城镇人均住房建筑面积	平方米	36.80	34.30
居民消费价格指数（上年为100）	%	101.10	101.10
九、社会保障			
城镇职工基本养老保险参保人数	人	63546	20238
城乡居民社会养老保险参保人数	人	357246	122236
城镇职工基本医疗保险参保人数	人	419659	102948
城镇居民基本医疗保险参保人数	人	682846	215678
失业保险参保人数	人	301099	97529
工伤保险参保人数	人	371149	36858
生育保险参保人数	人	294550	42789
社会福利院数	个	111	8
社会福利院床位数	张	8104	390
社区服务设施数	个	265	12
城市社区综合服务设施覆盖率	%	100.00	100.00
城镇居民最低生活保障人数	人	92612	15439
十、公共管理			
（一）事故			
交通事故死亡人数	人	62	22
交通事故损失额	万元	117	44
火灾事故死亡人数	人	5	
火灾事故损失额	万元	1730	401
（二）社会治安			
刑事案件立案数	起	12208	3834

城市社会经济基本情况（七）

（2015 年）

	计量单位	全　市	其中：市辖区
刑事罪犯人数	人	3432	560
其中：青少年人数（年龄 14－25 周岁）	人	671	169
十一、市政公用事业			
（一）基础设施			
城市维护建设资金支出	万元	118906	56952
年末实有城市道路面积	万平方米	1680	469
排水管道长度	公里	1340	373
供水综合生产能力（包括自备水源）	万立方米/日	69.30	26.00
供水总量	万吨	10960.55	5015.00
售水量	万吨	8827.50	3995.00
其中：居民家庭用水量	万吨	5617.40	2484.00
用水人口	万人	146.24	52.00
用水普及率	%	82.85	93.49
供气总量（人工、天然气）	万立方米	－	473
其中：居民家庭用量	万立方米	－	3
用气人口	人	－	110000
液化石油气供气总量	吨	－	37299
其中：居民家庭用量	吨	－	22598
用液化气人口	人	－	320000
（二）公共交通			
年末实有公共汽（电）车运营车辆数	辆	－	351
全年公共汽（电）车客运总量	万人次	－	7912.10
年末实有出租汽车数	辆	－	800
轨道交通线路长度	公里	－	
轨道交通客运总量	万人次	－	0.00
（三）绿地			
绿化覆盖面积	公顷	8074	2305
其中：建成区	公顷	5920	2283
绿地面积	公顷	5545	2105
其中：建成区	公顷	4698	2058
公园绿地面积	公顷	1550	397
公园面积	公顷	1181	299
十二、环境保护			
工业废水排放量	万吨	5381.59	－
工业废气排放量	万平方米	351.33	－
工业二氧化硫产生量	吨	56125	－
工业二氧化硫排放量	吨	39561	－
工业氮氧化物产生量	吨	16290	－
工业氮氧化物排放量	吨	14803	－
工业烟（粉）尘产生量	吨	687060	－
工业烟（粉）尘排放量	吨	37418	－
工业重金属产生量	吨	19	－
工业重金属排放量	吨	9	－
一般工业固体废物综合利用率	%	45.00	－
污水处理率	%	84.85	－
污水处理厂集中处理率	%	80.26	－
生活垃圾无害化处理率	%	91.68	－
空气质量达到及好于二级的天数	天	282	－

二、人口与劳动工资

资料整理：
金清华
校　　对：

各县（市、区）

（201

	单位	怀化市	鹤城区	中方县	沅陵县	辰溪县	溆浦县
一、年末总户数	万户	168.82	15.35	8.96	21.96	17.03	27.44
二、年末总人口	万人	525.85	37.59	28.89	67.15	53.65	92.14
常住人口	万人	490.16	60.79	24.28	60.18	46.14	75.20
其中：男	万人	253.60	31.06	12.59	31.26	23.96	39.10
女	万人	236.56	29.73	11.69	28.92	22.18	36.10
其中：市镇人口	万人	209.54	56.18	8.10	20.67	15.85	26.65
乡村人口	万人	280.62	4.61	16.18	39.51	30.29	48.55
其中：农业人口	万人	432.1	12.22	26.05	59.17	42.11	81.62
非农业人口	万人	93.75	25.37	2.84	7.98	11.54	10.52
三、出生人口	万人	7	0.5	0.5	0.8	0.7	1.4
其中：男	万人	3.8	0.27	0.28	0.43	0.39	0.76
女	万人	3.2	0.23	0.22	0.37	0.31	0.64
四、死亡人口	万人	3.98	0.22	0.21	0.54	0.43	0.66
五、出生率	‰	13.14	12.81	15.41	11.36	13.55	14.71
死亡率	‰	7.5	5.98	7.1	8.06	7.78	7.07
自然增长率	‰	5.64	6.83	8.31	3.3	5.77	7.64

人口基本情况

5年)

会同县	麻阳县	新晃县	芷江县	靖州县	通道县	洪江市	洪江区
11.70	11.63	8.95	12.94	8.44	6.52	15.03	2.87
36.66	40.34	27.62	38.23	27.51	24.21	44.52	7.34
33.05	34.92	24.93	34.68	25.30	21.23	42.80	6.66
16.87	18.10	12.92	17.98	13.11	11.03	22.18	3.44
16.18	16.82	12.01	16.70	12.19	10.20	20.62	3.22
11.14	11.24	8.30	11.29	10.96	6.80	16.43	5.93
21.91	23.68	16.63	23.39	14.34	14.43	26.37	0.73
33.18	36.94	23.97	34.76	22.8	20.36	36.87	2.05
3.48	3.40	3.65	3.47	4.71	3.85	7.65	5.29
0.5	0.5	0.4	0.5	0.4	0.3	0.5	0.1
0.28	0.27	0.22	0.26	0.22	0.16	0.26	0.05
0.22	0.23	0.18	0.24	0.18	0.14	0.24	0.05
0.26	0.34	0.22	0.3	0.18	0.16	0.39	0.07
13.62	13.2	12.94	11.77	14.13	13.53	11.6	8.43
7.1	8.29	7.93	7.56	6.47	6.49	8.73	10.34
6.52	4.91	5.01	4.21	7.66	7.04	2.87	-1.91

年末从业人员人数

单位：万人

	2006 年	2007 年	2008 年	2009 年	2010 年	2011 年	2012 年	2013 年	2014 年	2015 年
年末从业人员人数（万人）	274.07	276.26	292.34	293.30	294.74	299.7	302.68	303.3	304.23	305.25
在岗职工人数	26.73	26.40	25.97	25.28	25.96	25.22	27.28	26.94	26.51	23.84
国有经济单位	19.62	20.56	19.13	18.77	19.30	17.98	18.57	18.46	18.18	17.51
城镇集体经济单位	3.82	2.29	1.93	1.33	1.46	1.21	1.47	1.56	1.45	1.09
其他经济类型单位	3.29	3.55	4.91	5.18	5.20	6.03	6.57	6.92	6.88	5.24
城镇个体从业人员	11.01	12.55	26.80	30.45	34.20	35.79	38.85	40.7	42.67	46.21
城镇私营企业从业人员	17.07	21.17	20.44	21.90	22.77	24.21	25.06	26.03	27.01	28.27
农村从业人员	217.67	214.65	217.72	214.18	210.18	212.8	209.7	207.8	206.10	204.35
其他从业人员	1.59	1.49	1.41	1.49	1.63	1.68	1.79	1.83	1.94	2.58

按三次产业分的年末从业人员

	2006 年	2007 年	2008 年	2009 年	2010 年	2011 年	2012 年	2013 年	2014 年	2015 年
年末从业人员人数（万人）	274.07	276.26	292.34	293.30	294.74	299.7	302.68	303.3	304.23	305.25
第一产业	176.24	175.52	165.59	161.15	155.73	155.19	153.59	150.26	149.08	132
第二产业	30.20	30.33	38.23	38.76	39.73	40.65	41.21	41.51	42.26	42.3
第三产业	67.63	70.41	88.52	93.39	99.29	103.86	107.88	111.53	112.89	130.95
从业人员构成(以合计为100)										
第一产业	64.3	63.5	56.6	54.9	52.8	51.78	50.74	49.54	49.00	43.24
第二产业	11.0	11.0	13.1	13.2	13.5	13.56	13.62	13.69	13.89	13.86
第三产业	24.7	25.5	30.3	31.8	33.7	34.65	35.64	36.77	37.11	42.9

按类型分的年末从业人员人数

（2015 年）　　单位：万人

	合 计	城 镇	乡 村
一、经济活动人口	311.37	107.02	204.35
二、从业人员	305.25	100.90	204.35
1、按就业身份分组			
（1）在岗职工	26.39	26.39	
（2）劳务派遣人员	0.69	0.69	
（3）个体从业人员	49.28	43.73	5.55
（4）私营企业从业人员	32.27	28.12	4.15
（5）乡镇企业从业人员	30.4		30.40
（6）农村劳动力	164.25		164.25
（7）其他从业人员	1.97	1.97	
2、按经济类型分组			
（1）国有经济	19.9	19.9	
（2）集体经济	10.2	2.36	7.84
（3）私营经济	33.2	26.82	6.38
（4）个体经济	50.68	44.17	6.51
（5）其他内资经济	7.21	7.21	
（6）外商投资经济	0.24	0.24	
（7）港澳台商经济	0.2	0.2	
（8）其他经济	183.62		183.62
3、按国民经济行业分组			
（1）农、林、牧、渔业	132	0.32	131.68
（2）采掘业	4.80	1.42	3.38
（3）制造业	23.05	10.5	12.55
（4）电力、煤气及水的生产供应业	3.2	2.75	0.45
（5）建筑业	11.25	6.12	5.13
（6）交通运输、仓储和邮政业	18.95	10.72	8.23
（7）信息传输、计算机服务和软件业	3.12	1.75	1.37
（8）批发和零售业	31.86	18.46	13.40
（9）住宿和餐饮业	21.45	10.25	11.20
（10）金融业	2.16	2.16	0.00
（11）房地产业	6.18	5.98	0.20
（12）租赁和商务服务业	2.16	2.16	0.00
（13）科学研究、技术服务和地质勘查业	0.71	0.51	0.20
（14）水利、环境和公共设施管理业	0.96	0.96	
（15）居民服务和其他服务业	15.68	7.19	8.49
（16）教育	6.84	6.02	0.82
（17）卫生、社会保障和社会福利业	8.51	3.16	5.35
（18）文化、体育和娱乐业	2.16	2.02	0.14
（19）公共管理和社会组织	10.21	8.45	1.76
三、城镇登记失业人员	6.12	6.12	

全部非私营单位

(201

	单位	怀化市	鹤城区	中方县	沅陵县	辰溪县
一、单位数	个	3393	630	227	234	252
二、从业人员期末人数	人	264204	69514	15176	26811	22352
其中：女性	人	99651	29547	5070	9219	7186
在岗职工	人	238438	60135	14518	25303	19234
劳务派遣人员	人	5887	3344	70	134	606
其他从业人员	人	19879	6035	588	1374	2512
三、全部从业人员平均人数	人	263889	68857	14984	26816	23577
在岗职工平均人数	人	237448	58781	14447	25241	20321
劳务派遣人员平均人数	人	6410	3974	76	131	553
其他从业人员平均人数	人	20031	6102	461	1444	2703
四、从业人员工资总额	千元	12549177	3797646	633351	1330113	923126
在岗职工工资总额	千元	11732398	3431905	617803	1291178	825579
其中：基本工资	千元	5042416	1268032	262446	651786	389118
绩效工资	千元	2943874	1124224	46146	346753	233922
工资性津贴和补贴	千元	3051010	744373	301550	228535	169218
其他工资	千元	695098	295276	7661	64104	33321
劳务派遣人员工资总额	千元	218044	166123	2316	2271	8115
其他从业人员工资总额	千元	598735	199618	13232	36664	89432
五、从业人员平均工资	元	47555	55153	42268	49601	39154
在岗职工平均工资	元	49410	58385	42763	51154	40627
劳务派遣人员平均工资	元	34016	41802	30474	17336	14675
其他从业人员平均工资	元	29890	32714	28703	25391	33086

国有单位从业

(201

	单位	怀化市	鹤城区	中方县	沅陵县	辰溪县
一、单位数	个	2747	415	171	191	194
二、从业人员期末人数	人	175079	42179	7736	17857	12793
其中：女性	人	73019	18270	2902	7102	4815
在岗职工	人	161204	36450	7590	16516	11555
劳务派遣人员	人	2772	1502	9	127	239
其他从业人员	人	11103	4227	137	1214	999
三、全部从业人员平均人数	人	174598	42209	7770	17802	12732
在岗职工平均人数	人	160405	36019	7612	16480	11579
劳务派遣人员平均人数	人	2998	1819	9	124	186
其他从业人员平均人数	人	11195	4371	149	1198	967
四、从业人员工资总额	千元	8726160	2447580	391533	896530	539133
在岗职工工资总额	千元	8318125	2222964	387691	862056	501487
其中：基本工资	千元	2936446	652890	118907	318944	199386
绩效工资	千元	2004806	694251	1785	264025	119242
工资性津贴和补贴	千元	2800284	648694	266999	223164	151632
其他工资	千元	576589	227129	-	55923	31227
劳务派遣人员工资总额	千元	92492	72978	303	2069	5360
其他从业人员工资总额	千元	315543	151638	3539	32405	32286
五、从业人员平均工资	元	49979	57987	50390	50361	42345
在岗职工平均工资	元	51857	61716	50932	52309	43310
劳务派遣人员平均工资	元	30851	40120	33667	16685	28817
其他从业人员平均工资	元	28186	34692	23752	27049	33388

从业人员及工资总额

5 年)

溆浦县	会同县	麻阳县	新晃县	芷江县	靖州县	通道县	洪江市	洪江区
225	187	264	242	283	205	214	276	154
26173	13522	16005	10575	15477	11455	10228	19708	7208
10755	5058	5552	4436	6175	4464	3633	6120	2436
24591	11952	15830	9873	14261	9598	8629	18327	6187
138	66	12	53	661	42	206	350	205
1444	1504	163	649	555	1815	1393	1031	816
26066	13435	15855	10545	15461	11416	10139	19597	7141
24537	11901	15661	9831	14261	9486	8574	18275	6132
112	61	21	55	644	33	205	352	193
1417	1473	173	659	556	1897	1360	970	816
1084670	622885	784475	537829	789175	514481	460502	816928	253996
1032014	586662	779391	516704	769195	457697	427558	761195	235517
467384	246801	333782	185302	302986	189653	183909	425133	136084
211396	97188	185323	116331	197509	78348	97491	169417	39826
331494	217127	220436	169816	203574	147071	111555	161389	44872
21740	25546	39850	45255	65126	42625	34603	5256	14735
2737	1407	889	1900	8480	1269	5513	11942	5082
49919	34816	4195	19225	11500	55515	27431	43791	13397
41612	46363	49478	51003	51043	45067	45419	41686	35569
42060	49295	49766	52559	53937	48250	49867	41652	38408
24438	23066	42333	34545	13168	38455	26893	33926	26332
35229	23636	24249	29173	20683	29265	20170	45145	16418

人员及工资总额

5 年)

溆浦县	会同县	麻阳县	新晃县	芷江县	靖州县	通道县	洪江市	洪江区
199	154	232	220	234	185	192	233	127
20550	9965	11426	8258	10716	8622	8685	12268	4024
9425	4065	4759	3662	4593	3693	3299	4706	1728
20189	9197	11278	7740	9877	7574	7761	12268	3209
71	24	2	26	617	7	37		111
290	744	146	492	222	1041	887		704
20438	9932	11348	8275	10707	8619	8572	12225	3969
20058	9165	11200	7756	9893	7572	7676	12225	3170
72	24	2	28	590	8	37		99
308	743	146	491	224	1039	859		700
857688	486502	599525	437941	588804	387839	404279	536450	152356
845700	473685	596057	422935	577206	365608	386408	536450	139878
364761	178454	203723	124472	190516	138658	150112	231595	64028
171624	65424	150897	86952	134889	51877	91393	144941	27506
297336	207869	202939	166898	191421	136712	110449	159419	36752
11979	21938	38498	44613	60380	38361	34454	495	11592
1581	193	74	887	6518	158	598		1773
10407	12624	3394	14119	5080	22073	17273		10705
41965	48983	52831	52923	54992	44998	47163	43881	38386
42163	51684	53219	54530	58345	48284	50340	43881	44126
21958	8042	37000	31679	11047	19750	16162		17909
33789	16991	23247	28756	22679	21244	20108		15293

城镇集体单位从业

（201

	单位	怀化市	鹤城区	中方县	沅陵县	辰溪县
一、单位数	个	94	11	2	4	17
二、从业人员期末人数	人	10857	468	51	200	2716
其中：女性	人	2450	191	29	25	798
在岗职工	人	8035	425	28	198	2523
劳务派遣人员	人	377	28		0	15
其他从业人员	人	2445	15	23	2	178
三、全部从业人员平均人数	人	10729	468	51	217	2715
在岗职工平均人数	人	7983	426	28	215	2519
劳务派遣人员平均人数	人	374	28		0	15
其他从业人员平均人数	人	2372	14	23	2	181
四、从业人员工资总额	千元	396122	17197	1380	7288	90146
在岗职工工资总额	千元	301910	15450	807	7210	84577
其中：基本工资	千元	200618	11639	242	5707	49473
绩效工资	千元	72194	796		324	28719
工资性津贴和补贴	千元	24178	2202	565	1179	5849
其他工资	千元	4920	813		0	536
劳务派遣人员工资总额	千元	12413	699		0	363
其他从业人员工资总额	千元	81799	1048	573	78	5206
五、从业人员平均工资	元	36921	36746	27059	33585	33203
在岗职工平均工资	元	37819	36268	28821	33535	33576
劳务派遣人员平均工资	元	33190	24964		0	24200
其他从业人员平均工资	元	34485	74857	24913	39000	28762

非私营其他单位

（201

	单位	怀化市	鹤城区	中方县	沅陵县	辰溪县
一、单位数	个	552	204	54	39	41
二、从业人员期末人数	人	78268	26867	7389	8754	6843
其中：女性	人	24182	11086	2139	2092	1573
在岗职工	人	69199	23260	6900	8589	5156
劳务派遣人员	人	2738	1814	61	7	352
其他从业人员	人	6331	1793	428	158	1335
三、全部从业人员平均人数	人	78562	26180	7163	8797	8130
在岗职工平均人数	人	69060	22336	6807	8546	6223
劳务派遣人员平均人数	人	3038	2127	67	7	352
其他从业人员平均人数	人	6464	1717	289	244	1555
四、从业人员工资总额	千元	3426895	1332869	240438	426295	293847
在岗职工工资总额	千元	3112363	1193491	229305	421912	239515
其中：基本工资	千元	1905352	603503	143297	327135	140259
绩效工资	千元	866874	429177	44361	82404	85961
工资性津贴和补贴	千元	226548	93477	33986	4192	11737
其他工资	千元	113589	67334	7661	8181	1558
劳务派遣人员工资总额	千元	113139	92446	2013	202	2392
其他从业人员工资总额	千元	201393	46932	9120	4181	51940
五、从业人员平均工资	元	43620	50912	33567	48459	36144
在岗职工平均工资	元	45068	53434	33687	49370	38489
劳务派遣人员平均工资	元	37241	43463	30045	28857	6795
其他从业人员平均工资	元	31156	27334	31557	17135	33402

人员及工资总额

5年）　　单位：人

溆浦县	会同县	麻阳县	新晃县	芷江县	靖州县	通道县	洪江市	洪江区
9	6	6	6	9	3	3	13	5
1885	1207	1440	758	427	600	334	566	205
253	212	151	226	226	191	42	37	69
834	607	1440	744	403	325	85	243	180
0	11		12		0		304	7
1051	589		2	24	275	249	19	18
1873	1169	1367	762	425	578	337	556	211
868	602	1367	742	401	308	86	233	188
0	6		12		0		306	7
1005	561		8	24	270	251	17	16
68405	51210	46203	36409	18623	22676	6261	21472	8852
30385	32673	46203	35678	18120	9862	2109	10541	8295
24845	13609	42501	23049	6933	8663	1829	7841	4287
1300	14506	1433	12486	7308	188	231	2700	2203
4240	4222	2237	143	1742	955	49		795
0	336	32		2137	56		0	1010
0	388		533		0		10200	230
38020	18149		198	503	12814	4152	731	327
36522	43807	33799	47781	43819	39232	18579	38619	41953
35006	54274	33799	48084	45187	32019	24523	45240	44122
0	64667		44417		0		33333	32857
37831	32351		24750	20958	47459	16542	43000	20438

从业人员及工资总额

5年）　　单位：人

溆浦县	会同县	麻阳县	新晃县	芷江县	靖州县	通道县	洪江市	洪江区
17	27	26	16	40	17	19	30	22
3738	2350	3139	1559	4334	2233	1209	6874	2979
1077	781	642	548	1356	580	292	1377	639
3568	2148	3112	1389	3981	1699	783	5816	2798
67	31	10	15	44	35	169	46	87
103	171	17	155	309	499	257	1012	94
3755	2334	3140	1508	4329	2219	1230	6816	2961
3611	2134	3094	1333	3967	1606	812	5817	2774
40	31	19	15	54	25	168	46	87
104	169	27	160	308	588	250	953	100
158577	85173	138747	63479	181748	103966	49962	259006	92788
155929	80304	137131	58091	173869	82227	39041	214204	87344
77778	54738	87558	37781	105537	42332	31968	185697	67769
38472	17258	32993	16893	55312	26283	5867	21776	10117
29918	5036	15260	2775	10411	9404	1057	1970	7325
9761	3272	1320	642	2609	4208	149	4761	2133
1156	826	815	480	1962	1111	4915	1742	3079
1492	4043	801	4908	5917	20628	6006	43060	2365
42231	36492	44187	42095	41984	46853	40620	38000	31337
43182	37631	44322	43579	43829	51200	48080	36824	31487
28900	26645	42895	32000	36333	44440	29256	37870	35391
14346	23923	29667	30675	19211	35082	24024	45184	23650

全部非私营

（201

	怀化市	鹤城区	中方县	沅陵县	辰溪县
总　　计	264204	69514	15176	26811	22352
农、林、牧、渔业	1388	26	65	53	335
采矿业	2447		0	755	418
制造业	24908	3249	3922	2850	2318
电力、热力、燃气及水生产和供应业	11770	691	315	2134	1113
建筑业	27127	8304	1986	3261	3697
批发和零售业	5326	3632	98	241	121
交通运输、仓储和邮政业	12855	8031	429	934	862
住宿和餐饮业	1784	604		71	70
信息传输、软件和信息技术服务业	3945	2983	45	102	125
金融业	9456	6261	277	353	243
房地产业	5497	1919	108	618	326
租赁和商务服务业	2570	691	44	273	138
科学研究和技术服务业	3174	1698	22	172	54
水利、环境和公共设施管理业	6931	2822	37	483	552
居民服务、修理和其他服务业	221	152		0	
教育	48442	7791	2614	5235	4092
卫生和社会工作	27370	7840	672	3095	1854
文化、体育和娱乐业	2369	1157	61	140	171
公共管理、社会保障和社会组织	66624	11663	4481	6041	5863

国有单位

（201

	怀化市	鹤城区	中方县	沅陵县	辰溪县
合计	175079	42179	7736	17857	12793
农、林、牧、渔业	927		56	53	
采矿业	12		0		
制造业	1590	6	323		
电力、热力、燃气及水生产和供应业	5129	236		1584	
建筑业	5400	4397		0	580
批发和零售业	1660	1195		241	
交通运输、仓储和邮政业	5927	3658	71	826	209
住宿和餐饮业	645	142		11	
信息传输、软件和信息技术服务业	283	100		0	
金融业	1586	1586		0	
房地产业	647	244		53	
租赁和商务服务业	1673	389		217	39
科学研究和技术服务业	2449	1206	22	148	54
水利、环境和公共设施管理业	6598	2759	37	483	552
居民服务、修理和其他服务业	159	90		0	
教育	46546	6505	2364	5235	3924
卫生和社会工作	25325	7060	412	2825	1444
文化、体育和娱乐业	2036	965	5	140	171
公共管理、社会保障和社会组织	66487	11641	4446	6041	5820

单位从业人员

5 年)　　单位：人

溆浦县	会同县	麻阳县	新晃县	芷江县	靖州县	通道县	洪江市	洪江区
26173	13522	16005	10575	15477	11455	10228	19708	7208
275		108	29		441	52		4
224		572		252		0	226	
2394	611	504		1705		204	5027	2124
1605	1028	1059	701	780	874	537	705	228
1531	702	1838	1031	387	974	719	1796	901
36	135	84	217	441	41	44	236	
583	379	299	60	369	425	137	80	267
255	142	125	101	136	99	109		72
73	52	172	94	72	54		134	39
399	253	215	201	474	209	197	304	70
15	313	426	393	406	479	156	216	122
56	482	54	267	147	116	91	128	83
102	199	27	229	45	138	76	370	42
419	442	405	384	392	316	289	168	222
0		0		0		11	35	23
7646	3016	3307	2489	2975	2461	2497	3651	668
2663	1374	2146	1504	1619	1172	1110	1871	450
93	128	82	131	70	112	127	53	44
7804	4266	4582	2744	5207	3544	3872	4708	1849

从业人员

5 年)　　单位：人

溆浦县	会同县	麻阳县	新晃县	芷江县	靖州县	通道县	洪江市	洪江区
20550	9965	11426	8258	10716	8622	8685	12268	4024
184		108	29		441	52		4
12		0		0		0		
10		45		68		0	888	250
1125		142	317	429	128	414	526	228
423		0		0		0		
6	53	15	9	64	8	26	43	
21	230	211	60	25	248	89	12	267
105	2	107	33	136		109		
0	52	94	37		0		0	
0		0		0		0		
15	26	108	183		0		18	
56	463	47	117	77	103	61	47	57
102	133	27	229	45	119	46	276	42
385	248	405	384	392	316	275	140	222
0		0		0		11	35	23
7635	3016	3307	2489	2842	2461	2497	3651	620
2624	1348	2146	1496	1367	1172	1110	1871	450
43	128	82	131	70	82	127	53	39
7804	4266	4582	2744	5201	3544	3868	4708	1822

城镇集体单位

（201

	怀化市	鹤城区	中方县	沅陵县	辰溪县
合计	10857	468	51	200	2716
农、林、牧、渔业		0		0	
采矿业	298		0	82	216
制造业	706	32		90	296
电力、热力、燃气及水生产和供应业	628	5		28	170
建筑业	6149	278		0	1275
批发和零售业	26		0		
交通运输、仓储和邮政业	846	46		0	11
住宿和餐饮业		0		0	
信息传输、软件和信息技术服务业		0		0	
金融业	767		0		243
房地产业	106	25		0	
租赁和商务服务业	170		0		
科学研究和技术服务业	23		0		
水利、环境和公共设施管理业	50	16		0	
居民服务、修理和其他服务业		0		0	
教育	403	66		0	168
卫生和社会工作	674		51		337
文化、体育和娱乐业		0		0	
公共管理、社会保障和社会组织	11		0		0

分行业其他

（201

	怀化市	鹤城区	中方县	沅陵县	辰溪县
总计	71937	25074	6961	8596	5508
农、林、牧、渔业	239	25	9		114
采矿业	2137			673	202
制造业	21841	3149	3213	2755	1923
电力、热力、燃气及水生产和供应业	5850	450	315	522	943
建筑业	12526	3364	1986	3261	862
批发和零售业	3496	2335	98		121
交通运输、仓储和邮政业	5275	3606	358	108	642
住宿和餐饮业	1114	437		60	70
信息传输、软件和信息技术服务业	3511	2764	25	93	125
金融业	7072	4652	277	353	
房地产业	4088	1344	97	458	324
租赁和商务服务业	641	299	44	31	66
科学研究和技术服务业	681	491		24	
水利、环境和公共设施管理业	269	47			
居民服务、修理和其他服务业	62	62			
教育	1342	1079	240		
卫生和社会工作	1347	769	208	258	73
文化、体育和娱乐业	320	179	56		
公共管理、社会保障和社会组织	126	22	35		43

分行业从业人员

5 年)　　单位：人

溆浦县	会同县	麻阳县	新晃县	芷江县	靖州县	通道县	洪江市	洪江区
1885	1207	1440	758	427	600	334	566	205
0		0		0		0		
0		0		0		0		
160		116		0		0	12	
183	238		0		0	4		
1108	628	1314	394		410	282	460	
0		0		0		0	26	
389	39	3		65	177	48	68	
0		0		0		0		
0		0		0		0		
0	253		201		0		0	70
0		0	5		0		0	76
0		7	150		13		0	
0	23		0		0		0	
34		0		0		0		
0		0		0		0		
11		0		110		0		48
0	26		8	252		0		
0		0		0		0		
0		0		0		0		11

单位从业人员

5 年)　　单位：人

溆浦县	会同县	麻阳县	新晃县	芷江县	靖州县	通道县	洪江市	洪江区
3635	2179	3122	1404	4025	1734	952	5862	2885
91								
212		572		252			226	
2121	610	343		1593		204	4127	1803
297	725	917	309	351	735	119	167	
	44	524	557	284	137	268	352	887
30	74	60	208	354	33	16	167	
173	58	85		245				
150	140	18	68		99			72
73		76	57	72	54		134	38
399		215		474	203	197	302	
	286	312	205	301	424	93	198	46
	19		0	70		13	81	18
	43		0		19	24	80	
	180		0			14	28	
		0						
		0		23				
39		0						
50		0			30			5
		0		6		4		16

全部非私营单位

（201

	怀化市	鹤城区	中方县	沅陵县	辰溪县
总计	244325	63479	14588	25437	19840
农、林、牧、渔业	1126	25	65	22	114
采矿业	2445		0	753	418
制造业	24129	3179	3536	2845	2219
电力、热力、燃气及水生产和供应业	11366	691	315	2019	1113
建筑业	18948	5737	1986	3261	2023
批发和零售业	4683	3163	98	109	121
交通运输、仓储和邮政业	11787	7273	429	920	810
住宿和餐饮业	1659	579		69	70
信息传输、软件和信息技术服务业	3793	2863	25	93	125
金融业	9406	6235	277	353	229
房地产业	4799	1609	97	511	324
租赁和商务服务业	2393	681	44	236	105
科学研究和技术服务业	3078	1666	18	163	52
水利、环境和公共设施管理业	5788	2761	37	192	297
居民服务、修理和其他服务业	208	152		0	
教育	47109	7201	2595	5090	4060
卫生和社会工作	26721	7727	632	3005	1800
文化、体育和娱乐业	2110	1000	60	135	154
公共管理、社会保障和社会组织	62777	10937	4374	5661	5806

国有单位在岗

（201

	怀化市	鹤城区	中方县	沅陵县	辰溪县
总计	163403	37838	7621	16604	11765
农、林、牧、渔业	896		56	22	
采矿业	12		0		
制造业	1575	6	325		
电力、热力、燃气及水生产和供应业	4953	239		1472	
建筑业	2533	2089		0	50
批发和零售业	1137	803		111	
交通运输、仓储和邮政业	5858	3776	71	803	157
住宿和餐饮业	544	143		9	
信息传输、软件和信息技术服务业	281	98		0	
金融业	1593	1593		0	
房地产业	591	240		53	
租赁和商务服务业	1575	380		201	39
科学研究和技术服务业	2351	1155	18	139	52
水利、环境和公共设施管理业	5519	2738	37	190	298
居民服务、修理和其他服务业	144	88		0	
教育	45073	6017	2357	5088	3894
卫生和社会工作	24282	6706	395	2719	1390
文化、体育和娱乐业	1803	827	4	136	155
公共管理、社会保障和社会组织	62683	10940	4358	5661	5730

在岗职工（含劳务派遣）

5 年）　　单位：人

溆浦县	会同县	麻阳县	新晃县	芷江县	靖州县	通道县	洪江市	洪江区
24729	12018	15842	9926	14922	9640	8835	18677	6392
275		108	29		433	51		4
224		572		252		0	226	
2291	610	504		1661		204	5027	2053
1579	936	1059	618	756	832	529	693	226
481	112	1838	951	284	272	320	796	887
36	127	75	217	418	41	42	236	
582	265	296	59	315	422	114	77	225
235	142	117	101	136	99	39		72
73	52	170	94	72	54		134	38
399	253	215	199	474	203	197	302	70
15	296	420	383	301	424	93	216	110
56	482	54	259	141	102	53	128	52
102	197	20	226	42	129	69	356	38
419	425	387	292	307	149	289	168	65
0		0		0		10	35	11
7489	2991	3280	2400	2946	2440	2362	3651	604
2644	1368	2129	1454	1584	1127	1005	1871	375
93	108	82	127	70	100	86	53	42
7736	3654	4516	2517	5163	2813	3372	4708	1520

职工（含劳务派遣）

5 年）　　单位：人

溆浦县	会同县	麻阳县	新晃县	芷江县	靖州县	通道县	洪江市	洪江区
20130	9189	11202	7784	10483	7580	7713	12225	3269
209		108	29		433	35		4
12		0		0		0		
10		45		68		0	885	236
1098		141	311	430	98	409	524	231
394		0		0		0		
6	53	15	9	63	8	26	43	
21	173	208	63	25	244	85	12	220
85	2	99	33	134		39		
0	52	94	37		0		0	
0		0		0		0		
15	10	94	161		0		18	
57	461	47	109	71	89	40	47	34
102	131	20	228	42	110	41	276	37
387	237	394	291	326	149	267	140	65
0		0		0		10	35	11
7374	2969	3264	2403	2793	2432	2299	3630	553
2527	1337	2069	1456	1323	1123	1006	1863	368
45	108	83	130	69	70	86	53	37
7788	3656	4521	2524	5139	2824	3370	4699	1473

集体单位在岗

（201

	怀化市	鹤城区	中方县	沅陵县	辰溪县
总计	8035	425	28	198	2523
农、林、牧、渔业		0		0	
采矿业	296		0	80	216
制造业	698	24		90	296
电力、热力、燃气及水生产和供应业	601	5		28	170
建筑业	3550	278		0	1111
批发和零售业	26		0		
交通运输、仓储和邮政业	768	11		0	11
住宿和餐饮业		0		0	
信息传输、软件和信息技术服务业		0		0	
金融业	710		0		214
房地产业	90	25		0	
租赁和商务服务业	170		0		
科学研究和技术服务业	23		0		
水利、环境和公共设施管理业	50	16		0	
居民服务、修理和其他服务业		0		0	
教育	403	66		0	168
卫生和社会工作	645		28		337
文化、体育和娱乐业		0		0	
公共管理、社会保障和社会组织	5		0		0

非私营其他单位

（201

	怀化市	鹤城区	中方县	沅陵县	辰溪县
总计	72098	24463	6874	8553	6575
农、林、牧、渔业	246	23	9		116
采矿业	3221		0	723	1246
制造业	21990	3234	3145	2770	1935
电力、热力、燃气及水生产和供应业	5704	455	313	533	918
建筑业	11578	2546	1985	3235	866
批发和零售业	3583	2429	98		121
交通运输、仓储和邮政业	5309	3666	352	108	672
住宿和餐饮业	1145	474		60	69
信息传输、软件和信息技术服务业	3538	2798	25	93	117
金融业	6979	4562	277	353	
房地产业	4048	1356	92	366	329
租赁和商务服务业	644	299	44	31	70
科学研究和技术服务业	679	489		24	
水利、环境和公共设施管理业	268	47		0	
居民服务、修理和其他服务业	62	62		0	
教育	1333	1067	243		
卫生和社会工作	1324	756	199	257	73
文化、体育和娱乐业	322	180	56		
公共管理、社会保障和社会组织	125	20	36		43

职工（含劳务派遣）

5年）

单位：人

溆浦县	会同县	麻阳县	新晃县	芷江县	靖州县	通道县	洪江市	洪江区
834	607	1440	744	403	325	85	243	180
0		0		0		0		
0		0		0		0		
160		116		0		0	12	
183	211		0		0	4		
58	68	1314	394		135	52	140	
0		0		0		0	26	
388	39	3		45	177	29	65	
0		0		0		0		
0		0		0		0		
0	242		187		0		0	67
0		0	5		0		0	60
0		7	150		13		0	
0	23		0		0		0	
34		0		0		0		
0		0		0		0		
11		0		110		0		48
0	24		8	248		0		
0		0		0		0		
0		0		0		0		5

在岗职工（含劳务派遣）

5年）

单位：人

溆浦县	会同县	麻阳县	新晃县	芷江县	靖州县	通道县	洪江市	洪江区
3651	2165	3113	1348	4021	1631	980	5863	2861
98		0		0		0		
210		574		245		0	223	
2189	614	330		1603		231	4139	1800
300	722	917	309	351	593	118	175	
0	46	514	505	284	135	275	321	866
30	75	62	204	354	34	16	160	
120	60	85		246		0		
148	141	29	68		84		0	72
67		83	57	72	54		134	38
399		215		468	202	195	308	
0	267	304	205	299	480	90	214	46
0	18		0	70		13	81	18
0	43		0		19	24	80	
0	179		0		0	14	28	
0		0		0		0		
0		0		23		0		
39		0		0		0		
51		0		0	30		0	5
0		0		6		4		16

全部非私营单位分行业在岗

（201

	怀化市	鹤城区	中方县	沅陵县	辰溪县
总计	49006	57335	42699	50979	39939
农、林、牧、渔业	28977	35000	32292	25818	24836
采矿业	33350		0	47725	21946
制造业	36332	35460	31906	49997	43198
电力、热力、燃气及水生产和供应业	56167	52757	56652	73866	52488
建筑业	34439	34740	20333	42745	22833
批发和零售业	50115	60938	38031	47189	32273
交通运输、仓储和邮政业	36896	38025	42816	31257	37098
住宿和餐饮业	29007	29989		31493	26841
信息传输、软件和信息技术服务业	63304	67977	36280	49516	51684
金融业	89341	94974	50520	95632	61410
房地产业	43567	49672	43761	37807	46696
租赁和商务服务业	40184	53649	40591	42168	40569
科学研究和技术服务业	50653	56236	44778	50515	45615
水利、环境和公共设施管理业	35258	31837	41730	44953	42134
居民服务、修理和其他服务业	53966	62553		0	
教育	51877	59241	55605	55418	44027
卫生和社会工作	60059	74852	56220	46684	43511
文化、体育和娱乐业	44022	44671	46833	38831	40387
公共管理、社会保障和社会组织	49265	59989	50514	49363	42279

国有单位分行业在岗职工

（201

怀化市	鹤城区	中方县	沅陵县	辰溪县	
总计	51472	60678	50911	52043	43081
农、林、牧、渔业	28652		29339	25818	
采矿业	35083		0		
制造业	25834	26667	18080		
电力、热力、燃气及水生产和供应业	58376	26427		76341	
建筑业	40492	38844		0	50000
批发和零售业	92301	115032		47189	
交通运输、仓储和邮政业	44778	48290	56972	28262	45013
住宿和餐饮业	33289	36294		56556	
信息传输、软件和信息技术服务业	53915	64000		0	
金融业	92269	92269		0	
房地产业	59866	88992		45528	
租赁和商务服务业	40342	54108		44930	40026
科学研究和技术服务业	50240	56919	44778	48561	45615
水利、环境和公共设施管理业	34506	31186	41730	44953	42134
居民服务、修理和其他服务业	63250	83795		0	
教育	51754	59754	55586	55418	44035
卫生和社会工作	61148	77629	57727	47559	43770
文化、体育和娱乐业	45678	46277	88750	38831	40387
公共管理、社会保障和社会组织	49267	59996	50460	49363	42272

职工人均工资（含劳务派遣）

5年）

单位：元

溆浦县	会同县	麻阳县	新晃县	芷江县	靖州县	通道县	洪江市	洪江区
41979	49161	49756	52458	52175	48216	49330	41506	38039
30531		23139	57793		25952	52114		32500
44284		35178		42751		0	30350	
44178	27796	34724		37849		34009	29479	28287
40973	40652	55172	61985	61647	57800	56000	56060	60030
51128	54106	33411	38508	33099	43065	27242	49624	34876
29167	44234	31753	14216	18540	32881	35571	22860	
32690	40276	43000	55317	28687	35190	40886	11558	24405
29116	26951	26109	20911	37090	24179	38538		25958
38791	59385	45322	40777	38792	68167		54231	54132
60378	78004	79014	86540	104308	74812	83328	81377	44643
57600	41881	42688	37135	27328	41575	50778	50500	26754
36737	20637	42963	38354	41220	47225	44208	33625	39865
35794	42929	47800	54614	66571	58698	51092	27548	47757
32862	41993	26076	46134	41104	44201	28929	44994	50892
0		0		0		44900	21114	49636
40539	60525	59460	52334	55042	48754	53052	46096	52433
56671	69031	54886	66183	54283	55069	59659	47544	55277
35958	45519	37566	51677	55058	42510	44023	42642	45500
38717	43313	52800	53632	56916	48275	46296	44779	41345

年人均工资（含劳务派遣）

5年）

单位：元

溆浦县	会同县	麻阳县	新晃县	芷江县	靖州县	通道县	洪江市	洪江区
42090	51570	53216	54448	55683	48254	50176	43881	43332
29163		23139	57793		25952	52114		32500
35083		0		0		0		
27800		35889		36765		0	30252	14775
47159		51184	45344	69381	45612	60046	46975	60030
48018		0		0		0		
54167	47019	51400	40667	16222	35250	28808	30930	
35286	48792	53149	55317	24120	49139	49835	20083	24405
31682	13000	24909	22788	37090		38538		
0	59385	45543	40784		0		0	
0		0		0		0		
57600	48000	38574	38559		0		24000	
36737	19774	40511	50651	59113	47292	48750	36064	49971
35794	41641	47800	54614	66571	60155	50341	24232	47757
33160	39515	26076	46134	41104	44201	29453	38264	50892
0		0		0		44900	21114	49636
40554	60525	59460	52334	55151	48754	53052	46096	51036
56945	69146	54886	66265	56000	55069	59659	47544	55277
47044	45519	37566	51677	55058	51943	44023	42642	49730
38717	43313	52800	53632	56914	48275	46302	44779	41462

城镇集体单位分行业在岗职工

（201

	怀化市	鹤城区	中方县	沅陵县	辰溪县
总计	37819	36268	28821	33535	33576
农、林、牧、渔业		0		0	
采矿业	34271		0	32915	34783
制造业	33935	93333		38562	34748
电力、热力、燃气及水生产和供应业	33727	29400		16500	32742
建筑业	33242	28957		0	23066
批发和零售业	22731		0		
交通运输、仓储和邮政业	26704	39615		0	25909
住宿和餐饮业		0		0	
信息传输、软件和信息技术服务业		0		0	
金融业	73732		0		64042
房地产业	25214	23440		0	
租赁和商务服务业	32018		0		
科学研究和技术服务业	47174		0		
水利、环境和公共设施管理业	35560	48500		0	
居民服务、修理和其他服务业		0		0	
教育	48255	47955		0	43846
卫生和社会工作	43820		28821		42661
文化、体育和娱乐业		0		0	
公共管理、社会保障和社会组织	51000		0		0

非私营其他单位分行业在岗职工

（201

	怀化市	鹤城区	中方县	沅陵县	辰溪县
总计	45469	52567	31058	49353	36792
农、林、牧、渔业	32169	35000		0	24836
采矿业	33350		0	49405	19710
制造业	36332	35047	31906	50430	44499
电力、热力、燃气及水生产和供应业	56357	66844	56652	70043	55995
建筑业	34439	32002	20333	42745	20965
批发和零售业	50011	43055	38031		32273
交通运输、仓储和邮政业	35259	27546	43066	53528	35432
住宿和餐饮业	29007	28086		27733	26841
信息传输、软件和信息技术服务业	63746	68116	36280	49516	51684
金融业	89341	95918	50520	95632	
房地产业	43580	43197	43761	36689	46696
租赁和商务服务业	42190	53067	40591	24258	40871
科学研究和技术服务业	53114	54624		61833	
水利、环境和公共设施管理业	40623	64085		0	
居民服务、修理和其他服务业	28330	32403		0	
教育	47623	57047		0	
卫生和社会工作	52136	50222		37420	42521
文化、体育和娱乐业	32301	37294		0	
公共管理、社会保障和社会组织		56500		0	43256

年人均工资（不含劳务派遣）

5年）　　　　单位：元

溆浦县	会同县	麻阳县	新晃县	芷江县	靖州县	通道县	洪江市	洪江区
35006	54274	33799	48084	45187	32019	24523	45240	44122
0		0		0		0		
0		0		0		0		
25164		28261		0		0	25083	
35115	34433		0		0	86400		
67467	48000	34195	35908		55518	24077	69231	
0		0		0		0	22731	
33405	23462	22333		38711	16590	14655	9985	
0		0		0		0		
0		0		0		0		
0	78339		89258		0		0	44851
0		0	27800		0		0	25676
0		59429	29477		46769		0	
0	47174		0		0		0	
29471		0		0		0		
0		0		0		0		
30455		0		48145		0		68521
0	62625		51250	45049		0		
0		0		0		0		
0		0		0		0		51000

年人均工资（含劳务派遣）

5年）　　　　单位：元

溆浦县	会同县	麻阳县	新晃县	芷江县	靖州县	通道县	洪江市	洪江区
43025	37473	44313	43450	43728	51096	44853	36832	31605
33449		0		0		0		
44810		35178		42751		0	30350	
45634	27796	36818		37895		34009	29327	30059
21887	42461	55785	78735	52171	59815	40686	83263	
0	63000	31518	40527	33099	32733	27840	57212	34876
24167	42267	27000	13049	18952	32324	46563	20713	
29808	26650	18894		27317		0		
27642	27149	30207	20000		24179		0	25958
38791		45072	40772	38792	68167		54231	54132
60378		79014		104308	74812	83328	81377	
0	41652	43961	36244	27328	41575	50778	52729	28283
0	42722		0	23071		30231	32210	20778
0	44581		0		50263	52375	38988	
0	45274		0		0	18929	78643	
0		0		0		0		
0		0		74783		0		
38974		0		0		0		
26176		0		0	20500		0	14200
0		0		59167		41000		27625

各县（市、区）劳动就业、

（201

	单位	怀化市	鹤城区	洪江区	中方县	沅陵县	辰溪县
一、就业再就业情况							
城镇新增就业人数	人	37919	6547	2979	1293	4950	4108
下岗失业人员再就业人数	人	18698	3153	1809	120	2140	2150
其中：就业困难对象再就业人数	人	6520	1350	788	50	680	642
零就业家庭动态就业援助	%	100	100	100	100	100	100
新增农村劳动力转移就业人数	人	52806	1504	309	3105	8000	6000
年末城镇登记失业率	%	4.25	4.38	4.18	4.49	4.20	4.25
二、职业培训和职业技能鉴定情况							
培训总人数	人	69702	6100	2200	4000	4900	4400
其中：企业职工培训	人	20081	1600	500	2000	2000	1700
农村劳动力转移技能培训	人	28000	1000	1000	1200	1800	1200
三、企业养老保险情况							
企业养老保险参保人数	人	63546	20238	14001	4290	19065	16216
企业养老保险新增参保人数	人	95	38		30	235	1744
企业养老保险实际缴费人数	人	58826	15721	10500	4171	16839	13143
企业养老保险征缴基金	万元	38594	12124	7143	2351	9786	9801
企业养老保险待遇实际支付	万元	71945	20969	33145	1856	23064	24503
企业养老保险累计结余	万元	33163	8821	7534	8166	6465	4966
四、失业保险情况							
失业保险参保人数	人	301099	16782	9157	16103	22002	21102
失业保险征缴基金	万元	3378.72	299	165.52	155.86	293.9	221.88
五、城镇职工医疗保险							
城镇职工医疗保险实际参保人数	万人	41.90	3.2	1.8	1.3	3.9	3.6
城镇职工医疗保险征缴基金	万元	100421	6762	3164	3989	10690	5307
城镇职工医疗保险待遇支付	万元	84894	6394	3080	2658	9369	4977
城镇职工医疗保险累计结余	万元	88993	4414	666	4585	7666	2148
六、城镇居民医疗保险							
城镇居民医疗保险累计登记参保人数	万人	68.20	21.50	3.30	1.40	7.40	6.30
城镇居民医疗保险累计缴费参保人数	万人	53.00	17.30	3.40	14.20	5.49	3.68
生育保险城镇居民医疗保险征缴基金	万元	24607	8428	1274	663	2722	1795
生育保险城镇居民医疗保险待遇支付	万元	18704	4858	1057	419	2322	1090
生育保险城镇居民医疗保险累计结余	万元	46712	13841	2215	1038	4040	5497
七、生育保险							
生育保险实际参保人数	万人	29.40	2.20	0.60	1.00	2.70	2.80
生育保险征缴基金	万元	5250	353	113	208	574	237
生育保险待遇支付	万元	2842	195	127	93	178	126
生育保险待遇累计结余	万元	13444	523	196	486	1397	867
八、工伤保险							
工伤保险实际参保人数	人	71149	36858	24969	18446	36425	37289
工伤保险新增参保人数	人	3060	926	716	715	1126	1130
工伤保险征缴基金	万元	3822	991	393	758	1078	601
工伤保险待遇支付	万元	3685	430	206	857	741	905
工伤保险累计结余	万元	12833	119	143	430	306	114
九、机关事业养老保险							
机关事业养老保险年末参保人数	人	26662	10632	4676	9296	20946	17463
机关事业养老保险征缴基金	万元	3888	3974	3977	2700	6019	8485
机关事业养老保险待遇支付	万元	3781	6569	4160	3106	14171	8921
机关事业养老保险待遇累计结余	万元	20703	284	140	2824	5254	715
十、社会保险基金监督情况							
社会保险基金监督基金规范运作率	%	100	100	100	100	100	100
社会保险基金监督基金安全完整率	%	100	100	100	100	100	100

劳动保险基本情况

5 年)

溆浦县	会同县	麻阳县	新晃县	芷江县	靖州县	通道县	洪江市
3843	1803	2447	1552	1956	1711	1453	3277
2202	1026	1034	792	1271	887	858	1256
723	331	278	316	370	321	306	365
100	100	100	100	100	100	100	100
9906	3448	3912	2565	3742	2503	2568	5244
4. 24	3. 68	4. 46	4. 40	4. 04	4. 10	4. 37	4. 27
6000	3200	3900	1500	3300	3900	2300	3600
1700	1200	1200	600	1400	1600	600	1600
1200	1000	1600	600	1200	1300	900	1000
21543	9723	8971	7833	10320	10054	4503	16334
1668	298	364	623	1127	646	138	1701
13747	7321	6695	7201	7700	6937	4503	6300
8827	4557	10021	8889	8695	5067	2408	7705
25501	9814	14292	9484	14562	11373	5013	24823
7869	1851	1198	5240	3388	4051	482	6340
22100	13505	14509	11769	16508	13532	11001	15500
368. 11	170	479. 6	175. 1	438	176. 17	142. 4	179. 22
4. 2	1. 9	2	1. 9	2. 7	1. 7	1. 40	2. 4
7529	4389	4741	3867	4778	4325	3284	5821
6098	3507	3478	4002	4760	3766	3208	5518
2167	4492	2350	2904	3049	1989	2546	4782
6. 30	1. 80	3. 80	3. 00	3. 40	3. 20	2. 00	4. 70
3. 99	1. 36	3. 76	3. 03	2. 98	1. 93	2. 02	2. 58
2044	498	1228	1199	1127	1403	724	1497
2118	688	1266	910	1043	1099	358	1476
2908	2007	1769	3205	2058	2633	2878	2405
2. 90	1. 40	1. 60	1. 20	1. 90	1. 30	1. 10	1. 70
500	209	265	183	306	236	189	327
213	38	160	109	44	159	66	48
1579	755	295	443	967	244	1190	1131
40403	27569	24201	20278	22252	25408	17373	28209
1125	920	918	920	920	918	820	1130
1094	568	561	632	856	470	660	750
974	303	518	789	335	190	133	310
309	56	144	8	32	152	196	496
24474	10780	12583	9640	12242	9692	8650	14326
15137	5645	8770	3479	8535	5037	5639	9276
16055	6307	8527	6011	8206	6202	4790	9420
556	2351	1292	189	1145	201	2444	1602
100	100	100	100	100	100	100	100
100	100	100	100	100	100	100	100

各县市区年末从业人数

（2015 年）　　　　单位：万人

	从业人员人数	在岗职工（包含劳务派遣人员）	#国有经济	#城镇集体
怀化市	304.23	26.51	18.17	1.45
鹤城区	25.85	6.79	4.16	0.07
中方县	18.34	1.43	0.82	
沅陵县	38.54	2.71	1.69	0.17
辰溪县	30.23	2.22	1.36	0.29
溆浦县	50.65	3.15	2.54	0.30
会同县	24.74	1.24	0.97	0.05
麻阳县	21.25	1.60	1.14	0.15
新晃县	15.36	1.01	0.84	0.07
芷江县	22.02	1.49	1.07	0.06
靖州县	16.58	1.52	1.23	0.15
通道县	14.87	0.87	0.78	0.01
洪江市	23.00	2.17	1.28	0.11
洪江区	2.80	0.31	0.29	0.02

续表

	城镇个体从业人员	城镇私营企业从业人员	农村从业人员	其他从业人员
怀化市	42.67	27.01	206.10	1.95
鹤城区	9.69	5.93	2.86	0.59
中方县	5.48	1.23	10.14	0.07
沅陵县	4.87	2.97	27.90	0.09
辰溪县	3.54	3.09	21.08	0.30
溆浦县	4.34	3.64	39.40	0.11
会同县	2.79	1.57	19.01	0.14
麻阳县	1.72	2.18	15.73	0.02
新晃县	2.64	1.27	10.37	0.06
芷江县	1.61	1.62	17.25	0.06
靖州县	2.15	1.67	11.07	0.18
通道县	2.48	1.00	10.36	0.16
洪江市	0.64	0.43	19.65	0.11
洪江区	0.74	0.40	1.28	0.07

三、财政、金融

资料整理：廖文忠　杨　钦

校　　对：

公共财政收入

(2015年)

	总计(万元)	总计中			总计中	
		地方财政收入	上划中央收入	上划省级收入	各项税收	非税收入
总计	1107921	735606	285133	87182	809662	298259
市本级	374616	268080	79480	27056	267281	107335
鹤城区	100622	64190	27546	8886	73349	27273
洪江区	26303	13793	10586	1924	21226	5077
中方县	53400	31967	17059	4374	39964	13436
沅陵县	102878	62162	33038	7678	72585	30293
辰溪县	72217	45250	20844	6123	56087	16130
溆浦县	61504	39991	16169	5344	47265	14239
会同县	44061	30737	9817	3507	30850	13211
麻阳县	39915	27281	9115	3519	30388	9527
新晃县	36529	23263	10037	3229	28458	8071
芷江县	64626	43811	17059	4374	45391	19235
靖州县	37298	23745	10235	3318	29052	8246
通道县	32226	21084	8271	2871	24508	7718
洪江市	61726	40252	17058	4416	43258	18468

公共财政预算支出

(2015年)

	总计(万元)	一般公共服务支出	教育支出	社会保障和就业支出	医疗卫生和计划生育支出	农林水事务支出
总计	3399317	402864	581335	572917	345273	472627
市本级	535172	74989	54153	69086	24376	29746
鹤城区	178880	26674	37647	42831	22110	18331
洪江区	90147	9207	9282	37648	5217	6549
中方县	168600	18356	30576	19755	21427	30372
沅陵县	342557	34655	69351	63740	36615	55200
辰溪县	258187	23410	44013	50161	29141	36359
溆浦县	376076	43102	75919	58103	50331	53796
会同县	204688	29392	31367	30261	22908	37109
麻阳县	216400	21416	43903	34631	23497	37216
新晃县	188407	24394	31070	28002	17909	30058
芷江县	234418	26801	45987	37391	25130	39891
靖州县	182000	21215	34158	30154	17867	34031
通道县	196519	29328	32413	23746	17005	31567
洪江市	227266	19925	41496	47408	31740	32402

地方财政收支情况

单位：万元

	2015 年		2015 年
收入合计	735607	支出合计	3399317
一、税收收入	437346	一、一般公共服务	402864
增值税	50515	二、外交	
营业税	127822	三、国防支出	7832
企业所得税	35261	四、公共安全支出	147692
企业所得税退税		五、教育支出	581335
个人所得税	13411	六、科学技术支出	14184
资源税	2358	七、文化体育与传媒支出	76443
固定资产投资方向调节税		八、社会保障和就业支出	572917
城市维护建设税	24201	九、医疗卫生支出	345273
房产税	11366	十、环境保护支出	74189
印花税	4608	十一、城乡社区事务支出	157254
城镇土地使用税	14217	十二、农林水事务支出	472627
土地增值税	34931	十三、交通运输支出	190354
车船税	7061	十四、资源勘探电力信息等事务	49256
耕地占用税	29501	十五、商业服务业等事务	22783
契税	81050	十六、金融监管等事务支出	1092
烟叶税	1044	十七、地震灾后恢复重建支出	
其他税收收入		十八、国土资源气象等事务	50588
二、非税收入	298261	十九、住房保障支出	201289
专项收入	66401	二十、粮油物资储备管理事务	13232
行政事业性收费收入	67119	二十一、债务付息支出	9633
罚没收入	45759	二十二、其他支出	8480
国有资本经营收入	9124		
国有资源（资产）有偿使用收入	46587		
其他收入	63271		

保险机构收支情况

单位：万元

	2015 年	2014 年	2013 年	2012 年	2011 年	2010 年	2009 年	2008 年	2007 年	2006 年
保险总收入	390758	313024	260229	235004	219131	199809	171280	160165	96068	67013
保险总支出	98045	81674	79138	57173	45098	38946	37467	46097	35358	19617

金融机构信贷收支情况

（2015 年）　　单位：万元

	年末余额	比年初增加数
一、各项存款	14783765	2287882
（一）境内存款	14780974	2287856
1、住户存款	10327371	1124361
其中：活期存款	4566441	291086
2、非金融企业存款	1982774	665631
其中：活期存款	1440279	667791
定期及其他存款	542495	－2160
3、政府存款	2411527	484274
4、非银行业金融机构存款	59302	13589
（二）境外存款	2791	27
二、各项贷款		
1、短期贷款	1636362	232016
2、中长期贷款	6577055	1051758
3、票据融资	108272	58318
三、分行业贷款（不含票据融资）	8217173	1286309
农、林、牧、渔业	114654	－69409
采矿业	16287	－6285
制造业	420436	1202
电力、燃气及水的生产和供应业	882894	3730
建筑业	118427	－59896
批发和零售业	446767	65818
交通运输、仓储和邮政业	856674	59452
住宿和餐饮业	49762	14652
信息传输、计算机服务和软件业	1942	1150
金融业	22180	22179
房地产业	201316	11824
租赁和商务服务业	441052	325916
科学研究、技术服务和地质勘查业	112200	40931
水利、环境和公共设施管理业	542035	171081
居民服务和其他服务业	43539	－4756
教育	22003	2279
卫生、社会保障和社会福利业	114925	25540
文化、体育和娱乐业	1747	－1091
公共管理和社会组织	215134	172900
国际组织		

四、节能减排

资料整理：
刘晓莉
校　　对：

能源消费总量核算情况

	2015 年	2014 年	增长（%）
一、能源消费总量（万吨标准煤）	672.13	655.42	-0.22
（一）第一产业	52.78	41.30	-4.91
（二）第二产业	319.85	341.68	-4.99
工业	304.08	325.06	-5.20
规模以上工业	252.95	278.82	-7.60
规模以下工业	51.13	46.24	-1.00
建筑业能源消费	15.77	16.62	6.18
（三）第三产业	151.19	133.82	9.73
交通运输业能源消费	92.64	83.83	3.72
居民生活用能	148.31	138.62	9.39
城市居民生活用能	80.52	80.42	11.04
农村居民生活用能	67.79	58.20	
二、GDP（2005 年可比价·亿元）	1085.40	1000.42	5.12
三、单位 GDP 能耗（吨标准煤/亿元）	0.6192	0.6551	-5.08

规模工业增加值能耗降低率

	2014 年			2015 年			增加值速度（%）	增加值能耗降低率（%）
	综合能源消费量（万吨标准煤）	工业总产值（亿元）	产值单耗（吨标准煤/万元）	综合能源消费量（万吨标准煤）	工业总产值（亿元）	产值单耗（吨标准煤/万元）		
怀化市	211.42	886.59	0.24	198.83	932.94	0.21	7.0	-12.10
鹤城区	17.43	105.15	0.17	16.31	111.33	0.15	9.8	-14.78
洪江区	10.25	38.43	0.27	10.08	42.82	0.24	9.7	-8.84
中方县	48.93	118.80	0.41	50.44	129.92	0.39	10	-6.29
沅陵县	12.31	170.56	0.07	10.10	162.17	0.06	-3.0	-15.40
辰溪县	30.41	59.10	0.51	25.10	53.27	0.47	1.5	-12.37
溆浦县	22.22	66.91	0.33	20.85	72.29	0.29	9.2	-14.08
会同县	5.79	25.64	0.23	4.51	28.42	0.16	9.2	-28.65
麻阳县	5.06	46.54	0.11	5.11	52.51	0.10	9.0	-7.33
新晃县	16.45	40.85	0.40	16.85	46.08	0.37	10.0	-6.92
芷江县	4.39	55.13	0.08	3.99	60.71	0.07	9.1	-16.61
靖州县	18.66	56.15	0.33	16.70	63.93	0.26	10.9	-19.34
通道县	9.04	28.00	0.32	9.00	29.50	0.31	8.3	-8.04
洪江市	10.47	75.33	0.14	9.79	79.99	0.12	8.4	-9.26

工业企业分类型、分行业综合能源消费、总产值情况

指　标	企业单位数（个）	2014年		2015年		增长速度(%)	
		综合能源消费量（吨标准煤）	工业总产值（万元）	综合能源消费量（吨标准煤）	工业总产值（万元）	综合能源消费量（吨标准煤）	工业总产值（万元）
总　计	566	2114163	8865885	1988328	9329368	-5.95	5.23
一、按工业行业门类分							
（一）轻工业							
（二）重工业							
（三）采矿业	53	74663	812435	53042	711724	-28.96	-12.40
06. 煤炭开采和洗选业	16	20222	147566	7182	70408	-64.48	-52.29
08. 黑色金属矿采选业	2	17581	37124	16738	38846	-4.79	4.64
09. 有色金属矿采选业	23	30037	534870	21155	488392	-29.57	-8.69
10. 非金属矿采选业	12	6823	92876	7967	114078	16.77	22.83
（四）制造业	460	1957935	6759284	1843764	7389656	-5.83	9.33
13. 农副食品加工业	64	74274	856786	68169	912152	-8.22	6.46
14. 食品制造业	14	8574	134264	8485	157675	-1.04	17.44
15. 酒、饮料和精制茶制造业	20	32025	356035	26071	381146	-18.59	7.05
17. 纺织业	6	18434	97579	13299	86898	-27.86	-10.95
18. 纺织服装、服饰业	1	427	6507	459	8708	7.49	33.83
20. 木材加工和木、竹、藤、棕、草制品业	49	78450	630137	73764	684084	-5.97	8.56
21. 家具制造业	4	2930	35295	2818	43801	-3.82	24.10
22. 造纸和纸制品业	17	151418	379665	157687	419330	4.14	10.45
23. 印刷和记录媒介复制业	8	8850	83185	10361	106331	17.07	27.83
24. 文教、工美、体育和娱乐用品制造业	10	3688	103796	3047	106855	-17.38	2.95
26. 化学原料和化学制品制造业	69	486167	914393	467436	968356	-3.85	5.90
27. 医药制造业	12	48077	271841	40021	319911	-16.76	17.68
29. 橡胶和塑料制品业	7	1383	132292	1286	135947	-7.01	2.76
30. 非金属矿物制品业	65	552031	749324	492148	819016	-10.85	9.30
31. 黑色金属冶炼和压延加工业	53	377308	873400	376906	962516	-0.11	10.20
32. 有色金属冶炼和压延加工业	19	59011	656633	55311	729849	-6.27	11.15
33. 金属制品业	5	1179	15438	504	43945	-57.25	184.66
34. 通用设备制造业	4	7073	33623	4528	39157	-35.98	16.46
35. 专用设备制造业	11	11678	142370	7387	158678	-36.74	11.45
36. 汽车制造业	1	469	25186	512	27346	9.17	8.57
38. 电气机械和器材制造业	11	32535	181500	32252	204491	-0.87	12.67
39. 计算机、通信和其他电子设备制造业	3	247	9751	518	18375	109.72	88.44
40. 仪器仪表制造业	2	29	10649	25	14249	-13.79	33.81
41. 其他制造业	2	830	24155	311	24202	-62.53	0.19
42. 废弃资源综合利用业	1	487	31339	97	8765	-80.08	-72.03
（五）电力、热力、燃气及水生产和供应业	53	81565	1294166	91523	1227988	12.21	-5.11
44. 电力、热力生产和供应业	46	75725	1248218	85197	1177360	12.51	-5.68
46. 水的生产和供应业	7	5839	45948	6326	50629	8.34	10.19

工业企业能源购进、消费与库存情况

（2015 年）

能源名称	计量单位	年初库存量	购进量	消费量			年末库存量
			实物量	合计	1. 工业生产消费量	2. 非工业生产消费	
原煤	吨	81813	1127157	1128792	1128710	82	73467
其中:1. 无烟煤	吨	1003	19547	19721	19721		769
2. 炼焦烟煤	吨	366	7560	7504	7504		422
3. 一般烟煤	吨	80423	1099892	1101388	1101306	82	72276
4. 褐煤	吨	21	158	179	179		
洗精煤	吨	103	28660	28617	28617		96
焦炭	吨	4614	162955	163138	163138		1985
其他焦化产品	吨	486	23000	22083	22083		1403
汽油	吨	6	1487	1532	1383	150	1
煤油	吨		5	5	5		
柴油	吨	98	3200	3331	3279	52	60
燃料油	吨	1544	19722	20103	20103		1166
液化石油气	吨	145	2000	2083	2083		62
润滑油	吨		13	13	13		
其他石油制品	吨		99	99	99		
电力	万千瓦时		500333	592785	591373	1413	
生物质废料用于燃料	吨	61	136137	139064	139064	1	
其他工业废料用于燃料	吨		732	732	732		
其他燃料	吨标准煤	934	244356	244583	244546	37	899
能源合计	吨标准煤			2046232	2044104	2128	

高耗能行业能源消费情况

	高耗能行业综合能源消费量		增速%
	2014 年	2015 年	
	综合能源的消费量（吨标准煤）	综合能源的消费量（吨标准煤）	
合计	211.42	198.83	-6.0
六大高耗能行业	155.05	147.73	-4.7
石油加工、炼焦和核燃料加工业	0.03	0.03	0.7
化学原料和化学制品制造业	48.62	46.74	-3.9
非金属矿物制品业	55.20	49.21	-10.8
黑色金属冶炼和压延加工业	37.73	37.69	-0.1
有色金属冶炼和压延加工业	5.90	5.53	-6.3
电力、热力生产和供应业	7.57	8.52	12.5

各县市区工业总产值能耗情况

（2015 年）

	企业数（个）	2014 年		2015 年		同比增速（%）	
		综合能源消费量（吨标准煤）	工业总产值（万元）	综合能源消费量（吨标准煤）	工业总产值（万元）	综合能源消费量	工业总产值
怀化市	566	2167123	8559713	1988328	9329368	-5.95	5.23
鹤城区	54	252157	941380	163092	1113285	-6.43	5.88
中方县	75	471220	1068129	504363	1299163	3.08	9.36
沅陵县	57	124429	1723366	101002	1621673	-17.94	-4.92
辰溪县	46	304259	588455	251027	532666	-17.45	-9.86
溆浦县	73	222229	648846	208466	722872	-6.18	8.04
会同县	23	45638	249663	45137	284224	-22.09	10.86
麻阳苗族自治县	27	50391	470623	51122	525110	1.01	12.83
新晃侗族自治县	37	163953	406705	168455	460758	2.39	12.79
芷江侗族自治县	50	43390	536584	39896	607141	-9.02	10.14
靖州苗族侗族自治县	29	186348	557528	166955	639287	-10.55	13.84
通道侗族自治县	26	90727	281146	90014	295032	-0.41	5.38
洪江市	41	212383	1087289	97949	799938	-6.46	6.19

工业企业用水情况

（2015 年）

指标名称	计量单位	取水量			外供水量		
		2015 年	2014 年	增长（%）	2015 年	2014 年	增长（%）
合　计	万立方米	13470.59	13351.51	0.89	8137.75	7698.14	5.71
1. 地表淡水	万立方米	11502.57	11408.00	0.83			
2. 地下淡水	万立方米	250.63	266.43	-5.93			
3. 自来水	万立方米	1663.12	1626.66	2.24	8137.75	7698.14	5.71
6. 矿井水	万立方米	0.80					
7. 雨水	万立方米	1.88	1.82	3.69			
10. 其他水	万立方米	51.58	48.59	6.15			
11. 外排水量	万立方米	5977.49	5890.16	1.48			
12. 重复用水量	万立方米	9592.70	9428.33	1.74			
13. 直流冷却水量（河湖水）	万立方米	27.73	27.78	-0.18			
15. 污水处理企业污水处理量	万立方米	3391.71	3335.01	1.70			
污水处理及其再生利用	万立方米	1.38	1.56	-11.74			
用新水量	万立方米	5332.84	5653.37	-5.67			

城镇生活污染排放及处理情况

（2015年）

	计量单位	本年实际
城镇人口	万人	198.01
煤炭消费总量	万吨	191.97
其中：生活煤炭消费量	万吨	24.78
生活天然气消费量	万立方米	140.00
生活燃煤平均含硫量	%	1.00
生活燃煤平均灰分	%	15.00
生活用水总量	万吨	13587.44
其中：居民家庭用水总量	万吨	12720.16
公共服务用水总量	万吨	867.28
城镇生活污水排放系数	升/人·日	160.00
城镇生活污水排放量	万吨	11563.78
生活污水处理量	万吨	7439.02
生活化学需氧量产生量	吨	47700.61
其中：核定新增生活化学需氧量产生量	吨	2025.97
生活化学需氧量排放量	吨	38294.67
生活氨氮产生量	吨	5781.89
其中：核定新增生活氨氮产生量	吨	245.57
生活氨氮排放量	吨	4964.38
总氮产生量	吨	7010.54
总磷产生量	吨	491.46
油类（含动植物油）产生量	吨	1011.83
二氧化硫排放量	吨	4213.02
氮氧化物排放量	吨	854.04
烟尘排放量	吨	347.4

工业污染排放及处理利用情况（一）

（2015 年）

	计量单位	本年实际
一、企业基本情况		
工业企业数	个	346.00
工业总产值（当年价格）	亿元	202.89
工业用水量	万吨	17897.67
其中：取水量	万吨	7621.19
重复用水量	万吨	10276.48
煤炭消耗量	万吨	168.59
其中：燃料煤消耗量	万吨	141.74
燃料煤平均含硫量	%	2.40
燃料煤平均灰分	%	20.99
燃料煤平均干燥无灰基挥发分	%	19.78
燃料油消耗量（不含车船用）	万吨	2.91
燃料油平均含硫量	%	1.81
焦炭消耗量	万吨	23.95
焦炭平均含硫量	%	0.74
焦炭平均灰分	%	19.23
天然气消耗量	亿立方米	0.00
其他燃料消耗量	万吨标准煤	44.96
用电量	亿千瓦时	31.42
工业锅炉数	台/蒸吨	146.00
其中：35 蒸吨及以上的	台/蒸吨	5.00
20（含）－35 蒸吨之间的	台/蒸吨	2.00
10（含）－20 蒸吨之间的	台/蒸吨	5.00
10 蒸吨以下的	台/蒸吨	134.00
工业窑炉数	座	214.00
二、工业废水		
废水治理设施数	套	184
废水治理设施处理能力	万吨/日	36.58
废水治理设施运行费用	万元	6467.70
工业废水处理量	万吨	4738.88
工业废水排放量	万吨	5381.59
其中：直接排入环境的	万吨	4444.69
排入污水处理厂的	万吨	936.90
化学需氧量产生量	吨	38086.57
化学需氧量排放量	吨	9742.43
氨氮产生量	吨	1254.66

工业污染排放及处理利用情况（二）

（2015年）

	计量单位	本年实际
氨氮排放量	吨	608.14
石油类产生量	吨	13.76
石油类排放量	吨	11.33
挥发酚产生量	千克	7043.10
挥发酚排放量	千克	2608.10
氰化物产生量	千克	452.32
氰化物排放量	千克	13.96
废水砷产生量	千克	3921.81
废水砷排放量	千克	983.33
废水铅产生量	千克	5138.54
废水铅排放量	千克	433.92
废水镉产生量	千克	1466.67
废水镉排放量	千克	46.68
废水汞产生量	千克	0.35
废水汞排放量	千克	0.26
废水总铬产生量	千克	652.07
废水总铬排放量	千克	49.48
废水六价铬产生量	千克	556.32
废水六价铬排放量	千克	44.64
三、工业废气		
工业废气排放量	亿立方米	351.33
废气治理设施数	套	387.00
废气治理设施处理能力	万立方米/时	1112.78
废气治理设施运行费用	万元	8320.20
脱硫设施数	套	35.00
脱硫设施处理能力	千克/时	567630.27
脱硫设施运行费用	万元	2241.00
脱硝设施数	套	10.00
脱硝设施处理能力	千克/时	613.05
脱硝设施运行费用	万元	431.50
除尘设施数	套	337.00
除尘设施处理能力	千克/时	1144740.33
除尘设施运行费用	万元	5476.50
二氧化硫产生量	吨	56124.96
二氧化硫排放量	吨	39560.72
氮氧化物产生量	吨	16289.86

工业污染排放及处理利用情况（三）

（2015年）

	计量单位	本年实际
氮氧化物排放量	吨	14803.07
烟（粉）尘产生量	吨	687059.76
烟（粉）尘排放量	吨	37418.07
废气砷产生量	千克	2415.82
废气砷排放量	千克	0.00
废气铅产生量	千克	0.00
废气铅排放量	千克	0.00
废气镉产生量	千克	0.00
废气镉排放量	千克	0.00
废气汞产生量	千克	0.00
废气汞排放量	千克	0.00
废气总铬产生量	千克	0.00
废气总铬排放量	千克	0.00
废气六价铬产生量	千克	0.00
废气六价铬排放量	千克	0.00
四、工业固体废物		
一般工业固体废物产生量	万吨	514.30
一般工业固体废物综合利用量	万吨	153.41
其中：综合利用往年贮存量	万吨	1.32
一般工业固体废物处置量	万吨	277.44
其中：处置往年贮存量	万吨	0.00
一般工业固体废物贮存量	万吨	84.77
一般工业固体废物倾倒丢弃量	万吨	0.00
危险废物产生量	万吨	9.21
危险废物综合利用量	万吨	8.16
其中：综合利用往年贮存量	万吨	0.13
送外单位综合利用量	万吨	0.56
其中：送持证单位综合利用量	万吨	0.55
危险废物处置量	万吨	0.04
其中：处置往年贮存量	万吨	0.00
送外单位处置量	万吨	0.00
其中：送持证单位处置量	万吨	0.00
危险废物贮存量	万吨	1.14
危险废物累计贮存量	万吨	1.14
危险废物倾倒丢弃量	万吨	0.00
危险废物内部年综合利用/处置能力	万吨	0.10

五、固定资产投资与建筑业

资料整理：
赵 弘 曾邵文
校　　对：

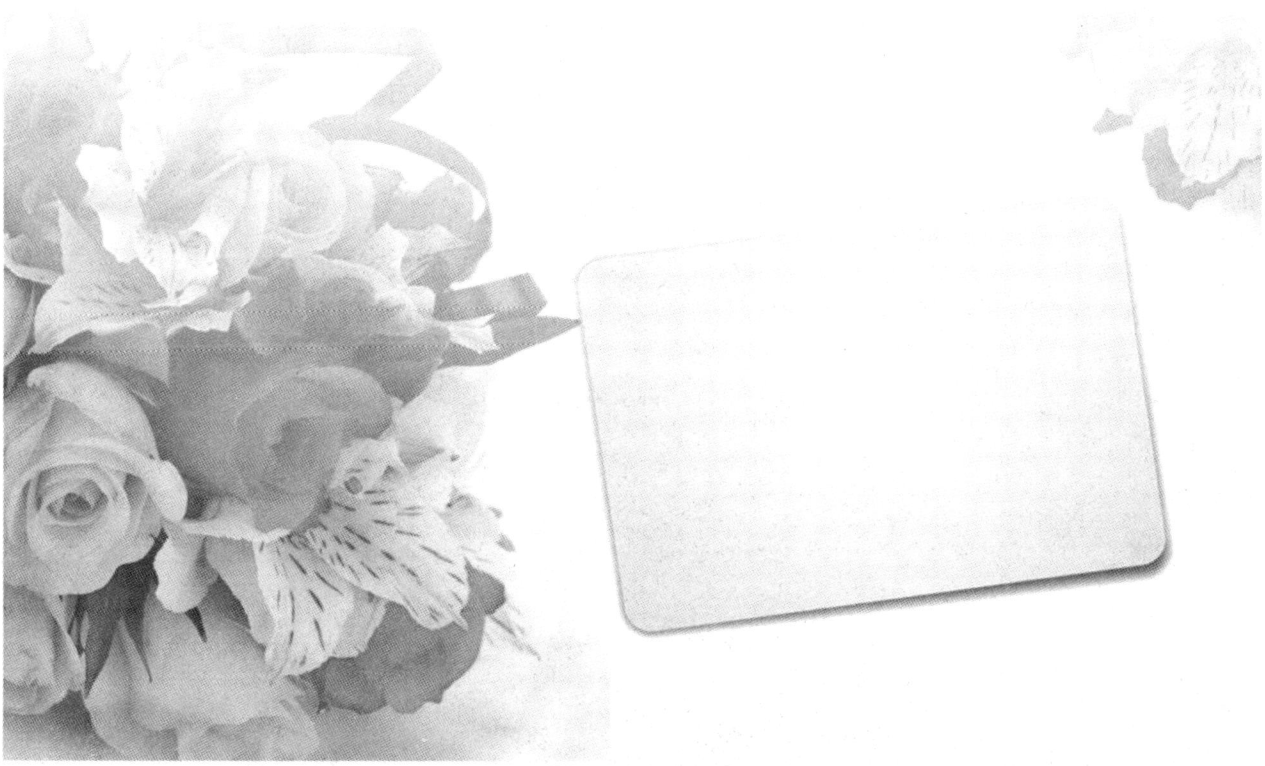

全社会固定资产投资完成情况

单位：亿元

	2015年	2014年
全社会投资总额	1023.00	862.52
（一）全社会投资（不含跨区）	1008.00	851.35
1、固定资产投资（不含房地产）	890.79	749.49
2、房地产开发投资	117.21	101.87
（二）跨区投资	15.00	11.17

各县市区全社会固定资产投资完成情况

（2015年）

单位：万元

	完成额	比上年增减%
全　市	10080035	18.4
鹤城区	1219012	6.7
经开区	424918	23.9
洪江区	305600	23.1
中方县	1106528	19.1
工业园	373430	22.7
沅陵县	1034817	19.7
辰溪县	924094	19.9
溆浦县	975000	20.8
会同县	469023	22.0
麻阳县	539616	20.7
新晃县	465051	21.8
芷江县	532447	20.9
靖州县	405822	19.4
通道县	356816	23.5
洪江市	947861	15.3

说明：本表不含跨区项目

固定资产投资完成情况（一）

（2015年）

	合　计		合　计
一、计划投资（万元）		电气机械及器材制造业	90463
1. 计划总投资	21966938	安装工程	839004
其中：本年新开工项目	8010371	设备工器具购置	1328189
2. 自开始建设累计完成投资	18694102	其中：购置旧设备	236
二、自年初累计完成投资（万元）	10080035	其中：用于更新的设备	298216
其中：本月完成投资	696381	其他费用	806832
其中：国有经济控股	5287220	其中：房屋建筑物购置费	17421
其中：住宅	939373	其中：建设用地费	330020
1. 按登记注册类型分		4. 按国民经济行业分	
内资企业	10028722	（一）农、林、牧、渔业	780506
国有企业	5087991	农业	412057
集体企业	81816	林业	117316
股份合作企业	6330	畜牧业	137567
联营企业	9800	渔业	79957
集体联营企业	9800	农、林、牧、渔服务业	33609
有限责任公司	1890448	（二）采矿业	143760
国有独资公司	79761	煤炭开采和洗选业	1340
其他有限责任公司	1810687	黑色金属矿采选业	1200
股份有限公司	170606	有色金属矿采选业	89533
私营企业	2704623	非金属矿采选业	37762
私营独资企业	746859	开采辅助活动	13925
私营合作企业	305047	（三）制造业	2211876
私营有限责任公司	1601998	农副食品加工业	207755
私营股份有限公司	50719	食品制造业	97660
其他企业	77108	酒、饮料和精制茶制造业	176963
港、澳、台商投资企业	14027	纺织业	633
合资经营企业（港或澳、台资）	10000	纺织服装、鞋、帽制造业	15419
港、澳、台商独资经营企业	2670	木材加工及木、竹、藤、棕、草制	115711
港、澳、台商投资股份有限公司	211	家具制造业	30648
其他港、澳、台商投资企业	1146	造纸及纸制品业	50315
外商投资企业	27406	印刷业和记录媒介的复制	38930
中外合作经营企业	25957	文教体育用品制造业	13624
外商投资股份有限公司	1449	石油加工、炼焦及核燃料加工业	10600
个体经营	9880	化学原料及化学制品制造业	208810
个体户	7380	医药制造业	56771
个人合伙	2500	橡胶和塑料制品业	87667
2. 按建设性质分		非金属矿物制品业	319766
（1）新建	4766878	黑色金属冶炼及压延加工业	89220
（2）扩建	860917	有色金属冶炼及压延加工业	133505
（3）改建和技术改造	3094994	金属制品业	156173
3. 按构成分		通用设备制造业	48260
建筑工程	7106010	专用设备制造业	81308
铁路、船舶、航空航天等制造业	10200	汽车制造业	3550

固定资产完成情况（二）

（2015 年）

	合　计		合　计
计算机、通信和其他电子设备制造业	148465	生态保护和环境治理业	65641
仪器仪表制造业	8320	公共设施管理业	1142880
其他制造业	4860	（十五）居民服务、修理和其他服务业	27274
废弃资源综合利用业	2200	居民服务业	14204
金属制品、机械和设备修理业	4080	其他服务业	13070
（四）电力、热力、燃气及水的生产和供应业	651288	（十六）教育	198785
电力、热力的生产和供应业	349143	教育	198785
燃气生产和供应业	55092	（十七）卫生和社会工作	155868
水的生产和供应业	247053	卫生	115640
（五）建筑业	579920	社会工作	40228
房屋建筑业	210848	（十八）文化、体育和娱乐业	38772
土木工程建筑业	309572	广播、电视、电影和影视录音制作业	3270
建筑安装业	42200	文化艺术业	18318
建筑装饰和其他建筑业	17300	体育	6544
（六）交通运输、仓储和邮政业	831394	娱乐业	10640
铁路运输业	500	（十九）公共管理、社会保障和社会组织	216485
道路运输业	749769	国家机构	186327
水上运输业	6968	社会保障	27278
航空运输业	2787	群众团体、社会团体和其他成员组织	500
管道运输业	5401	基层群众自治组织	2380
装卸搬运和其他运输服务业	9808	三、新增固定资产（万元）	10235031
仓储业	56161	四、项目个数（个）	
（七）信息传输、软件和信息技术服务业	25700	1. 施工项目个数	2350
电信、广播电视和卫星传输服务业	17000	其中：本年新开工	1576
软件和信息技术服务业	8700	2. 本年投产项目个数	1747
（八）批发和零售业	200727	五、房屋建筑面积（平方米）	
批发业	157378	1. 施工面积	17171987
零售业	43349	其中：住宅	11273950
（九）住宿和餐饮业	100700	2. 竣工面积	4481014
住宿业	83195	其中：住宅	3551179
餐饮业	17505	六、本年资金来源合计（万元）	11048126
（十）金融业	42915	1. 上年末结余资金	788101
货币金融业	24880	2. 本年资金来源小计	10260025
其他金融业	18035	（1）国家预算资金	409307
（十一）房地产业	2040554	其中：中央预算资金	73923
房地产业	2040554	（2）国内贷款	351485
（十二）租赁和商务服务业	230729	（4）利用外资	5121
商务服务业	230729	（5）自筹资金	7647876
（十三）科学研究和技术服务业	21305	其中：企、事业单位自有资金	967397
研究与试验发展	3500	其中：股东投入资金	261276
专业技术服务业	12505	其中：借入资金	64723
科技交流和推广服务业	5300	（6）其他资金来源	1846236
（十四）水利、环境和公共设施管理业	1581477	七、各项应付款合计（万元）	447599
水利管理业	372956	其中：工程款	355823

固定资产投资完成情况（三）

（2015 年）

	总　计
全市固定资产投资	10080035
一、按经济类型分	
国有投资	5167762
非国有投资	4912283
民间投资	4814100
二、按隶属关系分	
中央项目	102678
地方项目	9977367
三、按产业分	
第一产业	780506
第二产业	3582744
第三产业	5716795
四、按投资方向分	
工业投资	3002824
产业投资	2019624
民生工程	694243
生态环境	826746
基础设施	3085269
高新技术产业投资	215156
技改投资	3094994
战略性新兴产业	1763908
房地产开发投资	1172099
五、按结构分	
建筑工程	7106020
安装工程	839004
设备工器具购置	1328189
其他费用	806832

建筑业企业

（201

	年初存货	流动资产合计	应收工程款	存货
总计	1015951	4913255	1446998	1032687
其中：国有及国有控股企业	153998	1688809	807600	154685
内资企业	1015951	4913255	1446998	1032687
国有企业	120495	1529626	773723	132877
集体企业	105409	329147	69093	109560
有限责任公司	318072	1421499	197313	425832
国有独资公司	12440	48187	17158	1796
其他有限责任公司	305632	1373312	180155	424036
股份有限公司	15635	65524	7213	4402
私营企业	387717	1375209	361534	319011
私营有限责任公司	378149	1314723	354598	316447
私营股份有限公司	9568	60486	6936	2564
其他企业	68623	192250	38122	41005
房屋建筑业	797086	2878385	592658	688174
房屋建筑业	797086	2878385	592658	688174
房屋建筑业	797086	2878385	592658	688174
土木工程建筑业	126296	1552805	741383	133036
铁路、道路、隧道和桥梁工程建筑	97454	1394973	731814	91992
铁路工程建筑	52308	457465	236748	48902
公路工程建筑	39360	885552	495066	42814
市政道路工程建筑	5786	51956		276
水利和内河港口工程建筑	650	36450	502	630
水源及供水设施工程建筑	650	36450	502	630
工矿工程建筑	26769	103385	8760	39378
工矿工程建筑	26769	103385	8760	39378
架线和管道工程建筑	1423	17997	307	1036
架线及设备工程建筑	110	13752		896
管道工程建筑	1313	4245	307	140
建筑安装业	29601	298913	30994	148432
电气安装	9678	225330	15173	147116
电气安装	9678	225330	15173	147116
管道和设备安装		1211	767	
管道和设备安装		1211	767	
其他建筑安装业	19923	72372	15054	1316
其他建筑安装业	19923	72372	15054	1316
建筑装饰和其他建筑业	62968	183152	81963	63045
建筑装饰业	62817	145442	57620	62969
建筑装饰业	62817	145442	57620	62969
工程准备活动	141	36420	23179	68
其他工程准备活动	141	36420	23179	68
提供施工设备服务	10	1290	1164	8
提供施工设备服务	10	1290	1164	8

财务状况表（一）

5年）　　　　单位：千元

固定资产合　　计	固定资产原　　价	累计折旧	其中：本年折旧	在建工程	资产合计
1255717	1149499	477681	38235	507812	6940194
183381	416709	253972	11590	4132	2015948
1255717	1149499	477681	38235	507812	6940194
138345	327474	203121	7500	1122	1801734
388489	226946	49252	8003	198516	784717
277840	302005	118347	11584	77826	2116122
20370	41910	28131	1747	3010	68998
257470	260095	90216	9837	74816	2047124
43470	44913	16990	1744	14464	121686
395896	233071	84325	8326	215884	1912008
365333	198559	73689	7905	209777	1816717
30563	34512	10636	421	6107	95291
11677	15090	5646	1078		203927
1045707	727220	235562	23542	504802	4553492
1045707	727220	235562	23542	504802	4553492
1045707	727220	235562	23542	504802	4553492
119271	298123	192051	4421		1729171
88193	262799	176167	2459		1496011
5896	15603	9707	832		463361
82297	247196	166460	1627		980694
0		0		0	51956
1350	3412	2840	98		38404
1350	3412	2840	98		38404
8213	12327	4175	618		155244
8213	12327	4175	618		155244
21515	19585	8869	1246		39512
19585	19585	8869	1246		33337
1930		0		0	6175
61263	90058	35386	7243	3010	430923
43901	67728	23827	5723		337441
43901	67728	23827	5723		337441
1196	3558	2362	67		2407
1196	3558	2362	67		2407
16166	18772	9197	1453	3010	91075
16166	18772	9197	1453	3010	91075
29476	34098	14682	3029		226608
4323	5704	1413	484		152768
4323	5704	1413	484		152768
13740	13740	10028	1111		60906
13740	13740	10028	1111		60906
11413	14654	3241	1434		12934
11413	14654	3241	1434		12934

建筑业企业

（201

	年初存货	流动资产合计	应收工程款	存货
省（自治区、直辖市）	12440	48187	17158	1796
地（区、市、州、盟）	198775	1721330	784576	207281
县（区、市、旗）	243545	896894	175288	218302
乡	12018	21877		963
其他	549173	2224967	469976	604345
施工总承包	904728	4563984	1361767	959916
一级	170235	1263236	589591	218419
二级	340803	1379966	479103	320372
三级及以下	393690	1920782	293073	421125
专业承包	111223	349271	85231	72771
二级	71917	163601	53218	60188
三级及以下	39306	185670	32013	12583
施工或专业承包	1015951	4913255	1446998	1032687
怀化市	1015951	4913255	1446998	1032687
鹤城区	620080	3304478	1095117	674149
中方县	117548	389981	70214	86500
沅陵县	22941	134379	3350	22065
辰溪县	37232	166613	75491	29210
溆浦县	43827	254741	10770	44472
会同县	43752	64575	2838	57508
麻阳苗族自治县	9752	74824	12809	9896
新晃侗族自治县	10619	101414	17412	1874
芷江侗族自治县	35621	67448	10033	32052
靖州苗族侗族自治县	7364	35854		5543
通道侗族自治县	13557	60114	14777	14395
怀化市洪江管理区	9727	121589	89571	12143
洪江市	43931	137245	44616	42880
营业	1015951	4913255	1446998	1032687
国有控股	153998	1688809	807600	154685
集体控股	139402	466669	98444	133057
私人控股	715895	2624869	489615	743919
其他	6656	132908	51339	1026

财务状况表（一续）

5年）　　单位：千元

固定资产合计	固定资产原价	累计折旧	其中：本年折旧	在建工程	资产合计
20370	41910	28131	1747	3010	68998
171520	367173	217464	11894	7954	2030706
457900	314177	90066	8512	215408	1510155
934	3635	2701	165		22811
604993	422604	139319	15917	281440	3307524
1156988	1013066	408839	32245	507812	6475052
66927	224274	157349	801		1411232
479517	266817	72871	13219	275338	1984150
610544	521975	178619	18225	232474	3079670
98729	136433	68842	5990		465142
2874	13362	10520	310		171993
95855	123071	58322	5680		293149
1255717	1149499	477681	38235	507812	6940194
1255717	1149499	477681	38235	507812	6940194
779980	667903	342801	23985	406068	4642582
19322	30481	13392	2319		409304
60507	66264	9929	1038		214663
100298	46134	22542	4381	66678	293366
79545	86153	9913	345		433060
7999	10361	2757	136	47	100103
30287	36337	9490	1610	3440	114777
31876	47319	17231	1612		145217
9468	16464	6997	852		81235
25310	18623	9117	113	15804	63288
65737	51888	5639	215	15770	138377
24683	43724	20724	1338		146272
20705	27848	7149	291	5	157950
1255717	1149499	477681	38235	507812	6940194
183381	416709	253972	11590	4132	2015948
412812	275357	75024	9165	198516	946562
598419	401743	140520	14331	292464	3770739
61105	55690	8165	3149	12700	206945

建筑业企业

（201

	流动负债合计	应付账款	非流动负债合计	负债合计
总　计	3106555	1024628	194748	3654469
其中：国有及国有控股企业	1204890	633476	16074	1375583
内资企业	3106555	1024628	194748	3654469
国有企业	1123722	612489	14254	1291490
集体企业	374429	25841	6366	427920
有限责任公司	814409	99614	65394	895524
国有独资公司	20672	9798	1820	22822
其他有限责任公司	793737	89816	63574	872702
股份有限公司	38996	8810		39136
私营企业	731447	265793	108734	976847
私营有限责任公司	698124	265081	108383	943173
私营股份有限公司	33323	712	351	33674
其他企业	23552	12081		23552
房屋建筑业	1507481	317116	170089	2017296
房屋建筑业	1507481	317116	170089	2017296
房屋建筑业	1507481	317116	170089	2017296
土木工程建筑业	1212444	616263	6174	1231727
铁路、道路、隧道和桥梁工程建筑	1124449	613941	4548	1133155
铁路工程建筑	416140	34389	630	416770
公路工程建筑	667460	576090	－2079	669539
市政道路工程建筑	40849	3462	5997	46846
水利和内河港口工程建筑	15748	286		15894
水源及供水设施工程建筑	15748	286		15894
工矿工程建筑	54082	310		62887
工矿工程建筑	54082	310		62887
架线和管道工程建筑	18165	1726	1626	19791
架线及设备工程建筑	18030	1726	1626	19656
管道工程建筑	135		0	135
建筑安装业	266249	21018	5086	271665
电气安装	217614	11834	3266	220880
电气安装	217614	11834	3266	220880
管道和设备安装	111		0	111
管道和设备安装	111		0	111
其他建筑安装业	48524	9184	1820	50674
其他建筑安装业	48524	9184	1820	50674
建筑装饰和其他建筑业	120381	70231	13399	133781
建筑装饰业	78132	63245	809	78942
建筑装饰业	78132	63245	809	78942
工程准备活动	41156	6986	9600	50756
其他工程准备活动	41156	6986	9600	50756
提供施工设备服务	1093		2990	4083
提供施工设备服务	1093		2990	4083

财务状况表（二）

5年）　　单位：千元

所有者权益合计	其中：实收资本	国家资本	集体资本	法人资本	个人资本	港澳台资本
3285725	1721558	372119	188332	612529	541078	7500
640365	530153	326052		204101		
3285725	1721558	372119	188332	612529	541078	7500
510244	443612	241519		202093		
356797	212082	45337	152029	14716		
1220598	591387	69606	13820	219980	287981	
46176	40246	40246		0		
1174422	551141	29360	13820	219980	287981	
82550	49668	15657		26950	7061	
935161	364009		22483	148790	185236	7500
873544	329186		21670	143660	156356	7500
61617	34823		813	5130	28880	
180375	60800		0		60800	
2536196	1152121	183582	174512	297346	489181	7500
2536196	1152121	183582	174512	297346	489181	7500
2536196	1152121	183582	174512	297346	489181	7500
497444	394566	116381		268973	9212	
362856	342164	83161		253993	5010	
46591	37504	37504		0		
311155	299650	45657		253993		
5110	5010		0		5010	
22510	13142		0	8940	4202	
22510	13142		0	8940	4202	
92357	28200	28200		0		
92357	28200	28200		0		
19721	11060	5020		6040		
13681	5020	5020		0		
6040	6040		0	6040		
159258	128236	72156	13820	36310	5950	
116561	93415	57415	12000	24000		
116561	93415	57415	12000	24000		
2296	2000		0	1500	500	
2296	2000		0	1500	500	
40401	32821	14741	1820	10810	5450	
40401	32821	14741	1820	10810	5450	
92827	46635		0	9900	36735	
73826	27784		0		27784	
73826	27784		0		27784	
10150	10000		0	9900	100	
10150	10000		0	9900	100	
8851	8851		0		8851	
8851	8851		0		8851	0

建筑业企业

（201

	流动负债合计	应付账款	非流动负债合计	负债合计
省（自治区、直辖市）	20672	9798	1820	22822
地（区、市、州、盟）	1177742	622157	20053	1343207
县（区、市、旗）	622180	74993	23020	715958
乡	41		0	41
其他	1285920	317680	149855	1572441
施工总承包	2903885	927750	189323	3446227
一级	890380	608680	33718	1047820
二级	909590	156912	47263	970270
三级及以下	1103915	162158	108342	1428137
专业承包	202670	96878	5425	208242
二级	74849	61739	505	75355
三级及以下	127821	35139	4920	132887
施工或专业承包	3106555	1024628	194748	3654469
怀化市	3106555	1024628	194748	3654469
鹤城区	2344103	904119	131344	2666971
中方县	136141	45099	33447	169588
沅陵县	80383	310	9934	113130
辰溪县	170722	9881	10200	180922
溆浦县	80109	712	3362	115903
会同县	55584	10	644	56229
麻阳苗族自治县	28752	9628		29527
新晃侗族自治县	44889	10866	412	84466
芷江侗族自治县	28124	666		28124
靖州苗族侗族自治县	23070	1902		28706
通道侗族自治县	61988	24761	1350	63338
怀化市洪江管理区	28857	8759	78	89755
洪江市	23833	7915	3977	27810
营业	3106555	1024628	194748	3654469
国有控股	1204890	633476	16074	1375583
集体控股	410482	28359	6489	465149
私人控股	1402774	361697	161947	1715090
其他	88409	1096	10238	98647

财务状况表（二续）

5年）　　　　单位：千元

所有者权益合计	其中：实收资本	国家资本	集体资本	法人资本	个人资本	港澳台资本
46176	40246	40246		0		
687499	582347	242986	15523	208133	115705	
794197	431618	88887	138326	114206	90199	
22770	6000		0	6000		
1735083	661347		34483	284190	335174	7500
3028825	1558161	326369	174512	570819	478961	7500
363412	349142	71049		226093	52000	
1013880	545230	94919	60080	179196	211035	
1651533	663789	160401	114432	165530	215926	7500
256900	163397	45750	13820	41710	62117	
96638	47000	30000		0	17000	
160262	116397	15750	13820	41710	45117	
3285725	1721558	372119	188332	612529	541078	7500
3285725	1721558	372119	188332	612529	541078	7500
1975611	1062895	273622	49010	396663	343600	
239716	87610		0	4360	83250	
101533	85861	20000	6510	51900	7451	
112444	75618	6330	4626	44562	20100	
317157	93773	8200	36053		49520	
43874	8003		6003	1500	500	
85250	40600	20000	20600		0	
60751	41726		6500	23524	4202	7500
53111	22080	10000		6000	6080	
34582	33967	33967		0		
75039	21137		7030		14107	
56517	55952		12000	31684	12268	
130140	92336		40000	52336		
3285725	1721558	372119	188332	612529	541078	7500
640365	530153	326052		204101		
481413	314094	45337	164029	104228	500	
2055649	801831		22483	238720	533128	7500
108298	75480	730	1820	65480	7450	0

建筑业企业

（201

	营业收入	主营业务收入	营业成本	主营业务成本
总计	8312655	8088323	7258210	7042586
其中：国有及国有控股企业	2504997	2504146	2261319	2209844
内资企业	8312655	8088323	7258210	7042586
国有企业	1945379	1944528	1777805	1726330
集体企业	1697914	1537350	1462854	1323287
有限责任公司	2175603	2124086	1913866	1899453
国有独资公司	62627	62627	46689	46689
其他有限责任公司	2112976	2061459	1867177	1852764
股份有限公司	451464	451464	414080	414080
私营企业	1920495	1909095	1579795	1569626
私营有限责任公司	1729769	1721526	1425884	1417991
私营股份有限公司	190726	187569	153911	151635
其他企业	121800	121800	109810	109810
房屋建筑业	5333226	5108995	4570025	4405879
房屋建筑业	5333226	5108995	4570025	4405879
房屋建筑业	5333226	5108995	4570025	4405879
土木工程建筑业	2375623	2375578	2159850	2108375
铁路、道路、隧道和桥梁工程建筑	2006958	2006913	1863879	1812404
铁路工程建筑	430000	430000	396410	396410
公路工程建筑	1576958	1576913	1467469	1415994
市政道路工程建筑		0		
水利和内河港口工程建筑	55416	55416	41250	41250
水源及供水设施工程建筑	55416	55416	41250	41250
工矿工程建筑	285055	285055	247363	247363
工矿工程建筑	285055	285055	247363	247363
架线和管道工程建筑	28194	28194	7358	7358
架线及设备工程建筑	25694	25694	5301	5301
管道工程建筑	2500	2500	2057	2057
建筑安装业	456336	456284	419952	419951
电气安装	370365	370313	353873	353872
电气安装	370365	370313	353873	353872
管道和设备安装	2157	2157	1956	1956
管道和设备安装	2157	2157	1956	1956
其他建筑安装业	83814	83814	64123	64123
其他建筑安装业	83814	83814	64123	64123
建筑装饰和其他建筑业	147470	147466	108383	108381
建筑装饰业	55518	55514	36345	36343
建筑装饰业	55518	55514	36345	36343
工程准备活动	87982	87982	69359	69359
其他工程准备活动	87982	87982	69359	69359
提供施工设备服务	3970	3970	2679	2679
提供施工设备服务	3970	3970	2679	2679

财务状况表（三）

5年）

单位：千元

营业税金及附加		其他业务利润	销售费用	管理费用		财务费用		
	营业税金及附加				税　金		利息收入	利息支出
364718	310573	36789	39154	302727	22846	68541	969	35283
94261	81336	45	12695	90606	1859	20105	295	17200
364718	310573	36789	39154	302727	22846	68541	969	35283
63902	50977	45	3827	70112	1010	20063	248	17159
100440	66993	8606	5893	60405	4963	1653	12	549
84246	80996	27783	15640	68106	9857	25754	308	6019
6052	6052		4	5082	81	-11	16	
78194	74944	27783	15636	63024	9776	25765	292	6019
17492	17492		637	4164	157	1087	33	30
92382	87859	355	12538	98537	6497	19092	368	10636
81202	76768	350	8602	85447	6339	16400	336	7776
11180	11091	5	3936	13090	158	2692	32	2860
6256	6256		619	1403	362	892		890
258543	204398	36742	32614	206211	19563	42177	333	17265
258543	204398	36742	32614	206211	19563	42177	333	17265
258543	204398	36742	32614	206211	19563	42177	333	17265
78961	78961	45	5378	72153	1547	23778	222	16960
60909	60909	45	4523	32446	352	20427	192	16952
13670	13670		0	14020	3	-100	151	
47239	47239	45	4523	18286	349	18878	41	16952
0		0		140		1649		
3840	3840		25	3600	29	18	30	5
3840	3840		25	3600	29	18	30	5
14093	14093		830	7951	1067	3333		3
14093	14093		830	7951	1067	3333		3
119	119		0	28156	99		0	
119	119		0	27871	79		0	
0		0		285	20		0	
20891	20891		293	13178	1192	878	99	67
14400	14400		237	3200	842	876	85	67
14400	14400		237	3200	842	876	85	67
23	23		0	78	2	1		
23	23		0	78	2	1		
6468	6468		56	9900	348	1	14	
6468	6468		56	9900	348	1	14	
6323	6323	2	869	11185	544	1708	315	991
1914	1914	2	869	3145	537	735	1	334
1914	1914	2	869	3145	537	735	1	334
4398	4398		0	7038		702	314	388
4398	4398		0	7038		702	314	388
11	11		0	1002	7	271		269
11	11		0	1002	7	271		269

建筑业企业

(201

	营业收入	主营业务收入	营业成本	主营业务成本
三、按隶属关系分组				
省（自治区、直辖市）	62627	62627	46689	46689
地（区、市、州、盟）	2415359	2383751	2202926	2151449
县（区、市、旗）	2638646	2457402	2284113	2130136
乡	24260	24260	20811	20811
其他	3171763	3160283	2703671	2693501
四、按企业资质等级分组				
施工总承包	7692010	7467734	6738084	6522463
一级	1434446	1434401	1346381	1294906
二级	2150815	1950061	1914117	1765179
三级及以下	4106749	4083272	3477586	3462378
专业承包	620645	620589	520126	520123
二级	48117	48117	30565	30565
三级及以下	572528	572472	489561	489558
施工或专业承包	8312655	8088323	7258210	7042586
五、按地区分				
怀化市	8312655	8088323	7258210	7042586
鹤城区	3645405	3602554	3211810	3150074
中方县	233150	233150	215008	215008
沅陵县	1197497	1179417	1095453	1083211
辰溪县	679870	679870	579531	579531
溆浦县	810317	651417	674458	535581
会同县	70924	70924	65025	65025
麻阳苗族自治县	339309	337903	266188	265588
新晃侗族自治县	290132	290132	223523	223523
芷江侗族自治县	64357	64172	51463	51463
靖州苗族侗族自治县	257717	257717	207520	207520
通道侗族自治县	113150	113150	100312	100312
怀化市洪江管理区	116929	116877	95990	95989
洪江市	493898	491040	471929	469761
六、按营业状况分				
营业	8312655	8088323	7258210	7042586
七、按控股情况分				
国有控股	2504997	2504146	2261319	2209844
集体控股	1994103	1830887	1737784	1596048
私人控股	3378769	3336588	2873111	2862942
其他	434786	416702	385996	373752

财务状况表（三续）

5年）　　单位：千元

营业税金及附加	营业税金及附加	其他业务利润	销售费用	管理费用	税　金	财务费用	利息收入	利息支出
6052	6052		4	5082	81	－11	16	
78002	67392	27800	1154	87979	8341	20672	293	17403
146586	110042	8606	20231	84480	6484	8366	74	1900
808	808		0	74	1	3		
133270	126279	383	17765	125112	7939	39511	586	15980
342380	288235	36787	36607	247998	21832	65224	933	33108
36626	26016	45	110	26906	64	20190	10	20200
98285	83150	36149	3883	51923	9089	18755	508	6802
207469	179069	593	32614	169169	12679	26279	415	6106
22338	22338	2	2547	54729	1014	3317	36	2175
1590	1590		1225	2554	530	395		
20748	20748	2	1322	52175	484	2922	36	2175
364718	310573	36789	39154	302727	22846	68541	969	35283
364718	310573	36789	39154	302727	22846	68541	969	35283
137469	124455	28183	6346	159068	12784	44536	323	24840
9931	9931		619	1897	462	3163	12	1524
45590	45240		4130	23717	1074	2762		3
33106	9674		1422	31782	410	6768	538	3705
50353	33684	7788	9874	23788	1742	6943	31	3346
3492	3492		10	2122	17	11		10
19084	18836	560	11455	18433	1939	869		5
17672	17672		626	19896	145	434	32	508
2019	2019		0	5536	100	－18	23	
13509	13509		1831	7780	2088	205		205
6411	6411		124	2428	140	875		62
6384	6384		2296	4713	1901	1940		1055
19698	19266	258	421	1567	44	53	10	20
364718	310573	36789	39154	302727	22846	68541	969	35283
94261	81336	45	12695	90606	1859	20105	295	17200
110463	76584	8606	7441	63591	5129	1858	22	759
143962	136971	28136	15453	136365	15186	42073	651	17324
16032	15682	2	3565	12165	672	4505	1	0

建筑业企业

（201

	营业利润	营业外收入	其中：政府补助
总计	268278	8960	1704
其中：国有及国有控股企业	26256	2229	1700
内资企业	268278	8960	1704
国有企业	9916	2130	1700
集体企业	66706	2521	4
有限责任公司	67915	2793	
国有独资公司	4811	99	
其他有限责任公司	63104	2694	
股份有限公司	14003	200	
私营企业	106918	1316	
私营有限责任公司	100998	1110	
私营股份有限公司	5920	206	
其他企业	2820		
房屋建筑业	212671	6112	1704
房屋建筑业	212671	6112	1704
房屋建筑业	212671	6112	1704
土木工程建筑业	35402	22	
铁路、道路、隧道和桥梁工程建筑	24818	22	
铁路工程建筑	6000		
公路工程建筑	20607	22	
市政道路工程建筑	-1789		
水利和内河港口工程建筑	6683		
水源及供水设施工程建筑	6683		
工矿工程建筑	11485		
工矿工程建筑	11485		
架线和管道工程建筑	-7584		
架线及设备工程建筑	-7597		
管道工程建筑	13		
建筑安装业	1203	2777	
电气安装	-2162		
电气安装	-2162		
管道和设备安装	99	67	
管道和设备安装	99	67	
其他建筑安装业	3266	2710	
其他建筑安装业	3266	2710	
建筑装饰和其他建筑业	19002	49	
建筑装饰业	12510		
建筑装饰业	12510		
工程准备活动	6485		
其他工程准备活动	6485		
提供施工设备服务	7	49	
提供施工设备服务	7	49	

财务状况表（四）

5 年）　　单位：千元

营业外支出	利润总额	应交所得税	应付职工薪酬（本年贷方累计发生额）	建筑业企业在境外完成的营业收入
3070	273972	51936	1141146	158065
1212	27080	5551	254703	158065
3070	273972	51936	1141146	158065
1197	10849	1604	174096	158065
309	68918	15507	213194	
1113	69595	10171	351132	
15	4895	568	11867	
1098	64700	9603	339265	
7	14003	1168	49950	
444	107787	21926	312563	
444	101664	19495	259267	
0	6123	2431	53296	
0	2820	1560	40211	
1518	217262	43542	866390	
1518	217262	43542	866390	
1518	217262	43542	866390	
747	34484	2720	213671	
747	23900	1585	100045	
0	6000	792	6389	
747	19689	793	93516	
0	-1789		140	
0	6683	50	7850	
0	6683	50	7850	
0	11485	1085	92912	
0	11485	1085	92912	
0	-7584		12864	
0	-7597		11401	
0	13		1463	
802	3178	979	52984	158065
0	-2162	183	30808	158065
0	-2162	183	30808	158065
77	89	2	524	
77	89	2	524	
725	5251	794	21652	
725	5251	794	21652	
3	19048	4695	8101	
0	12510	3074	3658	
0	12510	3074	3658	
0	6485	1621	3800	
0	6485	1621	3800	
3	53		643	
3	53		643	

建筑业企业

（201

	营业利润	营业外收入	其中：政府补助
省（自治区、直辖市）	4811	99	
地（区、市、州、盟）	24726	5175	1700
县（区、市、旗）	94917	2287	4
乡	2564		
其他	141260	1399	
施工总承包	250776	5057	1704
一级	4479	1722	1700
二级	52626	1256	
三级及以下	193671	2079	4
专业承包	17502	3903	
二级	11788		
三级及以下	5714	3903	
施工或专业承包	268278	8960	1704
怀化市	268278	8960	1704
鹤城区	75040	6301	1700
中方县	2532		
沅陵县	25845		
辰溪县	27298	1037	4
溆浦县	44901	1256	
会同县	264	67	
麻阳苗族自治县	23280		
新晃侗族自治县	27981		
芷江侗族自治县	5360	99	
靖州苗族侗族自治县	26872		
通道侗族自治县	3000	200	
怀化市洪江管理区	5665		
洪江市	240		
营业	268278	8960	1704
国有控股	26256	2229	1700
集体控股	73072	2588	4
私人控股	156427	1532	
其他	12523	2611	

财务状况表（四续）

5 年）

单位：千元

营业外支出	利润总额	应交所得税	应付职工薪酬（本年贷方累计发生额）	建筑业企业在境外完成的营业收入
15	4895	568	11867	
1197	28511	6801	203642	158065
627	96577	20982	423186	
0	2564	485	3390	
1231	141425	23100	499061	
2549	253088	48150	1043951	158065
1197	5004	61	101864	
294	53588	11582	309954	158065
1058	194496	36507	632133	
521	20884	3786	97195	
0	11788	2945	4136	
521	9096	841	93059	
3070	273972	51936	1141146	158065
3070	273972	51936	1141146	158065
2366	78782	21861	269388	158065
0	2532	1935	68188	
311	25534	3449	214941	
15	28320	1755	126738	
294	45863	5247	195026	
77	254	5	21242	
0	23280	5278	55352	
0	27981	2638	33494	
0	5456	1286	13777	
0	26872	7653	35052	
7	3193	495	13336	
0	5665	324	39928	
0	240	10	54684	
3070	273972	51936	1141146	158065
1212	27080	5551	254703	158065
386	75274	16286	271067	
1161	156795	29303	474685	
311	14823	796	140691	

建筑业企业

（201

	全部建筑业企业个数（个）	有工作量的建筑业企业个数（个）	合同情况（千元）		
			签订的合同额	上年结转合同额	本年新签合同额
总计	92	90	15734414	6575369	9159045
其中：国有及国有控股企业	18	18	4285813	1685822	2599991
一、按登记注册类型分组					
内资企业	92	90	15734414	6575369	9159045
国有企业	11	11	2979762	1080348	1899414
集体企业	15	15	2694039	1138215	1555824
有限责任公司	34	33	4563743	2162658	2401085
国有独资公司	3	3	124898	82984	41914
其他有限责任公司	31	30	4438845	2079674	2359171
股份有限公司	4	4	960820	362555	598265
私营企业	28	27	4536050	1831593	2704457
私营有限责任公司	24	23	3957985	1508413	2449572
私营股份有限公司	4	4	578065	323180	254885
二、按国民经济行业分组					
房屋建筑业	62	61	11678445	5362179	6316266
房屋建筑业	62	61	11678445	5362179	6316266
房屋建筑业	62	61	11678445	5362179	6316266
土木工程建筑业	12	11	3229547	783075	2446472
铁路、道路、隧道和桥梁工程建筑	7	6	2845389	752060	2093329
铁路工程建筑	1	1	700866	195743	505123
公路工程建筑	5	5	2144523	556317	1588206
市政道路工程建筑	1				
水利和内河港口工程建筑	1	1	76580		76580
水源及供水设施工程建筑	1	1	76580		76580
工矿工程建筑	2	2	263532	28341	235191
工矿工程建筑	2	2	263532	28341	235191
架线和管道工程建筑	2	2	44046	2674	41372
架线及设备工程建筑	1	1	36972		36972
管道工程建筑	1	1	7074	2674	4400
建筑安装业	9	9	513320	161914	351406
电气安装	3	3	321090	57571	263519
电气安装	3	3	321090	57571	263519
管道和设备安装	1	1	3692	1465	2227
管道和设备安装	1	1	3692	1465	2227
其他建筑安装业	5	5	188538	102878	85660
其他建筑安装业	5	5	188538	102878	85660
建筑装饰和其他建筑业	9	9	313102	268201	44901
建筑装饰业	7	7	44631	5267	39364
建筑装饰业	7	7	44631	5267	39364
工程准备活动	1	1	262000	262000	
其他工程准备活动	1	1	262000	262000	
提供施工设备服务	1	1	6471	934	5537
提供施工设备服务	1	1	6471	934	5537

生产情况表（一）

5 年)　　单位：千元

承包工程完成情况（千元）				建筑业总产值（千元）						竣工产值
直接从建设单位承揽工程完成的产值	自行完成施工产值	分包出去工程的产值	从建设单位以外承揽工程完成的产值	建筑业总产值（千元）	其中：装饰装修产值	其中：在外省完成的产值	建筑工程产值	安装工程产值	其他产值	
10798490	10735734	62756	218520	10954254	617779	704249	9999879	403455	550920	5091779
2826598	2765808	60790	50473	2816281	29585	235703	2529482	99134	187665	1163320
10798490	10735734	62756	218520	10954254	617779	704249	9999879	403455	550920	5091779
2207734	2146944	60790	44463	2191407	29585	235703	2125217	13147	53043	751550
2048384	2048384			2048384			1925879	58956	63549	1338454
3258771	3256805	1966	9147	3265952	522868	109000	2892498	205300	168154	1284397
53336	53336		6010	59346			45004	2950	11392	39368
3205435	3203469	1966	3137	3206606	522868	109000	2847494	202350	156762	1245029
644277	644277			644277			524275	90228	29774	199930
2639324	2639324		164910	2804234	65326	359546	2532010	35824	236400	1517448
2276481	2276481		164910	2441391	65326	359546	2172167	35824	233400	1303268
362843	362843			362843			359843		3000	214180
7888391	7886425	1966	168047	8054472	581635	459129	7307654	272081	474737	3928121
7888391	7886425	1966	168047	8054472	581635	459129	7307654	272081	474737	3928121
7888391	7886425	1966	168047	8054472	581635	459129	7307654	272081	474737	3928121
2502562	2441772	60790	44463	2486235		238203	2430692	2500	53043	821627
2157486	2113023	44463	44463	2157486		235703	2157486			511601
430000	430000			430000		191240	430000			258100
1727486	1683023	44463	44463	1727486		44463	1727486			253501
73120	73120			73120			73120			73120
73120	73120			73120			73120			73120
232484	232484			232484			200086		32398	213761
232484	232484			232484			200086		32398	213761
39472	23145	16327		23145		2500		2500	20645	23145
36972	20645	16327		20645					20645	20645
2500	2500			2500		2500		2500		2500
279432	279432		6010	285442			160712	113338	11392	230690
170254	170254			170254			144918	25336		135480
170254	170254			170254			144918	25336		135480
2074	2074			2074				2074		2074
2074	2074			2074				2074		2074
107104	107104		6010	113114			15794	85928	11392	93136
107104	107104		6010	113114			15794	85928	11392	93136
128105	128105			128105	36144	6917	100821	15536	11748	111341
36144	36144			36144	36144	6917	12839	11557	11748	22347
36144	36144			36144	36144	6917	12839	11557	11748	22347
87982	87982			87982			87982			87982
87982	87982			87982			87982			87982
3979	3979			3979				3979		1012
3979	3979			3979				3979		1012

建筑业企业

（201

	全部建筑业企业个数（个）	有工作量的建筑业企业个数（个）	合同情况（千元）		
			签订的合同额	上年结转合同额	本年新签合同额
三、按隶属关系分组					
省（自治区、直辖市）	3	3	124898	82984	41914
地（区、市、州、盟）	16	16	4465972	1687606	2778366
县（区、市、旗）	30	29	4994365	2311578	2682787
乡	1	1	24260	24260	
其他	42	41	6124919	2468941	3655978
四、按企业资质等级分组					
施工总承包	72	70	14957719	6416185	8541534
一级	4	4	1835075	737061	1098014
二级	14	13	4882453	2439225	2443228
三级及以下	54	53	8240191	3239899	5000292
专业承包	20	20	776695	159184	617511
二级	3	3	36268	8230	28038
三级及以下	17	17	740427	150954	589473
施工或专业承包	92	90	15734414	6575369	9159045
五、按地区分					
鹤城区	42	41	6121521	2429100	3692421
中方县	3	2	962668	533385	429283
沅陵县	6	6	2024698	207808	1816890
辰溪县	6	6	1162572	750659	411913
溆浦县	8	8	1770403	891351	879052
会同县	2	2	121217	36955	84262
麻阳苗族自治县	4	4	941934	567643	374291
新晃侗族自治县	5	5	398011	56609	341402
芷江侗族自治县	4	4	165520	99175	66345
靖州苗族侗族自治县	2	2	395356	29908	365448
通道侗族自治县	3	3	254619	109110	145509
怀化市洪江管理区	4	4	233319	154873	78446
洪江市	3	3	1182576	708793	473783
六、按营业状态分					
营业	92	90	15734414	6575369	9159045
七、按控股情况分					
国有控股	18	18	4285813	1685822	2599991
集体控股	20	20	3243168	1499921	1743247
私人控股	50	48	7421435	3038893	4382542
其他	4	4	783998	350733	433265
八、按企业大中小类型分					
中型	17	17	6810858	3136555	3674303
小型	61	61	8649280	3280165	5369115
微型	13	11	264756	158649	106107

生产情况表（一续）

5 年）　　单位：千元

承包工程完成情况（千元）				建筑业总产值（千元）						竣工产值
直接从建设单位承揽工程完成的产值	自行完成施工产值	分包出去工程的产值	从建设单位以外承揽工程完成的产值	建筑业总产值（千元）	其中：装饰装修产值	其中：在外省完成的产值	建筑工程产值	安装工程产值	其他产值	
53336	53336		6010	59346			45004	2950	11392	39368
2997952	2937162	60790	44463	2981625	31499	344703	2866735	77527	37363	1267676
3201786	3199820	1966	3137	3202957			2723541	239473	239943	1884902
24260	24260			24260			24260			24260
4521156	4521156		164910	4686066	586280	359546	4340339	83505	262222	1875573
10127487	10081058	46429	218520	10299578	581635	686832	9501822	290621	507135	4795779
1386952	1342489	44463	44463	1386952	29585	44463	1385017	1935		243854
3145358	3145358		2600	3147958	510196	461641	2985439	103375	59144	1342797
5595177	5593211	1966	171457	5764668	41854	180728	5131366	185311	447991	3209128
671003	654676	16327		654676	36144	17417	498057	112834	43785	296000
28328	28328			28328	23648		14680	1900	11748	15438
642675	626348	16327		626348	12496	17417	483377	110934	32037	280562
10798490	10735734	62756	218520	10954254	617779	704249	9999879	403455	550920	5091779
3833305	3772515	60790	50473	3822988	65729	523521	3604159	151654	67175	1728742
424003	424003			424003			304001	90228	29774	311452
1647196	1647196		164910	1812106		164910	1568696	6800	236610	495594
1595607	1595607			1595607	510196		1585900	9707		564264
1144638	1144638			1144638			1112240		32398	637525
102883	102883			102883			100809	2074		31704
468706	468706			468706			355838	83037	29831	347476
376478	376478			376478			376478			273679
128292	128292			128292			116900		11392	72680
323837	323837			323837			161128	49249	113460	133732
145628	143662	1966	537	144199			142837	452	910	135775
116877	116877			116877	41854	15818	106623	10254		92238
491040	491040		2600	493640			464270		29370	266918
10798490	10735734	62756	218520	10954254	617779	704249	9999879	403455	550920	5091779
2826598	2765808	60790	50473	2816281	29585	235703	2529482	99134	187665	1163320
2341838	2341838		2600	2344438			2207005	71284	66149	1429052
4824121	4822155	1966	165447	4987602	586280	468546	4468459	226237	292906	2466651
805933	805933			805933	1914		794933	6800	4200	32756
3968948	3924485	44463	47063	3971548	29585	506104	3779494	127616	64438	1648278
6699540	6682598	16942	171457	6854055	572269	187645	6107394	261169	485492	3381959
121502	120151	1351		120151	15925	10500	104491	14670	990	61542

建筑业企业

（201

甲	房屋建筑施工面积合计	其中：本年新开工施工面积	其中：实行投标承包施工面积	房屋建筑竣工面积合计	住宅房屋竣工面积
总计	8626065	4564929	6946932	3377903	2613496
其中：国有及国有控股企业	934222	362114	543890	272105	194752
一、按登记注册类型分组					
内资企业	8626065	4564929	6946932	3377903	2613496
国有企业	491928	134663	213318	104448	70198
集体企业	2661638	1622513	2372014	1299991	985119
有限责任公司	2114817	935326	1720484	833351	683176
国有独资公司					
其他有限责任公司	2114817	935326	1720484	833351	683176
股份有限公司	175288	4210	175288	114241	19186
私营企业	3182394	1868217	2465828	1025872	855817
私营有限责任公司	2649960	1709880	1948634	848411	698356
私营股份有限公司	532434	158337	517194	177461	157461
二、按国民经济行业分组					
房屋建筑业	8477823	4465929	6798690	3377903	2613496
土木工程建筑业	33342		33342		
铁路工程建筑	33342		33342		
建筑装饰和其他建筑业	114900	99000	114900		
工程准备活动	114900	99000	114900		
三、按隶属关系分组					
地（区、市、州、盟）	1133848	253651	853904	457270	372366
县（区、市、旗）	3792391	2065428	3275198	1635760	1139212
乡	26068		26068	26068	13168
其他	3673758	2245850	2791762	1258805	1088750
施工总承包	8626065	4564929	6946932	3377903	2613496
一级	371598	113122	113122	95661	82000
二级	2404549	880812	2161235	918577	713990
三级及以下	5849918	3570995	4672575	2363665	1817506
施工或专业承包	8626065	4564929	6946932	3377903	2613496
国有控股	934222	362114	543890	272105	194752
集体控股	3036683	1733876	2744099	1378077	1025640
私人控股	4580577	2394356	3657681	1723241	1388624
其他	74583	74583	1262	4480	4480
中型	2592327	661437	1661201	946443	644540
小型	5924575	3887574	5181871	2393670	1933366
微型	103663	10418	98360	37790	35590

生产情况表（二）

5 年）　　　　单位：千元

商业及服务用房屋竣工面积	办公用房屋竣工面积	科研、教育、医疗用房屋竣工面积	文化、体育和娱乐用房竣工面积	厂房及建筑物竣工面积	仓　库竣工面积	其他未列明的房屋建筑物竣工面积
238959	188147	231384	4581	32576	300	68460
20798	6576	14260		15787		19932
238959	188147	231384	4581	32576	300	68460
20798	4473			8979		
28759	124686	110573	4581	13609		32664
31391	45587	27113		9988	300	35796
31391	45587	27113		9988	300	35796
95055						
62956	13401	93698				
61013	11750	77292				
1943	1651	16406				
238959	188147	231384	4581	32576	300	68460
43327	12901	9632		3180		15864
119776	161845	128054	4581	29396	300	52596
12900						
62956	13401	93698				
238959	188147	231384	4581	32576	300	68460
13661						
115901	13277	24674		14639	300	35796
109397	174870	206710	4581	17937		32664
238959	188147	231384	4581	32576	300	68460
20798	6576	14260		15787		19932
43384	137105	120794	4581	13609	300	32664
174777	44466	96330		3180		15864
181973	73800	15327		14639	300	15864
56986	114347	213857	4581	17937		52596
		2200				

建筑业企业

（201

甲	竣工房屋价值合计	住宅房屋	商业及服务用房屋	办公用房屋
总计	3505316	2589736	279561	213024
其中：国有及国有控股企业	332821	246145	21676	5865
一、按登记注册类型分组				
内资企业	3505316	2589736	279561	213024
国有企业	110635	75958	21676	3131
集体企业	1234879	857101	26315	142569
有限责任公司	850400	660031	39630	52234
国有独资公司				
其他有限责任公司	850400	660031	39630	52234
股份有限公司	129056	19530	109526	
私营企业	1180346	977116	82414	15090
私营有限责任公司	967166	787426	80204	13170
私营股份有限公司	213180	189690	2210	1920
二、按国民经济行业分组				
房屋建筑业	3505316	2589736	279561	213024
房屋建筑业	3505316	2589736	279561	213024
房屋建筑业	3505316	2589736	279561	213024
三、按隶属关系分组				
地（区、市、州、盟）	444960	336801	51155	16400
县（区、市、旗）	1652626	1059735	134692	181534
乡	24260	12960	11300	
其他	1383470	1180240	82414	15090
施工总承包	3505316	2589736	279561	213024
一级	79425	65600	13825	
二级	928568	675219	140256	17000
三级及以下	2497323	1848917	125480	196024
施工或专业承包	3505316	2589736	279561	213024
四、按控股情况分				
国有控股	332821	246145	21676	5865
集体控股	1313149	894573	39915	153887
私人控股	1848146	1437818	217970	53272
其他	11200	11200		
五、按单位规模分				
中型	1071788	697475	219595	90978
小型	2396718	1856881	59966	122046
微型	36810	35380		

生产情况表（二续）

5年）　　　　单位：千元

科研、教育、医疗用房屋	文化、体育和娱乐用房	厂房及建筑物	仓　　库	其他未列明的房屋建筑物
296729	4811	37394	1160	82901
16725		20386		22024
296729	4811	37394	1160	82901
		9870		
155408	4811	14348		34327
35595		13176	1160	48574
35595		13176	1160	48574
105726				
86366				
19360				
296729	4811	37394	1160	82901
296729	4811	37394	1160	82901
296729	4811	37394	1160	82901
11394		2660		26550
179609	4811	34734	1160	56351
105726				
296729	4811	37394	1160	82901
32899		13460	1160	48574
263830	4811	23934		34327
296729	4811	37394	1160	82901
16725		20386		22024
170128	4811	14348	1160	34327
109876		2660		26550
22570		13460	1160	26550
272729	4811	23934		56351
1430				

劳务分包企业

（201

	企业个数	建筑业总产值	从事建筑业活动的平均人数	建筑业企业期末人数	固定资产原　　价	本年折旧	资产总计
总计	17	59857	758	694	5393	194	43201
一、按登记注册类型分组							
内资企业	17	59857	758	694	5393	194	43201
有限责任公司	10	57658	644	580	4459	145	26894
其他有限责任公司	10	57658	644	580	4459	145	26894
股份有限公司	2	876	5	5	492	15	1164
私营企业	5	1323	109	109	442	34	15143
私营有限责任公司	5	1323	109	109	442	34	15143
二、按国民经济行业分组							
房屋建筑业	15	47407	573	575	5303	194	42227
房屋建筑业	15	47407	573	575	5303	194	42227
房屋建筑业	15	47407	573	575	5303	194	42227
土木工程建筑业	1	30	6	6	70		854
铁路、道路、隧道和桥梁工程建筑	1	30	6	6	70		854
其他道路、隧道和桥梁工程建筑	1	30	6	6	70		854
建筑安装业	1	12420	179	113	20		120
其他建筑安装业	1	12420	179	113	20		120
其他建筑安装业	1	12420	179	113	20		120
三、按隶属关系分组							
地（区、市、州、盟）	1	8534	192	185			1112
县（区、市、旗）	4	11548	183	188	2569	36	738
其他	12	39775	383	321	2824	158	41351
四、按企业资质等级分组							
施工总承包	17						
专业承包	17						
劳务分包	17	59857	758	694	5393	194	43201
一级	16	59827	752	688	5323	194	42347
二级	1	30	6	6	70		854
施工或专业承包	17						
五、按营业状态分组							
营业	15	58627	755	691	5365	183	39024
停业（歇业）	2	1230	3	3	28	11	4177
六、按控股情况分组							
集体控股	3	18287	164	173	2566	35	
私人控股	12	31297	543	470	2824	158	42463
其他	2	10273	51	51	3	1	738

主要经济指标

5年）　　　　单位：千元

负债合计	实收资本	营业收入合　　计	营业成本	营业税金及附加	销售费用	管理费用	财务费用	营业利润	利润总额	应付职工薪酬（千元）
20377	20145	41592	34294	1384	416	2838	213	2815	2790	11904
20377	20145	41592	34294	1384	416	2838	213	2815	2790	11904
20021	4500	38706	32309	1249	370	2217	207	2602	2602	11207
20021	4500	38706	32309	1249	370	2217	207	2602	2602	11207
137	945	1569	1255	93		137	5	79	79	285
219	14700	1317	730	42	46	484	1	134	109	412
219	14700	1317	730	42	46	484	1	134	109	412
20377	19045	29142	24358	1011	416	2092	13	1525	1500	6442
20377	19045	29142	24358	1011	416	2092	13	1525	1500	6442
20377	19045	29142	24358	1011	416	2092	13	1525	1500	6442
	1000	30				125				125
	1000	30				125				125
	1000	30				125				125
	100	12420	9936	373		621	200	1290	1290	5337
	100	12420	9936	373		621	200	1290	1290	5337
	100	12420	9936	373		621	200	1290	1290	5337
	1000	7752	7274	15	225	157		81	81	
435	300	10255	8366	481		1021	7	628	628	2958
19942	18845	23585	18654	888	191	1660	206	2106	2081	8946
20377	20145	41592	34294	1384	416	2838	213	2815	2790	11904
20377	19145	41562	34294	1384	416	2713	213	2815	2790	11779
	1000	30				125				125
19782	16845	40976	33809	1360	400	2801	209	2740	2740	11734
595	3300	616	485	24	16	37	4	75	50	170
		731	515	162		227		75	75	3542
19942	19845	31202	25928	903	416	1687	206	2182	2157	8284
435	300	9659	7851	319		924	7	558	558	78

房地产开发企业投资、资金情况

（2015年）　　单位：万元

	合　计	其中：地方	其中：地市县属
计划总投资	5936030	5933730	5933730
自开始建设累计完成投资	3710068	3707768	3707768
本年完成投资	1172099	1172099	1172099
其中：本月完成投资	120399	120399	120399
国有经济控股	21456	21456	21456
内资企业	1169429	1169429	1169429
国有企业	11680	11680	11680
股份合作企业	1530	1530	1530
有限责任公司	523987	523987	523987
其他有限责任公司	523987	523987	523987
股份有限公司	53279	53279	53279
私营企业	575414	575414	575414
私营独资企业	8766	8766	8766
私营合伙企业	6831	6831	6831
私营有限责任公司	548017	548017	548017
私营股份有限公司	11800	11800	11800
其他企业	3539	3539	3539
港、澳、台商投资企业	2670	2670	2670
港澳台商独资经营企业	2670	2670	2670
按构成分：建筑工程	857621	857621	857621
安装工程	94973	94973	94973
设备工器具购置	29537	29537	29537
其他费用	189968	189968	189968
其中：旧建筑物购置费	1920	1920	1920
土地购置费	124712	124712	124712
住宅	807318	807318	807318
其中：90平方米及以下	117138	117138	117138
90－144平方米	690180	634270	634270
144平方米以上	57411	55910	55910
别墅、高档公寓	17488	1501	1501
办公楼	282474	15987	15987
商业营业用房	348794	266487	266487
其他	82307	82307	82307

房地产开发企业投资、资金情况（续）

（2015 年）　　单位：万元

	合　计	其中：地方	其中：地市县属
本年新增固定资产	1078565	1078565	1078565
一、本年实际到位资金合计	1652723	1647686	1647686
1. 上年末结余资金	228395	223519	223519
2. 本年实际到位资金小计	1424328	1424167	1424167
（1）国内贷款	82443	82443	82443
银行贷款	82443	82443	82443
（3）自筹资金	635370	635370	635370
其中：自有资金	164292	164292	164292
股东投入资金	237437	237437	237437
借入资金	64252	64252	64252
（4）其他资金来源	706515	706354	706354
其中：定金及预收款	373683	373522	373522
个人按揭贷款	284294	284294	284294
二、本年各项应付款合计	328470	328470	328470
其中：工程款	249788	249788	249788
项目规划占地面积	12184683	12172659	12172659
项目规划建筑面积	30417220	30398704	30398704
其中：住宅	22672829	22654313	22654313
商业营业用房	4459408	4459408	4459408
办公楼	532234	532234	532234
其他	2752749	2752749	2752749
规划住宅套数	179833	179663	179663
其中：90 平方米以下	32719	32719	32719
144 平方米以上	24133	24133	24133
别墅、高档公寓	2807	2807	2807
项目个数	270	269	269
待开发土地面积	1288334	1288334	1288334
本年土地购置面积	624839	624839	624839
本年土地成交价款	82010	82010	82010
其中：拆迁补偿费	4948	4948	4948
土地使用权出让金	66774	66774	66774
契税	1877	1877	1877

房地产开发企业施工、

（201

	计量单位	合　计	住　宅
房屋施工面积	平方米	13949007	10450068
其中：本年新开工面积	平方米	4390437	3227782
本年房屋竣工面积	平方米	3310317	2904505
其中：不可销售面积	平方米	51096	13561
本年住宅竣工套数	套	–	24501
本年房屋竣工价值	平方米	814856	633933
本年批准预售面积	平方米	3810402	2895033
本年批准预售住宅套数	套	–	24329
本年商品房销售面积	平方米	4020759	3468445
其中：本月销售面积	平方米	852903	721029
现房销售面积	平方米	1480058	1303997
期房销售面积	平方米	2540701	2164448
本年商品房销售额	万元	1453371	1010960
其中：本月销售额	万元	277700	217643
现房销售额	万元	465968	353825
期房销售额	套	987403	657135
本年商品住宅销售套数	套	–	28489
现房销售套数	套	–	10249
期房销售套数	平方米	–	18240
待售面积	平方米	1385208	986169
其中：待售1－3年（含1年）	平方米	827589	544130
待售3年以上（含3年）	平方米	7928	2012

销售和空置面积情况

5 年)

90 平方米以下	144 平方米以上	别墅、高档公寓	办公楼	商业营业用房	其　他
1157827	1461161	151414	218102	2338905	941932
362362	184917	30764	112512	717841	332302
254225	191628	3683	8020	313594	84198
4000	2000		2759	18753	16023
3066	1217	17	-	-	-
60490	51498	788	1755	156394	22774
249340	245166	33080	14228	701867	199274
3191	1646	257	-	-	-
229490	257481	42511	2901	469951	79462
45965	16804	593	1060	72324	58490
36562	156701	33322	1000	151973	23088
192928	100780	9189	1901	317978	56374
78362	76506	12236	966	403200	38245
14971	5276	251	209	43652	16196
12306	43573	9334	180	98336	13627
66056	32933	2902	786	304864	24618
2895	1573	408	-	-	-
429	932	258	-	-	-
2466	641	150	-	-	-
152829	121492	18729	6893	294347	97799
40852	106173	18729		215197	68262
	1201			5916	

房地产开发企业

（201

指标名称	资产总计	流动资产合计	固定资产原价	累计折旧	负债合计	所有者权益合计	主营业务收入
总　计	3492723.20	2929622.20	120887.80	27369.50	2633426.40	859296.80	763440.10
鹤城区	2147737.10	1838777.30	79220.60	18403.30	1680429.60	467307.50	392390.20
中方县	130533.10	108362.70	4299.90	976.40	87790.00	42743.10	20798.90
沅陵县	316309.70	238132.50	5928.20	1965.90	247341.80	68967.90	56243.00
辰溪县	156417.70	115383.20	5216.50	308.60	94139.20	62278.50	57620.90
溆浦县	61688.80	60622.40	1063.30	578.60	44890.80	16798.00	15645.00
会同县	102022.10	93830.60	981.60	403.80	89947.80	12074.30	30283.00
麻阳苗族自治县	86513.80	83680.50	1703.20	550.60	63330.30	23183.50	28316.90
新晃侗族自治县	44127.60	38597.40	4372.20	1282.10	27737.30	16390.30	32355.50
芷江侗族自治县	65526.60	53463.70	769.80	348.00	43071.20	22455.40	14566.60
靖州苗族侗族自治县	104010.70	87021.80	5056.50	435.00	67650.30	36360.40	56908.70
通道侗族自治县	92216.20	57451.10	2943.00	419.00	70641.70	21574.50	9626.90
怀化市洪江管理区	18922.00	10495.40	1126.60	412.50	7119.10	11802.90	2606.90
洪江市	166697.80	143803.60	8206.40	1285.70	109337.30	57360.50	46077.60

财务状况

5年)

单位：千元

其他收入	主营业务成本	主营业务税金及附加	销售费用	管理费用	财务费用	营业利润	利润总额	应付职工薪酬
3495.50	562808.90	64948.50	26053.80	43198.10	23012.70	38489.70	39319.50	30707.00
2021.90	292786.70	31877.30	15521.20	24794.00	14251.30	11128.90	11371.90	13782.60
0.10	14214.60	1357.40	1059.50	1317.90	1219.20	481.40	563.40	1378.80
	40669.70	4578.70	696.10	2151.20	1160.50	6976.00	6755.00	1896.60
	46816.30	3421.20	1185.50	1906.40	2021.20	2269.70	2301.50	1766.20
	11045.30	1926.30	805.20	801.00	387.80	679.40	560.70	908.40
	12821.90	1795.90	569.90	1568.30	532.40	13028.60	13808.00	1363.00
5.60	21470.40	2711.70	1067.00	1861.30	203.90	-105.10	-104.60	1261.90
	23930.10	3056.50	198.10	2103.60	112.20	3156.80	3156.20	2325.90
36.80	10364.20	2909.50	1181.30	1064.70	106.30	-1063.70	-1066.90	1031.80
	42296.40	7033.10	1566.30	2003.80	101.30	3907.80	3905.60	2335.90
641.20	8324.00	806.30	771.40	1316.10	218.30	-1336.60	-1373.90	769.40
488.40	1625.60	555.60	49.00	238.30	645.90	-207.50	-207.50	184.90
301.50	36443.70	2919.00	1383.30	2071.50	2052.40	-426.00	-349.90	1701.60

六、农业和农村经济

资料整理：
校　　对：杨学理　黄建海

农村基层

（201

	计量单位	怀化市	鹤城区	洪江区	中方县	沅陵县
一、农村基层组织情况						
1. 乡镇个数	个	193	3	2	12	21
其中：镇个数	个	101	1		11	8
民族乡镇	个	19			1	2
2. 村（居）民委员会个数	个	4080	92	22	229	499
其中：村委员会个数	个	3854	91	20	214	465
二、农村基础设施	—					
1. 通自来水村个数	个	2269	70	20	116	231
2. 通汽车村个数	个	3779	91	20	214	456
3. 通公共交通村个数	个	1650	91	15	5	167
4. 通电话村个数	个	3831	91	20	214	465
5. 通宽带村个数	个	2476	81	20	113	93
6. 通有线电视村个数	个	2721	81	20	186	72
7. 垃圾集中处理村个数	个	2113	82	20	45	299
8. 污水集中处理村个数	个	222	60	2		13
三、乡村人口与从业人员	—					
1. 乡村户数	万户	119. 54	3. 99	0. 73	7. 22	15. 7
2. 乡村人口数	万人	432. 1	12. 22	2. 05	26. 05	59. 17
（1）男	万人	224. 15	6. 17	1. 2	13. 43	30. 77
（2）女	万人	207. 95	6. 05	0. 85	12. 62	28. 4
3. 乡村劳动力资源数	万人	267. 61	8. 45	1. 39	17. 72	37. 75
（1）男	万人	142. 75	4. 45	0. 76	9. 22	20. 54
（2）女	万人	124. 86	4	0. 63	8. 5	17. 21
4. 乡村从业人员数	万人	244. 67	7. 6	1. 33	15. 61	34. 62
按性别分	—					
（1）男	万人	133. 21	3. 97	0. 7	8. 18	18. 69
其中：从事农业人员	万人	79. 25	2. 65	0. 42	4. 33	11. 35
（2）女	万人	111. 46	3. 63	0. 63	7. 43	15. 93
其中：从事农业人员	万人	64. 25	2. 49	0. 28	3. 23	9. 65
按国民经济行业分	—					
（1）农业	万人	143. 5	5. 14	0. 7	7. 56	21
（2）工业	万人	31. 42	0. 58	0. 21	4. 05	5. 66
（3）建筑业	万人	14. 07	0. 3	0. 09	0. 58	1. 64
（4）交运运输、仓储及邮政业	万人	7. 91	0. 17	0. 05	0. 45	0. 95
（5）信息传输、计算机服务和软件业	万人	1. 56	0. 04	0. 01	0. 15	0. 15
（6）批发零售业	万人	10. 22	0. 22	0. 06	1. 02	1. 04
（7）住宿和餐饮业	万人	7. 91	0. 3	0. 05	0. 48	0. 71
（8）其他行业	万人	28. 08	0. 85	0. 16	1. 32	3. 47

组织情况（一）

5年）

辰溪县	溆浦县	会同县	麻阳县	新晃县	芷江县	靖州县	通道县	洪江市
23	25	18	18	11	18	11	11	20
9	18	8	7	9	9	6	8	7
5		6		2			1	2
443	699	357	322	309	315	199	252	342
422	653	345	305	296	299	186	242	316
121	465	254	141	209	124	115	236	167
422	653	345	239	296	299	186	242	316
98	341	332	5	121	194	176	7	98
422	653	345	285	296	296	186	242	316
422	653	210	32	125	101	126	197	303
331	577	257	305	145	109	186	196	256
180	188	209	14	217	189	186	242	242
1	6	25	1	7	7	93	7	
11.3	21.02	10.21	9.13	7.53	9.74	5.7	4.98	12.29
42.11	81.62	33.18	36.94	23.97	34.76	22.8	20.36	36.87
21.63	41.79	17.7	19.48	13.22	18.17	11.66	10.32	18.61
20.48	39.83	15.48	17.46	10.75	16.59	11.14	10.04	18.26
21.23	52.34	22.92	20.06	15.55	21.84	11.8	11.72	24.84
12.29	26.69	11.76	10.37	8.71	11.89	6.41	5.96	13.7
8.94	25.65	11.16	9.69	6.84	9.95	5.39	5.76	11.14
19.08	50.88	18.17	19.49	14.23	19.28	11.42	10.78	22.18
							10.28	
12.08	26.88	9.78	10.73	8.09	10.3	5.95	5.48	12.38
8.86	12.27	6.31	7.26	5.25	5.55	4.21	3.81	6.98
7	24	8.39	8.76	6.14	8.98	5.47	5.3	9.8
4.92	11.43	5.41	5.53	3.57	4.29	4.34	3.62	5.49
							10.78	
13.78	23.7	11.72	12.79	8.82	9.84	8.55	7.43	12.47
2.1	8.84	2.36	0.49	1.21	1.37	0.53	0.93	3.09
0.82	5.42	0.98	0.54	1.36	1.08	0.59	0.37	0.3
0.49	2.91	0.41	0.23	0.29	0.53	0.42	0.28	0.73
0.03	0.56	0.1		0.03	0.15	0.13	0.15	0.06
0.51	1.68	0.55	1.46	0.65	0.85	0.49	0.37	1.32
0.25	1.93	0.36	0.24	0.28	0.55	0.45	0.3	2.01
1.1	5.84	1.69	3.74	1.59	4.91	0.26	0.95	2.2

农村基层

（201

	计量单位	怀化市	鹤城区	洪江区	中方县	沅陵县
四、农业主要能源及物资消耗	—					
（一）农村用电量（不包括县办工业和城镇生活用电）	万千瓦时	58889.88	2585	174.6	6892	6218.29
（二）农用化肥施用量	—					
1. 按实物量计算	吨	347685	11299	1304	20905	26311
（1）氮肥	吨	130663	4723	435	7120	6231
（2）磷肥	吨	64888	2624	130	4088	7384
（3）钾肥	吨	20757	1012	51	1860	2954
（4）复合肥	吨	131377	2940	688	7837	9742
2. 按折纯量计算	吨	110776	4133	416	8270	9835
（1）氮肥	吨	32587	1910	65	3260	2866
（2）磷肥	吨	9334	394	17	572	1108
（3）钾肥	吨	10291	506	25	912	1477
（4）复合肥	吨	58564	1323	309	3526	4384
（三）农用塑料薄膜使用量	吨	3742	148	8	452	418
其中：地膜使用量	吨	2226	112	8	208	292
地膜覆盖面积	公顷	28010	1243	90	2310	4259
（四）农用柴油使用量	吨	23229	3738	216	2703	1272
（五）农药使用量（实物量）	吨	9951	350	45	538	398
五、农业用地情况	—					
1. 耕地	千公顷	342.81	10.38	1.06	22.32	45.37
其中：水田	千公顷	303.44	9.52	0.89	20.72	41.7
水浇地	千公顷					
旱地	千公顷	39.37	0.86	0.17	1.6	3.67
2. 园地	千公顷	132.19	2.54	0.81	6.72	9.98
其中：果园	千公顷	109.13	2.5	0.8	6.57	1.56
茶园	千公顷	1.79			0.06	0.88
其他园地	千公顷	21.27	0.04	0.01	0.09	7.54
3. 林地	千公顷	1723.68	40.23	7.1	105.09	207.04
4. 草地	千公顷	33.67	1.47	0.15	1.76	0.26
5. 水域及水利设施用地	千公顷	67.25	2.01	1.03	4.47	1.88
6. 其他土地	千公顷	45	1.51	0.26	3.37	
六、土地流转面积	千公顷	48.03	1.94	0.09	2.19	0.73
其中：用于水稻种植	千公顷	18.2	0.3		0.11	0.34
用于种植蔬菜	千公顷	8.35	1.12	0.01	0.3	0.12
用于种植瓜果	千公顷	5.71		0.02	0.22	0.02
用于种植园林水果	千公顷	15.72	0.52	0.01	1.56	0.25

组织情况（二）

5年）

辰溪县	溆浦县	会同县	麻阳县	新晃县	芷江县	靖州县	通道县	洪江市
4321	3716	8086	2738	2733.6	4281.71	2939.68	6404	7800
39613	44815	14427	29036	16876	46577	23060	12095	61367
12565	23163	4262	15876	9651	18970	7180	3800	16687
7550	8291	1861	6812	3670	8344	5260	1822	7052
950	3720	1400	1235	382	2232	1150	1242	2569
18548	9641	6904	5113	3173	17031	9470	5231	35059
13281	10785	4735	8190	4547	13606	7624	4913	20441
3586	3549	669	4266	2465	3604	2090	1710	2547
1065	1081	315	1021	480	1250	789	255	987
467	1823	700	617	189	1114	575	615	1271
8163	4332	3051	2286	1413	7638	4170	2333	15636
314	386	326	509	83	287	130	196	485
251	204	53	278	50	277	102	74	317
3016	2485	692	3140	601	4398	1155	1109	3512
1963	3198	1372	810	275	1724	3000	1168	1790
1063	2678	206	604	258	1250	500	176	1885
32.29	52.59	25.18	21.59	22.83	36.37	24.04	18.92	29.87
30.09	40.98	22.56	20.8	15.41	32.63	22.44	17.56	28.14
2.2	11.61	2.62	0.79	7.42	3.74	1.6	1.36	1.73
15.74	11.08	5.68	33.13	0.74	19.8	6.11	2.2	17.66
8.73	7.92	5.01	30.51	0.67	19.8	6.11	1.31	17.64
0.05	0.7	0.06	0.01				0.01	0.02
6.96	2.46	0.61	2.61	0.07			0.88	
124.05	240.8	175.92	81.15	107.74	128.02	176.02	187.16	143.36
4.3	3.74	1.78	5.01	6.66	3.85	0.7	1.81	2.18
7.81	10.45	5.97	5.99	2.51	6.28	4.37	4.24	10.24
5.57	0.85	4.28	3.23	3.86	5.73	3.14	8	5.2
2.04	13.56	4.64	0.69	2.03	5.76	6.03	1.14	7.19
0.85	3.54	2.42	0.07	0.4	3.34	5.64	0.19	1
0.45	1.1	0.47	0.35	0.6	1.08	0.1	0.42	2.23
0.21	1.12	0.32	0.11	0.9	0.48	0.12	0.15	2.04
0.53	7.8	1.43	0.16	0.13	0.86	0.17	0.38	1.92

主要农产品生产情况

（2015 年）

	播种面积（千公顷）	单 产（公斤/亩）	产 量（吨）
农作物总计			
一、粮食作物	325.14	375.15	1829626
（一）谷物	286.89	398.66	1715572
1. 稻谷	203.95	457.13	1398478
（1）早稻	5.14	376.62	29037
（2）中稻与一季晚稻	192.92	461.70	1336067
（3）晚稻	5.89	377.74	33373
2. 小麦	0.75	78.86	885
3. 玉米	78.63	262.25	309309
4. 高粱	1.86	194.67	5431
5. 其他谷物	1.70	57.58	1468
（二）豆类	10.04	112.71	16974
1. 大豆	6.22	119.56	11155
2. 绿豆	0.94	97.14	1370
3. 蚕豌豆	2.46	105.74	3902
4. 红小豆	0.06	64.82	58
5. 其他杂豆	0.04	90.67	490
（三）薯类（按折粮计算）	28.21	229.42	97080
1. 红薯	19.19	242.74	69871
2. 马铃薯	9.02	201.10	27209
二、油料	119.60	97.84	164759
1. 花生果	4.90	137.13	10079
2. 油菜籽	114.48	89.95	154460
3. 芝麻	0.22	66.58	220
三、棉花	1.64	42.26	1040
四、麻类	0.03	35.56	16
1. 黄、红麻	0.02	40.00	12
2. 苎麻	0.01	26.67	4
五、甘蔗	0.67	1863.91	18732
六、烟叶	2.43	138.34	5043
1. 烤烟	1.47	164.36	3624
2. 晒（土）烟	0.96	98.50	1418
七、药材	14.04	338.29	71243
八、蔬菜（含菜用瓜）	81.36	1274.20	1555035
九、瓜果类	17.95	1573.93	423781
1. 西瓜	14.55	1633.84	356586
2. 甜瓜	2.48	1540.54	57308
3. 草莓	0.92	716.44	9887
十、其它农作物	68.09		
1. 青饲料	27.06		
2. 绿肥	40.16		
3. 其他农作物	0.88		
4. 其他农作物产量			2529
其中：荸荠			912

茶叶、水果生产情况

	计量单位	2015 年		计量单位	2015 年
一、茶叶产量	吨	2679.1	猕猴桃	吨	1005.32
绿茶	吨	1295.93	李子	吨	3074.85
青茶	吨	2.1	葡　萄	吨	21991.66
红茶	吨	1053.14	枣（干枣应折成鲜枣）	吨	6278.94
黑茶	吨	15	鲜柿子（柿饼应折成鲜柿）	吨	6137.68
黄茶	吨		枇杷	吨	680.42
白茶	吨		其他园林水果	吨	15589.75
其它茶叶	吨	312.93	(二)瓜果类水果(西瓜、甜瓜、草莓)	吨	423781.5
二、水果产量	吨	1433461	三、食用坚果	吨	14935.64
（一）园林水果	吨	1031209	其中：核桃	吨	5161.2
1. 柑橘类水果	吨	943267.1	板栗	吨	9180.8
柑	吨	387171.4	松子	吨	198.42
橘	吨	393007.9	四、年末茶园面积	千公顷	5.6
橙	吨	149974.7	其中：本年采摘	千公顷	3.94
柚	吨	13112.99	五、年末果园面积	千公顷	90.32
2. 梨	吨	23158.13	其中：梨　园	千公顷	5.15
其中：雪花梨	吨	10563.6	柑橘园	千公顷	68.07
鸭梨	吨	9668.53	桃　园	千公顷	4.84
3. 其他水果	吨	64784.64	猕猴桃园	千公顷	3.35
桃	吨	10026.02	葡萄园	千公顷	5.34

渔业生产情况

	计量单位	2015 年		计量单位	2015 年
一、水产品总产量	吨	81426	（3）鳖	公斤	77627
（一）淡水产品捕捞产量	吨	8978	（4）牛蛙	吨	154
1. 鱼类（含鳝鱼、泥鳅）	吨	8186	（5）其它	吨	7
2. 甲壳类	吨	523	二、淡水养殖面积合计	千公顷	18.99
3. 贝类	吨	250	（一）池塘养殖	千公顷	7.81
4. 其他类	吨	19	其中：精养池塘	千公顷	3.74
（1）龟	公斤	3174	（二）湖泊养殖	千公顷	
（2）鳖	公斤	1739	其中：粗养	千公顷	
（3）其他	吨	14	（三）河沟养殖	千公顷	1.13
（二）淡水产品养殖产量	吨	72448	（四）水库养殖	千公顷	9.2
1. 鱼类（含鳝鱼、泥鳅）	吨	71036	其中：粗养	千公顷	4.4
2. 甲壳类	吨	1004	（五）其他养殖	千公顷	0.85
3. 贝类	吨	161	附：1. 稻田养鱼面积	千公顷	23.75
4. 其他类	吨	247	2. 稻田养殖成鱼面积	千公顷	20
（1）珍珠	公斤	100	成鱼产量	吨	4709
（2）龟	公斤	8445	3. 养殖水面中鱼种池面积	千公顷	0.54

林业生产情况

	计量单位	2015 年		计量单位	2015 年
一、荒山荒（沙）地造林面积	公顷	34854.64	七、成林抚育面积	公顷	43575
按造林方式分		7964	八、抚育改造出材量	立方米	3240
1. 人工造林	公顷	24596.64	九、当年苗木产量	株	158797666
其中：竹林面积	公顷	562.64	十、主要林产品产量	-	28.6
乔木林面积	公顷	10190	1. 天然生漆	吨	28.6
2. 无林地和疏林地新封	公顷	10258	2. 油桐籽	吨	16736
按经济成份分		10923	3. 油茶籽	吨	45711
1. 公有经济造林	公顷	12527.64	4. 乌桕子	吨	4058.31
（1）国有经济造林	公顷	2650	5. 五倍子	吨	308.73
（2）集体经济造林	公顷	9877.64	6. 棕　片	吨	1673.3
2. 非公有经济造林	公顷	22327	7. 天然松脂	吨	3062
按林种用途分		10923	8. 竹笋干	吨	2567.49
1. 用材林	公顷	25502.24	9. 紫　胶（原胶）	吨	2
2. 经济林	公顷	3389	10. 核　桃	吨	5161.2
3. 防护林	公顷	5963.4	11. 板　栗	吨	9220.58
4. 薪炭林	公顷		12. 松　子	吨	198.42
二、有林地造林面积	公顷	4738	13. 花　椒	吨	53.28
1. 林冠下造林	公顷		14. 八　角	吨	9
2. 有林地和灌木林地新封	公顷	4738	十一、竹木采伐量	-	
三、更新造林	公顷	2325	1. 木　材	万立方米	105.59
四、低产低效林改造面积	公顷	13502	其中：村及村以下	万立方米	95.44
五、年末实有封山（沙）育林面积	公顷	121771	2. 竹　材	万根	1074.88
六、幼林抚育作业面积	公顷	54060.4	其中：村及村以下	万根	1065.86

畜牧业生产情况

	计量单位	2015 年		计量单位	2015 年
一、当年出栏猪头数	万头	337.91	十七、当年禽蛋产量	吨	16200
1. 出栏肉猪	万头	337.43	1. 鸡鸭鹅禽蛋产量	吨	15183
2. 出口中仔猪	万头	0.48	其中：鸡蛋产量	吨	11204
二、当年出售和自宰的肉用牛	万头	14.27	2. 其他禽蛋产量	吨	1017
三、当年出售和自宰的肉用羊	万只	42.68	十八、当年兔毛产量	吨	
四、当年出售和自宰的肉用驴	匹	185	十九、蚕茧产量	吨	
五、当年出售和自宰的肉用骡	匹		二十、大牲畜存栏总头数	头	627121
六、当年出售和自产自宰的肉用马	匹	191	1. 牛存栏	头	608218
七、当年出售和自宰的家禽（鸡鸭鹅）	万羽	4333.01	（1）肉牛	头	205119
其中：鸡	万羽	3172.7	能繁母牛	头	62455
八、当年出售和自宰的肉用兔	万只	44.14	当年生仔牛	头	31775
九、当年出售和自宰的鹌鹑	羽	3751	（2）役用牛	头	402425
十、当年出售和自宰的肉鸽	羽	25633	能繁母牛	头	180636
十一、当年出售和自宰的狗	只	87685	当年生仔牛	头	100963
十二、当年肉类总产量	吨	344621	（3）奶牛	头	674
1. 猪肉产量	吨	254497	其中：能繁母牛	头	378
①肉猪肉产量	吨	254374	当年生仔牛	头	59
②出口中仔猪肉产量	吨	123	2. 马存栏	匹	18508
2. 牛肉产量	吨	17587	其中：能繁母马	匹	4443
3. 羊肉产量	吨	7442	当年生仔马	匹	1757
4. 驴肉产量	吨	15	二十一、生猪存栏	万头	247.44
5. 骡肉产量	吨		其中：能繁母猪	万头	26.71
6. 马肉产量	吨	16	二十二、羊存栏	万只	44.81
7. 禽肉产量	吨	63948	其中：能繁母羊	万只	19.65
其中：鸡肉产量	吨	35843	二十三、养蜂箱数	箱	37764
8. 兔肉产量	吨	468	二十四、兔存栏	万只	25.58
9. 其他肉产量	吨	649	其中：长毛兔	万只	
十三、当年奶类产量	吨	950	二十五、家禽存笼	万羽	2216.72
十四、羊毛产量	吨		其中：鸡	万羽	1534.23
十五、当年蜂蜜产量	吨	412	其中：肉鸡	万羽	965.79
十六、当年蜂蜡产量	吨	16201	蛋鸡	万羽	485.59

农林牧渔业总产值

（2015 年） 计量单位：万元

	按现行价格计算	按上年可比价计算		按现行价格计算	按上年可比价计算
农林牧渔业总产值	3094260	2974286	二、林业产值	260479	257195
一、农业产值	1768945	1713142	（一）林木的培育和种植	25206	22087
1. 谷物及其他作物	753002	748065	1. 育种育苗	1145	811
其中：粮食	624525	615902	2. 造林	11416	8273
（1）谷物	592289	592882	3. 抚育和管理	10126	10439
其中：小麦	191	189	（二）竹木采运	117690	114262
稻谷	483696	480811	其中：村及村以下	117690	37565
玉米	82247	79929	（三）林产品	117582	120845
（2）折粮薯类	24377	22932	三、牧业产值	953718	897687
其中：马铃薯	6641	5945	（一）牲畜饲养	90988	68979
（3）油料	106887	104179	1. 牛的饲养	67601	48012
其中：花生	8572	8756	2. 羊的饲养	23092	20674
油菜籽	96438	92551	3. 其他牲畜饲养	79	79
（4）豆类	7859	7675	4. 奶产品	215	215
其中：大豆	5179	5023	其中：牛奶	215	215
（5）棉花	3443	3683	（二）猪的饲养	639304	614691
（6）麻类	8	8	（三）家禽饲养	217938	208980
（7）糖料	5618	5381	1. 肉禽	191266	181985
（8）烟草	9406	8251	2. 禽蛋	26671	26995
（9）其他农作物	3115	3075	（四）狩猎和捕捉动物		
其中：饲料作物	1523	1499	（五）其他畜牧业	5489	5036
2. 蔬菜园艺作物	545690	512509	其中：蚕茧		
（1）蔬菜（含菜用瓜）	533936	500409	兔	1937	1544
（2）花卉	11353	11704	四、渔业产值	102871	98015
（3）其他园艺作物	197	196	其中：养殖	3775	3701
（4）盆景园艺	203	200	1. 鱼类	98846	94589
3. 水果、坚果、饮料和香料	385847	368162	2. 甲壳类	2032	1639
（1）水果、坚果(含果用瓜)	356969	339324	3. 贝类	516	332
其中：梨	6736	6770	4. 其他	1477	1455
柑桔	199730	194101	五、农林牧渔服务业	8248	8248
（2）茶及其他饮料	6990	6983			
其中：茶	6990	6983			
（3）香料作物	2033	2019			
4. 中药材	84407	84407			

各县市区农林牧渔业总产值、增加值

（2015 年）

	计量单位	怀化市	鹤城区	洪江区	中方县	沅陵县	辰溪县	溆浦县
一、农林牧渔业总产值（现行价）	万元	3094260	159091	26911	206557	317992	283375	541885
农业总产值	万元	1768945	107671	11783	110505	169405	169947	288102
林业总产值	万元	260479	6886	1658	25248	44551	5669	34337
牧业总产值	万元	953718	34189	12888	61715	76127	101165	207851
渔业总产值	万元	102871	8208	526	8644	27060	4856	11272
农林牧渔服务业总产值	万元	8248	2136	57	444	849	1739	323
按可比价计算总产值增幅	%	3.6	3.7	3.7	3.6	4.0	4.0	4.0
二、农林牧渔业增加值（现行价）	万元	1848985	96821	16416	120642	194034	157707	302608
农业增加值	万元	1124018	69283	8139	71797	102578	110085	173904
林业增加值	万元	219707	5800	1255	20869	38142	4400	27780
牧业增加值	万元	430848	14864	6636	21976	34774	38835	93681
渔业增加值	万元	69050	5486	350	5712	17989	3257	7031
农林牧渔服务业增加值	万元	5362	1389	37	288	552	1130	212
按可比价计算增加值增幅	%	3.7	3.8	3.8	3.7	4.1	4.1	4.1

	计量单位	会同县	麻阳县	新晃县	芷江县	靖州县	通道县	洪江市
一、农林牧渔业总产值（现行价）	万元	199581	243897	142450	326743	224135	124095	297549
农业总产值	万元	96567	176504	59840	188198	149158	62530	178735
林业总产值	万元	43026	5727	5581	17809	8179	25706	36103
牧业总产值	万元	55003	56726	74001	110671	60499	30810	72072
渔业总产值	万元	4978	4934	1982	9944	5849	4191	10426
农林牧渔服务业总产值	万元	7	7	1046	121	449	858	213
按可比价计算总产值增幅	%	4.0	3.9	3.6	3.8	4.1	3.8	3.6
二、农林牧渔业增加值（现行价）	万元	125039	155769	70376	213074	135887	72703	187909
农业增加值	万元	58176	124102	33662	133458	91879	33755	113201
林业增加值	万元	37389	5370	4671	15076	5438	19834	33684
牧业增加值	万元	25963	23100	29944	57516	33984	15681	33895
渔业增加值	万元	3506	3194	1420	6946	4295	2875	6991
农林牧渔服务业增加值	万元	5	5	680	78	291	557	139
按可比价计算增加值增幅	%	4.1	4.0	3.7	3.9	4.2	3.9	3.7

各县市区农林牧

（201

	计量单位	合计	鹤城区	洪江区	中方县	沅陵县
农作物总播种面积	千公顷	630. 86	25. 1	2. 27	44. 73	82. 82
粮食作物播种面积	千公顷	325. 14	7. 72	0. 97	20. 4	46. 41
总产量	吨	1829625	52492. 64	5918	115854. 3	225909. 7
稻谷播种面积	千公顷	203. 95	6. 4	0. 66	12. 88	27. 27
总产量	吨	1398477	48555. 6	4817	91770	171344. 4
早稻播种面积	千公顷	5. 14				
总产量	吨	29037. 34				
中稻与一季晚稻播种面积	千公顷	192. 92	6. 4	0. 66	12. 88	27. 27
总产量	吨	1336067	48555. 6	4817	91770	171344. 4
晚稻播种面积	千公顷	5. 89				
总产量	吨	33373. 07				
玉米播种面积	千公顷	78. 63	0. 47	0. 09	5. 1	11. 24
总产量	吨	309309. 2	2171. 4	446	18049. 61	32623. 63
豆类播种面积	千公顷	10. 04	0. 44	0. 04	0. 34	3. 61
总产量	吨	16974. 07	737. 3	156	588. 24	6318. 67
薯类播种面积（按折粮计算）	千公顷	28. 21	0. 4	0. 18	1. 27	4. 08
总产量	吨	97080. 29	1020	499	3941. 28	15447. 4
油菜籽播种面积	千公顷	114. 48	2. 63	0. 3	9. 57	15. 75
总产量	吨	154460. 4	3096. 83	354	13065. 78	19141. 11
药材播种面积	千公顷	14. 04	0. 11		2. 1	2. 67
总产量	吨	71242. 84	301		2627. 1	8787. 73
蔬菜播种面积（含菜用瓜）	千公顷	81. 36	9. 15	0. 89	5. 34	10. 83
总产量	吨	1555034	206587	19995	110664. 7	163023. 2
茶叶产量	吨	2679. 1			37. 1	1050
水果产量	吨	1433461. 58	24115	6998	66803	33999. 52
柑	吨	387171. 45	5828. 8	764	6203	9249. 5
桔	吨	393007. 94	3969. 95	1786	9527	4450. 16
橙	吨	149974. 72	9. 6	20	6020	564. 92
西瓜播种面积	千公顷	14. 55	0. 24	0. 06	1. 35	0. 54
总产量	吨	356585. 68	4238	1950	26426. 25	9394. 99
木材	万立方米	105. 59	0. 65	0. 42	10. 19	34. 55
楠竹	万根	1074. 88	2. 71	40. 34	783. 8	42. 38
当年出栏猪头数	万头	337. 91	12. 13	2. 46	20. 05	27. 83
猪肉产量	吨	254497	8876	1750	16030	21792
生猪存栏	万头	247. 44	9. 36	1. 44	16. 41	22. 11
水产品总产量	吨	81426	6422	508	6268	18976

渔业主要生产情况

5年)

辰溪县	溆浦县	会同县	麻阳县	新晃县	芷江县	靖州县	通道县	洪江市
64.26	99.11	39.97	44.04	29.09	68.98	47.09	30.3	53.1
32.92	58.92	19.81	20.95	17.53	36.25	21.78	14.2	23.64
187268.8	341957	121251	111775	81053	213390.4	126266.9	82069.99	153525
22.5	30.5	14.12	13.93	9.92	19.05	16.73	12.11	17.88
150685.2	224101	103782	93766	51006	138628.2	112552.2	74904	132565.9
2.6	1.72		0.62			0.2		
14656.5	10056		3088			1236.84		
16.8	26.89	14.12	12.61	9.92	19.05	16.33	12.11	17.88
118897.7	203095	103782	86736	51006	138628.2	109965.4	74904	132565.9
3.1	1.89		0.7			0.2		
17131.07	10950		3942			1350		
8.49	20.88	3.25	4.21	5.24	11.26	1.41	1.27	5.72
30664.61	99284	13400	12896	22022	47461	5376.86	4003	20911.18
0.78	1.17	0.51	0.36	0.16	0.93	0.71	0.17	0.82
1110.92	2101	717	479	218	1923.88	983.96	447.9	1192.2
0.84	4.36	1.19	2.4	2.2	5.01	2.83	0.63	2.82
3256.49	12828	2758	4508	7795	25377.24	7284	2664.09	9701.79
15	18.76	7.8	8.45	3.92	11.57	5.46	6.94	8.33
22837.5	25326	12285	12686	4322	14161.68	8026	9299.99	9858.56
0.2	0.45	0.85		0.02	0.18	4.59	0.46	2.41
1074	3017	430		17	172.18	33437	4312	17067.83
7.83	6.01	7.32	4.13	3.18	10.08	5.25	3.55	7.8
142349	238142	105408	91217	53187	145806.9	94123	57002	127530
16.1	982	500			14	7	10.6	62.3
135355	266341	85405	379540	8569	160839.3	63856	15816	185824.76
10302	48381	9614	171430	4438	38609.98	11092	4433.67	66825.5
88407	44333	49500	43451	591	76821.35	11516	3322.79	55332.69
29328	2981	500	85315	60	12653.04	543	254.16	11726
0.64	3	0.65	3.12	0.05	2.17	0.95	0.25	1.53
13804	123049	19110	68885	1109	25368	21375	5156.44	36720
2.31	17.2	8.1	1.5	1.91	1.54	2.99	20.3	14.12
0.08	823.14	106	1.6	5		0.67	34.7	18.26
28.57	86.94	17.66	19.76	21.08	39.43	22.6	10.2	29.2
20022	64142	14514	14780	15283	28631	17990	8058	22629
22.18	55.53	14.43	17.06	16.05	27.52	17	9.04	19.31
4038	10340	4861	4672	1747	7691	4572	2579	8750

七、工 业

资料整理：杨 军

校 对：杨 军

规模以上工业企业法人单位基本情况表（一）

（2015 年）

甲栏分组	企业单位数（个）	资产总计（万元）	主营业务收入（万元）	全部从业人员年平均人数（万人）
总　　计	576	702.87	895.23	100745
一、在总计中：亏损企业	54	125.44	72.89	14318
二、在总计中：国有控股企业	48	412.11	194.56	17449
三、在总计中：农村工业	2	0.80	0.94	333
四、按轻重工业分组				
在总计中：轻工业	189	137.64	272.42	31295
重工业	387	565.23	622.81	69450
五、按登记注册类型分组：				
内资企业	563	647.99	848.09	96244
国有企业	17	72.83	53.15	7469
集体企业	5	1.66	3.01	941
股份合作企业	2	0.35	1.94	133
有限责任公司	100	302.51	167.92	18509
国有独资公司	8	108.58	43.81	3566
其他有限责任公司	92	193.93	124.11	14943
股份有限公司	26	78.76	75.54	7834
私营企业	412	191.79	546.11	61323
私营独资企业	23	5.84	27.01	2256
私营合伙企业	22	5.96	22.52	2359
私营有限责任公司	318	156.38	416.67	48775
私营股份有限公司	49	23.61	79.90	7933
其他企业	1	0.10	0.44	35
港、澳、台商投资企业	6	13.50	10.89	2464
合资经营企业（港或澳、台资）	2	0.48	1.96	247
港、澳、台商独资经营企业	4	13.02	8.93	2217
外商投资企业	7	41.37	36.25	2037
中外合资经营企业	3	36.95	18.78	376
中外合作经营企业	2	3.71	12.30	786
外资企业	2	0.71	5.17	875
六、按经济组织类型分组				
独资企业	51	94.06	97.27	13758
国有企业	17	72.83	53.15	7469
集体企业	5	1.66	3.01	941
私营独资企业	23	5.84	27.01	2256
港澳台商独资经营企业	4	13.02	8.93	2217
外资企业	2	0.71	5.17	875
合作、合伙企业	27	10.11	37.19	3313
股份合作企业	2	0.35	1.94	133
私营合伙企业	22	5.96	22.52	2359
中外合作经营企业	2	3.71	12.30	786
其他企业（内资）	1	0.10	0.44	35
股份有限公司	75	102.37	155.45	15767
股份有限公司（内资）	26	78.76	75.54	7834
私营股份有限公司	49	23.61	79.90	7933

规模以上工业企业法人单位基本情况（二）

（2015 年）

甲栏分组	企业单位数（个）	资产总计（万元）	主营业务收入（万元）	全部从业人员年平均人数（万人）
有限责任公司	423	496.33	605.33	67907
国有独资公司	8	108.58	43.81	3566
私营有限责任公司	318	156.38	416.67	48775
合资经营企业（港或澳、台资）	2	0.48	1.96	247
中外合资经营企业	3	36.95	18.78	376
其他有限责任公司	92	193.93	124.11	14943
七、按企业规模分组				
在总计中：大型企业	3	64.02	65.27	4786
中型企业	68	135.48	171.22	33437
小型企业	494	471.01	635.37	60107
微型企业	11	32.36	23.37	2415
八、按工业行业分组				
煤炭开采和洗选业	6	3.13	2.62	1418
黑色金属矿采选业	2	0.97	3.88	203
有色金属矿采选业	23	22.05	45.15	6727
非金属矿采选业	14	3.81	10.69	1629
农副食品加工业	66	31.26	90.56	7484
食品制造业	16	5.25	14.80	2838
酒、饮料和精制茶制造业	20	11.76	36.49	2579
纺织业	5	5.41	8.21	2697
纺织服装、服饰业	1	0.18	0.75	314
皮革、毛皮、羽毛及其制品和制鞋业	1	0.15	0.28	460
木材加工和木、竹、藤、棕、草制品业	49	13.87	64.76	8707
家具制造业	4	1.23	4.24	390
造纸和纸制品业	16	52.74	32.87	3266
印刷和记录媒介复制业	9	3.15	10.00	739
文教、工美、体育和娱乐用品制造业	10	1.94	10.49	1167
石油加工、炼焦和核燃料加工业	2	1.15	0.74	103
化学原料和化学制品制造业	72	64.56	101.94	13640
医药制造业	12	11.03	28.94	3004
橡胶和塑料制品业	8	1.66	13.65	670
非金属矿物制品业	73	44.67	80.43	11231
黑色金属冶炼和压延加工业	51	18.62	91.53	8292
有色金属冶炼和压延加工业	19	45.59	71.27	4356
金属制品业	7	5.92	5.28	612
通用设备制造业	4	2.26	4.00	322
专用设备制造业	12	4.57	15.22	1765
汽车制造业	1	0.24	2.73	410
电气机械和器材制造业	12	21.83	20.37	2341
计算机、通信和其他电子设备制造业	3	1.23	1.84	575
仪器仪表制造业	2	1.90	1.46	428
其他制造业	2	0.41	2.34	208
废弃资源综合利用业	1	0.28	0.83	71
电力、热力生产和供应业	45	309.82	111.13	10517
燃气生产和供应业	1	1.40	0.59	69
水的生产和供应业	7	8.85	5.15	1513

规模工业企业

（201

	企业单位数（个）	亏损企业个数	工业总产值（当年价格）	工业销售产值（当年价格）
总　　计	576	54	9387842	9236037
一、在总计中：亏损企业	54	54	714631	699991
二、在总计中：国有控股企业	48	15	2023385	1941228
三、在总计中：农村工业	2		19255	18879
四、按轻重工业分组				
轻工业	189	12	2924185	2834557
重工业	387	42	6463658	6401480
五、按登记注册类型分组：				
内资企业	563	51	8888121	8736196
国有企业	17	5	552281	529315
集体企业	5		41383	40715
股份合作企业	2		19360	19360
有限责任公司	100	20	1745526	1672033
国有独资公司	8	4	446270	398607
其他有限责任公司	92	16	1299257	1273426
股份有限公司	26	2	804965	787467
私营企业	412	24	5720300	5683001
私营独资企业	23		283271	282443
私营合伙企业	22		259342	258816
私营有限责任公司	318	24	4358572	4323490
私营股份有限公司	49		819116	818251
其他企业	1		4306	4306
港、澳、台商投资企业	6	2	109110	108995
合资经营企业（港或澳、台资）	2	1	18450	18087
港、澳、台商独资经营企业	4	1	90660	90908
外商投资企业	7	1	390612	390846
中外合资经营企业	3		215034	215097
中外合作经营企业	2		123867	124039
外资企业	2	1	51710	51710
六、按经济组织类型分组				
独资企业	51	7	1019305	995092
国有企业	17	5	552281	529315
集体企业	5		41383	40715
私营独资企业	23		283271	282443
港澳台商独资经营企业	4	1	90660	90908
外资企业	2	1	51710	51710
合作、合伙企业	27		406874	406521
股份合作企业	2		19360	19360
私营合伙企业	22		259342	258816
中外合作经营企业	2		123867	124039
其他企业（内资）	1		4306	4306
股份有限公司	75	2	1624081	1605718
股份有限公司（内资）	26	2	804965	787467
私营股份有限公司	49		819116	818251
有限责任公司	423	45	6337582	6228706
国有独资公司	8	4	446270	398607
私营有限责任公司	318	24	4358572	4323490
合资经营企业（港或澳、台资）	2	1	18450	18087

主要经济指标（表一）

5 年）　　单位：万元

出口交货值	年初存货	产成品	资产总计	流动资产合计	资产总计 流动资产合计 应收账款	资产总计 流动资产合计 存　货	资产总计 固定资产合　计
4782	289010	85476	7028667	1528858	219250	308462	4583791
2459	92569	29760	1254363	400845	31091	85344	694939
2459	121579	28225	4121139	591297	62607	126505	3028883
	127	11	7992	3829	287	212	4163
15	144613	49948	1376389	440828	47849	141612	779296
4767	144398	35528	5652278	1088030	171401	166850	3804495
4782	271663	82974	6479921	1490452	216734	294923	4096568
	2012	443	728327	46451	27784	2029	556718
	571	221	16580	6934	818	617	9569
	12	3	3489	2355	258	48	1133
4767	134303	43897	3025121	532906	65734	131958	2237970
2459	84981	23978	1085830	228314	9775	84097	674080
2308	49322	19919	1939291	304591	55960	47861	1563890
15	40473	4711	787574	286406	13627	42890	335269
	94231	33640	1917881	615021	108363	117151	955340
	1332	661	58355	16786	2790	2824	38790
	1271	343	59568	15445	2122	2476	43134
	82837	30207	1563812	541228	96007	103003	713700
	8791	2429	236146	41562	7443	8848	159717
	60	60	950	380	150	230	570
	10343	1326	135031	25811	785	9288	108266
	1811	863	4818	2817	70	2077	1751
	8532	464	130213	22994	715	7211	106515
	7005	1176	413714	12595	1731	4252	378957
	2242	187	369522	3825	385	938	350896
	4541	918	37107	4550	475	2958	25604
	222	71	7085	4220	872	356	2458
	12670	1860	940560	97384	32979	13036	714050
	2012	443	728327	46451	27784	2029	556718
	571	221	16580	6934	818	617	9569
	1332	661	58355	16786	2790	2824	38790
	8532	464	130213	22994	715	7211	106515
	222	71	7085	4220	872	356	2458
	5884	1323	101113	22730	3004	5712	70440
	12	3	3489	2355	258	48	1133
	1271	343	59568	15445	2122	2476	43134
	4541	918	37107	4550	475	2958	25604
	60	60	950	380	150	230	570
15	49264	7140	1023720	327968	21071	51739	494985
15	40473	4711	787574	286406	13627	42890	335269
	8791	2429	236146	41562	7443	8848	159717
4767	221193	75153	4963274	1080776	162196	237975	3304316
2459	84981	23978	1085830	228314	9775	84097	674080
	82837	30207	1563812	541228	96007	103003	713700
	1811	863	4818	2817	70	2077	1751

规模工业企业

（201

	资产总计			负债合计
	固定资产原价	累计折旧	本年折旧	
总　计	6640747	2236245	301789	3069447
一、在总计中：亏损企业	962759	289306	48517	1072130
二、在总计中：国有控股企业	4623080	1618162	129933	1546098
三、在总计中：农村工业	4440	282	101	363
四、按轻重工业分组				
轻工业	1043848	313982	111127	801193
重工业	5596899	1922264	190662	2268254
五、按登记注册类型分组：				
内资企业	5545498	1607527	276245	3384224
国有企业	1034955	495016	12291	453987
集体企业	10810	1747	184	6147
股份合作企业	1365	231	59	1192
有限责任公司	2776457	567967	117314	1579322
国有独资公司	907974	238829	71223	979468
其他有限责任公司	1868483	329138	46090	599854
股份有限公司	465370	147410	26125	425673
私营企业	1255892	395076	120252	917452
私营独资企业	43232	8689	1601	21560
私营合伙企业	53611	12443	1731	25822
私营有限责任公司	939952	297651	97477	769011
私营股份有限公司	219097	76293	19444	101059
其他企业	650	80	20	450
港、澳、台商投资企业	143013	36436	6434	114206
合资经营企业（港或澳、台资）	3084	1334	1047	1944
港、澳、台商独资经营企业	139929	35103	5387	112262
外商投资企业	952235	592282	19111	-428983
中外合资经营企业	928723	579827	17679	-460575
中外合作经营企业	18696	9948	980	27212
外资企业	4816	2507	451	4380
六、按经济组织类型分组				
独资企业	1233742	543062	19913	598337
国有企业	1034955	495016	12291	453987
集体企业	10810	1747	184	6147
私营独资企业	43232	8689	1601	21560
港澳台商独资经营企业	139929	35103	5387	112262
外资企业	4816	2507	451	4380
合作、合伙企业	74322	22702	2790	54677
股份合作企业	1365	231	59	1192
私营合伙企业	53611	12443	1731	25822
中外合作经营企业	18696	9948	980	27212
其他企业（内资）	650	80	20	450
股份有限公司	684466	223703	45569	526731
股份有限公司（内资）	465370	147410	26125	425673
私营股份有限公司	219097	76293	19444	101059
有限责任公司	4648217	1446779	233516	1889702
国有独资公司	907974	238829	71223	979468
私营有限责任公司	939952	297651	97477	769011
合资经营企业（港或澳、台资）	3084	1334	1047	1944

主要经济指标（表二）

5年）　　单位：万元

流动负债合计	非流动负债合计	所有者权益合计	主营业务收入	主营业务成本	主营业务税金及附加	销售费用	管理费用
1349836	1167706	3957612	8952312	7331074	72948	205385	845510
679836	270616	182232	728946	678502	4512	17382	55088
573626	807824	2575041	1945603	1523349	11520	19436	163809
363		7629	9443	7462	165	610	666
475086	269389	575194	2724197	2193070	22901	86501	311660
874750	898317	3382418	6228116	5138004	50047	118884	533850
1701179	1138872	3094089	8480899	7046386	68519	194781	808889
205163	244699	274340	531474	449926	3896	3892	26167
5208	939	10433	30060	22468	384	2108	2975
1062	130	2296	19360	18227	62	187	160
757105	613546	1445798	1679176	1366411	13358	43577	186233
520297	346777	106362	438064	326859	2176	12164	80270
236808	266769	1339437	1241112	1039552	11183	31413	105963
311334	110235	361901	755407	634102	3205	20837	66002
420857	169322	998821	5461061	4551581	47508	124133	526950
16249	3324	36795	270132	217045	3058	6298	35126
15256	9591	33745	225186	194854	1561	5175	12413
352097	127875	794325	4166699	3459345	35918	86642	422013
37255	28531	133956	799044	680336	6971	26018	57399
450		500	4361	3672	106	47	401
94311	18272	20826	108888	93760	600	3950	4945
1944		2875	19603	17981	2	727	506
92368	18272	17951	89285	75779	598	3223	4440
-445655	10562	842697	362526	190927	3829	6653	31676
-460575		830097	187777	56334	2823	2211	915
12469	10562	9895	123039	91351	792	4368	23042
2451		2705	51710	43242	214	74	7720
321438	267234	342224	972661	808460	8150	15595	76428
205163	244699	274340	531474	449926	3896	3892	26167
5208	939	10433	30060	22468	384	2108	2975
16249	3324	36795	270132	217045	3058	6298	35126
92368	18272	17951	89285	75779	598	3223	4440
2451		2705	51710	43242	214	74	7720
29238	20284	46436	371945	308105	2520	9777	36016
1062	130	2296	19360	18227	62	187	160
15256	9591	33745	225186	194854	1561	5175	12413
12469	10562	9895	123039	91351	792	4368	23042
450		500	4361	3672	106	47	401
348589	138766	495857	1554450	1314438	10176	46855	123400
311334	110235	361901	755407	634102	3205	20837	66002
37255	28531	133956	799044	680336	6971	26018	57399
650571	741421	3073095	6053255	4900071	52102	133157	609666
520297	346777	106362	438064	326859	2176	12164	80270
352097	127875	794325	4166699	3459345	35918	86642	422013
1944		2875	19603	17981	2	727	506

规模工业企业

（201

	财务费用			营业利润
		利息收入	利息支出	
总　　计	178259	404	174522	335391
一、在总计中：亏损企业	36511	4748	34802	-65459
二、在总计中：国有控股企业	120503	-1931	124167	136447
三、在总计中：农村工业	91		91	449
四、按轻重工业分组				
轻工业	37962	2534	35580	91451
重工业	140298	-2130	138942	243940
五、按登记注册类型分组：				
内资企业	130136	287	126790	251723
国有企业	14377	28	14334	34813
集体企业	1112		1112	1013
股份合作企业	120			603
有限责任公司	71206	4884	68347	27363
国有独资公司	45884	3593	45145	-5653
其他有限责任公司	25323	1291	23203	33016
股份有限公司	10849	-5987	14346	24442
私营企业	32433	1323	28652	163394
私营独资企业	2357		1760	5836
私营合伙企业	1176		1132	9207
私营有限责任公司	23444	1322	21460	125482
私营股份有限公司	5456	1	4300	22869
其他企业	39	39		96
港、澳、台商投资企业	3389	48	2923	-1270
合资经营企业（港或澳、台资）	3			390
港、澳、台商独资经营企业	3385	48	2923	-1660
外商投资企业	44734	70	44809	84937
中外合资经营企业	44729	-12	44741	80916
中外合作经营企业	-63	81		3629
外资企业	68		68	392
六、按经济组织类型分组				
独资企业	21299	76	20197	40395
国有企业	14377	28	14334	34813
集体企业	1112		1112	1013
私营独资企业	2357		1760	5836
港澳台商独资经营企业	3385	48	2923	-1660
外资企业	68		68	392
合作、合伙企业	1272	120	1132	13535
股份合作企业	120			603
私营合伙企业	1176		1132	9207
中外合作经营企业	-63	81		3629
其他企业（内资）	39	39		96
股份有限公司	16306	-5986	18646	47311
股份有限公司（内资）	10849	-5987	14346	24442
私营股份有限公司	5456	1	4300	22869
有限责任公司	139383	6195	134548	234150
国有独资公司	45884	3593	45145	-5653
私营有限责任公司	23444	1322	21460	125482
合资经营企业（港或澳、台资）	3			390

主要经济指标（表三）

5年）　　单位：万元

利润总额	应交所得税	亏损企业亏损总额	利税总额	应交税金及附加	本年应付职工薪酬	本年应交增值税	全部从业人员年平均人数（人）
380850	54576	57824	715107	416591	395760	261308	100745
-57824	889	57824	-24167	37367	60988	29146	14318
159434	22682	37815	266583	137354	121372	95629	17449
449	39		933	524	1078	319	333
106293	12561	8797	192284	111832	96807	63090	31295
274557	42015	49027	522823	304759	298954	198218	69450
279329	38352	55410	572510	358720	383393	224662	96244
35562	414	2491	67085	35082	51795	27627	7469
1013	39		1793	995	2753	396	941
603	151		678	226	356	13	133
33358	6601	36970	101446	81015	77946	54730	18509
-1810	1137	30522	19954	25812	16942	19589	3566
35168	5464	6448	81492	55203	61005	35142	14943
25156	3689	3973	44686	25543	46146	16325	7834
183541	27458	11976	356595	215727	204265	125546	61323
5883	489		12368	7137	7853	3427	2256
9206	1903		17186	9991	7336	6419	2359
141835	21782	11976	273922	166011	164327	96169	48775
26618	3284		53120	32587	24749	19531	7933
96			227	131	133	26	35
-1240	1	2400	4046	5618	4943	4685	2464
420	1	94	424	5	1087	2	247
-1660		2306	3622	5614	3857	4683	2217
102761	16223	15	138551	52253	7424	31961	2037
98731	15472		128849	45739	1755	27296	376
3639	751		6741	3946	3171	2311	786
392		15	2960	2568	2498	2354	875
41190	942	4812	87827	51396	68756	38487	13758
35562	414	2491	67085	35082	51795	27627	7469
1013	39		1793	995	2753	396	941
5883	489		12368	7137	7853	3427	2256
-1660		2306	3622	5614	3857	4683	2217
392		15	2960	2568	2498	2354	875
13543	2805		24832	14295	10995	8769	3313
603	151		678	226	356	13	133
9206	1903		17186	9991	7336	6419	2359
3639	751		6741	3946	3171	2311	786
96			227	131	133	26	35
51774	6973	3973	97805	58131	70895	35856	15767
25156	3689	3973	44686	25543	46146	16325	7834
26618	3284		53120	32587	24749	19531	7933
274343	43856	49040	504642	292770	245114	178197	67907
-1810	1137	30522	19954	25812	16942	19589	3566
141835	21782	11976	273922	166011	164327	96169	48775
420	1	94	424	5	1087	2	247

规模工业企业

（201

	企业单位数（个）	亏损企业个数	工业总产值（当年价格）	工业销售产值（当年价格）
中外合资经营企业	3		215034	215097
其他有限责任公司	92	16	1299257	1273426
七、按企业规模分组				
大型企业	3	1	585686	581134
中型企业	68	16	1876975	1808773
小型企业	494	36	6694577	6615219
微型企业	11	1	230604	230912
八、按工业行业分组				
采矿业	45	5	709862	707329
煤炭开采和洗选业	6	1	64527	62931
烟煤和无烟煤开采洗选	5	1	61521	59926
其他煤炭采选	1		3006	3006
黑色金属矿采选业	2		38846	38846
锰矿、铬矿采选	2		38846	38846
有色金属矿采选业	23	4	488375	488238
常用有色金属矿采选	16	1	335837	335700
贵金属矿采选	7	3	152538	152538
非金属矿采选业	14		118114	117314
土砂石开采	13		106335	105535
石棉及其他非金属矿采选	1		11779	11779
制造业	478	38	7445746	7323068
农副食品加工业	66	3	927845	914456
谷物磨制	15		195727	193795
饲料加工	11	1	267548	266973
植物油加工	9		111240	104431
屠宰及肉类加工	19	1	198368	197742
蔬菜、水果和坚果加工	4		59463	59463
其他农副食品加工	8	1	95498	92051
食品制造业	16	1	161805	159937
糖果、巧克力及蜜饯制造	1	1	2503	2401
方便食品制造	3		18926	18370
乳制品制造	1		12162	12162
罐头食品制造	7		79537	78468
调味品、发酵制品制造	2		29438	29386
其他食品制造	2		19240	19151
酒、饮料和精制茶制造业	20		381146	380329
酒的制造	9		176333	176289
饮料制造	7		128560	127362
精制茶加工	4		76253	76678
纺织业	5	3	86898	80510
棉纺织及印染精加工	4	3	62488	56101
针织或钩针编织物及其制品制造	1		24410	24410
纺织服装、服饰业	1		8708	8708
机织服装制造	1		8708	8708
皮革、毛皮、羽毛及其制品和制鞋业	1		2870	2870
制鞋业	1		2870	2870
木材加工和木、竹、藤、棕、草制品业	49	1	684142	681071
木材加工	10	1	149392	149208
人造板制造	34		443777	441544

主要经济指标（表一续1）

5年）　　单位：万元

出口交货值	年初存货	产成品	资产总计	流动资产合计	资产总计		固定资产合计
					流动资产合计		
					应收账款	存 货	
	2242	187	369522	3825	385	938	350896
2308	49322	19919	1939291	304591	55960	47861	1563890
2459	40220	6214	640155	307601	3575	40873	204983
	139602	48473	1354847	389962	43811	133066	855241
2323	106956	30629	4710106	814717	162435	132515	3256019
	2233	161	323559	16577	9429	2008	267548
	7647	3691	299469	72481	9420	11447	130216
	982	6	31262	11705	1259	2890	18952
	982	6	26564	11352	1086	2781	14994
			4697	354	172	108	3959
	194		9665	5007	279	251	4658
	194		9665	5007	279	251	4658
	5136	3104	220491	43872	3812	6502	81721
	4233	2676	80499	35908	2498	5531	38131
	903	428	139992	7964	1314	972	43590
	1335	581	38051	11897	4070	1804	24884
	1303	548	36276	11200	4019	1699	23807
	33	33	1775	697	51	106	1078
4782	278502	81618	3528536	1223134	156546	294141	1755265
	16780	5056	312561	124562	10511	20788	119296
	3586	215	40776	15568	1959	4519	18424
	6142	830	40316	17251	2353	5821	15344
	2965	2381	41841	9873	1137	4620	16275
	2815	1264	153570	68288	2714	4083	50768
			9793	3178	435	273	5323
	1271	366	26265	10405	1915	1472	13162
	4609	577	52531	14347	1713	5034	36298
	219	92	1441	708	349	202	578
	196		17786	1158	241	120	16625
	100		1989	662		64	1326
	3590	203	26231	9921	715	4181	14729
	289	196	2275	498	85	268	1629
	215	86	2810	1399	323	199	1410
	4892	2095	117613	24899	4226	4678	83476
	861	288	25784	8773	1441	959	16164
	2590	1046	70437	6868	1004	2451	59468
	1441	761	21391	9258	1781	1269	7844
	29584	16949	54143	32294	4274	19424	14468
	29454	16869	52102	31814	4234	19344	12907
	130	80	2041	480	40	80	1561
	24	24	1785	762	75	55	1023
	24	24	1785	762	75	55	1023
	250	250	1500	400	220	160	1000
	250	250	1500	400	220	160	1000
	9658	3853	138672	57096	9004	12877	64686
	364	23	16464	5623	350	583	7876
	7749	2710	91875	34778	5431	8992	46596

规模工业企业

（201

	资产总计			负债合计
	固定资产原价	累计折旧	本年折旧	
中外合资经营企业	928723	579827	17679	-460575
其他有限责任公司	1868483	329138	46090	599854
七、按企业规模分组				
大型企业	326548	121917	14388	497483
中型企业	1270772	483696	102503	969796
小型企业	4559597	1413997	183949	1361316
微型企业	483830	216635	949	240852
八、按工业行业分组				
采矿业	140112	44785	8112	203808
煤炭开采和洗选业	26949	7996	1330	13750
烟煤和无烟煤开采洗选	22523	7529	1326	9416
其他煤炭采选	4426	467	4	4335
黑色金属矿采选业	5749	1207	371	1727
锰矿、铬矿采选	5749	1207	371	1727
有色金属矿采选业	79081	29541	5495	174832
常用有色金属矿采选	47701	19652	3631	55008
贵金属矿采选	31380	9888	1864	119824
非金属矿采选业	28334	6041	916	13498
土砂石开采	27433	5660	836	12592
石棉及其他非金属矿采选	901	381	80	907
制造业	2380731	742368	219287	2090252
农副食品加工业	173455	60375	20672	124219
谷物磨制	26016	8548	2084	18903
饲料加工	25459	10767	3513	11389
植物油加工	23966	9720	2903	26013
屠宰及肉类加工	64651	16136	2382	53467
蔬菜、水果和坚果加工	7307	1985	199	4304
其他农副食品加工	26056	13218	9590	10143
食品制造业	44426	12464	3963	34770
糖果、巧克力及蜜饯制造	903	325	70	1082
方便食品制造	19978	3379	59	13860
乳制品制造	1995	669	72	400
罐头食品制造	15532	5114	1481	17712
调味品、发酵制品制造	2695	1066	586	292
其他食品制造	3322	1912	1697	1424
酒、饮料和精制茶制造业	101419	29405	6073	39616
酒的制造	22584	8226	2599	9469
饮料制造	70356	19772	3135	19035
精制茶加工	8479	1406	339	11113
纺织业	32852	19108	2540	42638
棉纺织及印染精加工	28072	15858	2035	42593
针织或钩针编织物及其制品制造	4780	3250	505	45
纺织服装、服饰业	1013	813	113	748
机织服装制造	1013	813	113	748
皮革、毛皮、羽毛及其制品和制鞋业	1000	280	50	100
制鞋业	1000	280	50	100
木材加工和木、竹、藤、棕、草制品业	90120	32435	5476	62539
木材加工	11893	4525	1483	7664
人造板制造	66859	24963	3217	39575

主要经济指标（表二续1）

5年）　　　　单位：万元

流动负债合计	非流动负债合计	所有者权益合计	主营业务收　入	主营业务成　本	主营业务税金及附加	销售费用	管理费用
-460575		830097	187777	56334	2823	2211	915
236808	266769	1339437	1241112	1039552	11183	31413	105963
449747	41147	142672	652738	601122	1452	4252	49904
552440	325624	385052	1712175	1338397	10981	49613	255973
218391	691054	3347656	6353748	5170306	59099	151226	538505
129259	109881	82232	233652	221249	1416	295	1128
53040	21262	95662	623472	472150	7056	8690	115236
3148	5538	17511	26245	19573	496	1414	4427
3148	5538	17149	23240	16977	492	1302	4217
0		363	3006	2596	4	113	210
1727		7938	38846	27902	211	378	542
1727		7938	38846	27902	211	378	542
36535	14479	45659	451472	341026	4699	3850	95045
12375	3917	25491	326020	260093	3528	3465	52824
24160	10562	20169	125452	80932	1172	385	42222
11630	1245	24553	106908	83649	1650	3048	15221
11229	739	23685	96896	76638	1501	2832	12713
401	506	868	10012	7011	149	217	2509
1357048	405109	1436676	7160132	5993878	55891	191042	680779
71971	39952	188341	905550	765606	6476	27239	81729
10892	2884	21873	188353	158878	1446	5540	20473
9440	1520	28927	268610	228290	1641	13180	10774
15080	10436	15828	106980	96102	642	1167	4130
27153	24587	100103	190955	158830	1734	4228	22979
886	375	5488	59463	47831	546	1241	8866
8520	150	16122	91189	75675	467	1881	14507
22414	11914	17761	148033	120620	1350	4643	11600
1047	35	358	2401	1765	7	77	559
7505	6233	3926	18370	14985	35	240	156
100	300	1589	12162	10686	61	343	352
12066	5346	8519	67685	53693	932	2573	8502
271		1984	29386	22913	238	1109	1455
1424		1386	18029	16579	77	302	578
23461	6483	77996	364881	295456	4177	8631	36804
7136	1878	16315	169384	149069	2750	3998	9883
13923	4605	51403	126819	99847	717	3139	11883
2402		10278	68678	46541	709	1494	15038
38313	2944	11505	82111	79116	1188	1699	2700
38313	2944	9510	57702	56193	819	1266	2671
		1996	24410	22922	370	433	29
623	124	1037	7489	5307	178	132	1761
623	124	1037	7489	5307	178	132	1761
		1400	2755	2314	30	53	186
		1400	2755	2314	30	53	186
23147	2326	75002	647602	540157	3925	11678	74540
1792	185	8800	148346	117525	547	3789	24222
10899	1936	51169	411355	350320	2715	6572	40717

规模工业企业

（201

	财务费用			营业利润
		利息收入	利息支出	
中外合资经营企业	44729	-12	44741	80916
其他有限责任公司	25323	1291	23203	33016
七、按企业规模分组				
大型企业	15147	-3251	19150	-17485
中型企业	29800	1515	29798	52090
小型企业	126022	2138	118279	297985
微型企业	7290	1	7295	2801
八、按工业行业分组				
采矿业	4562	1	4340	15587
煤炭开采和洗选业	607	1	385	-462
烟煤和无烟煤开采洗选	607	1	385	-545
其他煤炭采选				84
黑色金属矿采选业	284		284	9529
锰矿、铬矿采选	284		284	9529
有色金属矿采选业	2880	1	2880	3972
常用有色金属矿采选	807		807	5304
贵金属矿采选	2073	1	2073	-1333
非金属矿采选业	791		791	2549
土砂石开采	739		739	2474
石棉及其他非金属矿采选	52		52	75
制造业	79697	-420	77520	172943
农副食品加工业	5079	1090	5245	18102
谷物磨制	935		855	1081
饲料加工	810	87	853	14001
植物油加工	982	1	641	2295
屠宰及肉类加工	1594	1002	2502	1847
蔬菜、水果和坚果加工	152		50	827
其他农副食品加工	607		344	-1948
食品制造业	1520	34	1472	5513
糖果、巧克力及蜜饯制造	24	24		-31
方便食品制造	38		38	2916
乳制品制造	35		35	685
罐头食品制造	762	9	746	1219
调味品、发酵制品制造	536	1	535	354
其他食品制造	126		119	370
酒、饮料和精制茶制造业	1469		1408	14611
酒的制造	760		734	2690
饮料制造	290		255	7446
精制茶加工	419		419	4476
纺织业	969	520	657	-3263
棉纺织及印染精加工	910	520	599	-3859
针织或钩针编织物及其制品制造	58		58	597
纺织服装、服饰业	48		48	63
机织服装制造	48		48	63
皮革、毛皮、羽毛及其制品和制鞋业	47			125
制鞋业	47			125
木材加工和木、竹、藤、棕、草制品业	3401		2340	13903
木材加工	461		459	1802
人造板制造	1751		1622	9275

主要经济指标（表三续1）

5年）　　单位：万元

利润总额	应交所得税	亏损企业亏损总额	利税总额	应交税金及附加	本年应付职工薪酬	本年应交增值税	全部从业人员年平均人数（人）
98731	15472		128849	45739	1755	27296	376
35168	5464	6448	81492	55203	61005	35142	14943
-16677	-389	25828	-8954	9026	37575	6271	4786
61762	3677	15105	153138	101799	123453	80395	33437
333046	50850	16659	555133	292090	210603	162987	60107
2719	438	233	15790	13675	24130	11655	2415
15160	2561	7391	39751	27721	38546	17534	9977
-817	92	3608	232	1161	5164	553	1418
-901	92	3608	129	1142	4892	537	1343
84			103	20	273	16	75
9529	2329		10944	3959	443	1204	203
9529	2329		10944	3959	443	1204	203
3900	128	3783	23271	19569	26355	14672	6727
5304	128	105	19271	14161	20164	10440	5036
-1404		3677	4000	5409	6191	4233	1691
2549	12		5303	3032	6584	1105	1629
2474	12		5035	2804	6157	1061	1525
75			269	228	427	45	104
198717	27277	45497	418185	268491	273280	163578	78669
26161	3727	2695	46273	26104	24760	13636	7484
4824	184		9376	5662	5677	3106	1355
14056	2864	14	16344	5282	4316	647	1469
2409	53		5886	4268	2571	2836	895
1905	286	2662	7643	6496	7710	4004	2115
872			2284	1411	1902	865	727
2095	340	19	4740	2986	2585	2178	923
5520	1208	31	9622	5745	8749	2752	2838
-31		31	48	300	227	72	68
2911	707		3254	1059	608	308	204
685	119		1173	607	326	427	96
1232	290		3422	2682	5978	1258	1713
354			920	568	835	328	520
370	92		806	529	775	360	237
14924	2420		26943	14990	8242	7842	2579
2690	55		8192	5880	3643	2752	1160
7668	1526		11146	5149	2911	2761	947
4566	838		7605	3961	1688	2330	472
-2395		3179	725	3267	6919	1931	2697
-2991		3179	-268	2847	6661	1905	2612
597			992	419	258	26	85
63			329	273	965	88	314
63			329	273	965	88	314
125			320	195	1265	165	460
125			320	195	1265	165	460
16594	1096	15	37615	23202	27500	17096	8707
1563	175	15	4013	2677	4151	1903	1347
11649	913		27045	17254	18419	12681	5849

规模工业企业

（201

	企业单位数（个）	亏损企业个数	工业总产值（当年价格）	工业销售产值（当年价格）
木制品制造	1		2772	2594
竹、藤、棕、草等制品制造	4		88201	87725
家具制造业	4		43801	43801
木质家具制造	3		21941	21941
其他家具制造	1		21860	21860
造纸和纸制品业	16	2	418366	369092
纸浆制造	1		261902	212303
造纸	13	2	124870	125195
纸制品制造	2		31594	31594
印刷和记录媒介复制业	9		108616	102546
印刷	9		108616	102546
文教、工美、体育和娱乐用品制造业	10		108904	108991
文教办公用品制造	1		16352	16352
乐器制造	1		13211	13211
工艺美术品制造	6		61216	61303
体育用品制造	1		6432	6432
玩具制造	1		11693	11693
石油加工、炼焦和核燃料加工业	2	1	8284	7868
精炼石油产品制造	2	1	8284	7868
化学原料和化学制品制造业	72	9	976570	963661
基础化学原料制造	32	5	459084	451679
肥料制造	11	1	148628	147415
农药制造	2		26905	26905
涂料、油墨、颜料及类似产品制造	3	1	14009	14009
合成材料制造	2	1	81385	82391
专用化学产品制造	17	1	202616	197432
炸药、火工及焰火产品制造	3		21561	21448
日用化学产品制造	2		22382	22382
医药制造业	12	1	319907	309529
化学药品原料药制造	2		51137	51137
中药饮片加工	3		86735	86735
中成药生产	5	1	136661	126284
生物药品制造	1		24391	24391
卫生材料及医药用品制造	1		20983	20983
橡胶和塑料制品业	8		138507	138147
塑料制品业	8		138507	138147
非金属矿物制品业	73	11	825267	823344
水泥、石灰和石膏制造	16	6	274266	273500
石膏、水泥制品及类似制品制造	21	3	126782	126766
砖瓦、石材等建筑材料制造	17	1	160001	159933
玻璃制品制造	1		15451	15451
陶瓷制品制造	4		42184	42184
耐火材料制品制造	10		182811	182100
石墨及其他非金属矿物制品制造	4	1	23773	23410
黑色金属冶炼和压延加工业	51	2	958494	954638
黑色金属铸造	6		81558	81471
钢压延加工	4		111983	111486
铁合金冶炼	41	2	764953	761681

主要经济指标（表一续2）

5年）　　单位：万元

出口交货值	年初存货	产成品	资产总计	流动资产合计	流动资产合计：应收账款	流动资产合计：存货	固定资产合计
	530	530	9240	6969	108	582	2271
	1015	591	21094	9726	3115	2721	7944
	850		12259	3055	517	904	6531
	850		7124	2901	467	904	4051
			5135	154	50		2480
	70356	20611	527401	121735	7440	71174	356249
	60449	18498	466711	102501	3945	60449	319359
	9797	2027	57179	17437	3038	10607	35178
	111	87	3510	1797	457	118	1713
	4084	285	31464	20956	5603	5790	10228
	4084	285	31464	20956	5603	5790	10228
	826	522	19353	8910	1339	986	8862
			2231	214	15	13	1041
	300	156	804	605	211	266	199
	419	259	12488	6885	929	563	5268
	107	107	1797	678	106	72	1119
			2034	529	78	73	1235
	306	204	11519	4210	125	251	3526
	306	204	11519	4210	125	251	3526
2459	45479	13147	645585	239527	27300	48671	355799
	19279	4609	264594	97973	17015	22515	125826
	2064	722	45860	11479	2296	2566	33293
	426	146	7522	1670	298	528	5852
	126	88	7893	1476	431	120	6336
2459	15475	3910	251108	98890	1289	14557	147957
	7103	3282	54081	26426	5667	7527	24740
	757	391	9442	1423	183	787	7293
	250		5085	190	120	70	4502
15	6976	1293	110276	32883	4358	5971	68029
	75	71	5702	2584	867	324	3119
15	1725	285	7499	2939	1001	832	3275
	5075	836	87215	26680	2279	4618	53996
	100	100	4000	460	160	130	2000
			5860	220	52	68	5640
	361	192	16574	4007	630	823	9953
	361	192	16574	4007	630	823	9953
	23178	5711	446745	128495	21318	28795	290358
	19512	3776	282645	69748	6908	20431	196888
	760	58	60772	21521	8470	3511	34784
	704	244	36584	14749	2382	1415	20888
			6508	600	200	400	1400
	937	726	9360	4677	1206	949	4413
	303	3	37179	13670	1797	592	21819
	962	904	13697	3531	354	1497	10166
	10082	3700	186248	50124	11607	12911	132099
	1744	1127	19194	6507	2507	2076	12687
	202	123	23281	1034	378	341	22247
	8137	2450	143774	42583	8723	10493	97166

规模工业企业

（201

	资产总计			负债合计
	固定资产原价	累计折旧	本年折旧	
木制品制造	2377	107	65	7983
竹、藤、棕、草等制品制造	8991	2841	711	7317
家具制造业	8539	2914	1117	3543
木质家具制造	3794	649	101	3375
其他家具制造	4745	2265	1016	169
造纸和纸制品业	457098	102939	55037	396711
纸浆制造	406568	87209	52765	352877
造纸	48452	15365	2195	42233
纸制品制造	2078	366	77	1601
印刷和记录媒介复制业	14528	4841	1121	11767
印刷	14528	4841	1121	11767
文教、工美、体育和娱乐用品制造业	11012	2688	752	7984
文教办公用品制造	1247	206	2	2089
乐器制造	224	55	50	502
工艺美术品制造	6595	1835	541	3293
体育用品制造	1199	80	80	971
玩具制造	1747	512	79	1129
石油加工、炼焦和核燃料加工业	4055	530	250	5479
精炼石油产品制造	4055	530	250	5479
化学原料和化学制品制造业	516279	173441	31500	533631
基础化学原料制造	171846	53606	9910	137740
肥料制造	42012	11091	2155	13660
农药制造	8705	2853	839	2933
涂料、油墨、颜料及类似产品制造	6427	559	135	3487
合成材料制造	232838	85346	9841	348454
专用化学产品制造	37724	14500	7362	19407
炸药、火工及焰火产品制造	11767	4521	779	7471
日用化学产品制造	4960	966	478	480
医药制造业	85738	34660	9354	68957
化学药品原料药制造	5629	2510	460	3681
中药饮片加工	3226	632	177	1387
中成药生产	69243	30669	8145	58360
生物药品制造	2000	500	223	600
卫生材料及医药用品制造	5640	349	349	4930
橡胶和塑料制品业	9859	2740	1030	9366
塑料制品业	9859	2740	1030	9366
非金属矿物制品业	377618	99859	21370	248786
水泥、石灰和石膏制造	264474	68175	9972	184926
石膏、水泥制品及类似制品制造	34868	7355	4401	30128
砖瓦、石材等建筑材料制造	27765	10241	4744	16224
玻璃制品制造	1300	200	115	1990
陶瓷制品制造	5865	1680	207	4402
耐火材料制品制造	32756	10937	1648	6769
石墨及其他非金属矿物制品制造	10590	1271	284	4347
黑色金属冶炼和压延加工业	186456	64656	30373	78873
黑色金属铸造	16840	5204	1201	7571
钢压延加工	31257	11740	10197	496
铁合金冶炼	138359	47712	18975	70806

主要经济指标（表二续2）

5年）

单位：万元

流动负债合计	非流动负债合计	所有者权益合计	主营业务收入	主营业务成本	主营业务税金及附加	销售费用	管理费用
7983		1256	2762	2461	3	7	87
2473	205	13777	85138	69851	661	1310	9513
1498	400	8715	42389	36937	1371	604	379
1498	400	3748	20529	16821	167	336	327
		4966	21860	20116	1204	269	52
204222	187929	130689	328650	216448	1894	10849	81036
168089	184788	113834	180732	92161	685	8424	62657
34732	2941	14946	116324	96612	1041	2343	15186
1401	200	1909	31594	27675	169	82	3194
4900	84	19697	100036	79527	724	2754	6881
4900	84	19697	100036	79527	724	2754	6881
3830	1935	11369	104900	84530	827	1455	6657
		142	16352	12836	5	311	3128
502		302	13451	11932	141	22	28
1993	1171	9195	59691	47705	425	728	1019
971		826	5468	4058	59	108	1169
364	765	905	9939	8000	196	286	1314
1785	1500	6040	7434	7184	6	122	506
1785	1500	6040	7434	7184	6	122	506
439890	52525	111953	1019366	886133	9378	24839	84000
93259	5702	126854	436190	365564	5844	7794	39546
11020	2497	32200	147457	128540	1077	6130	8568
2433	500	4590	26902	24702	75	305	1049
2529	758	4406	14009	11654	186	567	1026
307075	41379	-97346	151730	146110	833	3612	11160
16381	933	34674	200268	172656	1156	5259	20332
6714	757	1971	20428	16728	99	875	1609
480		4605	22382	20180	109	298	711
53493	7150	41319	289426	228696	1941	20423	35160
3413	268	2022	51137	43144	59		7357
		6112	82418	69876	598	1315	8637
50081	6882	28855	111960	76319	879	17842	16179
		3400	22928	20059	183	782	2943
		930	20983	19299	223	485	45
8400	717	7208	136481	112714	1135	1517	19221
8400	717	7208	136481	112714	1135	1517	19221
180005	48184	197958	804272	680140	6206	21386	67870
142279	32634	97718	265375	221908	1231	8044	29864
20022	8755	30645	125459	110767	2172	3335	3744
8956	5326	20360	153814	129616	1339	3633	13127
		4518	15451	12629	256	434	1649
2912		4958	40634	34874	341	1092	1186
2077	881	30409	182100	153781	715	4447	16198
3759	588	9351	21440	16566	152	402	2104
45961	18385	106902	915253	788637	7287	22286	72156
5215	2356	11623	80110	66316	948	1557	7595
496		22785	106010	93918	1473	2366	6206
40250	16029	72494	729133	628403	4866	18363	58354

规模工业企业

(201

	财务费用			营业利润
		利息收入	利息支出	
木制品制造	188		188	24
竹、藤、棕、草等制品制造	1001		71	2803
家具制造业	105		105	2993
木质家具制造	100		100	2779
其他家具制造	5		4	214
造纸和纸制品业	21781	862	22545	21610
纸浆制造	19638	875	20513	21411
造纸	1895	-13	1882	-27
纸制品制造	249		150	226
印刷和记录媒介复制业	1028	52	844	8069
印刷	1028	52	844	8069
文教、工美、体育和娱乐用品制造业	772	2	751	9813
文教办公用品制造				72
乐器制造	47		47	435
工艺美术品制造	635	2	613	9180
体育用品制造	42		42	32
玩具制造	49		49	95
石油加工、炼焦和核燃料加工业	120			-505
精炼石油产品制造	120			-505
化学原料和化学制品制造业	24840	2750	20779	-7774
基础化学原料制造	6593	-9	5082	14523
肥料制造	871	43	752	2272
农药制造	112		96	660
涂料、油墨、颜料及类似产品制造	208			369
合成材料制造	15369	2715	13767	-26718
专用化学产品制造	1173		586	-21
炸药、火工及焰火产品制造	172	1	171	946
日用化学产品制造	343		326	197
医药制造业	1676		732	5270
化学药品原料药制造	62		62	515
中药饮片加工	213		213	1781
中成药生产	912		321	-82
生物药品制造	453		100	2160
卫生材料及医药用品制造	36		36	897
橡胶和塑料制品业	787		462	1109
塑料制品业	787		462	1109
非金属矿物制品业	7066	50	6048	16155
水泥、石灰和石膏制造	3541	48	3588	-3224
石膏、水泥制品及类似制品制造	1181		1084	2779
砖瓦、石材等建筑材料制造	1047	1	673	5052
玻璃制品制造	43		43	441
陶瓷制品制造	616		154	2570
耐火材料制品制造	504		373	6455
石墨及其他非金属矿物制品制造	134		134	2082
黑色金属冶炼和压延加工业	4204	1	4033	16304
黑色金属铸造	700		700	2994
钢压延加工	590		590	1045
铁合金冶炼	2914	1	2743	12265

主要经济指标（表三续2）

5年）　　单位：万元

利润总额	应交所得税	亏损企业亏损总额	利税总额	应交税金及附加	本年应付职工薪酬	本年应交增值税	全部从业人员年平均人数（人）
52			72	33	220	17	82
3331	8		6486	3238	4711	2495	1429
2993	600		4703	2334	905	340	390
2779	600		3223	1068	619	277	232
214			1480	1267	285	63	158
23933	185	2420	41063	18921	10581	15236	3266
23341			35668	13728	2566	11642	668
366	131	2420	4009	3979	6881	2601	2206
226	54		1387	1215	1134	992	392
8069	1861		12339	7050	2250	3546	739
8069	1861		12339	7050	2250	3546	739
9813	2276		11690	5128	3387	1050	1167
72			94	23	370	17	92
435			576	987	184		68
9180	2208		10430	3503	1484	825	578
32			125	124	485	34	119
95	68		465	492	865	174	310
-450		481	-412	37	390	31	103
-450		481	-412	37	390	31	103
-1280	2966	28045	33252	40476	47994	25154	13640
15474	2099	1806	37460	24983	26168	16142	7311
2272	104	199	4815	2651	6411	1466	1973
660	53		1322	1191	774	587	251
279	12	76	606	555	471	141	178
-25762		25828	-22773	3936	8290	2156	1829
4659	645	136	9606	5642	4923	3792	1470
942	39		1898	1372	842	857	480
197	14		318	145	116	13	148
7951		365	18167	11436	11191	8275	3004
515			3130	2616	2626	2557	889
1781			3628	1847	3625	1249	768
4099		365	9272	6364	4447	4294	1177
660			982	351	362	140	90
897			1154	258	131	35	80
1109			5109	4037	1785	2866	670
1109			5109	4037	1785	2866	670
17990	3876	6996	41716	28738	34834	17521	11231
-1739	350	6586	10816	13426	12076	11323	4166
2763	154	311	5987	3510	4121	1052	1364
5052	1084	5	9025	5389	5939	2634	1871
441			708	267	3100	10	110
2594	593		3349	1392	3032	414	1780
6795	1165		9258	3649	4845	1748	1421
2082	531	94	2574	1105	1721	340	519
16373	1189	515	46634	33771	28581	22974	8292
2994	17		5380	2458	4660	1438	856
1045	72		4342	3637	1103	1825	341
12335	1100	515	36912	27676	22819	19711	7095

规模工业企业

（201

	企业单位数（个）	亏损企业个数	工业总产值（当年价格）	工业销售产值（当年价格）
有色金属冶炼和压延加工业	19	2	729850	722573
常用有色金属冶炼	8	1	154434	154434
贵金属冶炼	3		492424	486574
稀有稀土金属冶炼	3		44923	44658
有色金属合金制造	1		6232	6232
有色金属压延加工	4	1	31837	30675
金属制品业	7	2	55947	55947
结构性金属制品制造	7	2	55947	55947
通用设备制造业	4		39535	38332
金属加工机械制造	1		2710	1508
物料搬运设备制造	1		7440	7440
烘炉、风机、衡器、包装等设备制造	1		7398	7398
通用零部件制造	1		21986	21986
专用设备制造业	12		159106	158602
采矿、冶金、建筑专用设备制造	5		53831	52957
食品、饮料、烟草及饲料生产专用设备制造	1		9476	9428
纺织、服装和皮革加工专用设备制造	1		2308	2308
电子和电工机械专用设备制造	1		26079	26079
医疗仪器设备及器械制造	1		2785	2687
环保、社会公共服务及其他专用设备制造	3		64627	65143
汽车制造业	1		27346	27346
汽车零部件及配件制造	1		27346	27346
电气机械和器材制造业	12		207406	204717
电机制造	1		14862	14862
输配电及控制设备制造	2		12872	12492
电线、电缆、光缆及电工器材制造	4		102605	100296
电池制造	1		10359	10359
家用电力器具制造	3		63793	63793
照明器具制造	1		2915	2915
计算机、通信和其他电子设备制造业	3		18375	18419
电子器件制造	1		5696	5809
电子元件制造	2		12679	12610
仪器仪表制造业	2		15086	14669
通用仪器仪表制造	2		15086	14669
其他制造业	2		24202	24202
日用杂品制造	1		18926	18926
其他未列明制造业	1		5276	5276
废弃资源综合利用业	1		8765	8765
非金属废料和碎屑加工处理	1		8765	8765
电力、热力、燃气及水生产和供应业	53	11	1232234	1205640
电力、热力生产和供应业	45	10	1175079	1148950
电力生产	34	3	639383	635752
电力供应	11	7	535696	513198
燃气生产和供应业	1		5892	5895
燃气生产和供应业	1		5892	5895
水的生产和供应业	7	1	51263	50795
自来水生产和供应	6	1	48160	47692
污水处理及其再生利用	1		3103	3103

主要经济指标（表一续3）

5年）

单位：万元

					资产总计		
出口交货值	年初存货	产成品	资产总计	流动资产合计	流动资产合计		固定资产合计
					应收账款	存　货	
	29578	2441	455924	229765	5487	32732	90832
	686		42718	13943	2753	935	15630
	24583	2142	388848	206385	2157	26235	61588
	270	168	2822	1412	195	334	1409
	21		1631	1181	167	13	450
	4018	131	19905	6844	214	5215	11755
	7219	12	59209	44568	17184	4151	7833
	7219	12	59209	44568	17184	4151	7833
	557		22603	9649	746	2725	11938
	16		3723	1499	341	201	1239
	8		2782	720	80	5	2062
	268		8235	3852	20	305	4352
	265		7863	3578	306	2214	4285
2308	2116	1511	45692	17308	4859	4587	26202
	1760	1368	16948	5998	1847	2408	9484
			6058	2358	266		3700
2308			1559	1403	854	387	155
	248	124	998	245	121	124	687
	89	19	918	569	433	19	97
	19		19210	6735	1339	1649	12079
			2433	695	245	131	1738
			2433	695	245	131	1738
	7255	945	218255	27760	7438	4404	45071
	225	225	1082	586	231	257	497
	913		8457	2799	1189	1278	2165
	4739	549	192958	19913	5056	2054	31115
	632	150	7597	786	260	386	6810
	609	21	6539	2209	698	279	4330
	137		1621	1467	4	151	155
	707	411	12275	5337	2826	961	5980
	644	411	3773	1411	413	913	1532
	63		8503	3927	2414	48	4448
	1898	1413	19004	17086	6926	4267	970
	1898	1413	19004	17086	6926	4267	970
	501	419	4086	1878	340	512	1636
	154	113	1631	543	38	62	516
	347	307	2456	1335	301	450	1120
	378		2829	827	237	382	1185
	378		2829	827	237	382	1185
	2861	167	3200662	233243	53284	2874	2698310
	1941	28	3098185	191153	51696	1876	2650897
	1188		2680070	160686	33373	1483	2309971
	754	28	418114	30466	18323	393	340926
	267	44	14011	2194	344	129	10101
	267	44	14011	2194	344	129	10101
	653	95	88466	39896	1244	869	37312
	653	95	68048	32953	1244	863	34444
			20419	6944		6	2868

规模工业企业

（201

	资产总计			负债合计
	固定资产原价	累计折旧	本年折旧	
有色金属冶炼和压延加工业	140789	61593	14969	190016
常用有色金属冶炼	15102	10603	835	29283
贵金属冶炼	99173	37621	4630	147436
稀有稀土金属冶炼	10195	9032	8503	1640
有色金属合金制造	530	80	31	650
有色金属压延加工	15789	4257	970	11008
金属制品业	8211	2451	548	27152
结构性金属制品制造	8211	2451	548	27152
通用设备制造业	11063	2461	1047	10536
金属加工机械制造	1726	487	94	1485
物料搬运设备制造	2122	61	12	1405
烘炉、风机、衡器、包装等设备制造	4325	78	78	3955
通用零部件制造	2890	1836	863	3692
专用设备制造业	27550	6813	2420	12714
采矿、冶金、建筑专用设备制造	10854	1697	166	4223
食品、饮料、烟草及饲料生产专用设备制造	4460	760	322	361
纺织、服装和皮革加工专用设备制造	208	69	69	1529
电子和电工机械专用设备制造	685	654	628	263
医疗仪器设备及器械制造	529	433		111
环保、社会公共服务及其他专用设备制造	10814	3201	1234	6227
汽车制造业	2197	459	59	1003
汽车零部件及配件制造	2197	459	59	1003
电气机械和器材制造业	62668	20610	8295	161034
电机制造	753	256	42	743
输配电及控制设备制造	2266	102	36	4913
电线、电缆、光缆及电工器材制造	40088	11392	3696	149435
电池制造	10936	4126	846	3158
家用电力器具制造	8471	4702	3675	2721
照明器具制造	155	33		64
计算机、通信和其他电子设备制造业	6960	980	523	5415
电子器件制造	2091	559	183	2427
电子元件制造	4870	421	340	2988
仪器仪表制造业	2184	1213	290	10552
通用仪器仪表制造	2184	1213	290	10552
其他制造业	1658	686	190	1407
日用杂品制造	569	516	66	466
其他未列明制造业	1089	170	125	941
废弃资源综合利用业	1985	953	159	696
非金属废料和碎屑加工处理	1985	953	159	696
电力、热力、燃气及水生产和供应业	4119904	1449093	74391	775387
电力、热力生产和供应业	4047023	1422994	70191	698045
电力生产	3424586	1127169	53491	393453
电力供应	622437	295826	16699	304592
燃气生产和供应业	11233	1132	368	13394
燃气生产和供应业	11233	1132	368	13394
水的生产和供应业	61648	24967	3832	63949
自来水生产和供应	59095	24652	3516	45850
污水处理及其再生利用	2552	316	316	18099

主要经济指标（表二续3）

5 年）

单位：万元

流动负债合计	非流动负债合计	所有者权益合计	主营业务收入	主营业务成本	主营业务税金及附加	销售费用	管理费用
156944	5863	265907	712655	630419	2738	13502	50694
1785	1205	13436	149639	122748	1793	8919	10010
144861	1658	241411	487382	442082	502	2132	36187
1640		1182	39701	34418	282	1838	2639
650		982	6232	4540	43	57	64
8008	3000	8897	29701	26631	118	556	1794
22635	4517	32058	52843	42335	327	3861	3767
22635	4517	32058	52843	42335	327	3861	3767
5436	388	12066	40004	35506	278	747	694
1460	25	2238	2148	1896		23	160
1042	363	1377	7440	5269	17	84	172
		4280	8430	7820	63	252	82
2935		4171	21986	20521	199	388	281
9859	2240	32978	152206	117064	2568	6358	17684
3454	421	12726	52838	41154	617	2242	6353
	361	5697	9428	7736	141	243	326
1525		29	2308	2016	27	27	176
0		735	26079	23924	97	1207	561
111		807	2302	2151	24		95
4770	1458	12983	59251	40083	1663	2638	10174
1003		1429	27346	21614	38	23	4421
1003		1429	27346	21614	38	23	4421
21482	9359	57221	203699	168080	1351	4703	11018
743		339	14862	9904	23	30	4326
4913		3545	12587	9107	65	114	224
12952	7859	43523	99288	83601	548	2048	813
1658	1500	4439	10357	8674	49	207	725
1152		3818	63793	54760	606	2230	4907
64		1558	2813	2034	60	75	23
5225	190	6860	18419	14726	91	329	948
2427		1346	5809	4939	47	271	211
2798	190	5515	12610	9788	44	59	737
10552		8452	14622	11789	72	831	983
10552		8452	14622	11789	72	831	983
		2679	23447	15986	232	266	6681
		1165	18926	13234	227	158	5072
		1515	4521	2753	5	109	1609
		2133	8265	6837	105	114	705
		2133	8265	6837	105	114	705
-60253	741335	2425274	1168709	865046	10001	5652	49495
-112424	734263	2400140	1111343	827590	9652	4316	34502
-268874	601555	2286618	572160	306489	6310	1929	25438
156449	132708	113522	539184	521101	3342	2387	9064
13394		617	5895	4314	88	200	497
13394		617	5895	4314	88	200	497
38778	7072	24517	51470	33142	261	1136	14496
38778	7072	22197	47753	30718	261	1136	13848
		2320	3718	2424			648

规模工业企业

（201

	财务费用			营业利润
		利息收入	利息支出	
有色金属冶炼和压延加工业	1690	-5965	7274	16631
常用有色金属冶炼	400		400	5768
贵金属冶炼	717	-5966	6322	8781
稀有稀土金属冶炼	115		115	410
有色金属合金制造	65		65	1463
有色金属压延加工	393	1	372	210
金属制品业	974	26	931	1580
结构性金属制品制造	974	26	931	1580
通用设备制造业	141	2	241	2629
金属加工机械制造				61
物料搬运设备制造		1	99	1899
烘炉、风机、衡器、包装等设备制造	110		110	103
通用零部件制造	31	1	32	566
专用设备制造业	586	2	522	7947
采矿、冶金、建筑专用设备制造	215		154	2256
食品、饮料、烟草及饲料生产专用设备制造	47		47	935
纺织、服装和皮革加工专用设备制造	48			14
电子和电工机械专用设备制造	98		98	193
医疗仪器设备及器械制造				33
环保、社会公共服务及其他专用设备制造	178	2	223	4515
汽车制造业	25		25	1225
汽车零部件及配件制造	25		25	1225
电气机械和器材制造业	947	138	756	17198
电机制造	18		18	562
输配电及控制设备制造	151	135	16	2523
电线、电缆、光缆及电工器材制造	414	3	422	11863
电池制造	169		169	533
家用电力器具制造	194		131	1095
照明器具制造	1			621
计算机、通信和其他电子设备制造业	25		25	2300
电子器件制造				342
电子元件制造	25		25	1958
仪器仪表制造业	340	5	232	608
通用仪器仪表制造	340	5	232	608
其他制造业	13	11	1	269
日用杂品制造	1		1	234
其他未列明制造业	11	11		35
废弃资源综合利用业	45		45	459
非金属废料和碎屑加工处理	45		45	459
电力、热力、燃气及水生产和供应业	94001	824	92662	146861
电力、热力生产和供应业	92514	873	91165	144499
电力生产	86126	842	84807	145390
电力供应	6388	31	6359	-892
燃气生产和供应业	394	-12	405	393
燃气生产和供应业	394	-12	405	393
水的生产和供应业	1093	-38	1092	1969
自来水生产和供应	635	-38	634	1782
污水处理及其再生利用	458		458	188

主要经济指标（表三续3）

5年）　　单位：万元

利润总额	应交所得税	亏损企业亏损总额	利税总额	应交税金及附加	本年应付职工薪酬	本年应交增值税	全部从业人员年平均人数（人）
16654	1386	608	29210	15488	33978	9819	4356
5768	1188	233	11906	7619	4038	4345	968
8633	-389		12276	4193	26032	3142	2396
410	97		1912	1636	2335	1220	503
1463	366		1903	808	226	398	103
380	124	375	1213	1232	1348	714	386
1580	692	147	2073	1232	1961	166	612
1580	692	147	2073	1232	1961	166	612
2639	475		3265	1177	1172	348	322
71			133	69	298	62	65
1899	475		2101	746	125	185	59
103			167	65	246	2	38
566			863	297	504	99	160
7950	353		15461	10658	5789	4943	1765
2237	289		4119	2209	2328	1266	535
935			1475	539	577	398	148
15			41	27	146		37
193			292	99	171	3	89
32			205	173	576	149	246
4538	65		9328	7611	1992	3127	710
1225			2630	1406	1244	1367	410
1225			2630	1406	1244	1367	410
17198	2755		22901	8675	5579	4352	2341
562			1328	766	1306	743	435
2523	478		3060	1016	1294	472	420
11863	2183		13979	4415	1353	1567	753
533			996	463	924	414	232
1095	74		2857	1935	626	1156	480
621	20		681	80	77		21
2513	94		3349	980	1326	745	575
392	39		731	387	249	292	68
2122	55		2619	593	1077	453	507
737	118		1174	555	848	366	428
737	118		1174	555	848	366	428
269			1163	2205	821	662	208
234			1124	890	725	662	173
35			40	1316	96		35
459			871	412	263	307	71
459			871	412	263	307	71
166974	24738	4937	257170	120379	83935	80196	12099
164483	24622	4907	252229	114778	77816	78094	10517
163261	23167	1095	217113	78816	22989	47543	4202
1222	1454	3812	35116	35962	54827	30552	6315
394			483	104	64		69
394			483	104	64		69
2097	116	31	4459	5498	6055	2101	1513
1912	116	31	4274	5498	5606	2101	1433
185			185		449		80

规模工业企业产品产量（一）

（2015年）

产品名称	计量单位	本年产量	累计增长%
铁矿石原矿	万吨	4.8	4.3
锰矿石成品矿	万吨	4.8	4.3
铜金属含量	万吨	0.7	16.7
铅金属含量	万吨	4.4	10.0
锌金属含量	万吨	6.9	7.8
锑金属含量	万吨	2.1	
大米	万吨	35.7	23.1
饲料	万吨	49.9	12.9
其中：配合饲料	万吨	5.7	-28.8
混合饲料	万吨	19.6	16.7
精制食用植物油	万吨	15.0	11.9
鲜、冷藏肉	万吨	0.9	-25.0
糖果	万吨	0.3	
速冻食品	万吨	0.8	
其中：速冻米面食品	万吨	0.8	
乳制品	万吨	0.2	
液体乳	万吨	0.2	
罐头	万吨	5.7	7.5
冷冻饮品	万吨	0.2	
饮料酒	万千升	10.3	12.0
其中：白酒（折65度，商品量）	万千升	0.6	20.0
啤酒	万千升	9.5	10.5
软饮料	万吨	20.6	-2.4
包装饮用水	万吨	1.9	-36.7
果汁和蔬菜汁类饮料	万吨	2.4	-4.0
精制茶	万吨	1.3	-13.3
纱	万吨	2.4	-22.6
棉纱	万吨	1.7	-15.0
棉混纺纱	万吨	0.7	-36.4
布	万米	2063.1	-26.6
其中：棉布	亿米	0.1	
棉混纺布	亿米	0.1	-50.0
服装	万件	65.6	-23.1
梭织服装	万件	65.6	-23.1
西服套装	万件	65.6	-4.7
人造板	万立方米	160.7	-6.4
其中：胶合板	万立方米	107.3	-4.2
纤维板	万立方米	17.2	-6.0

规模工业企业产品产量（二）

（2015年）

	计量单位	本年产量	累计增长%
刨花板	万立方米	10.2	-26.1
细木工板	万立方米	1.5	
竹地板	万平方米	0.7	133.3
家具	万件	18.2	91.6
其中：木质家具	万件	8.4	1300.0
纸浆（原生浆及废纸浆）	万吨	33.4	8.4
机制纸及纸板（外购原纸加工除外）	万吨	12.3	-8.2
卫生用纸原纸	万吨	1.8	-5.3
纸制品	万吨	4.8	6.7
其中：瓦楞纸箱	万吨	4.8	6.7
单色印刷品	万令	2.5	31.6
多色印刷品	万对开色令	44.3	13.6
硫酸（折100%）	万吨	27.7	17.9
盐酸（氯化氢，含量31%）	万吨	3.1	-6.1
烧碱（折100%）	万吨	3.4	-27.7
其中：离子膜法烧碱（折100%）	万吨	3.4	-27.7
碳化钙（电石，折300升/千克）	万吨	13.4	3.1
农用氮、磷、钾化学肥料（折纯）	万吨	5.0	28.2
氮肥（折含氮100%）	万吨	2.6	52.9
磷肥（折五氧化二磷100%）	万吨	2.4	9.1
涂料	万吨	0.6	
合成纤维聚合物	万吨	4.4	4.8
化学试剂	万吨	1.3	8.3
活性炭	万吨	0.6	20.0
多晶硅	万千克	404.7	24.5
化学药品原药	万吨	1.0	42.9
中成药	万吨	0.1	
化学纤维	万吨	0.3	-50.0
合成纤维	万吨	0.3	-50.0
维纶纤维	万吨	0.3	-50.0
塑料制品	万吨	9.5	1.1
硅酸盐水泥熟料	万吨	304.5	-4.7
其中：窑外分解窑水泥熟料	万吨	271.5	-6.4

规模工业企业产品产量（三）

（2015 年）

	计量单位	本年产量	累计增长%
水泥	万吨	876.3	-1.3
其中：强度等级 42.5 水泥（含 R 型）	万吨	174.9	3.6
强度等级 52.5 水泥（含 R 型）	万吨	81.1	-0.9
商品混凝土	万立方米	38.8	153.6
砖	亿块	14.1	7.6
瓦	亿片	0.5	
天然花岗石建筑板材	万平方米	21.4	41.7
隔热、隔音人造矿物材料及其制品	万吨	2.2	4.8
钢化玻璃	万平方米	92.1	16.9
夹层玻璃	万平方米	46.0	10.6
中空玻璃	万平方米	70.9	8.1
耐火材料制品	万吨	36.5	22.5
石墨及炭素制品	万吨	0.6	20.0
粗钢	万吨	3.3	17.9
铸铁件	万吨	1.5	
铸钢件	万吨	0.6	
钢材	万吨	3.1	14.8
钢筋	万吨	3.1	14.8
铁合金	万吨	44.1	7.8
其中：电炉硅铁（折合含硅 75%）	万吨	17.1	2.4
锰硅合金（折合含锰硅量合计 82%）	万吨	11.0	6.8
十种有色金属	万吨	5.7	42.5
锌	万吨	3.4	70.0
锑品	吨	22677.8	13.4
黄金	千克	16476.7	15.4
钢结构	万吨	0.8	14.3
起重机	万吨	0.1	
矿山专用设备	万吨	0.4	33.3
环境污染防治专用设备	台（套）	445.0	15.0
大气污染防治设备	台（套）	445.0	15.0
电力电缆	万千米	3.4	13.3
绝缘制品	吨	3070.8	0.4
锂离子电池	万只	8.8	10.0
电子元件	亿只	10.6	2.9
电工仪器仪表	万台	5.5	10.0
自来水生产量	亿立方米	1.9	11.8

规模工业企业主要产品生产能力

（2015 年）

产品名称	计量单位	年初生产能力	年末生产能力	产品产量
原煤	吨	440201.00	700201.00	391073.00
棉纺锭/纺纱量	锭/吨	113911.00	114606.00	23873.16
气流纺锭/纺纱量	头/吨	850.00		
棉布织机/布	台/万米	3074.00	2074.00	2063.08
烧碱（折 100%）	吨	70200.00	70200.00	34002.65
碳化钙（电石，折 300 升/千克）	吨	165000.00	165000.00	97718.00
农用氮、磷、钾化学肥料总计（折纯）	吨	104000.00	108000.00	50376.00
焰火制品	千元	130000.00	130000.00	103082.00
化学纤维	吨	7200.00	7200.00	3397.00
硅酸盐水泥熟料	吨	4303600.00	4183600.00	3038426.20
水泥	吨	11461057.13	11268174.00	8710893.08
粗钢	吨	40000.00	28700.00	32640.00
钢材	吨	40000.00	40000.00	31008.00
铁合金	吨	553384.00	596032.00	440725.10
发电设备容量总计/发电量	万千瓦/万千瓦小时	466.77	458.23	1852708.40
其中：火电设备容量/发电量	万千瓦/万千瓦小时	8.70	8.10	45383.30
水电设备容量/发电量	万千瓦/万千瓦小时	383.67	369.13	1562042.49
风电设备容量/发电量	万千瓦/万千瓦小时	8.4	15	31200.19

分县市区规模

（201

	怀化市			
	企业单位数（个）	增加值	工业总产值（当年价格）	工业销售产值（当年价格）
总 计	576	2801079	9387842	9236037
采矿业	45	215315	709862	707329
煤炭开采和洗选业	6	12955	64527	62931
烟煤和无烟煤开采洗选	5	12372	61521	59926
其他煤炭采选	1	583	3006	3006
黑色金属矿采选业	2	9282	38846	38846
锰矿、铬矿采选	2	9282	38846	38846
有色金属矿采选业	23	170397	488375	488238
常用有色金属矿采选	16	127282	335837	335700
贵金属矿采选	7	43115	152538	152538
非金属矿采选业	14	22681	118114	117314
土砂石开采	13	20352	106335	105535
石棉及其他非金属矿采选	1	2329	11779	11779
制造业	478	2032434	7445746	7323068
农副食品加工业	66	239848	927845	914456
谷物磨制	15	46074	195727	193795
饲料加工	11	84492	267548	266973
植物油加工	9	35152	111240	104431
屠宰及肉类加工	19	44296	198368	197742
蔬菜、水果和坚果加工	4	15214	59463	59463
其他农副食品加工	8	14621	95498	92051
食品制造业	16	41887	161805	159937
糖果、巧克力及蜜饯制造	1	915	2503	2401
方便食品制造	3	3218	18926	18370
乳制品制造	1	3458	12162	12162
罐头食品制造	7	20703	79537	78468
调味品、发酵制品制造	2	9993	29438	29386
其他食品制造	2	3599	19240	19151
酒、饮料和精制茶制造业	20	82489	381146	380329
酒的制造	9	28469	176333	176289
饮料制造	7	35071	128560	127362
精制茶加工	4	18949	76253	76678
纺织业	5	17088	86898	80510
棉纺织及印染精加工	4	11729	62488	56101
针织或钩针编织物及其制品制造	1	5359	24410	24410
纺织服装、服饰业	1	4290	8708	8708
机织服装制造	1	4290	8708	8708
皮革、毛皮、羽毛及其制品和制鞋业	1	481	2870	2870
制鞋业	1	481	2870	2870
木材加工和木、竹、藤、棕、草制品业	49	186249	684142	681071
木材加工	10	24822	149392	149208
人造板制造	34	139435	443777	441544
木制品制造	1	357	2772	2594
竹、藤、棕、草等制品制造	4	21636	88201	87725
家具制造业	4	10462	43801	43801
木质家具制造	3	6745	21941	21941
其他家具制造	1	3717	21860	21860

工业基本情况表（一）

5 年）　　　　单位：万元

鹤城区				洪江区				中方县			
企业单位数（个）	增加值	工业总产值（当年价格）	工业销售产值（当年价格）	企业单位数（个）	增加值	工业总产值（当年价格）	工业销售产值（当年价格）	企业单位数（个）	增加值	工业总产值（当年价格）	工业销售产值（当年价格）
60	294429	1137330	1122579	30	131403	434342	430306	85	460193	1325999	1255121
								1	7984	33413	33413
								1	7984	33413	33413
								1	7984	33413	33413
56	233083	908945	894190	29	106882	393872	389837	79	415313	1212253	1141375
9	61413	206836	203330	1	1201	5378	5378	10	27637	103527	99123
								2	5282	22439	20695
4	48893	154822	154587					2	12461	39458	39458
1	5124	16214	16214					3	6059	19174	16513
3	6094	27292	27292	1	1201	5378	5378	1	1263	5656	5656
1	1303	8509	5237					2	2572	16801	16801
2	1010	5942	5386	1	9123	26876	26876	4	7207	33410	32239
								1	915	2503	2401
2	1010	5942	5386					1	2208	12984	12984
								1	2599	9986	8918
				1	9123	26876	26876				
								1	1485	7937	7937
2	12763	66783	66783					4	17519	65626	64427
1	7911	48998	48998								
1	4852	17785	17785					3	13594	49831	48632
								1	3925	15795	15795
3	10033	49309	46683	1	2526	13459	13247				
2	4674	24899	22273	1	2526	13459	13247				
1	5359	24410	24410								
				1	481	2870	2870				
				1	481	2870	2870				
1	2701	8598	8598	3	9819	41346	41168	2	3307	10526	10526
1	2701	8598	8598					2	3307	10526	10526
				1	357	2772	2594				
				2	9462	38574	38574				
1	3717	21860	21860					1	2805	9125	9125
								1	2805	9125	9125
1	3717	21860	21860								

分县市区规模

（201

	沅陵县				辰溪县			
	企业单位数（个）	增加值	工业总产值（当年价格）	工业销售产值（当年价格）	企业单位数（个）	增加值	工业总产值（当年价格）	工业销售产值（当年价格）
总 计	54	544041	1619394	1612155	35	153724	522539	505008
采矿业	9	103569	291133	291133	8	18166	91796	89400
煤炭开采和洗选业					5	12372	61521	59926
烟煤和无烟煤开采洗选					5	12372	61521	59926
其他煤炭采选								
黑色金属矿采选业								
锰矿、铬矿采选								
有色金属矿采选业	9	103569	291133	291133				
常用有色金属矿采选	7	83708	220864	220864				
贵金属矿采选	2	19861	70268	70268				
非金属矿采选业					3	5795	30275	29474
土砂石开采					3	5795	30275	29474
石棉及其他非金属矿采选								
制造业	37	269748	1031322	1024647	23	92156	335004	323405
农副食品加工业	4	10970	49125	48893	2	11385	42569	41901
谷物磨制								
饲料加工					1	6415	20313	19974
植物油加工								
屠宰及肉类加工	4	10970	49125	48893	1	4970	22256	21927
蔬菜、水果和坚果加工								
其他农副食品加工								
食品制造业								
糖果、巧克力及蜜饯制造								
方便食品制造								
乳制品制造								
罐头食品制造								
调味品、发酵制品制造								
其他食品制造								
酒、饮料和精制茶制造业	2	13354	53737	53737				
酒的制造								
饮料制造								
精制茶加工	2	13354	53737	53737				
纺织业								
棉纺织及印染精加工								
针织或钩针编织物及其制品制造								
纺织服装、服饰业								
机织服装制造								
皮革、毛皮、羽毛及其制品和制鞋业								
制鞋业								
木材加工和木、竹、藤、棕、草制品业	5	20761	73339	73339	1	1924	6123	6068
木材加工	1	2561	15412	15412				
人造板制造	4	18201	57927	57927	1	1924	6123	6068
木制品制造								
竹、藤、棕、草等制品制造								
家具制造业	1	1227	3990	3990				
木质家具制造	1	1227	3990	3990				
其他家具制造								

工业基本情况表（二）

5年）　　单位：万元

溆浦县				会同县				麻阳县			
企业单位数（个）	增加值	工业总产值（当年价格）	工业销售产值（当年价格）	企业单位数（个）	增加值	工业总产值（当年价格）	工业销售产值（当年价格）	企业单位数（个）	增加值	工业总产值（当年价格）	工业销售产值（当年价格）
73	175492	724812	725731	25	85791	273308	267371	28	143011	528285	525122
14	33301	131790	131790	1	7276	25743	25743	2	12269	32372	32235
4	17740	50874	50874	1	7276	25743	25743	2	12269	32372	32235
3	13218	34876	34876					2	12269	32372	32235
1	4522	15999	15999	1	7276	25743	25743				
10	15561	80916	80916								
9	13233	69137	69137								
1	2329	11779	11779								
54	123598	542487	543406	18	55660	189871	183934	22	109887	446266	443241
4	10036	39646	39646	1	7251	22947	18798	4	14375	70632	70203
2	6048	25692	25692					2	6906	29336	29147
1	2979	9433	9433								
				1	7251	22947	18798				
1	1009	4521	4521					1	3648	16337	16272
								1	3821	24959	24785
6	18104	69551	69551					1	2114	11304	11214
6	18104	69551	69551								
								1	2114	11304	11214
3	5539	28538	28538	1	1670	6721	7145	1	3366	20849	20805
2	3257	20176	20176					1	3366	20849	20805
1	2281	8362	8362								
				1	1670	6721	7145				
1	4290	8708	8708								
1	4290	8708	8708								
2	2840	13563	13563	4	20166	64183	64183	3	6486	28969	28749
1	1022	6153	6153					2	2936	17669	17484
				4	20166	64183	64183	1	3550	11300	11265
1	1818	7410	7410								
1	2713	8827	8827								
1	2713	8827	8827								

分县市区规模

（201

	新晃县				芷江县			
	企业单位数（个）	增加值	工业总产值（当年价格）	工业销售产值（当年价格）	企业单位数（个）	增加值	工业总产值（当年价格）	工业销售产值（当年价格）
总 计	36	133157	460624	460624	53	154888	616363	615890
采矿业	2	3666	11108	11108	4	10201	32350	32350
煤炭开采和洗选业								
烟煤和无烟煤开采洗选								
其他煤炭采选								
黑色金属矿采选业					1	1298	5433	5433
锰矿、铬矿采选					1	1298	5433	5433
有色金属矿采选业	2	3666	11108	11108	2	7577	19993	19993
常用有色金属矿采选	1	2072	5466	5466	2	7577	19993	19993
贵金属矿采选	1	1595	5643	5643				
非金属矿采选业					1	1325	6924	6924
土砂石开采					1	1325	6924	6924
石棉及其他非金属矿采选								
制造业	31	113882	405515	405515	45	124997	535611	535137
农副食品加工业	5	13752	53742	53742	17	53019	205217	205217
谷物磨制	1	4371	18567	18567	6	17319	73572	73572
饲料加工					2	12845	40673	40673
植物油加工	1	5206	16475	16475	2	7813	24724	24724
屠宰及肉类加工	3	4176	18700	18700	3	10033	44930	44930
蔬菜、水果和坚果加工					2	4347	16992	16992
其他农副食品加工					2	662	4326	4326
食品制造业								
糖果、巧克力及蜜饯制造								
方便食品制造								
乳制品制造								
罐头食品制造								
调味品、发酵制品制造								
其他食品制造								
酒、饮料和精制茶制造业	1	3118	19313	19313	2	6561	40635	40635
酒的制造	1	3118	19313	19313	2	6561	40635	40635
饮料制造								
精制茶加工								
纺织业								
棉纺织及印染精加工								
针织或钩针编织物及其制品制造								
纺织服装、服饰业								
机织服装制造								
皮革、毛皮、羽毛及其制品和制鞋业								
制鞋业								
木材加工和木、竹、藤、棕、草制品业	1	6154	19587	19587	1	1497	9008	9008
木材加工					1	1497	9008	9008
人造板制造	1	6154	19587	19587				
木制品制造								
竹、藤、棕、草等制品制造								
家具制造业								
木质家具制造								
其他家具制造								

工业基本情况表（三）

5年）

单位：万元

靖州县				通道县				洪江市			
企业单位数（个）	增加值	工业总产值（当年价格）	工业销售产值（当年价格）	企业单位数（个）	增加值	工业总产值（当年价格）	工业销售产值（当年价格）	企业单位数（个）	增加值	工业总产值（当年价格）	工业销售产值（当年价格）
29	150778	639287	639287	26	87765	300347	277850	42	286406	805213	798993
1	583	3006	3006					3	18299	57151	57151
1	583	3006	3006								
1	583	3006	3006								
								3	18299	57151	57151
								1	8439	22265	22265
								2	9860	34886	34886
27	138551	589963	589963	25	80853	272853	272853	32	167822	581785	575565
3	17849	82854	82854	2	1551	6802	6802	4	9409	38571	38570
1	5530	23492	23492	1	619	2629	2629				
								1	900	2850	2849
								1	3699	11707	11707
				1	932	4173	4173				
1	8044	31440	31440					1	2823	11032	11032
1	4275	27922	27922					1	1987	12982	12982
				1	3458	12162	12162	1	870	2562	2511
				1	3458	12162	12162				
								1	870	2562	2511
2	12797	55093	55093					2	5804	23851	23851
1	3237	20048	20048					1	1019	6315	6315
1	9560	35045	35045					1	4784	17537	17537
								1	4529	24130	20581
								1	4529	24130	20581
10	35145	152761	152761	10	31898	108279	108279	6	43549	147860	145242
4	14424	86810	86810	1	2383	14340	14340				
6	20722	65950	65950	9	29516	93939	93939	5	33193	105643	103500
								1	10356	42217	41742

分县市区规模

（201

	怀化市			
	企业单位数（个）	增加值	工业总产值（当年价格）	工业销售产值（当年价格）
造纸和纸制品业	16	175533	418366	369092
纸浆制造	1	143548	261902	212303
造纸	13	25867	124870	125195
纸制品制造	2	6118	31594	31594
印刷和记录媒介复制业	9	20148	108616	102546
印刷	9	20148	108616	102546
文教、工美、体育和娱乐用品制造业	10	17890	108904	108991
文教办公用品制造	1	1059	16352	16352
乐器制造	1	1896	13211	13211
工艺美术品制造	6	11414	61216	61303
体育用品制造	1	1006	6432	6432
玩具制造	1	2515	11693	11693
石油加工、炼焦和核燃料加工业	2	1712	8284	7868
精炼石油产品制造	2	1712	8284	7868
化学原料和化学制品制造业	72	266682	976570	963661
基础化学原料制造	32	145530	459084	451679
肥料制造	11	30164	148628	147415
农药制造	2	7420	26905	26905
涂料、油墨、颜料及类似产品制造	3	3663	14009	14009
合成材料制造	2	1506	81385	82391
专用化学产品制造	17	64533	202616	197432
炸药、火工及焰火产品制造	3	8679	21561	21448
日用化学产品制造	2	5186	22382	22382
医药制造业	12	105028	319907	309529
化学药品原料药制造	2	15103	51137	51137
中药饮片加工	3	29160	86735	86735
中成药生产	5	54145	136661	126284
生物药品制造	1	4154	24391	24391
卫生材料及医药用品制造	1	2466	20983	20983
橡胶和塑料制品业	8	26579	138507	138147
塑料制品业	8	26579	138507	138147
非金属矿物制品业	73	217972	825267	823344
水泥、石灰和石膏制造	16	87957	274266	273500
石膏、水泥制品及类似制品制造	21	40538	126782	126766
砖瓦、石材等建筑材料制造	17	36952	160001	159933
玻璃制品制造	1	4751	15451	15451
陶瓷制品制造	4	15726	42184	42184
耐火材料制品制造	10	24844	182811	182100
石墨及其他非金属矿物制品制造	4	7203	23773	23410
黑色金属冶炼和压延加工业	51	264532	958494	954638
黑色金属铸造	6	20206	81558	81471
钢压延加工	4	22184	111983	111486
铁合金冶炼	41	222142	764953	761681
有色金属冶炼和压延加工业	19	178489	729850	722573
常用有色金属冶炼	8	30161	154434	154434
贵金属冶炼	3	127144	492424	486574
稀有稀土金属冶炼	3	9744	44923	44658

工业基本情况表（续1.1）

5年）　　单位：万元

鹤城区				洪江区				中方县			
企业单位数（个）	增加值	工业总产值（当年价格）	工业销售产值（当年价格）	企业单位数（个）	增加值	工业总产值（当年价格）	工业销售产值（当年价格）	企业单位数（个）	增加值	工业总产值（当年价格）	工业销售产值（当年价格）
				1	3052	14731	15662	2	145848	273777	224178
								1	143548	261902	212303
				1	3052	14731	15662				
								1	2300	11876	11876
3	4753	25624	19726	2	7655	41267	41267	3	6524	35172	35000
3	4753	25624	19726	2	7655	41267	41267	3	6524	35172	35000
2	2325	15507	15347	1	1756	9418	9665	1	7161	38409	38409
1	1896	13211	13211								
1	428	2297	2136	1	1756	9418	9665	1	7161	38409	38409
								1	678	3280	2864
								1	678	3280	2864
6	18223	78218	78202	11	40694	129910	125728	12	42710	141770	139731
				6	30383	95847	94140	4	28695	90522	90522
3	8915	43925	43925					2	2797	13782	13782
								1	3417	12389	12389
				1	962	3680	3680	1	857	3278	3278
2	4999	15696	15679	3	8472	26599	24123	4	6943	21800	19760
1	4309	18597	18597	1	877	3785	3785				
3	17804	63731	63607	1	4154	24391	24391	1	16051	40513	31117
1	8954	26632	26632								
1	6385	16115	15991					1	16051	40513	31117
				1	4154	24391	24391				
1	2466	20983	20983								
1	491	2560	2200								
1	491	2560	2200								
5	22541	71088	71088	1	9032	24229	24229	17	42399	169192	169192
								1	13759	42904	42904
4	17790	55638	55638					5	6640	20767	20767
								6	11706	50686	50686
1	4751	15451	15451								
				1	9032	24229	24229	1	2376	6373	6373
								3	5503	40495	40495
								1	2414	7968	7968
5	22552	98588	98588	2	14350	49413	49413	2	9524	32798	32798
1	4890	19736	19736								
3	11238	56729	56729								
1	6425	22123	22123	2	14350	49413	49413	2	9524	32798	32798
1	6707	34343	34343	1	1446	4931	4389	4	9608	39902	39282
1	6707	34343	34343					1	4722	24178	24178

分县市区规模

（201

	沅陵县				辰溪县			
	企业单位数（个）	增加值	工业总产值（当年价格）	工业销售产值（当年价格）	企业单位数（个）	增加值	工业总产值（当年价格）	工业销售产值（当年价格）
造纸和纸制品业	1	2981	14390	14390				
纸浆制造								
造纸	1	2981	14390	14390				
纸制品制造								
印刷和记录媒介复制业	1	1216	6553	6553				
印刷	1	1216	6553	6553				
文教、工美、体育和娱乐用品制造业								
文教办公用品制造								
乐器制造								
工艺美术品制造								
体育用品制造								
玩具制造								
石油加工、炼焦和核燃料加工业								
精炼石油产品制造								
化学原料和化学制品制造业	6	32635	102914	102914	7	35043	126093	118731
基础化学原料制造	5	30251	95429	95429	4	19047	60086	54313
肥料制造					2	8829	43505	42419
农药制造								
涂料、油墨、颜料及类似产品制造								
合成材料制造								
专用化学产品制造	1	2384	7486	7486	1	7167	22501	22000
炸药、火工及焰火产品制造								
日用化学产品制造								
医药制造业	1	11471	34119	34119	1	11485	28989	28131
化学药品原料药制造								
中药饮片加工	1	11471	34119	34119				
中成药生产					1	11485	28989	28131
生物药品制造								
卫生材料及医药用品制造								
橡胶和塑料制品业								
塑料制品业								
非金属矿物制品业	2	6381	26145	26140	7	15601	66367	64895
水泥、石灰和石膏制造	1	1225	3820	3815	3	10780	33615	32855
石膏、水泥制品及类似制品制造					1	643	2012	2012
砖瓦、石材等建筑材料制造	1	5156	22325	22325				
玻璃制品制造								
陶瓷制品制造								
耐火材料制品制造					3	4178	30740	30029
石墨及其他非金属矿物制品制造								
黑色金属冶炼和压延加工业	2	14662	50487	50487	2	6144	21158	20687
黑色金属铸造								
钢压延加工								
铁合金冶炼	2	14662	50487	50487	2	6144	21158	20687
有色金属冶炼和压延加工业	5	138172	552379	546821	1	2794	10823	10530
常用有色金属冶炼	3	13823	70777	70777				
贵金属冶炼	2	124350	481602	476043	1	2794	10823	10530
稀有稀土金属冶炼								

工业基本情况表（续2.1）

5年）　　　　单位：万元

溆浦县				会同县				麻阳县			
企业单位数（个）	增加值	工业总产值（当年价格）	工业销售产值（当年价格）	企业单位数（个）	增加值	工业总产值（当年价格）	工业销售产值（当年价格）	企业单位数（个）	增加值	工业总产值（当年价格）	工业销售产值（当年价格）
1	1497	7228	7228	3	5111	24671	24119	1	1836	8864	8811
1	1497	7228	7228	3	5111	24671	24119	1	1836	8864	8811
4	4849	25251	25251								
2	1329	7126	7126								
1	1006	6432	6432								
1	2515	11693	11693								
4	7336	99777	100782					3	13275	39389	39185
2	5830	18392	18392					1	3531	11139	11214
2	1506	81385	82391								
								1	6170	19373	19222
								1	3574	8877	8749
1	2179	11356	11356								
1	2179	11356	11356								
12	25305	87248	87248	3	7875	24563	24563	2	5601	23031	22947
1	3142	9797	9797	2	7058	22009	22009				
3	5951	18612	18612	1	816	2554	2554	1	1015	3175	3159
4	7773	33656	33656					1	4586	19856	19788
2	4318	11583	11583								
2	4121	13601	13601								
10	29876	104589	104503	6	13587	46786	45127	5	54866	206495	204856
2	2886	11649	11563								
								1	10946	55254	54757
8	26990	92940	92940	6	13587	46786	45127	4	43920	151240	150099
4	6685	33323	33323					2	7968	36735	36471
3	4909	25135	25135								
1	1776	8188	8188					2	7968	36735	36471

分县市区规模

（201

	新晃县				芷江县			
	企业单位数（个）	增加值	工业总产值（当年价格）	工业销售产值（当年价格）	企业单位数（个）	增加值	工业总产值（当年价格）	工业销售产值（当年价格）
造纸和纸制品业	2	2233	10782	10782	2	5627	27164	27164
纸浆制造								
造纸	2	2233	10782	10782	2	5627	27164	27164
纸制品制造								
印刷和记录媒介复制业								
印刷								
文教、工美、体育和娱乐用品制造业					1	740	3967	3967
文教办公用品制造								
乐器制造								
工艺美术品制造					1	740	3967	3967
体育用品制造								
玩具制造								
石油加工、炼焦和核燃料加工业								
精炼石油产品制造								
化学原料和化学制品制造业	8	26761	95140	95140	6	8801	33799	33688
基础化学原料制造	4	11974	37773	37773	2	3011	9499	9499
肥料制造	2	6575	32396	32396	2	3048	15021	14894
农药制造	1	4003	14516	14516				
涂料、油墨、颜料及类似产品制造					1	1844	7051	7051
合成材料制造								
专用化学产品制造								
炸药、火工及焰火产品制造	1	4209	10455	10455	1	897	2229	2244
日用化学产品制造								
医药制造业	1	6215	15686	15686				
化学药品原料药制造								
中药饮片加工								
中成药生产	1	6215	15686	15686				
生物药品制造								
卫生材料及医药用品制造								
橡胶和塑料制品业					6	23909	124591	124591
塑料制品业					6	23909	124591	124591
非金属矿物制品业	3	7402	24877	24877	7	11398	43278	42915
水泥、石灰和石膏制造	1	3474	10832	10832	1	2151	6707	6707
石膏、水泥制品及类似制品制造	1	2464	7705	7705	1	2311	7228	7228
砖瓦、石材等建筑材料制造	1	1464	6340	6340	4	6268	27139	27139
玻璃制品制造								
陶瓷制品制造								
耐火材料制品制造								
石墨及其他非金属矿物制品制造					1	668	2204	1842
黑色金属冶炼和压延加工业	8	39287	138616	138616	1	6813	27498	27498
黑色金属铸造	2	5617	22674	22674	1	6813	27498	27498
钢压延加工								
铁合金冶炼	6	33670	115942	115942				
有色金属冶炼和压延加工业	1	5108	17414	17414				
常用有色金属冶炼								
贵金属冶炼								
稀有稀土金属冶炼								

工业基本情况表（续3.1）

5年）

单位：万元

靖州县				通道县				洪江市			
企业单位数（个）	增加值	工业总产值（当年价格）	工业销售产值（当年价格）	企业单位数（个）	增加值	工业总产值（当年价格）	工业销售产值（当年价格）	企业单位数（个）	增加值	工业总产值（当年价格）	工业销售产值（当年价格）
				1	2252	10873	10873	2	5096	25886	25886
				1	2252	10873	10873	1	1278	6167	6167
								1	3819	19719	19719
1	1059	16352	16352								
1	1059	16352	16352								
1	1034	5004	5004								
1	1034	5004	5004								
1	12341	38746	38746	4	16057	50416	50416	4	12806	40398	40398
								4	12806	40398	40398
1	12341	38746	38746	4	16057	50416	50416				
2	22745	61343	61343					2	15103	51137	51137
								2	15103	51137	51137
1	8736	25984	25984								
1	14009	35359	35359								
6	27691	150640	150640	3	12188	38012	38012	5	24558	76597	76597
2	12528	39065	39065	2	11329	35326	35326	2	22510	70191	70191
				1	859	2687	2687	3	2048	6405	6405
4	15163	111576	111576								
1	7890	27171	27171	4	13448	46309	46309	3	31533	108586	108586
1	7890	27171	27171	4	13448	46309	46309	3	31533	108586	108586

分县市区规模

（201

	怀化市			
	企业单位数（个）	增加值	工业总产值（当年价格）	工业销售产值（当年价格）
有色金属合金制造	1	2102	6232	6232
有色金属压延加工	4	9338	31837	30675
金属制品业	7	21887	55947	55947
结构性金属制品制造	7	21887	55947	55947
通用设备制造业	4	11392	39535	38332
金属加工机械制造	1	826	2710	1508
物料搬运设备制造	1	2571	7440	7440
烘炉、风机、衡器、包装等设备制造	1	1841	7398	7398
通用零部件制造	1	6154	21986	21986
专用设备制造业	12	50551	159106	158602
采矿、冶金、建筑专用设备制造	5	11234	53831	52957
食品、饮料、烟草及饲料生产专用设备制造	1	2894	9476	9428
纺织、服装和皮革加工专用设备制造	1	353	2308	2308
电子和电工机械专用设备制造	1	3989	26079	26079
医疗仪器设备及器械制造	1	995	2785	2687
环保、社会公共服务及其他专用设备制造	3	31086	64627	65143
汽车制造业	1	7277	27346	27346
汽车零部件及配件制造	1	7277	27346	27346
电气机械和器材制造业	12	66274	207406	204717
电机制造	1	7288	14862	14862
输配电及控制设备制造	2	4089	12872	12492
电线、电缆、光缆及电工器材制造	4	30884	102605	100296
电池制造	1	3852	10359	10359
家用电力器具制造	3	19543	63793	63793
照明器具制造	1	619	2915	2915
计算机、通信和其他电子设备制造业	3	3136	18375	18419
电子器件制造	1	614	5696	5809
电子元件制造	2	2522	12679	12610
仪器仪表制造业	2	5824	15086	14669
通用仪器仪表制造	2	5824	15086	14669
其他制造业	2	6768	24202	24202
日用杂品制造	1	5844	18926	18926
其他未列明制造业	1	924	5276	5276
废弃资源综合利用业	1	1966	8765	8765
非金属废料和碎屑加工处理	1	1966	8765	8765
电力、热力、燃气及水生产和供应业	53	553330	1232234	1205640
电力、热力生产和供应业	45	522076	1175079	1148950
电力生产	34	387402	639383	635752
电力供应	11	134674	535696	513198
燃气生产和供应业	1	1507	5892	5895
燃气生产和供应业	1	1507	5892	5895
水的生产和供应业	7	29747	51263	50795
自来水生产和供应	6	28113	48160	47692
污水处理及其再生利用	1	1634	3103	3103

工业基本情况表（续1.2）

5年）　　单位：万元

鹤城区				洪江区				中方县			
企业单位数（个）	增加值	工业总产值（当年价格）	工业销售产值（当年价格）	企业单位数（个）	增加值	工业总产值（当年价格）	工业销售产值（当年价格）	企业单位数（个）	增加值	工业总产值（当年价格）	工业销售产值（当年价格）
								1	2102	6232	6232
				1	1446	4931	4389	2	2784	9492	8872
1	12134	31018	31018					5	8053	20586	20586
1	12134	31018	31018					5	8053	20586	20586
3	8821	32094	30892					1	2571	7440	7440
1	826	2710	1508								
								1	2571	7440	7440
1	1841	7398	7398								
1	6154	21986	21986								
2	4342	28387	28387	2	1593	5655	5556	2	28737	59744	60260
				1	599	2869	2869				
1	353	2308	2308								
1	3989	26079	26079								
				1	995	2785	2687				
								2	28737	59744	60260
3	14313	47675	47675					5	34310	113438	111129
								1	2513	7912	7912
1	1012	3362	3362					3	29872	99243	96934
1	12682	41398	41398					1	1925	6284	6284
1	619	2915	2915								
1	614	5696	5809					1	1739	8741	8673
1	614	5696	5809								
								1	1739	8741	8673
2	5824	15086	14669								
2	5824	15086	14669								
								1	924	5276	5276
								1	924	5276	5276
4	61346	228386	228389	1	24520	40470	40470	5	36896	80333	80333
1	52847	210211	210211	1	24520	40470	40470	4	34689	76553	76553
				1	24520	40470	40470	3	26396	43566	43566
1	52847	210211	210211					1	8293	32987	32987
1	1507	5892	5895								
1	1507	5892	5895								
2	6993	12283	12283					1	2207	3780	3780
1	5359	9180	9180					1	2207	3780	3780
1	1634	3103	3103								

分县市区规模

（201

	沅陵县				辰溪县			
	企业单位数（个）	增加值	工业总产值（当年价格）	工业销售产值（当年价格）	企业单位数（个）	增加值	工业总产值（当年价格）	工业销售产值（当年价格）
有色金属合金制造								
有色金属压延加工								
金属制品业								
结构性金属制品制造								
通用设备制造业								
金属加工机械制造								
物料搬运设备制造								
烘炉、风机、衡器、包装等设备制造								
通用零部件制造								
专用设备制造业	3	5751	27555	27055	2	7779	32883	32461
采矿、冶金、建筑专用设备制造	3	5751	27555	27055	1	4885	23407	23033
食品、饮料、烟草及饲料生产专用设备制造					1	2894	9476	9428
纺织、服装和皮革加工专用设备制造								
电子和电工机械专用设备制造								
医疗仪器设备及器械制造								
环保、社会公共服务及其他专用设备制造								
汽车制造业								
汽车零部件及配件制造								
电气机械和器材制造业	1	1576	4960	4580				
电机制造								
输配电及控制设备制造	1	1576	4960	4580				
电线、电缆、光缆及电工器材制造								
电池制造								
家用电力器具制造								
照明器具制造								
计算机、通信和其他电子设备制造业	1	783	3937	3937				
电子器件制造								
电子元件制造	1	783	3937	3937				
仪器仪表制造业								
通用仪器仪表制造								
其他制造业	1	5844	18926	18926				
日用杂品制造	1	5844	18926	18926				
其他未列明制造业								
废弃资源综合利用业	1	1966	8765	8765				
非金属废料和碎屑加工处理	1	1966	8765	8765				
电力、热力、燃气及水生产和供应业	8	170724	296939	296376	4	43402	95739	92203
电力、热力生产和供应业	7	169161	294262	294167	4	43402	95739	92203
电力生产	6	162684	268500	268405	3	33043	54535	50999
电力供应	1	6477	25762	25762	1	10359	41204	41204
燃气生产和供应业								
燃气生产和供应业								
水的生产和供应业	1	1563	2678	2209				
自来水生产和供应	1	1563	2678	2209				
污水处理及其再生利用								

工业基本情况表（续2.2）

5年）

单位：万元

溆浦县				会同县				麻阳县			
企业单位数（个）	增加值	工业总产值（当年价格）	工业销售产值（当年价格）	企业单位数（个）	增加值	工业总产值（当年价格）	工业销售产值（当年价格）	企业单位数（个）	增加值	工业总产值（当年价格）	工业销售产值（当年价格）
1	2349	4883	4883								
1	2349	4883	4883								
5	18593	50535	50535	6	22855	57694	57694	4	20855	49646	49646
5	18593	50535	50535	6	22855	57694	57694	4	20855	49646	49646
4	10065	16611	16611	5	14272	23555	23555	3	14312	23621	23621
1	8528	33924	33924	1	8583	34139	34139	1	6543	26026	26026

分县市区规模

（201

	新晃县				芷江县			
	企业单位数（个）	增加值	工业总产值（当年价格）	工业销售产值（当年价格）	企业单位数（个）	增加值	工业总产值（当年价格）	工业销售产值（当年价格）
有色金属合金制造								
有色金属压延加工	1	5108	17414	17414				
金属制品业					1	1699	4343	4343
结构性金属制品制造					1	1699	4343	4343
通用设备制造业								
金属加工机械制造								
物料搬运设备制造								
烘炉、风机、衡器、包装等设备制造								
通用零部件制造								
专用设备制造业								
采矿、冶金、建筑专用设备制造								
食品、饮料、烟草及饲料生产专用设备制造								
纺织、服装和皮革加工专用设备制造								
电子和电工机械专用设备制造								
医疗仪器设备及器械制造								
环保、社会公共服务及其他专用设备制造								
汽车制造业								
汽车零部件及配件制造								
电气机械和器材制造业	1	3852	10359	10359	1	4936	16111	16111
电机制造								
输配电及控制设备制造								
电线、电缆、光缆及电工器材制造								
电池制造	1	3852	10359	10359				
家用电力器具制造					1	4936	16111	16111
照明器具制造								
计算机、通信和其他电子设备制造业								
电子器件制造								
电子元件制造								
仪器仪表制造业								
通用仪器仪表制造								
其他制造业								
日用杂品制造								
其他未列明制造业								
废弃资源综合利用业								
非金属废料和碎屑加工处理								
电力、热力、燃气及水生产和供应业	3	15608	44000	44000	4	19690	48402	48402
电力、热力生产和供应业	2	8812	32357	32357	4	19690	48402	48402
电力生产	1	1157	1910	1910	3	12856	21219	21219
电力供应	1	7654	30447	30447	1	6834	27184	27184
燃气生产和供应业								
燃气生产和供应业								
水的生产和供应业	1	6797	11643	11643				
自来水生产和供应	1	6797	11643	11643				
污水处理及其再生利用								

工业基本情况表（续3.2）

5年）　　单位：万元

靖州县				通道县				洪江市			
企业单位数（个）	增加值	工业总产值（当年价格）	工业销售产值（当年价格）	企业单位数（个）	增加值	工业总产值（当年价格）	工业销售产值（当年价格）	企业单位数（个）	增加值	工业总产值（当年价格）	工业销售产值（当年价格）
								1	7277	27346	27346
								1	7277	27346	27346
								1	7288	14862	14862
								1	7288	14862	14862
1	11645	46319	46319	1	6912	27494	4996	7	100285	166277	166277
1	11645	46319	46319	1	6912	27494	4996	5	88096	145398	145398
								5	88096	145398	145398
1	11645	46319	46319	1	6912	27494	4996				
								2	12188	20879	20879
								2	12188	20879	20879

鹤城区规模工业企业

（201

	企业单位数（个）	亏损企业个数	工业总产值（当年价格）	工业销售产值（当年价格）	出　口交货值
总　　计	60	3	1137330	1122579	2323
一、在总计中：亏损企业	3	3	36603	33853	
二、在总计中：国有控股企业	3		222494	222494	
三、按轻重工业分组					
轻工业	30	2	530242	517010	15
重工业	30	1	607088	605569	2308
四、按登记注册类型分组					
内资企业	58	3	1073547	1058620	2323
国有企业	1		210211	210211	
集体企业	1		3689	3689	
有限责任公司	14	1	246192	237255	2308
其他有限责任公司	14	1	246192	237255	2308
股份有限公司	4	1	45628	45293	15
私营企业	37	1	563522	557867	
私营独资企业	1		18126	18126	
私营合伙企业	2		19676	19676	
私营有限责任公司	30	1	417079	411424	
私营股份有限公司	4		108641	108641	
其他企业	1		4306	4306	
外商投资企业	2		63783	63958	
中外合资经营企业	1		5892	5895	
中外合作经营企业	1		57891	58063	
五、按经济组织类型分组					
独资企业	3		232026	232026	
国有企业	1		210211	210211	
集体企业	1		3689	3689	
私营独资企业	1		18126	18126	
合作、合伙企业	4		81873	82045	
私营合伙企业	2		19676	19676	
中外合作经营企业	1		57891	58063	
其他企业（内资）	1		4306	4306	
股份有限公司	8	1	154269	153933	15
股份有限公司（内资）	4	1	45628	45293	15
私营股份有限公司	4		108641	108641	

主要经济指标（一）

5 年）　　单位：万元

年初存货	产成品	资产总计	流动资产合计	资产总计				
				流动资产合计			固定资产合计	固定资产原价
				应收账款	存货	产成品		
34312	10766	649418	185603	51355	40265	17267	368702	631565
11001	6736	41483	23234	1980	10875	6473	10183	21185
635		341180	40249	8713	580		250951	478594
22199	8246	166357	80313	12216	23694	10808	60991	113051
12114	2520	483061	105290	39140	16570	6458	307711	518514
29829	10108	623894	179637	50689	37312	16634	357015	613603
431		284438	8893	8586	307		236655	447614
417	210	1027	795	247	352	187	154	315
10405	7045	120250	70557	9737	15373	10281	34025	65056
10405	7045	120250	70557	9737	15373	10281	34025	65056
5160	1260	27168	15992	3354	4197	1082	6677	11591
13356	1534	190061	83020	28615	16853	4854	78934	88378
		550	240	60	40	40	310	90
		6754	1926	364	578	176	4828	4828
13107	1410	157683	78371	27386	16005	4542	55830	65075
248	124	25073	2484	806	230	96	17966	18385
60	60	950	380	150	230	230	570	650
4484	658	25524	5966	666	2953	633	11687	17962
267	44	14011	2194	344	129	129	10101	11233
4217	614	11513	3772	321	2824	504	1586	6729
848	210	286015	9928	8893	699	227	237119	448019
431		284438	8893	8586	307		236655	447614
417	210	1027	795	247	352	187	154	315
		550	240	60	40	40	310	90
4277	674	19217	6078	835	3632	910	6984	12208
		6754	1926	364	578	176	4828	4828
4217	614	11513	3772	321	2824	504	1586	6729
60	60	950	380	150	230	230	570	650
5409	1384	52242	18475	4161	4427	1178	24643	29976
5160	1260	27168	15992	3354	4197	1082	6677	11591
248	124	25073	2484	806	230	96	17966	18385

鹤城区规模工业企业

（201

	累计折旧	本年折旧	负债合计	流动负债合计	应付账款	非流动负债合计
总　计	282172	27853	386477	227347	52878	120450
一、在总计中：亏损企业	11350	4384	28062	25315	-2590	2747
二、在总计中：国有控股企业	228275	1786	259118	129056	33855	111963
三、按轻重工业分组						
轻工业	55571	18693	78856	61774	3474	4961
重工业	226601	9159	307620	165574	49404	115488
四、按登记注册类型分组						
内资企业	275898	27368	367626	208497	49971	120450
国有企业	210959	40	215186	105404	33785	109781
集体企业	161		955	955	268	
有限责任公司	33957	9494	79336	48643	4206	4821
其他有限责任公司	33957	9494	79336	48643	4206	4821
股份有限公司	5176	3717	15077	13953	1223	707
私营企业	25565	14098	56623	39092	10039	5140
私营独资企业	80	80				
私营合伙企业	491	169	1404	1404	1026	
私营有限责任公司	21708	11209	53268	37687	9014	5140
私营股份有限公司	3286	2640	1951			
其他企业	80	20	450	450	450	
外商投资企业	6275	484	18850	18850	2908	
中外合资经营企业	1132	368	13394	13394	292	
中外合作经营企业	5143	116	5457	5457	2616	
五、按经济组织类型分组						
独资企业	211200	120	216140	106359	34053	109781
国有企业	210959	40	215186	105404	33785	109781
集体企业	161		955	955	268	
私营独资企业	80	80				
合作、合伙企业	5714	305	7311	7311	4091	
私营合伙企业	491	169	1404	1404	1026	
中外合作经营企业	5143	116	5457	5457	2616	
其他企业（内资）	80	20	450	450	450	
股份有限公司	8462	6357	17028	13953	1223	707
股份有限公司（内资）	5176	3717	15077	13953	1223	707
私营股份有限公司	3286	2640	1951			

主要经济指标（二）

5 年） 单位：万元

所有者权益合计	实收资本	国家资本	集体资本	法人资本	个人资本	港澳台资本	外商资本
262941	174536	56970	35175	45115	34469		2808
13420	13934			3564	10370		
82062	54098	54098					
87501	59605	3500	18552	17536	17209		2808
175440	114932	53470	16623	27579	17260		
256268	169728	56970	35175	43115	34469		
69253	48833	48833					
72	50				50		
40914	30942	5265	6587	7530	11559		
40914	30942	5265	6587	7530	11559		
12091	6335			5819	516		
133438	83069	2872	28588	29766	21843		
550	550			550			
5350	5350		5350				
104415	55420	2872	19588	11362	21598		
23123	21749		3650	17854	246		
500	500				500		
6673	4808			2000			2808
617	2000			2000			
6056	2808						2808
69875	49433	48833		550	50		
69253	48833	48833					
72	50				50		
550	550			550			
11906	8658		5350		500		2808
5350	5350		5350				
6056	2808						2808
500	500				500		
35214	28085		3650	23672	762		
12091	6335			5819	516		
23123	21749		3650	17854	246		

鹤城区规模工业企业

（201

	营业收入	主营业务收入	营业成本	主营业务成本	营业税金及附加	主营业务税金及附加
总　　计	1111446	1107671	990831	988565	15585	14620
一、在总计中：亏损企业	20514	20479	18572	18572	162	162
二、在总计中：国有控股企业	225375	221814	210239	208082	1359	1251
三、按轻重工业分组						
轻工业	502108	500636	445589	445139	8115	7269
重工业	609338	607035	545243	543426	7471	7351
四、按登记注册类型分组						
内资企业	1047308	1043713	937679	935522	15497	14531
国有企业	212478	210211	202899	201128	1289	1181
集体企业	3689	3689	3269	3269	29	29
有限责任公司	238060	236732	211822	211437	4331	3485
其他有限责任公司	238060	236732	211822	211437	4331	3485
股份有限公司	28541	28541	23463	23463	255	255
私营企业	560179	560179	492553	492553	9488	9475
私营独资企业	18126	18126	17071	17071	265	265
私营合伙企业	20501	20501	18948	18948	93	93
私营有限责任公司	411799	411799	362930	362930	7481	7468
私营股份有限公司	109754	109754	93604	93604	1649	1649
其他企业	4361	4361	3672	3672	106	106
外商投资企业	64138	63958	53153	53044	88	88
中外合资经营企业	5931	5895	4359	4314	88	88
中外合作经营企业	58207	58063	48793	48729		
五、按经济组织类型分组						
独资企业	234293	232026	223239	221467	1582	1475
国有企业	212478	210211	202899	201128	1289	1181
集体企业	3689	3689	3269	3269	29	29
私营独资企业	18126	18126	17071	17071	265	265
合作、合伙企业	83068	82925	71414	71349	199	199
私营合伙企业	20501	20501	18948	18948	93	93
中外合作经营企业	58207	58063	48793	48729		
其他企业（内资）	4361	4361	3672	3672	106	106
股份有限公司	138295	138295	117067	117067	1904	1904
股份有限公司（内资）	28541	28541	23463	23463	255	255
私营股份有限公司	109754	109754	93604	93604	1649	1649

主要经济指标（三）

5 年）

单位：万元

其他业务收入	其他业务利润	销售费用	管理费用	税 金	财务费用	利息收入	利息支出
3775	851	40490	25762	1125	11711	651	10980
34		992	1891	321	600	517	1
3561	496	623	3975	98	6636	-43	6682
1472	79	18620	13013	1013	2202	592	1675
2303	771	21870	12750	112	9509	60	9305
3595	771	35988	23007	1017	11381	582	10575
2267	496		653	32	5902		5907
		49	42		60		60
1328		8172	8826	273	1664	475	1578
1328		8172	8826	273	1664	475	1578
		1840	1365	220	906	5	278
	229	25880	11720	492	2810	64	2752
		57	28		40		40
		77	209	3	129		129
	229	15549	9187	484	2314	64	2256
		10197	2296	5	328		328
	47	47	401		39	39	
180	79	4502	2756	108	330	69	405
36		200	497	15	394	-12	405
144	79	4301	2259	92	-63	81	
2267	496	106	722	32	6001		6006
2267	496		653	32	5902		5907
		49	42		60		60
		57	28		40		40
144	126	4426	2869	95	105	120	129
		77	209	3	129		129
144	79	4301	2259	92	-63	81	
	47	47	401		39	39	
		12037	3661	225	1234	5	606
		1840	1365	220	906	5	278
		10197	2296	5	328		328

鹤城区规模工业企业

（201

	营业利润	资产减值损　失	公允价值变动收益	投资收益	营业外收　入	政府补助
总　　计	23789	3688		－433	1456	352
一、在总计中：亏损企业	－1703				434	
二、在总计中：国有控股企业	2401	205		62	732	120
三、按轻重工业分组						
轻工业	12365	2555		－495	661	173
重工业	11424	1133		62	794	179
四、按登记注册类型分组						
内资企业	20480	3688		－433	1357	299
国有企业	1876	－80		62	602	
集体企业	242					
有限责任公司	2960	1131			694	249
其他有限责任公司	2960	1131			694	249
股份有限公司	712					
私营企业	14595	2637		－495	61	50
私营独资企业	254	413				
私营合伙企业	245	800				
私营有限责任公司	12416	1425		－495	61	50
私营股份有限公司	1680					
其他企业	96					
外商投资企业	3309				99	53
中外合资经营企业	393				1	
中外合作经营企业	2916				98	53
五、按经济组织类型分组						
独资企业	2372	333		62	602	
国有企业	1876	－80		62	602	
集体企业	242					
私营独资企业	254	413				
合作、合伙企业	3256	800			98	53
私营合伙企业	245	800				
中外合作经营企业	2916				98	53
其他企业（内资）	96					
股份有限公司	2392					
股份有限公司（内资）	712					
私营股份有限公司	1680					

主要经济指标（四）

5年）　　　　单位：万元

营业外支　出	利润总额	应交所得税	亏损企业亏损总额	利税总额	应交税金及附加	本年应付职工薪酬	本年应交增值税	全部从业人员年平均人数(人)
818	24427	2571	1317	54834	35069	47561	15787	9550
48	-1317		1317	-279	1359	2841	876	1113
702	2430	418		15229	13422	26043	11548	2539
133	12893	1405	1298	22627	12998	12334	2465	4620
685	11535	1166	19	32208	22071	35227	13322	4930
758	21080	1820	1317	51396	34120	46403	15786	9155
678	1800	418		14285	13042	23558	11303	2171
	242			271	29			130
72	3583	51	933	8816	6404	7719	1749	2728
72	3583	51	933	8816	6404	7719	1749	2728
	712	66	365	1040	614	1771	73	473
8	14648	1285	19	26758	13900	13223	2634	3618
	254			551	297	75	32	50
	245			344	103	126	7	154
8	12470	1285	19	21416	10728	11221	1478	2931
	1680			4448	2773	1802	1118	483
	96			227	131	133	26	35
60	3348	751		3438	949	1158	2	395
	394			483	104	64		69
60	2953	751		2955	845	1093	2	326
678	2296	418		15106	13367	23632	11335	2351
678	1800	418		14285	13042	23558	11303	2171
	242			271	29			130
	254			551	297	75	32	50
60	3294	751		3526	1079	1352	34	515
	245			344	103	126	7	154
60	2953	751		2955	845	1093	2	326
	96			227	131	133	26	35
	2392	66	365	5487	3387	3573	1191	956
	712	66	365	1040	614	1771	73	473
	1680			4448	2773	1802	1118	483

鹤城区规模工业企业

（201

	企业单位数（个）	亏损企业个数	工业总产值（当年价格）	工业销售产值（当年价格）	出 口交货值
有限责任公司	45	2	669162	654574	2308
私营有限责任公司	30	1	417079	411424	
中外合资经营企业	1		5892	5895	
其他有限责任公司	14	1	246192	237255	2308
六、按企业规模分组					
中型企业	3	1	116526	114072	
小型企业	54	2	807678	795381	2323
微型企业	3		213126	213126	
七、按工业大中分行业分组					
制造业	56	3	908945	894190	2323
农副食品加工业	9		206836	203330	
食品制造业	2		5942	5386	
酒、饮料和精制茶制造业	2		66783	66783	
纺织业	3	1	49309	46683	
木材加工和木、竹、藤、棕、草制品业	1		8598	8598	
家具制造业	1		21860	21860	
印刷和记录媒介复制业	3		25624	19726	
文教、工美、体育和娱乐用品制造业	2		15507	15347	
化学原料和化学制品制造业	6		78218	78202	
医药制造业	3	1	63731	63607	15
橡胶和塑料制品业	1		2560	2200	
非金属矿物制品业	5	1	71088	71088	
黑色金属冶炼和压延加工业	5		98588	98588	
有色金属冶炼和压延加工业	1		34343	34343	
金属制品业	1		31018	31018	
通用设备制造业	3		32094	30892	
专用设备制造业	2		28387	28387	2308
电气机械和器材制造业	3		47675	47675	
计算机、通信和其他电子设备制造业	1		5696	5809	
仪器仪表制造业	2		15086	14669	
电力、热力、燃气及水生产和供应业	4		228386	228389	
电力、热力生产和供应业	1		210211	210211	
燃气生产和供应业	1		5892	5895	
水的生产和供应业	2		12283	12283	

主要经济指标（一续）

5年）　　　　单位：万元

年初存货	产成品	资产总计	流动资产合计	资产总计				
				流动资产合计			固定资产合计	固定资产原价
				应收账款	存货	产成品		
23779	8498	291944	151123	37467	31507	14952	99956	141363
13107	1410	157683	78371	27386	16005	4542	55830	65075
267	44	14011	2194	344	129	129	10101	11233
10405	7045	120250	70557	9737	15373	10281	34025	65056
12752	6970	33538	14876	834	10706	6917	9230	24872
20993	3796	329821	160367	41932	29101	10349	122663	158926
567		286060	10360	8590	458		236809	447768
33410	10722	294227	143160	42298	39555	17138	107650	141738
4923	849	39631	15723	2521	5789	2166	11352	22035
184		2669	564	179	110	110	2101	2166
		4253	652	435	30	30	3601	5236
8162	6436	25542	12138	1249	8122	6653	7689	17552
131		689	131	36	16	16	379	50
		5135	154	50			2480	4745
3154	72	14613	10592	4850	5041	905	4020	5844
461	317	1536	1030	331	427	161	507	544
1069	425	20059	6611	2323	2085	963	12397	11276
4060	380	27690	12333	2141	3187	280	11586	15944
309	192	557	502	64	391	343	55	72
321		16802	5665	1335	1383	400	5543	5439
		27353	2380	1153	472	40	24973	25234
		4500	400	320	80	80	360	300
6395		47767	38025	14227	2933		4294	4294
549		19821	8929	667	2720	477	9877	8941
248	124	2557	1648	975	511	94	842	893
901	103	10279	7187	2105	1079	637	3093	6899
644	411	3773	1411	413	913	561	1532	2091
1898	1413	19004	17086	6926	4267	3221	970	2184
902	44	355190	42443	9057	710	129	261053	489827
431		284438	8893	8586	307		236655	447614
267	44	14011	2194	344	129	129	10101	11233
204		56742	31355	127	273		14296	30981

鹤城区规模工业企业

（201

	累计折旧	本年折旧	负债合计	流动负债合计	应付账款	非流动负债合计
有限责任公司	56797	21072	145997	99724	13511	9961
私营有限责任公司	21708	11209	53268	37687	9014	5140
中外合资经营企业	1132	368	13394	13394	292	
其他有限责任公司	33957	9494	79336	48643	4206	4821
六、按企业规模分组						
中型企业	15852	4519	21941	18581	-690	2040
小型企业	55329	23294	149287	103299	19719	8628
微型企业	210992	40	215249	105468	33848	109781
七、按工业大中分行业分组						
制造业	52766	25699	113965	84898	18732	8486
农副食品加工业	11609	4412	10288	8505	3501	32
食品制造业	89		166	44	19	
酒、饮料和精制茶制造业	2299	2102	99			
纺织业	10587	1657	16506	13124	-3305	2040
木材加工和木、竹、藤、棕、草制品业	41	41	145	60	60	85
家具制造业	2265	1016	169			
印刷和记录媒介复制业	1824	258	5356	3384	2382	
文教、工美、体育和娱乐用品制造业	67	62	860	860	253	
化学原料和化学制品制造业	1790	1075	4609	4555	2231	
医药制造业	4969	3800	17724	11670	390	707
橡胶和塑料制品业	18	6	473	473	101	
非金属矿物制品业	2291	2206	5166	1744	704	1081
黑色金属冶炼和压延加工业	3864	2922	1866	1631		
有色金属冶炼和压延加工业	150	150	850			
金属制品业	2072	303	21224	16707	1605	4517
通用设备制造业	2400	1035	9132	4395	712	25
专用设备制造业	723	697	1792	1525	381	
电气机械和器材制造业	3935	3485	4564	3244	1347	
计算机、通信和其他电子设备制造业	559	183	2427	2427	943	
仪器仪表制造业	1213	290	10552	10552	7408	
电力、热力、燃气及水生产和供应业	229406	2154	272511	142449	34147	111963
电力、热力生产和供应业	210959	40	215186	105404	33785	109781
燃气生产和供应业	1132	368	13394	13394	292	
水的生产和供应业	17316	1746	43932	23652	70	2182

主要经济指标（二续）

5年）　　单位：万元

所有者权益合计	实收资本	国家资本	集体资本	法人资本	个人资本	港澳台资本	外商资本
145947	88362	8137	26175	20892	33157		
104415	55420	2872	19588	11362	21598		
617	2000			2000			
40914	30942	5265	6587	7530	11559		
11597	13971		1863		9300		2808
180534	111233	8137	33312	45115	24669		
70810	49333	48833			500		
180262	118439	2872	35175	43115	34469		2808
29343	11952		1938	4350	2856		2808
2503	2077		2047		30		
4154	4154		1803	2351			
9037	18897		9597		9300		
544	544		544				
4966	4966			4966			
9256	2566				2566		
677	455		375		80		
15450	13423		450		12974		
9966	6765		930	5819	16		
84	50			50			
11636	3635		2481		1154		
25487	25487		7818	17669			
3650	3650		3650				
26543	3000				3000		
10689	5552	2872	1680		1000		
764	764			735	29		
5715	4463		1863	1995	605		
1346	359				359		
8452	5680			5180	500		
82679	56098	54098		2000			
69253	48833	48833					
617	2000			2000			
12809	5265	5265					

鹤城区规模工业企业

（201

	营业收入	主营业务收　入	营业成本	主营业务成　本	营业税金及附加	主营业务税金及附加
有限责任公司	655791	654426	579112	578681	11900	11042
私营有限责任公司	411799	411799	362930	362930	7481	7468
中外合资经营企业	5931	5895	4359	4314	88	88
其他有限责任公司	238060	236732	211822	211437	4331	3485
六、按企业规模分组						
中型企业	114250	114072	100918	100853	504	504
小型企业	781905	780576	684981	684550	13732	12874
微型企业	215291	213024	204933	203162	1349	1242
七、按工业大中分行业分组						
制造业	880140	879962	776233	776169	14138	13280
农副食品加工业	206531	206387	185430	185366	1460	1460
食品制造业	5386	5386	5117	5117	19	19
酒、饮料和精制茶制造业	67450	67450	60310	60310	2220	2220
纺织业	47109	47075	44506	44506	996	996
木材加工和木、竹、藤、棕、草制品业	8598	8598	7374	7374	767	767
家具制造业	21860	21860	20116	20116	1204	1204
印刷和记录媒介复制业	17218	17218	12237	12237	113	113
文教、工美、体育和娱乐用品制造业	15586	15586	13827	13827	992	146
化学原料和化学制品制造业	80061	80061	74793	74793	464	464
医药制造业	46855	46855	40810	40810	455	455
橡胶和塑料制品业	2125	2125	1849	1849	39	39
非金属矿物制品业	70149	70149	62434	62434	2035	2029
黑色金属冶炼和压延加工业	99590	99590	86556	86556	1619	1619
有色金属冶炼和压延加工业	35456	35456	25541	25541	512	512
金属制品业	27914	27914	20578	20578	253	253
通用设备制造业	32563	32563	30237	30237	268	261
专用设备制造业	28387	28387	25940	25940	123	123
电气机械和器材制造业	46870	46870	41851	41851	481	481
计算机、通信和其他电子设备制造业	5809	5809	4939	4939	47	47
仪器仪表制造业	14622	14622	11789	11789	72	72
电力、热力、燃气及水生产和供应业	231306	227710	214598	212397	1447	1340
电力、热力生产和供应业	212478	210211	202899	201128	1289	1181
燃气生产和供应业	5931	5895	4359	4314	88	88
水的生产和供应业	12897	11604	7339	6954	70	70

主要经济指标（三续）

5 年）　　　　单位：万元

其他业务收　入	其他业务利　润	销售费用	管理费用	税　金	财务费用	利息收入	利息支出
1364	229	23922	18510	772	4372	526	4238
	229	15549	9187	484	2314	64	2256
36		200	497	15	394	－12	405
1328		8172	8826	273	1664	475	1578
178	79	6697	3920	292	30	598	86
1330	276	33719	21166	801	5779	53	4987
2267	496	75	676	32	5903		5907
178	355	39667	21291	1012	4681	705	3892
144	79	8596	4676	94	438	81	501
		46	55	5			
		1803	503		40		40
34		1054	987	125	101	517	93
		86	56		23		23
		269	52		5		4
		1594	1267	404	35	36	4
		22	179		55		55
	47	522	1233	3	689	39	598
		2159	1249	221	839		248
		85	131				
		1221	2559	1	532		532
		6590	1288	5	220		220
		7827	931		91		91
	229	2499	2791	47	881	26	907
		664	523		141	1	142
		1234	736		146		98
		2296	882	99	105		105
		271	211	9			
		831	983		340	5	232
3597	496	823	4471	113	7030	－54	7087
2267	496		653	32	5902		5907
36		200	497	15	394	－12	405
1294		623	3322	66	734	－43	775

鹤城区规模工业企业

（201

	营业利润	资产减值损失	公允价值变动收益	投资收益	营业外收入	政府补助
有限责任公司	15769	2555		－495	756	299
私营有限责任公司	12416	1425		－495	61	50
中外合资经营企业	393				1	
其他有限责任公司	2960	1131			694	249
六、按企业规模分组						
中型企业	2181				532	53
小型企业	19111	3768		－495	322	299
微型企业	2497	－80		62	602	
七、按工业大中分行业分组						
制造业	20995	3483		－495	723	232
农副食品加工业	5931				98	53
食品制造业	148					
酒、饮料和精制茶制造业	1201	879		－495		
纺织业	－535				434	
木材加工和木、竹、藤、棕、草制品业	292					
家具制造业	214					
印刷和记录媒介复制业	1971					
文教、工美、体育和娱乐用品制造业	512	846				
化学原料和化学制品制造业	1015	1346				
医药制造业	1344					
橡胶和塑料制品业	21					
非金属矿物制品业	1368				1	
黑色金属冶炼和压延加工业	2905	413				
有色金属冶炼和压延加工业	555					
金属制品业	913					
通用设备制造业	730				10	
专用设备制造业	207				1	
电气机械和器材制造业	1254					
计算机、通信和其他电子设备制造业	342				50	50
仪器仪表制造业	608				129	129
电力、热力、燃气及水生产和供应业	2794	205		62	733	120
电力、热力生产和供应业	1876	－80		62	602	
燃气生产和供应业	393				1	
水的生产和供应业	524	285			130	120

主要经济指标（四续）

5年）　　单位：万元

营业外支　出	利润总额	应交所得税	亏损企业亏损总额	利税总额	应交税金及附加	本年应付职工薪酬	本年应交增值税	全部从业人员年平均人数(人)
80	16447	1336	952	30715	17235	19004	3227	5728
8	12470	1285	19	21416	10728	11221	1478	2931
	394			483	104	64		69
72	3583	51	933	8816	6404	7719	1749	2728
108	2605	751	933	4151	2589	3463	1041	1564
32	19401	1383	384	35717	19358	20464	3443	5794
678	2421	438		14966	13122	23634	11303	2192
116	21603	2154	1317	39122	21543	21454	4240	6942
60	5968	751		7789	2666	2952	361	1406
5	143	15		164	41	496	2	135
	1201			3612	2412	426	191	284
48	-148		933	1769	2042	2942	922	1196
	292			1079	787	55	20	40
	214			1480	1267	285	63	158
	1971	619		2488	1540	683	404	187
	512			658	992	409		143
	1015			1640	628	1159	161	556
	1344		365	1894	771	1843	95	355
	21			60	39			
2	1367		19	3457	2097	3536	61	372
	2905			4640	1739	2793	116	558
	555			1880	1325	1153	813	136
1	913	592		1166	892			88
	740			1164	431	1048	163	263
	208			334	126	316	3	126
	1254	20		1945	809	262	209	443
	392	39		731	387	249	292	68
	737	118		1174	555	848	366	428
702	2825	418		15712	13526	26107	11548	2608
678	1800	418		14285	13042	23558	11303	2171
	394			483	104	64		69
24	630			945	380	2486	245	368

洪江区规模工业企业

（201

	企业单位数（个）	亏损企业个数	工业总产值（当年价格）	工业销售产值（当年价格）	出口交货值
总计	30	3	434342	430306	
三、在总计中：亏损企业	3	3	33121	33297	
在总计中：国有控股企业	5	1	105762	105769	
在总计中：轻工业	15	2	211442	212309	
重工业	15	1	222900	217997	
一、按登记注册类型分组：					
内资企业	28	3	400695	396412	
国有企业	3		79911	79911	
有限责任公司	7	1	93860	92316	
国有独资公司	1	1	14731	15662	
其他有限责任公司	6		79129	76654	
股份有限公司	2		39551	38547	
私营企业	16	2	187373	185638	
私营独资企业	1		5378	5378	
私营合伙企业	1		2785	2687	
私营有限责任公司	13	2	150835	149199	
私营股份有限公司	1		28374	28374	
港、澳、台商投资企业	2		33646	33894	
港、澳、台商独资经营企业	2		33646	33894	
二、按经济组织类型分组					
独资企业	6		118936	119184	
国有企业	3		79911	79911	
私营独资企业	1		5378	5378	
港澳台商独资经营企业	2		33646	33894	
合作、合伙企业	1		2785	2687	
私营合伙企业	1		2785	2687	
股份有限公司	3		67925	66921	
股份有限公司（内资）	2		39551	38547	
私营股份有限公司	1		28374	28374	
有限责任公司	20	3	244696	241515	
国有独资公司	1	1	14731	15662	
私营有限责任公司	13	2	150835	149199	
其他有限责任公司	6		79129	76654	
在总计中：大型企业					
中型企业	6	2	93920	94559	
小型企业	23	1	331004	326082	
微型企业	1		9418	9665	
工业大中小分行业					
制造业	29	3	393872	389837	
农副食品加工业	1		5378	5378	
食品制造业	1		26876	26876	
纺织业	1	1	13459	13247	
皮革、毛皮、羽毛及其制品和制鞋业	1		2870	2870	
木材加工和木、竹、藤、棕、草制品业	3		41346	41168	
造纸和纸制品业	1	1	14731	15662	
印刷和记录媒介复制业	2		41267	41267	
文教、工美、体育和娱乐用品制造业	1		9418	9665	
化学原料和化学制品制造业	11		129910	125728	
医药制造业	1		24391	24391	
非金属矿物制品业	1		24229	24229	
黑色金属冶炼和压延加工业	2		49413	49413	
有色金属冶炼和压延加工业	1	1	4931	4389	
专用设备制造业	2		5655	5556	
电力、热力、燃气及水生产和供应业	1		40470	40470	
电力、热力生产和供应业	1		40470	40470	

主要经济指标（一）

5 年）　　　　单位：万元

年初存货	产成品	资产总计	资产总计					
			流动资产合计	流动资产合计			固定资产合计	固定资产原价
				应收账款	存货	产成品		
32225	13304	367881	86075	14632	36218	18592	167661	305709
19293	9011	46776	27447	1165	21236	12886	16722	29654
14900	2446	241896	27902	5469	15276	1526	126256	243632
17859	10194	78150	37790	5387	20808	12341	31383	48398
14366	3110	289732	48285	9245	15410	6251	136278	257311
31605	12841	361984	83332	14202	35687	18061	165110	302046
370	370	186257	5154	4139	361	269	96403	198966
10341	2714	44022	16311	2289	10013	2078	22320	32024
8463	1632	25854	11289	964	8429	1007	12399	21640
1879	1082	18169	5022	1325	1584	1071	9920	10384
7646	816	66088	23380	2615	8065	503	24699	41884
13247	8941	65617	38488	5158	17248	15212	21689	29172
		650	320	130	130	100	300	300
89	19	918	569	433	19		97	529
13053	8817	62049	36999	4266	16969	14982	19972	27023
105	105	2000	600	330	130	130	1320	1320
620	464	5898	2743	430	531	531	2551	3663
620	464	5898	2743	430	531	531	2551	3663
990	834	192804	8216	4699	1022	900	99254	202929
370	370	186257	5154	4139	361	269	96403	198966
		650	320	130	130	100	300	300
620	464	5898	2743	430	531	531	2551	3663
89	19	918	569	433	19		97	529
89	19	918	569	433	19		97	529
7751	921	68088	23980	2945	8195	633	26019	43204
7646	816	66088	23380	2615	8065	503	24699	41884
105	105	2000	600	330	130	130	1320	1320
23395	11531	106071	53310	6555	26983	17059	42292	59047
8463	1632	25854	11289	964	8429	1007	12399	21640
13053	8817	62049	36999	4266	16969	14982	19972	27023
1879	1082	18169	5022	1325	1584	1071	9920	10384
18591	9999	97001	44342	6134	21566	11822	29452	54844
13514	3207	269980	41443	8368	14553	6670	137934	250524
120	98	900	290	130	100	100	275	341
32225	13304	186535	82467	11135	36218	18592	74622	112671
		650	320	130	130	100	300	300
150	150	1660	203	33	103	103	1458	2421
7379	7379	16032	12308	201	9257	8471	3532	7025
250	250	1500	400	220	160	160	1000	1000
1055	635	23556	13541	2639	2422	2142	6591	6697
8463	1632	25854	11289	964	8429	1007	12399	21640
7	7	4643	2698	176	160	160	1727	3500
120	98	900	290	130	100	100	275	341
10065	2073	90516	31867	5118	10817	1962	38170	56107
100	100	4000	460	160	130	130	2000	2000
500	365	4998	2453	300	431	431	2276	3322
495	495	5420	1561	553	392	300	3859	6648
3451		4891	3850		3550	3408	790	990
189	119	1918	1229	513	139	120	247	679
		181346	3608	3496			93039	193039
		181346	3608	3496			93039	193039

洪江区规模工业企业

（201

	累计折旧	本年折旧	负债合计	流动负债合　计	应付账款	非流动负债合计
总计	144341	8352	145187	135499	12643	300
三、在总计中：亏损企业	13320	941	45322	45279	8629	4
在总计中：国有控股企业	119413	2700	91121	90736	8884	
在总计中：轻工业	19758	2526	50163	42876	7877	19
重工业	124583	5826	95025	92624	4766	281
一、按登记注册类型分组：						
内资企业	143157	8306	143418	135349	12629	300
国有企业	104435	1003	43360	42975	1067	
有限责任公司	11300	1165	33373	31492	8043	281
国有独资公司	9406	512	27642	27642	7000	
其他有限责任公司	1894	653	5731	3850	1043	281
股份有限公司	17185	3529	30229	30229	1622	
私营企业	10237	2610	36456	30653	1897	19
私营独资企业	66	10	50			
私营合伙企业	433		111	111	67	
私营有限责任公司	9103	2289	36195	30542	1830	19
私营股份有限公司	635	311	100			
港、澳、台商投资企业	1184	46	1770	150	14	
港、澳、台商独资经营企业	1184	46	1770	150	14	
二、按经济组织类型分组						
独资企业	105685	1058	45180	43125	1081	
国有企业	104435	1003	43360	42975	1067	
私营独资企业	66	10	50			
港澳台商独资经营企业	1184	46	1770	150	14	
合作、合伙企业	433		111	111	67	
私营合伙企业	433		111	111	67	
股份有限公司	17820	3841	30329	30229	1622	
股份有限公司（内资）	17185	3529	30229	30229	1622	
私营股份有限公司	635	311	100			
有限责任公司	20403	3453	69568	62035	9873	300
国有独资公司	9406	512	27642	27642	7000	
私营有限责任公司	9103	2289	36195	30542	1830	19
其他有限责任公司	1894	653	5731	3850	1043	281
在总计中：大型企业						
中型企业	26803	3379	57196	51024	8000	4
小型企业	117471	4971	87712	84325	4628	296
微型企业	66	2	280	150	14	
工业大中小分行业						
制造业	42469	8352	102233	92545	11596	300
农副食品加工业	66	10	50			
食品制造业	964	520	21			
纺织业	3493	334	13315	13272	196	4
皮革、毛皮、羽毛及其制品和制鞋业	280	50	100			
木材加工和木、竹、藤、棕、草制品业	1637	472	12622	7983	19	
造纸和纸制品业	9406	512	27642	27642	7000	
印刷和记录媒介复制业	1773	365	1236	1221	121	15
文教、工美、体育和娱乐用品制造业	66	2	280	150	14	
化学原料和化学制品制造业	19463	4386	39832	37801	2746	281
医药制造业	500	223	600			
非金属矿物制品业	1117	44	1490			
黑色金属冶炼和压延加工业	2790	1330	521			
有色金属冶炼和压延加工业	422	95	4365	4365	1433	
专用设备制造业	493	10	161	111	67	
电力、热力、燃气及水生产和供应业	101872		42954	42954	1047	
电力、热力生产和供应业	101872		42954	42954	1047	

主要经济指标（二）

5 年）　　单位：万元

所有者权益合计	实收资本	国家资本	集体资本	法人资本	个人资本	港澳台资本	外商资本
222694	200756	5627		177621	12521	4988	
1453	5800	200			5600		
150775	148523	5627		142897			
27987	30008	200		18220	6600	4988	
194707	170748	5427		159401	5921		
218566	197168	5627		177621	12521	1400	
142897	142897			142897			
10649	11626	200		8450	2976		
-1788	200	200					
12438	11426			8450	2976		
35859	13427	5427		6555	1445		
29161	29219			19719	8100	1400	
600	600			600			
807	807			807			
25854	25912			16412	8100	1400	
1900	1900			1900			
4128	3588					3588	
4128	3588					3588	
147625	147085			143497		3588	
142897	142897			142897			
600	600			600			
4128	3588					3588	
807	807			807			
807	807			807			
37759	15327	5427		8455	1445		
35859	13427	5427		6555	1445		
1900	1900			1900			
36503	37538	200		24862	11076	1400	
-1788	200	200					
25854	25912			16412	8100	1400	
12438	11426			8450	2976		
39806	25985	200		14332	6545	4908	
182268	174691	5427		163289	5976		
620	80					80	
84302	62364	5627		39229	12521	4988	
600	600			600			
1640	1349			1349			
2717	5100				5100		
1400	1400					1400	
10933	10877			10877			
-1788	200	200					
3407	1887			387	1500		
620	80					80	
50684	26807	5427		16910	4471		
3400	3400			3400			
3508	3508					3508	
4899	4899			4899			
525	500				500		
1757	1757			807	950		
138392	138392			138392			
138392	138392			138392			

洪江区规模工业企业

（201

	营业收入	主营业务收入	营业成本	主营业务成本	营业税金及附加	主营业务税金及附加
总计	409789	407730	335035	334214	5512	4858
三、在总计中：亏损企业	28463	28266	28936	28824	173	173
在总计中：国有控股企业	100344	99465	72576	71889	1464	810
在总计中：轻工业	204942	204745	176770	176658	1884	1884
重工业	204847	202986	158265	157556	3628	2974
一、按登记注册类型分组：						
内资企业	376518	374459	304808	303987	5276	4622
国有企业	73632	73632	49023	49023	1316	662
有限责任公司	88335	88205	79621	79571	797	797
国有独资公司	15768	15638	16767	16717	45	45
其他有限责任公司	72567	72567	62854	62854	753	753
股份有限公司	37987	36136	29049	28343	223	223
私营企业	176564	176487	147115	147050	2939	2939
私营独资企业	5087	5087	4276	4276	61	61
私营合伙企业	2302	2302	2151	2151	24	24
私营有限责任公司	142277	142200	117093	117029	2367	2367
私营股份有限公司	26898	26898	23595	23595	488	488
港、澳、台商投资企业	33271	33271	30227	30227	236	236
港、澳、台商独资经营企业	33271	33271	30227	30227	236	236
二、按经济组织类型分组						
独资企业	111990	111990	83526	83526	1613	959
国有企业	73632	73632	49023	49023	1316	662
私营独资企业	5087	5087	4276	4276	61	61
港澳台商独资经营企业	33271	33271	30227	30227	236	236
合作、合伙企业	2302	2302	2151	2151	24	24
私营合伙企业	2302	2302	2151	2151	24	24
股份有限公司	64886	63034	52643	51938	711	711
股份有限公司（内资）	37987	36136	29049	28343	223	223
私营股份有限公司	26898	26898	23595	23595	488	488
有限责任公司	230612	230405	196715	196599	3164	3164
国有独资公司	15768	15638	16767	16717	45	45
私营有限责任公司	142277	142200	117093	117029	2367	2367
其他有限责任公司	72567	72567	62854	62854	753	753
在总计中：大型企业						
中型企业	90120	88820	80745	80564	515	515
小型企业	310627	309868	246058	245419	4942	4289
微型企业	9042	9042	8231	8231	55	55
工业大中小分行业						
制造业	375599	373540	319573	318752	4858	4858
农副食品加工业	5087	5087	4276	4276	61	61
食品制造业	26876	26876	20645	20645	236	236
纺织业	10126	10059	9551	9489	98	98
皮革、毛皮、羽毛及其制品和制鞋业	2755	2755	2314	2314	30	30
木材加工和木、竹、藤、棕、草制品业	39871	39861	33912	33909	532	532
造纸和纸制品业	15768	15638	16767	16717	45	45
印刷和记录媒介复制业	41267	41267	33197	33197	417	417
文教、工美、体育和娱乐用品制造业	9042	9042	8231	8231	55	55
化学原料和化学制品制造业	120633	118781	100932	100226	2046	2046
医药制造业	22928	22928	20059	20059	183	183
非金属矿物制品业	24229	24229	21996	21996	181	181
黑色金属冶炼和压延加工业	49413	49413	40629	40629	876	876
有色金属冶炼和压延加工业	2569	2569	2618	2618	31	31
专用设备制造业	5037	5037	4447	4447	70	70
电力、热力、燃气及水生产和供应业	34190	34190	15461	15461	654	
电力、热力生产和供应业	34190	34190	15461	15461	654	

主要经济指标（三）

5年）　　　　单位：万元

其他业务收入	其他业务利润	销售费用	管理费用	税金	财务费用	利息收入	利息支出
2059		11910	26893	905	12248	-57	8341
197		518	1936	157	1127	-13	838
879		2122	6258	183	5834	-17	5824
197		5739	14456	700	4529	-13	2309
1862		6171	12437	205	7719	-44	6032
2059		10946	25972	885	11624	-57	8179
		864	3986	8	4492	1	4492
130		3237	7758	198	2383	-13	813
130		349	883	128	725	-13	713
		2888	6876	70	1658		100
1852		1792	4642	144	1096	-46	1182
77		5053	9586	536	3653	1	1693
		311	261	42	66		
			95				
77		4176	7649	449	2917	1	1693
		566	1580	45	670		
		964	921	20	624		162
		964	921	20	624		162
		2139	5168	70	5182	1	4654
		864	3986	8	4492	1	4492
		311	261	42	66		
		964	921	20	624		162
			95				
			95				
1852		2358	6222	189	1766	-46	1182
1852		1792	4642	144	1096	-46	1182
		566	1580	45	670		
207		7413	15408	647	5300	-12	2505
130		349	883	128	725	-13	713
77		4176	7649	449	2917	1	1693
		2888	6876	70	1658		100
1300		2783	6414	246	2251	-55	1275
759		8984	20179	639	9835	-2	6904
		143	300	20	162		162
2059		11910	26893	905	8082	-58	4175
		311	261	42	66		
		1044	1335		527		527
67		168	874	22	277		
		53	186		47		
10		1083	2265	58	1118		188
130		349	883	128	725	-13	713
		813	4269	395	808		808
		143	300	20	162		162
1852		4655	11023	172	2921	-45	1219
		782	2943	29	453		100
		821	621		462		
		1546	1538	4	335		335
		1	180	8	125	1	125
		142	216	29	59		
					4166	1	4166
					4166	1	4166

洪江区规模工业企业

（201

	营业利润	资产减值损失	公允价值变动收益	投资收益	营业外收入	政府补助
总计	18272	96	44	133	2615	562
三、在总计中：亏损企业	-3627	-1		600	433	405
在总计中：国有控股企业	13167	5		1081	536	526
在总计中：轻工业	1978	-1		414	951	395
重工业	16294	96	44	-281	1664	167
一、按登记注册类型分组：						
内资企业	17973	96	44	133	2615	562
国有企业	14432			481	3	
有限责任公司	-93	-1		5370	1732	395
国有独资公司	-2400	-1		600	395	395
其他有限责任公司	2307			4770	1337	
股份有限公司	1156	96		67	281	131
私营企业	2478		44	-5785	599	36
私营独资企业	112					
私营合伙企业	33					
私营有限责任公司	2333		44	-5785	71	36
私营股份有限公司					528	
港、澳、台商投资企业	299					
港、澳、台商独资经营企业	299					
二、按经济组织类型分组						
独资企业	14843			481	3	
国有企业	14432			481	3	
私营独资企业	112					
港澳台商独资经营企业	299					
合作、合伙企业	33					
私营合伙企业	33					
股份有限公司	1156	96		67	809	131
股份有限公司（内资）	1156	96		67	281	131
私营股份有限公司					528	
有限责任公司	2240	-1	44	-415	1803	431
国有独资公司	-2400	-1		600	395	395
私营有限责任公司	2333		44	-5785	71	36
其他有限责任公司	2307			4770	1337	
在总计中：大型企业						
中型企业	-2011	90		667	565	395
小型企业	20132	5	44	-534	2050	167
微型企业	151					
工业大中小分行业						
制造业	4363	96	44	133	2612	562
农副食品加工业	112					
食品制造业	309			-2782		
纺织业	-842				28	
皮革、毛皮、羽毛及其制品和制鞋业	125					
木材加工和木、竹、藤、棕、草制品业	961				557	26
造纸和纸制品业	-2400	-1		600	395	395
印刷和记录媒介复制业	709			-1054		
文教、工美、体育和娱乐用品制造业	151					
化学原料和化学制品制造业	2690	96	44	3687	1622	131
医药制造业	2160			3650		
非金属矿物制品业	148					
黑色金属冶炼和压延加工业	521			-3968		
有色金属冶炼和压延加工业	-385				10	10
专用设备制造业	104					
电力、热力、燃气及水生产和供应业	13909				3	
电力、热力生产和供应业	13909				3	

主要经济指标（四）

5年）　　　　单位：万元

营业外支出	利润总额	应交所得税	亏损企业亏损总额	利税总额	应交税金及附加	本年应付职工薪酬	本年应交增值税	全部从业人员年平均人数（人）
1885	19001	39	3205	33335	15932	14919	9476	5797
11	-3205		3205	-2150	1213	3837	882	1229
3	13701	-2	2007	16793	3926	3029	2281	753
1511	1418	26	2830	8129	7437	9960	4827	4404
374	17583	13	375	25206	8495	4959	4649	1393
1885	18702	39	3205	32624	15500	13865	9300	4532
	14435			16365	2591	731	1268	241
1502	137	14	2007	3768	3842	3232	2833	845
2	-2007		2007	-1604	531	1705	358	391
1500	2144	14		5372	3311	1527	2475	454
22	1415	8		3309	2045	2092	1671	471
361	2715	18	1198	9183	7022	7811	3529	2975
	112			213	143	183	40	40
	32			205	173	576	149	246
361	2043	18	1198	7589	6013	6507	3179	2554
	528			1176	693	545	160	135
	299			711	432	1054	176	1265
	299			711	432	1054	176	1265
	14846			17288	3166	1968	1484	1546
	14435			16365	2591	731	1268	241
	112			213	143	183	40	40
	299			711	432	1054	176	1265
	32			205	173	576	149	246
	32			205	173	576	149	246
22	1943	8		4485	2738	2637	1831	606
22	1415	8		3309	2045	2092	1671	471
	528			1176	693	545	160	135
1863	2180	31	3205	11357	9855	9739	6012	3399
2	-2007		2007	-1604	531	1705	358	391
361	2043	18	1198	7589	6013	6507	3179	2554
1500	2144	14		5372	3311	1527	2475	454
32	-1478	10	2830	1373	3107	8153	2336	3491
1853	20327	29	375	31680	12674	6628	7064	2211
	151			282	151	138	76	95
1885	5089	39	3205	19423	15278	14919	9476	5797
	112			213	143	183	40	40
	309			784	476	560	240	410
9	-823		823	-248	598	1989	477	800
	125			320	195	1265	165	460
	1517			2446	987	1545	397	537
2	-2007		2007	-1604	531	1705	358	391
	709			3799	3484	734	2672	186
	151			282	151	138	76	95
374	3939	39		10463	6735	3701	4479	984
1500	660			982	351	362	140	90
	148			429	281	916	100	1170
	521			1502	985	816	106	293
	-375		375	-298	84	143	46	38
	103			352	278	864	179	303
	13912			13912	654			
	13912			13912	654			

中方县规模工业企业

(201

	企业单位数（个）	亏损企业个数	工业总产值（当年价格）	工业销售产值（当年价格）	出　口交货值
总计	85	9	1325999	1255121	
一、在总计中：亏损企业	9	9	77823	77305	
二、在总计中：国有控股企业	5	1	335892	286293	
三、按轻重工业分组					
在总计中：轻工业	30	4	618177	552236	
重工业	55	5	707822	702885	
四、按登记注册类型分组					
内资企业	83	8	1254756	1183819	
国有企业	1	1	5986	5986	
股份合作企业	2		19360	19360	
有限责任公司	16	3	398258	345745	
国有独资公司	3		322645	273046	
其他有限责任公司	13	3	75613	72699	
股份有限公司	4		55262	45926	
私营企业	60	4	775891	766803	
私营独资企业	3		31333	31333	
私营合伙企业	3		21391	21391	
私营有限责任公司	48	4	571704	562616	
私营股份有限公司	6		151463	151463	
港、澳、台商投资企业	1	1	42904	42904	
港、澳、台商独资经营企业	1	1	42904	42904	
外商投资企业	1		28340	28399	
中外合资经营企业	1		28340	28399	
五、按经济组织类型分组					
独资企业	5	2	80223	80223	
国有企业	1	1	5986	5986	
私营独资企业	3		31333	31333	
港澳台商独资经营企业	1	1	42904	42904	
合作、合伙企业	5		40750	40750	
股份合作企业	2		19360	19360	
私营合伙企业	3		21391	21391	
股份有限公司	10		206725	197389	
股份有限公司（内资）	4		55262	45926	
私营股份有限公司	6		151463	151463	
有限责任公司	65	7	998302	936760	

主要经济指标（一）

5 年）　　单位：万元

年初存货		资产总计	流动资产合计	资产总计				
	产成品			流动资产合计			固定资产合计	固定资产原价
				应收账款	存货	产成品		
92835	23331	1460303	341704	34408	93029	18220	864036	1093277
12924	2309	255777	88369	3431	12387	2717	133551	178501
61211	18498	673223	119574	7439	60957	8036	508798	651145
73421	20361	773778	218313	12200	73947	12326	460272	577324
19413	2970	686525	123391	22209	19082	5894	403764	515953
83276	23188	1320814	321410	34257	85953	18123	747188	936397
590		6476	1624	653	306		4852	9006
12	3	3489	2355	258	48	3	1133	1365
66331	20232	723851	138114	10554	67051	9831	534567	672318
60621	18498	654992	113065	6454	60651	8036	497076	632604
5710	1735	68859	25049	4101	6400	1795	37491	39714
1574	62	62939	19300	1427	904	683	41753	49998
14770	2891	524060	160017	21364	17643	7606	164883	203710
47	13	11877	4887	490	784	505	6854	8456
11		17224	2160	417	116		15064	18429
13639	2585	444524	137035	17326	15699	6646	119313	147911
1073	294	50435	15936	3132	1044	456	23652	28914
7884		120947	19495	112	6557		101452	134126
7884		120947	19495	112	6557		101452	134126
1674	143	18542	799	40	519	97	15396	22754
1674	143	18542	799	40	519	97	15396	22754
8521	13	139300	26005	1255	7647	505	113158	151589
590		6476	1624	653	306		4852	9006
47	13	11877	4887	490	784	505	6854	8456
7884		120947	19495	112	6557		101452	134126
23	3	20712	4515	675	164	3	16197	19794
12	3	3489	2355	258	48	3	1133	1365
11		17224	2160	417	116		15064	18429
2647	356	113374	35236	4559	1948	1138	65405	78912
1574	62	62939	19300	1427	904	683	41753	49998
1073	294	50435	15936	3132	1044	456	23652	28914
81644	22960	1186917	275948	27920	83270	16574	669275	842983

中方县规模工业企业

（201

	累计折旧	本年折旧	负债合计	流动负债合计	应付账款	非流动负债合计
总计	264909	85305	946059	423037	81733	388435
一、在总计中：亏损企业	44950	6500	160594	121137	21498	39457
二、在总计中：国有控股企业	142347	60914	484886	182585	33155	302301
三、按轻重工业分组						
在总计中：轻工业	142645	62313	502095	266231	42368	230046
重工业	122265	22993	443964	156807	39366	158389
四、按登记注册类型分组						
内资企业	222877	78876	832736	327987	61411	370163
国有企业	4154	637	4552	4171	834	382
股份合作企业	231	59	1192	1062	247	130
有限责任公司	145748	61733	503419	193268	36436	304333
国有独资公司	135528	59731	477595	177675	32119	299920
其他有限责任公司	10220	2002	25824	15593	4317	4413
股份有限公司	23666	4195	47259	40946	3615	6313
私营企业	49078	12252	276313	88540	20279	59006
私营独资企业	1603	273	4200	3510	565	689
私营合伙企业	3365	100	14436	8202	2134	6233
私营有限责任公司	37218	10593	237478	64829	16001	44124
私营股份有限公司	6893	1286	20200	11998	1579	7959
港、澳、台商投资企业	32674	4829	109733	91461	18421	18272
港、澳、台商独资经营企业	32674	4829	109733	91461	18421	18272
外商投资企业	9358	1601	3590	3590	1902	
中外合资经营企业	9358	1601	3590	3590	1902	
五、按经济组织类型分组						
独资企业	38430	5738	118484	99142	19820	19343
国有企业	4154	637	4552	4171	834	382
私营独资企业	1603	273	4200	3510	565	689
港澳台商独资经营企业	32674	4829	109733	91461	18421	18272
合作、合伙企业	3596	159	15628	9265	2382	6363
股份合作企业	231	59	1192	1062	247	130
私营合伙企业	3365	100	14436	8202	2134	6233
股份有限公司	30559	5481	67460	52944	5193	14272
股份有限公司（内资）	23666	4195	47259	40946	3615	6313
私营股份有限公司	6893	1286	20200	11998	1579	7959
有限责任公司	192324	73926	744486	261687	54338	348457

主要经济指标（二）

5 年）

单位：万元

所有者权益合计	实收资本	国家资本	集体资本	法人资本	个人资本	港澳台资本	外商资本
513113	428201	40914	3705	294208	89374		
95182	98773	1653		87520	9600		
188337	193070	39849		152221	1000		
271683	273919	665	3705	238548	31001		
241430	154283	40249		55660	58373		
486946	413437	40914	3705	279443	89374		
1924	1653	1653					
2296	700				700		
220431	208681	38861		154701	15119		
177397	190417	38196		152221			
43035	18264	665		2480	15119		
15680	4639			3138	1500		
246615	197764	400	3705	121604	72056		
7677	3879				3879		
2788	1340				1340		
207046	178815	400	3705	119604	55106		
29104	13731			2000	11731		
11214	9300			9300			
11214	9300			9300			
14953	5465			5465			
14953	5465			5465			
20816	14832	1653		9300	3879		
1924	1653	1653					
7677	3879				3879		
11214	9300			9300			
5084	2040				2040		
2296	700				700		
2788	1340				1340		
44783	18369			5138	13231		
15680	4639			3138	1500		
29104	13731			2000	11731		
442430	392960	39261	3705	279769	70225		

中方县规模工业企业

（201

	营业收入	主营业务收　入	营业成本	主营业务成　本	营业税金及附加	主营业务税金及附加
总计	1239073	1212345	915142	907201	9530	9528
一、在总计中：亏损企业	75888	75837	67452	63933	249	249
二、在总计中：国有控股企业	278659	254723	146974	146974	1407	1407
三、按轻重工业分组						
在总计中：轻工业	543291	516609	349311	344889	3149	3146
重工业	695782	695737	565832	562312	6382	6382
四、按登记注册类型分组						
内资企业	1168548	1141821	858756	854335	9128	9125
国有企业	5986	5986	5429	5429		
股份合作企业	19360	19360	18227	18227	62	62
有限责任公司	336910	312973	196022	196022	1671	1671
国有独资公司	265412	241475	136166	136166	1272	1272
其他有限责任公司	71498	71498	59856	59856	398	398
股份有限公司	46737	46737	24261	24261	466	466
私营企业	759557	756766	614817	610395	6930	6927
私营独资企业	30030	30030	28200	28200	127	127
私营合伙企业	21391	21391	17362	17362	50	50
私营有限责任公司	560122	557331	442443	438022	4879	4876
私营股份有限公司	148014	148014	126811	126811	1874	1874
港、澳、台商投资企业	41904	41904	35976	32457	221	221
港、澳、台商独资经营企业	41904	41904	35976	32457	221	221
外商投资企业	28621	28621	20410	20410	181	181
中外合资经营企业	28621	28621	20410	20410	181	181
五、按经济组织类型分组						
独资企业	77920	77920	69605	66086	348	348
国有企业	5986	5986	5429	5429		
私营独资企业	30030	30030	28200	28200	127	127
港澳台商独资经营企业	41904	41904	35976	32457	221	221
合作、合伙企业	40750	40750	35590	35590	112	112
股份合作企业	19360	19360	18227	18227	62	62
私营合伙企业	21391	21391	17362	17362	50	50
股份有限公司	194750	194750	151072	151072	2340	2340
股份有限公司（内资）	46737	46737	24261	24261	466	466
私营股份有限公司	148014	148014	126811	126811	1874	1874
有限责任公司	925653	898925	658875	654453	6730	6728

主要经济指标（三）

5年）　　单位：万元

其他业务收入	其他业务利润	销售费用	管理费用		财务费用		
				税金		利息收入	利息支出
26727	51	42829	103945	9533	37175	2007	37122
51	51	4387	6970	685	3284	1074	4134
23937		8747	68449	1893	26272	888	26983
26682	51	29138	77364	4614	22518	1941	23684
45		13691	26582	4919	14657	66	13438
26727	51	38870	100176	9088	34329	1959	34228
		226	388		142		142
		187	160		120		
23937		12864	72163	3234	26896	924	27309
23937		8424	67942	1893	25954	888	26841
		4440	4221	1342	942	37	468
		13114	4223	861	343		167
2791	51	12479	23242	4993	6828	1035	6610
		241	311		385		142
		368	269	5	81		38
2791	51	9810	20562	4383	3955	1034	4266
		2060	2099	605	2407	1	2165
		1949	3351	312	2713	48	2761
		1949	3351	312	2713	48	2761
		2011	418	133	133		133
		2011	418	133	133		133
		2416	4050	312	3240	48	3044
		226	388		142		142
		241	311		385		142
		1949	3351	312	2713	48	2761
		555	429	5	201		38
		187	160		120		
		368	269	5	81		38
		15174	6323	1466	2751	1	2332
		13114	4223	861	343		167
		2060	2099	605	2407	1	2165
26727	51	24685	93143	7750	30983	1958	31708

中方县规模工业企业

（201

	营业利润	资产减值损失	公允价值变动收益	投资收益	营业外收入	政府补助
总计	131232	-275		502	4144	3625
一、在总计中：亏损企业	-6122			333	337	333
二、在总计中：国有控股企业	27118	-307			1953	1906
三、按轻重工业分组						
在总计中：轻工业	62619	-307		502	3713	3250
重工业	68612	32			431	375
四、按登记注册类型分组						
内资企业	127993	-275		425	3900	3625
国有企业	-199					
股份合作企业	603					
有限责任公司	27597	-307		-4	2121	1976
国有独资公司	25960	-307			1953	1906
其他有限责任公司	1636			-4	168	70
股份有限公司	4412	6		89	1044	964
私营企业	95580	26		341	735	684
私营独资企业	766				51	
私营合伙企业	3260					
私营有限责任公司	78787	26		341	560	559
私营股份有限公司	12768				125	125
港、澳、台商投资企业	-2306					
港、澳、台商独资经营企业	-2306					
外商投资企业	5545			77	244	
中外合资经营企业	5545			77	244	
五、按经济组织类型分组						
独资企业	-1739				51	
国有企业	-199					
私营独资企业	766				51	
港澳台商独资经营企业	-2306					
合作、合伙企业	3863					
股份合作企业	603					
私营合伙企业	3260					
股份有限公司	17180	6		89	1169	1089
股份有限公司（内资）	4412	6		89	1044	964
私营股份有限公司	12768				125	125
有限责任公司	111928	-281		413	2925	2536

主要经济指标（四）

5年）　　　　单位：万元

营业外支　出	利润总额	应交所得税	亏损企业亏损总额	利税总额	应交税金及附加	本年应付职工薪酬	本年应交增值税	全部从业人员年平均人数(人)
424	134952	24256	6005	183342	82182	30124	38863	10563
220	-6005		6005	-1970	4719	5243	3785	1663
23	29048	1476	199	45069	19390	4927	14615	1308
393	65940	9831	2789	88241	36748	11648	19155	3732
31	69012	14425	3216	95102	45434	18476	19708	6831
402	131491	22817	3698	174008	74425	26505	33392	9463
	-199		199	-166	33	588	33	325
	603	151		678	226	356	13	133
123	29594	1340	593	46501	21481	7017	15236	2167
23	27890	1137		43737	18877	4233	14575	944
100	1704	203	593	2764	2604	2784	661	1223
55	5401	705		8402	4568	2249	2536	533
224	96092	20622	2906	118592	48117	16296	15573	6305
4	813	202		953	342	720	13	308
	3260	815		3628	1188	373	319	181
220	79127	17268	2906	95211	37738	13101	11208	4860
	12893	2337		18800	8849	2102	4033	956
	-2306		2306	1575	4194	2578	3661	870
	-2306		2306	1575	4194	2578	3661	870
22	5767	1438		7759	3563	1040	1811	230
22	5767	1438		7759	3563	1040	1811	230
4	-1693	202	2505	2362	4569	3886	3707	1503
	-199		199	-166	33	588	33	325
4	813	202		953	342	720	13	308
	-2306		2306	1575	4194	2578	3661	870
	3863	966		4306	1414	728	332	314
	603	151		678	226	356	13	133
	3260	815		3628	1188	373	319	181
55	18293	3041		27203	13417	4351	6570	1489
55	5401	705		8402	4568	2249	2536	533
	12893	2337		18800	8849	2102	4033	956
365	114488	20047	3499	149471	62782	21158	28255	7257

中方县规模工业企业

（201

	企业单位数（个）	亏损企业个数	工业总产值（当年价格）	工业销售产值（当年价格）	出　口交货值
国有独资公司	3		322645	273046	
私营有限责任公司	48	4	571704	562616	
中外合资经营企业	1		28340	28399	
其他有限责任公司	13	3	75613	72699	
六、按企业规模分组					
中型企业	8	2	463831	404214	
小型企业	76	7	860913	849592	
微型企业	1		1255	1316	
七、按行业分组					
采矿业	1		33413	33413	
黑色金属矿采选业	1		33413	33413	
制造业	79	9	1212253	1141375	
农副食品加工业	10	2	103527	99123	
食品制造业	4	1	33410	32239	
酒、饮料和精制茶制造业	4		65626	64427	
木材加工和木、竹、藤、棕、草制品业	2		10526	10526	
家具制造业	1		9125	9125	
造纸和纸制品业	2		273777	224178	
印刷和记录媒介复制业	3		35172	35000	
文教、工美、体育和娱乐用品制造业	1		38409	38409	
石油加工、炼焦和核燃料加工业	1	1	3280	2864	
化学原料和化学制品制造业	12	3	141770	139731	
医药制造业	1		40513	31117	
非金属矿物制品业	17	1	169192	169192	
黑色金属冶炼和压延加工业	2		32798	32798	
有色金属冶炼和压延加工业	4		39902	39282	
金属制品业	5	1	20586	20586	
通用设备制造业	1		7440	7440	
专用设备制造业	2		59744	60260	
电气机械和器材制造业	5		113438	111129	
计算机、通信和其他电子设备制造业	1		8741	8673	
其他制造业	1		5276	5276	
电力、热力、燃气及水生产和供应业	5		80333	80333	
电力、热力生产和供应业	4		76553	76553	
水的生产和供应业	1		3780	3780	

主要经济指标（一续）

5 年）　　单位：万元

年初存货	产成品	资产总计	流动资产合计	资产总计 流动资产合计 应收账款	存　货	产成品	固定资产合计	固定资产原价
60621	18498	654992	113065	6454	60651	8036	497076	632604
13639	2585	444524	137035	17326	15699	6646	119313	147911
1674	143	18542	799	40	519	97	15396	22754
5710	1735	68859	25049	4101	6400	1795	37491	39714
74171	18614	687406	150067	9080	73458	10151	489111	621449
18339	4655	769563	189397	25131	19486	8067	373831	470009
325	62	3334	2240	197	85	2	1094	1818
25		5819	3165	234	16	8	2655	3677
25		5819	3165	234	16	8	2655	3677
92633	23331	1234034	316780	30625	92811	18212	662690	836102
4039	84	146749	74907	3367	5656	1745	28548	37765
3607	220	26235	6173	705	3465	199	18542	23004
2601	1046	51080	5355	783	2252	1153	42084	49925
13		8251	2518	234	768	494	5394	5394
20		1578	927	140	14	6	651	794
60471	18500	468424	103440	4011	60458	8038	320134	407531
884	206	11823	7568	545	574	177	4255	4932
135		8243	5140	401	99	25	3103	4505
204	204	8810	3938	114	144	144	1212	1576
5308	2268	54329	20693	4620	5266	2658	22918	32758
1228		46219	10994	730	807	678	33338	38115
8126	21	161614	37762	4839	7470	24	123552	161449
87	19	4351	3089	406	49	19	1262	1951
305		12315	4989	898	1302	607	6270	6583
611	12	9125	5576	2486	1030	12	2308	2607
8		2782	720	80	5		2062	2122
3		15793	3654	1287	1628	1321	12013	10728
4628	446	192559	17045	4007	1367	606	33584	42827
9		1299	958	673	6		342	447
347	307	2456	1335	301	450	307	1120	1089
177		220450	21759	3549	202		198691	253498
172		213584	21280	3123	202		192303	246101
5		6866	479	427			6388	7397

中方县规模工业企业

(201

	累计折旧	本年折旧	负债合计	流动负债合计	应付账款	非流动负债合计
国有独资公司	135528	59731	477595	177675	32119	299920
私营有限责任公司	37218	10593	237478	64829	16001	44124
中外合资经营企业	9358	1601	3590	3590	1902	
其他有限责任公司	10220	2002	25824	15593	4317	4413
六、按企业规模分组						
中型企业	153625	64416	533810	317285	51577	216225
小型企业	110561	20702	409696	103200	30060	172210
微型企业	724	187	2553	2553	96	
七、按行业分组						
采矿业	1022	303	791	791	248	
黑色金属矿采选业	1022	303	791	791	248	
制造业	209081	76220	807831	407842	72161	265403
农副食品加工业	9392	1398	61207	31719	3207	29489
食品制造业	5862	882	23431	16182	2854	6949
酒、饮料和精制茶制造业	15710	1914	8151	5628	3137	2523
木材加工和木、竹、藤、棕、草制品业			3752	3219	405	389
家具制造业	143	20	597	197	25	400
造纸和纸制品业	87398	52804	353249	168261	26138	184988
印刷和记录媒介复制业	1204	482	4943	296	55	69
文教、工美、体育和娱乐用品制造业	1402	377	1443	827	421	615
石油加工、炼焦和核燃料加工业	364	214	3285	1785	558	1500
化学原料和化学制品制造业	12256	2688	17919	16855	2056	1064
医药制造业	20198	3432	41318	37005	2893	4313
非金属矿物制品业	38769	6414	123174	101949	23608	21225
黑色金属冶炼和压延加工业	689	169	648	548	78	100
有色金属冶炼和压延加工业	313	106	5066	3066	1673	2000
金属制品业	299	165	4756	4756	1193	
通用设备制造业	61	12	1405	1042	42	363
专用设备制造业	3181	1218	3068	1611	931	1458
电气机械和器材制造业	11566	3777	148804	12321	2484	7859
计算机、通信和其他电子设备制造业	105	24	675	575	403	100
其他制造业	170	125	941			
电力、热力、燃气及水生产和供应业	54807	8783	137436	14405	9324	123032
电力、热力生产和供应业	53798	7982	132708	10376	6313	122332
水的生产和供应业	1009	801	4729	4029	3011	700

主要经济指标（二续）

5年）　　单位：万元

所有者权益合计	实收资本	国家资本	集体资本	法人资本	个人资本	港澳台资本	外商资本
177397	190417	38196		152221			
207046	178815	400	3705	119604	55106		
14953	5465			5465			
43035	18264	665		2480	15119		
153597	185985	1653		178019	6312		
358736	242217	39261	3705	116188	83062		
781							
5028	800				800		
5028	800				800		
425072	382205	2718	3705	294208	81574		
85542	85673		3705	75463	6505		
2804	1268			260	1008		
42929	8165			7465	700		
3368	3379				3379		
981	200				200		
115176	152721			152221	500		
6880	4589				4589		
6800	14000				14000		
5524	6000				6000		
36410	11004	2053		5000	3951		
4901	3138			3138			
38440	27958			9800	18158		
3702	1000				1000		
7249	5816				5816		
4368	2940			200	2740		
1377	500				500		
12724	13600			13100	500		
43756	39190			27560	11630		
625	400				400		
1515	665	665					
83013	45196	38196			7000		
80876	43196	38196			5000		
2138	2000				2000		

中方县规模工业企业

（201

	营业收入	主营业务收入	营业成本	主营业务成本	营业税金及附加	主营业务税金及附加
国有独资公司	265412	241475	136166	136166	1272	1272
私营有限责任公司	560122	557331	442443	438022	4879	4876
中外合资经营企业	28621	28621	20410	20410	181	181
其他有限责任公司	71498	71498	59856	59856	398	398
六、按企业规模分组						
中型企业	387799	363863	217873	214354	2882	2882
小型企业	847258	844467	693424	689002	6637	6635
微型企业	4016	4016	3845	3845	11	11
七、按行业分组						
采矿业	33413	33413	23146	23146	142	142
黑色金属矿采选业	33413	33413	23146	23146	142	142
制造业	1125327	1098599	831872	823931	8516	8514
农副食品加工业	100246	97500	81755	77333	1226	1224
食品制造业	32239	32239	24963	24963	79	79
酒、饮料和精制茶制造业	64639	64639	49999	49999	427	427
木材加工和木、竹、藤、棕、草制品业	9223	9223	8606	8606	37	37
家具制造业	9125	9125	6433	6433	15	15
造纸和纸制品业	216544	192608	103499	103499	724	724
印刷和记录媒介复制业	34999	34999	28851	28851	115	115
文教、工美、体育和娱乐用品制造业	38409	38409	28193	28193	211	211
石油加工、炼焦和核燃料加工业	2430	2430	2449	2449	1	1
化学原料和化学制品制造业	140947	140947	119083	119083	1985	1985
医药制造业	29228	29228	10497	10497	277	277
非金属矿物制品业	167956	167911	142700	139180	797	797
黑色金属冶炼和压延加工业	32798	32798	31489	31489	86	86
有色金属冶炼和压延加工业	40132	40132	31988	31988	188	188
金属制品业	20586	20586	18533	18533	74	74
通用设备制造业	7440	7440	5269	5269	17	17
专用设备制造业	54368	54368	35586	35586	1611	1611
电气机械和器材制造业	110824	110824	92847	92847	612	612
计算机、通信和其他电子设备制造业	8673	8673	6383	6383	29	29
其他制造业	4521	4521	2753	2753	5	5
电力、热力、燃气及水生产和供应业	80333	80333	60124	60124	872	872
电力、热力生产和供应业	76553	76553	56485	56485	858	858
水的生产和供应业	3780	3780	3639	3639	14	14

主要经济指标（三续）

5年）　　单位：万元

其他业务收入	其他业务利润	销售费用	管理费用	税金	财务费用	利息收入	利息支出
23937		8424	67942	1893	25954	888	26841
2791	51	9810	20562	4383	3955	1034	4266
		2011	418	133	133		133
		4440	4221	1342	942	37	468
23937		28689	81578	5430	23356	935	24332
2791	51	14081	22298	4096	13819	1073	12790
		59	69	8			
		243	380	215	188		188
		243	380	215	188		188
26727	51	42486	98040	8827	30357	1995	30606
2746	51	2043	4986	529	1057	1003	1806
		1694	1811	256	552	33	506
		2797	1195	134	315		280
		102	131		215		142
		130	81	1	65		65
23937		8506	62758	1401	19737	875	20513
		198	402	121	185	16	32
		405	392	10	378	2	380
		31	366		120		
		2973	3028	576	2860		2539
		12900	3971	852	102		102
45		4622	4885	430	3536	48	3169
		117	194		158		
		374	756	222	304		283
		806	363		90		24
		84	172	69		1	99
		2491	10021	2756	171	2	223
		2048	822	118	475	3	419
		59	101	41	25		25
		109	1609	1311	11	11	
		100	5525	491	6630	12	6328
		97	5499	491	6584	12	6328
		3	26		47		

中方县规模工业企业

（201

	营业利润	资产减值损失	公允价值变动收益	投资收益	营业外收入	政府补助
国有独资公司	25960	-307			1953	1906
私营有限责任公司	78787	26		341	560	559
中外合资经营企业	5545			77	244	
其他有限责任公司	1636			-4	168	70
六、按企业规模分组						
中型企业	33813	-307		84	3118	2899
小型企业	97394	26		417	1024	725
微型企业	25	6			2	
七、按行业分组						
采矿业	9315					
黑色金属矿采选业	9315					
制造业	114835	-275		502	4144	3625
农副食品加工业	9518			341	375	375
食品制造业	3137			-4	99	5
酒、饮料和精制茶制造业	9982			77	244	
木材加工和木、竹、藤、棕、草制品业	137				51	
家具制造业	2401					
造纸和纸制品业	21627	-307			1953	1906
印刷和记录媒介复制业	5248					
文教、工美、体育和娱乐用品制造业	8832					
石油加工、炼焦和核燃料加工业	-536				69	65
化学原料和化学制品制造业	10987	32			127	125
医药制造业	1568			89	1042	964
非金属矿物制品业	11416					
黑色金属冶炼和压延加工业	754					
有色金属冶炼和压延加工业	6523				161	161
金属制品业	720					
通用设备制造业	1899					
专用设备制造业	4488				24	24
电气机械和器材制造业	14022					
计算机、通信和其他电子设备制造业	2077					
其他制造业	35					
电力、热力、燃气及水生产和供应业	7082					
电力、热力生产和供应业	7030					
水的生产和供应业	52					

主要经济指标（四续）

5年）　　单位：万元

营业外支　出	利润总额	应交所得税	亏损企业亏损总额	利税总额	应交税金及附加	本年应付职工薪酬	本年应交增值税	全部从业人员年平均人数(人)
23	27890	1137		43737	18877	4233	14575	944
220	79127	17268	2906	95211	37738	13101	11208	4860
22	5767	1438		7759	3563	1040	1811	230
100	1704	203	593	2764	2604	2784	661	1223
164	36768	1757	2505	61896	32315	10961	22247	3757
258	98159	22499	3499	121298	49736	19069	16504	6791
2	25			148	131	93	112	15
	9315	2329		10631	3859	192	1174	93
	9315	2329		10631	3859	192	1174	93
424	118555	20156	6005	161311	71742	27769	34242	10045
207	9686	2535	2681	12251	5631	2813	1341	900
87	3149	747	31	3970	1825	1064	743	612
22	10204	2365		12898	5192	1592	2266	435
4	184			331	148	306	110	161
	2401	600		2568	768	128	152	60
23	23557	54		35930	13828	2684	11649	728
	5248	1234		5603	1710	701	240	324
	8832	2208		9768	3154	186	726	92
13	-481		481	-480	1	225		48
14	11099	1939	412	16455	7871	2785	3371	1007
53	2557			4854	3149	1824	2020	376
	11416	3248	2306	17143	9404	5718	4929	2282
	754	189		922	357	530	82	270
	6684	1620		8204	3363	904	1332	340
	720	100	94	820	200	1649	26	444
	1899	475		2101	746	125	185	59
	4512	65		9250	7559	1536	3127	578
	14022	2735		16357	5189	2335	1724	994
	2077	44		2326	333	569	220	300
	35			40	1316	96		35
	7082	1771		11400	6580	2163	3447	425
	7030	1758		11328	6547	1929	3440	371
	52	13		73	34	234	7	54

沅陵县规模工业企业

（201

	企业单位数（个）	亏损企业个数	工业总产值（当年价格）	工业销售产值（当年价格）	出 口交货值
总计	54	9	1619394	1612155	
一、在总计中：亏损企业	9	9	100410	99936	
二、在总计中：国有控股企业	9	4	748557	741935	
三、按轻重工业分组					
在总计中：轻工业	12	1	183517	182818	
重工业	42	8	1435877	1429337	
四、按登记注册类型分组					
内资企业	51	8	1357204	1349965	
国有企业	3	2	88200	87732	
有限责任公司	9	2	98847	98252	
国有独资公司	1	1	4292	4292	
其他有限责任公司	8	1	94555	93960	
股份有限公司	3		516638	511080	
私营企业	36	4	653518	652901	
私营独资企业	2		29811	29811	
私营有限责任公司	33	4	581627	581010	
私营股份有限公司	1		42080	42080	
外商投资企业	3	1	262191	262191	
中外合资经营企业	1		180803	180803	
中外合作经营企业	1		65976	65976	
外资企业	1	1	15412	15412	
五、按经济组织类型分组					
独资企业	6	3	133423	132954	
国有企业	3	2	88200	87732	
私营独资企业	2		29811	29811	
外资企业	1	1	15412	15412	
合作、合伙企业	1		65976	65976	
中外合作经营企业	1		65976	65976	
股份有限公司	4		558719	553160	
股份有限公司（内资）	3		516638	511080	
私营股份有限公司	1		42080	42080	
有限责任公司	43	6	861277	860065	

主要经济指标（一）

5年）　　　　单位：万元

年初存货		资产总计	资产总计					
	产成品		流动资产合计	流动资产合计			固定资产合计	固定资产原价
				应收账款	存货	产成品		
43042	9427	1158939	313025	18845	46340	17519	586723	1369208
4302	154	147116	21661	3077	4586	3160	47687	53383
27010	3073	919240	221494	5471	29400	6560	489041	1276264
3627	1495	44414	18152	3129	3341	1851	16223	19208
39416	7931	1114525	294872	15715	42999	15668	570500	1350000
42271	9123	792851	309149	18605	45788	17286	236455	461659
577	28	66691	9288	1399	732		57235	191905
2815	1211	160117	16417	3485	3273	2559	61463	113263
412		81324	712		416	234	5499	2565
2403	1211	78793	15705	3485	2858	2324	55964	110699
24892	2361	386348	206458	2365	26585	5097	59253	95777
13987	5522	179695	76987	11356	15198	9631	58504	60713
66	27	1026	345	227	51	47	636	800
12228	5109	165052	74969	11079	14549	9122	52046	56926
1693	387	13618	1674	49	598	462	5823	2987
772	304	366088	3875	240	552	233	350268	907549
301		336969	832		290		325399	894737
324	304	25594	778	153	134	132	24018	11967
146		3525	2266	87	128	101	851	846
789	54	71242	11898	1713	911	148	58722	193550
577	28	66691	9288	1399	732		57235	191905
66	27	1026	345	227	51	47	636	800
146		3525	2266	87	128	101	851	846
324	304	25594	778	153	134	132	24018	11967
324	304	25594	778	153	134	132	24018	11967
26585	2749	399965	208132	2415	27183	5559	65076	98765
24892	2361	386348	206458	2365	26585	5097	59253	95777
1693	387	13618	1674	49	598	462	5823	2987
15344	6320	662138	92217	14564	18112	11680	438908	1064926

沅陵县规模工业企业

（201

	累计折旧	本年折旧	负债合计	流动负债合计	应付账款	非流动负债合计
总计	830105	30377	-4014	-276747	20127	75208
一、在总计中：亏损企业	12676	1867	128949	37344	4423	3970
二、在总计中：国有控股企业	792019	24884	-159369	-299532	17360	59242
三、按轻重工业分组						
在总计中：轻工业	5301	856	22634	5579	191	4509
重工业	824804	29520	-26648	-282325	19936	70699
四、按登记注册类型分组						
内资企业	255820	13777	449860	193799	19595	64646
国有企业	134676	1312	64311	11102	4714	53208
有限责任公司	58967	4208	129352	24271	995	8530
国有独资公司	1835	115	80921			
其他有限责任公司	57132	4092	48431	24271	995	8530
股份有限公司	36784	4611	145381	143113	11203	719
私营企业	25393	3646	110816	15314	2683	2188
私营独资企业	601	84	530			
私营有限责任公司	23407	3274	105533	14159	2683	2188
私营股份有限公司	1385	288	4753	1154		
外商投资企业	574285	16600	-453874	-470546	532	10562
中外合资经营企业	569338	15710	-477558	-477558	461	
中外合作经营企业	4804	864	21755	7013	71	10562
外资企业	143	26	1929			
五、按经济组织类型分组						
独资企业	135420	1421	66770	11102	4714	53208
国有企业	134676	1312	64311	11102	4714	53208
私营独资企业	601	84	530			
外资企业	143	26	1929			
合作、合伙企业	4804	864	21755	7013	71	10562
中外合作经营企业	4804	864	21755	7013	71	10562
股份有限公司	38169	4899	150135	144267	11203	719
股份有限公司（内资）	36784	4611	145381	143113	11203	719
私营股份有限公司	1385	288	4753	1154		
有限责任公司	651712	23192	-242674	-439128	4139	10719

主要经济指标（二）

5 年）　　　　单位：万元

所有者权益合计	实收资本	国家资本	集体资本	法人资本	个人资本	港澳台资本	外商资本
1162952	149252	30699	1557	96293	15602	5101	
18167	13967	1886		6710	5371		
1078609	106456	30699	1557	74200			
21779	9220	1828		4287	3105		
1141173	140032	28871	1557	92006	12497	5101	
342990	127434	14334	1557	96293	15250		
2381	1886	1886					
30765	22431	12448	1557	8361	66		
403	1200			1200			
30362	21231	12448	1557	7161	66		
240967	71312			71102	210		
68878	31805			16831	14974		
496	141				141		
59518	30102			16831	13271		
8864	1562				1562		
819962	21818	16365			352	5101	
814528	16365	16365					
3839	5101					5101	
1596	352				352		
4472	2379	1886			493		
2381	1886	1886					
496	141				141		
1596	352				352		
3839	5101					5101	
3839	5101					5101	
249831	72874			71102	1772		
240967	71312			71102	210		
8864	1562				1562		
904810	68898	28813	1557	25191	13337		

沅陵县规模工业企业

（201

	营业收入	主营业务收入	营业成本	主营业务成本	营业税金及附加	主营业务税金及附加
总计	1552315	1551542	1171163	1170226	14426	14395
一、在总计中：亏损企业	103346	102998	90172	89819	1077	1065
二、在总计中：国有控股企业	700013	699271	520323	519944	3995	3967
三、按轻重工业分组						
在总计中：轻工业	171969	171934	121191	121034	2228	2225
重工业	1380346	1379608	1049972	1049193	12198	12170
四、按登记注册类型分组						
内资企业	1318583	1317893	1083831	1082894	10895	10865
国有企业	71028	70369	56151	55772	977	949
有限责任公司	97495	97495	66837	66837	1165	1165
国有独资公司	4292	4292	3648	3648	52	52
其他有限责任公司	93203	93203	63189	63189	1114	1114
股份有限公司	511888	511888	461749	461749	882	882
私营企业	638172	638141	499094	498536	7872	7869
私营独资企业	29811	29811	23511	23511	358	358
私营有限责任公司	568281	568250	443373	442815	7009	7006
私营股份有限公司	40080	40080	32210	32210	505	505
外商投资企业	233732	233649	87332	87332	3530	3530
中外合资经营企业	153344	153261	31610	31610	2554	2554
中外合作经营企业	64976	64976	42622	42622	792	792
外资企业	15412	15412	13100	13100	185	185
五、按经济组织类型分组						
独资企业	116250	115591	92762	92383	1519	1492
国有企业	71028	70369	56151	55772	977	949
私营独资企业	29811	29811	23511	23511	358	358
外资企业	15412	15412	13100	13100	185	185
合作、合伙企业	64976	64976	42622	42622	792	792
中外合作经营企业	64976	64976	42622	42622	792	792
股份有限公司	551968	551968	493960	493960	1387	1387
股份有限公司（内资）	511888	511888	461749	461749	882	882
私营股份有限公司	40080	40080	32210	32210	505	505
有限责任公司	819120	819006	541820	541262	10728	10725

主要经济指标（三）

5 年）　　　　单位：万元

其他业务收入	其他业务利润	销售费用	管理费用	税金	财务费用	利息收入	利息支出
773	86	6509	204748	1077	49204	-5816	54101
348	3	970	11107	71	3413	8	3395
742	86	1184	34315	957	47631	-5951	53090
36	3	2393	42489	57	337	5	342
738	83	4116	162260	1019	48867	-5821	53759
690	3	6368	181939	1077	4961	-5816	9858
659	3	390	1636	37	95	7	97
		965	20142	107	4051	9	3497
			592	1	1927		1927
		965	19550	106	2124	9	1570
		1157	42262	816	-162	-5966	5443
31		3857	117899	117	977	135	820
		115	5509		118		118
31		3651	105650	117	837	135	681
		91	6740		21		21
83	83	141	22809		44244		44244
83	83				44203		44203
		66	20783				
		74	2027		41		41
659	3	579	9172	37	253	7	256
659	3	390	1636	37	95	7	97
		115	5509		118		118
		74	2027		41		41
		66	20783				
		66	20783				
		1248	49002	816	-141	-5966	5464
		1157	42262	816	-162	-5966	5443
		91	6740		21		21
115	83	4616	125792	224	49092	143	48381

沅陵县规模工业企业

（201

	营业利润	资产减值损　失	公允价值变动收益	投资收益	营业外收　入	政府补助
总计	109137	1109	128	3851	18839	179
一、在总计中：亏损企业	－3533	140			101	10
二、在总计中：国有控股企业	95435	1109	128	3851	18617	
三、按轻重工业分组						
在总计中：轻工业	3333				77	
重工业	105804	1109	128	3851	18762	179
四、按登记注册类型分组						
内资企业	33461	1109	128	3851	1248	179
国有企业	11638	142			162	
有限责任公司	4328	6			34	
国有独资公司	－1927				1	
其他有限责任公司	6255	6			33	
股份有限公司	9018	961	128	3851	863	
私营企业	8477				189	179
私营独资企业	200					
私营有限责任公司	7764				189	179
私营股份有限公司	513					
外商投资企业	75676				17591	
中外合资经营企业	74978				17591	
中外合作经营企业	714					
外资企业	－15					
五、按经济组织类型分组						
独资企业	11823	142			162	
国有企业	11638	142			162	
私营独资企业	200					
外资企业	－15					
合作、合伙企业	714					
中外合作经营企业	714					
股份有限公司	9531	961	128	3851	863	
股份有限公司（内资）	9018	961	128	3851	863	
私营股份有限公司	513					
有限责任公司	87070	6			17814	179

主要经济指标（四）

5年） 单位：万元

营业外支出	利润总额	应交所得税	亏损企业亏损总额	利税总额	应交税金及附加	本年应付职工薪酬	本年应交增值税	全部从业人员年平均人数(人)
1323	126652	15205	3503	208084	97745	75328	67037	12471
71	-3503	-36	3503	1479	5029	7645	3918	1753
1253	112798	14260	2416	153344	55790	39283	36579	3818
51	3358	110	31	11847	8658	7359	6263	1867
1272	123294	15095	3473	196238	89086	67968	60774	10604
1295	33413	1171	3489	82981	51847	71985	38704	11683
226	11574	-36	254	19664	8119	12203	7141	1417
17	4345	1466	2162	9714	6942	4406	4204	771
3	-1930		1930	-1728	202	352	150	110
14	6275	1466	233	11442	6740	4054	4053	661
1011	8870	-389		14078	5635	25882	4326	2291
42	8624	130	1072	39526	31152	29494	23033	7204
	200	1		1601	1402	1174	1043	343
42	7912	129	1072	35435	27772	27552	20517	6706
	513			2491	1978	768	1473	155
28	93239	14034	15	125103	45897	3343	28334	788
	92569	14034		120607	42072	650	25485	77
28	685			3786	3101	2078	2309	460
	-15		15	709	724	615	539	251
226	11758	-35	269	21974	10245	13992	8724	2011
226	11574	-36	254	19664	8119	12203	7141	1417
	200	1		1601	1402	1174	1043	343
	-15		15	709	724	615	539	251
28	685			3786	3101	2078	2309	460
28	685			3786	3101	2078	2309	460
1011	9383	-389		16568	7613	26649	5799	2446
1011	8870	-389		14078	5635	25882	4326	2291
	513			2491	1978	768	1473	155
58	104826	15629	3235	165756	76786	32609	50205	7554

沅陵县规模工业企业

（201

	企业单位数（个）	亏损企业个数	工业总产值（当年价格）	工业销售产值（当年价格）	出口交货值
国有独资公司	1	1	4292	4292	
私营有限责任公司	33	4	581627	581010	
中外合资经营企业	1		180803	180803	
其他有限责任公司	8	1	94555	93960	
六、按企业规模分组					
在总计中：大型企业	2		514013	508455	
中型企业	8	2	275580	275112	
小型企业	42	6	825196	823984	
微型企业	2	1	4604	4604	
七、按行业分组					
采矿业	9	2	291133	291133	
有色金属矿采选业	9	2	291133	291133	
制造业	37	4	1031322	1024647	
农副食品加工业	4		49125	48893	
酒、饮料和精制茶制造业	2		53737	53737	
木材加工和木、竹、藤、棕、草制品业	5	1	73339	73339	
家具制造业	1		3990	3990	
造纸和纸制品业	1		14390	14390	
印刷和记录媒介复制业	1		6553	6553	
化学原料和化学制品制造业	6	1	102914	102914	
医药制造业	1		34119	34119	
非金属矿物制品业	2	1	26145	26140	
黑色金属冶炼和压延加工业	2		50487	50487	
有色金属冶炼和压延加工业	5	1	552379	546821	
专用设备制造业	3		27555	27055	
电气机械和器材制造业	1		4960	4580	
计算机、通信和其他电子设备制造业	1		3937	3937	
其他制造业	1		18926	18926	
废弃资源综合利用业	1		8765	8765	
电力、热力、燃气及水生产和供应业	8	3	296939	296376	
电力、热力生产和供应业	7	2	294262	294167	
水的生产和供应业	1	1	2678	2209	

主要经济指标（一续）

5 年）　　单位：万元

年初存货	产成品	资产总计	流动资产合计	资产总计 流动资产合计 应收账款	存货	产成品	固定资产合计	固定资产原价
412		81324	712		416	234	5499	2565
12228	5109	165052	74969	11079	14549	9122	52046	56926
301		336969	832		290		325399	894737
2403	1211	78793	15705	3485	2858	2324	55964	110699
24806	2366	390859	209191	2367	26400	5048	58358	95022
4555	3670	141197	48828	5040	5543	3811	90102	213268
12849	3391	597007	53097	11050	13565	8659	410468	1029294
832		29876	1910	388	832		27795	31624
3901	2428	155077	31986	1462	4570	3489	40719	25713
3901	2428	155077	31986	1462	4570	3489	40719	25713
38144	6971	538078	264590	15578	40653	14029	112383	152075
947	766	9231	2654	819	893	784	3110	3745
881	213	15213	5882	1631	983	865	5042	5271
822	185	10311	4065	526	1055	584	2461	2635
831		4099	1484	256	831		2443	2356
173	119	1797	88	42	43	39	964	866
38		386	99	32	14	14	227	252
5525	2028	45601	21181	3579	5418	4101	13277	12221
313	285	2218	1110	221	87	87	545	496
633	153	4921	851	66	700	143	4046	5467
303	65	2681	969	66	440	302	1423	1647
25159	2142	416839	215787	3807	26768	5254	70772	107184
1085	903	7626	4084	1767	1686	1494	2267	2958
848		5492	1999	751	1248			
54		7203	2969	1740	42		4107	4423
154	113	1631	543	38	62	62	516	569
378		2829	827	237	382	301	1185	1985
998	28	465785	16449	1805	1117		433621	1191420
708	28	455945	10156	1714	689		430244	1185767
290		9840	6294	91	428		3378	5653

沅陵县规模工业企业

（201

	累计折旧	本年折旧	负债合计	流动负债合　　计	应付账款	非流动负债合计
国有独资公司	1835	115	80921			
私营有限责任公司	23407	3274	105533	14159	2683	2188
中外合资经营企业	569338	15710	-477558	-477558	461	
其他有限责任公司	57132	4092	48431	24271	995	8530
六、按企业规模分组						
在总计中：大型企业	37016	4659	150421	143113	11203	719
中型企业	144844	2973	123158	18115	4785	63771
小型企业	644097	22024	-299858	-458762	3882	10719
微型企业	4148	720	22265	20788	258	
七、按行业分组						
采矿业	12989	1756	141393	7013	71	10562
有色金属矿采选业	12989	1756	141393	7013	71	10562
制造业	57871	7759	232043	161196	14311	2907
农副食品加工业	840	185	3247	1264	102	1318
酒、饮料和精制茶制造业	1000	253	8711			
木材加工和木、竹、藤、棕、草制品业	583	77	5980			
家具制造业	233	13	1523	46		
造纸和纸制品业	28	13	196			
印刷和记录媒介复制业	40	15	233			
化学原料和化学制品制造业	3519	960	26400	6757	556	
医药制造业	369	50	800			
非金属矿物制品业	1826	414	2697	1644	461	780
黑色金属冶炼和压延加工业	744	105	2145			
有色金属冶炼和压延加工业	45945	5014	170190	143113	11203	719
专用设备制造业	959	119	3067	2769	425	
电气机械和器材制造业			3380	3380		
计算机、通信和其他电子设备制造业	316	316	2313	2223	1564	90
其他制造业	516	66	466			
废弃资源综合利用业	953	159	696			
电力、热力、燃气及水生产和供应业	759245	20861	-377450	-444955	5745	61739
电力、热力生产和供应业	756970	20599	-384909	-449223	5657	58548
水的生产和供应业	2275	262	7459	4269	89	3190

主要经济指标（二续）

5年）　　单位：万元

所有者权益合计	实收资本	国家资本	集体资本	法人资本	个人资本	港澳台资本	外商资本
403	1200			1200			
59518	30102			16831	13271		
814528	16365	16365					
30362	21231	12448	1557	7161	66		
240437	70410			70410			
18040	14707	1886		6860	860	5101	
896865	60535	28813	1557	15423	14742		
7610	3600			3600			
13684	14290			8198	991	5101	
13684	14290			8198	991	5101	
306034	98605		1557	82438	14611		
5984	3091			1312	1779		
6502	2210			950	1260		
4331	1679			115	1564		
2575	600			600			
1602	350			350			
153	66				66		
19201	6613			670	5943		
1418	825			825			
2224	1988				1988		
536	501			250	251		
246649	74226			73006	1220		
4559	2097		1557		540		
2112	1500			1500			
4890	1000			1000			
1165	250			250			
2133	1610			1610			
843234	36357	30699		5658			
840854	34528	28871		5658			
2381	1828	1828					

沅陵县规模工业企业

（201

	营业收入	主营业务收入	营业成本	主营业务成本	营业税金及附加	主营业务税金及附加
国有独资公司	4292	4292	3648	3648	52	52
私营有限责任公司	568281	568250	443373	442815	7009	7006
中外合资经营企业	153344	153261	31610	31610	2554	2554
其他有限责任公司	93203	93203	63189	63189	1114	1114
六、按企业规模分组						
在总计中：大型企业	509263	509263	462391	462391	850	850
中型企业	257408	256749	191795	191416	3225	3198
小型企业	779622	779508	512469	511911	10243	10240
微型企业	6022	6022	4508	4508	107	107
七、按行业分组						
采矿业	290133	290133	217552	217552	3494	3494
有色金属矿采选业	290133	290133	217552	217552	3494	3494
制造业	1008741	1008710	849290	848732	7092	7089
农副食品加工业	44677	44646	34128	33972	546	543
酒、饮料和精制茶制造业	45737	45737	28721	28721	645	645
木材加工和木、竹、藤、棕、草制品业	73139	73139	58399	58399	880	880
家具制造业	3990	3990	3512	3512	103	103
造纸和纸制品业	14390	14390	9269	9269	173	173
印刷和记录媒介复制业	6553	6553	5242	5242	79	79
化学原料和化学制品制造业	101007	101007	80500	80500	1293	1293
医药制造业	34119	34119	24680	24680	409	409
非金属矿物制品业	26140	26140	20706	20706	340	340
黑色金属冶炼和压延加工业	50487	50487	40652	40652	606	606
有色金属冶炼和压延加工业	545629	545629	494814	494814	1311	1311
专用设备制造业	27070	27070	21529	21529	335	335
电气机械和器材制造业	4675	4675	3662	3260	26	26
计算机、通信和其他电子设备制造业	3937	3937	3405	3405	15	15
其他制造业	18926	18926	13234	13234	227	227
废弃资源综合利用业	8265	8265	6837	6837	105	105
电力、热力、燃气及水生产和供应业	253441	252700	104321	103942	3840	3812
电力、热力生产和供应业	249865	249127	101916	101538	3794	3767
水的生产和供应业	3577	3573	2406	2404	46	46

主要经济指标（三续）

5 年)　　　　单位：万元

其他业务收入	其他业务利润	销售费用	管理费用	税金	财务费用	利息收入	利息支出
			592	1	1927		1927
31		3651	105650	117	837	135	681
83	83				44203		44203
		965	19550	106	2124	9	1570
		860	39051	813	-170	-5966	5435
659	3	972	46848	37	254	7	257
115	83	4678	118783	227	47895	142	47184
			66		1225	1	1226
		845	64922	1	2070		2070
		845	64922	1	2070		2070
31		5017	133936	942	807	-5831	6254
31		570	8264	38	119		120
		921	14489		165		165
		515	12532		55		55
			28				
		101	4792		3		3
		149	943		1		1
		371	18079	82	155		133
		218	8073		1		1
		78	4812		210		210
		199	8679		10		10
		1330	42470	813	-167	-5966	5438
		235	4180	9	75		72
		59	182		135	135	
			637				
		158	5072		1		1
		114	705		45		45
742	86	647	5891	134	46327	15	45778
738	83	370	5063	115	46280	10	45726
4	3	277	828	19	47	5	52

沅陵县规模工业企业

（201

	营业利润	资产减值损失	公允价值变动收益	投资收益	营业外收入	政府补助
国有独资公司	-1927				1	
私营有限责任公司	7764				189	179
中外合资经营企业	74978				17591	
其他有限责任公司	6255	6			33	
六、按企业规模分组						
在总计中：大型企业	9299	961	128	3851	863	
中型企业	14173	142			162	
小型企业	85546	10			17814	179
微型企业	119	-4				
七、按行业分组						
采矿业	1252				1	
有色金属矿采选业	1252				1	
制造业	15618	961	128	3851	1085	179
农副食品加工业	1050					
酒、饮料和精制茶制造业	797				33	
木材加工和木、竹、藤、棕、草制品业	759					
家具制造业	347					
造纸和纸制品业	53					
印刷和记录媒介复制业	141					
化学原料和化学制品制造业	609					
医药制造业	738					
非金属矿物制品业	-7				10	10
黑色金属冶炼和压延加工业	341					
有色金属冶炼和压延加工业	8889	961	128	3851	863	
专用设备制造业	716					
电气机械和器材制造业	612					
计算机、通信和其他电子设备制造业	-120				179	169
其他制造业	234					
废弃资源综合利用业	459					
电力、热力、燃气及水生产和供应业	92267	149			17754	
电力、热力生产和供应业	92294	149			17709	
水的生产和供应业	-27				44	

主要经济指标（四续）

5 年）　　单位：万元

营业外支　出	利润总额	应交所得税	亏损企业亏损总额	利税总额	应交税金及附加	本年应付职工薪酬	本年应交增值税	全部从业人员年平均人数(人)
3	-1930		1930	-1728	202	352	150	110
42	7912	129	1072	35435	27772	27552	20517	6706
	92569	14034		120607	42072	650	25485	77
14	6275	1466	233	11442	6740	4054	4053	661
1011	9151	-389		14235	5508	29937	4234	3125
254	14080	-36	254	30978	16926	23583	13700	4006
53	103307	15630	3017	162498	75051	21551	48951	5261
6	114		233	374	260	257	153	79
31	1221	3	2035	14905	13687	16624	10190	3766
31	1221	3	2035	14905	13687	16624	10190	3766
1053	15649	-254	982	45207	30249	43943	22469	7033
3	1047	102		3209	2305	1632	1619	404
	829			3355	2526	1299	1881	302
	759	4	15	4206	3451	2331	2567	692
	347			551	204	152	100	62
	53			729	676	465	504	106
	141	8		449	316	133	229	42
3	607	2	596	5481	4959	3940	3582	967
	738			2342	1604	1855	1194	433
3	1		138	1358	1357	1254	1018	344
	341	6		2714	2379	1340	1767	318
1011	8741	-389	233	15629	7312	26504	5577	2519
20	696	3		1965	1280	1044	933	248
	612			933	321	497	295	145
15	45	11		293	259	508	234	207
	234			1124	890	725	662	173
	459			871	412	263	307	71
239	109782	15456	487	147973	53809	14761	34379	1672
191	109812	15456	456	147884	53671	13663	34305	1327
48	-31		31	89	139	1098	74	345

辰溪县规模工业企业

（201

	企业单位数（个）	亏损企业个数	工业总产值（当年价格）	工业销售产值（当年价格）	出口交货值
总计	35	7	522539	505008	
一、在总计中：亏损企业	7	7	95442	88934	
二、在总计中：国有控股企业	5	3	107823	103357	
三、在总计中：农村工业	1		10378	10131	
四、按轻重工业分组					
在总计中：轻工业	3		71558	70032	
重工业	32	7	450981	434976	
五、按登记注册类型分组					
内资企业	35	7	522539	505008	
集体企业	2		21200	20661	
有限责任公司	12	3	201391	194828	
其他有限责任公司	12	3	201391	194828	
股份有限公司	2	1	35258	34152	
私营企业	19	3	264690	255367	
私营独资企业	3		47646	46819	
私营合伙企业	2		31572	31264	
私营有限责任公司	14	3	185473	177284	
六、按经济组织类型分组					
独资企业	5		68847	67480	
集体企业	2		21200	20661	
私营独资企业	3		47646	46819	
合作、合伙企业	2		31572	31264	
私营合伙企业	2		31572	31264	
股份有限公司	2	1	35258	34152	
股份有限公司（内资）	2	1	35258	34152	
有限责任公司	26	6	386863	372112	
私营有限责任公司	14	3	185473	177284	
其他有限责任公司	12	3	201391	194828	
七、按企业规模分组					
中型企业	3	2	70942	70389	
小型企业	32	5	451597	434618	
八、按行业分组					
采矿业	8	1	91796	89400	
煤炭开采和洗选业	5	1	61521	59926	
非金属矿采选业	3		30275	29474	
制造业	23	4	335004	323405	
农副食品加工业	2		42569	41901	
木材加工和木、竹、藤、棕、草制品业	1		6123	6068	
化学原料和化学制品制造业	7	2	126093	118731	
医药制造业	1		28989	28131	
非金属矿物制品业	7	2	66367	64895	
黑色金属冶炼和压延加工业	2		21158	20687	
有色金属冶炼和压延加工业	1		10823	10530	
专用设备制造业	2		32883	32461	
电力、热力、燃气及水生产和供应业	4	2	95739	92203	
电力、热力生产和供应业	4	2	95739	92203	

主要经济指标（一）

5年）　　单位：万元

年初存货	产成品	资产总计	流动资产合计	资产总计 流动资产合计 应收账款	存　货	产成品	固定资产合计	固定资产原价
12377	3426	611019	111850	21707	17741	8670	465816	598795
7343	2393	148611	53481	9533	11653	6899	94719	132082
1560	6	334642	16487	6678	4557	2380	284802	375026
71		7481	3518	210	95		3963	4183
1153	342	22170	7364	310	1285	359	14806	16273
11224	3084	588849	104486	21397	16456	8311	451011	582523
12377	3426	611019	111850	21707	17741	8670	465816	598795
98		11527	4398	210	148		7129	8343
6862	2151	271753	55982	12313	10131	4959	193749	246212
6862	2151	271753	55982	12313	10131	4959	193749	246212
680	6	175174	4960	916	2305	1838	158883	214646
4736	1268	152565	46509	8269	5157	1874	106056	129595
961	453	15931	2734	647	1056	485	13197	15215
220		10321	3650	275	291	87	6672	7843
3556	815	126313	40126	7347	3811	1302	86187	106537
1059	453	27458	7132	857	1203	485	20326	23558
98		11527	4398	210	148		7129	8343
961	453	15931	2734	647	1056	485	13197	15215
220		10321	3650	275	291	87	6672	7843
220		10321	3650	275	291	87	6672	7843
680	6	175174	4960	916	2305	1838	158883	214646
680	6	175174	4960	916	2305	1838	158883	214646
10418	2967	398065	96108	19660	13941	6261	279936	352749
3556	815	126313	40126	7347	3811	1302	86187	106537
6862	2151	271753	55982	12313	10131	4959	193749	246212
5004	2151	81195	28218	3271	6428	4158	52785	70432
7372	1275	529823	83632	18436	11313	4512	413032	528364
1551	95	41831	15371	3710	3182	2230	26241	36898
982	6	26564	11352	1086	2781	2021	14994	22523
569	88	15267	4019	2623	401	210	11248	14375
10693	3331	239183	85239	15259	14504	6440	153944	189427
352		7912	3459	296	379	101	4453	4873
130		4411	768	276	185		3642	4188
2366	235	71056	27107	5028	4010	943	43949	57755
801	342	14258	3905	14	905	258	10353	11400
5715	2390	99747	40354	6272	7359	4684	59393	76341
727		23375	5153	3108	1011	58	18222	18504
27		4046	880		53		3165	4160
575	365	14380	3613	266	602	396	10768	12206
133		330004	11239	2738	55		285631	372470
133		330004	11239	2738	55		285631	372470

辰溪县规模工业企业

（201

	累计折旧	本年折旧	负债合计	流动负债合计	应付账款	非流动负债合计
总计	132979	18381	394422	131931	12318	234580
一、在总计中：亏损企业	37363	4737	119487	64715	10106	37395
二、在总计中：国有控股企业	90224	13461	282062	63408	1954	202628
三、在总计中：农村工业	220	85				
四、按轻重工业分组						
在总计中：轻工业	1467	349	2385	1628		757
重工业	131512	18032	392037	130303	12318	233823
五、按登记注册类型分组						
内资企业	132979	18381	394422	131931	12318	234580
集体企业	1214	93	2688	1749		939
有限责任公司	52463	6585	179821	42397	8406	114402
其他有限责任公司	52463	6585	179821	42397	8406	114402
股份有限公司	55763	7815	155417	54818	1052	100598
私营企业	23539	3888	56496	32967	2860	18640
私营独资企业	2018	221	3260	1434	9	421
私营合伙企业	1171	318	1399			670
私营有限责任公司	20350	3349	51837	31534	2852	17549
六、按经济组织类型分组						
独资企业	3232	314	5948	3183	9	1361
集体企业	1214	93	2688	1749		939
私营独资企业	2018	221	3260	1434	9	421
合作、合伙企业	1171	318	1399			670
私营合伙企业	1171	318	1399			670
股份有限公司	55763	7815	155417	54818	1052	100598
股份有限公司（内资）	55763	7815	155417	54818	1052	100598
有限责任公司	72812	9934	231658	73930	11258	131951
私营有限责任公司	20350	3349	51837	31534	2852	17549
其他有限责任公司	52463	6585	179821	42397	8406	114402
七、按企业规模分组						
中型企业	17647	1827	55215	36033	8159	19182
小型企业	115332	16554	339207	95898	4160	215398
八、按行业分组						
采矿业	10657	1529	12823	6556	1821	5538
煤炭开采和洗选业	7529	1326	9416	3148	569	5538
非金属矿采选业	3128	203	3408	3408	1252	
制造业	35482	3184	103627	58634	9102	17812
农副食品加工业	420	69	1628	1628		
木材加工和木、竹、藤、棕、草制品业	546	11	1405			
化学原料和化学制品制造业	13807	1653	35970	17692	1459	250
医药制造业	1046	280	757			757
非金属矿物制品业	16949	788	49226	36368	7634	12498
黑色金属冶炼和压延加工业	282	16	10487	512		2585
有色金属冶炼和压延加工业	994	8	2688	1749		939
专用设备制造业	1438	359	1467	684	9	782
电力、热力、燃气及水生产和供应业	86839	13668	277972	66742	1395	211230
电力、热力生产和供应业	86839	13668	277972	66742	1395	211230

主要经济指标（二）

5年）　　　　单位：万元

所有者权益合计	实收资本	国家资本	集体资本	法人资本	个人资本	港澳台资本	外商资本
216597	82232	32888	1556	31630	16159		
29124	24488	7688		13800	3000		
52580	45088	32888		12200			
7481	420				420		
19785	4276			2714	1561		
196811	77957	32888	1556	28916	14597		
216597	82232	32888	1556	31630	16159		
8839	1976		1556		420		
91931	44462	30938		9941	3583		
91931	44462	30938		9941	3583		
19758	11950	1950		10000			
96069	23844			11689	12155		
12671	3565			2442	1123		
8922	2969				2969		
74476	17310			9247	8063		
21510	5541		1556	2442	1543		
8839	1976		1556		420		
12671	3565			2442	1123		
8922	2969				2969		
8922	2969				2969		
19758	11950	1950		10000			
19758	11950	1950		10000			
166407	61773	30938		19188	11646		
74476	17310			9247	8063		
91931	44462	30938		9941	3583		
25980	13152	5738		7200	214		
190617	69080	27150	1556	24430	15944		
29008	10906	1950		2018	6938		
17149	6073	1950			4123		
11859	4834			2018	2816		
135556	27388		1556	19612	6220		
6284	961				961		
3005	123				123		
35085	8070			5400	2670		
13502	3314			2714	600		
50521	10111			8400	1711		
12888	697			541	156		
1357	1556		1556				
12914	2557			2557			
52032	43938	30938		10000	3000		
52032	43938	30938		10000	3000		

辰溪县规模工业企业

（201

	营业收入	主营业务收入	营业成本	主营业务成本	营业税金及附加	主营业务税金及附加
总计	461939	460587	355028	353699	5761	5706
一、在总计中：亏损企业	89532	88182	86026	84697	629	574
二、在总计中：国有控股企业	100461	99179	70029	68756	1249	1194
三、在总计中：农村工业	1709	1709	931	931	123	123
四、按轻重工业分组						
在总计中：轻工业	70032	70032	53414	53414	890	890
重工业	391907	390555	301614	300285	4871	4816
五、按登记注册类型分组						
内资企业	461939	460587	355028	353699	5761	5706
集体企业	12240	12240	6904	6904	163	163
有限责任公司	195303	194828	158725	158448	2114	2060
其他有限责任公司	195303	194828	158725	158448	2114	2060
股份有限公司	30782	29974	13438	12442	630	630
私营企业	223615	223546	175961	175906	2853	2853
私营独资企业	42659	42659	31609	31609	582	582
私营合伙企业	3677	3677	2347	2347	80	80
私营有限责任公司	177279	177210	142005	141950	2192	2192
六、按经济组织类型分组						
独资企业	54899	54899	38513	38513	745	745
集体企业	12240	12240	6904	6904	163	163
私营独资企业	42659	42659	31609	31609	582	582
合作、合伙企业	3677	3677	2347	2347	80	80
私营合伙企业	3677	3677	2347	2347	80	80
股份有限公司	30782	29974	13438	12442	630	630
股份有限公司（内资）	30782	29974	13438	12442	630	630
有限责任公司	372582	372038	300731	300397	4306	4251
私营有限责任公司	177279	177210	142005	141950	2192	2192
其他有限责任公司	195303	194828	158725	158448	2114	2060
七、按企业规模分组						
中型企业	70864	70389	64458	64181	587	532
小型企业	391075	390198	290570	289519	5174	5174
八、按行业分组						
采矿业	53520	52714	39439	38444	919	919
煤炭开采和洗选业	24046	23240	17973	16977	492	492
非金属矿采选业	29474	29474	21466	21466	427	427
制造业	319245	319176	257062	257006	3740	3740
农副食品加工业	41901	41901	30578	30578	499	499
木材加工和木、竹、藤、棕、草制品业	1908	1908	1551	1551	98	98
化学原料和化学制品制造业	118731	118662	101363	101307	1254	1254
医药制造业	28131	28131	22836	22836	391	391
非金属矿物制品业	64895	64895	51564	51564	752	752
黑色金属冶炼和压延加工业	20687	20687	18132	18132	329	329
有色金属冶炼和压延加工业	10530	10530	5973	5973	40	40
专用设备制造业	32461	32461	25065	25065	376	376
电力、热力、燃气及水生产和供应业	89174	88698	58527	58249	1102	1047
电力、热力生产和供应业	89174	88698	58527	58249	1102	1047

主要经济指标（三）

5 年）　　　　单位：万元

其他业务收入	其他业务利润	销售费用	管理费用	税金	财务费用	利息收入	利息支出
1352	65	22952	39418	756	18567	102	17163
1350	65	1155	5248	213	2123	86	1857
1283		409	5466	286	13393	23	12039
		179	157		28		28
		5201	8558	119	422		422
1352	65	17752	30860	637	18144	102	16741
1352	65	22952	39418	756	18567	102	17163
		1501	2213	126	928		928
475		8386	12572	252	6650	18	6590
475		8386	12572	252	6650	18	6590
808		187	3509	214	7801	6	6506
69	65	12878	21124	165	3189	79	3139
		2383	5595	6	384		384
		399	511		130		130
69	65	10096	15018	159	2675	79	2625
		3884	7807	131	1312		1312
		1501	2213	126	928		928
		2383	5595	6	384		384
		399	511		130		130
		399	511		130		130
808		187	3509	214	7801	6	6506
808		187	3509	214	7801	6	6506
544	65	18482	27590	411	9325	96	9216
69	65	10096	15018	159	2675	79	2625
475		8386	12572	252	6650	18	6590
475		2460	3848	100	397	7	403
877	65	20492	35570	656	18169	95	16760
807		2545	8459	30	1038	1	816
807		1302	4217	20	607	1	385
		1244	4242	10	431		431
69	65	20407	28147	532	3705	36	3656
		3175	6662		302		302
		78	85	6	15		15
9	65	6432	7738	93	1285	36	1236
		2025	1896	119	120		120
		4647	6626	110	745		745
		618	708	79	209		209
		1322	2056	126	900		900
		2109	2377		129		129
476			2811	194	13823	66	12691
476			2811	194	13823	66	12691

辰溪县规模工业企业

（201

	营业利润	资产减值损　失	公允价值变动收益	投资收益	营业外收　入	政府补助
总计	20214				412	183
一、在总计中：亏损企业	-5649				391	183
二、在总计中：国有控股企业	9916				216	182
三、在总计中：农村工业	291					
四、按轻重工业分组						
在总计中：轻工业	1547					
重工业	18667				412	183
五、按登记注册类型分组						
内资企业	20214				412	183
集体企业	531					
有限责任公司	6855				34	
其他有限责任公司	6855				34	
股份有限公司	5217				183	182
私营企业	7610				196	1
私营独资企业	2107					
私营合伙企业	210					
私营有限责任公司	5293				196	1
六、按经济组织类型分组						
独资企业	2638					
集体企业	531					
私营独资企业	2107					
合作、合伙企业	210					
私营合伙企业	210					
股份有限公司	5217				183	182
股份有限公司（内资）	5217				183	182
有限责任公司	12148				229	1
私营有限责任公司	5293				196	1
其他有限责任公司	6855				34	
七、按企业规模分组						
中型企业	-886				12	
小型企业	21100				400	183
八、按行业分组						
采矿业	1119				183	182
煤炭开采和洗选业	-545				183	182
非金属矿采选业	1665					
制造业	6183				195	
农副食品加工业	685					
木材加工和木、竹、藤、棕、草制品业	81					
化学原料和化学制品制造业	660				195	
医药制造业	862					
非金属矿物制品业	560					
黑色金属冶炼和压延加工业	690					
有色金属冶炼和压延加工业	240					
专用设备制造业	2405					
电力、热力、燃气及水生产和供应业	12911				35	1
电力、热力生产和供应业	12911				35	1

主要经济指标（四）

5年）

单位：万元

营业外支　出	利润总额	应交所得税	亏损企业亏损总额	利税总额	应交税金及附加	本年应付职工薪酬	本年应交增值税	全部从业人员年平均人数(人)
662	19964	5749	5888	42769	29366	33996	17100	7439
630	-5888	889	5888	-531	6513	12487	4783	2306
584	9548	5112	4079	21219	17124	10485	10477	1683
	291			463	171	763	49	216
	1547			3435	2007	1247	998	306
662	18417	5749	5888	39334	27359	32749	16102	7133
662	19964	5749	5888	42769	29366	33996	17100	7439
	531			785	379	1799	91	512
16	6873	1991	1325	16456	11881	16852	7523	3093
16	6873	1991	1325	16456	11881	16852	7523	3093
568	4831	3120	3608	10321	8823	2986	4859	744
78	7728	638	955	15208	8282	12359	4627	3090
	2107	286		3652	1837	1570	964	389
	210	92		366	248	923	76	266
78	5411	259	955	11189	6197	9867	3587	2435
	2638	286		4437	2217	3369	1055	901
	531			785	379	1799	91	512
	2107	286		3652	1837	1570	964	389
	210	92		366	248	923	76	266
	210	92		366	248	923	76	266
568	4831	3120	3608	10321	8823	2986	4859	744
568	4831	3120	3608	10321	8823	2986	4859	744
94	12284	2251	2280	27645	18078	26719	11110	5528
78	5411	259	955	11189	6197	9867	3587	2435
16	6873	1991	1325	16456	11881	16852	7523	3093
14	-888	688	1157	2765	4496	9303	3121	1533
648	20852	5062	4732	40004	24870	24694	13979	5906
538	764	92	3608	2931	2289	6345	1248	1699
538	-901	92	3608	129	1142	4892	537	1343
	1665			2802	1147	1453	711	356
27	6351	545	1503	15951	10678	20021	5860	4772
	685			1813	1128	484	629	148
	81			339	263	239	159	83
27	827	201	494	4216	3682	7562	2135	1730
	862			1622	879	763	369	158
	560	58	1009	2527	2135	5892	1214	1394
	690			1630	1019	2472	611	585
	240			322	208	1036	42	296
	2405	286		3482	1363	1573	701	378
97	12849	5112	777	23887	16399	7630	9992	968
97	12849	5112	777	23887	16399	7630	9992	968

溆浦县规模工业企业

（201

	企业单位数（个）	亏损企业个数	工业总产值（当年价格）	工业销售产值（当年价格）	出 口交货值
总计	73	2	724812	725731	2459
一、在总计中：亏损企业	2	2	105597	106603	2459
二、在总计中：国有控股企业	4	2	124771	125777	2459
三、按轻重工业分组					
在总计中：轻工业	22		202430	202430	
重工业	51	2	522382	523301	2459
四、按登记注册类型分组					
内资企业	73	2	724812	725731	2459
国有企业	2	1	37099	37099	
集体企业	1		7616	7616	
有限责任公司	4	1	96595	97515	2459
国有独资公司	1	1	71673	72679	2459
其他有限责任公司	3		24922	24836	
股份有限公司	2		21759	21759	
私营企业	64		561742	561742	
私营独资企业	5		44104	44104	
私营合伙企业	4		34253	34253	
私营有限责任公司	49		423365	423365	
私营股份有限公司	6		60021	60021	
五、按经济组织类型分组					
独资企业	8	1	88819	88819	
国有企业	2	1	37099	37099	
集体企业	1		7616	7616	
私营独资企业	5		44104	44104	
合作、合伙企业	4		34253	34253	
私营合伙企业	4		34253	34253	
股份有限公司	8		81780	81780	
股份有限公司（内资）	2		21759	21759	
私营股份有限公司	6		60021	60021	
有限责任公司	53	1	519960	520879	2459
国有独资公司	1	1	71673	72679	2459
私营有限责任公司	49		423365	423365	
其他有限责任公司	3		24922	24836	
六、按企业规模分组					
在总计中：大型企业	1	1	71673	72679	2459
中型企业	7	1	106947	106947	
小型企业	65		546191	546105	
七、按行业分组					
采矿业	14		131790	131790	
有色金属矿采选业	4		50874	50874	
非金属矿采选业	10		80916	80916	
制造业	54	1	542487	543406	2459
农副食品加工业	4		39646	39646	
食品制造业	6		69551	69551	
酒、饮料和精制茶制造业	3		28538	28538	
纺织服装、服饰业	1		8708	8708	
木材加工和木、竹、藤、棕、草制品业	2		13563	13563	
家具制造业	1		8827	8827	
造纸和纸制品业	1		7228	7228	
文教、工美、体育和娱乐用品制造业	4		25251	25251	
化学原料和化学制品制造业	4	1	99777	100782	2459
橡胶和塑料制品业	1		11356	11356	
非金属矿物制品业	12		87248	87248	
黑色金属冶炼和压延加工业	10		104589	104503	
有色金属冶炼和压延加工业	4		33323	33323	
专用设备制造业	1		4883	4883	
电力、热力、燃气及水生产和供应业	5	1	50535	50535	
电力、热力生产和供应业	5	1	50535	50535	

主要经济指标（一）

5 年）　　　　单位：万元

年初存货		资产总计	流动资产合计	资产总计				
				流动资产合计			固定资产合计	固定资产原价
	产成品			应收账款	存货	产成品		
18305	6090	432917	151345	10418	22344	11966	276446	365356
15414	3849	263811	98621	1351	14473	4613	160822	256003
15445	3880	275751	100194	1698	14547	4687	171189	266650
866	618	47129	16099	2347	2479	2305	30544	29117
17439	5472	385789	135247	8071	19866	9661	245902	336239
18305	6090	432917	151345	10418	22344	11966	276446	365356
		20307	765	448			19436	30018
		3516	1430	284			2086	1895
16340	4663	259833	101881	2308	15367	5376	153690	238503
15414	3849	249297	98411	1208	14473	4613	146625	231526
927	814	10536	3471	1100	894	764	7065	6977
		3487	1164	186	162	162	2323	2126
1964	1427	145775	46105	7192	6816	6428	98912	92814
32	32	10201	2642	339	289	289	7559	7468
10	10	6931	2309	365	489	489	4622	4491
1871	1333	115641	37704	5945	5480	5092	77179	73601
51	51	13002	3450	543	558	558	9552	7254
32	32	34024	4837	1071	289	289	29081	39381
		20307	765	448			19436	30018
		3516	1430	284			2086	1895
32	32	10201	2642	339	289	289	7559	7468
10	10	6931	2309	365	489	489	4622	4491
10	10	6931	2309	365	489	489	4622	4491
51	51	16488	4614	729	720	720	11875	9380
		3487	1164	186	162	162	2323	2126
51	51	13002	3450	543	558	558	9552	7254
18211	5996	375474	139586	8253	20847	10468	230869	312104
15414	3849	249297	98411	1208	14473	4613	146625	231526
1871	1333	115641	37704	5945	5480	5092	77179	73601
927	814	10536	3471	1100	894	764	7065	6977
15414	3849	249297	98411	1208	14473	4613	146625	231526
491	310	37212	5414	1241	794	794	31421	42291
2400	1931	146409	47521	7970	7078	6560	98401	91539
848	575	35890	10131	1839	1813	1713	25759	24631
82	82	15237	3115	393	409	409	12122	10673
766	493	20653	7016	1447	1404	1304	13637	13958
17457	5515	360859	138366	7502	20532	10253	217474	297607
128	65	8521	2196	464	430	430	6326	5287
267	86	17687	5807	706	971	797	11664	11743
		5590	2320	230	189	189	3270	2972
24	24	1785	762	75	55	55	1023	1013
105	101	4178	2106	191	276	276	2072	2110
		1447	491	71	60	60	957	643
		1086	210	62	67	67	875	416
107	107	5831	1916	252	238	238	3644	4033
15475	3910	255099	99742	1414	14678	4818	151095	235948
		1706	819	71	75	75	887	654
439	439	21543	6927	1777	1471	1365	14617	13060
896	783	27735	9530	1866	1683	1552	18205	17375
		5235	2460	272	321	321	2774	2267
16		3418	3080	52	20	13	66	86
		36168	2848	1077			33213	43117
		36168	2848	1077			33213	43117

溆浦县规模工业企业

（201

	累计折旧	本年折旧	负债合计	流动负债合计	应付账款	非流动负债合计
总计	123089	17204	459720	378992	18677	80728
一、在总计中：亏损企业	95181	11309	361576	315246	8218	46331
二、在总计中：国有控股企业	97304	11628	368252	317926	8674	50326
三、按轻重工业分组						
在总计中：轻工业	7631	1884	25321	16996	3382	8325
重工业	115458	15320	434399	361996	15295	72403
四、按登记注册类型分组						
内资企业	123089	17204	459720	378992	18677	80728
国有企业	11952	1787	19678	9780	3166	9898
集体企业	310	75	2141	2141		
有限责任公司	86165	10028	351234	310806	6007	40428
国有独资公司	84901	9729	347062	306634	5052	40428
其他有限责任公司	1264	299	4172	4172	955	
股份有限公司	498	121	1545	1224	68	321
私营企业	24164	5193	85122	55042	9436	30081
私营独资企业	1772	328	6058	4964	1153	1094
私营合伙企业	1255	291	4316	2756	109	1560
私营有限责任公司	18489	4089	68096	44343	8127	23753
私营股份有限公司	2648	485	6653	2979	47	3674
五、按经济组织类型分组						
独资企业	14034	2190	27877	16885	4319	10992
国有企业	11952	1787	19678	9780	3166	9898
集体企业	310	75	2141	2141		
私营独资企业	1772	328	6058	4964	1153	1094
合作、合伙企业	1255	291	4316	2756	109	1560
私营合伙企业	1255	291	4316	2756	109	1560
股份有限公司	3146	606	8198	4202	115	3995
股份有限公司（内资）	498	121	1545	1224	68	321
私营股份有限公司	2648	485	6653	2979	47	3674
有限责任公司	104654	14117	419330	355149	14134	64181
国有独资公司	84901	9729	347062	306634	5052	40428
私营有限责任公司	18489	4089	68096	44343	8127	23753
其他有限责任公司	1264	299	4172	4172	955	
六、按企业规模分组						
在总计中：大型企业	84901	9729	347062	306634	5052	40428
中型企业	16051	2556	27159	13906	4611	13253
小型企业	22137	4919	85500	58453	9014	27047
七、按行业分组						
采矿业	5233	1134	15599	11529	1263	4070
有色金属矿采选业	2320	421	6131	3306	503	2825
非金属矿采选业	2913	713	9467	8223	760	1245
制造业	102417	14010	414188	354604	13736	59584
农副食品加工业	946	250	4657	3153	574	1505
食品制造业	2990	762	9551	4885	1200	4666
酒、饮料和精制茶制造业	842	231	2858	2353	35	505
纺织服装、服饰业	813	113	748	623	332	124
木材加工和木、竹、藤、棕、草制品业	553	141	1649	1444	335	205
家具制造业	273	68	1254	1254		
造纸和纸制品业	245	32	604	604		
文教、工美、体育和娱乐用品制造业	897	259	3020	1700	571	1320
化学原料和化学制品制造业	85721	9950	351924	310545	5938	41379
橡胶和塑料制品业	270	65	1231	1231		
非金属矿物制品业	3364	980	12819	9490	1354	3329
黑色金属冶炼和压延加工业	4319	839	17851	12504	1156	5347
有色金属冶炼和压延加工业	1163	304	2863	1658	115	1205
专用设备制造业	20	16	3159	3159	2126	
电力、热力、燃气及水生产和供应业	15438	2060	29934	12859	3678	17074
电力、热力生产和供应业	15438	2060	29934	12859	3678	17074

主要经济指标（二）

5 年）　　　　单位：万元

所有者权益合计	实收资本	国家资本	集体资本	法人资本	个人资本	港澳台资本	外商资本
-26803	113770	47718	714	64896	443		
-97765	43572	43572					
-92500	48837	44201		4636			
21808	21421			21421			
-48611	92349	47718	714	43475	443		
-26803	113770	47718	714	64896	443		
629	1141	1141					
1375	1375			1375			
-91402	49106	43060		5603	443		
-97765	43060	43060					
6364	6046			5603	443		
1942	1942			1942			
60653	60206	3517	714	55976			
4143	4143			4143			
2616	2616			2616			
47546	47099	3517	714	42869			
6349	6349			6349			
6147	6658	1141		5518			
629	1141	1141					
1375	1375			1375			
4143	4143			4143			
2616	2616			2616			
2616	2616			2616			
8291	8291			8291			
1942	1942			1942			
6349	6349			6349			
-43856	96206	46577	714	48472	443		
-97765	43060	43060					
47546	47099	3517	714	42869			
6364	6046			5603	443		
-97765	43060	43060					
10053	10178	1141		9037			
60909	60532	3517	714	55859	443		
20291	20291			20291			
9106	9106			9106			
11185	11185			11185			
-53329	86733	43060		43229	443		
3864	3864			3864			
8136	7749			7749			
2731	2731			2731			
1037	1037			1037			
2529	2529			2529			
193	193			193			
481	481			481			
2811	2811			2811			
-96825	44001	43060		941			
475	475			475			
8724	8724			8724			
9884	9566			9123	443		
2371	2371			2371			
259	200			200			
6235	6746	4657	714	1375			
6235	6746	4657	714	1375			

溆浦县规模工业企业

（201

	营业收入	主营业务收入	营业成本	主营业务成本	营业税金及附加	主营业务税金及附加
总计	710770	708809	635470	632133	8574	8569
一、在总计中：亏损企业	180982	179021	176890	173553	1001	996
二、在总计中：国有控股企业	197960	195999	183733	180397	1290	1285
三、按轻重工业分组						
在总计中：轻工业	171901	171901	148663	148663	2323	2323
重工业	538869	536908	486807	483470	6251	6246
四、按登记注册类型分组						
内资企业	710770	708809	635470	632133	8574	8569
国有企业	39547	39245	38383	38069	489	484
集体企业	6398	6398	5764	5764	150	150
有限责任公司	166434	164776	152488	149465	899	899
国有独资公司	145134	143475	141754	138731	602	602
其他有限责任公司	21300	21300	10734	10734	297	297
股份有限公司	18277	18277	17077	17077	248	248
私营企业	480114	480114	421758	421758	6788	6788
私营独资企业	37547	37547	30663	30663	645	645
私营合伙企业	29397	29397	27709	27709	454	454
私营有限责任公司	363093	363093	317007	317007	5103	5103
私营股份有限公司	50077	50077	46379	46379	585	585
五、按经济组织类型分组						
独资企业	83492	83190	74810	74497	1284	1279
国有企业	39547	39245	38383	38069	489	484
集体企业	6398	6398	5764	5764	150	150
私营独资企业	37547	37547	30663	30663	645	645
合作、合伙企业	29397	29397	27709	27709	454	454
私营合伙企业	29397	29397	27709	27709	454	454
股份有限公司	68354	68354	63456	63456	833	833
股份有限公司（内资）	18277	18277	17077	17077	248	248
私营股份有限公司	50077	50077	46379	46379	585	585
有限责任公司	529526	527868	469495	466473	6002	6002
国有独资公司	145134	143475	141754	138731	602	602
私营有限责任公司	363093	363093	317007	317007	5103	5103
其他有限责任公司	21300	21300	10734	10734	297	297
六、按企业规模分组						
在总计中：大型企业	145134	143475	141754	138731	602	602
中型企业	98234	97931	87288	86974	1307	1302
小型企业	467403	467403	406428	406428	6665	6665
七、按行业分组						
采矿业	112631	112631	86340	86340	1711	1711
有色金属矿采选业	42121	42121	30192	30192	495	495
非金属矿采选业	70510	70510	56147	56147	1215	1215
制造业	547248	545589	500777	497754	6097	6097
农副食品加工业	33626	33626	31270	31270	366	366
食品制造业	58767	58767	47762	47762	897	897
酒、饮料和精制茶制造业	24292	24292	22761	22761	290	290
纺织服装、服饰业	7489	7489	5307	5307	178	178
木材加工和木、竹、藤、棕、草制品业	11590	11590	10255	10255	230	230
家具制造业	7414	7414	6876	6876	49	49
造纸和纸制品业	6144	6144	5631	5631	68	68
文教、工美、体育和娱乐用品制造业	21543	21543	17739	17739	350	350
化学原料和化学制品制造业	169135	167476	164267	161244	1004	1004
橡胶和塑料制品业	9766	9766	9180	9180	80	80
非金属矿物制品业	75592	75592	65724	65724	977	977
黑色金属冶炼和压延加工业	88902	88902	83336	83336	1154	1154
有色金属冶炼和压延加工业	28104	28104	26174	26174	403	403
专用设备制造业	4883	4883	4498	4498	52	52
电力、热力、燃气及水生产和供应业	50891	50589	48353	48039	766	761
电力、热力生产和供应业	50891	50589	48353	48039	766	761

主要经济指标（三）

5 年）　　单位：万元

其他业务收入	其他业务利润	销售费用	管理费用	税金	财务费用	利息收入	利息支出
1961	375	14760	57516	2759	18590	2723	16967
1961	375	3392	13091	913	15330	2723	13715
1961	375	3737	22362	913	15444	2723	13829
		3709	14258	587	1056		1056
1961	375	11051	43258	2172	17533	2723	15911
1961	375	14760	57516	2759	18590	2723	16967
302	－11	92	2411	33	60	8	47
		127	212	50	62		62
1658	385	3809	20357	920	15481	2715	13879
1658	385	3392	10853	879	15317	2715	13715
		417	9504	40	164		164
		334	402	70	106		106
		10399	34134	1687	2880		2873
		757	4940	100	209		209
		524	419	87	160		160
		8140	27304	1362	2230		2223
		977	1471	138	283		283
302	－11	976	7564	183	330	8	318
302	－11	92	2411	33	60	8	47
		127	212	50	62		62
		757	4940	100	209		209
		524	419	87	160		160
		524	419	87	160		160
		1311	1873	207	389		389
		334	402	70	106		106
		977	1471	138	283		283
1658	385	11949	47661	2282	17711	2715	16101
1658	385	3392	10853	879	15317	2715	13715
		8140	27304	1362	2230		2223
		417	9504	40	164		164
1658	385	3392	10853	879	15317	2715	13715
302	－11	1277	8721	193	371	8	358
		10091	37942	1686	2901		2894
		2291	20673	320	585		585
		773	10102	65	230		230
		1518	10571	255	354		354
1658	385	12064	33997	2303	17800	2715	16190
		727	787	105	222		222
		1244	7546	171	277		277
		426	546	83	140		140
		132	1761	7	48		48
		368	407	79	193		193
		206	218	22	35		35
		148	183	36	56		56
		520	2616	100	153		153
1658	385	3730	11331	980	15446	2715	13843
		228	194	31	43		43
		1902	5949	324	490		490
		1701	1705	257	482		482
		586	601	109	208		208
		147	153		7		
302	－11	405	2847	136	205	8	193
302	－11	405	2847	136	205	8	193

溆浦县规模工业企业

（201

	营业利润	资产减值损失	公允价值变动收益	投资收益	营业外收入	政府补助
总计	-24182	43			2150	
一、在总计中：亏损企业	-28764	43			2126	
二、在总计中：国有控股企业	-28648	43			2126	
三、按轻重工业分组						
在总计中：轻工业	1892				24	
重工业	-26074	43			2126	
四、按登记注册类型分组						
内资企业	-24182	43			2150	
国有企业	-1930	43			1019	
集体企业	83					
有限责任公司	-26601				1107	
国有独资公司	-26784				1107	
其他有限责任公司	184					
股份有限公司	111					
私营企业	4155				24	
私营独资企业	333					
私营合伙企业	132					
私营有限责任公司	3308				24	
私营股份有限公司	382					
五、按经济组织类型分组						
独资企业	-1514	43			1019	
国有企业	-1930	43			1019	
集体企业	83					
私营独资企业	333					
合作、合伙企业	132					
私营合伙企业	132					
股份有限公司	493					
股份有限公司（内资）	111					
私营股份有限公司	382					
有限责任公司	-23292				1131	
国有独资公司	-26784				1107	
私营有限责任公司	3308				24	
其他有限责任公司	184					
六、按企业规模分组						
在总计中：大型企业	-26784				1107	
中型企业	-773	43			1043	
小型企业	3375					
七、按行业分组						
采矿业	1032					
有色金属矿采选业	328					
非金属矿采选业	704					
制造业	-23488				1131	
农副食品加工业	254					
食品制造业	1041					
酒、饮料和精制茶制造业	130					
纺织服装、服饰业	63					
木材加工和木、竹、藤、棕、草制品业	138					
家具制造业	31					
造纸和纸制品业	58					
文教、工美、体育和娱乐用品制造业	165					
化学原料和化学制品制造业	-26643				1107	
橡胶和塑料制品业	43					
非金属矿物制品业	549				24	
黑色金属冶炼和压延加工业	524					
有色金属冶炼和压延加工业	133					
专用设备制造业	27					
电力、热力、燃气及水生产和供应业	-1727	43			1019	
电力、热力生产和供应业	-1727	43			1019	

主要经济指标（四）

5年）　　　　单位：万元

营业外支出	利润总额	应交所得税	亏损企业亏损总额	利税总额	应交税金及附加	本年应付职工薪酬	本年应交增值税	全部从业人员年平均人数(人)
620	-22652	543	27256	-4481	21478	50508	9603	12925
618	-27256	32	27256	-20557	7649	11572	5703	2350
618	-27141	32	27256	-20090	8001	14199	5766	3100
	1916	366		6003	5040	14227	1764	3945
620	-24568	177	27256	-10483	16438	36281	7838	8980
620	-22652	543	27256	-4481	21478	50508	9603	12925
467	-1378	32	1429	2806	4255	5620	3701	1229
	83			267	234	639	35	182
151	-25644	17	25828	-22449	4132	9444	2296	2115
151	-25828		25828	-23189	3518	7638	2037	1661
	183	17		739	614	1806	259	454
	111			447	406	1665	88	384
1	4178	494		14449	12451	33140	3483	9015
	333			1100	867	2197	122	599
	132	5		688	648	1372	102	345
1	3331	489		11378	9897	26037	2944	7148
	382			1283	1039	3535	316	923
467	-963	32	1429	4173	5356	8456	3857	2010
467	-1378	32	1429	2806	4255	5620	3701	1229
	83			267	234	639	35	182
	333			1100	867	2197	122	599
	132	5		688	648	1372	102	345
	132	5		688	648	1372	102	345
	493			1730	1445	5200	404	1307
	111			447	406	1665	88	384
	382			1283	1039	3535	316	923
152	-22313	506	25828	-11072	14029	35480	5239	9263
151	-25828		25828	-23189	3518	7638	2037	1661
1	3331	489		11378	9897	26037	2944	7148
	183	17		739	614	1806	259	454
151	-25828		25828	-23189	3518	7638	2037	1661
467	-197	384	1429	5968	6748	14078	4864	3452
2	3373	159		12740	11212	28793	2702	7812
	1032	12		3223	2523	7725	480	1936
	328			1034	772	3392	211	815
	704	12		2189	1751	4334	269	1121
152	-22509	499	25828	-11055	14256	36186	5356	9416
	254			706	558	1640	86	396
	1041	290		2838	2258	5547	900	1393
	130			584	537	1310	164	405
	63			329	273	965	88	314
	138	8		398	347	865	30	243
	31			104	96	340	25	110
	58			157	134	336	30	126
	165	68		746	749	2056	231	663
151	-25686		25828	-22453	4212	9483	2229	2093
	43			145	133	453	23	127
	573	116		2372	2239	6053	822	1560
	524	17		2208	1958	4142	530	1197
	133			734	710	2541	198	657
1	26			78	52	456		132
467	-1176	32	1429	3351	4700	6597	3766	1573
467	-1176	32	1429	3351	4700	6597	3766	1573

会同县规模工业企业

（201

	企业单位数（个）	亏损企业个数	工业总产值（当年价格）	工业销售产值（当年价格）	出 口交货值
总计	25	7	273308	267371	
一、在总计中：亏损企业	7	7	84816	83157	
二、在总计中：国有控股企业	3	1	47859	47859	
三、按轻重工业分组					
在总计中：轻工业	5	1	54339	50062	
重工业	20	6	218969	217310	
四、按登记注册类型分组					
内资企业	25	7	273308	267371	
有限责任公司	10	3	96159	96159	
国有独资公司	1		6902	6902	
其他有限责任公司	9	3	89257	89257	
股份有限公司	1		6817	6817	
私营企业	14	4	170331	164395	
私营有限责任公司	13	4	161452	156068	
私营股份有限公司	1		8880	8327	
五、按经济组织类型分组					
股份有限公司	2		15697	15144	
股份有限公司（内资）	1		6817	6817	
私营股份有限公司	1		8880	8327	
有限责任公司	23	7	257611	252227	
国有独资公司	1		6902	6902	
私营有限责任公司	13	4	161452	156068	
其他有限责任公司	9	3	89257	89257	
六、按企业规模分组					
中型企业	2	1	31203	31203	
小型企业	22	6	239904	233967	
微型企业	1		2201	2201	
七、按行业分组					
采矿业	1	1	25743	25743	
有色金属矿采选业	1	1	25743	25743	
制造业	18	5	189871	183934	
农副食品加工业	1		22947	18798	
酒、饮料和精制茶制造业	1		6721	7145	
木材加工和木、竹、藤、棕、草制品业	4		64183	64183	
造纸和纸制品业	3	1	24671	24119	
非金属矿物制品业	3	2	24563	24563	
黑色金属冶炼和压延加工业	6	2	46786	45127	
电力、热力、燃气及水生产和供应业	6	1	57694	57694	
电力、热力生产和供应业	6	1	57694	57694	

主要经济指标（一）

5年）

单位：万元

年初存货	产成品	资产总计	流动资产合计	资产总计：流动资产合计：应收账款	资产总计：流动资产合计：存货	资产总计：流动资产合计：存货：产成品	资产总计：固定资产合计	资产总计：固定资产原价
10212	5182	170332	40500	7301	10828	7349	48860	69285
1437	586	41079	10350	2639	2426	1241	22651	30740
		78263	8683	4220	43	43	6970	12639
3269	2812	19491	7784	360	3015	2478	10054	11421
6944	2370	150841	32716	6942	7813	4871	38807	57864
10212	5182	170332	40500	7301	10828	7349	48860	69285
3591	718	103439	19781	4490	3701	1698	21633	36063
		59589	3267	909	43	43		
3591	718	43850	16514	3581	3658	1655	21633	36063
		8507	2286	1010				
6621	4464	58386	18433	1802	7127	5651	27227	33223
6502	4452	57298	18151	1760	7001	5639	26422	32250
120	13	1088	282	43	126	12	806	973
120	13	9595	2568	1052	126	12	806	973
		8507	2286	1010				
120	13	1088	282	43	126	12	806	973
10092	5170	160737	37932	6249	10702	7337	48054	68312
		59589	3267	909	43	43		
6502	4452	57298	18151	1760	7001	5639	26422	32250
3591	718	43850	16514	3581	3658	1655	21633	36063
3167	719	23151	9789	236	2861	1439	9507	10037
6788	4463	146602	30169	6941	7559	5655	39353	59248
257		578	542	125	408	255		
35		14093	3021		59		3845	5206
35		14093	3021		59		3845	5206
10177	5182	64759	27357	2528	10701	7296	27745	31136
2250	2250	6302	4016	251	2232	2232	2285	2940
548	548	4026	2883	60	278	152	1143	1220
4609	1694	24053	12584	913	4211	2899	7372	8082
470	14	9164	884	49	505	95	6626	7261
534	91	8506	2633	763	598	166	5040	6582
1767	585	12709	4356	491	2878	1753	5279	5050
		91480	10122	4774	68	53	17271	32944
		91480	10122	4774	68	53	17271	32944

会同县规模工业企业

（201

	累计折旧	本年折旧	负债合计	流动负债合计	应付账款	非流动负债合计
总计	27141	3500	90653	35704	4508	5575
一、在总计中：亏损企业	8580	1373	29346	23431	2332	1550
二、在总计中：国有控股企业	5669	287	35977	4195		
三、按轻重工业分组						
在总计中：轻工业	2253	722	12665	7121	503	1179
重工业	24887	2778	77989	28584	4005	4396
四、按登记注册类型分组						
内资企业	27141	3500	90653	35704	4508	5575
有限责任公司	19916	1653	50816	9012	1393	1200
国有独资公司			31473			
其他有限责任公司	19916	1653	19343	9012	1393	1200
股份有限公司			309			
私营企业	7225	1847	39528	26692	3115	4375
私营有限责任公司	7058	1783	38746	26423	3088	3862
私营股份有限公司	167	64	782	269	27	513
五、按经济组织类型分组						
股份有限公司	167	64	1091	269	27	513
股份有限公司（内资）			309			
私营股份有限公司	167	64	782	269	27	513
有限责任公司	26974	3436	89562	35436	4481	5062
国有独资公司			31473			
私营有限责任公司	7058	1783	38746	26423	3088	3862
其他有限责任公司	19916	1653	19343	9012	1393	1200
六、按企业规模分组						
中型企业	4522	543	12580			
小型企业	22619	2958	77969	35704	4508	5575
微型企业			105			
七、按行业分组						
采矿业	1361	316	14237	14237		
有色金属矿采选业	1361	316	14237	14237		
制造业	9107	1578	36821	16600	4108	2729
农副食品加工业	1541	195	4098	3432	15	666
酒、饮料和精制茶制造业	78		1725	1725	372	
木材加工和木、竹、藤、棕、草制品业	4703	223	11221	725		
造纸和纸制品业	635	527	6842	1964	117	513
非金属矿物制品业	1689	520	6064	5564	2267	500
黑色金属冶炼和压延加工业	462	113	6871	3190	1339	1050
电力、热力、燃气及水生产和供应业	16673	1607	39596	4868	400	2846
电力、热力生产和供应业	16673	1607	39596	4868	400	2846

主要经济指标（二）

5 年）　　单位：万元

所有者权益合计	实收资本	国家资本	集体资本	法人资本	个人资本	港澳台资本	外商资本
79205	36600	4329	8854	9384	14033		
11733	9125			6978	2147		
42286	10326	4173	3155	2998			
6827	2131		255		1876		
72378	34469	4329	8599	9384	12157		
79205	36600	4329	8854	9384	14033		
52623	19759	4329	5444	4003	5983		
28116	4173	4173					
24507	15586	156	5444	4003	5983		
8198	3155		3155				
18384	13685		255	5381	8050		
18078	13527		255	5381	7892		
306	158				158		
8504	3314		3155		158		
8198	3155		3155				
306	158				158		
70701	33287	4329	5699	9384	13875		
28116	4173	4173					
18078	13527		255	5381	7892		
24507	15586	156	5444	4003	5983		
10572	5363				5363		
68633	31237	4329	8854	9384	8670		
-144	2981			2981			
-144	2981			2981			
27464	15293		255	1006	14033		
2204	1000				1000		
2301	500		255		245		
12832	7584			6	7578		
2322	631				631		
2442	3498			1000	2498		
5364	2081				2081		
51885	18326	4329	8599	5398			
51885	18326	4329	8599	5398			

会同县规模工业企业

（201

	营业收入	主营业务收入	营业成本	主营业务成本	营业税金及附加	主营业务税金及附加
总计	208747	208747	191792	191295	910	897
一、在总计中：亏损企业	56734	56734	54922	54922	300	300
二、在总计中：国有控股企业	44916	44916	38127	38127	318	318
三、按轻重工业分组						
在总计中：轻工业	46490	46490	44293	44293	21	21
重工业	162257	162257	147499	147001	889	877
四、按登记注册类型分组						
内资企业	208747	208747	191792	191295	910	897
有限责任公司	76246	76246	68569	68569	428	428
国有独资公司	6818	6818	4226	4226	20	20
其他有限责任公司	69429	69429	64343	64343	408	408
股份有限公司	3960	3960	1179	1179	14	14
私营企业	128541	128541	122045	121548	468	455
私营有限责任公司	120215	120215	114133	113635	456	444
私营股份有限公司	8327	8327	7913	7913	11	11
五、按经济组织类型分组						
股份有限公司	12286	12286	9091	9091	25	25
股份有限公司（内资）	3960	3960	1179	1179	14	14
私营股份有限公司	8327	8327	7913	7913	11	11
有限责任公司	196461	196461	182701	182203	885	872
国有独资公司	6818	6818	4226	4226	20	20
私营有限责任公司	120215	120215	114133	113635	456	444
其他有限责任公司	69429	69429	64343	64343	408	408
六、按企业规模分组						
中型企业	9870	9870	8517	8517	3	3
小型企业	197329	197329	181773	181275	905	893
微型企业	1548	1548	1503	1503	1	1
七、按行业分组						
采矿业	2377	2377	2307	2307		
有色金属矿采选业	2377	2377	2307	2307		
制造业	151604	151604	144671	144174	452	439
农副食品加工业	22938	22938	22617	22617		
酒、饮料和精制茶制造业	7145	7145	5914	5914		
木材加工和木、竹、藤、棕、草制品业	40818	40818	37604	37604	287	274
造纸和纸制品业	16407	16407	15763	15763	20	20
非金属矿物制品业	23347	23347	22490	21992	17	17
黑色金属冶炼和压延加工业	40948	40948	40285	40285	127	127
电力、热力、燃气及水生产和供应业	54767	54767	44814	44814	458	458
电力、热力生产和供应业	54767	54767	44814	44814	458	458

主要经济指标（三）

5 年）　　单位：万元

其他业务收　入	其他业务利　润	销售费用	管理费用	税　金	财务费用	利息收入	利息支出
		1609	5804	434	3572	21	3571
		422	2530	48	210	3	211
			2092	45	1756	20	1825
		603	1177	108	375		374
		1006	4627	325	3197	21	3197
		1609	5804	434	3572	21	3571
		448	2317	323	2622	6	2600
					1749	4	1738
		448	2317	323	873	2	862
			689		8	15	87
		1160	2798	111	942	1	884
		1032	2672	85	887	1	829
		128	126	26	55		55
		128	815	26	63	15	142
			689		8	15	87
		128	126	26	55		55
		1481	4989	408	3509	6	3429
					1749	4	1738
		1032	2672	85	887	1	829
		448	2317	323	873	2	862
		86	538	22	619		618
		1505	5250	412	2953	21	2953
		18	17				
			189	3			
			189	3			
		1609	2542	131	1411	1	1342
		32	275		189		189
		431	368	83	107		106
		208	474	22	807		752
		140	534	26	80		79
		587	424		60		59
		211	466		170	1	157
			3073	301	2160	20	2229
			3073	301	2160	20	2229

会同县规模工业企业

（201

	营业利润	资产减值损　失	公允价值变动收益	投资收益	营业外收　入	政府补助
总计	5120			60	417	29
一、在总计中：亏损企业	-1650				120	
二、在总计中：国有控股企业	2624				119	
三、按轻重工业分组						
在总计中：轻工业	81			60	177	
重工业	5039				240	29
四、按登记注册类型分组						
内资企业	5120			60	417	29
有限责任公司	1861				148	29
国有独资公司	822					
其他有限责任公司	1039				148	29
股份有限公司	2070					
私营企业	1189			60	269	
私营有限责任公司	1095			60	269	
私营股份有限公司	94					
五、按经济组织类型分组						
股份有限公司	2164					
股份有限公司（内资）	2070					
私营股份有限公司	94					
有限责任公司	2956			60	417	29
国有独资公司	822					
私营有限责任公司	1095			60	269	
其他有限责任公司	1039				148	29
六、按企业规模分组						
中型企业	108					
小型企业	5003			60	417	29
微型企业	9					
七、按行业分组						
采矿业	-120				1	
有色金属矿采选业	-120				1	
制造业	979			60	268	
农副食品加工业	-115			60	116	
酒、饮料和精制茶制造业	326				61	
木材加工和木、竹、藤、棕、草制品业	1439				91	
造纸和纸制品业	-130					
非金属矿物制品业	-230					
黑色金属冶炼和压延加工业	-311					
电力、热力、燃气及水生产和供应业	4261				148	29
电力、热力生产和供应业	4261				148	29

主要经济指标（四）

5年）　　单位：万元

营业外支出	利润总额	应交所得税	亏损企业亏损总额	利税总额	应交税金及附加	本年应付职工薪酬	本年应交增值税	全部从业人员年平均人数(人)
54	5483	294	1562	11097	6354	9361	4717	3074
32	-1562		1562	1519	3128	3492	2780	976
17	2726		167	6046	3366	2539	3003	451
4	254		413	363	218	1320	89	729
50	5230	294	1148	10734	6136	8041	4628	2345
54	5483	294	1562	11097	6354	9361	4717	3074
34	1975	55	515	6279	4681	4749	3875	1244
	822			1168	346	333	326	50
34	1153	55	515	5111	4335	4416	3550	1194
	2070			2181	111	453	97	109
20	1438	240	1047	2638	1562	4159	744	1721
20	1344	240	1047	2463	1456	3912	675	1587
	94			175	107	247	70	134
	2164			2356	218	700	167	243
	2070			2181	111	453	97	109
	94			175	107	247	70	134
54	3319	294	1562	8741	6137	8661	4550	2831
	822			1168	346	333	326	50
20	1344	240	1047	2463	1456	3912	675	1587
34	1153	55	515	5111	4335	4416	3550	1194
	108		413	483	397	1627	372	660
54	5366	294	1148	10594	5945	7734	4334	2383
	9			21	12		11	31
	-118		118	-118	3	324		99
	-118		118	-118	3	324		99
34	1213	23	1277	2901	1854	5819	1249	2241
1				12	12	103	11	51
3	384			384	83	268		106
2	1528			2533	1040	2383	731	753
	-130		413	-32	124	949	78	572
27	-257	23	348	-82	198	591	158	185
1	-312		515	86	398	1526	271	574
20	4389	272	167	8315	4498	3217	3468	734
20	4389	272	167	8315	4498	3217	3468	734

麻阳县规模工业企业

（201

	企业单位数（个）	亏损企业个数	工业总产值（当年价格）	工业销售产值（当年价格）	出口交货值
总计	28	1	528285	525122	
一、在总计中：亏损企业	1	1	26026	26026	
二、在总计中：国有控股企业	1	1	26026	26026	
三、在总计中：农村工业	1		8877	8749	
四、按轻重工业分组					
在总计中：轻工业	8		120526	119782	
重工业	20	1	407759	405340	
五、按登记注册类型分组					
内资企业	28	1	528285	525122	
集体企业	1		8877	8749	
有限责任公司	5	1	78186	77976	
国有独资公司	1	1	26026	26026	
其他有限责任公司	4		52160	51950	
股份有限公司	3		35358	35199	
私营企业	19		405864	403199	
私营合伙企业	2		25201	25082	
私营有限责任公司	14		336341	334107	
私营股份有限公司	3		44322	44010	
六、按经济组织类型分组					
独资企业	1		8877	8749	
集体企业	1		8877	8749	
合作、合伙企业	2		25201	25082	
私营合伙企业	2		25201	25082	
股份有限公司	6		79680	79209	
股份有限公司（内资）	3		35358	35199	
私营股份有限公司	3		44322	44010	
有限责任公司	19	1	414527	412083	
国有独资公司	1	1	26026	26026	
私营有限责任公司	14		336341	334107	
其他有限责任公司	4		52160	51950	
七、按企业规模分组					
中型企业	3	1	59953	59857	
小型企业	25		468332	465265	
八、按行业分组					
采矿业	2		32372	32235	
有色金属矿采选业	2		32372	32235	
制造业	22		446266	443241	
农副食品加工业	4		70632	70203	
食品制造业	1		11304	11214	
酒、饮料和精制茶制造业	1		20849	20805	
木材加工和木、竹、藤、棕、草制品业	3		28969	28749	
造纸和纸制品业	1		8864	8811	
化学原料和化学制品制造业	3		39389	39185	
非金属矿物制品业	2		23031	22947	
黑色金属冶炼和压延加工业	5		206495	204856	
有色金属冶炼和压延加工业	2		36735	36471	
电力、热力、燃气及水生产和供应业	4	1	49646	49646	
电力、热力生产和供应业	4	1	49646	49646	

主要经济指标（一）

5 年）

单位：万元

年初存货	产成品	资产总计	流动资产合计	应收账款	存货	产成品	固定资产合计	固定资产原价
2985	1255	84430	15394	2375	2963	1640	67925	145948
72		14775	1571	241	85		12482	19640
72		14775	1571	241	85		12482	19640
56	11	511	311	77	117	74	200	257
915	370	13165	3015	363	1025	595	10151	22339
2070	884	71265	12380	2011	1937	1045	57774	123609
2985	1255	84430	15394	2375	2963	1640	67925	145948
56	11	511	311	77	117	74	200	257
321	173	28860	4359	443	422	224	23778	47858
72		14775	1571	241	85		12482	19640
249	173	14084	2788	202	336	224	11297	28217
365	104	26078	2844	182	165	81	23234	28803
2243	967	28982	7881	1673	2259	1261	20713	69031
145	26	1590	480	93	213	137	1110	1613
1697	792	25708	6662	1468	1691	955	18657	61283
400	150	1684	739	113	355	168	946	6135
56	11	511	311	77	117	74	200	257
56	11	511	311	77	117	74	200	257
145	26	1590	480	93	213	137	1110	1613
145	26	1590	480	93	213	137	1110	1613
765	254	27762	3582	295	520	250	24180	34938
365	104	26078	2844	182	165	81	23234	28803
400	150	1684	739	113	355	168	946	6135
2019	964	54567	11021	1910	2113	1179	42436	109141
72		14775	1571	241	85		12482	19640
1697	792	25708	6662	1468	1691	955	18657	61283
249	173	14084	2788	202	336	224	11297	28217
212	65	25936	3759	361	196	51	21455	44273
2773	1190	58494	11636	2014	2767	1589	46470	101675
257	85	8241	505	70	208	99	7736	12906
257	85	8241	505	70	208	99	7736	12906
2647	1170	36337	10836	1938	2662	1540	25112	80173
393	209	7629	1509	161	527	341	6120	15917
162	76	1677	641	37	156	77	1035	2822
213	61	2102	342	32	114	51	1760	1857
238	38	2993	1127	303	341	202	1792	3225
91	14	1248	211	57	112	52	1036	1486
259	154	1681	833	157	373	257	848	6351
146	49	4881	1685	763	158	56	2882	6604
876	402	12621	3806	320	636	373	8816	32277
270	168	1507	683	108	245	131	824	9634
81		39852	4053	367	93		35077	52869
81		39852	4053	367	93		35077	52869

麻阳县规模工业企业

(201

	累计折旧	本年折旧	负债合计	流动负债合计	应付账款	非流动负债合计
总计	79350	53236	56895	48851	14445	8044
一、在总计中：亏损企业	7159	1136	14775	8346	2920	6429
二、在总计中：国有控股企业	7159	1136	14775	8346	2920	6429
三、在总计中：农村工业	62	16	363	363	95	
四、按轻重工业分组						
在总计中：轻工业	12300	10147	8789	8789	2338	
重工业	67050	43089	48106	40063	12107	8044
五、按登记注册类型分组						
内资企业	79350	53236	56895	48851	14445	8044
集体企业	62	16	363	363	95	
有限责任公司	24290	9891	25338	18908	5614	6429
国有独资公司	7159	1136	14775	8346	2920	6429
其他有限责任公司	17131	8755	10562	10562	2694	
股份有限公司	5915	1755	11137	11137	2951	
私营企业	49083	41575	20057	18443	5786	1614
私营合伙企业	536	134	1128	1128	293	
私营有限责任公司	43337	36775	17795	16181	5211	1614
私营股份有限公司	5210	4666	1135	1135	282	
六、按经济组织类型分组						
独资企业	62	16	363	363	95	
集体企业	62	16	363	363	95	
合作、合伙企业	536	134	1128	1128	293	
私营合伙企业	536	134	1128	1128	293	
股份有限公司	11125	6421	12272	12272	3233	
股份有限公司（内资）	5915	1755	11137	11137	2951	
私营股份有限公司	5210	4666	1135	1135	282	
有限责任公司	67627	46665	43132	35089	10825	8044
国有独资公司	7159	1136	14775	8346	2920	6429
私营有限责任公司	43337	36775	17795	16181	5211	1614
其他有限责任公司	17131	8755	10562	10562	2694	
七、按企业规模分组						
中型企业	22818	6102	22004	15574	4824	6429
小型企业	56532	47133	34891	33277	9621	1614
八、按行业分组						
采矿业	5179	1589	4967	4967	1286	
有色金属矿采选业	5179	1589	4967	4967	1286	
制造业	55936	47012	25204	23590	7179	1614
农副食品加工业	9836	8315	6173	6173	1634	
食品制造业	1787	1661	931	931	254	
酒、饮料和精制茶制造业	135	32	427	427	129	
木材加工和木、竹、藤、棕、草制品业	1499	102	1874	1874	490	
造纸和纸制品业	480	122	894	894	228	
化学原料和化学制品制造业	5516	5279	1060	1060	276	
非金属矿物制品业	4322	3498	3288	1674	1431	1614
黑色金属冶炼和压延加工业	23552	19565	9530	9530	2472	
有色金属冶炼和压延加工业	8810	8437	1027	1027	267	
电力、热力、燃气及水生产和供应业	18235	4635	26723	20294	5980	6429
电力、热力生产和供应业	18235	4635	26723	20294	5980	6429

主要经济指标（二）

5年）

单位：万元

所有者权益合计	实收资本	国家资本	集体资本	法人资本	个人资本	港澳台资本	外商资本
27535	13354	1254	147	10707	1247		
	1254	1254					
	1254	1254					
147	147		147				
4377	2141		147	1725	269		
23158	11213	1254		8982	978		
27535	13354	1254	147	10707	1247		
147	147		147				
3522	3471	1254		2217			
	1254	1254					
3522	2217			2217			
14941	4186			4186			
8925	5551			4304	1247		
462	277			178	99		
7913	4851			4126	725		
550	424				424		
147	147		147				
147	147		147				
462	277			178	99		
462	277			178	99		
15491	4610			4186	424		
14941	4186			4186			
550	424				424		
11435	8321	1254		6343	725		
	1254	1254					
7913	4851			4126	725		
3522	2217			2217			
3932	2883	1254		1629			
23603	10471		147	9078	1247		
3274	974			919	55		
3274	974			919	55		
11133	7735		147	6396	1192		
1456	1042			773	269		
745	590			590			
1675	184			184			
1119	725			316	410		
354	178			178			
621	601		147	272	182		
1593	1418			1418			
3091	2666			2666			
480	331				331		
13128	4645	1254		3392			
13128	4645	1254		3392			

麻阳县规模工业企业

（201

	营业收入	主营业务收入	营业成本	主营业务成本	营业税金及附加	主营业务税金及附加
总计	478910	478910	410836	410836	2684	2674
一、在总计中：亏损企业	26367	26367	27371	27371	195	185
二、在总计中：国有控股企业	26367	26367	27371	27371	195	185
三、在总计中：农村工业	7734	7734	6531	6531	43	43
四、按轻重工业分组						
在总计中：轻工业	110151	110151	92623	92623	606	606
重工业	368758	368758	318213	318213	2078	2068
五、按登记注册类型分组						
内资企业	478910	478910	410836	410836	2684	2674
集体企业	7734	7734	6531	6531	43	43
有限责任公司	73691	73691	67233	67233	455	445
国有独资公司	26367	26367	27371	27371	195	185
其他有限责任公司	47324	47324	39862	39862	260	260
股份有限公司	31200	31200	25285	25285	172	172
私营企业	366285	366285	311787	311787	2015	2015
私营合伙企业	23455	23455	19017	19017	129	129
私营有限责任公司	302222	302222	257836	257836	1662	1662
私营股份有限公司	40608	40608	34935	34935	223	223
六、按经济组织类型分组						
独资企业	7734	7734	6531	6531	43	43
集体企业	7734	7734	6531	6531	43	43
合作、合伙企业	23455	23455	19017	19017	129	129
私营合伙企业	23455	23455	19017	19017	129	129
股份有限公司	71807	71807	60220	60220	395	395
股份有限公司（内资）	31200	31200	25285	25285	172	172
私营股份有限公司	40608	40608	34935	34935	223	223
有限责任公司	375913	375913	325068	325068	2117	2107
国有独资公司	26367	26367	27371	27371	195	185
私营有限责任公司	302222	302222	257836	257836	1662	1662
其他有限责任公司	47324	47324	39862	39862	260	260
七、按企业规模分组						
中型企业	56357	56357	51307	51307	360	350
小型企业	422552	422552	359529	359529	2324	2324
八、按行业分组						
采矿业	28592	28592	23646	23646	157	157
有色金属矿采选业	28592	28592	23646	23646	157	157
制造业	402730	402730	342405	342405	2215	2215
农副食品加工业	64789	64789	53123	53123	356	356
食品制造业	10093	10093	9179	9179	56	56
酒、饮料和精制茶制造业	18725	18725	16642	16642	103	103
木材加工和木、竹、藤、棕、草制品业	27623	27623	24634	24634	152	152
造纸和纸制品业	8811	8811	7148	7148	49	49
化学原料和化学制品制造业	34927	34927	30368	30368	192	192
非金属矿物制品业	20667	20667	16293	16293	114	114
黑色金属冶炼和压延加工业	184273	184273	157029	157029	1013	1013
有色金属冶炼和压延加工业	32824	32824	27990	27990	181	181
电力、热力、燃气及水生产和供应业	47587	47587	44785	44785	311	302
电力、热力生产和供应业	47587	47587	44785	44785	311	302

主要经济指标（三）

5年)　　　　单位：万元

其他业务收　入	其他业务利　润	销售费用	管理费用	税　金	财务费用	利息收入	利息支出
		18945	38972	948	3801		3801
					211		211
					211		211
		431	509		62		62
		5184	9209		1185		1185
		13761	29763	948	2617		2617
		18945	38972	948	3801		3801
		431	509		62		62
		2371	3541		717		717
					211		211
		2371	3541		506		506
		1926	2661		439		439
		14217	32260	948	2583		2583
		958	2580		441		441
		11222	26872	948	2092		2092
		2036	2808		50		50
		431	509		62		62
		431	509		62		62
		958	2580		441		441
		958	2580		441		441
		3962	5469		489		489
		1926	2661		439		439
		2036	2808		50		50
		13593	30413	948	2809		2809
					211		211
		11222	26872	948	2092		2092
		2371	3541		506		506
		1814	2956		839		839
		17131	36016	948	2962		2962
		1685	2280		322		322
		1685	2280		322		322
		16293	35001	948	2828		2828
		3511	6579		605		605
		208	382		119		119
		733	769		257		257
		901	1283		379		379
		300	969		141		141
		1410	2150		234		234
		1199	2626	151	83		83
		6316	17761	797	942		942
		1713	2482		68		68
		968	1692		651		651
		968	1692		651		651

麻阳县规模工业企业

（201

	营业利润	资产减值损 失	公允价值变动收益	投资收益	营业外收 入	政府补助
总计	3758	-86			691	
一、在总计中：亏损企业	-1325	-86			691	
二、在总计中：国有控股企业	-1325	-86			691	
三、在总计中：农村工业	157					
四、按轻重工业分组						
在总计中：轻工业	1345					
重工业	2413	-86			691	
五、按登记注册类型分组						
内资企业	3758	-86			691	
集体企业	157					
有限责任公司	-541	-86			691	
国有独资公司	-1325	-86			691	
其他有限责任公司	784					
股份有限公司	717					
私营企业	3424					
私营合伙企业	330					
私营有限责任公司	2539					
私营股份有限公司	555					
六、按经济组织类型分组						
独资企业	157					
集体企业	157					
合作、合伙企业	330					
私营合伙企业	330					
股份有限公司	1272					
股份有限公司（内资）	717					
私营股份有限公司	555					
有限责任公司	1999	-86			691	
国有独资公司	-1325	-86			691	
私营有限责任公司	2539					
其他有限责任公司	784					
七、按企业规模分组						
中型企业	-832	-86			691	
小型企业	4590					
八、按行业分组						
采矿业	503					
有色金属矿采选业	503					
制造业	3989					
农副食品加工业	615					
食品制造业	149					
酒、饮料和精制茶制造业	220					
木材加工和木、竹、藤、棕、草制品业	275					
造纸和纸制品业	205					
化学原料和化学制品制造业	574					
非金属矿物制品业	352					
黑色金属冶炼和压延加工业	1212					
有色金属冶炼和压延加工业	390					
电力、热力、燃气及水生产和供应业	-734	-86			691	
电力、热力生产和供应业	-734	-86			691	

主要经济指标（四）

5年）　　单位：万元

营业外支出	利润总额	应交所得税	亏损企业亏损总额	利税总额	应交税金及附加	本年应付职工薪酬	本年应交增值税	全部从业人员年平均人数(人)
124	4324	1271	759	24980	22884	16833	17982	3844
124	-759		759	1569	2338	2681	2143	410
124	-759		759	1569	2338	2681	2143	410
	157	39		471	353	315	271	117
	1345	336		5806	4797	3715	3855	832
124	2979	934	759	19174	18086	13118	14127	3012
124	4324	1271	759	24980	22884	16833	17982	3844
	157	39		471	353	315	271	117
124	26	196	759	4270	4450	4931	3799	1074
124	-759		759	1569	2338	2681	2143	410
	784	196		2701	2113	2250	1656	664
	717	179		1981	1443	2260	1092	761
	3424	856		18259	16638	9327	12820	1892
	330	83		1280	1033	986	821	215
	2539	635		14779	13822	7308	10578	1473
	555	139		2200	1783	1034	1421	204
	157	39		471	353	315	271	117
	157	39		471	353	315	271	117
	330	83		1280	1033	986	821	215
	330	83		1280	1033	986	821	215
	1272	318		4180	3226	3294	2513	965
	717	179		1981	1443	2260	1092	761
	555	139		2200	1783	1034	1421	204
124	2565	831	759	19049	18273	12239	14377	2547
124	-759		759	1569	2338	2681	2143	410
	2539	635		14779	13822	7308	10578	1473
	784	196		2701	2113	2250	1656	664
124	-265	123	759	3277	3676	5314	3193	1367
	4590	1147		21703	19208	11519	14789	2477
	503	126		1661	1284	1850	1001	637
	503	126		1661	1284	1850	1001	637
	3989	997		20299	18255	10431	14096	2284
	615	154		3238	2778	1951	2268	424
	149	37		557	446	481	353	82
	220	55		978	813	654	655	115
	275	69		1394	1188	1267	967	257
	205	51		562	408	314	308	94
	574	143		1988	1558	939	1223	266
	352	88		1189	1076	625	723	140
	1212	303		8675	8563	3133	6450	697
	390	97		1719	1427	1066	1149	209
124	-168	148	759	3019	3345	4553	2886	923
124	-168	148	759	3019	3345	4553	2886	923

新晃县规模工业企业

（201

	企业单位数（个）	亏损企业个数	工业总产值（当年价格）	工业销售产值（当年价格）	出　口交货值
总计	36	2	460624	460624	
一、在总计中：亏损企业	2	2	36089	36089	
二、在总计中：国有控股企业	1	1	30447	30447	
三、按轻重工业分组					
在总计中：轻工业	12		131980	131980	
重工业	24	2	328644	328644	
四、按登记注册类型分组					
内资企业	36	2	460624	460624	
有限责任公司	1	1	30447	30447	
其他有限责任公司	1	1	30447	30447	
私营企业	35	1	430177	430177	
私营合伙企业	1		11068	11068	
私营有限责任公司	22	1	285501	285501	
私营股份有限公司	12		133608	133608	
五、按经济组织类型分组					
合作、合伙企业	1		11068	11068	
私营合伙企业	1		11068	11068	
股份有限公司	12		133608	133608	
私营股份有限公司	12		133608	133608	
有限责任公司	23	2	315948	315948	
私营有限责任公司	22	1	285501	285501	
其他有限责任公司	1	1	30447	30447	
六、按企业规模分组					
中型企业	1	1	30447	30447	
小型企业	35	1	430177	430177	
七、按行业分组					
采矿业	2	1	11108	11108	
有色金属矿采选业	2	1	11108	11108	
制造业	31		405515	405515	
农副食品加工业	5		53742	53742	
酒、饮料和精制茶制造业	1		19313	19313	
木材加工和木、竹、藤、棕、草制品业	1		19587	19587	
造纸和纸制品业	2		10782	10782	
化学原料和化学制品制造业	8		95140	95140	
医药制造业	1		15686	15686	
非金属矿物制品业	3		24877	24877	
黑色金属冶炼和压延加工业	8		138616	138616	
有色金属冶炼和压延加工业	1		17414	17414	
电气机械和器材制造业	1		10359	10359	
电力、热力、燃气及水生产和供应业	3	1	44000	44000	
电力、热力生产和供应业	2	1	32357	32357	
水的生产和供应业	1		11643	11643	

主要经济指标（一）

5年）　　　　单位：万元

年初存货				资产总计				
				流动资产合计				
年初存货	产成品	资产总计	流动资产合计	应收账款	存货	产成品	固定资产合计	固定资产原价
13634	4176	221394	28546	4706	14799	5211	186701	296467
22	22	20758	872	156	70	70	13739	22664
0		10733	334	6			9552	17421
4037	1392	70221	8699	1495	5073	1647	61522	97417
9597	2784	151173	19848	3211	9726	3564	125179	199050
13634	4176	221394	28546	4706	14799	5211	186701	296467
		10733	334	6			9552	17421
		10733	334	6			9552	17421
13634	4176	210661	28212	4700	14799	5211	177150	279047
359	288	4281	468	92	345	165	3812	6108
8605	2607	131813	18935	2923	9388	3549	107578	167280
4670	1281	74568	8809	1684	5066	1498	65759	105659
359	288	4281	468	92	345	165	3812	6108
359	288	4281	468	92	345	165	3812	6108
4670	1281	74568	8809	1684	5066	1498	65759	105659
4670	1281	74568	8809	1684	5066	1498	65759	105659
8605	2607	142546	19269	2929	9388	3549	117129	184701
8605	2607	131813	18935	2923	9388	3549	107578	167280
		10733	334	6			9552	17421
		10733	334	6			9552	17421
13634	4176	210661	28212	4700	14799	5211	177150	279047
321	79	15058	1122	255	468	185	8637	12216
321	79	15058	1122	255	468	185	8637	12216
13030	4001	181384	26019	4080	14097	4928	155365	242796
1730	593	31371	3379	553	2302	527	27992	44928
493	228	7688	917	152	484	244	6772	11284
443	132	7723	857	125	468	115	6867	11793
359	111	7000	1712	184	959	314	5287	7687
3243	1058	46451	6028	859	3638	1246	40423	62117
398	115	6034	754	145	502	112	5280	8097
883	322	13955	1697	348	872	275	12257	15370
4482	1163	46974	9174	1371	4075	1685	37800	60912
367	131	6592	716	82	413	165	5877	9673
632	150	7597	786	260	386	246	6810	10936
283	95	24952	1405	371	234	98	22699	41455
129		17627	803	251	66		15977	32147
154	95	7325	603	120	168	98	6722	9309

新晃县规模工业企业

（201

	累计折旧	本年折旧	负债合计	流动负债合计	应付账款	非流动负债合计
总计	109766	21692	97245	57111	3519	40135
一、在总计中：亏损企业	8924	2459	10689	7185	1181	3504
二、在总计中：国有控股企业	7869	2071	10447	6942	1181	3504
三、按轻重工业分组						
在总计中：轻工业	35895	6945	29218	16923	870	12295
重工业	73871	14747	68027	40187	2649	27840
四、按登记注册类型分组						
内资企业	109766	21692	97245	57111	3519	40135
有限责任公司	7869	2071	10447	6942	1181	3504
其他有限责任公司	7869	2071	10447	6942	1181	3504
私营企业	101897	19621	86799	50168	2338	36631
私营合伙企业	2296	295	1733	1005	40	728
私营有限责任公司	59702	12193	51496	31363	1369	20133
私营股份有限公司	39899	7134	33571	17800	929	15770
五、按经济组织类型分组						
合作、合伙企业	2296	295	1733	1005	40	728
私营合伙企业	2296	295	1733	1005	40	728
股份有限公司	39899	7134	33571	17800	929	15770
私营股份有限公司	39899	7134	33571	17800	929	15770
有限责任公司	67571	14264	61942	38306	2549	23637
私营有限责任公司	59702	12193	51496	31363	1369	20133
其他有限责任公司	7869	2071	10447	6942	1181	3504
六、按企业规模分组						
中型企业	7869	2071	10447	6942	1181	3504
小型企业	101897	19621	86799	50168	2338	36631
七、按行业分组						
采矿业	3579	904	2268	1316	43	952
有色金属矿采选业	3579	904	2268	1316	43	952
制造业	87431	16678	76498	44820	2077	31679
农副食品加工业	16936	3163	12843	7777	416	5065
酒、饮料和精制茶制造业	4512	551	3460	1937	78	1522
木材加工和木、竹、藤、棕、草制品业	4926	1044	3250	2750		500
造纸和纸制品业	2399	571	2934	1589	131	1345
化学原料和化学制品制造业	21695	4003	19656	11414	559	8242
医药制造业	2817	412	2511	1406	56	1105
非金属矿物制品业	3113	900	6059	3495	176	2564
黑色金属冶炼和压延加工业	23112	4333	19661	10826	515	8835
有色金属冶炼和压延加工业	3796	854	2967	1967	71	1000
电气机械和器材制造业	4126	846	3158	1658	75	1500
电力、热力、燃气及水生产和供应业	18756	4110	18479	10975	1399	7504
电力、热力生产和供应业	16170	3235	15549	9045	1321	6504
水的生产和供应业	2586	875	2930	1930	78	1000

主要经济指标（二）

5 年）　　单位：万元

所有者权益合计	实收资本	国家资本	集体资本	法人资本	个人资本	港澳台资本	外商资本
124149	28214	287		15520	12407		
10068	6087	287			5800		
287	287	287					
41003	9707			7420	2287		
83146	18507	287		8100	10120		
124149	28214	287		15520	12407		
287	287	287					
287	287	287					
123862	27927			15520	12407		
2548	100			100			
80317	16187			8500	7687		
40997	11640			6920	4720		
2548	100			100			
2548	100			100			
40997	11640			6920	4720		
40997	11640			6920	4720		
80603	16474	287		8500	7687		
80317	16187			8500	7687		
287	287	287					
287	287	287					
123862	27927			15520	12407		
12790	5900				5900		
12790	5900				5900		
104886	19527			13020	6507		
18529	4820			4200	620		
4229	518				518		
4473	500			500			
4065	249			100	149		
26795	3670			1570	2100		
3523	2000			2000			
7896	1650			1200	450		
27313	4620			3450	1170		
3626	500				500		
4439	1000				1000		
6473	2787	287		2500			
2078	1787	287		1500			
4395	1000			1000			

新晃县规模工业企业

(201

	营业收入	主营业务收入	营业成本	主营业务成本	营业税金及附加	主营业务税金及附加
总计	461160	460622	401853	401554	2271	2257
一、在总计中：亏损企业	36754	36216	36806	36507	189	176
二、在总计中：国有控股企业	31112	30574	31220	30920	136	124
三、按轻重工业分组						
在总计中：轻工业	131934	131934	112092	112092	577	577
重工业	329226	328688	289761	289462	1694	1680
四、按登记注册类型分组						
内资企业	461160	460622	401853	401554	2271	2257
有限责任公司	31112	30574	31220	30920	136	124
其他有限责任公司	31112	30574	31220	30920	136	124
私营企业	430048	430048	370633	370633	2135	2133
私营合伙企业	11068	11068	9750	9750	48	48
私营有限责任公司	285421	285421	246864	246864	1322	1321
私营股份有限公司	133559	133559	114019	114019	764	764
五、按经济组织类型分组						
合作、合伙企业	11068	11068	9750	9750	48	48
私营合伙企业	11068	11068	9750	9750	48	48
股份有限公司	133559	133559	114019	114019	764	764
私营股份有限公司	133559	133559	114019	114019	764	764
有限责任公司	316533	315995	278084	277785	1458	1445
私营有限责任公司	285421	285421	246864	246864	1322	1321
其他有限责任公司	31112	30574	31220	30920	136	124
六、按企业规模分组						
中型企业	31112	30574	31220	30920	136	124
小型企业	430048	430048	370633	370633	2135	2133
七、按行业分组						
采矿业	11108	11108	10024	10024	255	254
有色金属矿采选业	11108	11108	10024	10024	255	254
制造业	405395	405395	350709	350709	1747	1747
农副食品加工业	53718	53718	45844	45844	228	228
酒、饮料和精制茶制造业	19313	19313	17025	17025	59	59
木材加工和木、竹、藤、棕、草制品业	19553	19553	16689	16689	65	65
造纸和纸制品业	10776	10776	9005	9005	61	61
化学原料和化学制品制造业	95120	95120	82509	82509	410	410
医药制造业	15686	15686	13742	13742	61	61
非金属矿物制品业	24872	24872	21287	21287	121	121
黑色金属冶炼和压延加工业	138591	138591	120612	120612	622	622
有色金属冶炼和压延加工业	17410	17410	15322	15322	73	73
电气机械和器材制造业	10357	10357	8674	8674	49	49
电力、热力、燃气及水生产和供应业	44657	44119	41120	40821	269	257
电力、热力生产和供应业	33022	32484	32219	31920	186	174
水的生产和供应业	11635	11635	8901	8901	83	83

主要经济指标（三）

5 年）　　单位：万元

其他业务收　入	其他业务利　润	销售费用	管理费用		财务费用		
				税　金		利息收入	利息支出
538		8503	34066	5480	3817	6	3818
538		25	1917		-1	6	
538			351			5	
		2667	10764	2693	1348	1	1349
538		5836	23302	2787	2469	6	2469
538		8503	34066	5480	3817	6	3818
538			351			5	
538			351			5	
		8503	33715	5480	3817	1	3818
		221	775		79		79
		5620	22557	3507	2455	1	2456
		2661	10382	1973	1283		1283
		221	775		79		79
		221	775		79		79
		2661	10382	1973	1283		1283
		2661	10382	1973	1283		1283
538		5620	22908	3507	2455	6	2456
		5620	22557	3507	2455	1	2456
538			351			5	
538			351			5	
		8503	33715	5480	3817	1	3818
		134	1948		78	1	79
		134	1948		78	1	79
		8136	29393	4335	3512	1	3513
		1102	4309	1181	494	1	494
		386	1352		127		127
		391	1669	890	166		166
		216	754		155		155
		1903	6747	844	776		776
		314	1098		99		99
		497	1741		277		277
		2772	9779	1152	1088		1088
		348	1219	268	162		162
		207	725		169		169
538		233	2725	1145	227	5	227
538			1020		30	5	31
		233	1705	1145	197		197

新晃县规模工业企业

（201

	营业利润	资产减值损　失	公允价值变动收益	投资收益	营业外收　入	政府补助
总计	10802	-150			691	565
一、在总计中：亏损企业	-2032	-150			141	15
二、在总计中：国有控股企业	-445	-150			126	
三、按轻重工业分组						
在总计中：轻工业	4487				550	550
重工业	6315	-150			141	15
四、按登记注册类型分组						
内资企业	10802	-150			691	565
有限责任公司	-445	-150			126	
其他有限责任公司	-445	-150			126	
私营企业	11247				565	565
私营合伙企业	195					
私营有限责任公司	6603				565	565
私营股份有限公司	4449					
五、按经济组织类型分组						
合作、合伙企业	195					
私营合伙企业	195					
股份有限公司	4449					
私营股份有限公司	4449					
有限责任公司	6158	-150			691	565
私营有限责任公司	6603				565	565
其他有限责任公司	-445	-150			126	
六、按企业规模分组						
中型企业	-445	-150			126	
小型企业	11247				565	565
七、按行业分组						
采矿业	-1331				15	15
有色金属矿采选业	-1331				15	15
制造业	11900					
农副食品加工业	1742					
酒、饮料和精制茶制造业	365					
木材加工和木、竹、藤、棕、草制品业	573					
造纸和纸制品业	585					
化学原料和化学制品制造业	2775					
医药制造业	372					
非金属矿物制品业	949					
黑色金属冶炼和压延加工业	3720					
有色金属冶炼和压延加工业	287					
电气机械和器材制造业	533					
电力、热力、燃气及水生产和供应业	233	-150			676	550
电力、热力生产和供应业	-283	-150			126	
水的生产和供应业	516				550	550

主要经济指标（四）

5年）　　　　单位：万元

营业外支　出	利润总额	应交所得税	亏损企业亏损总额	利税总额	应交税金及附加	本年应付职工薪酬	本年应交增值税	全部从业人员年平均人数(人)
613	10880	803	1953	31894	27310	25460	18757	7285
61	-1953		1953	-273	1693	3864	1503	513
4	-323		323	1304	1639	3770	1503	384
525	4512	208		10838	9227	7483	5749	2322
88	6368	595	1953	21056	18082	17977	13008	4963
613	10880	803	1953	31894	27310	25460	18757	7285
4	-323		323	1304	1639	3770	1503	384
4	-323		323	1304	1639	3770	1503	384
609	11203	803	1630	30590	25670	21691	17253	6901
	195	83		630	518	361	387	122
582	6585	574	1630	19597	17095	13510	11691	4289
27	4423	145		10362	8057	7819	5175	2490
	195	83		630	518	361	387	122
	195	83		630	518	361	387	122
27	4423	145		10362	8057	7819	5175	2490
27	4423	145		10362	8057	7819	5175	2490
586	6262	574	1953	20901	18734	17280	13194	4673
582	6585	574	1630	19597	17095	13510	11691	4289
4	-323		323	1304	1639	3770	1503	384
4	-323		323	1304	1639	3770	1503	384
609	11203	803	1630	30590	25670	21691	17253	6901
57	-1373		1630	-901	474	656	219	318
57	-1373		1630	-901	474	656	219	318
27	11873	659		29807	22928	19952	16187	6252
	1742	105		4121	3665	3242	2151	1034
	365			1196	831	488	773	160
	573			1283	1600	862	645	269
	585			1230	645	947	584	274
	2775	165		6879	5113	5614	3694	1791
	372			1014	641	661	580	218
	949			2218	1270	1605	1149	527
27	3693	332		9850	7640	4980	5535	1586
	287	57		1021	1060	631	662	161
	533			996	463	924	414	232
529	380	144	323	2988	3908	4852	2351	715
4	-161	41	323	1631	1844	4141	1618	480
525	541	103		1357	2064	712	733	235

芷江县规模工业企业

（201

	企业单位数（个）	亏损企业个数	工业总产值（当年价格）	工业销售产值（当年价格）	出口交货值
总计	53	6	616363	615890	
一、在总计中：亏损企业	6	6	49446	49083	
二、在总计中：国有控股企业	5	1	59311	59326	
三、按轻重工业分组					
在总计中：轻工业	25		325265	325265	
重工业	28	6	291099	290625	
四、按登记注册类型分组					
内资企业	50	5	583804	583693	
国有企业	2	1	42266	42266	
有限责任公司	11	1	115698	115587	
其他有限责任公司	11	1	115698	115587	
股份有限公司	3		23929	23929	
私营企业	34	3	401911	401911	
私营独资企业	7		106873	106873	
私营合伙企业	1		23108	23108	
私营有限责任公司	23	3	246919	246919	
私营股份有限公司	3		25011	25011	
港、澳、台商投资企业	3	1	32560	32197	
合资经营企业（港或澳、台资）	2	1	18450	18087	
港、澳、台商独资经营企业	1		14110	14110	
五、按经济组织类型分组					
独资企业	10	1	163249	163249	
国有企业	2	1	42266	42266	
私营独资企业	7		106873	106873	
港澳台商独资经营企业	1		14110	14110	
合作、合伙企业	1		23108	23108	
私营合伙企业	1		23108	23108	
股份有限公司	6		48940	48940	
股份有限公司（内资）	3		23929	23929	
私营股份有限公司	3		25011	25011	
有限责任公司	36	5	381067	380593	
私营有限责任公司	23	3	246919	246919	
合资经营企业（港或澳、台资）	2	1	18450	18087	
其他有限责任公司	11	1	115698	115587	
六、按企业规模分组					
中型企业	3	1	35016	35031	
小型企业	49	5	581348	580859	
微型企业	1				
七、按行业分组					
采矿业	4		32350	32350	
黑色金属矿采选业	1		5433	5433	
有色金属矿采选业	2		19993	19993	
非金属矿采选业	1		6924	6924	
制造业	45	5	535611	535137	
农副食品加工业	17		205217	205217	
酒、饮料和精制茶制造业	2		40635	40635	
木材加工和木、竹、藤、棕、草制品业	1		9008	9008	
造纸和纸制品业	2		27164	27164	
文教、工美、体育和娱乐用品制造业	1		3967	3967	
化学原料和化学制品制造业	6	1	33799	33688	
橡胶和塑料制品业	6		124591	124591	
非金属矿物制品业	7	3	43278	42915	
黑色金属冶炼和压延加工业	1		27498	27498	
金属制品业	1	1	4343	4343	
电气机械和器材制造业	1		16111	16111	
电力、热力、燃气及水生产和供应业	4	1	48402	48402	
电力、热力生产和供应业	4	1	48402	48402	

主要经济指标（一）

5年）　　　　单位：万元

年初存货	产成品	资产总计	流动资产合计				固定资产合计	固定资产原价
				应收账款	存货	产成品		
5125	1889	202052	62302	9187	6386	4148	119066	164388
2293	1036	28992	9250	2663	2281	1616	19356	30402
690	279	77265	28533	2531	692	475	46843	83140
1609	399	48661	14012	2814	1982	1114	31172	33805
3516	1490	153391	48290	6373	4404	3034	87894	130583
3287	1026	193865	58728	8943	4186	2565	114804	159164
		18054	3070	889	100	55	14985	20666
1954	692	78672	34482	3396	1873	1279	42175	76087
1954	692	78672	34482	3396	1873	1279	42175	76087
35		6055	1416	373	100	43	1325	1215
1298	335	91084	19761	4287	2113	1189	56320	61196
158	137	16631	5039	898	412	412	9025	9617
24		487	275	85	80	71	213	278
1058	173	44327	13307	2960	1436	606	27868	32178
58	25	29639	1140	345	185	100	19214	19123
1838	863	8187	3574	244	2200	1583	4263	5224
1811	863	4818	2817	70	2077	1473	1751	3084
28		3368	756	173	124	110	2512	2140
186	137	38054	8865	1959	636	576	26522	32423
		18054	3070	889	100	55	14985	20666
158	137	16631	5039	898	412	412	9025	9617
28		3368	756	173	124	110	2512	2140
24		487	275	85	80	71	213	278
24		487	275	85	80	71	213	278
92	25	35694	2556	717	285	142	20539	20338
35		6055	1416	373	100	43	1325	1215
58	25	29639	1140	345	185	100	19214	19123
4823	1727	127817	50606	6426	5385	3358	71793	111349
1058	173	44327	13307	2960	1436	606	27868	32178
1811	863	4818	2817	70	2077	1473	1751	3084
1954	692	78672	34482	3396	1873	1279	42175	76087
544	279	33078	9436	1403	458	286	21896	32832
4581	1610	168974	52866	7784	5927	3862	97170	131556
271		8619	3591	253	390	390	3758	3921
170		3846	1842	45	235	235	2003	2072
102		2641	887	208	155	155	1755	1849
		2132	862					
4594	1889	94642	30589	6649	5800	3624	55077	66049
1426	240	29512	8424	1064	1382	569	17637	19305
		5842	2801	588	50	50	3014	3330
		1897	565				542	583
158	137	5289	1364	861	319	319	3926	4192
3		613	320	210	110	58	293	343
1186	319	16215	4495	994	991	545	10885	15408
52		14311	2686	495	357	279	9012	9133
1398	1036	15194	8010	1417	1998	1600	6046	9633
136	136	2207	801	464	337	138	1405	1559
213		2318	966	472	188		1231	1311
21	21	1245	158	85	68	65	1088	1253
260		98791	28121	2285	196	134	60231	94418
260		98791	28121	2285	196	134	60231	94418

芷江县规模工业企业

（201

	累计折旧	本年折旧	负债合计	流动负债合计	应付账款	非流动负债合计
总计	69361	12901	84067	45030	3376	3712
一、在总计中：亏损企业	24327	6174	17353	12945	2114	152
二、在总计中：国有控股企业	49918	7954	25685	19945	476	
三、按轻重工业分组						
在总计中：轻工业	7750	2858	15784	8734	559	2740
重工业	61611	10042	68282	36296	2818	972
四、按登记注册类型分组						
内资企业	66783	11341	81363	42330	2327	3712
国有企业	19212	5682	10522	6782		
有限责任公司	35623	3399	20558	16308	412	742
其他有限责任公司	35623	3399	20558	16308	412	742
股份有限公司	215	45	2621	793		
私营企业	11733	2215	47663	18447	1914	2970
私营独资企业	2174	605	7362	6241	187	1120
私营合伙企业	121	65	246			
私营有限责任公司	6981	1332	18100	11572	1644	1850
私营股份有限公司	2457	214	21955	635	84	
港、澳、台商投资企业	2579	1559	2703	2700	1050	
合资经营企业（港或澳、台资）	1334	1047	1944	1944	947	
港、澳、台商独资经营企业	1245	512	760	756	102	
五、按经济组织类型分组						
独资企业	22631	6798	18644	13780	289	1120
国有企业	19212	5682	10522	6782		
私营独资企业	2174	605	7362	6241	187	1120
港澳台商独资经营企业	1245	512	760	756	102	
合作、合伙企业	121	65	246			
私营合伙企业	121	65	246			
股份有限公司	2672	259	24576	1427	84	
股份有限公司（内资）	215	45	2621	793		
私营股份有限公司	2457	214	21955	635	84	
有限责任公司	43937	5778	40601	29823	3003	2592
私营有限责任公司	6981	1332	18100	11572	1644	1850
合资经营企业（港或澳、台资）	1334	1047	1944	1944	947	
其他有限责任公司	35623	3399	20558	16308	412	742
六、按企业规模分组						
中型企业	24307	5997	20083	14343	134	
小型企业	45054	6904	63984	30687	3243	3712
微型企业						
七、按行业分组						
采矿业	686	163	2312	1549		140
黑色金属矿采选业	185	68	936	936		
有色金属矿采选业	502	95	753	614		140
非金属矿采选业			624			
制造业	18949	5008	41102	29691	3033	3572
农副食品加工业	3601	1845	9467	4743	372	662
酒、饮料和精制茶制造业	1204	344	1014	658		356
木材加工和木、竹、藤、棕、草制品业	41		30	26		
造纸和纸制品业	1332	306	1927	1144	187	783
文教、工美、体育和娱乐用品制造业	50	50	293	293		
化学原料和化学制品制造业	4933	663	11384	9869	-56	910
橡胶和塑料制品业	2453	958	7663	6696	102	717
非金属矿物制品业	4128	462	7524	4711	1718	144
黑色金属冶炼和压延加工业	401	154	244	244	125	
金属制品业	80	80	1172	1172	585	
电气机械和器材制造业	727	146	384	135		
电力、热力、燃气及水生产和供应业	49726	7729	40653	13790	343	
电力、热力生产和供应业	49726	7729	40653	13790	343	

主要经济指标（二）

5 年）

单位：万元

所有者权益合计	实收资本	国家资本	集体资本	法人资本	个人资本	港澳台资本	外商资本
117985	80814	27217	3744	41899	7466	489	
11639	5747		3021	507	1730	489	
51580	31761	27217	3744		800		
32876	25503		320	21180	4002		
85109	55312	27217	3424	20718	3464	489	
112501	78951	27217	3744	40525	7466		
7532	3341		3341				
58114	36607	27217	403	7246	1741		
58114	36607	27217	403	7246	1741		
3434	3434			2962	473		
43421	35569			30317	5252		
9269	6430			5470	960		
242	204			204			
26227	21463			17171	4292		
7684	7473			7473			
5483	1863			1374		489	
2875	1609			1120		489	
2609	254			254			
19410	10025		3341	5724	960		
7532	3341		3341				
9269	6430			5470	960		
2609	254			254			
242	204			204			
242	204			204			
11118	10907			10435	473		
3434	3434			2962	473		
7684	7473			7473			
87215	59679	27217	403	25537	6033	489	
26227	21463			17171	4292		
2875	1609			1120		489	
58114	36607	27217	403	7246	1741		
12994	5261	1837	3424				
104990	75553	25380	320	41899	7466	489	
6306	5013			5013			
2910	2103			2103			
1888	1402			1402			
1508	1508			1508			
53541	37482		320	30008	6666	489	
20044	16584		320	13522	2742		
4828	3819			3819			
1867	1867			1867			
3362	3175			2215	960		
320	300				300		
4831	1965			1009	956		
6649	3193			3193			
7669	4484			3945	50	489	
1963	458				458		
1146	1200				1200		
861	436			436			
58138	38319	27217	3424	6878	800		
58138	38319	27217	3424	6878	800		

芷江县规模工业企业

（201

	营业收入	主营业务收入	营业成本	主营业务成本	营业税金及附加	主营业务税金及附加
总计	613398	612235	505904	505868	5965	5730
一、在总计中：亏损企业	48425	47287	44334	44334	316	316
二、在总计中：国有控股企业	60008	58851	44133	44097	540	539
三、按轻重工业分组						
在总计中：轻工业	324788	324781	263964	263964	3330	3095
重工业	288611	287454	241940	241903	2636	2635
四、按登记注册类型分组						
内资企业	579679	578522	474827	474791	5822	5587
国有企业	44563	43424	39111	39111	354	354
有限责任公司	113553	113535	82434	82398	1579	1579
其他有限责任公司	113553	113535	82434	82398	1579	1579
股份有限公司	23929	23929	21807	21807	262	262
私营企业	397634	397634	331476	331476	3627	3393
私营独资企业	106873	106873	81715	81715	1022	1022
私营合伙企业	23107	23107	17634	17634	231	231
私营有限责任公司	242644	242644	208709	208709	2058	1823
私营股份有限公司	25011	25011	23417	23417	317	317
港、澳、台商投资企业	33720	33713	31077	31077	143	143
合资经营企业（港或澳、台资）	19610	19603	17981	17981	2	2
港、澳、台商独资经营企业	14110	14110	13096	13096	141	141
五、按经济组织类型分组						
独资企业	165545	164407	133921	133921	1517	1516
国有企业	44563	43424	39111	39111	354	354
私营独资企业	106873	106873	81715	81715	1022	1022
港澳台商独资经营企业	14110	14110	13096	13096	141	141
合作、合伙企业	23107	23107	17634	17634	231	231
私营合伙企业	23107	23107	17634	17634	231	231
股份有限公司	48940	48940	45224	45224	579	579
股份有限公司（内资）	23929	23929	21807	21807	262	262
私营股份有限公司	25011	25011	23417	23417	317	317
有限责任公司	375806	375781	309125	309089	3639	3404
私营有限责任公司	242644	242644	208709	208709	2058	1823
合资经营企业（港或澳、台资）	19610	19603	17981	17981	2	2
其他有限责任公司	113553	113535	82434	82398	1579	1579
六、按企业规模分组						
中型企业	35713	34574	29558	29558	306	306
小型企业	577685	577661	476346	476310	5659	5424
微型企业						
七、按行业分组						
采矿业	32348	32348	28900	28900	266	266
黑色金属矿采选业	5433	5433	4756	4756	69	69
有色金属矿采选业	19991	19991	18109	18109	189	189
非金属矿采选业	6924	6924	6036	6036	8	8
制造业	531966	531959	440886	440886	5144	4909
农副食品加工业	206740	206733	176770	176770	1578	1578
酒、饮料和精制茶制造业	38635	38635	30171	30171	607	373
木材加工和木、竹、藤、棕、草制品业	9008	9008	8027	8027	7	7
造纸和纸制品业	27164	27164	18443	18443	552	552
文教、工美、体育和娱乐用品制造业	3967	3967	3705	3705	60	60
化学原料和化学制品制造业	33007	33007	29936	29936	383	383
橡胶和塑料制品业	124590	124590	101685	101685	1017	1017
非金属矿物制品业	40904	40904	37509	37509	347	347
黑色金属冶炼和压延加工业	27498	27498	19871	19871	433	433
金属制品业	4343	4343	3224	3224		
电气机械和器材制造业	16111	16111	11545	11545	161	161
电力、热力、燃气及水生产和供应业	49084	47928	36118	36082	555	555
电力、热力生产和供应业	49084	47928	36118	36082	555	555

主要经济指标（三）

5年）　　单位：万元

其他业务收入	其他业务利润	销售费用	管理费用	税　金	财务费用	利息收入	利息支出
1163	223	14389	68681	776	4013	409	2854
1139		3651	2180	220	231	3	194
1157	-18	2505	6588	473	-125	403	228
7	241	7187	41550	505	2533		1764
1157	-18	7203	27132	270	1480	409	1090
1157	216	13352	68008	776	3962	409	2854
1139		2271	3139	451	241	2	193
18	-18	2394	18174	57	631	405	990
18	-18	2394	18174	57	631	405	990
		487	755		180		6
	235	8200	45940	269	2911	2	1665
		2433	18482	16	1156		868
		75	4902		65		65
	235	5396	22221	253	1446	2	732
		297	335		244		
7	7	1038	673		52		
7	7	727	506		3		
		310	167		48		
1139		5014	21789	466	1445	2	1062
1139		2271	3139	451	241	2	193
		2433	18482	16	1156		868
		310	167		48		
		75	4902		65		65
		75	4902		65		65
		784	1090		424		6
		487	755		180		6
		297	335		244		
25	223	8517	40901	310	2080	407	1722
	235	5396	22221	253	1446	2	732
7	7	727	506		3		
18	-18	2394	18174	57	631	405	990
1139		2450	2407	231	250	2	228
25	223	11940	66275	545	3763	407	2626
		779	1389		187		187
		136	162		96		96
		357	818		85		85
		287	409		6		6
7	241	11228	63274	548	3793	6	2439
7	7	5205	17571	266	1269		695
	235	577	6511	18	182		156
		270	450		2		
		810	5903	16	669		669
		54	42		24		
		961	1290	220	236	5	
		1204	18896	6	743		419
		814	2468	5	235	2	69
		712	5449	18	385		385
		557	613		3		
		64	4082		45		45
1157	-18	2383	4019	228	33	403	228
1157	-18	2383	4019	228	33	403	228

芷江县规模工业企业

（201

	营业利润	资产减值损失	公允价值变动收益	投资收益	营业外收入	政府补助
总计	14315	130			531	3
一、在总计中：亏损企业	-2390	104			499	3
二、在总计中：国有控股企业	6237	130			212	3
三、按轻重工业分组						
在总计中：轻工业	6224				30	
重工业	8091	130			501	3
四、按登记注册类型分组						
内资企业	13577	130			501	3
国有企业	-657	104			210	3
有限责任公司	8315	26			2	
其他有限责任公司	8315	26			2	
股份有限公司	439					
私营企业	5481				289	
私营独资企业	2065					
私营合伙企业	201					
私营有限责任公司	2814				289	
私营股份有限公司	401					
港、澳、台商投资企业	738				30	
合资经营企业（港或澳、台资）	390				30	
港、澳、台商独资经营企业	348					
五、按经济组织类型分组						
独资企业	1756	104			210	3
国有企业	-657	104			210	3
私营独资企业	2065					
港澳台商独资经营企业	348					
合作、合伙企业	201					
私营合伙企业	201					
股份有限公司	839					
股份有限公司（内资）	439					
私营股份有限公司	401					
有限责任公司	11518	26			321	
私营有限责任公司	2814				289	
合资经营企业（港或澳、台资）	390				30	
其他有限责任公司	8315	26			2	
六、按企业规模分组						
中型企业	638	104			212	3
小型企业	13677	26			319	
微型企业						
七、按行业分组						
采矿业	827					
黑色金属矿采选业	214					
有色金属矿采选业	433					
非金属矿采选业	180					
制造业	7642				319	
农副食品加工业	4347				30	
酒、饮料和精制茶制造业	587					
木材加工和木、竹、藤、棕、草制品业	252					
造纸和纸制品业	789					
文教、工美、体育和娱乐用品制造业	82					
化学原料和化学制品制造业	200					
橡胶和塑料制品业	1045					
非金属矿物制品业	-469				289	
黑色金属冶炼和压延加工业	648					
金属制品业	-54					
电气机械和器材制造业	215					
电力、热力、燃气及水生产和供应业	5846	130			212	3
电力、热力生产和供应业	5846	130			212	3

主要经济指标（四）

5年）　　单位：万元

营业外支出	利润总额	应交所得税	亏损企业亏损总额	利税总额	应交税金及附加	本年应付职工薪酬	本年应交增值税	全部从业人员年平均人数(人)
443	14403	1391	1965	32365	20364	20240	12232	5255
73	-1965	4	1965	-679	1510	4291	969	840
332	6116	1387	610	8512	4255	5115	1857	1072
90	6164			14491	9066	7754	5231	1968
353	8239	1391	1965	17875	11298	12486	7001	3287
443	13636	1391	1871	30606	19372	18928	11384	4926
53	-500		610	32	983	3058	178	518
285	8032	1391	596	13106	6521	4287	3495	1244
285	8032	1391	596	13106	6521	4287	3495	1244
	439			1044	606	2190	344	536
105	5664		665	16423	11262	9394	7366	2628
	2065			4299	2249	1932	1212	526
	201			1818	1617		1386	82
105	2997		665	8486	5976	6625	3665	1783
	401			1820	1419	837	1102	237
	767	1	94	1759	992	1312	849	329
	420	1	94	424	5	1087	2	247
	348			1335	988	225	847	82
53	1913		610	5667	4220	5215	2237	1126
53	-500		610	32	983	3058	178	518
	2065			4299	2249	1932	1212	526
	348			1335	988	225	847	82
	201			1818	1617		1386	82
	201			1818	1617		1386	82
	839			2865	2025	3027	1446	773
	439			1044	606	2190	344	536
	401			1820	1419	837	1102	237
390	11449	1391	1355	22016	12502	11998	7162	3274
105	2997		665	8486	5976	6625	3665	1783
	420	1	94	424	5	1087	2	247
285	8032	1391	596	13106	6521	4287	3495	1244
332	517		610	1112	826	4349	289	960
110	13886	1391	1355	31253	19538	15891	11944	4295
	827			1443	616	1470	350	448
	214			313	99	251	30	110
	433			817	384	423	194	186
	180			313	133	796	125	152
114	7847	4	1355	22806	15746	13737	10050	3955
	4377			9025	4914	5383	3071	1194
	587			1643	1308	719	683	215
	252			421	169	512	162	69
	789			1732	959	629	392	196
	82			142	60	230		82
98	102	4	596	989	1111	2135	505	786
	1045			4904	3866	1332	2843	543
15	-196	1	705	1081	1282	1878	929	592
	648			1439	809	352	358	106
	-54		54	87	140	312	140	80
	215			1342	1128	255	967	92
329	5729	1387	610	8117	4002	5033	1833	852
329	5729	1387	610	8117	4002	5033	1833	852

靖州县规模工业企业

（201

	企业单位数（个）	亏损企业个数	工业总产值（当年价格）	工业销售产值（当年价格）	出口交货值
总计	29	1	639287	639287	
一、在总计中：亏损企业	1	1	19746	19746	
二、在总计中：国有控股企业	1		46319	46319	
三、按轻重工业分组					
在总计中：轻工业	8		215641	215641	
重工业	21	1	423646	423646	
四、按登记注册类型分组：					
内资企业	29	1	639287	639287	
有限责任公司	1		46319	46319	
其他有限责任公司	1		46319	46319	
私营企业	28	1	592969	592969	
私营有限责任公司	22	1	461355	461355	
私营股份有限公司	6		131614	131614	
五、按经济组织类型分组					
股份有限公司	6		131614	131614	
私营股份有限公司	6		131614	131614	
有限责任公司	23	1	507674	507674	
私营有限责任公司	22	1	461355	461355	
其他有限责任公司	1		46319	46319	
六、按企业规模分组					
中型企业	3	1	75581	75581	
小型企业	26		563707	563707	
七、按行业分组					
采矿业	1		3006	3006	
煤炭开采和洗选业	1		3006	3006	
制造业	27	1	589963	589963	
农副食品加工业	3		82854	82854	
酒、饮料和精制茶制造业	2		55093	55093	
木材加工和木、竹、藤、棕、草制品业	10		152761	152761	
文教、工美、体育和娱乐用品制造业	1		16352	16352	
石油加工、炼焦和核燃料加工业	1		5004	5004	
化学原料和化学制品制造业	1		38746	38746	
医药制造业	2		61343	61343	
非金属矿物制品业	6	1	150640	150640	
黑色金属冶炼和压延加工业	1		27171	27171	
电力、热力、燃气及水生产和供应业	1		46319	46319	
电力、热力生产和供应业	1		46319	46319	

主要经济指标（一）

5年）　　　　单位：万元

年初存货	产成品	资产总计	流动资产合计	资产总计：流动资产合计：应收账款	存货	产成品	固定资产合计	固定资产原价
3539		126113	23600	2636	3848	333	65571	113858
3424		49606	7060	-21	2635	267	30107	38059
13		11695	2				7090	18474
		21119	5960	497	331		5839	14436
3539		104993	17640	2139	3518	333	59732	99422
3539		126113	23600	2636	3848	333	65571	113858
13		11695	2				7090	18474
13		11695	2				7090	18474
3526		114418	23598	2636	3848	333	58481	95384
3526		100987	20767	2475	3744	333	51794	78091
		13431	2831	161	104		6687	17293
		13431	2831	161	104		6687	17293
		13431	2831	161	104		6687	17293
3539		112682	20769	2475	3744	333	58884	96565
3526		100987	20767	2475	3744	333	51794	78091
13		11695	2				7090	18474
3437		65809	9034	190	2786	267	39478	61952
102		60304	14566	2446	1062	66	26093	51906
		4697	354	172	108	66	3959	4426
		4697	354	172	108	66	3959	4426
3526		109720	23244	2464	3740	267	54522	90958
		12443	4346	360	249		2635	6490
		2290	656	42	40		355	2642
		20642	6681	1696	495		9760	19881
		2231	214	15	13		1041	1247
102		2709	271	11	107		2313	2479
		1571	308	21	14		270	302
		4156	744	80	29		1808	4057
3424		60216	8667	199	2763	267	34898	51510
		3463	1357	41	31		1443	2351
13		11695	2				7090	18474
13		11695	2				7090	18474

靖州县规模工业企业

（201

	累计折旧	本年折旧	负债合计	流动负债合计	应付账款	非流动负债合计
总计	49895	9604	57266			185
一、在总计中：亏损企业	7952	2499	8007			
二、在总计中：国有控股企业	12418	1282	11695			
三、按轻重工业分组						
在总计中：轻工业	8691	1558	10288			
重工业	41203	8046	46979			185
四、按登记注册类型分组：						
内资企业	49895	9604	57266			185
有限责任公司	12418	1282	11695			
其他有限责任公司	12418	1282	11695			
私营企业	37477	8322	45572			185
私营有限责任公司	26826	6369	37513			185
私营股份有限公司	10651	1953	8059			
五、按经济组织类型分组						
股份有限公司	10651	1953	8059			
私营股份有限公司	10651	1953	8059			
有限责任公司	39244	7652	49208			185
私营有限责任公司	26826	6369	37513			185
其他有限责任公司	12418	1282	11695			
六、按企业规模分组						
中型企业	23508	4058	22319			
小型企业	26387	5547	34948			185
七、按行业分组						
采矿业	467	4	4335			
煤炭开采和洗选业	467	4	4335			
制造业	37010	8318	41237			185
农副食品加工业	3856	492	5768			
酒、饮料和精制茶制造业	2380	365	863			
木材加工和木、竹、藤、棕、草制品业	10240	2276	12548			185
文教、工美、体育和娱乐用品制造业	206	2	2089			
石油加工、炼焦和核燃料加工业	166	36	2193			
化学原料和化学制品制造业	276	54	1137			
医药制造业	2250	698	1567			
非金属矿物制品业	16730	4119	13465			
黑色金属冶炼和压延加工业	908	275	1606			
电力、热力、燃气及水生产和供应业	12418	1282	11695			
电力、热力生产和供应业	12418	1282	11695			

主要经济指标（二）

5年）　　单位：万元

所有者权益合计	实收资本	国家资本	集体资本	法人资本	个人资本	港澳台资本	外商资本
68844	26286			26286			
41599	1578			1578			
10831	9888			9888			
58014	16398			16398			
68844	26286			26286			
68844	26286			26286			
63473	21635			21635			
5371	4651			4651			
5371	4651			4651			
5371	4651			4651			
63474	21635			21635			
63473	21635			21635			
43490	3337			3337			
25354	22949			22949			
363	322			322			
363	322			322			
68482	25965			25965			
6674	6178			6178			
1427	1257			1257			
8093	7416			7416			
142	133			133			
516	485			485			
434	413			413			
2589	2321			2321			
46750	6113			6113			
1857	1650			1650			

靖州县规模工业企业

（201

	营业收入	主营业务收入	营业成本	主营业务成本	营业税金及附加	主营业务税金及附加
总计	637879	636925	529018	528201	567	552
一、在总计中：亏损企业	17455	17383	16423	16357	48	48
二、在总计中：国有控股企业	47202	46319	46882	46131	189	174
三、按轻重工业分组						
在总计中：轻工业	215641	215641	176784	176784	133	133
重工业	422238	421284	352234	351417	434	419
四、按登记注册类型分组：						
内资企业	637879	636925	529018	528201	567	552
有限责任公司	47202	46319	46882	46131	189	174
其他有限责任公司	47202	46319	46882	46131	189	174
私营企业	590678	590606	482136	482070	378	378
私营有限责任公司	459064	458992	380265	380199	228	228
私营股份有限公司	131614	131614	101871	101871	150	150
五、按经济组织类型分组						
股份有限公司	131614	131614	101871	101871	150	150
私营股份有限公司	131614	131614	101871	101871	150	150
有限责任公司	506266	505311	427147	426330	417	402
私营有限责任公司	459064	458992	380265	380199	228	228
其他有限责任公司	47202	46319	46882	46131	189	174
六、按企业规模分组						
中型企业	74173	73218	71943	71126	241	227
小型企业	563707	563707	457075	457075	326	326
七、按行业分组						
采矿业	3006	3006	2596	2596	4	4
煤炭开采和洗选业	3006	3006	2596	2596	4	4
制造业	587672	587600	479540	479474	374	374
农副食品加工业	82854	82854	65911	65911	14	14
酒、饮料和精制茶制造业	55093	55093	45110	45110	9	9
木材加工和木、竹、藤、棕、草制品业	152761	152761	122112	122112	70	70
文教、工美、体育和娱乐用品制造业	16352	16352	12836	12836	5	5
石油加工、炼焦和核燃料加工业	5004	5004	4736	4736	5	5
化学原料和化学制品制造业	38746	38746	29902	29902	5	5
医药制造业	61343	61343	52928	52928	105	105
非金属矿物制品业	148349	148278	125721	125655	146	146
黑色金属冶炼和压延加工业	27171	27171	20286	20286	15	15
电力、热力、燃气及水生产和供应业	47202	46319	46882	46131	189	174
电力、热力生产和供应业	47202	46319	46882	46131	189	174

主要经济指标（三）

5年） 单位：万元

其他业务收入	其他业务利润	销售费用	管理费用	税金	财务费用	利息收入	利息支出
955		12902	109653	71	86	6	81
72		1262	5962	71			
883		59			5	6	1
		3779	41644				
955		9123	68009	71	86	6	81
955		12902	109653	71	86	6	81
883		59			5	6	1
883		59			5	6	1
72		12843	109653	71	80		80
72		7844	83238	71	80		80
		4998	26415				
		4998	26415				
		4998	26415				
955		7903	83238	71	86	6	81
72		7844	83238	71	80		80
883		59			5	6	1
955		1535	6538	71	5	6	1
		11367	103115		80		80
		113	210				
		113	210				
72		12730	109443	71	80		80
		1047	23011				
		396	6931				
		4558	27039		60		60
		311	3128				
		91	141				
		372	12466				
		2025	8574				
72		3729	21639	71	20		20
		201	6515				
883		59			5	6	1
883		59			5	6	1

靖州县规模工业企业

（201

	营业利润	资产减值损　失	公允价值变动收益	投资收益	营业外收　入	政府补助
总计	－16546		－2201		22684	90
一、在总计中：亏损企业	－6241				3771	90
二、在总计中：国有控股企业	66				559	
三、按轻重工业分组						
在总计中：轻工业	－8900		－2201		10917	
重工业	－7646				11767	90
四、按登记注册类型分组：						
内资企业	－16546		－2201		22684	90
有限责任公司	66				559	
其他有限责任公司	66				559	
私营企业	－16613		－2201		22125	90
私营有限责任公司	－14791		－2201		18831	90
私营股份有限公司	－1822				3293	
五、按经济组织类型分组						
股份有限公司	－1822				3293	
私营股份有限公司	－1822				3293	
有限责任公司	－14725		－2201		19391	90
私营有限责任公司	－14791		－2201		18831	90
其他有限责任公司	66				559	
六、按企业规模分组						
中型企业	－6090				4330	90
小型企业	－10457		－2201		18354	
七、按行业分组						
采矿业	84					
煤炭开采和洗选业	84					
制造业	－16696		－2201		22125	90
农副食品加工业	－7129				7724	
酒、饮料和精制茶制造业	446		－2201			
木材加工和木、竹、藤、棕、草制品业	－1078				2781	
文教、工美、体育和娱乐用品制造业	72					
石油加工、炼焦和核燃料加工业	31					
化学原料和化学制品制造业	－3998				4109	
医药制造业	－2289				3193	
非金属矿物制品业	－2906				4221	90
黑色金属冶炼和压延加工业	155				97	
电力、热力、燃气及水生产和供应业	66				559	
电力、热力生产和供应业	66				559	

主要经济指标（四）

5年）　　单位：万元

营业外支　出	利润总额	应交所得税	亏损企业亏损总额	利税总额	应交税金及附加	本年应付职工薪酬	本年应交增值税	全部从业人员年平均人数(人)
3521	2616		2470	8387	5857	15805	5219	5532
	-2470		2470	-1635	907		787	320
80	546			2575	2044	3265	1855	363
	2017			3570	1554	3917	1421	1462
3521	600		2470	4817	4303	11888	3798	4070
3521	2616		2470	8387	5857	15805	5219	5532
80	546			2575	2044	3265	1855	363
80	546			2575	2044	3265	1855	363
3441	2071		2470	5812	3813	12540	3363	5169
3270	771		2470	2851	2152	9630	1853	3894
171	1300			2961	1661	2910	1510	1275
171	1300			2961	1661	2910	1510	1275
171	1300			2961	1661	2910	1510	1275
3350	1316		2470	5426	4197	12895	3708	4257
3270	771		2470	2851	2152	9630	1853	3894
80	546			2575	2044	3265	1855	363
80	-1840		2470	1045	2971	4765	2658	1283
3441	4456			7343	2886	11040	2561	4249
	84			103	20	273	16	75
	84			103	20	273	16	75
3441	1987		2470	5709	3793	12268	3348	5094
	595			656	61	1728	48	630
	446			492	45	563	36	255
782	921			1234	313	5108	243	2027
	72			94	23	370	17	92
	31			68	37	165	31	55
	111			131	20	290	16	75
	904			2328	1425	1258	1320	485
2659	-1344		2470	345	1760	2367	1542	1300
	252			361	109	420	95	175
80	546			2575	2044	3265	1855	363
80	546			2575	2044	3265	1855	363

通道县规模工业企业

（201

	企业单位数（个）	亏损企业个数	工业总产值（当年价格）	工业销售产值（当年价格）	出口交货值
总计	26		300347	277850	
一、在总计中：国有控股企业	1		27494	4996	
二、按轻重工业分组					
在总计中：轻工业	4		29836	29836	
重工业	22		270511	248013	
三、按登记注册类型分组：					
内资企业	26		300347	277850	
国有企业	1		27494	4996	
有限责任公司	1		10873	10873	
其他有限责任公司	1		10873	10873	
私营企业	24		261981	261981	
私营独资企业	1				
私营合伙企业	6		90288	90288	
私营有限责任公司	12		97622	97622	
私营股份有限公司	5		74071	74071	
四、按经济组织类型分组					
独资企业	2		27494	4996	
国有企业	1		27494	4996	
私营独资企业	1				
合作、合伙企业	6		90288	90288	
私营合伙企业	6		90288	90288	
股份有限公司	5		74071	74071	
私营股份有限公司	5		74071	74071	
有限责任公司	13		108494	108494	
私营有限责任公司	12		97622	97622	
其他有限责任公司	1		10873	10873	
五、按企业规模分组					
小型企业	24		300347	277850	
微型企业	2				
六、按行业分组					
采矿业					
制造业	25		272853	272853	
农副食品加工业	2		6802	6802	
食品制造业	1		12162	12162	
木材加工和木、竹、藤、棕、草制品业	10		108279	108279	
造纸和纸制品业	1		10873	10873	
化学原料和化学制品制造业	4		50416	50416	
非金属矿物制品业	3		38012	38012	
黑色金属冶炼和压延加工业	4		46309	46309	
电力、热力、燃气及水生产和供应业	1		27494	4996	
电力、热力生产和供应业	1		27494	4996	

主要经济指标（一）

5 年）　　　　单位：万元

年初存货	产成品	资产总计	流动资产合计	资产总计				
				流动资产合计			固定资产合计	固定资产原价
				应收账款	存货	产成品		
1757		64189	21326	5646	1573	120	40835	55868
		13881	5776	4876			6813	9815
328		12066	2379	60	357	120	9687	11762
1429		52123	18947	5586	1215		31148	44106
1757		64189	21326	5646	1573	120	40835	55868
		13881	5776	4876			6813	9815
83		3940	622		75		3318	4019
83		3940	622		75		3318	4019
1674		46368	14928	770	1498	120	30704	42034
68		1490	580		63		909	1285
413		11062	3609		345		6716	9492
820		24162	7614	740	777	120	16548	21824
373		9654	3124	30	313		6530	9432
68		15371	6357	4876	63		7722	11100
		13881	5776	4876			6813	9815
68		1490	580		63		909	1285
413		11062	3609		345		6716	9492
413		11062	3609		345		6716	9492
373		9654	3124	30	313		6530	9432
373		9654	3124	30	313		6530	9432
903		28102	8236	740	852	120	19866	25843
820		24162	7614	740	777	120	16548	21824
83		3940	622		75		3318	4019
1626		61378	20090	5646	1447	120	39260	53588
131		2811	1236		126		1575	2279
1757		50308	15550	770	1573	120	34022	46053
146		6137	1095	60	218	120	5042	5748
100		1989	662		64		1326	1995
695		17347	6201		639		11146	15820
83		3940	622		75		3318	4019
276		7562	2519		231		4307	5967
195		7059	2268	665	145		4790	6593
263		6274	2182	45	200		4091	5911
		13881	5776	4876			6813	9815
		13881	5776	4876			6813	9815

通道县规模工业企业

（201

	累计折旧	本年折旧	负债合计	流动负债合　计	应付账款	非流动负债合计
总计	15033	3137	10053	7803	1266	2250
一、在总计中：国有控股企业	3003	1550	2216	2216	1266	
二、按轻重工业分组						
在总计中：轻工业	2075	328	1864	864		1000
重工业	12958	2809	8189	6939	1266	1250
三、按登记注册类型分组：						
内资企业	15033	3137	10053	7803	1266	2250
国有企业	3003	1550	2216	2216	1266	
有限责任公司	700	75	300			300
其他有限责任公司	700	75	300			300
私营企业	11330	1512	7537	5587		1950
私营独资企业	376		100	100		
私营合伙企业	2776	359	1050	650		400
私营有限责任公司	5277	791	5627	4377		1250
私营股份有限公司	2902	361	760	460		300
四、按经济组织类型分组						
独资企业	3379	1550	2316	2316	1266	
国有企业	3003	1550	2216	2216	1266	
私营独资企业	376		100	100		
合作、合伙企业	2776	359	1050	650		400
私营合伙企业	2776	359	1050	650		400
股份有限公司	2902	361	760	460		300
私营股份有限公司	2902	361	760	460		300
有限责任公司	5977	866	5927	4377		1550
私营有限责任公司	5277	791	5627	4377		1250
其他有限责任公司	700	75	300			300
五、按企业规模分组						
小型企业	14329	3137	9653	7503	1266	2150
微型企业	705		400	300		100
六、按行业分组						
采矿业						
制造业	12031	1587	7837	5587		2250
农副食品加工业	706	181	1164	764		400
食品制造业	669	72	400	100		300
木材加工和木、竹、藤、棕、草制品业	4674	526	1650	1000		650
造纸和纸制品业	700	75	300			300
化学原料和化学制品制造业	1660	238	860	460		400
非金属矿物制品业	1802	249	2313	2313		
黑色金属冶炼和压延加工业	1819	247	1150	950		200
电力、热力、燃气及水生产和供应业	3003	1550	2216	2216	1266	
电力、热力生产和供应业	3003	1550	2216	2216	1266	

主要经济指标（二）

5年）　　单位：万元

所有者权益合计	实收资本	国家资本	集体资本	法人资本	个人资本	港澳台资本	外商资本
54136	18757	1017		13760	3980		
11666	1017	1017					
10202	3280			2400	880		
43934	15477	1017		11360	3100		
54136	18757	1017		13760	3980		
11666	1017	1017					
3640	800			600	200		
3640	800			600	200		
38830	16940			13160	3780		
1390	500			500			
10012	4000			3100	900		
18535	9040			6860	2180		
8894	3400			2700	700		
13055	1517	1017		500			
11666	1017	1017					
1390	500			500			
10012	4000			3100	900		
10012	4000			3100	900		
8894	3400			2700	700		
8894	3400			2700	700		
22175	9840			7460	2380		
18535	9040			6860	2180		
3640	800			600	200		
51725	17557	1017		12760	3780		
2411	1200			1000	200		
42471	17740			13760	3980		
4973	1500			1300	200		
1589	980			500	480		
15697	6300			5000	1300		
3640	800			600	200		
6702	2760			2260	500		
4745	2800			2000	800		
5124	2600			2100	500		
11666	1017	1017					
11666	1017	1017					

通道县规模工业企业

（201

	营业收入	主营业务收　入	营业成本	主营业务成　本	营业税金及附加	主营业务税金及附加
总计	300502	300302	267399	267399	1564	1561
一、在总计中：国有控股企业	27649	27494	26376	26376	174	171
二、按轻重工业分组						
在总计中：轻工业	29836	29791	25163	25163	179	179
重工业	270666	270511	242236	242236	1385	1382
三、按登记注册类型分组：						
内资企业	300502	300302	267399	267399	1564	1561
国有企业	27649	27494	26376	26376	174	171
有限责任公司	10873	10827	9662	9662	55	55
其他有限责任公司	10873	10827	9662	9662	55	55
私营企业	261981	261981	231361	231361	1336	1336
私营独资企业						
私营合伙企业	90288	90288	79937	79937	452	452
私营有限责任公司	97622	97622	85617	85617	511	511
私营股份有限公司	74071	74071	65807	65807	373	373
四、按经济组织类型分组						
独资企业	27649	27494	26376	26376	174	171
国有企业	27649	27494	26376	26376	174	171
私营独资企业						
合作、合伙企业	90288	90288	79937	79937	452	452
私营合伙企业	90288	90288	79937	79937	452	452
股份有限公司	74071	74071	65807	65807	373	373
私营股份有限公司	74071	74071	65807	65807	373	373
有限责任公司	108494	108449	95279	95279	565	565
私营有限责任公司	97622	97622	85617	85617	511	511
其他有限责任公司	10873	10827	9662	9662	55	55
五、按企业规模分组						
小型企业	300502	300302	267399	267399	1564	1561
微型企业						
六、按行业分组						
采矿业						
制造业	272853	272808	241023	241023	1390	1390
农副食品加工业	6802	6802	4815	4815	64	64
食品制造业	12162	12162	10686	10686	61	61
木材加工和木、竹、藤、棕、草制品业	108279	108279	95852	95852	544	544
造纸和纸制品业	10873	10827	9662	9662	55	55
化学原料和化学制品制造业	50416	50416	44562	44562	253	253
非金属矿物制品业	38012	38012	34032	34032	183	183
黑色金属冶炼和压延加工业	46309	46309	41415	41415	232	232
电力、热力、燃气及水生产和供应业	27649	27494	26376	26376	174	171
电力、热力生产和供应业	27649	27494	26376	26376	174	171

主要经济指标（三）

5年）　　单位：万元

其他业务收　入	其他业务利　润	销售费用	管理费用	税　金	财务费用	利息收入	利息支出
201		8055	8006	44	497		496
155					2		
46		1443	1069	3	152		152
155		6612	6937	41	345		343
201		8055	8006	44	497		496
155					2		
46		281	293		26		26
46		281	293		26		26
		7775	7713	44	470		470
		2553	2653	14	92		92
		3215	2972	19	313		313
		2008	2089	11	66		66
155					2		
155					2		
		2553	2653	14	92		92
		2553	2653	14	92		92
		2008	2089	11	66		66
		2008	2089	11	66		66
46		3495	3265	19	339		339
		3215	2972	19	313		313
46		281	293		26		26
201		8055	8006	44	497		496
46		8055	8006	44	496		496
		819	424	3	91		91
		343	352		35		35
		2993	3120	17	109		109
46		281	293		26		26
		1427	1471	10	75		75
		937	1029	5	58		58
		1255	1318	9	102		102
155					2		
155					2		

通道县规模工业企业

（201

	营业利润	资产减值损失	公允价值变动收益	投资收益	营业外收入	政府补助
总计	14982	－1			180	
一、在总计中：国有控股企业	1099	－1			180	
二、按轻重工业分组						
在总计中：轻工业	1831					
重工业	13151	－1			180	
三、按登记注册类型分组：						
内资企业	14982	－1			180	
国有企业	1099	－1			180	
有限责任公司	557					
其他有限责任公司	557					
私营企业	13327					
私营独资企业						
私营合伙企业	4601					
私营有限责任公司	4996					
私营股份有限公司	3730					
四、按经济组织类型分组						
独资企业	1099	－1			180	
国有企业	1099	－1			180	
私营独资企业						
合作、合伙企业	4601					
私营合伙企业	4601					
股份有限公司	3730					
私营股份有限公司	3730					
有限责任公司	5552					
私营有限责任公司	4996					
其他有限责任公司	557					
五、按企业规模分组						
小型企业	14982	－1			180	
微型企业						
六、按行业分组						
采矿业						
制造业	13884					
农副食品加工业	589					
食品制造业	685					
木材加工和木、竹、藤、棕、草制品业	5663					
造纸和纸制品业	557					
化学原料和化学制品制造业	2629					
非金属矿物制品业	1773					
黑色金属冶炼和压延加工业	1988					
电力、热力、燃气及水生产和供应业	1099	－1			180	
电力、热力生产和供应业	1099	－1			180	

主要经济指标（四）

5 年）　　　　单位：万元

营业外支　出	利润总额	应交所得税	亏损企业亏损总额	利税总额	应交税金及附加	本年应付职工薪酬	本年应交增值税	全部从业人员年平均人数(人)
1	15161	2415		27699	14999	11331	10976	3034
1	1277			3197	1923	1259	1749	127
	1831	280		2700	1152	1592	690	448
1	13330	2135		24998	13848	9740	10286	2586
1	15161	2415		27699	14999	11331	10976	3034
1	1277			3197	1923	1259	1749	127
	557	80		649	173	786	38	203
	557	80		649	173	786	38	203
	13327	2335		23852	12903	9287	9189	2704
						3		1
	4601	826		8226	4463	2620	3172	748
	4996	846		8922	4792	4420	3416	1312
	3730	663		6704	3648	2245	2601	643
1	1277			3197	1923	1261	1749	128
1	1277			3197	1923	1259	1749	127
						3		1
	4601	826		8226	4463	2620	3172	748
	4601	826		8226	4463	2620	3172	748
	3730	663		6704	3648	2245	2601	643
	3730	663		6704	3648	2245	2601	643
	5552	926		9572	4965	5205	3454	1515
	4996	846		8922	4792	4420	3416	1312
	557	80		649	173	786	38	203
1	15161	2415		27699	14999	11323	10976	3031
						8		3
	13884	2415		24501	13076	10072	9227	2907
	589	81		878	372	480	225	149
	685	119		1173	607	326	427	96
	5663	1016		10010	5380	3684	3803	1048
	557	80		649	173	786	38	203
	2629	473		4653	2507	1479	1771	430
	1773	304		3293	1828	1402	1337	416
	1988	343		3846	2210	1916	1626	565
1	1277			3197	1923	1259	1749	127
1	1277			3197	1923	1259	1749	127

洪江市规模工业企业

（201

	企业单位数（个）	亏损企业个数	工业总产值（当年价格）	工业销售产值（当年价格）	出口交货值
总计	42	4	805213	798993	
一、在总计中：亏损企业	4	4	49512	45962	
二、在总计中：国有控股企业	5		140631	140631	
三、按轻重工业分组					
在总计中：轻工业	15	2	229233	225156	
重工业	27	2	575980	573837	
四、按登记注册类型分组：					
内资企业	41	4	768914	762695	
国有企业	4		61114	61114	
有限责任公司	9	3	232701	228761	
其他有限责任公司	9	3	232701	228761	
股份有限公司	2		24766	24766	
私营企业	26	1	450333	448053	
私营有限责任公司	25	1	439301	437021	
私营股份有限公司	1		11032	11032	
外商投资企业	1		36298	36298	
中外合作经营企业					
外资企业	1		36298	36298	
五、按经济组织类型分组					
独资企业	5		97412	97412	
国有企业	4		61114	61114	
外资企业	1		36298	36298	
股份有限公司	3		35798	35798	
股份有限公司（内资）	2		24766	24766	
私营股份有限公司	1		11032	11032	
有限责任公司	34	4	672002	665783	
私营有限责任公司	25	1	439301	437021	
其他有限责任公司	9	3	232701	228761	
六、按企业规模分组					
中型企业	21	1	517029	511361	
小型企业	21	3	288184	287632	
微型企业					
七、按行业分组					
采矿业	3		57151	57151	
有色金属矿采选业	3		57151	57151	
制造业	32	3	581785	575565	
农副食品加工业	4	1	38571	38570	
食品制造业	1		2562	2511	
酒、饮料和精制茶制造业	2		23851	23851	
纺织业	1	1	24130	20581	
木材加工和木、竹、藤、棕、草制品业	6		147860	145242	
造纸和纸制品业	2		25886	25886	
化学原料和化学制品制造业	4	1	40398	40398	
医药制造业	2		51137	51137	
非金属矿物制品业	5		76597	76597	
黑色金属冶炼和压延加工业	3		108586	108586	
汽车制造业	1		27346	27346	
电气机械和器材制造业	1		14862	14862	
电力、热力、燃气及水生产和供应业	7	1	166277	166277	
电力、热力生产和供应业	5	1	145398	145398	
水的生产和供应业	2		20879	20879	

主要经济指标（一）

5年）　　　　单位：万元

年初存货	产成品	资产总计	流动资产合计	资产总计				
				流动资产合计			固定资产合计	固定资产原价
				应收账款	存货	产成品		
18664	6631	1479681	147589	36035	12129	7597	1325448	1431023
15045	3664	195580	58931	4878	2637	293	132922	150448
45	45	1128594	20498	15265	367	167	1108096	1170641
15331	3719	59668	20951	6672	4275	1590	36651	49295
3333	2912	1420013	126638	29363	7854	6007	1288797	1381728
18588	6560	1476121	145635	35250	11901	7387	1323842	1427053
45	45	132222	11882	6794	222	128	120340	126966
15247	4299	1207957	74063	16714	4679	2090	1130611	1209162
15247	4299	1207957	74063	16714	4679	2090	1130611	1209162
121	101	25730	8608	1200	408	315	17123	19330
3175	2115	110212	51082	10541	6592	4854	55769	71596
3175	2115	108256	50588	10334	6453	4724	54307	69974
		1955	494	207	139	130	1461	1622
75	71	3560	1954	785	228	210	1606	3970
75	71	3560	1954	785	228	210	1606	3970
120	116	135782	13836	7579	450	338	121946	130936
45	45	132222	11882	6794	222	128	120340	126966
75	71	3560	1954	785	228	210	1606	3970
121	101	27686	9102	1407	547	445	18584	20952
121	101	25730	8608	1200	408	315	17123	19330
		1955	494	207	139	130	1461	1622
18422	6414	1316214	124652	27048	11132	6814	1184918	1279135
3175	2115	108256	50588	10334	6453	4724	54307	69974
15247	4299	1207957	74063	16714	4679	2090	1130611	1209162
16678	5696	118591	65866	16017	8270	5076	51251	77103
1986	935	1361090	81723	20018	3859	2521	1274197	1353921
439	430	10144	3236	1425	633	487	6908	10519
439	430	10144	3236	1425	633	487	6908	10519
18210	6201	138469	58936	15721	11295	7071	74658	93946
446		6474	2535	465	602	322	3495	4121
139	46	615	296	53	165	45	171	274
154		19529	3092	275	257	195	16437	17682
14043	3134	12569	7848	2824	2045		3247	8275
1416	1068	12622	5952	2066	2002	1669	6670	9663
89	85	3600	1915	1210	207	156	1685	2001
707	677	35447	18144	3186	1152	928	17261	20068
75	71	5702	2584	867	324	291	3119	5629
866	846	27311	9525	2576	3447	2654	15017	16248
51	51	11087	5766	1724	708	581	5322	7037
		2433	695	245	131	70	1738	2197
225	225	1082	586	231	257	161	497	753
15		1331068	85417	18889	201	39	1243883	1326559
15		1323374	84251	18409	201	39	1237355	1318250
		7694	1166	480			6528	8309

洪江市规模工业企业

（201

	累计折旧	本年折旧	负债合计	流动负债合计	应付账款	非流动负债合计
总计	108105	10248	345417	135276	14904	208106
一、在总计中：亏损企业	17526	5140	147969	18893	6230	129076
二、在总计中：国有控股企业	62545	282	119234	47804	163	71430
三、按轻重工业分组						
在总计中：轻工业	12644	1949	41133	37573	6859	3560
重工业	95461	8300	304284	97703	8045	204547
四、按登记注册类型分组：						
内资企业	105741	9823	342966	132825	14904	208106
国有企业	6626	282	94163	22733	144	71430
有限责任公司	78551	5731	183634	55058	7302	128576
其他有限责任公司	78551	5731	183634	55058	7302	128576
股份有限公司	2207	336	16699	15122	4216	1577
私营企业	18357	3473	48471	39912	3242	6524
私营有限责任公司	18196	3431	47330	39087	2816	6209
私营股份有限公司	161	43	1141	826	426	315
外商投资企业	2364	426	2451	2451		
中外合作经营企业						
外资企业	2364	426	2451	2451		
五、按经济组织类型分组						
独资企业	8990	708	96614	25184	144	71430
国有企业	6626	282	94163	22733	144	71430
外资企业	2364	426	2451	2451		
股份有限公司	2368	379	17839	15948	4641	1892
股份有限公司（内资）	2207	336	16699	15122	4216	1577
私营股份有限公司	161	43	1141	826	426	315
有限责任公司	96747	9162	230964	94144	10118	134785
私营有限责任公司	18196	3431	47330	39087	2816	6209
其他有限责任公司	78551	5731	183634	55058	7302	128576
六、按企业规模分组						
中型企业	25852	4063	63887	60637	1473	1215
小型企业	82253	6185	281531	74639	13430	206891
微型企业						
七、按行业分组						
采矿业	3611	415	5083	5083	125	
有色金属矿采选业	3611	415	5083	5083	125	
制造业	21818	3882	87666	77043	8975	8588
农副食品加工业	625	157	3630	2815	841	815
食品制造业	103	66	271	271	38	
酒、饮料和精制茶制造业	1245	280	12309	10732	4216	1577
纺织业	5028	549	12817	11917	923	900
木材加工和木、竹、藤、棕、草制品业	2993	564	6412	4065	513	312
造纸和纸制品业	316	75	2124	2124	416	
化学原料和化学制品制造业	2807	550	22883	22883	433	
医药制造业	2510	460	3681	3413	425	268
非金属矿物制品业	3760	775	15501	11052	956	4449
黑色金属冶炼和压延加工业	1716	306	6292	6025	215	267
汽车制造业	459	59	1003	1003		
电气机械和器材制造业	256	42	743	743		
电力、热力、燃气及水生产和供应业	82676	5951	252669	53151	5804	199518
电力、热力生产和供应业	80895	5804	247769	48251	5804	199518
水的生产和供应业	1781	147	4900	4900		

主要经济指标（二）

5年）　　单位：万元

所有者权益合计	实收资本	国家资本	集体资本	法人资本	个人资本	港澳台资本	外商资本
1134264	145975	54243	3656	61975	25649	50	402
47612	54520	47400		500	6620		
1009361	37099	6843	3656	26600			
18535	28212	560		18250	9000		402
1115729	117763	53683	3656	43725	16649	50	
1133155	145573	54243	3656	61975	25649	50	
38059	27960	1360		26600			
1024324	66127	52883	3656	500	9088		
1024324	66127	52883	3656	500	9088		
9032	18600			18000	600		
61741	32886			16875	15961	50	
60926	32586			16875	15661	50	
815	300				300		
1109	402						402
1109	402						402
39168	28362	1360		26600			402
38059	27960	1360		26600			
1109	402						402
9846	18900			18000	900		
9032	18600			18000	600		
815	300				300		
1085250	98713	52883	3656	17375	24749	50	
60926	32586			16875	15661	50	
1024324	66127	52883	3656	500	9088		
54705	35491	800		13240	20999	50	402
1079559	110484	53443	3656	48735	4650		
5061	2340			340	2000		
5061	2340			340	2000		
50804	53836	800		34535	18049	50	402
2844	1050				1050		
344	50			50			
7220	18200			18200			
-248	6000				6000		
6210	2188				2138	50	
1476	800				800		
12564	14500	800		12900	800		
2022	902				500		402
11810	5246			3385	1861		
4795	4250				4250		
1429	500				500		
339	150				150		
1078400	89799	53443	3656	27100	5600		
1075605	89239	52883	3656	27100	5600		
2794	560	560					

洪江市规模工业企业

（201

	营业收入	主营业务收入	营业成本	主营业务成本	营业税金及附加	主营业务税金及附加
总计	806146	805888	641376	639884	1635	1602
一、在总计中：亏损企业	50435	50177	39663	39613	268	268
二、在总计中：国有控股企业	140631	140631	114285	114285	94	94
三、按轻重工业分组						
在总计中：轻工业	229811	229552	188354	188354	554	554
重工业	576336	576336	453022	451529	1080	1047
四、按登记注册类型分组：						
内资企业	769848	769590	611234	609741	1606	1573
国有企业	61114	61114	35017	35017	94	94
有限责任公司	233235	232976	199768	199718	477	477
其他有限责任公司	233235	232976	199768	199718	477	477
股份有限公司	24766	24766	18496	18496	54	54
私营企业	450733	450733	357952	356510	981	948
私营有限责任公司	439701	439701	348177	346734	950	917
私营股份有限公司	11032	11032	9776	9776	30	30
外商投资企业	36298	36298	30142	30142	29	29
中外合作经营企业						
外资企业	36298	36298	30142	30142	29	29
五、按经济组织类型分组						
独资企业	97412	97412	65160	65160	123	123
国有企业	61114	61114	35017	35017	94	94
外资企业	36298	36298	30142	30142	29	29
股份有限公司	35798	35798	28272	28272	84	84
股份有限公司（内资）	24766	24766	18496	18496	54	54
私营股份有限公司	11032	11032	9776	9776	30	30
有限责任公司	672936	672677	547945	546452	1427	1394
私营有限责任公司	439701	439701	348177	346734	950	917
其他有限责任公司	233235	232976	199768	199718	477	477
六、按企业规模分组						
中型企业	516016	515757	408627	408627	1040	1040
小型企业	290131	290131	232749	231256	595	562
微型企业						
七、按行业分组						
采矿业	57151	57151	39196	39196	110	110
有色金属矿采选业	57151	57151	39196	39196	110	110
制造业	582719	582460	474307	472864	1271	1238
农副食品加工业	38570	38570	33733	33733	84	84
食品制造业	2511	2511	2269	2269	2	2
酒、饮料和精制茶制造业	23851	23851	18805	18805	52	52
纺织业	25236	24978	25120	25120	94	94
木材加工和木、竹、藤、棕、草制品业	145242	145242	115147	115147	269	269
造纸和纸制品业	25886	25886	21312	21312	149	149
化学原料和化学制品制造业	40216	40216	31704	31704	91	91
医药制造业	51137	51137	43144	43144	59	59
非金属矿物制品业	79277	79277	63211	61768	235	202
黑色金属冶炼和压延加工业	108586	108586	88346	88346	176	176
汽车制造业	27346	27346	21614	21614	38	38
电气机械和器材制造业	14862	14862	9904	9904	23	23
电力、热力、燃气及水生产和供应业	166277	166277	127874	127824	253	253
电力、热力生产和供应业	145398	145398	116629	116580	205	205
水的生产和供应业	20879	20879	11244	11244	48	48

主要经济指标（三）

5 年）　　单位：万元

其他业务收　入	其他业务利　润	销售费用	管理费用	税　金	财务费用	利息收入	利息支出
258	258	1533	122046	1820	14979	353	15227
258	258	610	2257	28	9983	341	10246
		50	13954	1790	3444	11	3455
258	258	839	36111	1794	1302	10	1268
		693	85935	26	13677	343	13959
258	258	1533	116353	1820	14951	353	15200
		50	13954	1790	3444	11	3455
258	258	592	19738	26	10080	335	10348
258	258	592	19738	26	10080	335	10348
			5493		132		132
		891	77169	5	1295	7	1265
		891	76111	5	1245	7	1215
			1058		50		50
			5693		28		28
			5693		28		28
		50	19647	1790	3472	11	3482
		50	13954	1790	3444	11	3455
			5693		28		28
			6550		182		182
			5493		132		132
			1058		50		50
258	258	1483	95849	30	11324	342	11563
		891	76111	5	1245	7	1215
258	258	592	19738	26	10080	335	10348
258	258	851	91856		1429	3	1402
		682	30190	1820	13550	349	13825
		56	14788		95		95
		56	14788		95		95
258	258	1442	90817	5	2143	10	2049
		100	3924	2	226	6	220
		65	120	3	10	1	8
		162	4140		136		136
258	258	477	839		591	3	564
		125	25030		259		259
			3967		191		191
		84	7445		164		127
			7357		62		62
		330	12491		358		335
		48	16756		103		103
		23	4421		25		25
		30	4326		18		18
		34	16442	1816	12741	343	13083
		34	7826	26	12673	343	13015
			8615	1790	68		68

洪江市规模工业企业

（201

	营业利润	资产减值损　失	公允价值变动收益	投资收益	营业外收　入	政府补助
总计	24500	79			1261	1221
一、在总计中：亏损企业	－2424	79			524	486
二、在总计中：国有控股企业	8804				737	735
三、按轻重工业分组						
在总计中：轻工业	2650				493	486
重工业	21850	79			767	735
四、按登记注册类型分组：						
内资企业	24093	79			1261	1221
国有企业	8554					
有限责任公司	2502	79			1232	1196
其他有限责任公司	2502	79			1232	1196
股份有限公司	592					
私营企业	12446				29	26
私营有限责任公司	12327				29	26
私营股份有限公司	119					
外商投资企业	407					
中外合作经营企业						
外资企业	407					
五、按经济组织类型分组						
独资企业	8961					
国有企业	8554					
外资企业	407					
股份有限公司	710					
股份有限公司（内资）	592					
私营股份有限公司	119					
有限责任公司	14829	79			1261	1221
私营有限责任公司	12327				29	26
其他有限责任公司	2502	79			1232	1196
六、按企业规模分组						
中型企业	12213				465	460
小型企业	12287	79			796	761
微型企业						
七、按行业分组						
采矿业	2906					
有色金属矿采选业	2906					
制造业	12739				494	486
农副食品加工业	504				29	26
食品制造业	45					
酒、饮料和精制茶制造业	558					
纺织业	－1886				465	460
木材加工和木、竹、藤、棕、草制品业	4412					
造纸和纸制品业	267					
化学原料和化学制品制造业	728				1	
医药制造业	515					
非金属矿物制品业	2652					
黑色金属冶炼和压延加工业	3157					
汽车制造业	1225					
电气机械和器材制造业	562					
电力、热力、燃气及水生产和供应业	8854	79			767	735
电力、热力生产和供应业	7951	79			767	735
水的生产和供应业	904					

主要经济指标（四）

5年）

单位：万元

营业外支出	利润总额	应交所得税	亏损企业亏损总额	利税总额	应交税金及附加	本年应付职工薪酬	本年应交增值税	全部从业人员年平均人数(人)
120	25640	40	1943	60801	37053	44295	33559	13976
43	-1943		1943	-659	1311	3037	1016	845
73	9468			11815	4137	4780	2253	1441
43	3100		1437	14235	12930	14251	10581	4660
77	22540	40	506	46566	24124	30044	22978	9316
120	25233	40	1943	58550	35210	42412	31744	13352
	8554			10901	4137	4780	2253	1441
76	3658		1929	10457	6825	7490	6323	2278
76	3658		1929	10457	6825	7490	6323	2278
	592			1884	1292	4598	1238	1532
45	12430	40	14	35308	22955	25545	21930	8101
45	12311	40	14	34607	22374	24639	21379	7803
	119			700	582	906	552	298
	407			2251	1844	1883	1815	624
	407			2251	1844	1883	1815	624
	8961			13152	5981	6663	4068	2065
	8554			10901	4137	4780	2253	1441
	407			2251	1844	1883	1815	624
	710			2584	1874	5504	1790	1830
	592			1884	1292	4598	1238	1532
	119			700	582	906	552	298
120	15969	40	1943	45065	29199	32129	27701	10081
45	12311	40	14	34607	22374	24639	21379	7803
76	3658		1929	10457	6825	7490	6323	2278
2	12675		1423	38786	26111	34088	25072	10980
118	12965	40	520	22015	10942	10207	8488	2996
	2906			5874	2968	3087	2858	906
	2906			5874	2968	3087	2858	906
47	13186	40	1557	42203	29094	36711	27778	11931
41	492		14	2362	1872	2170	1786	708
	45			135	93	275	88	110
	558			1802	1244	925	1193	302
2	-1423		1423	-797	627	1989	532	701
	4412			11943	7532	8344	7262	2528
	267			1710	1443	1767	1294	576
	729		119	2809	2080	8908	1989	2955
	515			3130	2616	2626	2557	889
4	2648	40		6387	3812	2999	3537	949
	3157			8762	5605	4160	5429	1368
	1225			2630	1406	1244	1367	410
	562			1328	766	1306	743	435
73	9548		387	12724	4992	4497	2923	1139
73	8644		387	10729	2110	2971	1879	628
	904			1995	2882	1526	1044	511

八、交通、运输、邮电业

资料整理：
　　　　　杨　钦
校　　对：

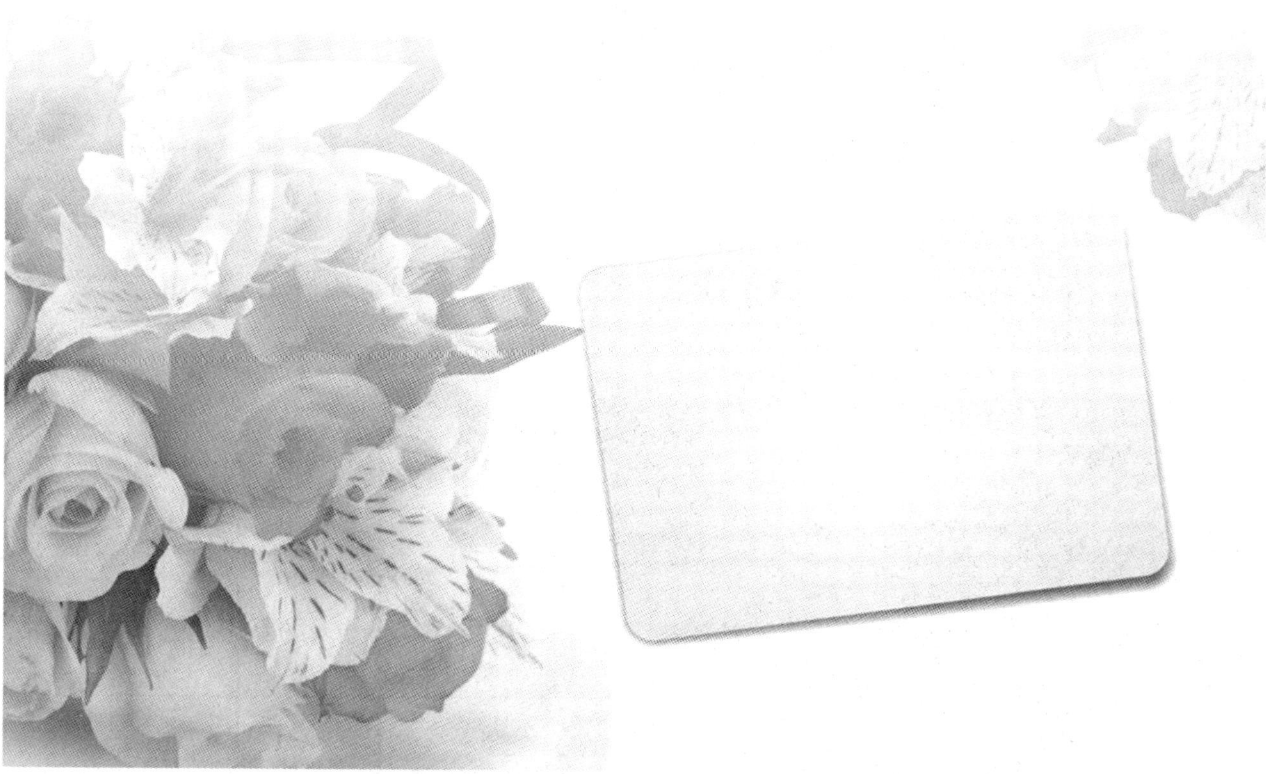

邮电业务量（一）

	单　位	2015 年
全市邮电业务总量	万元	497635
一、邮政业务总量	万元	34256
1、函件类业务		
国内平常信件	万件	11.20
国内挂号信件	万件	13.30
机要邮件	万件	16257.00
邮送广告	万件	109.70
国内大宗函件	万件	17.72
2、包裹类业务		
国内包裹	万件	40.22
其中：国内快递包裹	万件	35.56
3、特快专递类业务		
国内特快专递信件	万件	
邮政礼仪业务	万件	
4、汇兑业务		
国内汇票	万笔	15.03
开发汇票金额	万元	24374
兑付汇票笔数	万笔	3.63
兑付汇票金额	万元	3415
5、报刊业务		
报纸累计份数	万份	3746.53
杂志累计份数	万份	480.31
6、邮政业务储蓄		
邮政储蓄平均余额	万元	1307463
邮政储蓄期末余额	万元	1365757
其中：定期储蓄期末余额	万元	753853
活期储蓄期末余额	万元	611904
7、集邮业务		
集邮业务量	万枚	217.97
集邮品册数	万册	4.92
二、电信业务总量	万元	463379
移动电话用户数	户	3360887
其中：3G 移动电话用户	户	650964
其中：4G 移动电话用户	户	1049852
固定电话用户	户	297368
普通电话用户	户	285061
城市住宅普通电话用户	户	105406
城市政企普通电话用户	户	68356
乡村住宅普通电话用户	户	98223
乡村政企普通电话用户	户	13076
公用电话	户	12307

邮电业务量（二）

	单　位	2015 年
本地电话通话总次数	分钟	278049355
固定电话用户区间通话总次数	分钟	5856766
普通电话用户区间通话次数	分钟	5548576
城市住宅普通电话用户区间通话次数	分钟	1638632
城市政企普通电话用户区间通话次数	分钟	3281199
乡村住宅普通电话用户区间通话次数	分钟	381848
乡村政企普通电话用户区间通话次数	分钟	246897
固定电话用户区内通话总次数	次	189626736
普通电话用户区内通话次数	次	183940615
城市住宅普通电话用户区内通话次数	次	60599951
城市政企普通电话用户区内通话次数	次	104558582
乡村住宅普通电话用户区内通话次数	次	10337657
乡村政企普通电话用户区内通话次数	次	8444425
来电显示用户	户	678383
来电显示普通住宅用户	户	93927
来电显示普通政企用户	户	36677
来电显示 PHS 用户	户	
来电显示公用电话用户	户	2517
来电显示移动用户	户	545262
国内长途通话总次数	分钟	16519588
固定电话用户传统国内长途通话次数	分钟	15354107
普通电话用户传统国内长途通话次数	分钟	15354107
城市住宅普通电话用户传统国内长途通话次数	分钟	6202705
城市政企普通电话用户传统国内长途通话次数	分钟	7197773
乡村住宅普通电话用户传统国内长途通话次数	分钟	1281888
乡村政企普通电话用户传统国内长途通话次数	分钟	671741
国际长途通话总次数	分钟	3358
固定电话用户传统国际长途通话次数	分钟	2300
普通电话用户传统国际长途通话次数	分钟	2300
城市住宅普通电话用户传统国际长途通话次数	分钟	1231
城市政企普通电话用户传统国际长途通话次数	分钟	1001
乡村住宅普通电话用户传统国际长途通话次数	分钟	68
乡村政企普通电话用户传统国际长途通话次数	分钟	
互联网窄带接入用户	户	
互联网注册拨号用户	户	
互联网实用注册用户	户	
互联网主叫电话号码计费用户	户	
互联网专线用户	户	4456
互联网宽带接入用户	户	494871
已通电话的行政村	个	3857

民用车辆

（201

指标名称	总　计	营　　运	非营运	校　车
合计	774334	52818	720824	692
一、汽车	227661	37036	189933	692
1. 载客汽车	180570	10116	169762	692
其中：大型	2525	2253	169	103
中型	3048	1928	616	504
小型	173865	5932	167848	85
微型	1132	3	1129	
其中：轿车	110366	4373	105993	
2. 载货汽车	37754	20289	17465	
其中：重型	6245	5923	322	
中型	5341	5082	259	
轻型	26124	9271	16853	
微型	44	13	31	
其中：普通载货	14194	1214	12980	
3. 其他汽车	9337	6631	2706	
其中：三轮汽车	108	32	76	
低速货车	8113	6342	1771	
二、电车				
1. 无轨				
2. 有轨				
三、摩托车	535316	4442	530874	
1. 普通	530720	4442	526278	
2. 轻便	4596		4596	
四、拖拉机	8748	8748		
五、挂车	629	612	17	
六、其他类型车	1980	1980		

补充资料：补充资料：机动车驾驶员（29）815565 人，其中：汽车驾驶员（30）460688 人。

拥有量

5 年)　　单位：辆

总计中			报废	载客汽车客位（人）	其中：个人	载货汽车吨位（吨）	其中：个人
进口	个人	新注册					
6372	748824	100196	13539	1099102	894586	136102.995	108944.587
6360	203271	40332	4577	1099102	894586	117603.895	96886.35
6336	161768	35376	2102	1099102	894586		
3	38	190	344	93153	1402		
24	421	319	545	43505	6009		
6298	160207	34848	1193	955995	880897		
11	1102	19	20	6449	6278		
1767	102046	20532	794				
21	33276	3838	2293			108028.655	88003.146
15	4719	338	572			67066.103	50678.133
1	4924	136	643			17584.539	16211.621
5	23594	3364	1075			23344.738	21083.898
0	39		3			33.275	29.494
4	12392	1966	1258				
3	8227	1118	182			9575.24	8883.204
0	108	21	10			59.16	59.16
0	7523	997	159			9516.08	8824.044
12	534415	59773	8954				
12	529820	59561	8934				
	4595	212	20				
	8748						
	410	91	8			18499.1	12058.237
	1980						

全社会客货运输量

（2015年）

	旅客运输		货物运输	
	运输量（万人）	周转量（万人公里）	运输量（万吨）	周转量（万吨公里）
合计	12307.11	432190.30	6033.05	1012742.02
公路运输	11716.81	415780.49	5701.19	901510.82
水路运输	590.30	16409.81	331.86	111231.20

说明：本表不包括铁路、航空运输部分。

民用航空货邮运量、客运量

	单位	2008年	2009年	2010年	2011年	2012年	2013年	2014年	2015年
民用航空货邮运量	吨	5.8	3.5	0.9	4.7	28.7	17.6	48.0	17.0
民用航空客运量	人	55765	73094	133109	88268	93851	133584	211545	184285.0

铁路运输情况

县市区	货运发送量（吨）			货运到达量（吨）			客运发送人数（人）		
	2013年	2014年	2015年	2013年	2014年	2015年	2013年	2014年	2015年
怀化市	2734388	2683020	2019347	8909669	8175975	6926281	8899615	7983025	9420210
鹤城区	191563	277706	143658	3159496	2774817	2380916	6124963	5719420	7221767
中方县	352342	389328	222819	2265507	2218961	2285755	5568	5958	4903
辰溪县	265805	179459	66804	373163	326283	205171	141241	111305	79342
溆浦县	1096934	941428	1048301	853911	614095	424925	1355224	1092346	973707
会同县	188868	363609	205413	117671	93494	96904	177262	151508	135990
麻阳县	8111	6309	3872	116826	154909	204316	479236	417040	353704
新晃县	354381	372415	265820	573622	493966	389265	164744	149623	245865
芷江县	80050	64951	33882	261738	278616	198784	4272	9375	133160
靖州县	128780	71182	24424	831340	1021467	513137	313055	220697	182106
通道县	33538	13961	4129	100779	82456	31658	124605	97308	84217
洪江市	34016	2672	225	255616	116911	195450	9445	8445	5449

九、国内商业、对外经济

资料整理：
杨 钦 唐文广
校　　对：

各县市区社会消

（201

	怀化市	鹤城区	洪江区	中方县	沅陵县
社会消费品零售总额	5027557	1740011	130379	168883	482621
一、按销售单位所在地分					
1. 城镇	4290718	1616159	118058	138786	390920
其中：城区	3974354	1597768	117617	119288	318931
2. 乡村	736840	123852	12322	30097	91702
二、按行业分					
1. 批发业	331841	37038	1339	10384	18429
限额以上	31903	22158		0	5002
限额以下	299938	14880	1339	10384	13427
2. 零售业	4069705	1629518	106850	98273	395092
限额以上	1574717	1149549		20549	60612
其中：个体经营户	266504	21444		20549	29394
限额以下	2494988	479969	106850	77724	334480
3. 住宿业	146722	29385	4778	3286	5347
限额以上	26280	8152	648	545	685
其中：个体经营户	13548	6952		545	299
限额以下	120442	21233	4129	2741	4663
4. 餐饮业	479289	44070	17412	56940	63753
限额以上	126947	26490	387	23831	5800
其中：个体经营户	104451	23993		21158	5209
限额以下	352342	17580	17025	33110	57953

批发零售业商品销售

（201

	怀化市	鹤城区	洪江区	中方县	沅陵县
总计	4401546	1666556	108189	108657	413521
一、批发业	331841	37038	1339	10384	18429
1、限额以上企业	22756	13350		0	5002
2、限额以下企业和个体户	299938	14880	1339	10384	13427
二、零售业	4069705	1629518	106850	98273	395092
1、限额以上企业	1308213	1128104		0	31218
2、限额以下企业和个体户	2494988	479969	106850	77724	334480

费品零售总额

5 年)

单位：万元

辰溪县	溆浦县	会同县	麻阳县	新晃县	芷江县	靖州县	通道县	洪江市
409178	544405	168118	251136	139192	339940	256880	119033	277783
342446	487552	132671	193737	96534	268555	212661	81642	210999
287504	487552	118493	163930	89894	268555	180159	66918	157746
66732	56853	35447	57399	42658	71385	44219	37391	66784
31175	99191	21763	29376	10155	15713	32408	13710	11161
2956	1448		339		0		0	
28219	97743	21763	29037	10155	15713	32408	13710	11161
288510	336490	126963	185637	108826	295871	183055	85202	229418
43860	101622	42753	27210	20581	33568	33745	9982	30688
17303	50111	34345	10979	14010	19910	24970	3881	19608
244650	234868	84210	158427	88245	262304	149311	75220	198730
22703	42392	6686	4237	3900	4789	8121	3822	7277
7604	1939	743	1024		2789	1118	613	420
2197	1183		0		1463	605	253	51
15099	40453	5942	3213	3900	2000	7003	3209	6857
66791	66332	12706	31887	16311	23567	33296	16299	29927
17583	20719	3319	3228	5883	2964	15289	636	819
15698	18298	3319	3228	5213	2964	3915	636	819
49208	45612	9387	28659	10428	20603	18007	15663	29108

总额和分类销售额

5 年)

单位：万元

辰溪县	溆浦县	会同县	麻阳县	新晃县	芷江县	靖州县	通道县	洪江市
319685	435681	148726	215012	118981	311584	215463	98912	240579
31175	99191	21763	29376	10155	15713	32408	13710	11161
2956	1448		0		0		0	
28219	97743	21763	29037	10155	15713	32408	13710	11161
288510	336490	126963	185637	108826	295871	183055	85202	229418
26557	51511	8408	16231	6571	13658	8775	6101	11080
244650	234868	84210	158427	88245	262304	149311	75220	198730

限额以上批发和零售业商品购销存综合表（一）

（2015 年）

	企业（单位）数（个）	年末从业人员数（人）	商品购进	商品销售总额	批发额	零售额	年末商品库存总额
总计	132	20925	1150433	1924059	721745	1202314	146190
一、限额以上批发业							
农、林、牧产品批发	2	37	9154	10019	7325	2694	125
牲畜批发	2	37	9154	10019	7325	2694	125
食品、饮料及烟草制品批发	7	1562	306374	414022	410617	3405	19534
米、面制品及食用油批发	1	15	2495	2773	2518	255	198
糕点、糖果及糖批发	1	26	3556	4176	4176		366
盐及调味品批发	1	114	5495	11587	9872	1715	1484
酒、饮料及茶叶批发	3	293	18599	21592	20266	1327	365
烟草制品批发	1	1114	276229	373895	373786	109	17122
纺织、服装及家庭用品批发	2	46	6531	7085	6107	978	1495
家用电器批发	2	46	6531	7085	6107	978	1495
医药及医疗器材批发	9	782	106697	122285	120577	1708	13058
西药批发	5	356	62241	71122	69653	1469	8203
中药批发	4	426	44455	51162	50924	239	4855
矿产品、建材及化工产品批发	5	91	28533	29428	29001	427	452
煤炭及制品批发	1	17	1217	1148	1088	60	180
石油及制品批发	1	26	9985	9968	9601	367	68
金属及金属矿批发	1	15	12091	12529	12529		86
建材批发	1	19	1842	1776	1776		107
化肥批发	1	14	3398	4006	4006		10
其他批发业	3	307	17210	22602	10226	12376	400
其他未列明批发业	3	307	17210	22602	10226	12376	400
2. 按登记注册类型分组							
内资企业	27	2655	466585	593426	580846	12580	34893
国有企业	2	1214	282927	380403	377045	3358	17312
有限责任公司	6	220	26260	36391	34240	2151	850
其他有限责任公司	6	220	26260	36391	34240	2151	850
股份有限公司	2	162	6915	13173	11220	1953	1546
私营企业	17	1059	150484	163460	158341	5119	15185
私营有限责任公司	15	1007	144119	154757	149760	4998	15048
私营股份有限公司	2	52	6365	8702	8581	121	137
外商投资企业	1	170	7913	12014	3008	9006	171
中外合资经营企业	1	170	7913	12014	3008	9006	171
3. 按控股情况分组							
国有控股	3	1328	288422	391989	386917	5072	18796
私人控股	24	1327	178164	201437	193929	7508	16097
外商控股	1	170	7913	12014	3008	9006	171
二、限额以上零售业合计	104	18100	675934	1318619	137892	1180728	111126
1. 按零售行业中小类分组							
综合零售	19	12872	271585	348736	1490	347247	25796
百货零售	6	216	18685	18475		18474	1168
超级市场零售	12	12335	249095	326211	1490	324722	24406
其他综合零售	1	321	3805	4051		4051	222
食品、饮料及烟草制品专门零售	5	272	3587	14275	4507	9768	1690
果品、蔬菜零售	1	34	327	6025		6025	42

限额以上批发和零售业商品购销存综合表(二)

(2015年)

	企业(单位)数(个)	年末从业人员数(人)	商品购进	商品销售总额	批发额	零售额	年末商品库存总额
肉、禽、蛋、奶及水产品零售	1	28	96	185	100	85	185
营养和保健品零售	1	129	240	561	364	196	96
酒、饮料及茶叶零售	1	23	1679	2508	1523	985	609
其他食品零售	1	58	1245	4997	2520	2477	759
纺织、服装及日用品专门零售	5	617	22147	30975	3474	27501	7250
纺织品及针织品零售	1	22	5552	4739	2269	2469	813
服装零售	2	310	5136	13405		13405	2983
其他日用品零售	2	285	11459	12831	1205	11626	3453
文化、体育用品及器材专门零售	1	79	9833	9496		9496	809
图书、报刊零售	1	79	9833	9496		9496	809
医药及医疗器材专门零售	3	821	25182	31409		31409	9206
药品零售	3	821	25182	31409		31409	9206
汽车、摩托车、燃料及零配件专门零售	55	3010	315229	854221	124817	729404	63157
汽车零售	47	1834	305502	330264	52702	277561	60274
摩托车及零配件零售	4	50	6849	7363	495	6869	958
机动车燃料零售	4	1126	2878	516594	71620	444975	1925
家用电器及电子产品专门零售	15	408	27612	28476	3604	24872	3172
家用视听设备零售	5	80	5377	5394		5394	603
日用家电设备零售	4	177	11930	12448	2509	9939	1376
计算机、软件及辅助设备零售	6	151	10305	10635	1095	9540	1193
货摊、无店铺及其他零售业	1	21	760	1031		1031	46
其他未列明零售业	1	21	760	1031		1031	46
2. 按登记注册类型分组							
内资企业	103	17821	663326	1303778	137447	1166331	111126
国有企业	4	137	14540	14294		14294	1038
有限责任公司	13	899	75796	77007	6256	70751	9513
其他有限责任公司	13	899	75796	77007	6256	70751	9513
股份有限公司	3	1379	3805	517611	71620	445992	1749
私营企业	82	15277	568946	694305	59207	635098	98731
私营合伙企业	1	17	759	809		809	19
私营有限责任公司	76	14339	531835	648913	59207	589706	88923
私营股份有限公司	5	921	36352	44583		44583	9789
其他企业	1	129	240	561	364	196	96
港、澳、台商投资企业	1	279	12608	14841	445	14397	
港澳台商独资企业	1	279	12608	14841	445	14397	
3. 按控股情况分组							
国有控股	7	1274	24373	537351	71620	465731	3374
私人控股	93	16291	625107	750544	65463	685081	106293
港澳台商控股	1	279	12608	14841	445	14397	
其他	3	256	13846	15884	364	15519	1459
4. 按经营形式分组							
独立门店	91	4920	497105.4	561759.0	64022.4	497736.6	77843.6
连锁总店	9	12732	160946.9	733530.3	73869.2	659661.1	31736.6
连锁门店	2	113	10160.2	15521.3		15521.3	851.6
其他	2	335	7721.7	7808.8		7808.8	694.3

限额以上住宿和餐饮业

（201

	法人企业数（个）	从业人员期末人数（个）	营业额	客房收入
总　计	39	3022	50621	21391
一、限额以上住宿业				
旅游饭店	18	1548	19407.2	10411.4
一般旅馆	6	332	8476.5	4207.8
内资企业	23	1862	27288.5	14328.1
国有企业	4	475	4650.5	2399.3
有限责任公司	3	350	3946.3	2420.2
其他有限责任公司	3	350	3946.3	2420.2
股份有限公司	1	70	3936.4	1741.8
私营企业	14	880	13417.3	7149.0
私营合伙企业	3	200	2007.3	1180.7
私营有限责任公司	10	618	10596.2	5297.6
私营股份有限公司	1	62	813.8	670.7
其他企业	1	87	1338.0	617.8
港、澳、台商投资企业	1	18	595.2	291.1
港澳台商独资企业	1	18	595.2	291.1
2. 按控股情况分组				
国有控股	5	562	5988.5	3017.1
集体控股	1	70	3936.4	1741.8
私人控股	17	1230	17363.6	9569.2
港澳台商控股	1	18	595.2	291.1
二、限额以上餐饮业	15	1142	22736.8	6772.2
1. 按登记注册类型分组				
内资企业	15	1142	22736.8	6772.2
国有企业	2	138	3966.3	1887.5
有限责任公司	7	506	6628.3	2411.8
其他有限责任公司	7	506	6628.3	2411.8
股份有限公司	1	91	1225.8	129.6
私营企业	5	407	10916.4	2343.3
私营合伙企业	2	128	6322.4	594.8
私营有限责任公司	2	181	3059.3	998.8
私营股份有限公司	1	98	1534.7	749.7
2. 按控股情况分组				
国有控股	2	138	3966.3	1887.5
集体控股	2	121	1504.7	129.6
私人控股	11	883	17265.8	4755.1
3. 按餐饮活动分组				
正餐服务	15	1142	22736.8	6772.2

经营情况综合表(表一)

5 年)　　　　单位:万元

餐费收入	商品销售收入	其他收入	客房数（间）	床位数（个）	餐位数（位）
26183	2529	517	6194	10275	20861
7653.4	945.4	397.0	4457	7084	8993
4214.4	37.3	17.0	651	1245	2440
11601.0	945.4	414.0	4928	7941	10933
2061.4	51.6	138.2	488	892	1575
1406.5	57.4	62.2	2857	4228	1130
1406.5	57.4	62.2	2857	4228	1130
1447.4	747.2		102	219	500
6057.0	35.0	176.3	1338	2326	7128
826.6			218	396	910
5106.2	20.0	172.4	996	1684	5618
124.2	15.0	3.9	124	246	600
628.7	54.2	37.3	143	276	600
266.8	37.3		180	388	500
266.8	37.3		180	388	500
2690.1	105.8	175.5	631	1168	2175
1447.4	747.2		102	219	500
7463.5	92.4	238.5	4195	6554	8258
266.8	37.3		180	388	500
14315.5	1546.5	102.6	1086	1946	9428
14315.5	1546.5	102.6	1086	1946	9428
2045.0		33.8	220	376	920
4009.9	206.6		526	969	4070
4009.9	206.6		526	969	4070
1096.2			89	132	773
7164.4	1339.9	68.8	251	469	3665
5180.6	547.0		59	101	2015
1271.6	720.1	68.8	102	192	650
712.2	72.8		90	176	1000
2045.0		33.8	220	376	920
1375.1			89	132	973
10895.4	1546.5	68.8	777	1438	7535
14315.5	1546.5	102.6	1086	1946	9428

限额以上批发和零售业法人

（201

	法人企业数(个)	年初存货	流动资产合计	应收帐款	存货	固定资产合计
总　计	132	132664	497308	51557	144862	124453
一、批发业	28	37882	189606	29049	50911	43487
1. 按批发行业中小类分组						
农、林、牧产品批发	2	62.0	472.6	160.5	154.8	927.2
牲畜批发	2	62.0	472.6	160.5	154.8	927.2
食品、饮料及烟草制品批发	7	22101.4	120911.9	14031.8	34160.9	31946.0
米、面制品及食用油批发	1	207.3	320.4	5.0	221.0	85.4
糕点、糖果及糖批发	1	438.8	1329.4	548.0	366.2	83.5
盐及调味品批发	1	1483.6	2360.8		1378.4	433.1
酒、饮料及茶叶批发	3	390.7	22385.8	12412.7	7971.3	23558.2
烟草制品批发	1	19581.0	94515.5	1066.1	24224.0	7785.8
纺织、服装及家庭用品批发	2	1127.5	3209.8	342.5	1410.3	600.7
家用电器批发	2	1127.5	3209.8	342.5	1410.3	600.7
医药及医疗器材批发	9	12692.5	44580.5	11698.9	13646.0	3813.9
西药批发	5	6713.8	25625.2	3227.3	8517.7	1249.4
中药批发	4	5978.7	18955.3	8471.6	5128.3	2564.5
矿产品、建材及化工产品批发	5	905.7	12122.6	2207.1	468.0	3483.9
煤炭及制品批发	1	106.8	2444.3		14.9	66.8
石油及制品批发	1		172.0	10.5	145.6	243.5
金属及金属矿批发	1	524.8	8934.6	1927.4	86.3	2467.4
建材批发	1	173.1	237.7	49.2	107.2	417.2
化肥批发	1	101.0	334.0	220.0	114.0	289.0
其他批发业	3	993.2	8309.0	608.2	1071.3	2715.5
其他未列明批发业	3	993.2	8309.0	608.2	1071.3	2715.5
2. 按登记注册类型分组						
内资企业	27	37058.7	183802.9	28853.2	50069.0	42454.6
国有企业	2	19685.1	95765.8	1414.4	24414.4	8285.0
有限责任公司	6	607.6	7596.6	1992.8	1100.1	547.3
其他有限责任公司	6	607.6	7596.6	1992.8	1100.1	547.3
股份有限公司	2	2225.4	2821.3		1788.9	853.1
私营企业	17	14540.6	77619.2	25446.0	22765.6	32769.2
私营有限责任公司	15	14475.1	76236.5	25352.4	22727.0	31468.0
私营股份有限公司	2	65.5	1382.7	93.6	38.6	1301.2
外商投资企业	1	823.6	5803.5	195.8	842.3	1032.6
中外合资经营企业	1	823.6	5803.5	195.8	842.3	1032.6
3. 按控股情况分组						
国有控股	3	21168.7	98126.6	1414.4	25792.8	8718.1
私人控股	24	15890.0	85676.3	27438.8	24276.2	33736.5
外商控股	1	823.6	5803.5	195.8	842.3	1032.6
二、零售业						
1. 按零售行业中小类分组						
综合零售	19	27711.6	112757.5	-7712.9	25535.2	35972.5
百货零售	6	858.3	1427.7	108.0	466.4	1314.6
超级市场零售	12	26190.4	110565.5	-7820.9	24407.1	34543.1

企业主要财务状况表（一）

5年）　　　　单位：万元

固定资产原价	累计折旧	本年折旧	资产总计	流动负债	应付帐款	非流动负债合计	负债总计
175996	51590	22317	723010	445157	114110	8102	453278
59439	15984	2291	263832	116408	49201	950	117357
1168.1	240.9	61.6	1461.8	303.6		37.0	340.6
1168.1	240.9	61.6	1461.8	303.6		37.0	340.6
45078.0	13132.0	1488.5	176546.6	59630.4	28383.5	439.1	60069.5
354.4	269.0	25.2	574.3	142.6	1.3		142.6
114.6	31.1	15.7	1412.9	1280.4	11.7		1280.4
866.5	433.4	116.2	4114.6	1554.1	83.2		1554.1
24072.1	513.9	155.6	45976.9	25594.4		300.0	25894.4
19670.4	11884.6	1175.8	124467.9	31058.9	28287.3	139.1	31198.0
684.2	83.5		3810.5	1896.9			1896.9
684.2	83.5		3810.5	1896.9			1896.9
5370.4	1556.5	423.6	51140.4	39083.0	19435.5	473.5	39556.5
2055.1	805.7	292.0	28758.6	20506.8	13637.2	473.5	20980.3
3315.3	750.8	131.6	22381.8	18576.2	5798.3		18576.2
3746.2	294.9	188.8	16474.8	11825.6	821.5		11825.6
121.3	54.5		2559.6	2176.3	677.7		2176.3
251.3	7.8	7.3	415.5	175.0	25.2		175.0
2558.2	90.8	48.9	11937.1	8947.3			8947.3
515.0	130.4	130.4	654.9	394.3	74.5		394.3
300.4	11.4	2.2	907.7	132.7	44.1		132.7
3391.8	676.3	128.3	14397.5	3668.1	560.9		3668.1
3391.8	676.3	128.3	14397.5	3668.1	560.9		3668.1
57838.8	15416.8	2200.4	255283.9	113798.4	48857.6	949.6	114748.0
20243.4	11958.4	1201.8	127300.6	31921.4	28438.3	139.1	32060.5
1087.8	540.5	203.1	8973.9	4017.8	1470.4	473.5	4491.3
1087.8	540.5	203.1	8973.9	4017.8	1470.4	473.5	4491.3
1326.5	473.4	153.4	4995.1	1564.1	93.2		1564.1
35181.1	2444.5	642.1	114014.3	76295.1	18855.7	337.0	76632.1
33670.4	2235.0	601.0	110752.2	76054.5	18789.6	300.0	76354.5
1510.7	209.5	41.1	3262.1	240.6	66.1	37.0	277.6
1599.9	567.3	90.4	8547.7	2609.2	343.8		2609.2
1599.9	567.3	90.4	8547.7	2609.2	343.8		2609.2
21109.9	12391.8	1318.0	131415.2	33475.5	28521.5	139.1	33614.6
36728.9	3025.0	882.4	123868.7	80322.9	20336.1	810.5	81133.4
1599.9	567.3	90.4	8547.7	2609.2	343.8		2609.2
58199.1	22226.6	17193.0	171706.8	134739.0	44451.7	34.1	134792.1
1741.1	426.5	35.0	3073.4	1998.8	213.3	34.1	2051.9
56146.7	21603.6	17130.3	167715.3	131860.8	44238.4		131860.8

限额以上批发和零售业法人

（201

	法人企业数（个）	年初存货	流动资产合计	应收帐款	存货	固定资产合计
其他综合零售	1	662.9	764.3		661.7	114.8
食品、饮料及烟草制品专门零售	5	1341.9	4814.3	2164.6	880.7	602.0
果品、蔬菜零售	1	46.9	780.8	12.9	42.4	360.3
肉、禽、蛋、奶及水产品零售	1		154.8	42.0	65.0	65.0
营养和保健品零售	1	89.9	34.9	20.1	14.8	19.8
酒、饮料及茶叶零售	1	446.6	589.6	589.6		150.3
其他食品零售	1	758.5	3254.2	1500.0	758.5	6.6
纺织、服装及日用品专门零售	5	4824.1	28024.3	3891.1	7251.1	2668.1
纺织品及针织品零售	1		1824.3	813.3	813.4	155.7
服装零售	2	2828.4	17835.9	3019.3	2984.3	2369.8
其他日用品零售	2	1995.7	8364.1	58.5	3453.4	142.6
文化、体育用品及器材专门零售	1	584.1	4563.8	146.8	808.2	469.0
图书、报刊零售	1	584.1	4563.8	146.8	808.2	469.0
医药及医疗器材专门零售	3	5272.0	23886.4	3930.7	7465.6	2060.9
药品零售	3	5272.0	23886.4	3930.7	7465.6	2060.9
汽车、摩托车、燃料及零配件专门零售	55	52793.2	120431.5	18131.7	48949.3	37293.2
汽车零售	47	41814.1	116380.9	18128.6	46188.7	17119.5
摩托车及零配件零售	4	525.0	968.9	6.9	940.9	11.1
机动车燃料零售	4	10454.1	3081.7	-3.8	1819.7	20162.6
家用电器及电子产品专门零售	15	2208.6	13106.4	1905.8	2994.5	1651.3
家用视听设备零售	5	535.7	732.4	58.5	556.2	1197.7
日用家电设备零售	4	507.6	7023.5	121.4	1051.6	251.9
计算机、软件及辅助设备零售	6	1165.3	5350.5	1725.9	1386.7	201.7
货摊、无店铺及其他零售业	1	46.0	117.0	50.5	66.5	248.4
其他未列明零售业	1	46.0	117.0	50.5	66.5	248.4
2. 按登记注册类型分组						
内资企业	103	94781.5	317066.4	32405.6	93951.1	66100.6
国有企业	4	544.5	1082.7		229.6	1268.8
有限责任公司	13	5621.9	28275.1	1725.7	9470.3	4028.2
其他有限责任公司	13	5621.9	28275.1	1725.7	9470.3	4028.2
股份有限公司	3	10734.8	3297.2		2082.9	20273.6
私营企业	82	77790.4	284376.5	30659.8	82153.5	40510.2
私营合伙企业	1	19.0	70.0	46.0	24.0	
私营有限责任公司	76	71369.0	260936.0	27839.5	73741.0	38101.4
私营股份有限公司	5	6402.4	23370.5	2774.3	8388.5	2408.8
其他企业	1	89.9	34.9	20.1	14.8	19.8
港、澳、台商投资企业	1		-9365.2	-9897.3		14864.8
港、澳、台商独资经营企业	1		-9365.2	-9897.3		14864.8
3. 按控股情况分组						
国有控股	7	11200.5	8179.4	146.8	2459.0	21896.6
私人控股	93	81800.6	306146.1	32194.2	90312.9	43861.6
港澳台商控股	1		-9365.2	-9897.3		14864.8
其他	3	1780.4	2740.9	64.6	1179.2	342.4

企业主要财务状况表（一续）

5年）　　　　单位：万元

固定资产原　价	累计折旧	本年折旧	资产总计	流动负债	应付帐款	非流动负债合计	负债总计
311.3	196.5	27.7	918.1	879.4			879.4
959.7	357.7	47.5	8598.1	3223.9	2994.0	32.4	3256.3
440.0	79.7	28.8	3775.7	223.0	12.7	32.4	255.4
70.0	5.0	2.0	761.6				
82.5	62.7	15.7	60.1	10.1	9.8		10.1
150.3			739.9	230.0	230.0		230.0
216.9	210.3	1.0	3260.8	2760.8	2741.5		2760.8
5616.3	2948.2	74.8	33436.6	23964.6	971.1	4659.0	28623.6
193.6	37.9		1980.0	756.0			756.0
5148.5	2778.7	15.2	22949.8	15779.9	865.3	4659.0	20438.9
274.2	131.6	59.6	8506.8	7428.7	105.8		7428.7
509.2	40.2	40.2	6148.5	1904.9	855.3		1904.9
509.2	40.2	40.2	6148.5	1904.9	855.3		1904.9
3032.0	971.1	220.8	28356.7	24154.6	6.3	41.2	24195.8
3032.0	971.1	220.8	28356.7	24154.6	6.3	41.2	24195.8
45797.4	8517.7	2323.4	191713.6	127343.7	14806.8	2360.5	129704.3
22687.7	5581.7	1448.6	148998.2	120105.0	14445.0	2126.6	122231.7
33.4	22.3	2.7	998.0	773.8	4.0	35.8	809.6
23076.3	2913.7	872.1	41717.4	6464.9	357.8	198.1	6663.0
2131.0	479.7	122.7	18421.8	13285.9	792.8	24.8	13310.7
1541.7	344.0	75.9	2045.5	1659.4	150.4	24.8	1684.2
287.3	35.4	23.0	10824.1	9426.5	299.0		9426.5
302.0	100.3	23.8	5552.2	2200.0	343.4		2200.0
312.6	64.2	3.8	796.0	133.0	30.1		133.0
312.6	64.2	3.8	796.0	133.0	30.1		133.0
98442.5	32355.4	19103.4	451146.3	323612.2	60564.5	7152.0	330783.3
1594.1	325.3	6.5	2667.2	1695.3		34.1	1748.4
4812.1	783.9	225.9	36562.6	23355.0	2227.5	670.5	24025.5
4812.1	783.9	225.9	36562.6	23355.0	2227.5	670.5	24025.5
23343.1	3069.5	894.1	40955.7	6801.9	298.7		6801.9
68610.7	28114.0	17961.2	370900.7	291749.9	58028.5	6447.4	298197.4
			70.0	12.0			12.0
64578.8	26490.9	17620.3	342366.2	266369.0	57544.1	6411.6	272780.7
4031.9	1623.1	340.9	28464.5	25368.9	484.4	35.8	25404.7
82.5	62.7	15.7	60.1	10.1	9.8		10.1
18114.8	3250.0	922.8	8031.8	5137.4	4343.6		5137.4
18114.8	3250.0	922.8	8031.8	5137.4	4343.6		5137.4
25135.1	3238.5	913.1	48853.3	9522.7	1154.0	34.1	9575.8
72653.3	28805.2	18082.3	398621.4	310871.1	59194.2	7117.9	317989.1
18114.8	3250.0	922.8	8031.8	5137.4	4343.6		5137.4
654.1	311.7	108.0	3671.6	3218.4	216.3		3218.4

限额以上批发和零售业法人

（201

	所有者权益	实收资本	国家资本	集体资本	法人资本	个人资本
总　计	269732	125591	38105	868	38338	43546
一、批发业	146474	26106	5017	868	4203	15018
1. 按批发行业中小类分组						
农、林、牧产品批发	1121.2	300.0			100.0	200.0
牲畜批发	1121.2	300.0			100.0	200.0
食品、饮料及烟草制品批发	116477.1	4804.9	3232.8		552.1	1020.0
米、面制品及食用油批发	431.7	50.0			50.0	
糕点、糖果及糖批发	132.5	500.0			500.0	
盐及调味品批发	2560.5	1351.4	1351.4			
酒、饮料及茶叶批发	20082.5	1022.1			2.1	1020.0
烟草制品批发	93269.9	1881.4	1881.4			
纺织、服装及家庭用品批发	1913.6	550.2		50.0		500.2
家用电器批发	1913.6	550.2		50.0		500.2
医药及医疗器材批发	11583.9	12133.0			3000.0	9133.0
西药批发	7778.3	8651.0			3000.0	5651.0
中药批发	3805.6	3482.0				3482.0
矿产品、建材及化工产品批发	4649.2	4615.5			500.0	4115.5
煤炭及制品批发	383.3	500.0			500.0	
石油及制品批发	240.5	240.5				240.5
金属及金属矿批发	2989.8	3000.0				3000.0
建材批发	260.6	100.0				100.0
化肥批发	775.0	775.0				775.0
其他批发业	10729.4	3702.3	1784.3	818.0	51.0	49.0
其他未列明批发业	10729.4	3702.3	1784.3	818.0	51.0	49.0
2. 按登记注册类型分组						
内资企业	140535.9	24287.9	5017.1	50.0	4203.1	15017.7
国有企业	95240.1	3665.7	3665.7			
有限责任公司	4482.6	5441.5			3550.0	1891.5
其他有限责任公司	4482.6	5441.5			3550.0	1891.5
股份有限公司	3431.0	1451.4	1351.4			100.0
私营企业	37382.2	13729.3		50.0	653.1	13026.2
私营有限责任公司	34397.7	13529.3		50.0	502.1	12977.2
私营股份有限公司	2984.5	200.0			151.0	49.0
外商投资企业	5938.5	1818.0		818.0		
中外合资经营企业	5938.5	1818.0		818.0		
3. 按控股情况分组						
国有控股	97800.6	5017.1	5017.1			
私人控股	42735.3	19270.8		50.0	4203.1	15017.7
外商控股	5938.5	1818.0		818.0		
二、零售业	123257.4	99485.4	33087.7		34134.7	28528.6
综合零售	36914.7	20284.0	729.7		11686.2	4133.7
百货零售	1021.5	822.3	729.7			92.6
超级市场零售	35854.5	19431.7			11686.2	4011.1
其他综合零售	38.7	30.0				30.0

企业主要财务状况表（二）

5年）　　　　单位：万元

港海台资本	外商资本	主营业务收入	主营业务成本	主营业务税金及附加	其他业务利润	销售费用	管理费用	税金
3734	1000	1784619	1540071	44820	3887	107116	45920	3514
	1000	608924	475811	41660	372	24779	20426	1007
		5407.8	4430.9	19.4		316.2	223.7	4.6
		5407.8	4430.9	19.4		316.2	223.7	4.6
		421590.9	306525.2	40526.5	359.5	19145.1	15985.0	839.2
		2772.9	2228.0	10.0	40.7	280.5	190.8	
		4181.0	4032.9	5.1		51.2	149.0	5.1
		10130.8	5994.2	53.2	2.3	2747.3	379.6	25.0
		19272.5	15060.6	240.0		1142.1	2049.1	322.8
		385233.7	279209.5	40218.2	316.5	14924.0	13216.5	486.3
		6524.9	5847.8	11.2		352.6	140.3	
		6524.9	5847.8	11.2		352.6	140.3	
		118771.4	110871.6	453.0		3157.8	2115.2	51.9
		71844.3	67758.7	371.0		991.4	1037.8	20.8
		46927.1	43112.9	82.0		2166.4	1077.4	31.1
		37591.5	35059.2	474.5		425.4	427.2	97.0
		2282.6	2262.8	18.2		20.3	87.6	
		16758.4	15358.9	418.5		56.8	55.6	47.8
		12767.9	12529.4	29.0		62.0	165.6	4.2
		1776.2	1509.8	6.4		48.3	6.4	
		4006.4	3398.3	2.4		238.0	112.0	45.0
	1000.0	19037.0	13076.1	175.3	12.2	1381.9	1534.7	14.1
	1000.0	19037.0	13076.1	175.3	12.2	1381.9	1534.7	14.1
		598350.9	468389.8	41607.3	359.5	23487.6	19894.0	995.0
		389617.5	282239.1	40319.1	316.5	14953.6	14087.0	488.6
		44317.8	39820.7	729.7	40.7	1025.8	567.7	68.6
		44317.8	39820.7	729.7	40.7	1025.8	567.7	68.6
		11979.5	7834.2	53.2	2.3	2748.8	383.1	25.0
		152436.1	138495.8	505.3		4759.4	4856.2	412.8
		143733.7	132103.9	468.7		4403.5	4524.3	412.8
		8702.4	6391.9	36.6		355.9	331.9	
	1000.0	10572.6	7421.0	52.6	12.2	1291.4	532.1	11.8
	1000.0	10572.6	7421.0	52.6	12.2	1291.4	532.1	11.8
		399748.3	288233.3	40372.3	318.8	17700.9	14466.6	513.6
		198602.6	180156.5	1235.0	40.7	5786.7	5427.4	481.4
	1000.0	10572.6	7421.0	52.6	12.2	1291.4	532.1	11.8
3734.4		1175695.0	1064260.0	3159.7	3514.9	82337.2	25494.0	2507.0
3734.4		347404.9	293392.9	1989.4	1027.2	47126.9	8820.2	117.5
		17913.2	15404.1	305.5		685.3	489.4	
3734.4		325596.8	274681.8	1672.2	1027.2	45818.7	8291.2	115.4
		3894.9	3307.0	11.7		622.9	39.6	2.1

限额以上批发和零售业法人

（201

	所有者权益	实收资本				
			国家资本	集体资本	法人资本	个人资本
食品、饮料及烟草制品专门零售	5341.8	2586.6			1250.0	1336.6
果品、蔬菜零售	3520.3	989.0				989.0
肉、禽、蛋、奶及水产品零售	761.6	750.0			750.0	
营养和保健品零售	50.0	47.6				47.6
酒、饮料及茶叶零售	509.9	300.0				300.0
其他食品零售	500.0	500.0			500.0	
纺织、服装及日用品专门零售	4813.0	7050.0			6020.0	1030.0
纺织品及针织品零售	1224.0	30.0				30.0
服装零售	2510.9	6000.0			6000.0	
其他日用品零售	1078.1	1020.0			20.0	1000.0
文化、体育用品及器材专门零售	4243.6	3.0	3.0			
图书、报刊零售	4243.6	3.0	3.0			
医药及医疗器材专门零售	4160.9	3400.0				3400.0
药品零售	4160.9	3400.0				3400.0
汽车、摩托车、燃料及零配件专门零售	62009.3	60877.0	32355.0		13230.2	15291.8
汽车零售	26766.5	28240.7			13080.2	15160.5
摩托车及零配件零售	188.4	181.3			100.0	81.3
机动车燃料零售	35054.4	32455.0	32355.0		50.0	50.0
家用电器及电子产品专门零售	5111.1	5234.8			1898.3	3336.5
家用视听设备零售	361.3	244.1			55.3	188.8
日用家电设备零售	1397.6	1612.7			1143.0	469.7
计算机、软件及辅助设备零售	3352.2	3378.0			700.0	2678.0
货摊、无店铺及其他零售业	663.0	50.0			50.0	
其他未列明零售业	663.0	50.0			50.0	
2. 按登记注册类型分组						
内资企业	120363.0	95751.0	33087.7		34134.7	28528.6
国有企业	918.8	729.7	729.7			
有限责任公司	12537.1	8508.3	3.0		3663.0	4842.3
其他有限责任公司	12537.1	8508.3	3.0		3663.0	4842.3
股份有限公司	34153.8	32385.0	32355.0			30.0
私营企业	72703.3	54080.4			30471.7	23608.7
私营合伙企业	58.0	50.0			50.0	
私营有限责任公司	69585.5	50799.1			30421.7	20377.4
私营股份有限公司	3059.8	3231.3				3231.3
其他企业	50.0	47.6				47.6
港、澳、台商投资企业	2894.4	3734.4				
港、澳、台商独资经营企业	2894.4	3734.4				
3. 按控股情况分组						
国有控股	39277.5	33087.7	33087.7			
私人控股	80632.3	60972.7			32491.7	28481.0
港澳台商控股	2894.4	3734.4				
其他	453.2	1690.6			1643.0	47.6

企业主要财务状况表（二续）

5 年）　　单位：万元

港海台资本	外商资本	主营业务收入	主营业务成本	主营业务税金及附加	其他业务利润	销售费用	管理费用	税金
		14275.8	11829.6	11.8		361.9	551.1	
		6025.0	4998.0	1.9		24.8	331.0	
		185.6	153.8				14.5	
		560.6	280.3			10.2	147.5	
		2508.1	1678.8			48.9	52.6	
		4996.5	4718.7	9.9		278.0	5.5	
		26228.0	22166.8	168.8	1146.1	2992.4	1154.4	20.9
		4738.5	4284.6	19.6		125.9	64.5	
		8658.5	7366.8	126.4	916.9	2016.3	460.2	
		12831.0	10515.4	22.8	229.2	850.2	629.7	20.9
		7804.7	5881.0	8.9		803.7	729.5	14.5
		7804.7	5881.0	8.9		803.7	729.5	14.5
		27236.5	21155.7	99.0		3858.6	1170.2	35.7
		27236.5	21155.7	99.0		3858.6	1170.2	35.7
		721730.1	681998.3	778.0	1166.0	25259.9	12300.0	2312.0
		314197.5	298385.1	372.1	790.7	7455.7	7703.1	147.4
		7432.5	6836.1	66.6	35.5	294.3	121.2	10.8
		400100.1	376777.1	339.3	339.8	17509.9	4475.7	2153.8
		29983.8	27075.8	99.6	175.6	1811.8	690.5	6.4
		6808.8	5790.2	59.6		199.6	162.6	5.1
		11944.3	10785.0	19.1		1215.9	194.0	
		11230.7	10500.6	20.9	175.6	396.3	333.9	1.3
		1031.2	759.9	4.2		122.0	78.1	
		1031.2	759.9	4.2		122.0	78.1	
		1160853.6	1051652.1	3036.8	2487.7	78972.0	25493.9	2507.0
		13148.1	11850.4	19.7		581.3	469.4	
		73376.6	64513.5	413.2	229.2	3843.6	2642.7	51.0
		73376.6	64513.5	413.2	229.2	3843.6	2642.7	51.0
		400776.0	377168.4	345.5	339.8	18034.7	4285.5	2155.4
		672992.3	597839.5	2258.4	1918.7	56502.2	17948.8	300.6
		809.4	759.1	0.1			49.3	
		631245.3	563785.8	2071.2	1918.7	51083.7	16664.7	271.3
		40937.6	33294.6	187.1		5418.5	1234.8	29.3
		560.6	280.3			10.2	147.5	
3734.4		14841.4	12607.9	122.9	1027.2	3365.2	0.1	
3734.4		14841.4	12607.9	122.9	1027.2	3365.2	0.1	
		417833.9	391592.8	362.4	339.8	18796.8	5444.8	2167.8
		728438.8	646665.1	2649.5	2147.9	59045.2	19485.6	339.2
3734.4		14841.4	12607.9	122.9	1027.2	3365.2	0.1	
		14580.9	13394.2	24.9		1130.0	563.5	

限额以上批发和零售业法人

（201

	财务费用	利息收入	利息支出
总　计	4824	3987	5169
一、批发业	－1469	2848	727
1. 按批发行业中小类分组			
农、林、牧产品批发	20.0		16.2
牲畜批发	20.0		16.2
食品、饮料及烟草制品批发	－1939.1	2257.2	
米、面制品及食用油批发	10.0		
糕点、糖果及糖批发	0.4		
盐及调味品批发	4.0		
酒、饮料及茶叶批发	301.6		
烟草制品批发	－2255.1	2257.2	
纺织、服装及家庭用品批发	10.4		
家用电器批发	10.4		
医药及医疗器材批发	428.0	65.1	212.2
西药批发	137.2		
中药批发	290.8	65.1	212.2
矿产品、建材及化工产品批发	98.2	436.7	497.8
煤炭及制品批发	－11.6	11.6	
石油及制品批发	48.3	12.1	60.4
金属及金属矿批发	5.1	413.0	417.0
建材批发			
化肥批发	56.4		20.4
其他批发业	－86.5	88.5	0.5
其他未列明批发业	－86.5	88.5	0.5
2. 按登记注册类型分组			
内资企业	－1385.1	2762.1	726.2
国有企业	－2256.6	2258.9	
有限责任公司	99.6	23.7	60.4
其他有限责任公司	99.6	23.7	60.4
股份有限公司	4.0		
私营企业	767.9	479.5	665.8
私营有限责任公司	765.2	478.1	665.8
私营股份有限公司	2.7	1.4	
外商投资企业	－83.9	85.4	0.5
中外合资经营企业	－83.9	85.4	0.5
3. 按控股情况分组			
国有控股	－2252.6	2258.9	
私人控股	867.5	503.2	726.2
外商控股	－83.9	85.4	0.5
二、零售业			
1. 按批发行业中小类分组			
综合零售	－241.5	814.1	212.5
百货零售	16.5	5.2	0.2
超级市场零售	－258.0	808.9	212.3

企业主要财务状况表（三）

5年）　　　　单位：万元

营业利润	利润总额	应交所得税	应付职工薪酬（本年贷方累计发生额）	应交增值税	从事批发和零售业活动的从业人员平均人数（人）
57129	58649	13406	54108	27198	19167
47506	47806	11484	27554	19156	2785
397.6	397.6		119.1	4.6	37
397.6	397.6		119.1	4.6	37
41653.1	42334.4	10403.1	23231.3	17328.0	1552
53.6	94.3		54.0	33.0	15
-57.6	-32.6		73.2	29.3	26
941.5	994.8	280.3	2048.9	505.9	114
479.1	589.5		943.8		283
40236.5	40688.4	10122.8	20111.4	16759.8	1114
162.6	162.6		182.5	33.4	42
162.6	162.6		182.5	33.4	42
1304.8	1180.2	115.4	2366.0	942.0	762
1107.2	1012.8	67.1	759.0	446.5	337
197.6	167.4	48.3	1607.0	495.5	425
1015.7	808.8	219.9	255.1	97.9	82
-94.7			32.4		12
729.0	414.3	162.4	78.0	18.2	22
-23.2	-10.1		53.6	24.1	15
205.3	205.3	57.5	47.1	53.3	19
199.3	199.3		44.0	2.3	14
2972.0	2922.2	745.4	1399.9	750.2	310
2972.0	2922.2	745.4	1399.9	750.2	310
46134.2	46458.3	11146.9	26745.8	18689.3	2607
40591.2	41023.5	10221.4	20565.7	16847.2	1214
1542.0	1348.5	186.2	534.1	413.6	196
1542.0	1348.5	186.2	534.1	413.6	196
945.2	994.8	280.3	2203.9	505.9	162
3055.8	3091.5	459.0	3442.1	922.6	1035
1468.1	1509.9	149.1	3244.8	726.6	988
1587.7	1581.6	309.9	197.3	196.0	47
1371.6	1347.5	336.9	808.1	466.8	178
1371.6	1347.5	336.9	808.1	466.8	178
41532.7	42018.3	10501.7	22614.6	17353.1	1328
4601.5	4440.0	645.2	4131.2	1336.2	1279
1371.6	1347.5	336.9	808.1	466.8	178
9598.0	10226.6	1605.8	7278.0	2035.8	11570
1012.4	980.1	8.9	652.1	23.8	309
8671.9	9231.0	1596.9	6111.9	2006.2	10936

限额以上批发和零售业法人

（201

	财务费用	利息收入	利息支出
其他综合零售			
食品、饮料及烟草制品专门零售	285.7		56.8
果品、蔬菜零售	280.2		53.4
肉、禽、蛋、奶及水产品零售			
营养和保健品零售	1.8		
酒、饮料及茶叶零售	3.4		3.4
其他食品零售	0.3		
纺织、服装及日用品专门零售	1631.3	15.8	836.5
纺织品及针织品零售	73.8	0.4	74.2
服装零售	1268.0	10.6	496.8
其他日用品零售	289.5	4.8	265.5
文化、体育用品及器材专门零售	0.2		0.2
图书、报刊零售	0.2		0.2
医药及医疗器材专门零售	682.7	195.1	677.5
药品零售	682.7	195.1	677.5
汽车、摩托车、燃料及零配件专门零售	3880.0	92.3	2644.0
汽车零售	2827.4	89.9	2057.8
摩托车及零配件零售	19.0	0.1	18.5
机动车燃料零售	1033.6	2.3	567.7
家用电器及电子产品专门零售	42.5	22.6	15.2
家用视听设备零售	17.1		5.1
日用家电设备零售	-2.2	22.4	3.5
计算机、软件及辅助设备零售	27.6	0.2	6.6
货摊、无店铺及其他零售业	12.0		
其他未列明零售业	12.0		
2. 按登记注册类型分组			
内资企业	6276.3	1139.9	4442.7
国有企业	-5.0	5.2	0.2
有限责任公司	666.3	10.9	486.3
其他有限责任公司	666.3	10.9	486.3
股份有限公司	1033.6	2.0	567.7
私营企业	4579.6	1121.8	3388.5
私营合伙企业			
私营有限责任公司	3821.4	926.7	2735.7
私营股份有限公司	758.2	195.1	652.8
其他企业	1.8		
港、澳、台商投资企业	16.6		
港、澳、台商独资经营企业	16.6		
3. 按控股情况分组			
国有控股	1028.8	7.2	568.1
私人控股	5166.0	1132.7	3874.6
港澳台商控股	16.6		
其他	81.5		

企业主要财务状况表（三续）

5年）　　单位：万元

营业利润	利润总额	应交所得税	应付职工薪酬（本年贷方累计发生额）	应交增值税	从事批发和零售业活动的从业人员平均人数（人）
-86.3	15.5		514.0	5.8	325
1235.7	804.2	1.4	384.3	45.9	193
389.1	-26.1		67.8		38
17.3	17.3		14.5		28
120.8	120.8		93.0		46
724.4	708.1	1.4	90.7	1.4	23
-15.9	-15.9		118.3	44.5	58
-452.9	-421.2	151.7	2052.6	244.3	560
170.1	191.6		84.0		22
-1375.6	-1367.3		1040.5	147.0	263
752.6	754.5	151.7	928.1	97.3	275
419.2	255.4		1167.3	14.8	79
419.2	255.4		1167.3	14.8	79
382.9	357.5	89.1	714.3	537.2	814
382.9	357.5	89.1	714.3	537.2	814
-1883.5	-640.6	74.6	13674.1	4987.0	2745
-2281.8	-942.1	71.7	6276.5	1609.8	1578
99.8	63.9	2.9	128.0	72.9	55
298.5	237.6		7269.6	3304.3	1112
268.5	206.3		1220.2	176.8	400
579.7	578.1		192.7	1.2	77
-267.4	-350.9		578.4	83.6	172
-43.8	-20.9		449.1	92.0	151
55.0	55.0		63.5		21
55.0	55.0		63.5		21
9817.5	11063.9	1922.6	25661.1	7754.7	16117
232.3	200.0		494.5	0.5	230
1529.7	1420.4	160.6	3573.4	262.0	832
1529.7	1420.4	160.6	3573.4	262.0	832
242.3	296.6		7629.1	3268.9	1369
7692.4	9026.1	1762.0	13871.1	4223.3	13640
0.9	0.9		45.7	1.4	17
7542.3	8929.7	1685.6	12767.2	2733.7	12710
149.2	95.5	76.4	1058.2	1488.2	913
120.8	120.8		93.0		46
-194.6	-220.7		893.2	287.1	265
-194.6	-220.7		893.2	287.1	265
980.1	736.5		8776.9	3278.4	1353
9450.5	10942.3	1922.6	16359.9	4368.5	14643
-194.6	-220.7		893.2	287.1	265
-613.1	-614.9		524.3	107.8	121

各县市区

	怀化市	市　直	鹤城区	洪江区	中方县	沅陵县
项目个数						
1、境外						
2014 年	19	3	7	1	1	1
2015 年	16	1	2		1	2
2、市外						
2014 年	718	162	52	26	39	64
2015 年	693	107	56	19	30	61
合同利用内外资						
1、境外资金（万美元）						
2014 年	17151	2997	5708	80	1000	800
2015 年	25130		560		19171	1162
2、市外资金（万元）						
2014 年	6099986	2157915	773771	164719	256055	288320
2015 年	3826709	489796	322207	160600	197500	219800
实际利用内外资						
1、境外资金（万美元）						
2014 年	10906	3600	2068	250	760	705
2015 年	11394		792		4262	1100
2、市外资金（万元）						
2014 年	4132383	922160	430055	145000	263640	335636
2015 年	4312749	913300	484983	186000	316140	386932

注：市外资金指怀化市以外的境内客商投资部分。

各县市区

（201

	怀化市	市　直	鹤城区	洪江区	中方县	沅陵县
进出口总额	4442		1648	39	1667	
出口总额	3515		1648	39	858	
进口总额	926				808	
进出口总额比上年增长（%）	-58.0		-81.2	1850.0	40.2	
出口	-64.4		-81.2	1850.0	44.0	
进口	33.4				36.3	

招商引资情况

辰溪县	溆浦县	会同县	麻阳县	新晃县	芷江县	靖州县	通道县	洪江市
1	1		2		1			1
1	1	1		4	3			
53	59	20	39	33	53	38	24	56
57	43	35	40	45	67	45	26	62
1500	1670		2276		600			520
501	440	39		704	919			
378680	481162	136780	253964	360127	323033	92600	119800	313060
297580	214500	327946	160900	266241	224400	321900	236339	387000
590	610		680	520	530			593
900	438		520	722	1030			
290500	317719	214004	190720	200800	182453	179346	109850	350500
366980	386363	262500	224500	254620	235050	223734	131950	424680

外贸进出口情况

5 年)　　单位：万美元

辰溪县	溆浦县	会同县	麻阳县	新晃县	芷江县	靖州县	通道县	洪江市
88	39	13	239	202	351	61		95
88		13	239	202	351	61		16
	39							79
576.9	105.3	-69.0	696.7			335.7		-78.4
576.9		-69.0	696.7			335.7		-95.8
	105.3							27.4

十、社会发展

资料整理：段 波
校　　对：段 波

广播电视事

(201

	单位	怀化市	市本级	洪江区	中方县	沅陵县
广播电视事业总收入	万元	12972	5029	230	746	870
广播电视台	台	12		1	1	1
电视转播发射台	座	11	2		0	1
广播综合人口覆盖率	%	93. 37	98. 53	98. 65	91. 97	90. 21
电视综合人口覆盖率	%	98. 55	99. 97	99. 85	99. 92	96. 28
有线广播电视用户数	户	506766	125600	17000	14709	50731
其中：数字电视用户数	户	500766	125600	17000	14709	50731
其中：付费数字电视用户数	户	75452	37052	3053		481
农村有线广播电视用户数	户	77812		0		15600
有线电视入户率	%	34. 85	65. 52	68. 27	20. 46	30. 22
农村有线广播电视入户率	%	8. 98	0. 00	0. 00	0. 00	13. 18
有线广播电视传输网络干线总长	公里	7319	107	345	695	530
全年公共广播节目播出时间	时	36387：30	9548	2105		125
全年公共电视节目播出时间	时	70108	13303	4665	3095	4439

卫生事业

(201

	单位	怀化市	鹤城区	中方县	沅陵县
一、卫生机构数	个	5210	330	299	491
1. 医院	个	56	10	5	6
2. 卫生院及社区卫生服务中心（站）	个	338	20	22	43
社区卫生服务中心（站）	个	26	12		
街道、乡镇卫生院	个	312	8	22	43
3. 疾病预防控制中心（防疫站）	个	14	2	1	1
4. 采供血机构	个	1	1		
5. 妇幼保健院（所、站）	个	14	2	1	1
6. 专科防治所、站	个	1			
7. 卫生监督所	个	14	2	1	1
8. 诊所、卫生所、医务室	个	4472	276	246	415
二、卫生技术人员	人	26021	6096	819	2571
其中：执业医师	人	6586	1922	178	518
执业助理医师	人	3029	309	162	310
注册护师、护士	人	10614	2924	235	1022
1. 医院技术人员	人	15223	4286	117	1612
其中：执业医生	人	4001	1340	34	323
执业助理医师	人	548	55	9	79
注册护师、护士	人	7885	2332	46	774
2. 卫生院技术人员	人	5844	134	474	639
3. 卫生防疫防治机构技术人员	人	498	118	33	30
4. 妇幼保健院（所、站）技术人员	人	1054	416	14	110
三、卫生机构实有床位数	床	28186	5268	1000	3260
1. 医院	床	19376	4760	384	2147
2. 卫生院及社区卫生服务中心（站）	床	8200	295	599	1053
3. 妇幼卫生机构	床	610	213	17	60

业基本情况

5 年)

辰溪县	溆浦县	会同县	麻阳县	新晃县	芷江县	靖州县	通道县	洪江市
756	859	489	1116	280	856	580	693	468
1	1	1	1	1	1	1	1	1
1	1	1	1	1	1	1	1	1
89. 29	95. 20	95. 15	86. 68	90. 55	91. 24	98. 27	89. 49	98. 19
96. 49	99. 64	99. 94	96. 96	99. 40	96. 88	99. 92	97. 29	99. 95
64095	41110	20915	42027	20571	33000	23908	8100	45000
64095	41110	20915	37827	20571	33000	23908	6300	45000
0		0	3866	1000	1000	12000		17000
0		0	11734	5628		12000	1850	31000
45. 59	18. 02	21. 45	46. 13	28. 33	32. 16	34. 30	13. 85	32. 80
0. 00	0. 00	0. 00	15. 84	10. 85	0. 00	28. 09	4. 04	39. 17
720	450	1444	180	505	298	490	720	835
3742	2542	2519	2446		2557	2710	2250	2969
5879	2906	5481	3970	5610	3577	6100	5691	5392

基本情况

5 年)

辰溪县	溆浦县	会同县	麻阳县	新晃县	芷江县	靖州县	通道县	洪江市
624	842	462	336	369	399	284	251	523
6	3	4	3	2	4	5	2	6
30	43	25	25	30	28	15	21	36
				7				7
30	43	25	25	23	28	15	21	29
1	1	1	1	1	1	1	1	2
1	1	1	1	1	1	1	1	2
1								
1	1	1	1	1	1	1	1	2
553	748	403	281	309	335	256	203	447
2279	2800	1394	1714	1146	1466	1240	1059	3437
534	608	351	408	304	359	285	227	892
344	439	211	197	96	241	216	171	333
915	1029	547	729	437	423	460	371	1522
1270	1240	679	995	702	739	638	518	2427
312	292	160	262	184	187	153	125	629
106	45	35	43	15	52	29	19	61
658	639	364	534	338	330	320	270	1280
684	1180	459	409	261	506	285	264	549
39	33	33	31	25	29	36	33	58
33	51	54	94	30	27	53	66	106
2200	3292	1712	1910	1818	1584	1112	833	4197
1345	1777	960	1259	1155	1010	770	512	3297
825	1497	714	601	623	544	322	283	844
30	18	38	50	40	30	20	38	56

教育事业

（201

	单位	合　计	鹤城区	洪江区	中方县	沅陵县
各类学校数		2435	247	28	101	239
普通高等学校	所	3	3			
成人高等学校	所	1	1			
中等专业（职业）学校	所	44	17	4	2	4
普通中学	所	355	33	2	23	48
普通小学	所	1349	58	12	50	74
幼儿园	所	675	134	10	26	112
特殊教育学校	所	8	1			1
各类学校专任教师数		47391	7673	614	2666	5202
普通高等学校	人	1590	1590			
成人高等学校	人	44	44			
中等专业（职业）学校	人	2456	1104	46	128	145
普通高中学校	人	4548	964	65	210	568
普通初中学校	人	12921	1643	131	863	1647
普通小学	人	20190	2300	277	1215	2326
幼儿园	人	5475	1629	95	250	440
特殊教育学校	人	167	33			76
各类学校在校学生数合计		802672	141337	7053	31882	78686
普通高等学校	人	37570	37570			
成人高等学校	人	7075	7075			
中等专业（职业）学校	人	46866	24225	333	1180	2455
普通高中学校	人	62765	13812	807	2456	6837
普通初中学校	人	149237	23110	1349	5899	15884
普通小学	人	339228	52338	2886	13641	37158
幼儿园（在园人数）	人	158631	27729	1668	7911	16038
特殊教育学校	人	1300	123	10	95	314

安全生产事故发生情况

	计量单位	2015 年		计量单位	2015 年
事故发生起数合计	起	247	事故死亡人数合计	人	48
交通事故	起	62	交通事故	人	11
火灾	起	140	火灾	人	
煤矿企业	起	1	煤矿企业	人	1
非煤矿山	起	1	非煤矿山	人	4
其他企业	起	6	其他企业	人	6
其它事故	起	37	其它事故	人	26

基本情况

5 年)

辰溪县	溆浦县	会同县	麻阳县	新晃县	芷江县	靖州县	通道县	洪江市
236	519	190	215	101	175	90	156	138
4	2	2	2	1	2	1	1	2
33	57	27	24	22	28	16	11	31
148	366	112	133	57	121	39	105	74
50	93	48	54	21	23	34	39	31
1	1	1	2		1			
4319	6568	2651	3462	2005	2805	2414	1951	3427
74	206	89	119	57	149	100	75	164
336	655	228	372	160	200	198	129	463
1285	1760	844	925	624	932	715	552	1000
2186	3292	1243	1428	965	1298	1150	982	1528
431	636	238	601	199	220	251	213	272
7	19	9	17		6			
58956	127065	49595	54248	34075	50303	40338	34724	50465
739	2826	1849	1338	727	3513	2616	761	4304
4756	9016	4184	4575	2232	3671	3127	2067	5225
11625	23895	9829	11997	7638	12047	8034	7755	10175
29407	63039	22874	24594	16948	22885	16884	15787	20787
12362	28095	10636	11671	6516	8149	9677	8292	9887
67	194	223	73	14	38		62	87

档案事业基本情况

	计量单位	2015 年		计量单位	2015 年
一、档案管理机构人员			当年移出档案	卷	
档案管理机构数	个	31	当年销毁档案	件	
其中：档案馆	个	17	三、档案利用		
档案专职人员	人	206	本年利用档案卷	卷次	55968
其中：档案馆人员数	人	71	其中：建国前档案	卷次	4646
女性	人	43	建国后档案	卷次	51322
二、档案保存			四、档案馆建设		
年末馆藏全部档案全宗	个	3281	档案馆总建筑面积	平方米	22509
年末馆藏全部档案卷数	卷	1752335	其中：档案馆库房建筑面积	平方米	8863
当年进馆档案	卷	86851			

民政事业

（201

	单位	怀化市	市直	鹤城区	洪江区	中方县	沅陵县
末实有社团数	个	110103	269	35	42	66	60
年末实有民办非企业	个	793	119	196	8	33	120
抚恤、补助优抚对象总人数	人	62058		3880	262	4629	7051
定期补助人数	人	56698		2786	192	4324	6456
城镇居民最低生活保障人数	人	92612		15439	8014	1503	15833
城市低保资金全年计划支出	万元			4446	2815	415.2	4836
农村居民最低生活保障人数	人	331384		7241	1537	16052	51067
农村低保资金全年计划支出	万元			948	274.8	3009	6765
社会直接捐赠款	万元	911.1	151.0	42.0	2.0	10.3	138.0
居民登记结婚	对	37016	18	3611		2171	4449
居民登记离婚	对	12133	1	1459		790	1243
收养登记人数	人	5441	297	286	162	281	839
收养类单位数	个	163	9	10	4	10	19
收养类单位年末床位数	张	7643	870	403	176	436	1206
年在院总人天数	人天	1568038	68000	80475	7410	106435	302695
年末在院人数	人	5257	229	286	160	281	839
光荣院单位数	个	8	1			1	1
光荣院年末床位数	张	350	110			30	25
年在院总人天数	人天	97394	35000			4745	8030
年末在院人数	人	278	100			13	24
福利院单位数	个	11	1	1	1	1	1
福利院年末床位数	个	1304	260	130	90	40	442
年在院总人天数	人天	166493	15000	38700	2710	14235	32485
年末在院人数	人	656	54	129	80	39	89

工会组织

（201

	基层工会	独立基层工会（个）	联合基层工会（个）	基层工会涵盖单位（个）
总　　计	8729	8508	221	9944
湖南省	2		2	40
怀化市	396	374	22	505
市辖区	389	379	10	411
鹤城区	1025	997	28	1135
中方县	549	519	30	808
沅陵县	648	640	8	717
辰溪县	841	835	6	882
溆浦县	752	747	5	773
会同县	634	622	12	859
麻阳苗族自治县	570	569	1	572
新晃侗族自治县	588	533	55	663
芷江侗族自治县	597	594	3	601
靖州苗族侗族自治县	538	530	8	571
省通道侗族自治县	522	502	20	653
洪江市	678	667	11	754

基本情况

5 年)

辰溪县	溆浦县	会同县	麻阳县	新晃县	芷江县	靖州县	通道县	洪江市
58	63	57	98	47	49	41	51	76
47	80	22	55	18	15	33	19	28
5239	13088	4058	4253	3616	4708	3389	2722	5163
4836	12450	3708	3854	3307	4337	3122	2575	4751
9548	9597	4606	6374	3784	3156	5969	3219	5570
2460	3250	1940	1952	1005	850	1650	956	1860
24453	75167	30013	29823	17901	18681	15026	21197	23226
3708	9880	5943	4320	2064	2376	1800	2750	3320
5. 9	69. 5	70. 0	139. 0	78. 8	138. 4	36	30	33
4125	6390	2388	2831	1929	2456	1933	1684	3031
1321	1685	797	938	712	879	676	558	1074
40	821	373	682	564	121	260	37	669
1	24	12	24	15	3	9	3	20
40	1241	373	1008	586	121	300	99	784
10220	281050	105025	89300	193165	13067	85386	7920	217350
40	770	373	679	561	89	260	37	653
			1	1	1		1	1
			55	30	40		10	50
			18300	9000	6119		3600	12600
			55	25	17		9	35
1	1	1			1		1	1
40	50	38			80		62	72
10220	17520	9775			7488		4320	14040
40	48	38			72		28	39

建设状况（一）

5 年)

职工（人）	女性（人）	农民工（人）	女性农民工（人）	工会会员（人）	女性（人）	农民工（人）	女性农民工（人）
612286	221473	202872	67335	607540	220244	201173	67015
80	30	80	30	80	30	80	30
79372	30815	3967	1781	78880	30563	3939	1769
24681	10591	6153	2896	24468	10576	6149	2893
75358	34008	25293	9880	74958	33873	25282	9873
23858	8345	14745	5209	23838	8345	14745	5209
44780	14941	17869	6219	44685	14941	17869	6219
63960	15932	24984	3813	63335	15892	24555	3778
71931	19696	11863	3167	71701	19675	11677	3164
42125	20018	15094	6352	40988	19531	14760	6209
29125	9939	9066	2918	28854	9877	9066	2918
26363	8431	13683	4182	26221	8428	13589	4179
31227	12201	8996	3559	31164	12201	8953	3529
34453	10354	17305	4085	34416	10352	17302	4085
27838	13418	19007	10049	26949	13264	18488	10010
37135	12754	14767	3195	37003	12696	14719	3150

工会组织

（201

	专职工会工作人员	女性	专职工会工作人员年龄构成		
			35岁以下	36－50岁	51岁以上
总计	2768	788	716	1648	404
湖南省	1	1		1	
怀化市	378	137	74	217	87
市辖区	33	12	5	26	2
鹤城区	60	33	6	49	5
中方县	141	72	50	84	7
沅陵县	64	18	2	50	12
辰溪县	1053	313	333	577	143
溆浦县	725	115	171	431	123
会同县	27	10	6	18	3
麻阳苗族自治县	178	49	46	118	14
新晃侗族自治县	12	5	1	9	2
芷江侗族自治县	25	1	13	11	1
靖州苗族侗族自治县	43	11	3	38	2
通道侗族自治县		0		0	
洪江市	28	11	6	19	3

工会组织

（201

	兼职工会工作人员（人）	女性（人）	有女职工的工会数（个）	女职工组织的覆盖率（%）
总计	17379	6644	8477	99.59%
湖南省	1	1	2	100%
怀化市	1419	721	394	94.42%
市辖区	501	184	388	100%
鹤城区	1520	507	964	100%
中方县	1248	617	549	100%
沅陵县	1756	671	625	99.84%
辰溪县	1760	601	841	100%
溆浦县	999	648	748	100%
会同县	1809	753	632	100%
麻阳苗族自治县	957	286	570	100%
新晃侗族自治县	1218	273	576	100%
芷江侗族自治县	857	421	596	100%
靖州苗族侗族自治县	541	104	490	100%
通道侗族自治县	1491	531	521	97.7%
洪江市	1302	326	581	100%

建设状况（二）

5年）

专职工会工作人员文化程度构成				
研究生	大学本科	大 专	高中（中专、中技）	初中以下
11	421	1331	868	137
0		1		
2	142	166	66	2
0	7	17	9	
0	10	22	26	2
0	57	61	23	
0	18	41	5	
2	38	490	424	99
7	109	335	250	24
0	4	11	12	
0	18	114	38	8
0	4	7	1	
0	3	19	3	
0	5	36	2	
0		0		
0	6	11	9	2

建设状况（三）

5年）

本级工会建立女职工组织			本级工会女职工工作人员	
建立女职工委员会	仅设立女职工委员	未建立	专职（人）	兼职（人）
3971	4471	287	648	9233
1	1		0	2
248	124	24	102	624
267	121	1	9	388
330	634	61	10	1004
198	351		21	533
371	253	24	10	748
835	6		351	594
193	555	4	82	694
277	355	2	1	1148
149	421		40	579
128	448	12	7	645
159	437	1	3	646
350	140	48	8	489
237	272	13		545
228	353	97	4	594

司法工作基本情况

	计量单位	2015
一、律师工作		
律师事务所	个	27
律师	人	415
其中：专职律师	人	374
担任常年法律顾问	家	384
办理各类法律事务	件	5187
二、公证工作		
公证处	个	13
公证员	人	35
办理各类公证	件	8410
其中：涉外及涉台港澳公证	件	1648
制止不法经济活动	件	63
涉及金额	万元	102
三、调解工作		
人民调解委员会	个	4590
调解民间纠纷	件	35509
防止民间纠纷激化	件	10042
司法调解中心	个	
调处矛盾纠纷	件	
调处群体性纠纷	件	143
四、基层法律服务		
乡镇法律服务机构	个	37
担任常年法律顾问	家	142
代理诉讼事务	件	2779
非诉讼法律事物代理	件	843
避免、挽回经济损失	万元	8044
五、刑释解教人员安置帮教工作		
安帮工作机构	个	315
释解回归人员	人	2989
落实安置	人	2976
落实帮教	人	2973
六、法律援助工作		
法律援助机构	个	14
法律援助人员	人	56
办理各类法律援助事项	件	2702
七、劳教工作		
劳教场所	个	
在教人员	人	
新收教养人员	人	
八、队伍建设		
年末实有人数	人	61

高新技术产品（项目）情况

（2015 年）

	企业数（个）	总产值（万元）	科技活动人员数（人）	高中级技术职称人员（人）	专利申请受理数（件）	发明专利申请数（件）	有效发明专利数（件）
总计	53	1788428	2545	719	135	69	79
一、按企业规模分组：							
大中型工业	16	1187861	2083	470	65	34	48
二、省科技厅认定的高新企业	18	1054924	2134	535	80	37	60
三、按登记注册类型分组							
内资企业	50	1677993	2541	715	135	69	79
国有企业	1	67841	442	66	22	17	29
有限责任公司	12	474244	828	288	27	12	23
股份有限公司	7	588142	921	218	28	7	9
私营企业	29	544632	340	141	58	33	18
私营合伙企业	2	19258	32	21	4	2	
私营有限责任公司	22	417565	238	88	41	21	14
私营股份有限公司	5	107809	70	32	13	10	4
其他企业	1	3134	10	2			
港、澳、台商投资企业	1	16245					
合资经营企业（港或澳、台资）	1	16245					
外商投资企业	2	94189	4	4			
中外合作经营企业	1	57891					
外资企业	1	36298	4	4			
四、按高新技术领域大类分组	53	1788428	2545	719	135	69	79
电子信息技术	1	6284	7	4	14	8	14
生物与新医药技术	25	724017	523	169	42	23	7
新材料技术	7	140000	522	184	7	1	5
新能源及节能技术	1	10359					
资源与环境技术	3	101748	76	24	22	10	9
高新技术改造传统产业	10	599529	892	256	17	8	10
其他	6	206492	525	82	33	19	34
五、按国民经济行业分类分组							
1、农副食品加工业	6	129653	24	14	1	1	1
2、酒、饮料和精制茶制造业	1	35045	6	3	1	1	2
3、造纸和纸制品业	1	261902	135	2	2	2	
4、化学原料和化学制品制造业	9	198128	621	220	26	3	5
5、医药制造业	10	259160	214	85	19	16	4
6、非金属矿物制品业	2	22066	10	6	3		3
7、有色金属冶炼和压延加工业	3	495887	714	143	7	4	4
8、金属制品业	2	93741	442	66	22	17	29
9、专用设备制造业	3	56208	79	27	22	10	9
10、电气机械和器材制造业	5	98539	17	12	14	8	14
11、计算机、通信和其他电子设备制造业	1	8741	26	11	4	4	
12、建筑业	1	194	72	35	6		6

土地、矿产

（201

	单位	怀化市	鹤城区	洪江区	中方县	沅陵县
一、土地利用						
审批建设用地	公顷	1114.80	404.81	2.40	81.16	76.89
其中：农用地转用	公顷	994.05	331.91	1.95	69.18	73.80
土地征用面积	公顷	1050.47	376.50	2.40	81.16	76.69
其中：征用农用地	公顷					
土地开发面积	公顷					15.31
其中：增加农用地	公顷					15.31
二、矿产资源利用						
批准登记发放采矿许可证	个	505	22	4	49	55
其中：黑色金属矿产采矿许可证	个	98	1		7	24
非金属矿产采矿许可证	个	407	21	4	42	31
出让采矿权宗数	宗	23	1		3	3
出让采矿权合同金额	万元	1789	36		408	398

怀化城市（县

（201

地区名称	人均日生活用水量（升）	用水普及率（%）	燃气普及率（%）	人均城市道路面积（平方米）	污水处理率（%）	人均公园绿地面积（平方米）
甲	102	103	104	106	108	110
怀化	129.44	85.45	64.70	8.79	91.00	8.86
怀化市	161.79	93.49	75.92	8.28	88.28	7.86
中方县	74.22	88.14	56.73	26.80	90.00	17.15
沅陵县	108.63	86.88	94.78	5.88	85.55	8.05
辰溪县	117.06	89.10	48.82	4.82	86.72	12.65
溆浦县	94.71	75.55	52.83	4.94	89.97	6.66
会同县	103.93	58.99	42.76	6.61	92.20	3.96
麻阳苗族自治县	118.27	71.04	49.30	6.12	90.66	8.39
新晃侗族自治县	141.82	77.98	55.05	7.05	85.09	12.07
芷江侗族自治县	105.28	56.86	51.18	6.82	43.33	4.05
通道侗族自治县	104.49	0.00	0.00	0.00	0.00	0.00
靖州苗族侗族自治县	133.98	85.85	48.11	9.73	87.96	8.73
洪江区	107.18	98.20	68.22	14.52	93.11	6.82
洪江市	129.05	95.08	81.97	18.25	91.11	18.85

资源利用情况

5年）

辰溪县	溆浦县	会同县	麻阳县	新晃县	芷江县	靖州县	通道县	洪江市
26.10	129.74	62.62	57.76	108.35	56.51	31.14	50.68	26.63
25.53	124.43	55.75	55.68	100.36	49.67	29.27	50.68	25.83
26.10	129.74	62.62	31.57	108.35	49.02	31.14	48.53	26.63
143.11	178.30			39.42	104.61			387.16
143.11	178.30			39.42	104.61			387.16
60	109	24	43	21	27	32	15	44
21	18	5		4	1	4	5	8
39	91	19	43	17	26	28	10	36
0	6		4	5		0		1
0	401		155	170		0		221

城）建设情况

5年）

建成区绿化覆盖率（%）	建成区绿地率（%）	生活垃圾处理率（%）	城区（县城）面积	建成区面　积	城市维护建设资金（财政性资金）支出	城市（县城）市政公用设施完成投资	城市（县城）出租汽车运营数	城市（县城）园林绿化覆盖面积
111	112	113	204	207				
37.17	29.50	100.00	216.42	159.28		1004667		8074.43
35.67	32.16	100.00	64.72	64.00		788296		2305.00
39.13	35.22	100.00	13.50	5.50		26750		562.80
35.40	32.65	100.00	16.00	10.00		22107		364.00
43.85	39.30	100.00	9.46	6.18				309.60
36.05	30.72	100.00	15.00	13.52		53508		500.00
41.10	11.60	100.00	7.50	7.20		35745		374.93
39.67	0.00	100.00	12.10	12.10		6525		508.00
31.40	30.57	100.00	10.00	6.88				242.00
33.06	28.81	100.00	11.83	11.13		21636		525.00
0.00	0.00	100.00	11.70	0.00				800.00
32.28	29.55	100.00	14.90	9.80		2250		490.00
33.70	29.47	100.00	15.00	6.38		2280		218.00
38.71	33.25	100.00	14.71	6.59		45570		875.10

国有土地供应和使用权交易情况

（2015 年）

	出让		划拨	
	宗地数（宗）	面积（公顷）	宗地数（宗）	面积（公顷）
总计	33	160.5651	145	293.6866
商服用地	6	33.7190		
工矿仓储用地	4	20.1278		
公用设施用地				
公共建筑用地				
住宅用地	10	45.8738		
普通商品房	12	52.4141		
经济适用房				
其他住房				
交通运输用地				
水利设施用地				
特殊用地	1	8.4304		

城市（县城）市政公用设施水平表（不含暂住人口）

（2015 年）

地区名称	用水普及率（%）	燃气普及率（%）	人均城市道路面积（平方米）	人均公园绿地面积（平方米）
怀化	110.24	83.47	11.34	11.43
怀化市	158.44	128.67	14.03	13.32
中方县	99.46	64.01	30.24	19.35
沅陵县	99.58	108.64	6.74	9.23
辰溪县	104.44	57.22	5.65	14.83
溆浦县	80.50	56.28	5.27	7.09
会同县	74.65	54.11	8.36	5.01
麻阳苗族自治县	79.02	54.84	6.81	9.33
新晃侗族自治县	100.44	70.90	9.08	15.54
芷江侗族自治县	67.96	61.17	8.16	4.83
靖州苗族侗族自治县	101.11	56.67	11.46	10.28
洪江区	99.27	68.97	14.68	6.90
洪江市	118.37	102.04	22.72	23.47

全部工业企业研发主要指标情况

（2015年）

	计量单位	本　年
企业数	个	576
其中：有R&D活动企业数	个	66
其中：有研发机构企业数	个	27
从业人员期末人数	人	96724
从业人员平均人数	人	97779
工业总产值	万元	9091083.4
主营业务收入	万元	8728779.5
利润总额	万元	307475.3
资产总计	万元	6754636.1
出口交货值	万元	4781.7
1. R&D人员合计	人	1154
其中：①参加项目人员	人	1031
②管理和服务人员	人	123
其中：女性	人	209
其中：研究人员	人	927
其中：①全时人员	人	932
②非全时人员	人	222
2. R&D人员折合全时当量合计	人年	688
其中：研究人员	人年	598
②应用研究人员	人年	39
③试验发展人员	人年	649
1. R&D经费内部支出合计	万元	32135.0
其中：①经常费支出	万元	26540.9
其中：人员劳务费	万元	8434.9
②资产性支出	万元	5594.1
其中：土建工程	万元	352.8
仪器和设备	万元	5241.3
②应用研究支出	万元	1082.5
③试验发展支出	万元	31052.5
其中：①政府资金	万元	2138.9
②企业资金	万元	28577.3
④其他资金	万元	1418.8
2. R&D经费外部支出合计	万元	470.5
其中：对境内研究机构支出	万元	216.4
对境内高等学校支出	万元	152.3
对境内企业支出	万元	51.8
对境外支出	万元	50.0

全部工业企业研发主要指标情况（续）

（2015 年）

	计量单位	本　年
1. 项目数	项	103
2. 项目人员折合全时当量	人年	610
3. 项目经费内部支出	万元	28866.5
1. 机构数	个	27
2. 机构人员合计	人	418
其中：博士毕业	人	11
硕士毕业	人	34
本科毕业	人	189
3. 机构经费支出	万元	4788.7
4. 仪器和设备原价	万元	6983.4
其中：进口	万元	
1. 专利申请数	件	58
其中：发明专利	件	35
2. 有效发明专利数	件	117
其中：已被实施	件	57
1. 新产品开发项目数	项	69
2. 新产品开发经费支出	万元	27171.6
3. 新产品产值	万元	435482.0
4. 新产品销售收入	万元	426407.2
其中：出口	万元	391.9
1. 发表科技论文	篇	15
2. 拥有注册商标	件	130
3. 形成国家或行业标准	项	
1. 使用来自政府部门的研发资金	万元	2375.2
2. 研究开发费用加计扣除减免税	万元	699.5
3. 高新技术企业减免税	万元	1485.2
1. 引进境外技术经费支出	万元	500.0
2. 引进境外技术的消化吸收经费支出	万元	390.0
3. 购买境内技术经费支出	万元	750.0
4. 技术改造经费支出	万元	154701.3
全部项目数	项	188
全部项目人员合计	人	1935
全部项目人员实际工作时间合计	人月	12106
全部项目经费内部支出合计	万元	57954.0
其中：政府资金	万元	2154.2
1. 从事科技活动人员合计	人	2363
其中：本科毕业及以上人员	人	1464
其中：科技管理和服务人员	人	428
2. 科技相关费用合计	万元	66478.8

十一、湖南省各市州县资料

资料整理：邓 芳
校　　对：

各市、州年末人口

(2015年)

	常住人口（万人）				城市化率	
	绝对值	位　次	城镇人口	乡村人口	(%)	位次
全　省	6783.03		3451.88	3331.15	50.89	
长沙市	743.18	1	552.78	190.40	74.38	1
株洲市	400.05	10	248.43	151.62	62.10	2
湘潭市	282.37	12	164.56	117.81	58.28	3
衡阳市	733.75	2	361.01	372.74	49.20	6
邵阳市	726.17	3	304.63	421.54	41.95	13
岳阳市	562.92	5	304.02	258.90	54.01	4
常德市	584.39	4	278.13	306.26	47.59	7
张家界市	152.40	14	67.99	84.41	44.61	9
益阳市	441.02	9	204.58	236.44	46.39	8
郴州市	473.02	8	238.12	234.90	50.34	5
永州市	542.97	6	240.26	302.71	44.25	10
怀化市	490.16	7	209.54	280.62	42.75	12
娄底市	387.18	11	169.47	217.71	43.77	11
湘西州	263.45	13	108.36	155.09	41.13	14

各市、州、县生产总值（一）

(2015年)

单位：亿元

	地区生产总值		第一产业		第二产业				第三产业	
							工业			
	绝对值	速度(%)	绝对值	速度(%)	绝对值	速度(%)	绝对值	速度(%)	绝对值	速度(%)
全　省	29047.21	8.6	3331.62	3.6	12955.39	7.4	11090.81	7.5	12760.20	11.2
长沙市	8510.13	9.9	341.78	3.6	4478.20	8.8	3745.03	8.8	3690.15	12.1
芙蓉区	1033.25	10.0	0.22	-46.6	159.47	6.6	106.68	6.1	873.56	10.8
天心区	700.76	10.5	2.52	-29.3	238.91	6.8	128.35	6.1	459.32	13.2
岳麓区	818.74	9.7	19.05	-5.0	413.25	7.5	343.83	6.2	386.43	13.5
开福区	722.00	12.0	2.77	-11.7	129.86	7.0	54.40	6.6	589.37	13.7
雨花区	1593.37	9.6	7.22	-16.9	956.62	7.3	850.91	6.6	629.53	13.4
望城区	520.42	12.0	39.40	5.9	375.92	12.4	300.49	12.8	105.10	12.6
长沙县	1168.34	9.0	67.47	5.4	821.63	8.4	709.21	7.9	279.24	12.0
宁乡县	1002.17	12.1	109.72	4.9	675.55	12.7	613.11	13.4	216.90	13.0
浏阳市	1112.76	12.2	93.40	5.5	781.58	12.6	713.66	13.2	237.78	12.8
株洲市	2335.11	9.5	179.54	3.8	1337.10	7.9	1182.02	7.9	818.46	13.6
荷塘区	203.08	9.5	3.84	3.6	113.67	6.9	105.15	6.9	85.57	14.5
芦松区	309.37	10.2	5.74	3.7	127.04	7.1	74.91	6.0	176.59	13.1
石峰区	347.26	7.2	5.02	3.6	285.01	6.7	276.56	6.8	57.23	10.3

各市、州、县生产总值（二）

（2015 年）

单位：亿元

	地区生产总值		第一产业		第二产业				第三产业	
							工业			
	绝对值	速度（%）	绝对值	速度（%）	绝对值	速度（%）	绝对值	速度（%）	绝对值	速度（%）
天元区	268.40	10.0	9.90	3.8	132.32	7.7	120.31	7.8	126.18	13.4
株洲县	115.55	10.1	19.46	3.7	62.07	9.6	36.64	9.2	34.02	14.8
攸　县	341.01	9.8	48.12	3.9	180.56	8.7	168.43	8.6	112.34	14.1
茶陵县	157.45	9.7	31.03	3.7	64.34	8.9	54.22	9.3	62.07	14.1
炎陵县	61.43	9.7	8.00	3.5	31.65	8.2	28.22	8.2	21.77	14.0
醴陵市	531.56	10.1	48.44	4.0	340.42	9.2	317.57	9.2	142.70	14.4
湘潭市	1703.10	9.6	140.80	3.6	933.79	8.4	852.17	8.1	628.50	12.8
雨湖区	545.03	10.0	14.59	6.3	305.84	8.5	268.67	9.4	224.60	12.5
岳塘区	500.41	8.9	6.46	4.9	304.16	6.3	289.53	6.2	189.79	13.4
湘潭县	329.81	10.7	58.66	2.4	170.40	12.2	155.56	11.9	100.75	13.0
湘乡市	328.58	10.1	55.00	4.5	169.58	10.4	140.78	10.9	104.01	12.3
韶山市	70.52	10.7	6.10	0.9	39.86	11.0	37.72	10.7	24.56	12.3
衡阳市	2601.57	8.7	395.84	3.6	1161.02	7.1	1006.33	6.7	1044.71	12.6
珠晖区	205.83	9.7	12.74	4.7	116.16	8.1	55.60	5.8	76.93	12.9
雁峰区	216.96	9.2	2.77	4.0	148.90	8.1	141.58	8.0	65.29	12.3
石鼓区	141.82	10.1	4.16	3.7	41.66	9.4	30.74	9.6	96.00	10.7
蒸湘区	191.49	9.6	4.43	4.2	115.41	6.9	101.59	6.6	71.65	15.0
南岳区	32.10	9.6	3.34	4.1	3.17	5.8	1.86	3.9	25.59	10.8
衡阳县	287.57	8.8	64.03	2.8	109.15	7.7	101.20	7.6	114.39	13.8
衡南县	287.85	8.2	65.18	3.7	127.52	6.4	97.96	5.4	95.15	15.0
衡山县	134.93	8.7	28.49	3.3	40.16	5.8	34.26	5.3	66.27	12.8
衡东县	236.45	8.5	39.92	3.6	87.05	6.7	81.90	6.6	109.48	12.0
祁东县	240.00	9.1	60.66	3.9	85.81	8.4	82.02	8.4	93.52	13.0
耒阳市	389.95	8.4	62.84	3.5	146.67	5.4	143.38	5.4	180.44	13.0
常宁市	269.60	9.0	47.26	3.8	108.88	6.4	103.74	6.3	113.46	14.2
邵阳市	1387.00	9.6	299.39	3.6	508.05	8.9	3.60	9.1	579.56	12.9
双清区	128.17	10.1	4.97	3.4	69.93	8.9	52.41	8.7	53.27	12.3
大祥区	127.54	10.0	6.14	3.4	51.66	8.7	42.97	9.8	69.74	11.6
北塔区	31.17	10.0	2.84	3.4	17.38	9.2	15.77	9.6	10.95	13.1
邵东县	310.11	8.8	50.01	3.4	146.78	9.7	132.12	9.4	113.32	9.5
新邵县	116.64	9.2	29.00	4.0	43.30	8.3	37.50	9.4	44.34	12.8
邵阳县	122.77	9.7	32.56	3.6	42.51	9.1	34.83	8.6	47.70	13.4
隆回县	140.12	10.2	33.25	3.9	39.33	8.9	30.20	9.8	67.54	13.7
洞口县	137.45	9.7	46.41	4.0	46.24	8.9	34.90	6.8	44.80	15.3
绥宁县	75.04	8.6	17.90	3.8	33.74	8.3	31.94	8.6	23.40	12.2
新宁县	84.14	10.3	23.86	3.8	21.35	9.7	15.85	9.1	38.93	13.8
城步县	33.54	9.2	9.68	4.0	11.69	9.8	10.63	9.3	12.17	12.6
武冈市	119.42	9.4	42.20	4.2	23.93	9.5	19.87	9.1	53.29	12.8
岳阳市	2886.28	8.7	317.16	3.9	1446.83	7.8	3.90	8.1	1122.29	11.6
岳阳楼区	800.27	9.6	10.67	3.1	286.18	6.6	211.95	7.4	503.43	11.4
云溪区	301.70	7.2	8.41	4.3	254.31	7.2	248.39	7.1	38.99	7.9
君山区	112.70	9.5	23.61	4.6	48.99	8.9	46.58	7.9	40.11	13.4

各市、州、县生产总值（三）

（2015 年）　　单位：亿元

	地区生产总值		第一产业		第二产业				第三产业	
							工业			
	绝对值	速度（%）	绝对值	速度（%）	绝对值	速度（%）	绝对值	速度（%）	绝对值	速度（%）
岳阳县	260.86	10.5	48.25	4.3	125.97	8.4	119.45	8.8	86.65	13.8
华容县	280.02	10.1	41.94	2.8	148.10	8.5	132.69	8.6	89.97	13.0
湘阴县	310.71	10.7	39.49	2.7	178.54	10.2	157.84	10.1	92.67	15.8
平江县	216.95	8.7	42.10	4.4	97.21	7.7	88.88	8.2	77.65	12.4
汨罗市	397.64	8.8	48.28	4.4	241.74	8.1	229.90	8.2	107.62	12.4
临湘市	213.49	8.2	28.74	4.3	118.10	8.2	112.86	7.7	66.65	9.6
常德市	2709.02	8.7	355.20	3.1	1237.48	6.9	3.10	6.9	1116.34	13.0
武陵区	1095.72	8.6	10.46	3.2	629.61	6.4	605.00	6.7	455.65	12.2
鼎城区	256.91	7.3	54.29	3.8	83.32	3.6	69.64	3.2	119.30	12.0
安乡县	145.95	9.0	29.16	-2.9	36.22	12.2	28.85	13.0	80.57	12.9
汉寿县	218.44	8.7	45.42	3.9	70.08	6.6	51.89	6.2	102.94	12.4
澧　县	278.45	10.5	52.30	3.1	104.08	10.2	82.59	11.8	122.07	14.5
临澧县	139.42	9.1	27.73	3.6	52.34	9.6	42.52	9.9	59.35	11.2
桃源县	275.12	9.6	72.80	3.7	97.37	9.0	84.81	10.0	104.94	14.4
石门县	211.39	9.1	37.34	3.5	87.11	10.4	79.04	11.0	86.94	10.5
津市市	115.30	9.5	17.79	2.6	55.74	11.1	52.28	11.2	41.76	10.2
张家界市	447.7	8.5	51.89	8.5	101.89	5.5	83.6	6.4	293.92	10.6
永定区	182.72	8.6	14.70	3.8	38.14	5.6	30.14	6.7	129.88	10.1
武陵源区	44.81	8.2	1.71	3.6	0.71	1.8	0.20	0.0	42.39	8.5
慈利县	151.57	9.2	25.76	4.1	49.10	5.5	42.52	6.3	76.72	13.4
桑植县	74.07	8.2	9.73	4.0	16.22	6.8	13.25	6.8	48.12	9.4
益阳市	1354.41	8.4	251.41	8.4	570.31	6.9	514.3	6.8	532.69	12.2
资阳区	127.44	9.3	20.91	4.0	54.31	8.2	49.34	7.8	52.22	12.5
赫山区	426.29	8.6	40.55	4.1	234.81	7.3	206.88	7.0	150.93	12.1
南　县	208.91	8.0	60.75	4.0	62.77	6.6	57.17	6.3	85.39	11.8
大通湖区	38.43	7.0	11.81	4.1	19.63	7.0	19.26	6.6	6.99	11.9
桃江县	203.24	8.6	37.28	4.0	92.09	8.1	82.46	7.5	73.87	11.6
安化县	175.02	7.6	40.20	3.8	65.09	4.5	62.00	4.4	69.74	12.7
沅江市	232.56	7.0	51.72	4.0	91.20	7.5	84.86	7.1	89.64	8.0
郴州市	2102.07	8.5	197.08	8.5	1099.69	7.1	1016.0	7.0	715.29	12.3
北湖区	325.73	9.9	10.37	3.9	105.91	3.5	88.36	3.9	209.45	14.6
苏仙区	270.92	9.1	13.86	4.0	170.24	7.6	154.52	7.6	86.83	13.2
桂阳县	313.86	9.2	41.80	3.7	155.30	7.3	147.04	7.2	116.76	13.6
宜章县	181.67	9.0	19.39	3.7	77.26	6.1	74.80	6.3	85.03	14.6
永兴县	287.28	9.5	24.88	3.7	175.07	8.0	168.38	8.1	87.33	14.8
嘉禾县	127.63	8.0	17.13	3.9	61.61	6.9	58.52	6.8	48.89	11.0
临武县	108.53	8.4	12.96	4.0	50.46	7.1	46.90	6.7	45.11	11.4
汝城县	51.43	8.7	11.52	4.2	17.97	6.3	15.37	7.0	21.94	13.0
桂东县	27.68	8.8	4.74	4.3	7.34	4.7	6.42	4.3	15.60	12.5
安仁县	75.20	8.7	16.94	3.7	29.24	7.5	24.05	6.3	29.02	12.5
资兴市	298.23	8.9	23.11	4.1	197.23	12.0	181.68	7.0	77.89	14.9

各市、州、县生产总值（四）

（2015年）　　单位：亿元

	地区生产总值		第一产业		第二产业				第三产业	
							工业			
	绝对值	速度（%）	绝对值	速度（%）	绝对值	速度（%）	绝对值	速度(%)	绝对值	速度（%）
永州市	1418.18	9.0	308.57	9.0	518.02	8.9	437.3	9.2	591.58	11.4
零陵区	193.27	7.5	36.83	4.1	88.92	6.2	79.17	6.4	67.52	11.0
冷水滩区	216.84	10.2	33.45	4.1	83.77	9.0	71.05	9.4	99.62	12.9
祁阳县	240.02	10.0	48.19	3.7	88.76	10.6	73.24	10.9	103.07	11.9
东安县	153.25	9.7	34.61	4.1	58.85	9.7	48.17	9.7	59.79	12.7
双牌县	49.97	9.1	14.40	4.0	21.56	9.9	17.88	10.9	14.01	12.4
道　县	153.14	9.8	40.32	4.1	41.59	9.6	32.87	10.2	71.23	12.7
江永县	52.32	9.0	18.61	3.7	14.87	9.5	10.75	10.2	18.84	13.5
宁远县	120.94	10.4	26.74	3.8	42.85	10.9	35.17	11.6	51.35	13.3
蓝山县	87.85	9.6	15.45	3.7	33.13	9.8	30.65	9.9	39.27	11.5
新田县	63.04	8.9	16.76	3.9	17.73	9.4	14.55	9.8	28.55	11.1
江华县	93.03	11.3	23.17	3.7	27.22	13.2	24.49	13.8	42.64	13.6
怀化市	1273.25	8.5	184.36	3.7	532.68	6.8	472.07	6.8	556.20	11.6
鹤城区	286.49	8.5	9.54	3.7	80.69	8.1	55.69	9.2	196.26	9.0
中方县	91.76	8.3	12.04	3.7	53.92	9.0	50.97	9.6	25.80	8.5
沅陵县	162.98	1.0	19.35	4.1	104.66	-1.9	96.92	-2.5	38.98	8.8
辰溪县	99.41	8.1	15.66	4.0	41.54	3.8	34.58	3.2	42.21	14.2
溆浦县	125.78	8.4	30.24	4.1	42.52	8.8	37.96	8.5	53.02	10.1
会同县	60.77	8.6	12.50	4.1	14.57	8.6	13.28	8.7	33.70	9.8
麻阳县	64.00	9.5	15.58	4.0	21.14	8.6	18.63	8.5	27.28	12.6
新晃县	49.45	9.0	6.97	3.6	25.20	9.4	23.50	9.4	17.28	9.9
芷江县	90.67	8.3	21.30	3.9	38.85	8.4	37.76	8.5	30.52	10.5
靖州县	68.04	9.2	13.56	4.2	25.12	10.1	23.21	10.3	29.36	10.1
通道县	34.02	8.3	7.21	3.8	11.42	7.9	10.71	7.9	15.38	10.3
洪江市	97.82	8.7	18.78	3.7	35.17	8.3	32.36	8.1	43.87	10.7
洪江区	31.42	8.9	1.64	3.8	22.93	8.9	21.64	8.6	6.85	9.9
娄底市	1291.38	7.6	189.19	3.8	663.12	5.8	593.38	5.7	439.06	11.9
娄星区	370.86	7.1	11.74	3.7	217.52	4.5	192.57	4.2	141.60	11.9
双峰县	199.46	8.3	64.03	3.8	78.66	8.3	69.94	8.5	56.76	12.5
新化县	202.47	8.4	54.29	3.7	64.76	7.5	47.94	7.6	83.42	11.6
冷水江市	268.19	8.0	9.79	3.9	180.77	6.8	171.81	6.8	77.63	11.6
涟源市	240.49	8.5	49.35	3.8	110.31	7.8	99.88	7.8	80.83	11.9
湘西州	497.19	8.3	75.66	3.8	158.65	4.5	126.85	5.2	262.88	12.2
吉首市	122.61	10.9	6.62	3.8	36.87	16.7	29.81	18.8	79.12	8.6
泸溪县	53.78	2.7	7.69	3.7	27.30	-2.4	25.76	-2.3	18.79	11.9
凤凰县	69.48	12.0	8.41	3.7	11.48	8.4	6.58	13.5	49.59	14.3
花垣县	59.49	0.1	6.50	3.7	32.76	-5.3	30.87	-5.3	20.24	10.0
保靖县	44.56	11.8	8.25	3.9	15.63	13.6	13.21	16.0	20.68	13.2
古丈县	22.07	11.6	4.53	4.0	6.61	16.5	4.94	21.9	10.93	10.7
永顺县	57.40	10.8	15.69	3.9	14.93	10.8	8.87	17.7	26.77	14.8
龙山县	67.65	7.0	17.99	3.8	13.69	-3.4	7.45	-4.6	35.97	15.3

各市、州、县规模工业增加值（一）

（2015 年）

市　州	速度（%）	位次	市　州	速度（%）	位次
全　省	7.8		衡东县	7.3	81
长沙市	9.2	3	祁东县	9.5	44
芙蓉区	6.6	95	耒阳市	5.3	110
天心区	3.0	114	常宁市	6.6	95
岳麓区	6.0	100	**邵阳市**	9.7	2
开福区	6.4	98	双清区	9.1	51
雨花区	5.5	106	大祥区	10.3	30
长沙县	8.0	73	北塔区	10.0	35
望城区	14.5	5	邵东县	10.5	28
宁乡县	15.0	3	新邵县	10.2	31
浏阳市	15.0	3	邵阳县	9.7	40
株洲市	8.2	5	隆回县	10.4	29
荷塘区	7.0	88	洞口县	4.8	112
芦淞区	7.2	83	绥宁县	9.6	42
石峰区	7.0	88	新宁县	10.1	32
天元区	9.2	48	城步县	10.1	32
株洲县	9.3	47	武冈市	9.7	40
攸　县	8.3	64	**岳阳市**	8.3	4
茶陵县	8.5	62	岳阳楼区	5.6	105
炎陵县	8.3	64	云溪区	7.3	81
醴陵市	9.4	46	君山区	8.2	68
湘潭市	8.2	5	岳阳县	9.0	53
雨湖区	8.6	61	华容县	8.8	58
岳塘区	5.8	102	湘阴县	9.5	44
湘潭县	11.5	19	平江县	8.8	58
湘乡市	11.0	24	汨罗市	9.6	42
韶山市	10.7	27	临湘市	8.3	64
衡阳市	7.1	8	**常德市**	7.1	8
珠晖区	5.9	101	武陵区	5.8	102
雁峰区	8.1	71	鼎城区	5.5	106
石鼓区	10.0	35	安乡县	17.8	1
蒸湘区	6.7	94	汉寿县	5.0	111
南岳区	-2.9	118	澧　县	13.2	8
衡阳县	9.0	53	临澧县	11.7	18
衡南县	5.4	108	桃源县	12.0	15
衡山县	5.7	104	石门县	11.8	17

注：此表中长沙市数据包含湖南中烟工业公司在省内所有的工业生产活动单位，湘西州若包含异地烟厂，增速 8.1%。

各市、州、县规模工业增加值（二）

（2015 年）

市　州	速度（%）	位次	市　州	速度（%）	位次
津市市	12.0	15	宁远县	13.5	6
张家界市	6.6	12	蓝山县	11.2	21
永定区	7.2	83	新田县	11.2	21
武陵源区	0.0	117	江华县	16.5	2
慈利县	6.8	92	**怀化市**	7.0	11
桑植县	5.4	108	鹤城区	9.8	39
益阳市	7.1	8	中方县	10.0	35
资阳区	8.2	68	沅陵县	-3.0	119
赫山区	7.2	83	辰溪县	1.5	116
南　县	6.3	99	溆浦县	9.2	48
桃江县	7.9	74	会同县	9.2	48
安化县	4.3	113	麻阳县	9.0	53
沅江市	7.5	78	新晃县	10.0	35
郴州市	7.2	7	芷江县	9.1	51
北湖区	8.2	68	靖州县	10.9	25
苏仙区	7.7	76	通道县	8.3	64
桂阳县	7.4	80	洪江市	9.0	53
宜章县	8.1	71	**娄底市**	5.7	13
永兴县	8.7	60	娄星区	2.0	115
嘉禾县	7.0	88	双峰县	9.0	53
临武县	7.1	86	新化县	7.8	75
汝城县	7.6	77	冷水江市	6.8	92
桂东县	6.9	91	涟源市	8.5	62
安仁县	7.5	78	**湘西州**	5.2	14
资兴市	7.1	86	吉首市	12.9	10
永州市	10.1	1	泸溪县	-3.6	120
零陵区	6.5	97	凤凰县	11.1	23
冷水滩区	10.1	32	花垣县	-7.1	122
祁阳县	12.1	13	保靖县	12.6	11
东安县	10.8	26	古丈县	13.0	9
双牌县	12.1	13	永顺县	12.5	12
道　县	13.3	7	龙山县	-6.2	121
江永县	11.3	20			

各市、州、县固定资产投资（一）

（2015 年） 单位：亿元

	城镇固定资产投资		国有经济	非国有经济	房地产开发投资	
	绝对值	速度（%）			绝对值	速度（%）
全 省	25954.27	18.2	7829.93	18124.34	2613.75	-9.4
长沙市	6363.28	17.1	1515.16	4848.12	996.58	-24.0
芙蓉区	436.12	23.8	60.17	375.95	72.13	-38.3
天心区	527.80	17.8	103.91	423.89	83.43	-13.0
岳麓区	753.76	24.1	236.92	516.83	251.82	-26.0
开福区	670.27	17.4	50.07	620.19	87.24	-41.6
雨花区	624.33	17.8	87.40	536.92	176.40	-14.4
望城区	681.04	17.2	44.32	636.72	137.65	1.1
长沙县	770.37	18.6	312.19	458.18	120.95	-33.3
宁乡县	842.09	18.4	346.82	495.27	35.16	5.8
浏阳市	859.01	18.4	131.57	727.44	31.82	-38.2
株洲市	2181.36	18.7	639.73	1541.63	225.86	-4.0
荷塘区	171.19	18.8	98.85	72.34	22.18	0.4
芦淞区	294.40	18.6	68.54	225.86	13.97	-46.2
石峰区	342.93	18.2	130.35	212.58	10.69	-66.6
天元区	393.23	18.7	163.21	230.02	96.70	7.8
株洲县	96.95	18.9	31.05	65.89	15.70	19.1
攸 县	277.49	18.7	29.90	247.59	21.10	42.8
茶陵县	128.08	18.8	41.12	86.96	10.58	27.0
炎陵县	114.35	18.0	24.28	90.07	8.97	15.0
醴陵市	359.98	18.7	49.66	310.32	15.75	-26.5
湘潭市	1805.40	20.1	492.91	1312.49	145.44	-1.1
雨湖区	278.89	19.5	50.16	228.73	15.08	-77.3
岳塘区	250.62	20.2	70.91	179.71	43.52	-7.5
湘潭县	200.18	20.4	52.71	147.48	15.74	20.6
湘乡市	191.06	19.5	57.49	133.57	13.63	-22.3
韶山市	87.04	19.1	34.02	53.02	3.54	8.6
衡阳市	2125.93	20.3	663.48	1462.45	140.88	1.9
珠晖区	174.62	20.4	61.60	113.03	6.75	-2.4
雁峰区	196.35	20.5	56.90	139.45	13.31	-19.8
石鼓区	167.48	21.6	30.60	136.87	16.74	-13.8
蒸湘区	261.07	21.7	37.36	223.72	18.66	-65.1
南岳区	29.96	20.3	16.84	13.12	1.77	-15.0
衡阳县	227.52	20.8	57.86	169.66	8.36	44.0
衡南县	193.71	20.3	47.50	146.20	4.57	-22.8

各市、州、县固定资产投资（二）

（2015年）　　单位：亿元

	城镇固定资产投资		国有经济	非国有经济	房地产开发投资	
	绝对值	速度（%）			绝对值	速度（%）
衡山县	88.06	18.3	23.21	64.86	5.40	39.8
衡东县	133.60	18.9	32.66	100.94	6.21	-3.6
祁东县	141.29	20.6	56.87	84.42	0.52	-89.2
耒阳市	351.44	19.5	142.82	208.62	7.71	1.2
常宁市	160.84	19.7	99.27	61.57	4.36	-18.9
邵阳市	1522.60	20.1	263.89	1258.71	135.64	4.3
双清区	103.49	21.1	25.92	77.57	27.63	9.3
大祥区	74.69	18.9	11.26	63.43	16.73	-31.4
北塔区	52.57	19.3	5.70	46.87	14.24	16.7
邵东县	267.10	21.6	34.34	232.76	33.07	42.4
新邵县	184.31	21.8	11.48	172.83	7.20	9.1
邵阳县	159.80	21.0	29.50	130.30	3.05	-27.6
隆回县	191.84	21.0	54.68	137.16	9.80	7.1
洞口县	156.23	21.9	30.16	126.08	10.94	-24.1
绥宁县	79.15	19.2	23.11	56.03	4.28	2.4
新宁县	67.53	21.1	9.83	57.69	4.39	27.2
城步县	42.65	24.3	10.84	31.81	1.02	26.5
武冈市	143.26	22.0	17.07	126.19	3.29	55.8
岳阳市	2154.71	20.4	769.53	1385.18	151.45	14.9
岳阳楼区	167.91	23.7	95.95	71.96	110.23	37.0
云溪区	76.57	18.5	10.96	65.62	0.53	-55.1
君山区	105.21	22.2	50.22	54.99	2.10	-64.2
岳阳县	251.32	22.9	5.37	245.94	6.49	29.5
华容县	269.13	20.0	173.64	95.49	5.94	-2.0
湘阴县	271.29	24.1	74.80	196.49	5.19	-34.5
平江县	203.87	23.7	128.96	74.90	7.38	-40.7
汨罗市	306.89	20.0	117.61	189.28	7.44	62.8
临湘市	169.12	1.0	53.53	115.58	6.02	-26.7
常德市	1857.91	20.0	570.11	1287.81	121.41	-2.1
武陵区	256.30	19.8	77.64	178.66	52.71	-6.8
鼎城区	236.91	22.5	128.03	108.88	18.11	0.6
安乡县	57.23	23.2	45.22	12.01	0.87	-63.7
汉寿县	180.42	9.6	43.16	137.26	7.99	-21.3
澧　县	276.46	22.2	29.73	246.73	8.22	-29.0
临澧县	142.73	22.5	26.80	115.93	3.37	9.0

各市、州、县固定资产投资（三）

（2015年） 单位：亿元

	城镇固定资产投资		国有经济	非国有经济	房地产开发投资	
	绝对值	速度（%）			绝对值	速度（%）
桃源县	204.83	23.5	55.89	148.94	5.58	-15.5
石门县	176.78	22.8	24.95	151.83	3.45	50.5
津市市	112.82	22.7	31.12	81.70	20.70	54.7
张家界市	296.43	18.1	154.90	141.53	31.45	-46.5
永定区	143.02	20.0	73.62	69.40	15.74	-64.0
武陵源区	25.34	20.1	13.92	11.41	1.87	49.7
慈利县	74.88	14.5	39.48	35.39	9.34	2.6
桑植县	53.19	18.0	27.87	25.32	4.49	-2.7
益阳市	1223.80	18.7	280.37	943.43	103.90	2.7
资阳区	105.07	20.5	3.24	101.83	7.07	660.1
赫山区	288.33	20.5	6.00	282.33	43.88	-11.7
南　县	67.12	20.5	34.26	32.86	3.65	-34.1
桃江县	174.99	20.2	65.67	109.32	10.00	0.0
安化县	135.11	19.1	33.10	102.01	9.67	33.5
沅江市	204.59	19.1	79.36	125.23	10.13	-63.5
郴州市	2168.98	19.5	509.30	1659.68	194.36	19.9
北湖区	318.21	19.9	38.94	279.27	83.95	18.1
苏仙区	319.58	20.0	89.45	230.14	36.90	25.3
桂阳县	307.60	18.7	95.70	211.90	13.70	0.1
宜章县	198.60	19.5	26.63	171.97	2.77	-2.9
永兴县	269.11	20.1	67.51	201.60	7.59	56.1
嘉禾县	94.47	18.1	38.17	56.30	8.26	31.5
临武县	113.44	19.8	30.30	83.15	3.78	80.7
汝城县	75.30	18.4	35.17	40.13	5.96	51.7
桂东县	49.86	20.3	21.20	28.66	2.02	779.1
安仁县	127.31	19.6	29.93	97.39	27.88	16.9
资兴市	295.50	19.6	36.33	259.17	1.56	-57.8
永州市	1541.35	18.2	636.82	904.53	89.48	-3.8
零陵区	181.91	18.3	28.16	153.75	10.49	-26.8
冷水滩区	240.02	18.8	37.28	202.74	16.59	24.5
祁阳县	274.22	18.1	124.25	149.97	8.81	-13.6
东安县	178.56	18.6	93.35	85.22	15.33	-9.6
双牌县	66.64	17.4	25.60	41.04	0.29	-83.9
道　县	152.55	18.0	77.29	75.26	11.12	9.6
江永县	63.60	17.2	43.57	20.03	5.70	5.3

各市、州、县固定资产投资（四）

（2015年）　　单位：亿元

	城镇固定资产投资		国有经济	非国有经济	房地产开发投资	
	绝对值	速度（%）			绝对值	速度（%）
宁远县	151.70	18.5	67.35	84.34	8.66	5.9
蓝山县	74.05	17.1	36.00	38.05	3.61	-1.4
新田县	63.88	17.7	56.11	7.77	1.83	-34.5
江华县	94.22	18.9	47.86	46.37	6.28	2.0
怀化市	1008.00	18.4	517.42	490.59	117.21	15.1
鹤城区	164.39	10.7	58.28	106.12	61.61	21.5
中方县	148.00	14.0	43.92	104.07	1.25	-59.7
沅陵县	103.48	19.7	55.06	48.42	9.11	-12.5
辰溪县	92.41	19.9	59.62	32.79	5.95	-26.8
溆浦县	97.50	20.8	49.97	47.53	5.19	30.3
会同县	46.90	22.0	32.04	14.86	5.43	1.5
麻阳县	53.96	20.7	27.23	26.73	5.82	35.9
新晃县	46.51	21.8	21.48	25.02	4.39	40.3
芷江县	53.24	20.9	40.11	13.14	3.58	347.9
靖州县	40.58	19.4	24.36	16.22	6.50	44.8
通道县	35.68	23.5	25.41	10.27	3.55	0.8
洪江市	94.79	15.3	76.35	18.43	4.20	5.3
洪江区	30.56	23.1	3.57	26.99	0.64	0.0
娄底市	1108.39	18.0	404.42	703.97	107.94	-1.6
娄星区	421.66	14.9	127.08	294.58	50.66	-7.0
双峰县	162.32	20.3	69.43	92.89	8.83	-13.7
新化县	135.89	18.7	67.68	68.22	25.62	12.1
冷水江市	198.43	19.9	74.98	123.44	17.09	0.6
涟源市	190.09	21.1	65.25	124.83	5.75	11.4
湘西州	356.95	19.4	235.06	121.88	52.14	30.3
吉首市	98.53	22.9	34.93	63.60	21.26	-22.9
泸溪县	23.50	22.5	18.69	4.80	0.48	-30.4
凤凰县	47.54	23.9	34.10	13.43	5.81	-1.8
花垣县	20.54	27.8	13.42	7.12	0.92	44.0
保靖县	20.09	26.9	13.07	7.02	1.56	38.5
古丈县	28.82	27.0	23.93	4.89	0.00	0.0
永顺县	56.90	20.2	51.15	5.76	0.65	15.4
龙山县	61.03	3.0	45.78	15.26	6.06	73.1

各市、州、县社会消费品零售总额（一）

（2015 年）　　　　单位：亿元

	社会消费品零售总额			
	绝对值	位　次	速度（%）	位次
全　省	12023.97		12.1	
长沙市	3690.59	1	12.1	8
芙蓉区	712.58	1	10.3	119
天心区	449.79	5	11.3	106
岳麓区	274.43	8	11.3	106
开福区	659.99	2	12.6	33
雨花区	640.76	3	7.9	123
望城区	100.21	27	21.2	1
长沙县	373.67	6	16.5	2
宁乡县	236.45	12	16.2	3
浏阳市	242.73	11	15.9	4
株洲市	839.66	5	12.1	8
荷塘区	57.32	72	12.4	49
芦淞区	266.22	9	11.5	100
石峰区	52.66	78	11.9	85
天元区	75.41	56	12.2	69
株洲县	36.89	88	12.4	49
攸　县	111.28	22	12.5	40
茶陵县	58.43	70	12.6	33
炎陵县	18.05	109	12.3	60
醴陵市	163.40	16	12.6	33
湘潭市	520.60	10	12.8	1
雨湖区	246.65	10	12.9	13
岳塘区	90.29	38	12.8	17
湘潭县	74.82	57	12.7	26
湘乡市	90.48	37	12.7	26
韶山市	18.36	107	12.8	17
衡阳市	1009.10	3	12.2	6
珠晖区	111.95	21	12.3	60
雁峰区	99.04	28.00	12.5	40
石鼓区	97.61	30.00	12.2	69
蒸湘区	109.88	23.00	12.4	49
南岳区	21.74	103.00	11.9	85
衡阳县	83.87	46.00	12.2	69
衡南县	89.80	40.00	12.4	49

各市、州、县社会消费品零售总额（二）

（2015年）　　单位：亿元

	社会消费品零售总额			
	绝对值	位　次	速度（%）	位次
衡山县	26.60	98.00	12.1	76
衡东县	80.21	48	12.5	40
祁东县	94.45	35	12.3	60
耒阳市	113.90	20	12.6	33
常宁市	80.05	50	10.7	113
邵阳市	745.49	7	12.7	3
双清区	96.35	32	13.6	7
大祥区	63.81	68	12.5	40
北塔区	10.36	120	12.6	33
邵东县	136.33	18	12.5	40
新邵县	56.60	73	14.6	5
邵阳县	76.14	55	12.8	17
隆回县	78.66	52	12.4	49
洞口县	65.32	67	13.8	6
绥宁县	31.23	94	12.7	26
新宁县	41.02	84	12.8	17
城步县	22.01	102	12.9	13
武冈市	67.66	64	12.8	17
岳阳市	1020.64	2	12.7	3
岳阳楼区	517.57	4	12.6	33
云溪区	20.46	105	12.5	40
君山区	18.27	108	12.7	26
岳阳县	84.89	43	13.0	10
华容县	91.48	36	12.8	17
湘阴县	71.14	61	13.1	9
平江县	58.91	69	13.0	10
汨罗市	85.35	42	12.7	26
临湘市	72.58	59	12.8	17
常德市	945.49	4	12.3	5
武陵区	224.95	13	11.4	105
鼎城区	152.65	17	12.7	26
安乡县	57.69	71	12.2	69
汉寿县	67.84	63	12.5	40
澧　县	105.28	24	12.1	76
临澧县	53.13	77	12.3	60

各市、州、县社会消费品零售总额（三）

（2015 年）　　单位：亿元

	社会消费品零售总额			
	绝对值	位　次	速度（%）	位次
桃源县	132.64	19	12.4	49
石门县	96.84	31	12.3	60
津市市	54.46	75	12.6	33
张家界市	177.37	14	12.8	1
永定区	86.01	41	12.8	17
武陵源区	12.31	116	12.5	40
慈利县	50.13	81	12.8	17
桑植县	28.91	96	12.9	13
益阳市	573.95	8	12.1	8
资阳区	52.16	79	12.4	49
赫山区	190.73	14	11.8	89
南　县	77.05	54	12.2	69
桃江县	84.05	44	12.1	76
安化县	89.81	39	12.3	60
沅江市	80.14	49	11.8	89
郴州市	809.55	6	12.2	6
北湖区	295.09	7	11.6	97
苏仙区	96.35	33	12.3	60
桂阳县	94.71	34	12.5	40
宜章县	74.37	58	12.4	49
永兴县	70.89	62	12.4	49
嘉禾县	20.65	104	12.2	69
临武县	30.24	95	12.3	60
汝城县	11.92	117	12.0	83
桂东县	7.82	122	12.9	13
安仁县	35.83	89	12.7	26
资兴市	71.69	60	13.0	10
永州市	527.83	9	12.1	8
零陵区	78.71	51	12.2	69
冷水滩区	104.41	25	11.9	85
祁阳县	65.41	66	11.8	89
东安县	50.56	80	12.4	49
双牌县	10.31	121	11.6	97
道　县	48.79	82	12.1	76
江永县	19.61	106	12.1	76

各市、州、县社会消费品零售总额（四）

（2015 年）　　单位：亿元

	社会消费品零售总额			
	绝对值	位　次	速度（%）	位次
宁远县	56.59	74	12.3	60
蓝山县	33.69	92	12.0	83
新田县	22.38	101	11.7	94
江华县	37.38	87	13.4	8
怀化市	502.76	11	11.5	12
鹤城区	174.00	15	11.3	106
中方县	16.89	110	11.2	109
沅陵县	48.26	83	10.5	117
辰溪县	40.92	85	11.9	85
溆浦县	54.44	76	12.1	76
会同县	16.81	111	11.5	100
麻阳县	25.11	100	11.5	100
新晃县	13.92	112	11.6	97
芷江县	33.99	91	11.8	89
靖州县	25.69	99	11.7	94
通道县	11.90	118	11.5	100
洪江市	27.78	97	11.7	94
洪江区	13.04	114	11.8	89
娄底市	433.82	12	10.8	13
娄星区	98.82	29	10.7	113
双峰县	66.98	65	10.7	113
新化县	83.93	45	11.0	111
冷水江市	83.52	47	10.7	113
涟源市	100.56	26	11.0	111
湘西州	227.11	13	10.0	14
吉首市	78.60	53	8.0	122
泸溪县	12.61	115	9.0	121
凤凰县	40.27	86	12.1	76
花垣县	13.20	113	10.0	120
保靖县	10.97	119	11.2	109
古丈县	5.17	123	12.4	49
永顺县	31.79	93	10.5	117
龙山县	34.49	90	11.5	100

各市、州、县农村居民人均可支配收入（一）

（2015 年） 单位：元

	农村居民人均可支配收入			
	绝对值	位　次	速度（%）	位次
全　省	10993		9.3	
长沙市	23601	1	8.6	14
芙蓉区				
天心区				
岳麓区				
开福区				
雨花区				
望城区	25623	1	8	99
长沙县	25207	2	8	99
宁乡县	21469	4	9	83
浏阳市	25191	3	9	97
株洲市	15637	2	8.8	12
荷塘区				
芦淞区				
石峰区				
天元区				
株洲县	14674	22	9	83
攸　县	20539	6	9	89
茶陵县	7269	80	9	76
炎陵县	6720	93	9	72
醴陵市	20732	5	9	97
湘潭市	15347	3	8.9	11
雨湖区				
岳塘区				
湘潭县	14539	25	9	78
湘乡市	14340	29	9	89
韶山市	20253	7	9	78
衡阳市	14407	4	8.8	13
珠晖区				
雁峰区				
石鼓区				
蒸湘区				
南岳区				
衡阳县	13453	35	9	69
衡南县	16234	12	9	78

各市、州、县农村居民人均可支配收入（二）

（2015 年）　　单位：元

	农村居民人均可支配收入			
	绝对值	位　次	速度（%）	位次
衡山县	16341	11	9	83
衡东县	15716	17	9.0	78
祁东县	11088	52	8.3	101
耒阳市	16138	13	8.7	93
常宁市	12812	38	9.1	76
邵阳市	8716	10	11.9	3
双清区	14467	27	14.4	4
大祥区	14111	32	12.4	17
北塔区	13009	37	12.6	14
邵东县	15200	19	12.6	14
新邵县	8149	66	12.1	21
邵阳县	7885	67	12.0	23
隆回县	7129	85	12.1	21
洞口县	7790	70	12.6	14
武冈市	8540	61	12.4	17
绥宁县	7350	78	11.5	26
新宁县	7230	82	13.4	11
城步县	5332	103	13.8	6
岳阳市	12091	6	9.3	7
岳阳楼区	0	0	0.0	0
云溪区	0	0	0.0	0
君山区	14008	33	9.4	67
岳阳县	12746	40	10.9	42
华容县	15167	20	10.9	42
湘阴县	14560	24	11.3	28
平江县	7238	81	6.0	104
汨罗市	14114	31	10.8	48
临湘市	12245	43	9.0	78
常德市	11744	8	9.4	6
武陵区	19466	8	10.9	42
鼎城区	12011	47	9.2	72
安乡县	12081	45	10.2	54
汉寿县	12521	42	8.9	83
澧　县	11713	48	9.6	66
临澧县	13050	36	8.9	83

各市、州、县农村居民人均可支配收入（三）

（2015 年） 单位：元

	农村居民人均可支配收入			
	绝对值	位　次	速度（%）	位次
桃源县	11236	51	10.0	59
石门县	8778	60	8.8	89
津市市	11285	50	9.4	67
张家界市	7094	13	12.0	2
永定区	7370	77	11.0	35
武陵源区	10001	57	12.4	17
慈利县	7870	69	11.0	35
桑植县	5428	101	15.0	1
益阳市	12344	5	9.2	8
资阳区	14727	21	9.3	69
赫山区	14502	26	10.0	59
南　县	12593	41	8.9	83
桃江县	12058	46	9.9	62
安化县	6797	91	9.7	63
沅江市	14370	28	8.8	89
郴州市	11778	7	9.2	9
北湖区	17224	10	10.1	55
苏仙区	16006	14	9.2	72
桂阳县	15422	18	8.7	93
宜章县	7215	83	10.4	51
永兴县	14161	30	8.7	93
嘉禾县	12810	39	7.1	103
临武县	9205	58	14.5	3
汝城县	7560	73	10.4	51
桂东县	7081	86	10.3	53
安仁县	8215	65	10.1	55
资兴市	15834	16	9.2	72
永州市	10765	9	9.0	10
零陵区	14601	23	8.7	93
冷水滩区	15917	15	10.9	42
祁阳县	10861	54	9.7	63
东安县	11388	49	11.0	35
双牌县	6724	92	10.1	55
道　县	12084	44	9.7	63
江永县	7654	72	11.0	35

各市、州、县农村居民人均可支配收入（四）

（2015年）　　单位：元

	农村居民人均可支配收入			
	绝对值	位　次	速度（%）	位次
宁远县	10628	56	10.9	42
蓝山县	10932	53	10.1	55
新田县	6971	88	9.3	69
江华县	7750	71	11.0	35
怀化市	7203	12	11.2	4
鹤城区	10657	55	10.9	42
中方县	8433	62	11.3	28
沅陵县	7042	87	10.0	59
辰溪县	7436	74	11.1	34
溆浦县	8379	63	10.6	50
会同县	7407	75	11.0	35
麻阳县	6158	97	14.6	2
新晃县	6003	98	11.3	28
芷江县	6533	94	11.9	24
靖州县	7156	84	11.2	32
通道县	5339	102	11.6	25
洪江市	8325	64	10.7	49
洪江区	8152		10.3	
娄底市	8655	11	10.5	5
娄星区	13607	34	11.0	35
双峰县	8811	59	11.3	28
新化县	6473	95	11.2	32
冷水江市	18239	9	7.8	102
涟源市	7401	76	11.5	26
湘西州	6648	14	12.9	1
吉首市	7875	68	12.2	20
泸溪县	5967	99	13.5	10
凤凰县	7288	79	13.6	9
花垣县	6276	96	13.9	5
保靖县	6952	89	12.7	12
古丈县	5265	104	13.8	6
永顺县	5579	100	13.7	8
龙山县	6869	90	12.7	12

各市、州、县城镇居民人均可支配收入（一）

（2015 年） 单位：元

	城镇居民人均可支配收入			
	绝对值	位　次	速度（%）	位次
全　省	28838		8.5	
长沙市	39961	1	8.5	6
芙蓉区	42697	3	9.0	24
天心区	43105	1	8.3	71
岳麓区	42301	4	9.1	17
开福区	42205	5	9.0	24
雨花区	42905	2	8.4	65
望城区	37088	8	8.5	58
长沙县	36642	9	9.3	8
宁乡县	33929	13	9.0	24
浏阳市	36631	10	8.3	71
株洲市	33977	2	8.4	7
荷塘区	35857	12	8.2	80
芦淞区	37361	7	8.4	65
石峰区	36243	11	8.3	71
天元区	41480	6	8.5	58
株洲县	26784	35	8.7	49
攸　县	30540	17	8.3	71
茶陵县	26343	37	8.5	58
炎陵县	22753	65	8.3	71
醴陵市	31093	15	8.6	56
湘潭市	29237	3	8.0	10
雨湖区	30044	18	8.0	90
岳塘区	29381	19	7.9	98
湘潭县	27709	28	8.0	90
湘乡市	27790	26	8.2	80
韶山市	32046	14	8.1	86
衡阳市	26515	4	8.8	4
珠晖区	27736	27	8.9	33
雁峰区	26647	36	8.5	58
石鼓区	28149	23	8.7	49
蒸湘区	27353	30	9.1	17
南岳区	31083	16	9.0	24
衡阳县	26053	40	9.2	12
衡南县	25636	44	8.9	33

各市、州、县城镇居民人均可支配收入（二）

（2015年）　　单位：元

	城镇居民人均可支配收入			
	绝对值	位　次	速度（%）	位次
衡山县	25916	42	8.8	44
衡东县	25895	43	8.8	44
祁东县	20898	80	8.8	44
耒阳市	27087	32	8.5	58
常宁市	25314	47	8.9	33
邵阳市	21070	11	8.9	3
双清区	21953	71	10.0	2
大祥区	21448	77	10.0	2
北塔区	19606	87	9.8	4
邵东县	24305	54	8.2	80
新邵县	20507	84	8.0	90
邵阳县	20595	82	8.0	90
隆回县	19636	86	7.2	120
洞口县	21014	79	7.3	118
武冈市	20593	83	8.1	86
绥宁县	18751	96	7.0	122
新宁县	19543	90	8.2	80
城步县	18125	103	7.2	120
岳阳市	25202	6	9.0	2
岳阳楼区	27877	25	9.2	12
云溪区	29264	20	9.1	17
君山区	24462	52	9.0	24
岳阳县	22192	68	9.1	17
华容县	22732	66	9.2	12
湘阴县	24437	53	9.3	8
平江县	18512	100	8.7	49
汨罗市	24594	51	9.1	17
临湘市	21854	73	8.9	33
常德市	24513	7	8.3	8
武陵区	28754	21	9.0	24
鼎城区	26079	39	7.8	101
安乡县	21411	78	8.9	33
汉寿县	23962	55	7.5	114
澧　县	23060	61	8.2	80
临澧县	25116	48	7.6	111

各市、州、县城镇居民人均可支配收入（三）

（2015 年）　　单位：元

	城镇居民人均可支配收入			
	绝对值	位　次	速度（%）	位次
桃源县	23420	59	8.4	65
石门县	19596	88	7.4	117
津市市	26027	41	7.7	107
张家界市	19473	13	7.9	11
永定区	21906	72	7.8	101
武陵源区	22951	62	10.2	1
慈利县	18735	98	7.8	101
桑植县	12739	122	9.0	24
益阳市	22571	8	9.1	1
资阳区	23135	60	9.5	5
赫山区	28134	24	9.2	12
南　县	21995	70	9.0	24
桃江县	22935	64	8.8	44
安化县	14304	121	9.3	8
沅江市	26247	38	8.9	33
郴州市	25534	5	8.1	9
北湖区	28168	22	9.0	24
苏仙区	27212	31	8.7	49
桂阳县	27054	33	8.6	56
宜章县	23886	56	7.9	98
永兴县	25454	46	8.9	33
嘉禾县	22178	69	8.0	90
临武县	21583	75	7.5	114
汝城县	16952	112	8.1	86
桂东县	15872	119	8.3	71
安仁县	19315	91	8.3	71
资兴市	26861	34	8.7	49
永州市	21938	9	8.7	5
零陵区	22400	67	8.9	33
冷水滩区	24669	50	9.5	5
祁阳县	23809	57	9.4	7
东安县	22948	63	9.3	8
双牌县	19568	89	8.4	65
道　县	20839	81	9.1	17
江永县	18740	97	9.1	17

各市、州、县城镇居民人均可支配收入（四）

（2015 年）　　单位：元

	城镇居民人均可支配收入			
	绝对值	位　次	速度（%）	位次
宁远县	20155	85	8.9	33
蓝山县	21520	76	8.7	49
新田县	19112	92	8.9	33
江华县	18899	95	9.2	12
怀化市	20693	12	7.8	12
鹤城区	25578	45	7.9	98
中方县	21671	74	8.5	58
沅陵县	17621	107	7.7	107
辰溪县	17904	106	8.7	49
溆浦县	18272	102	8.4	65
会同县	17134	109	8.3	71
麻阳县	17924	105	7.6	111
新晃县	15865	120	8.8	44
芷江县	18502	101	8.9	33
靖州县	17151	108	7.8	101
通道县	16280	118	8.5	58
洪江市	18618	99	8.0	90
洪江区	16826		8.6	
娄底市	21838	10	7.5	14
娄星区	25049	49	7.8	101
双峰县	16581	116	7.3	118
新化县	16363	117	8.2	80
冷水江市	27625	29	8.0	90
涟源市	17073	110	7.8	101
湘西州	19267	14	7.7	13
吉首市	23510	58	8.0	90
泸溪县	18030	104	7.7	107
凤凰县	19035	93	8.4	65
花垣县	18994	94	8.3	71
保靖县	17003	111	7.7	107
古丈县	16642	115	7.5	114
永顺县	16880	113	7.6	111
龙山县	16864	114	8.1	86

《气象干旱年鉴(2013)》
编撰组

科学顾问：丁一汇

组　　长：李耀辉

副 组 长：王润元　张铁军　董安祥

成　　员（以姓氏拼音音序排序）：

蔡雯悦　邓祖琴　胡　蝶　蒋丽萍　刘丽伟
聂　鑫　齐　月　沙　莎　王劲松　王丽娟
王闪闪　王素萍　王　莺　王毅荣　王芝兰
姚小英　颜鹏程　姚玉璧　赵　鸿　张　凯
张　宇

序　言

干旱可表述为降水的短缺或者当水的供应不能满足对水的需求时的状况，是水分收支或供求不平衡所形成的水分短缺现象。根据世界气象组织（WMO）的分类，干旱分为气象干旱、农业干旱、水文干旱和社会经济干旱。气象干旱是指由气象因素直接引起的水资源短缺，是其他干旱的基础与重要原因；气象干旱的影响和造成的灾害常常通过农业、水文及社会经济干旱反映出来。我国是世界上干旱灾害最严重的国家之一，尤其是我国北方与西南地区，在全球气候变化背景下，干旱在我国发生的频率和强度总体上呈增加趋势，所引发的水资源匮乏、粮食安全、生态恶化等已经成为社会经济发展中值得关注的重要问题。我国每年都会发生气象干旱，损失十分严重，因此，深入认识和及时了解气象干旱发生发展的新特征及其对农业、水资源和社会经济等方面的影响，对于增强我国干旱的防灾减灾能力、减少经济和社会风险具有重要意义。

中国气象局兰州干旱气象研究所作为气象部门从事干旱及其相关领域科学研究和技术研发的国家级专业研究所，在总结相关研究成果的基础上，收集整理了气象、农业、民政、水利、国土资源以及统计等部门的大量信息材料并加以分析，编写出版了《气象干旱年鉴》。年鉴的内容丰富，涉及干旱评估、气象干旱特征与影响、年度重大干旱事件、全球气象干旱、气象干旱科技动态以及抗旱减灾气象服务等方面的信息与材料，是一部既有科学性，又有实用性的工具书。它将为我国干旱的防灾减灾活动和治理提供重要参考，同时也填补和丰富了我国气象灾害年鉴中有关干旱灾害的内容。

本年鉴从2014年开始编撰，即《气象干旱年鉴(2015)》。我建议该年鉴从 2001 年续补，形成一套新世纪以来比较完整、客观准确、内容权威的气象干旱方面有重要价值的参考资料，为我国防旱减灾和干旱的风险管理提供关键信息和重要支撑服务。

丁一汇

2017 年 5 月 10 日

前　言

干旱不仅是地球科学领域研究的焦点科学问题之一，也是世界各国政府和社会公众关注的重大热点问题。干旱引起的沙漠化和生态退化及其对自然环境和人类社会产生的重大影响已引起国际社会的高度重视。我国是一个干旱频发的国家，增强干旱防灾减灾能力是我国经济社会可持续发展的重要任务。为此，中国气象局兰州干旱气象研究所以气象学理论为指导，围绕干旱特征、成因、影响及防旱措施等，对中国气象干旱灾害进行了系统的整理、分析与研究，每年编撰出版《气象干旱年鉴》。

该年鉴是中国气象局兰州干旱气象研究所编撰的气象干旱资料性、学术性图书，主要记述上一年度全国气象干旱的监测、评估、成因、业务服务、科研动态的基本情况与进展，以及全球气象干旱概况与特点。此外，还回顾了中国与全球历史重大旱灾事件，做到居安思危，警钟长鸣。它具有综合性和资料翔实的工具书特征，参考价值明显。

《气象干旱年鉴(2013)》是对2012年气象干旱的全面记录和综述，共分八章。第1章描述全国气候特点与气象干旱的时空分布特征，由齐月、颜鹏程撰稿；第2章分析区域干旱事件的特征与成因，由张宇、王丽娟、颜鹏程撰稿；第3章分析四季气象干旱特征，由邓祖琴撰稿；第4章记述干旱的影响，由姚玉璧撰稿；第5章介绍抗旱减灾重大服务情况，由张凯撰稿；第6章阐明2012年全球气象干旱特征和全球重大气象干旱事件及其成因，由王芝兰撰稿；第7章回顾全球与全国历史重大区域干旱事件，由董安祥撰稿；第8章介绍干旱监测设备与仪器，由赵鸿撰稿；附录部分由沙莎、刘丽伟、王毅荣、董安祥完成。

该年鉴由李耀辉总策划和组织实施并负责全书的审稿定稿，王润元、张铁军负责协调管理，董安祥参与具体实施，王劲松、姚小英、王丽娟、董安祥参与全书审稿。年鉴由气象出版社责任编辑负责审编并做了繁重的文字工作。年鉴是公益性行业（气象）科研重大专项“干旱气象科学研究——我国北方干旱致灾过程及机理（GYHY201306001）”的重要研究内容之一，也得到了中国气象局兰州干旱气象研究所基本科研业务费项目的资助。年鉴编撰过程中还得到兰州区域气候中心、国家气候中心、国家气象信息中心等单位的全力支持和帮助，特表谢意！

由于付梓仓促，虽经再三校核，错漏在所难免，敬请不吝指正，深表感谢！

《气象干旱年鉴》编撰组

2019 年 5 月

编写说明

一、资料来源

本年鉴基本气象资料、气象干旱综合指数(*MCI*)和灾情数据来自中国气象局国家气候中心、国家气象信息中心等单位,以及民政部、水利部、农业部、国土资源部、国家统计局等有关部门的信息材料。

用于计算植被状态指数(*VCI*)的遥感数据来自 MODIS 产品数据 MOD09GA,时间分辨率为日,空间分辨率为 500 米。该数据集来源于网站 https://ladsweb.nascom.nasa.gov/search/。

二、数据处理

1. 气象干旱综合指数

本年鉴采用气象干旱综合指数(*MCI*)来评估干旱,它是综合考虑前期不同时段降水和蒸散对当前干旱的影响而构建的一种干旱指数。干旱是由于降水长期亏缺和近期亏缺综合效应累加的结果,气象干旱综合指数考虑了 60 天内有效降水(权重累积降水)、30 天内蒸散(相对湿润度)以及季度尺度(90 天)降水和近半年尺度(150 天)降水的综合影响。该指数考虑业务服务的需求,增加了季节调节系数。该指数适用于作物生长季逐日气象干旱的监测和评估。

(1)气象干旱综合指数等级

依据气象干旱综合指数划分的气象干旱等级见表 1。

表 1　气象干旱综合指数等级的划分表

等级	类型	*MCI*	干旱影响程度
1	无旱	$-0.5<MCI$	地表湿润,作物水分供应充足;地表水资源充足,能满足人们生产、生活需要
2	轻旱	$-1.0<MCI\leqslant-0.5$	地表空气干燥,土壤出现水分轻度不足,作物轻微缺水,叶色不正;水资源出现短缺,但对生产、生活影响不大
3	中旱	$-1.5<MCI\leqslant-1.0$	土壤表面干燥,土壤出现水分不足,作物叶片出现萎蔫现象;水资源短缺,对生产、生活造成影响
4	重旱	$-2.0<MCI\leqslant-1.5$	土壤水分持续严重不足,出现干土层(1~10 厘米),作物出现枯死现象;河流出现断流,水资源严重不足,对生产、生活造成较重影响
5	特旱	$MCI\leqslant-2.0$	土壤水分持续严重不足,出现较厚干土层(大于 10 厘米),作物出现大面积枯死;多条河流出现断流,水资源严重不足,对生产、生活造成严重影响

(2)气象干旱综合指数计算方法

气象干旱综合指数(MCI)的计算公式如下:

$$MCI = K_a \times (a \times SPIW_{60} + b \times MI_{30} + c \times SPI_{90} + d \times SPI_{150}) \quad (1)$$

式中,MI_{30}为近 30 天相对湿润度指数;SPI_{90}为近 90 天标准化降水指数;SPI_{150}为近 150 天标准化降水指数;$SPIW_{60}$为近 60 天标准化权重降水指数;a 为 $SPIW_{60}$项的权重系数,北方及西部地区取 0.3,南方地区取 0.5;b 为 MI_{30}项的权重系数,北方及西部地区取 0.5,南方地区取 0.6;c 为 SPI_{90}项的权重系数,北方及西部地区取 0.3,南方地区取 0.2;d 为 SPI_{150}项的权重系数,北方及西部地区取 0.2,南方地区取 0.1;K_a 为季节调节系数,根据不同季节各地主要农作物生长发育阶段对土壤水分的敏感程度确定。北方及西部地区指我国西北、东北、华北和西南地区,南方地区指我国华南、华中、华东地区等。

2. 遥感监测指标

根据中华人民共和国水利部发布的《水旱灾害遥感监测评估技术规范(征求意见稿)》,本年鉴采用的监测指标为植被状态指数(VCI)。植被状态指数由 F. N. Kogan 于 1990 年提出,基于植被覆盖指数($NDVI$)构建,用以反映植被状态程度:

$$VCI_j = 100 \times \frac{(NDVI_j - NDVI_{min})}{(NDVI_{max} - NDVI_{min})} \quad (2)$$

式中,VCI_j为 j 时的植被状态指数(%),以像元为计算单元,值域范围是 0~100,0 表示植被条件最差,100 表示植被条件最佳;$NDVI_j$ 为 j 时的 $NDVI$ 值,时段可设定为旬、月等;$NDVI_{max}$为多年同期影像中 $NDVI$ 的最大值;$NDVI_{min}$为多年同期影像中 $NDVI$ 的最小值。

植被状态指数表达了与多年历史同期相比植被长势的好坏,间接地指示了土壤水分状态。VCI 值越大,说明植被与历史同期相比长势越好,水分充足;相反,VCI 值越小,与历史同期相比植被长势差,说明植被受旱。

植被状态指数适合大尺度或区域级的中高植被覆盖区的干旱状况监测,最大、最小 $NDVI$ 宜采用历史多年同期、长时间植被指数序列确定。

植被指数旱情等级划分如表 2。

表 2 植被指数旱情等级划分表

等级	干旱类型	VCI(%)
1	无旱	$40<VCI\leqslant100$
2	轻旱	$30<VCI\leqslant40$
3	中旱	$20<VCI\leqslant30$
4	重旱	$10<VCI\leqslant20$
5	特旱	$0<VCI\leqslant10$

目　录

第1章　气象干旱评估

2012年，中国平均降水量较常年偏多，且时空分布不均；全国平均气温接近常年，但起伏较大。气象灾害种类多，局地灾情重。台风登陆多、强度强、影响范围广、灾情严重；南、北方均出现局地强暴雨，洪涝地质灾害严重；盛夏中东部地区高温热浪强；干旱较常年偏少，但区域性和阶段性干旱严重，如西南地区发生冬春连旱，黄淮、江淮出现初夏旱，重庆、湖北、河南、安徽等地出现夏旱。总体而言，2012年全国气象灾害为偏轻年份，干旱灾害也属偏轻年份。

1.1　气候特征

1.1.1　降水

2012年全国平均降水量664.0毫米，比常年偏多5.8%，较2011年偏多19.6%(图1.1)。图1.2为我国2012年年降水量和降水量距平百分率分布。从年降水量分布来看，全国降水量呈现出明显的由东南向西北递减的态势。但从降水距平百分率分布来看，降水偏多或偏少的空间分布并没有规律性，也无明显的南北差异，与常年同期相比，东北中西部、西北中部、江南中东部及内蒙古大部、京津地区、新疆西南部等地降水量偏多20%～50%，部分地区偏多50%以上；新疆中部和北部、西藏大部、黄淮中西部、江汉北部及云南中部等地降水量偏少20%～50%，其余地区接近常年。

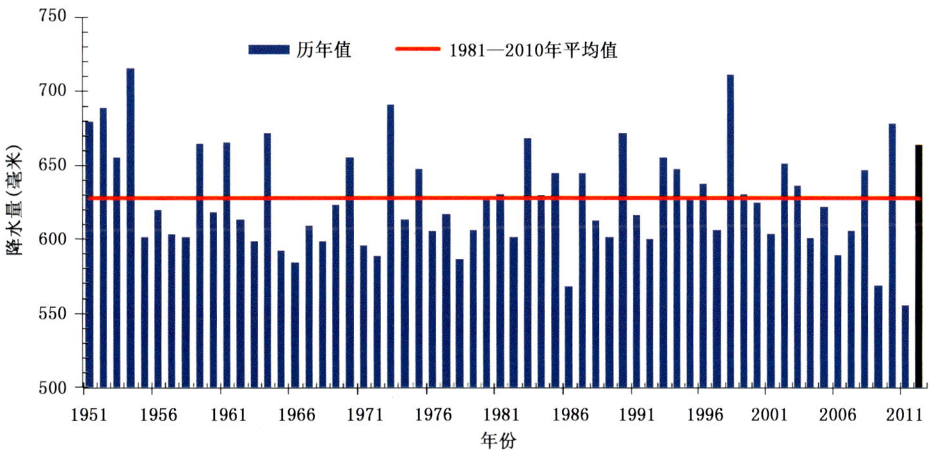

图1.1　1951—2012年全国平均年降水量历年变化

Fig. 1.1　Changes of the average annual precipitation from 1951 to 2012 over China (unit: mm)

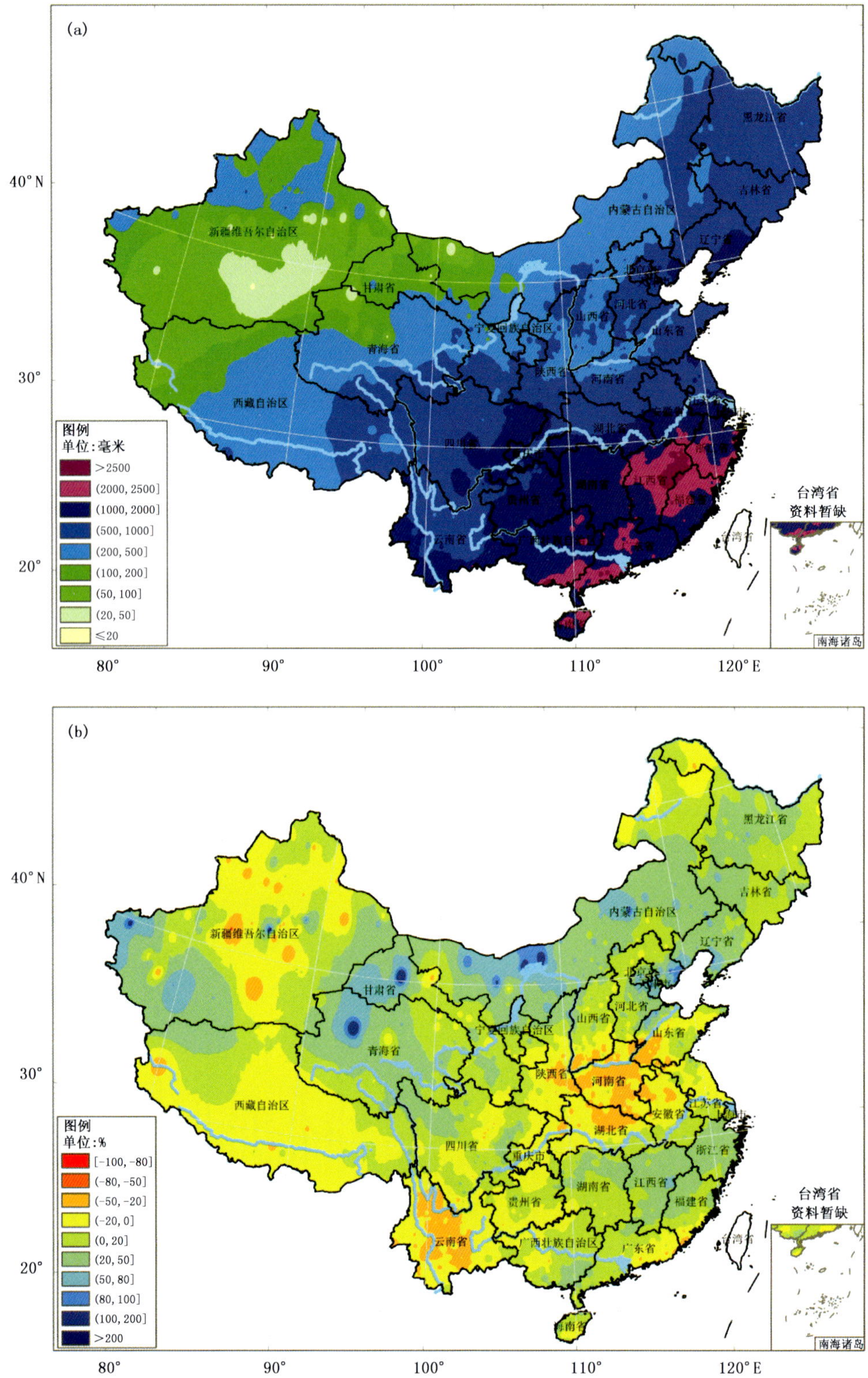

图 1.2　2012 年全国年降水量(a)和年降水量距平百分率(b)分布

Fig. 1.2　Spatial distribution of precipitation(a) (unit: mm) and its anomaly percentage (b)(unit: %) in China in 2012

春季、夏季和秋季降水均较往年同期偏多。春季，全国平均降水量 145.4 毫米，较常年同期(138.9 毫米)偏多 4.7%。夏季，全国平均降水量 332.9 毫米，较常年同期偏多 2.5%。秋季，全国平均降水量 135.5 毫米，较常年同期(120.8 毫米)偏多 12.2%。

1.1.2 气温

2012 年，全国年平均气温 9.4 ℃，接近常年(9.6 ℃)，比 2011 年偏低 0.3 ℃(图 1.3)。全年除 1—3 月、11 月和 12 月气温偏低外，其余各月接近常年同期或偏高。春季，全国平均气温 11.1 ℃，较常年同期偏高 0.7 ℃，与常年同期相比，全国大部分地区气温接近常年或偏高。夏季，全国平均气温 21.4 ℃，较常年同期偏高 0.5 ℃，为 2005 年以来连续第八年偏高。秋季，全国平均气温 9.6 ℃，较常年同期偏低 0.3 ℃，大部分地区气温接近常年同期或偏低。2012 年，全国共有 185 站日最高气温达到极端高温事件标准，极端高温站次比(达到极端事件标准的站次数与监测总站数的比率)为 0.14，接近常年(0.12)，较 2011 年(0.2)偏少；共有 114 站日最低气温达到极端事件标准，较常年略偏少。

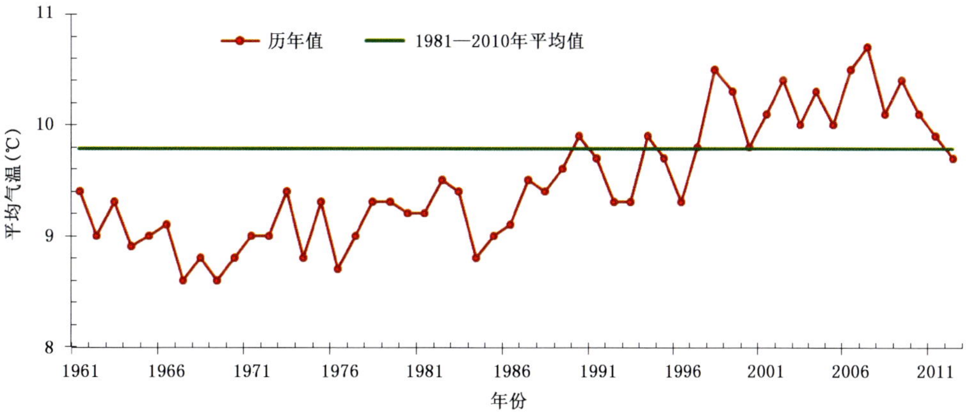

图 1.3 1961—2012 年全国年平均气温历年变化

Fig. 1.3 Changes of the average annual temperature from 1961 to 2012 over China (unit:℃)

从我国 2012 年年平均气温距平分布(图 1.4)来看，西南西部气温偏高，华北、东北气温偏低明显，其他区域接近常年。其中，东北中南部及内蒙古中东部、新疆中西部、贵州北部等地气温偏低 0.5～1.0℃，局部地区偏低 1.0～2.0℃；云南、四川南部、青海南部和黑龙江东北部等地气温偏高 0.5～1.0℃，局部偏高 1.0～2.0℃。云南和西藏气温较常年偏高 0.5℃以上，其中云南偏高 0.8℃，为历史同期次高值；辽宁、吉林、内蒙古和贵州偏低 0.5℃以上，其中辽宁偏低 0.8℃；其余 25 省(区、市)接近常年或与常年持平。

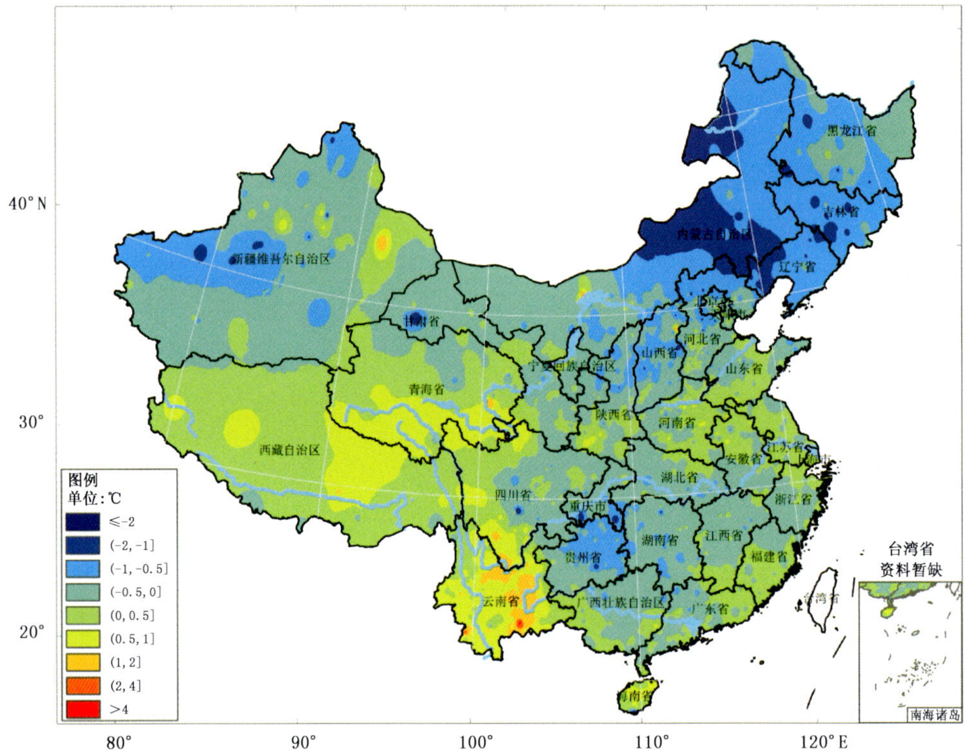

图 1.4 2012 年全国年平均气温距平分布

Fig. 1.4 Spatial distribution of average temperature and its anomaly in China in 2012(unit: ℃)

1.2 主要气象灾害

2012 年,全国因气象灾害造成的直接经济损失超过 1990—2011 年平均水平,但因灾死亡人数和农作物受灾面积均明显少于 1990—2011 年平均。综合来看,2012 年为气象灾害偏轻年份。

1.2.1 干旱

2012 年,全国农作物因干旱受灾面积 934.4 万公顷,绝收面积 37.7 万公顷;受灾面积较常年偏小 1508.1 万公顷。由于粮食主产区农作物生长发育关键期未发生明显干旱,农作物因旱受灾面积较常年平均值明显偏小,为 1990 年以来最小值,属干旱灾害偏轻年份。2012 年,干旱范围较常年偏少,但区域性和阶段性干旱明显。西南地区发生冬春连旱,黄淮、江淮出现初夏旱,重庆、湖北、河南、安徽等地出现夏旱。云南、黑龙江、湖北、新疆、河北和安徽 6 省(区)因旱绝收面积占全国因旱绝收面积的 76%。2012 年全国因旱造成 7084.3 万人次受灾,其中饮水困难 1356.3 万人次;直接经济损失 244.3 亿元。2011 年 12 月至 2012 年 5 月,云南及四川南部降水量明显偏少,比常年同期偏少 5~8 成,中到重度气象干旱持续,500 多条中小河流断流,小型水库干涸,农业和人畜饮水受到严重影响;2012 年是云南省自 2009 年以来连续出现春旱的第四个年份。5 月初至 6 月下旬华北南部、黄淮大部和江淮北部地区出现严重干旱,导致夏播推迟,夏播作物出苗受到较大影响。7 月上旬至 8 月中旬,安徽北部、湖北中部和西南部、河南中部和南部以及重庆东部出现了高温干旱,持续高温少雨造成旱区农作物减产,森林火险气象等级持续偏高,林区有害生物大量滋生;水资源短缺,部分地区人畜饮水出现困难。

1.2.2 暴雨洪涝

2012年,全国未出现流域性严重暴雨洪涝灾害,但暴雨天气过程多,局部洪涝和山洪地质灾害严重。春季,南方部分地区发生暴雨洪涝;7月中下旬,长江中上游发生暴雨洪涝灾害;7月下旬,特大暴雨袭击京津冀,海河发生局部洪涝;汛期,西部地区及华北局部地区山洪地质灾害严重。2012年全国因暴雨洪涝及其引发的滑坡、泥石流灾害共造成农作物受灾面积772.9万公顷,因灾死亡(含失踪)887人,直接经济损失1661.2亿元。与1990—2011年平均值相比,受灾面积和死亡人数偏少,但直接经济损失略偏重。总体上,2012年属暴雨洪涝灾害偏轻年份。

1.2.3 台风

2012年,西北太平洋和中国南海上共有25个台风(中心附近最大风力≥8级)生成,生成个数接近常年(25.5)。其中,1206号"杜苏芮"(Doksuri)、1208号"韦森特"(Vicente)、1209号"苏拉"(Saola)、1210号"达维"(Damrey)、1211号"海葵"(Haikui)、1213号"启德"(Kai-tak)、1214号"天秤"(Tembin)共7个热带气旋先后在中国登陆。2012年热带气旋生成个数接近常年;起编时间、停编时间均较常年偏晚;登陆个数、登陆比例接近常年;初台登陆时间接近常年、末台登陆时间偏早;登陆时间集中、强度偏强;登陆热带气旋生成位置偏北,影响范围大。2012年,影响中国的台风共造成74人死亡或失踪,直接经济损失1048.3亿元。与1990—2011年平均值相比,台风造成的死亡人数偏少,但直接经济损失为1990年以来最大值。总体上,2012年属台风灾害损失较重年份。

1.2.4 冰雹与龙卷风

2012年,全国共有31个省(区、市)1779个县(市)次出现冰雹,降雹次数比2001—2010年平均次数(1378个县次)明显偏多。全国47个县(市)次出现龙卷风,龙卷风出现次数较2001—2010年平均次数(74个县次)偏少。受强对流天气影响,全年因风雹灾害造成的农作物受灾面积278.4万公顷,302人死亡,直接经济损失344.1亿元。总体上,2012年属风雹灾害影响偏轻年份。

1.2.5 低温冷冻害和雪灾

2012年,全国因低温冷冻灾害和雪灾造成的农作物受灾面积达161.5万公顷,其中绝收面积14.2万公顷;641.2万人次受灾,15人死亡;直接经济损失61.0亿元,占全年气象灾害总损失的1.8%。2012年全国低温冷冻灾害和雪灾的受灾面积较常年偏小,经济损失、死亡人数为2004年来最少值。总体而言,2012年为近10年来低温冷冻害和雪灾偏轻年份。年内全国主要低温冷冻害和雪灾事件有:1月下旬及2月初,东北地区遭受低温冻害;1月上旬至3月中旬,南方部分地区出现严重低温阴雨(雪);2月,上旬西藏南部出现雪灾;夏季,东北地区出现阶段性低温,水稻生长发育受到影响;8月下旬,河北北部遭受历史罕见低温冻害;9—10月,西南大部出现明显连阴雨,河北、内蒙古、黑龙江部分地区遭受低温冻害;11—12月,江南、华南阴雨天气多,北方出现3次大范围降雪天气。

1.2.6 高温

2012年,全国平均高温(日最高气温≥35℃)日数8.2天,比常年(7.7天)偏多0.5天,为近8年最少值;6—8月,黄淮高温强度强,长江中下游高温持续时间长。全国主要高温事件有:5—8月四川、贵州、云南、广西等省(区)32站日最高气温突破历史极值,6—8月中东部地区共出现了6次较大范围的高温过程。持续高温对当地人体健康、能源及农业生产等都造成了不利影响。

1.2.7 沙尘天气

2012年,全国共出现10次沙尘天气过程,比常年同期(17次)偏少7次,比2001—2010年平均值(12.7次)偏少2.7次;其中沙尘暴和强沙尘暴过程6次,较2001—2010年平均值偏少2次。北方地区平均沙尘日数为1.3天，比常年同期偏少2.7天，为1961年以来最少值。首次沙尘天气过程发生在3月20日，比2001—2011年平均沙尘天气首发时间(2月4日)偏晚1个多月，为2001年以来最晚。全年沙尘天气影响总体偏轻。

1.2.8 雾和霾

2012年，全国雾主要分布在东北东部和西北部、华北、黄淮中部和西部、江淮、江南以及云南南部、四川东南部、贵州、广西东部、福建、新疆天山山脉等地区，其中，福建、江苏、安徽和江西4省为年雾日数较多的省份。霾主要分布在华北、江汉西部、黄淮西部和东南部、江淮东部、江南东部、华南中西部以及湖南中部、江西中北部、云南南部等地，其中，江苏、北京、浙江和广东4省(市)为年霾日数较多的省份。全国因雾、霾天气造成的交通事故导致166人死亡，死亡人数较2011年偏多。

1.3 气象干旱的时空分布特征

1.3.1 全国干旱概况

2012年，西南大部分地区、华北、江淮、黄淮、江汉、西北地区东部、内蒙古东部、东北大部、华南大部以及西藏中东部等地存在不同程度的旱情(图1.5)。冬季干旱使云南500多条中小河流断流、600多座小型水库干涸；14个州(市)的123个县(市、区)897.2万人受到旱灾影响，556万人、270万头大牲畜出现不同程度饮水困难；农业受灾面积80多万公顷；经济损失达166亿元。贵州安顺、黔西南2市(自治州)11个县遭受旱灾，共有180.6万人受灾，40.2万人需生活救助；农作物受灾面积9.2万公顷；直接经济损失4.2亿元。广西百色右江区、靖西县、西林县3县(区)遭受不同程度的干旱灾害，受灾人口14.5万人，饮水困难人口5.9万人；农作物受灾面积9000多公顷；经济损失近3000万元(国家气候中心，2013)。春旱，对华北南部、黄淮大部和江淮北部春播作物生长、夏玉米等夏播作物的播种出苗以及一季稻的栽插等不利，且影响果树果实膨大。入夏以后，持续高温少雨造成湖北北部、河南、安徽西北部旱区农作物减产，森林火险气象等级持续偏高，林区有害生物大量滋生；水资源短缺，部分地区人畜饮水出现困难；城乡用电负荷持续居高不下；持续干旱造成湖北、河南和安徽3省共1079.6万人受灾，约160万人饮水困难；农作物受灾面积114.5万公顷，其中绝收8.5万公顷；直接经济损失35.6亿元。秋季，华南中东部、西南南部、华北南部、黄淮、江淮、江汉及西藏中部、内蒙古东部、黑龙江西部等地存在一定程度的干旱。总体来说，2012年全国主要存在4大干旱区域，分别是西南旱区，华北、江淮、黄淮和江汉地区组成的东部旱区，内蒙古东部和东北大部组成的东北旱区，以及华南旱区。

2012年全国干旱影响范围较常年偏小，农作物因旱受灾934.4万公顷，较常年偏少1508.1万公顷(图1.6)，受灾面积较大或旱情较重的省份有云南、四川、河南、河北、山东、安徽、江苏、新疆、湖北、黑龙江、山西等，云南、黑龙江、湖北、新疆、河北和安徽6省(区)因旱绝收面积占全国因旱绝收面积的76%。

1.3.2 不同级别干旱概况

根据逐日MCI指数得到各等级旱日频率的空间分布(图1.7)。具体来看，轻旱频率全国平均为11.5%，东北地区北部、华北地区、西南地区的西南部、江淮、江汉北部以及西藏地区中部在20%以上，是轻旱发生的高频区域，尤其是华北东南部和黄淮东北部区域，频率在25%以上，西南地区局地甚至超过30%，全国其余大部轻旱发生频率为10%～25%(图1.7a)。中旱频率全国平均为5.4%，黄淮大部、西南地区西南部、西藏地区西南部以及东部地区局部等地中旱频率在10%以上，尤其是黄淮西北部和西南地区西南部的部分区域，发生频率为10%～20%，全国其余大部中旱频率

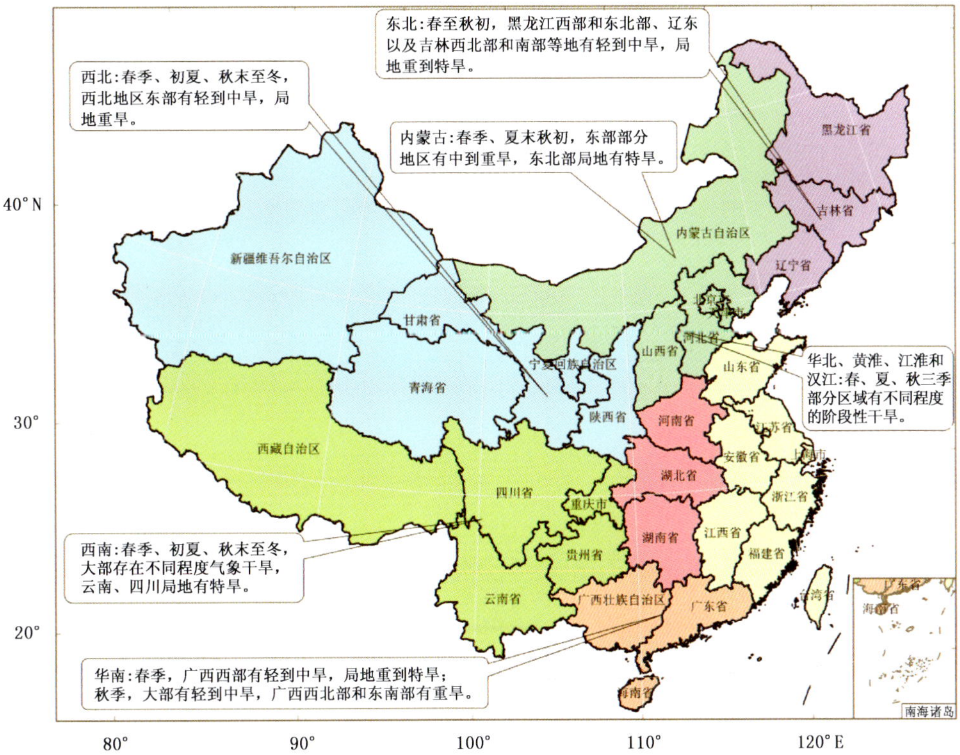

图 1.5　2012 年全国旱情分布示意

Fig. 1.5　Distribution of drought situations in China in 2012

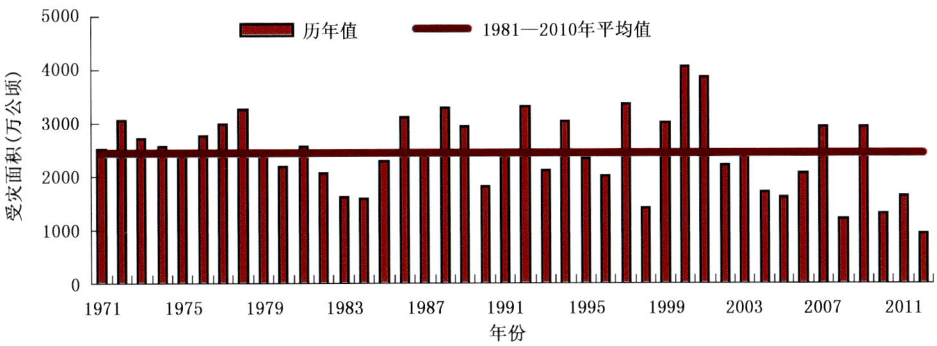

图 1.6　1971—2012 年全国干旱受灾面积变化

Fig. 1.6　Change of drought disaster—affecting area from 1971 to 2012 in China (unit: 10^4 hm^2)

在 5%左右(图 1.7b)。重旱频率全国平均为 1.5%,西南南部、西北东南部以及黄淮西北部等地发生频率较高,在 5%以上,云南西北部、江汉地区等地重旱频率为 15%～20%,全国其余大部分地区重旱发生频率在 2%左右(图 1.7c)。特旱频率全国平均为 0.3%,范围很小,频率较低,高频区域主要位于云南北部、山东南部,发生频率为 5%～10%,云南中北部局地高于 10%(图 1.7d)。

总体来看,2012 年全国旱情偏轻,以轻到中旱为主,华北大部、黄淮以及西南大部是各等级干旱发生的高频区域,其余大部分地区干旱出现频率较低。

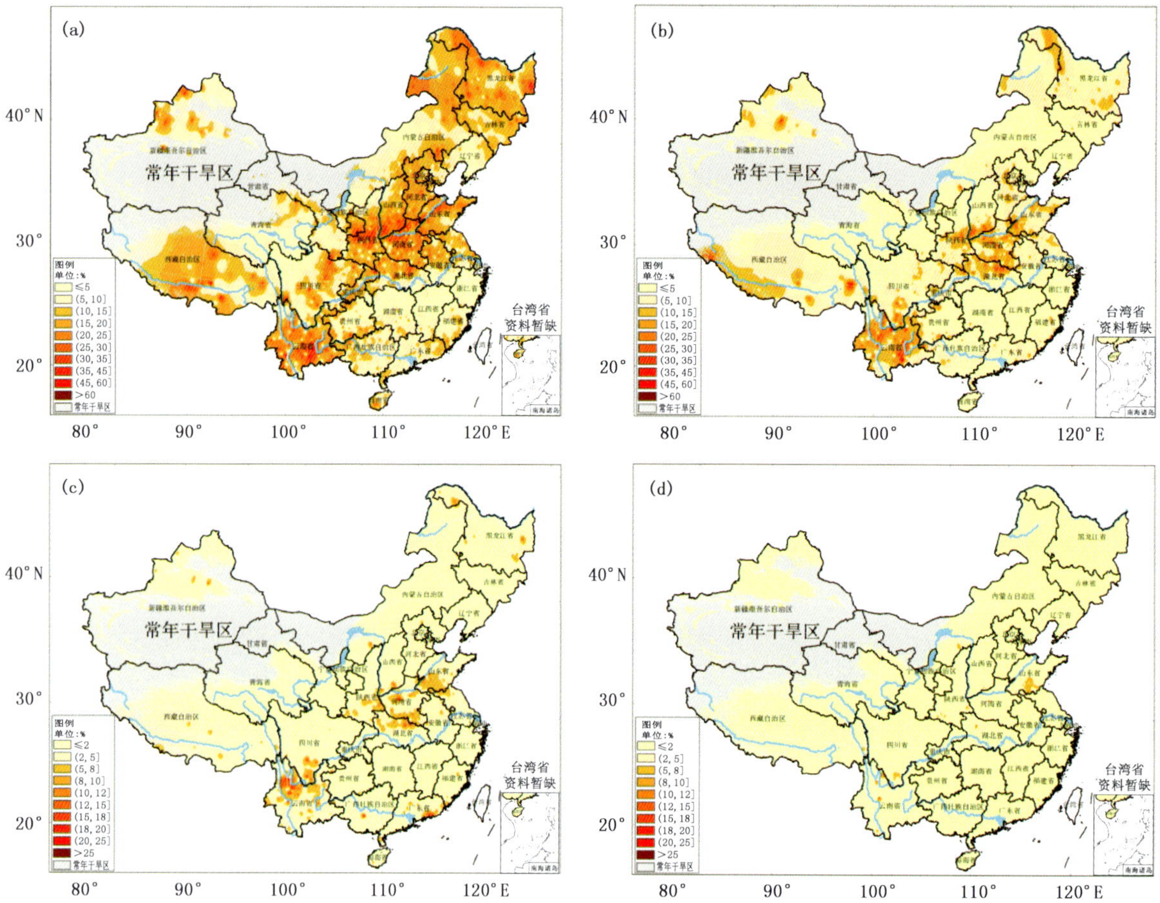

图 1.7 2012 年各等级旱日频率分布

(a)轻旱;(b)中旱;(c)重旱;(d)特旱

Fig. 1.7 Frequency of drought day with different grades over China in 2012 (unit:%)

(a)light drought,(b)moderate drought,(c) heavy drought,(d)extreme drought

1.4 中旱以上干旱日数分析

1.4.1 中旱以上干旱累计日数特征

2012 年各省(区、市)中旱累计日数分布(图 1.8)显示,全国有 31 省(区、市)出现中旱,中旱累计日数超过平均天数(40 天)的有 13 个省(区、市),云南省最多,达 163 天;超过 30 天的有 15 个省(区、市),主要集中在华北、华东、西南地区;宁夏、甘肃、湖南、辽宁、江西和浙江未出现中旱。

2012 年各省(区、市)重旱累积日数分布(图 1.9)显示,全国有 12 省(区、市)出现重旱,其中重旱累计日数超过平均天数(10 天)的有 6 个省(区、市),云南省最多,达 45 天;超过 28 天的重旱省份只有云南省,这与中旱超过 110 天的主要集中地区吻合。

2012 年各省(区、市)特旱累计日数分布(图 1.10)显示,全国有 10 省(市)出现特旱,特旱累计日数超过平均天数(10 天)的有 6 个省(区、市),山东省最多,达 26 天。

结合各省(区、市)中旱、重旱累计日数特征,云南、河南、山东、广东、安徽 5 省(市)表现出旱情累计日数多、程度重的特征,江苏、重庆、西藏、福建 4 省(市)则相对表现出旱情累计日数少但程度重的特征。

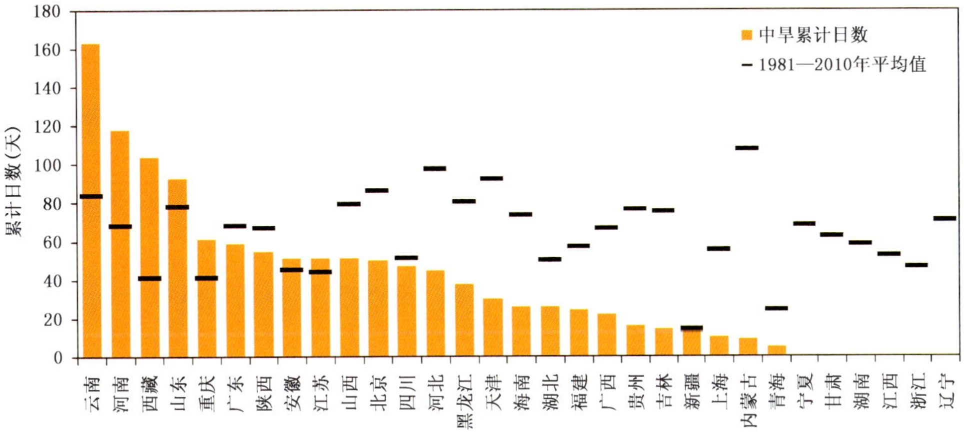

图 1.8　2012 年各省(区、市)中旱累计日数

Fig. 1.8 Accumulative days of moderate drought in different provinces of China in 2012 (unit: d)

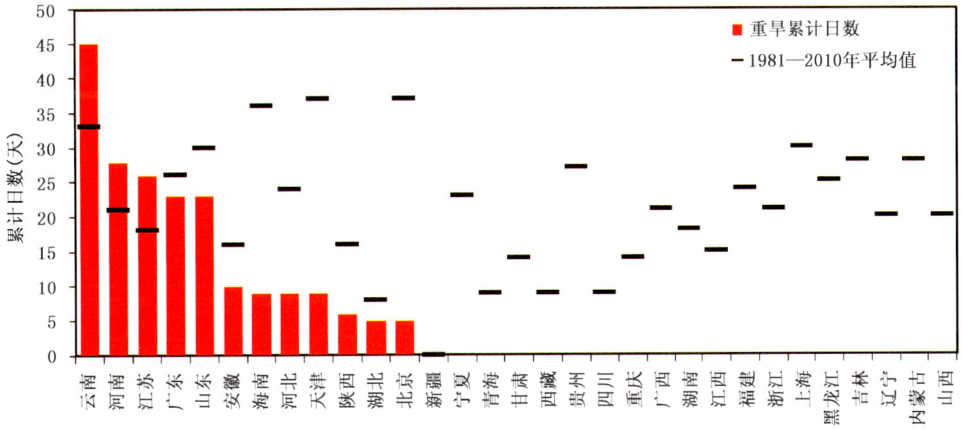

图 1.9　2012 年各省(区、市)重旱累计日数

Fig. 1.9　Accumulative days of heavy drought in different provinces of China in 2012 (unit: d)

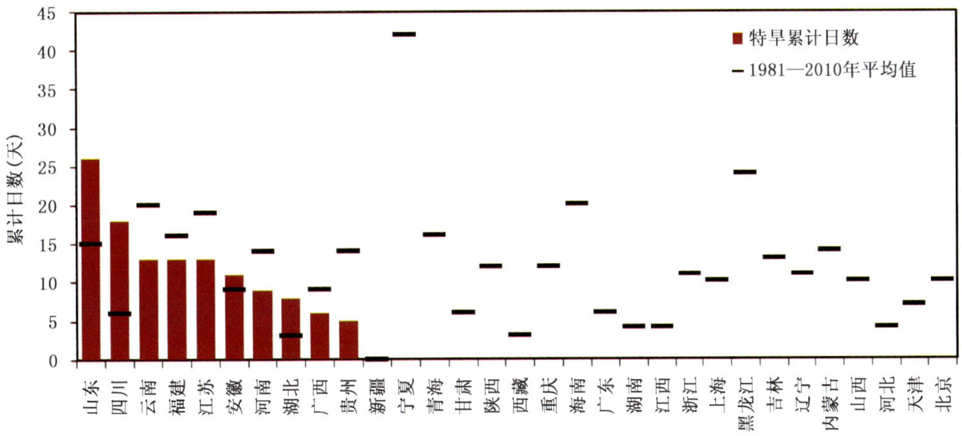

图 1.10　2012 年各省(区、市)特旱累计日数

Fig. 1.10　Accumulative days of extreme drought in different provinces of China in 2012 (unit: d)

1.4.2 中旱以上旱情逐月分布特征

2012 年 1 月全国各省(区、市)旱情空间分布(图 1.11)显示,全国旱情较轻,中旱主要分布在东北地区的黑龙江和吉林 2 省。

图 1.11　2012 年 1 月全国旱情空间分布

Fig. 1.11　Distribution of drought situation in China in January of 2012

2012 年 2 月全国各省(区、市)旱情空间分布(图 1.12)显示,全国干旱较 1 月范围扩大,且有所加重。相比 1 月,东北地区旱情持续,华北地区、西南地区出现干旱。云南由中旱加重为重旱;北京、天津和河北出现了中旱。

2012 年 3 月,与 2 月相比干旱范围变化不大,但程度加重,东北地区范围有所减小(图 1.13)。华北地区仍为干旱集中区域,且程度加重,北京和河北由中旱加重为重旱;西南地区的云南仍出现中旱和特重旱;东北地区的吉林干旱解除。整体来看,与 2 月的干旱分布相比,3 月旱情整体范围变化不大,程度有所加重,仍集中在华北、西南地区。

2012 年 4 月,干旱范围整体减小,程度减轻(图 1.14)。东北地区干旱解除,华北地区干旱范围减小,仅天津中旱持续。西南地区干旱范围增大,四川、云南、重庆和贵州均出现中旱。整体来看,干旱由东北转向西南,程度减轻。

2012 年 5 月,干旱发生区域整体较前一月向东北方向扩展,全国大部分地区出现干旱(图 1.15)。干旱主要集中在华北、华中、西南、华东和西藏地区,且程度加重,其中四川出现特旱,云南出现中旱和特旱,内蒙古、陕西、山西、河南、山东、湖北、安徽、江苏和西藏有中度干旱。

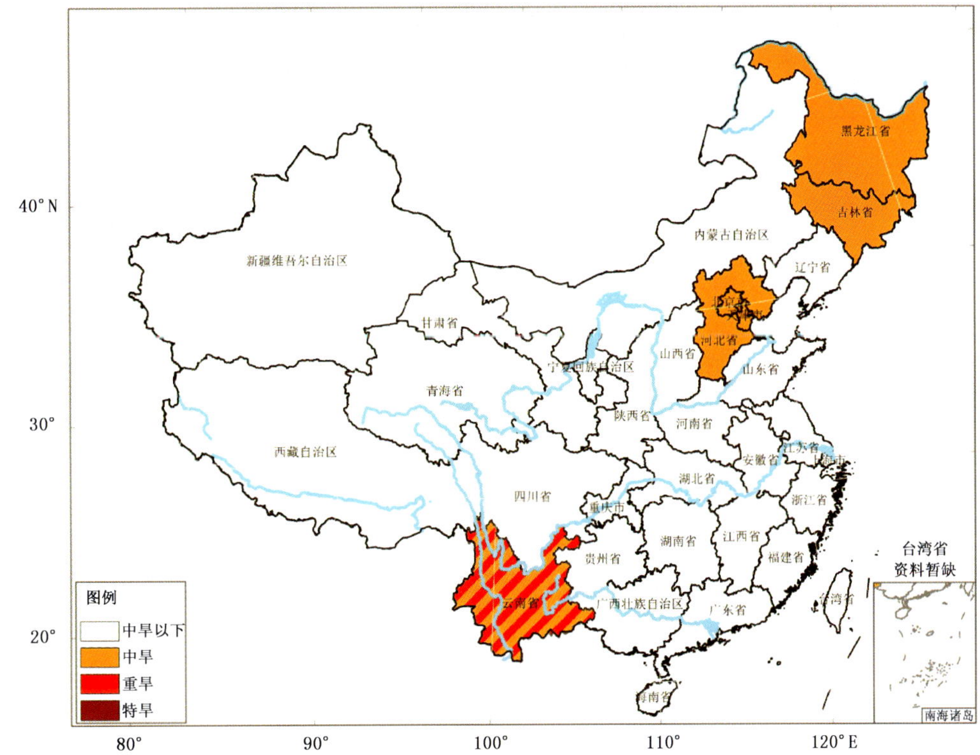

图 1.12　2012 年 2 月全国旱情空间分布

Fig. 1.12　Distribution of drought situation in China in February of 2012

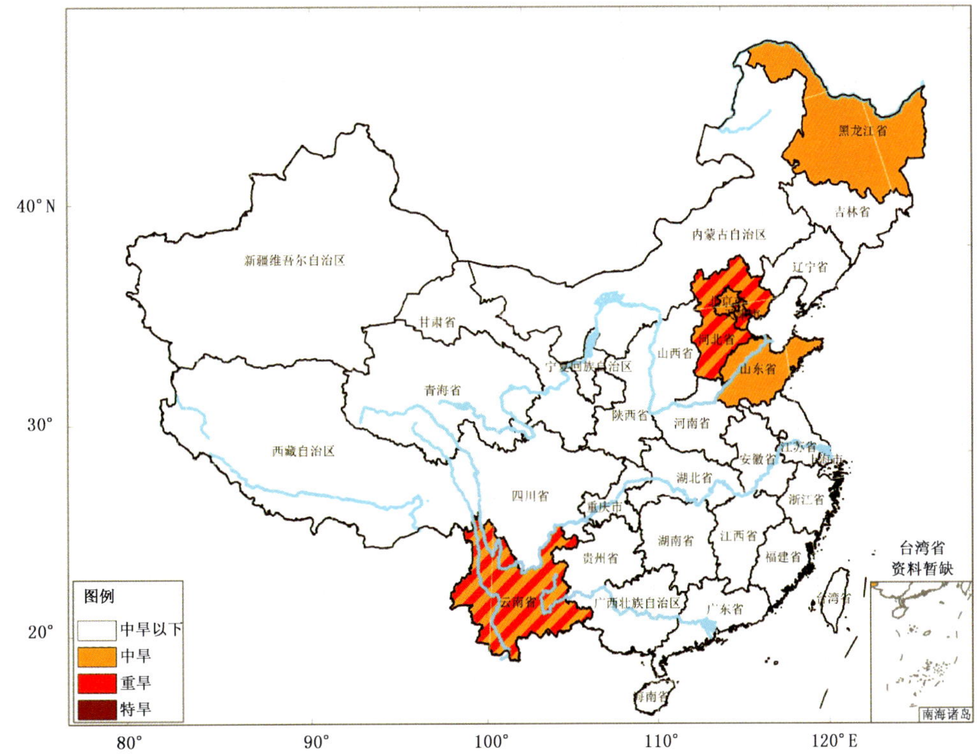

图 1.13　2012 年 3 月全国旱情空间分布

Fig. 1.13　Distribution of drought situation in China in March of 2012

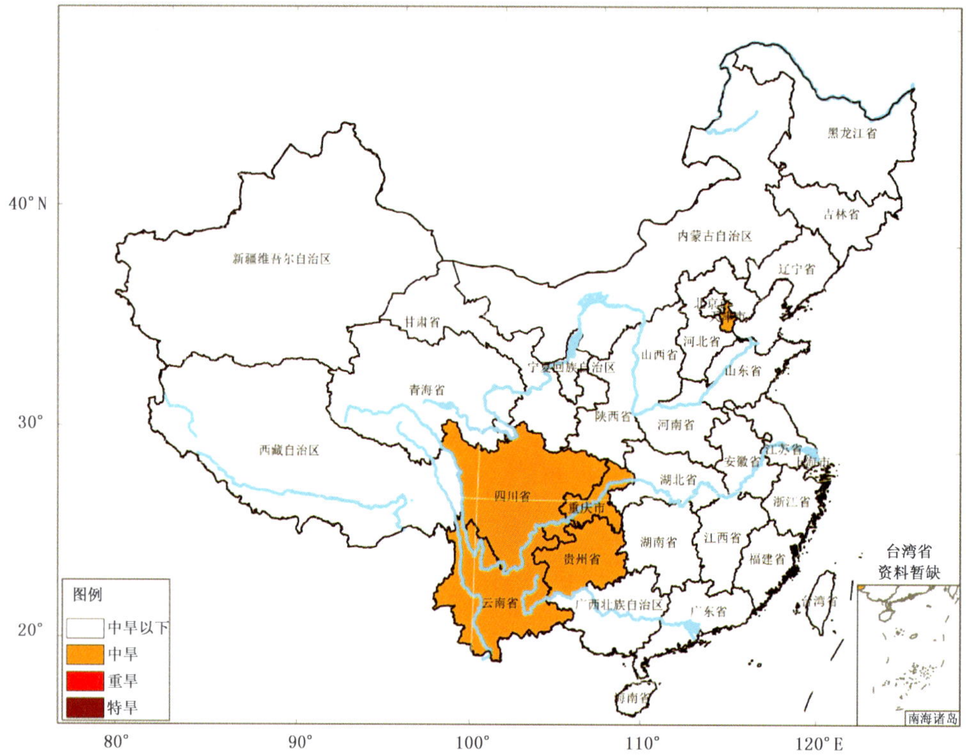

图 1.14　2012 年 4 月全国旱情空间分布

Fig. 1. 14 Distribution of drought situation in China in April of 2012

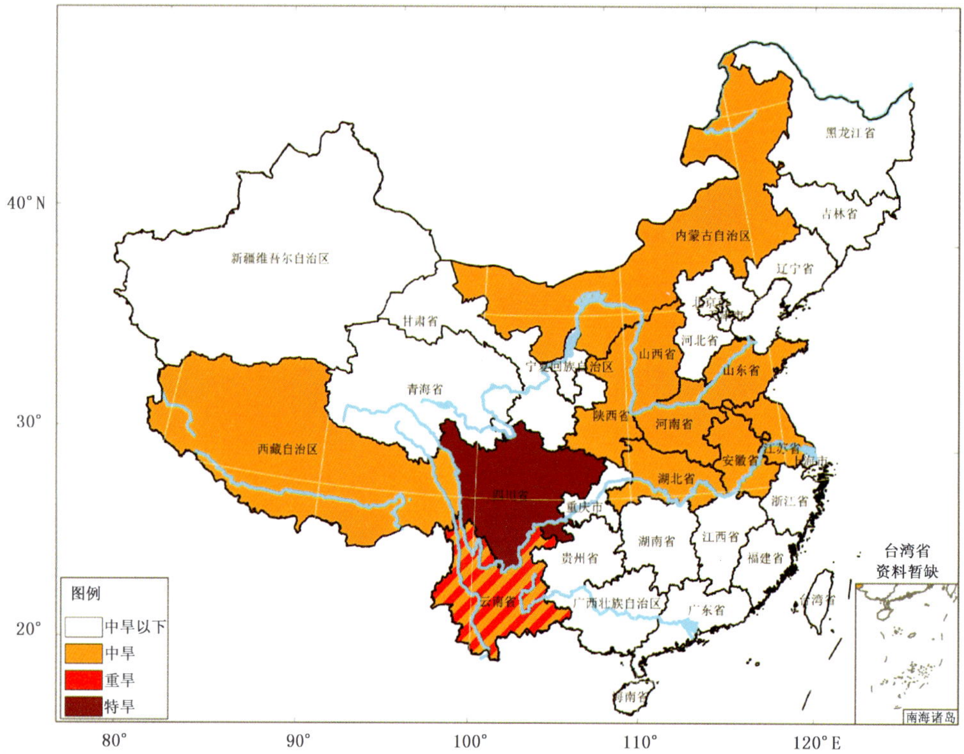

图 1.15　2012 年 5 月全国旱情空间分布

Fig. 1. 15　Distribution of drought situation in China in May of 2012

2012 年 6 月，随着雨季的来临，全国部分地区旱情解除，干旱范围有所缩小（图 1.16）。与上一月相比，西南、华北和东北地区干旱解除，西北地区出现干旱，华东、华中地区旱情加重。山东、河南和江苏出现中旱、重旱和特旱，安徽旱情由中旱蔓延为特旱，新疆出现了中旱。整体来看，干旱覆盖区域较小，程度较重。

图 1.16　2012 年 6 月全国旱情空间分布

Fig. 1.16　Distribution of drought situation in China in June of 2012

2012 年 7 月，干旱区域发生明显变化（图 1.17）。除华东和华中地区外，其余区域干旱已解除；山东和安徽由中旱发展至特旱，江苏由重旱发展至特旱；河南维持在中旱和特旱。整体来看，干旱发生地区较为集中，较 6 月范围减小，但程度加重。

2012 年 8 月，全国旱情范围变化不大，程度减轻（图 1.18）。华东、华中地区成为干旱较为集中区域，且程度减轻。山东、河南和安徽存在中度干旱，西藏和北京出现中度干旱。整体来看，延续了 7 月的旱情并持续，程度减轻，干旱发生地区较为集中。

2012 年 9 月，华东和华中地区的干旱基本解除，北京仍有中旱存在，广东出现了中旱（图 1.19）。整体来看，旱情整体缓解，覆盖范围明显减小。

2012 年 10 月，干旱范围明显扩大，程度加重（图 1.20）。华东、华中、西南和华南地区出现不同程度干旱。华南地区旱情较为严重，广东和海南由中旱发展到重旱，福建出现了中旱和特旱。山东、河南、江苏、上海、重庆、云南、广西和西藏出现了中旱。整体来看，干旱覆盖区域增大，且程度有所加重。

2012 年 11 月，干旱向西转移，范围有所减小，程度减弱（图 1.21）。广东和福建减为中度干旱，云南由中旱发展到重旱，陕西、河南和重庆出现了中旱，西藏有中度干旱，其他地区干旱解除。整体来说，旱情发生地区分散，程度较弱。

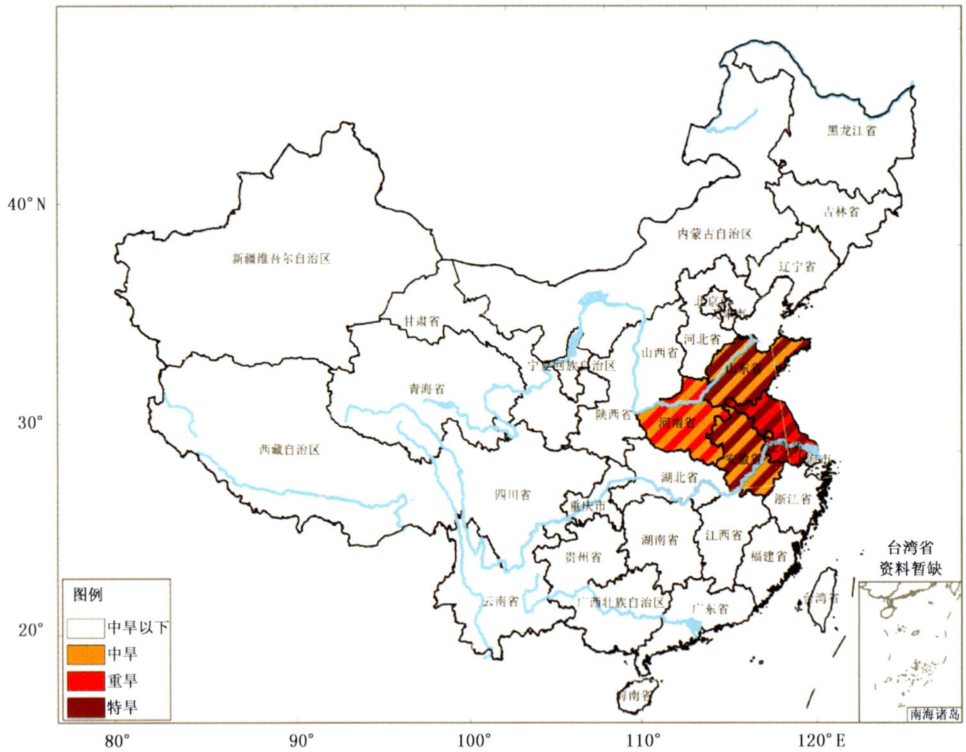

图 1.17　2012 年 7 月全国旱情空间分布

Fig. 1.17　Distribution of drought situation in China in July of 2012

图 1.18　2012 年 8 月全国旱情空间分布

Fig. 1.18　Distribution of drought situation in China in August of 2012

图 1.19　2012 年 9 月全国旱情空间分布

Fig. 1.19 Distribution of drought situation in China in September of 2012

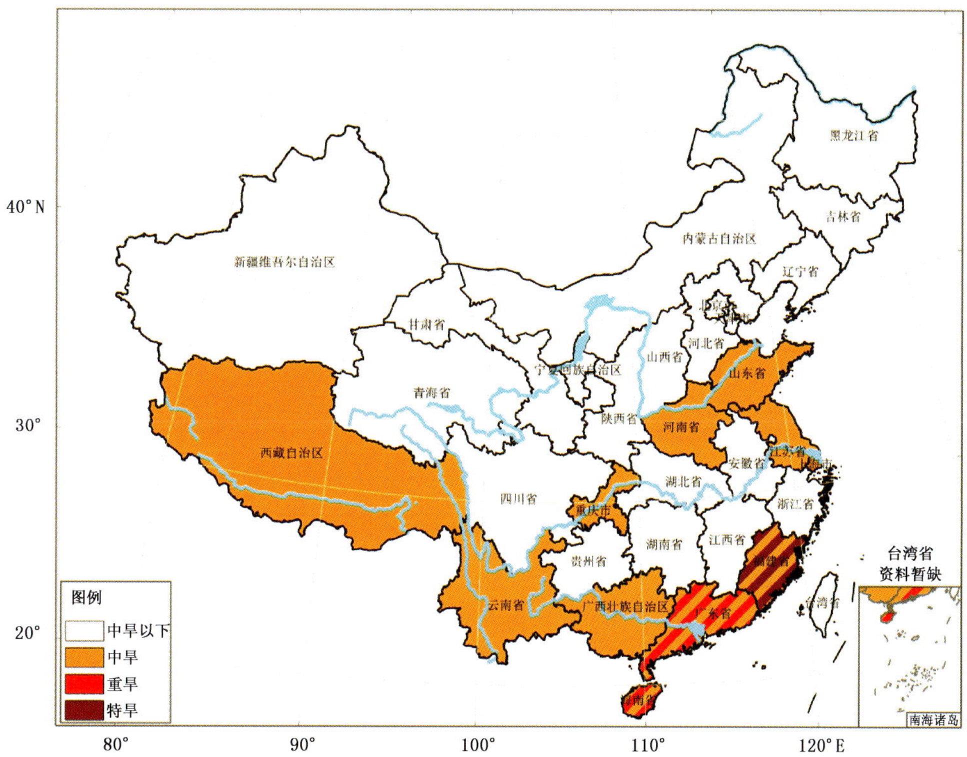

图 1.20　2012 年 10 月全国旱情空间分布

Fig. 1.20　Distribution of drought situation in China in October of 2012

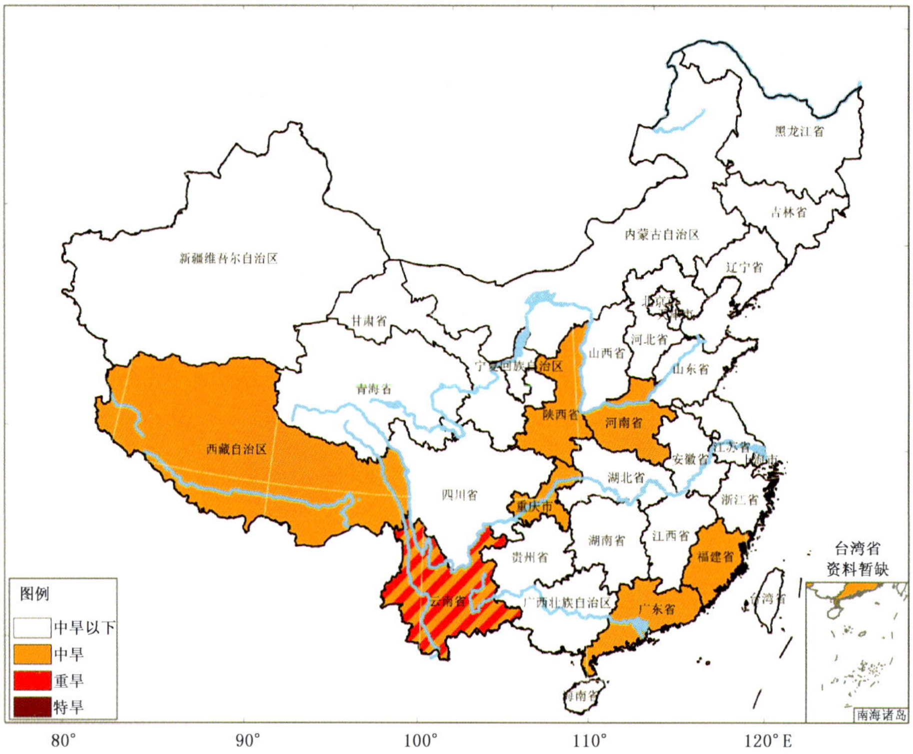

图 1.21　2012 年 11 月全国旱情空间分布

Fig. 1.21　Distribution of drought situation in China in November of 2012

2012 年 12 月，干旱主要发生在西南地区，西藏、四川和重庆有中度干旱，云南由中旱发展为重旱（图 1.22）。整体来说，干旱发生地区较集中。

2012 年全国各省（区、市）干旱连续最长持续时间特征（图 1.23）显示，各省（区、市）中旱连续最长持续时间达 50 天（云南），重旱连续最长持续时间达 25 天（河南），特旱连续最长持续时间达 26 天（山东）。可见，干旱连续最长持续时间特征也反映出 2012 年干旱主要集中在华东、华中和西南地区，特别是华东和华中地区干旱影响较为严重，即影响程度重、持续时间长。

2012 年各省（区、市）出现干旱的主要季节分布（图 1.24）显示，各省（区、市）干旱在不同季节出现的区域相对较为集中。冬季干旱主要集中出现在西南和东北地区，包括云南、黑龙江和吉林。春季干旱主要集中出现在西南地区和华东地区，主要发生在云南、山东、北京和四川。夏季干旱出现在华中、华东地区，主要发生在山东、江苏、河南和安徽，以及西藏。秋季干旱较为分散，主要发生在福建、西藏、重庆、河南和广东。

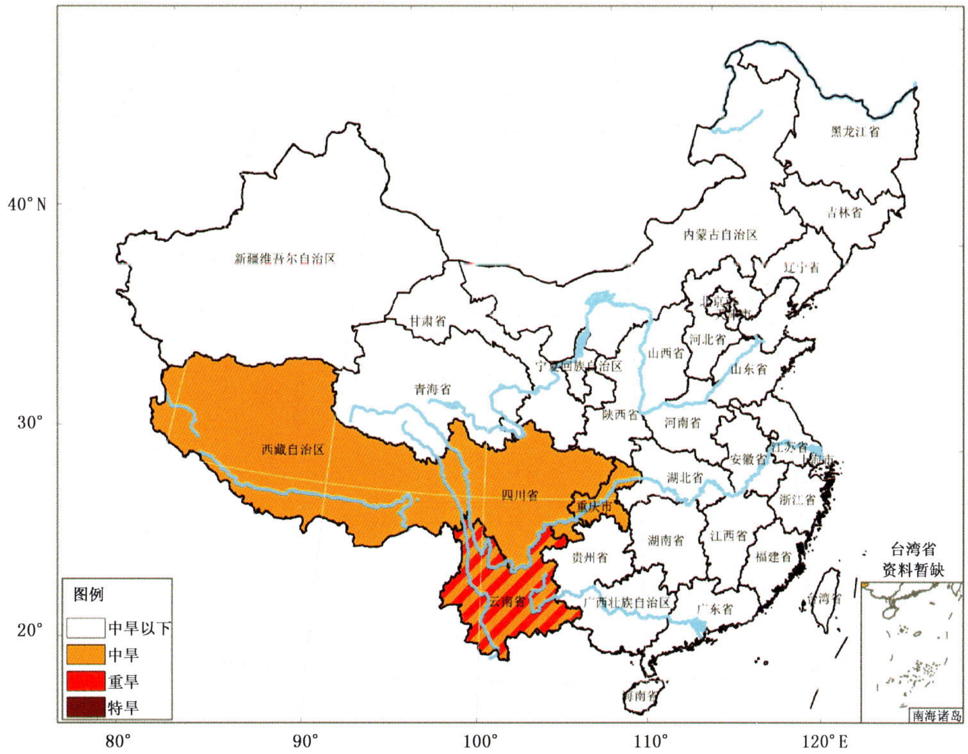

图 1.22　2012 年 12 月全国旱情空间分布

Fig. 1.22 Distribution of drought situation in China in December of 2012

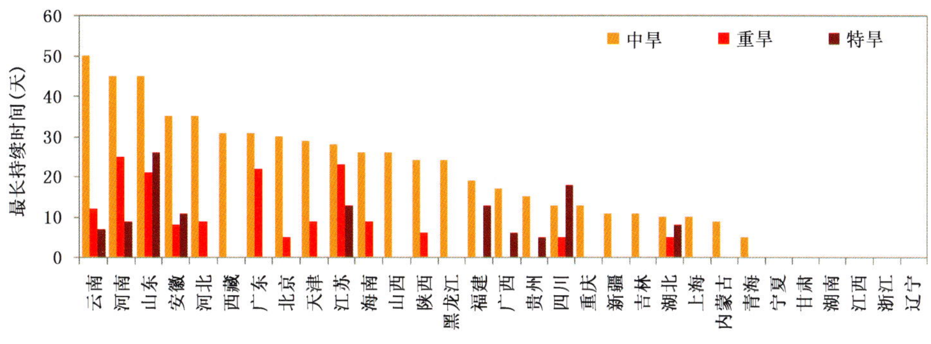

图 1.23　2012 年各省(区、市)干旱情连续最长持续时间

Fig. 1.23　Distribution of the longest continuous days of drought in different provinces of China in 2012

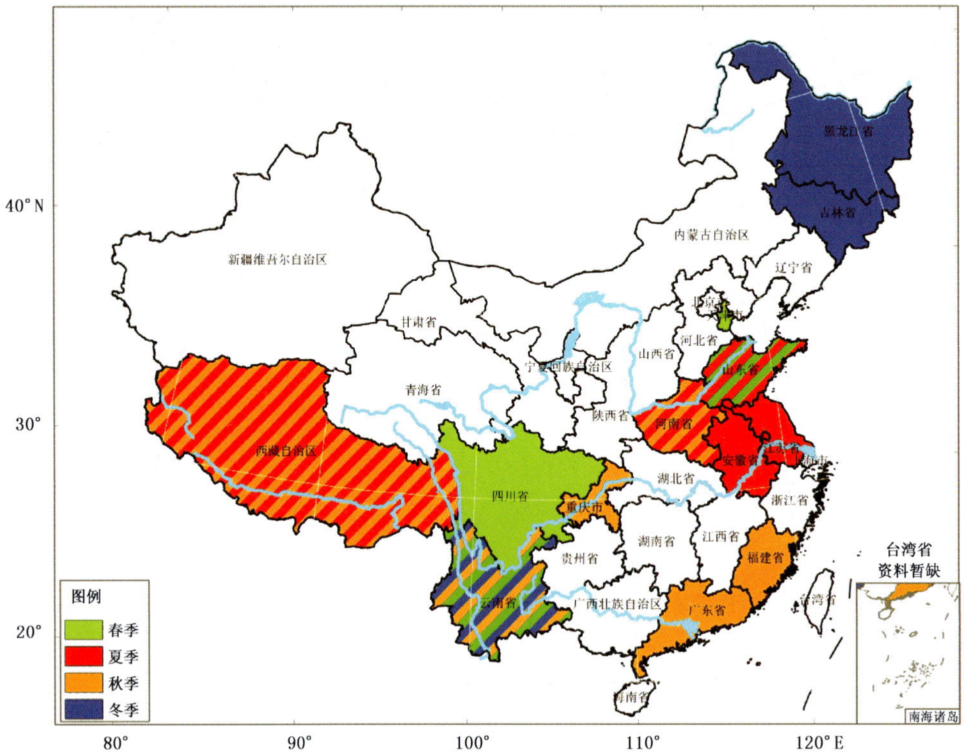

图 1.24　2012 年各省(区、市)不同干旱主要出现季节

Fig. 1.24　Main occurrence season of drought in different provinces of China in 2012

第 2 章　区域干旱事件

2012 年，中国西南大部、华北、江淮、黄淮、江汉、西北地区东部、内蒙古东部、东北大部、华南大部以及西藏中东部等存在不同程度的干旱。主要存在三大旱区干旱事件，分别是东北、内蒙古东部地区的夏旱，黄淮、江淮等地夏秋连旱，以及西南地区的秋冬连旱（表 2.1）。

表 2.1　2012 年中国主要干旱事件简表

Table 2.1　List of major drought events over China in 2012

时间	地区	干旱程度	旱情概况
2011 年 12 月 1 日至 2012 年 5 月 24 日	西南地区（云南及四川南部）	2011/2012 年冬季，云南及四川南部降水量普遍在 25 毫米以下，比常年同期偏少 5～8 成；3 月 5 日至 5 月 24 日，云南大部、四川南部降水量不足 100 毫米，其中云南北部和四川南部降水量不足 50 毫米；与常年同期相比，上述大部分地区降水量偏少 3～8 成，部分地区偏少 8 成以上	长期干旱使云南 500 多条中小河流断流、600 多座小型水库干涸；14 个州（市）的 123 个县（市、区）897.2 万人受到旱灾影响，556 万人、270 万头大牲畜出现不同程度饮水困难；农业受灾面积 80 多万公顷；2011 年以来云南因旱直接经济损失达 166 亿元。贵州安顺、黔西南 2 市（自治州）11 个县遭受旱灾，共有 180.6 万人受灾，40.2 万人需生活救助，农作物受灾面积 9.2 万公顷；直接经济损失 4.2 亿元。广西百色右江区、靖西县、西林县 3 县（区）遭受不同程度的干旱灾害，受灾人口 14.5 万人，饮水困难人口 5.9 万人；农作物受灾 9000 多公顷；经济损失近 3000 万元
5 月 1 日至 6 月 25 日	华北南部、黄淮大部、江淮北部	5 月 1 日至 6 月 25 日，华北南部、黄淮大部、江淮北部地区降水明显偏少，大部分地区累计降雨不足 50 毫米，较常年同期偏少 5～8 成，局部偏少 8 成以上。山东、江苏、河南 3 省区域平均降水量为 41.9 毫米，较常年同期（127.7 毫米）偏少 67%，为 1951 年以来历史同期最少值	华北中部和南部、黄淮大部、江淮等地由于降水少，气温高，部分地区出现持续高温天气，造成土壤墒情差。干旱对春播作物生长、夏玉米等夏播作物的播种出苗以及一季稻的栽插等不利，不利于果树果实膨大
7 月 1 日至 8 月 17 日	湖北北部、河南中南部、安徽西北部	安徽北部、湖北中部和西南部、河南中部和南部以及重庆东部降水量较常年同期偏少 3～5 成，河南南部和湖北北部局地偏少 5～8 成	持续高温少雨造成旱区农作物减产，森林火险气象等级持续偏高，使得土壤严重缺墒，以致形成旱助虫危、多灾叠加、多点并发、干旱加重的不利局面，林区有害生物大量滋生；水资源短缺，部分地区人畜饮水出现困难；城乡用电负荷持续居高不下。长时间高温干旱致使旱区的玉米出现"卡脖旱"；一季稻出现颖花退化，空壳率增大，正常生长发育受到严重影响。持续干旱造成湖北、河南和安徽 3 省共 1079.6 万人受灾，约 160 万人饮水困难；农作物受灾 114.5 万公顷，其中绝收 8.5 万公顷；直接经济损失 35.6 亿元

2.1 东北、内蒙古东部地区夏旱

2.1.1 干旱分析

2012 年夏季，中国旱区主要分布在内蒙古东部、东北、华北、西南、西藏南部、新疆西北部以及黄淮、江淮和江汉等地。其中，东北北部和内蒙古东部组成的东北旱区是夏季干旱主区域。6 月初，黑龙江西部和东南部的局部地区、辽宁东部、吉林南部以及内蒙古东北部的局部地区存在轻到中旱；6 月上旬后期部分旱区出现降水，内蒙古旱情基本解除，黑龙江东部、吉林东北部存在中旱，局地有重旱；8 月上旬末，黑龙江西部、内蒙古东部局地出现轻到中旱；8 月下旬，黑龙江西部和东北部存在轻到中旱，内蒙古东部有轻到重旱，重旱区位于呼伦贝尔市东部。

2.1.2 遥感干旱监测

2012 年 5 月下旬开始，东北、内蒙古东部地区开始出现干旱。从全国 VCI 监测图（图 2.1）分析可知，内蒙古东部旱情较轻，以轻旱和中旱为主，局部地区出现重旱。东北地区也有大范围干旱发生，且主要以中旱和重旱为主。至 6 月上旬，内蒙古东部和东北地区的旱情加剧，大部分地区达到特旱，说明该地区的植被生长较往年差。内蒙古东部地区干旱面积明显增大，主要以中旱和特旱为主。东北地区旱情发展迅速，干旱程度明显加重，以特旱为主。到 6 月中旬，内蒙古东部和东北地区的旱情得到逐步缓解，除锡林郭勒盟南部、乌兰察布市、呼和浩特市，以及吉林和黑龙江部分地区维持在重旱以上外，其余旱区主要以轻旱和中旱为主。6 月下旬，东北地区大范围的旱情得到缓解，局部地区以中旱和轻旱为主；内蒙古东部地区锡林郭勒盟南部、乌兰察布市、呼和浩特市等少部分地区旱情继续维持，其余地区的旱情进一步缓解，局部地区存在轻、中旱。至 7 月上旬，除内蒙古东部锡林郭勒盟南部地区仍存在以轻旱、中旱为主的干旱以外，内蒙古东部其他地区和东北地区的旱情全部解除。

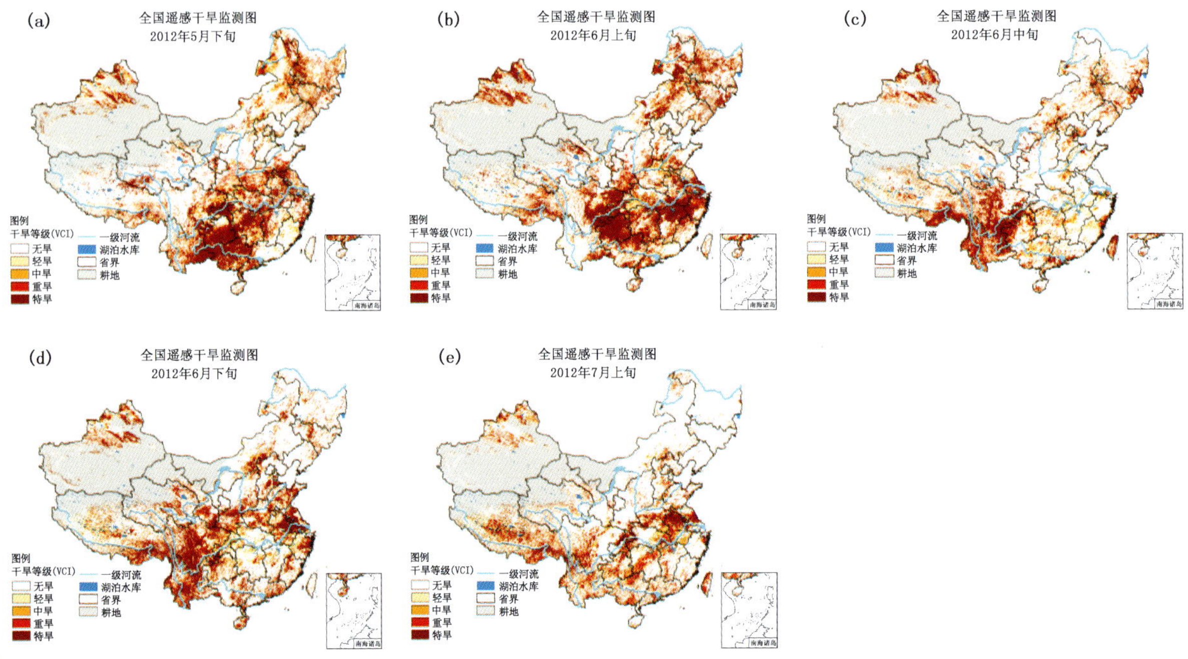

图 2.1 2012 年 5 月下旬至 7 月上旬（a—e）全国遥感干旱监测

Fig. 2.1 National remote sensing drought monitoring from late May to early July in 2012(a—e)

2.1.3 成因简析

从夏季平均500百帕位势高度场(图略)来看,2012年夏季,欧亚大陆中高纬度上空为“两脊一槽”环流形势,脊分布在乌拉尔山和俄罗斯远东地区,槽分布在巴尔喀什湖到中国东北地区,槽区宽广,中国北方大部处在这个宽广的槽区里;乌拉尔山脊有利于冷空气不断影响中国,且夏季有阶段性阻塞高压出现;而南支槽自2012年以后持续偏强,这种形势的配置造成中国北方大部夏季降水偏多。另外,东亚副热带季风强度指数逐日演变(图2.2)(蓝色实线为气候态)表明,6月以后,东亚夏季风指数明显较常年偏强,6月中下旬出现一次阶段性峰值后强度逐渐减弱,7月中旬回到气候平均态,7月下旬后加强,至8月初再次出现阶段性峰值后回落至气候平均态上小幅波动。异常偏强的东亚夏季风直接造成2012年夏季我国雨带异常偏北。副热带高压位于140°E以东,较常年明显偏东、偏北,阶段性偏弱。从月平均形势场(图2.3)来看,6月80°E的西伯利亚地区存在阻塞高压,有利于冷空气影响华北地区,俄罗斯远东地区也存在一个高压脊,巴尔喀什湖到中国华北地区是两脊之间的低值区,从距平场可见,这2个高压脊的强度均较常年明显偏高,中国大部分地区为负距平控制。另外,中国南方地区除西藏东部有南支槽波动、云南地区位于弱脊控制外,其他大部分地区环流比较平直,造成6月云南地区存在轻到重旱;同时黄淮地区由于基本为平直的西风环流,南支槽的位置不利于冷空气与暖湿气流的汇合,也造成降水不足。7月,环流形势处于调整期,与6月相比有较大变化,亚欧大陆中高纬经向度有所减弱,乌拉尔山高压脊和俄罗斯远东地区的高压脊强度均有所减弱,中国北方大部分地区受宽广槽区控制,气流较平直,但其上有弱的波动存在,副热带高压西伸至我国南方地区,同时印缅槽强度加强,为我国大部分地区带来暖湿水汽,降水增多有利于缓解各地旱情。8月,我国北方地区环流形势整体变得较为平直,基本位于乌拉尔山弱高压脊前更为宽广的弱槽区,副热带高压北跳至日本海附近,中国北方地区位势高度较常年明显偏强,造成江淮、江汉部分地区及河北局部及东北北部地区和内蒙古东北部地区干旱少雨。

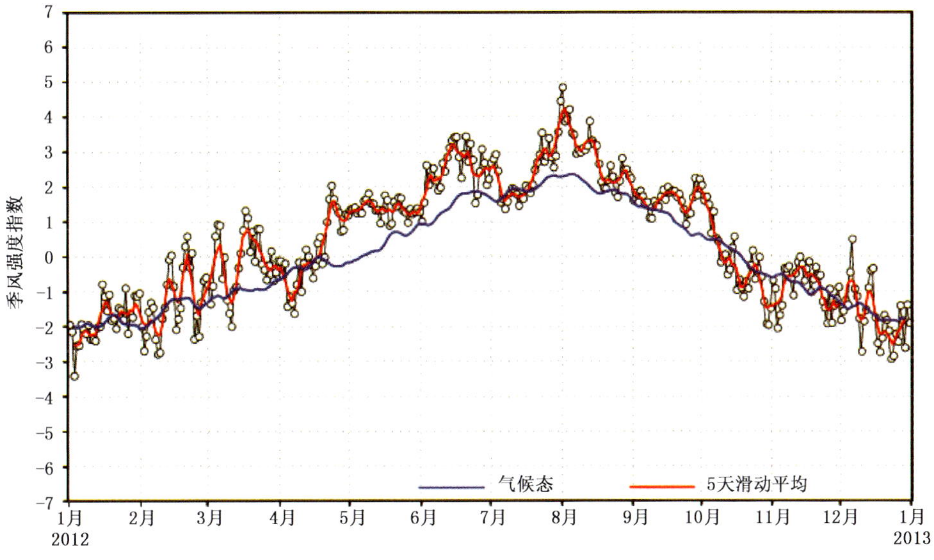

图2.2 东亚副热带季风强度指数逐日演变

(引自国家气候中心“东亚季风监测快报”2012年第8期)

Fig. 2.2 Daily evolution of the East Asian subtropical monsoon intensity index (solid blue line as climate state)

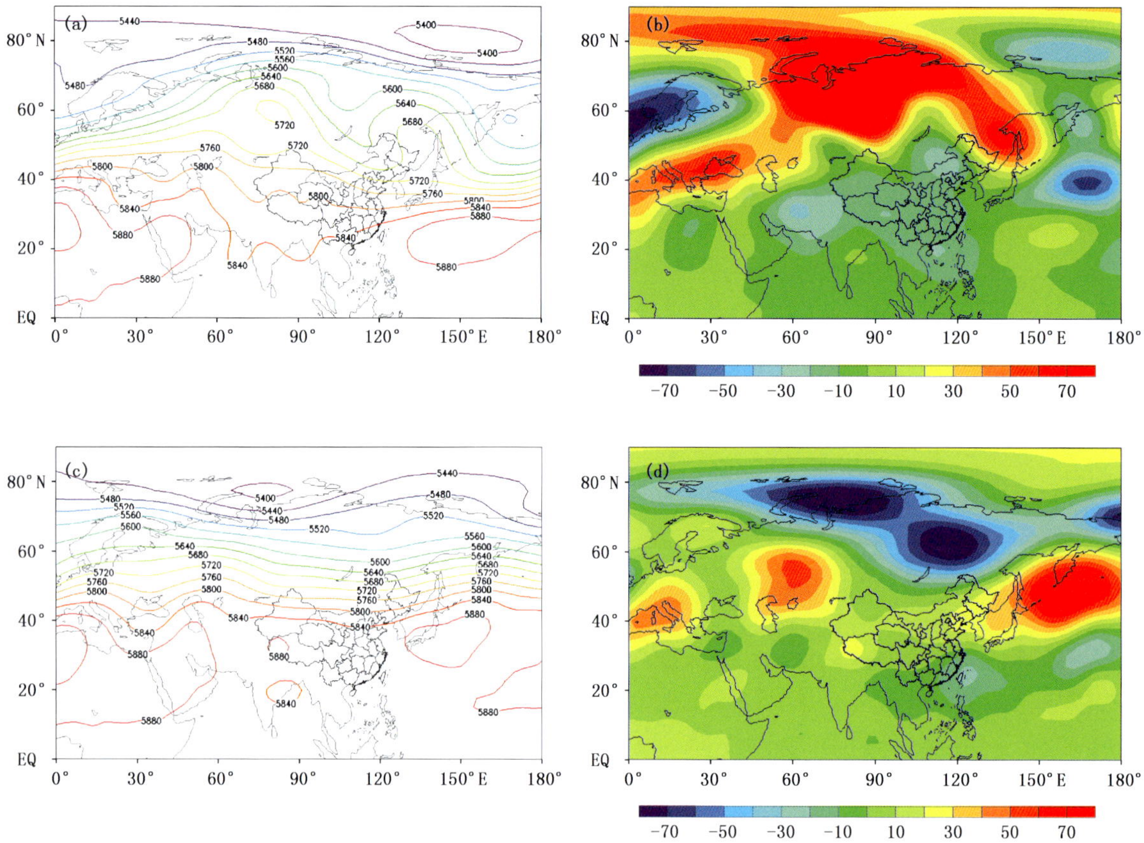

图 2.3　2012 年 6 月(a,b)和 8 月(c,d)500 百帕平均位势高度场(a,c)和位势高度距平场(b,d)(单位:位势米)

Fig. 2.3　The distribution of the 500 hPa mean potential height field (a,c) and potential height anomaly field (b,d) in June (a,b) and August (c,d) 2012(unit:gpm)

明显的下沉运动是导致干旱少雨的动力因子,垂直速度场可以很好地反映下沉和上升运动。从夏季平均垂直速度场(图 2.4)来看,2012 年夏季,南疆大部—西藏东部—青海南部—四川大部分地区以及华东南部至华南一带处于上升运动区,北疆、西北地区东北部、华北大部、华东中北部及云南位于弱的下沉运动区;距平场上,内蒙古、华北、东北地区以及华东北部地区处于下沉运动控制区,且比常年偏强,造成这些地区干旱发生。

从夏季 500 百帕相对湿度(图 2.5)来看,2012 年夏季,东北地区、内蒙古大部、西北地区北部相对湿度在 50%以下,西南大部地区相对湿度在 70%以上,距平场上这些地区均为相对湿度负距平区,东北至华北及华东北部地区相对湿度较常年平均偏低 9%以上,说明水汽条件较常年差。加之上升运动条件也相对较差,造成该地区干旱发生。

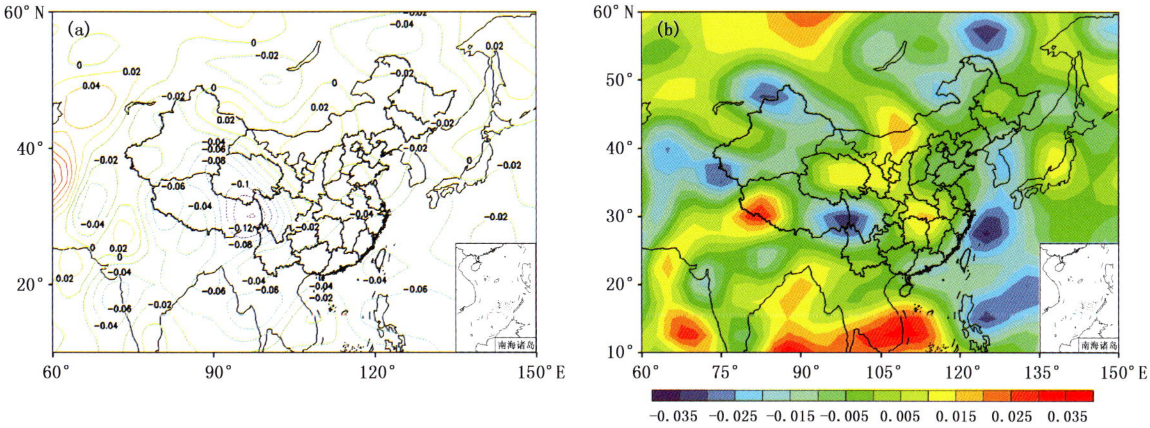

图 2.4　2012 年夏季 500 百帕平均垂直速度(a)和垂直速度距平场(b)(单位:帕/秒)

Fig. 2.4　The distribution of the 500 hPa average vertical velocity (a) and vertical velocity average field (b) in Summer 2012(unit:Pa/s)

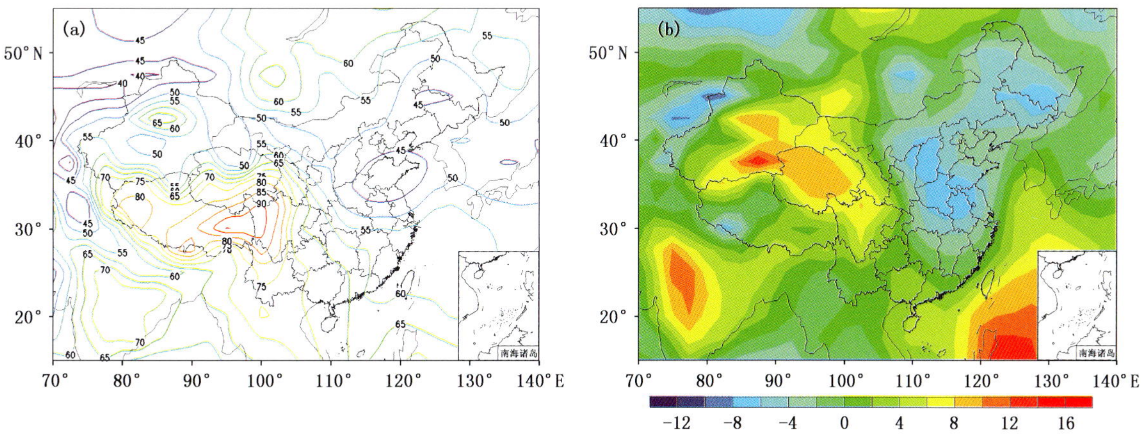

图 2.5　2012 年夏季 500 百帕平均相对湿度(a)和相对湿度距平场(b)(单位:%)

Fig. 2.5　The distribution of the 500 hPa average relative humidity (a) and relative humidity anomalies (b) in Summer 2012(unit:%)

2.2　黄淮、江淮等地夏秋连旱

2.2.1　干旱分析

华北、黄淮、江淮和江汉区域存在不同程度的干旱。6 月,旱情持续发展,大部区域存在中度以上气象干旱,山东南部、江苏中北部、河南中北部、安徽北部、山西南部以及河北中南部的部分区域有重到特旱;7 月,旱区出现明显降水,旱情得到有效缓解,局地有轻到中旱;8 月上、中旬,黄淮、江淮和江汉地区旱情稍有发展,黄淮西部和中部、江淮西部以及江汉东部存在中度以上气象干旱,局地有特旱;8 月下旬,黄淮、江淮和江汉区域旱情缓解,局地存在轻到中旱,河北北部有轻到中旱,局地重旱。10 月上旬,华北北部和黄淮西部存在轻旱;上旬末,旱情发展,华北北部和南部、黄淮、江淮以及江汉东部均存在不同程度的干旱,黄淮西部、江汉东部以及江淮大部有中到重旱;中旬末,黄淮、江汉区域旱情缓解，存在轻旱，江淮东部仍有中到重旱；11 月，旱情持续缓解，大部分区域存在轻旱；11 月中旬后，仅黄淮西部和华北南部部分区域有轻旱，其他区域无干旱。

2.2.2 遥感干旱监测

从全国 VCI 遥感监测(图 2.1、图 2.6)分析发现，5 月下旬黄淮地区、江淮地区及陕西南部地区出现不同程度的干旱。陕西南部地区的干旱范围相对较小；山东南部、河南、江苏、安徽等地干旱较为严重，以中旱和重旱为主，干旱发生范围较广。进入夏季后，6 月上旬陕西南部的旱情加剧，主要以中旱和重旱为主；黄淮、江淮地区的旱情较 5 月下旬减轻，旱情得到缓解，干旱面积减小，主要以中旱为主。到 6 月中旬，陕西南部的旱情已基本缓解，只有极少部分地区存在轻旱和中旱；同时，黄淮和江淮地区的旱情也得到缓解，只有少部分地区存在轻旱和中旱。但进入 6 月下旬，陕西南部、黄淮地区及江淮地区的干旱又出现加重趋势，陕西达到中旱和重旱；山东及河南以中旱和重旱为主，江苏和安徽旱情较为严重，重旱以上面积较大。7 月上旬，陕西省的干旱已基本缓解，只有极少部分地区存在轻旱和重旱；山东旱情大部分缓解，少部分地区还存在轻旱和中旱；河南除中部继续维持在中旱和重旱以外，全省大部分地区的旱情已经缓解；江苏省的干旱虽然还继续维持重旱，但干旱的范围已大大减小，干旱主要集中在江苏中部；安徽北部地区旱情加剧，达到重旱及以上水平，但中部和南部的旱情得到缓解，干旱主要维持在轻旱和中旱水平。7 月中旬，陕西部分地区出现轻旱到中旱，除江苏省旱情加重以外，黄淮和江淮其他地区继续维持轻旱到中旱。江苏南部旱情加剧，以重旱为主。至 7 月下旬，除陕西南部少部分地区出现重旱以外，陕西其余地区、江淮及黄淮地区继续维持在中旱以下水平，大部分地区旱情较 7 月中旬缓解。8 月上旬，山东西部地区旱情加重，达到中旱水平，干旱面积扩大。8 月中旬，陕西中部、山东东部、江苏北部、安徽北部、河南东部等地区旱情加剧，达到中旱和重旱，且干旱面积增大。到 8 月下旬，陕西、江淮地区和黄淮地区的旱情已大部分缓解，少部分地区还存在轻旱和中旱。至 9 月上旬，陕西、黄淮地区和江淮地区的干旱基本解除。

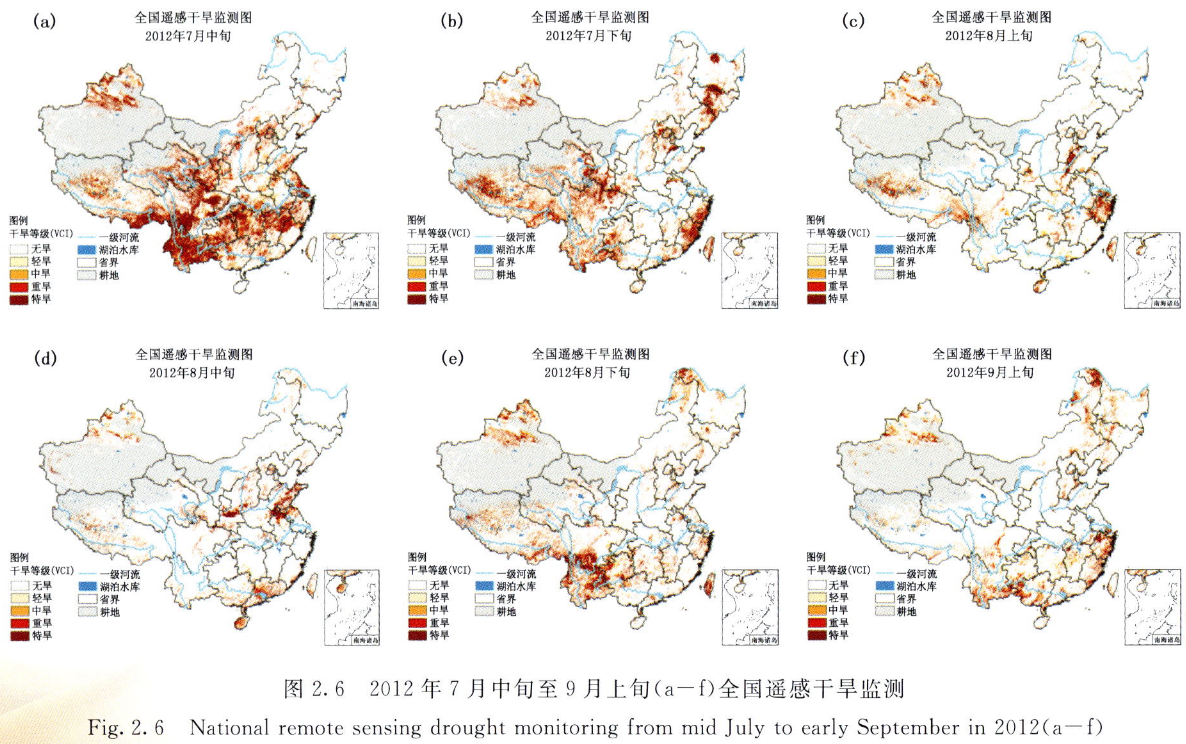

图 2.6　2012 年 7 月中旬至 9 月上旬(a－f)全国遥感干旱监测

Fig. 2.6　National remote sensing drought monitoring from mid July to early September in 2012(a－f)

2.2.3 成因简析

从夏季6月和8月平均500百帕位势高度及其距平场(图2.3)以及湿度场特征(图2.5)来看，黄淮、江淮等地上空6月受西北气流影响，8月以纬向环流为主，整体来看缺少降水动力条件。特别是湿度场反映出的黄淮、江淮等地上空明显的水汽偏弱，使得夏季黄淮、江淮等地降水偏少，出现干旱。

在秋季月平均500百帕位势高度及其距平场(图2.7)上，9月欧亚大陆中高纬度500百帕环流

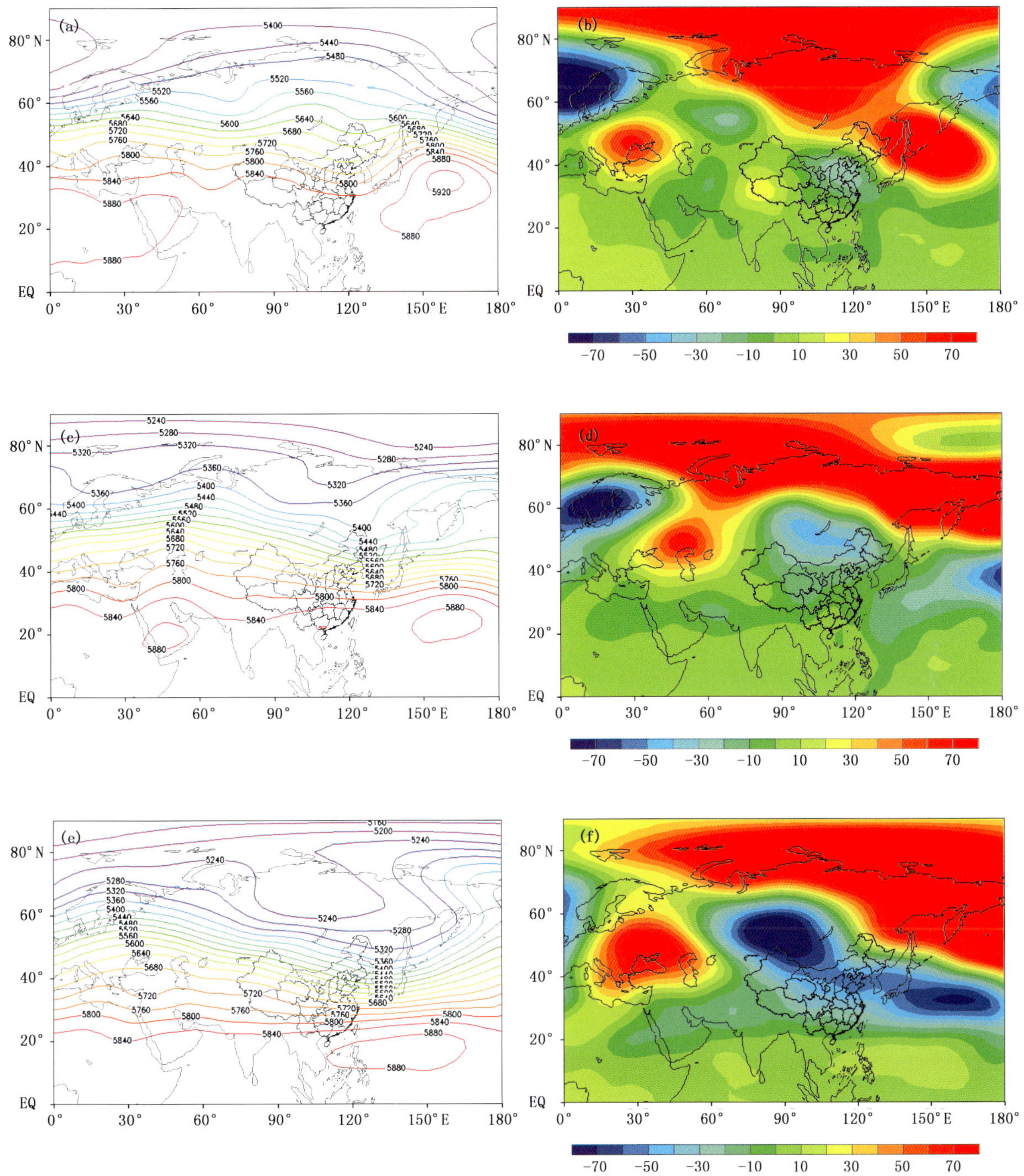

图2.7 2012年9—11月500百帕平均位势高度场(a,c,e)和位势高度距平场(b,d,f)(单位:位势米)

Fig. 2.7 The distribution of the 500 hPa mean potential height field (a, c, e) and potential height anomaly field (b, d, f) from September to November 2012 (unit:gpm)

呈“两槽两脊”型，在中国呈西高东低型，故从东北到华东大部分地区均受低压槽控制，华北大部分地区及华东北部地区处于位势高度负距平区，副热带高压除脊线位置较常年平均略偏北外，面积、强度、西伸脊点均接近常年(图 2.8)。这种环流配置一方面利于冷空气影响偏东区域，另一方面，副热带高压的位置也有利于偏东部地区的水汽输送。

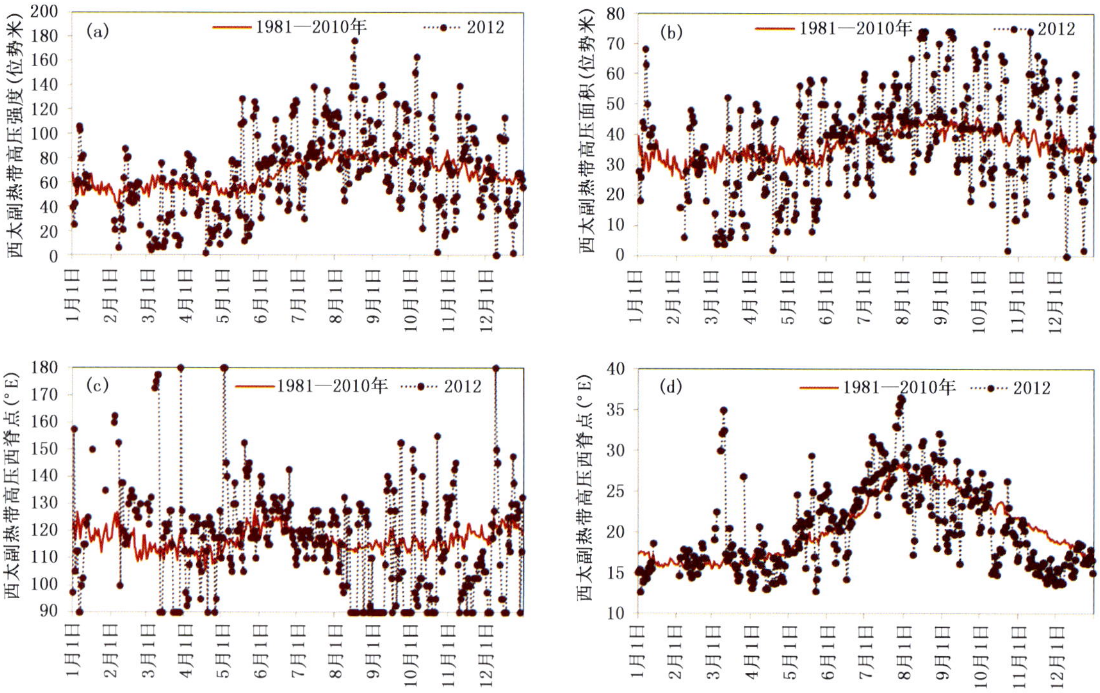

图 2.8　西太平洋副热带高压各指数序列

(a)强度指数，(b)面积指数，(c)西伸脊点，(d)脊线位置

Fig. 2.8　Index sequences of the western Pacific subtropical high

(a) strength index, (b) area index, (c) westward extension ridge point, (d) ridge position

10 月，欧亚大陆上空 500 百帕环流形势处于调整期，从经向型环流逐渐转为较为平直的纬向型环流，我国北方大部分地区环流较为平直，华东大部分地区基本处于东亚大槽槽后，受槽后偏西北气流影响，华北、江淮、黄淮等地天气晴好，气温偏高。另外，进入 10 月后，东亚夏季风强度整体较常年平均偏弱，东亚夏季风的衰退导致副热带高压强度减弱、面积缩小、南撤东退(图 2.7)，造成上述地区没有西南暖湿气流与冷空气交汇，降水较少，旱情发生。进入 11 月，我国中纬度地区环流依然较为平直，全国大部分地区处于东亚大槽槽后，受西伯利亚高压脊脊前西北气流控制，同时，从距平场可以看出，我国大部分地区位势高度较常年平均明显偏低，副热带高压较 10 月略有东退并南撤，强度略偏强、面积略偏大，副热带高压的形势为华北、华南及华东部分地区旱情缓解提供了有利条件。

明显的下沉运动是导致干旱少雨的动力因子，垂直速度场可以很好地反映下沉和上升运动。从 2012 年秋季逐月平均垂直速度场来看，9 月(图略)，青海大部—西南大部—华南中南部一带处于上升运动区，我国其他大部分地区处于下沉运动区，华北地区处于下沉运动中心；距平场上(图略)，我国东北大部分地区、云南西南部地区、华南北部地区处于上升运动距平区，其他大部分地区处于下沉运动距平区，表明这些地区降水的动力条件较常年偏差。10 月(图 2.9)，我国西北东部—华北—华东—华南东部一带处于下沉运动区，且从距平场可见，这些地区处于下沉运动正距平区，说明该地区垂直运动条件较常年偏差，不利于降水发生，造成旱情。11 月，华北大部分地区、西南中部地区及西藏中南部地区为下沉运动区，从距平场也可见这些地区下沉运动较常年明显偏强；华南大部分地区转为上升运动区，且处于上升运动负距平区，说明华南地区垂直运动条件得到改善，旱情缓解。

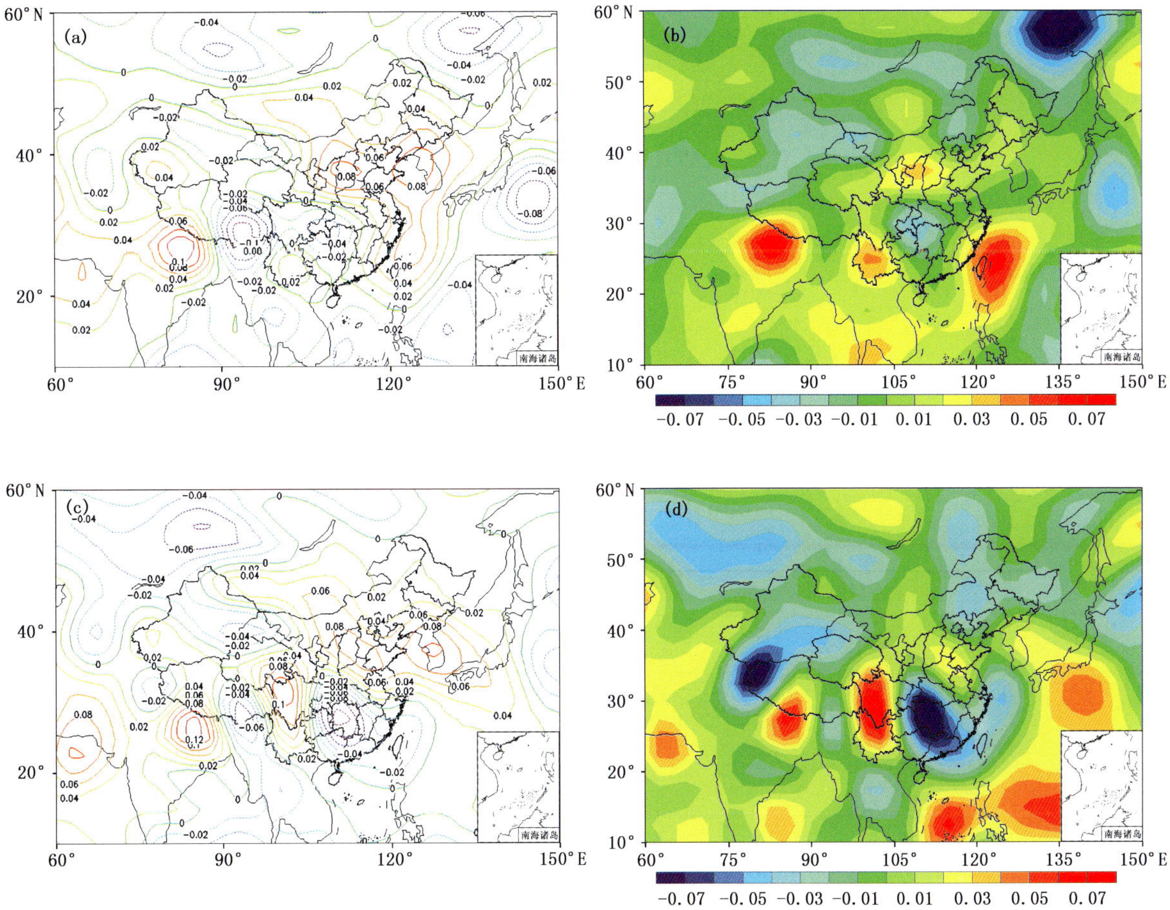

图 2.9　2012 年 10(a,b)和 11 月(c,d)500 百帕平均垂直速度（a,c）和垂直速度距平场(b,d)（单位：帕/秒）

Fig. 2.9　The distribution of the 500 hPa average vertical velocity (a, c) and vertical velocity departure field (b, d) of October(a,b) and November (c,d) 2012(Pa/s)

2.3　西南地区秋冬连旱

2.3.1　干旱分析

2012 年 10 月下旬，云南大部出现不同程度的干旱，中部和西部的局部地区有中到重旱。11 月上旬，西南旱情持续发展，云南大部存在中等以上气象干旱，局地特旱，贵州西南部、川西高原南部以及川西南山地存在轻旱；11 月中旬末，云南南部旱情稍有缓解，西北部存在轻到中旱，局地重旱；进入冬季以后，西南地区旱情进一步发展，截至 2013 年 2 月底，云南中北部、四川南部和东部、重庆大部以及贵州大部仍存在中度以上气象干旱，云南北部局地有特旱。

2.3.2　遥感干旱监测

从 2012 年 10 月下旬至 12 月上旬全国 VCI 监测(图 2.10)可知，10 月下旬，湖北、湖南、贵州及广西、广东等地普遍出现不同程度的干旱，以轻旱和中旱为主。11 月上旬，重庆、四川东部及湖北等地的干旱加剧，达到重旱水平，干旱面积扩大，说明受干旱影响，该区域的植被长势较往年差；湖南、贵州、广西、广东等地旱情有所缓解。11 月中旬，重庆、四川东部的旱情缓解；湖北除少部分地区干旱维持外，其余地区的干旱有所缓解；广西、广东等地干旱面积扩大，但基本都维持在中旱及以下。11 月下旬，湖北、湖南、贵州、广西等地区旱情加剧，重庆、贵州、湖北西部、广东、广西及福建等地发展到重旱及以上，达到秋季以后干旱最为严重的程度，且干旱面积进一步扩大。至 12 月上旬，除贵州南部少部分地区存在中旱、重旱之外，湖北、湖南、贵州、广西等地区的旱情基本得到缓解。VCI 监测显示，11 月中旬至 12 月上旬东北及内蒙古东部出现严重干旱，这可能是 VCI 指数的误判。VCI 是通过监测植被长势来间接反映区域干旱的，进入 11 月下旬，东北及内蒙古东部气温降低，地面植被较少，加之冬季地面结冰等原因都可能造成 VCI 监测偏差。

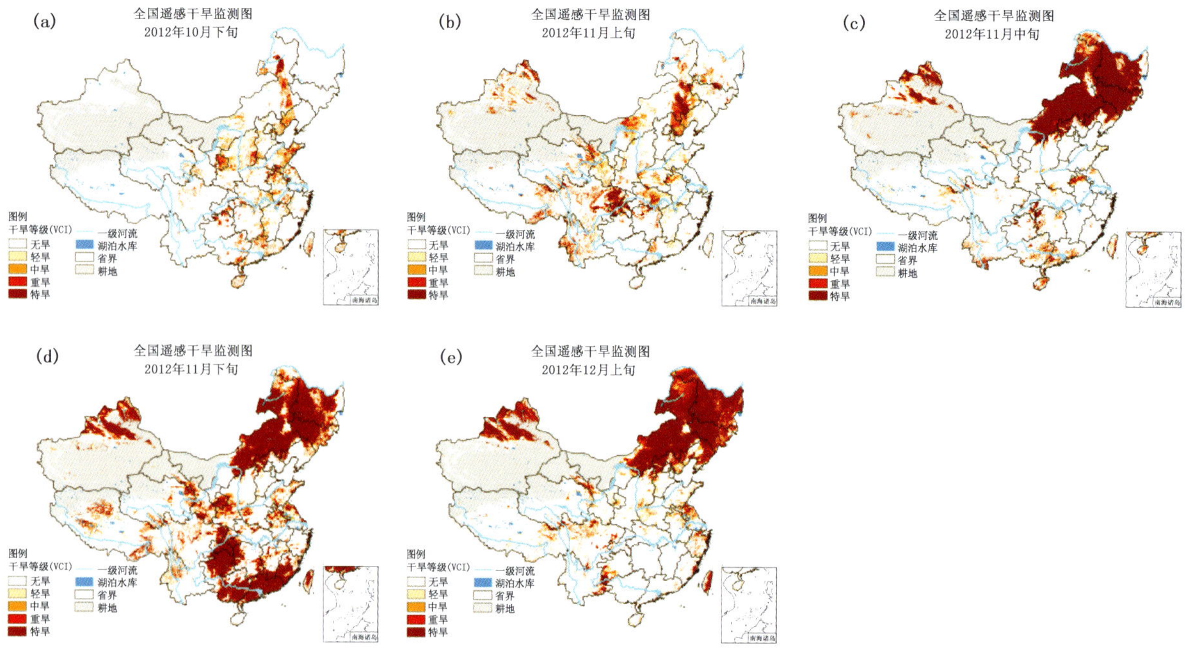

图 2.10　2012 年 10 月下旬至 12 月上旬(a—e)全国遥感干旱监测

Fig. 2.10　National remote sensing drought monitoring from late October to early December in 2012(a—e)

2.3.3　成因简析

从月平均 500 百帕位势高度及其距平场来看，2012 年 10 月欧亚大陆上空 500 百帕环流形势处于调整期，从经向环流逐渐转为较为平直的纬向环流。10—11 月中国北方大部分地区环流较为平直，华东大部分地区受东亚大槽槽后偏西北气流影响。中国大部分地区 500 百帕位势高度较常年平均明显偏低，孟加拉湾以及中南半岛地区的位势高度较常年偏高，不利于气旋性环流的加强，使得西南水汽输送减弱(图 2.11a)。进入冬季，欧亚大陆上空形成“一槽一脊”环流型，经向环流明显增强。东亚大槽强度较秋季整体偏强，中国北方大部分地区位势高度较常年偏低，但西南、华南地区位势高度较常年偏高，且孟加拉湾以及中南半岛地区的位势高度依然较常年偏高，不利于冷暖空气在西南地区上空交汇，降水不足，旱情持续发展(图 2.11b)。从 500 百帕风场距平和垂直运动距平分布可以看出，2012 年 10—11 月，西移的中国南海上空反气旋距平环流与孟加拉湾上空反气旋距平环流合并，东南沿海地区受异常西南气流的影响，青藏高原东侧的云南、四川等地受异常西北气流影响，云南和四川中西部地区的下沉运动较常年强，不利于降水发生(图 2.11c)。进入冬季后，500 百帕高原东侧的异常西北气流减弱，整个西南地区受偏西气流影响和下沉运动的控制(图 2.11d)。图 2.11e 和图 2.11f 是对应时段 700 百帕风场距平和相对湿度距平的水平分布。700 百帕的风场异常与500百帕的情况相类似。2012年10—11月，云南和四川等地受异常西北气流影响，700百帕相对湿度较常年偏低，动力条件和水汽条件都不利于降水发生，造成这些地区旱情发展(图2.11e)。冬季，受偏西气流影响，整个西南地区为相对湿度负异常，贵州大部、四川东部、重庆南部地区的相对湿度负异常较秋季有所增强，水汽条件不利于降水发生，使得旱情持续(图2.11f)。

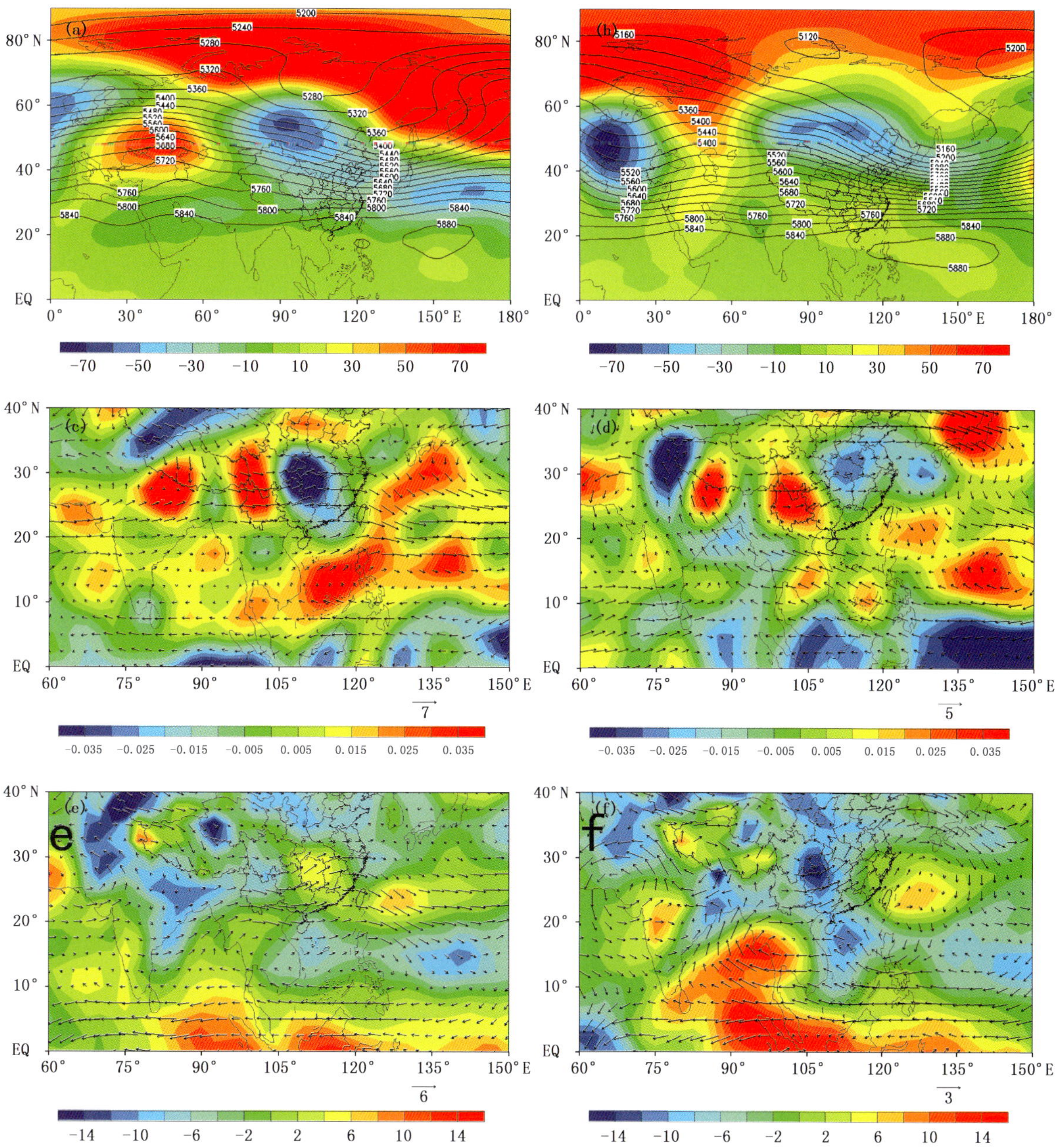

图2.11 2012年10(a,c,e)和11月(b,d,f)、500百帕高度场(等值线,单位:位势米)和高度场距平分布(a,b),500百帕风场距平(黑色箭头,单位:米/秒)和垂直速度距平(填充色,单位:帕/秒)分布(c,d)以及700百帕风场距平(黑色箭头,单位:米/秒)和相对湿度距平(填充色,单位:%)分布(e,f)

Fig. 2.11 The distribution of 500 hPa height field (contour, unit: gpm) and height field anomaly (fill color)(a,b), the distribution of 500 hPa wind field anomaly (black arrow, unit: m/s) and vertical velocity anomaly (fill color, Unit: Pa/s) (c,d), the distribution of 700 hPa wind field anomaly (black arrow, unit: m/s) and relative humidity anomaly (e,f)(fill color, unit: %) of October (a,c,e) November (b,d,f) 2012.

大气中水分含量和水汽输送与大气环流有密切的联系，而水汽输送又是一个地区旱涝变化的主要影响因子，下面从水汽输送通量散度来分析水汽输送的异常特征。图 2.12 是西南地区相同时段水汽输送通量散度分布，图中负值表示水汽输送通量辐合，正值表示水汽输送通量辐散。只有水汽输送到西南地区并且能形成辐合，水汽条件才能得到实质的改善。从图 2.12a 可以看出，2012 年 10—11 月，西南地区大部为水汽输送通量辐散区，水汽条件不利于降水发生，该地区出现干旱。进入冬季后，云南和贵州等地的水汽输送通量辐散强度较秋季增强，来自孟加拉湾的西南水汽带主要在华南一带产生辐合（图 2.12b）。因此，西南地区秋冬季低层大气湿度负异常主要是由于水汽通量输送辐散较常年偏强，西南水汽输送辐合区偏向中国华南沿海一带。

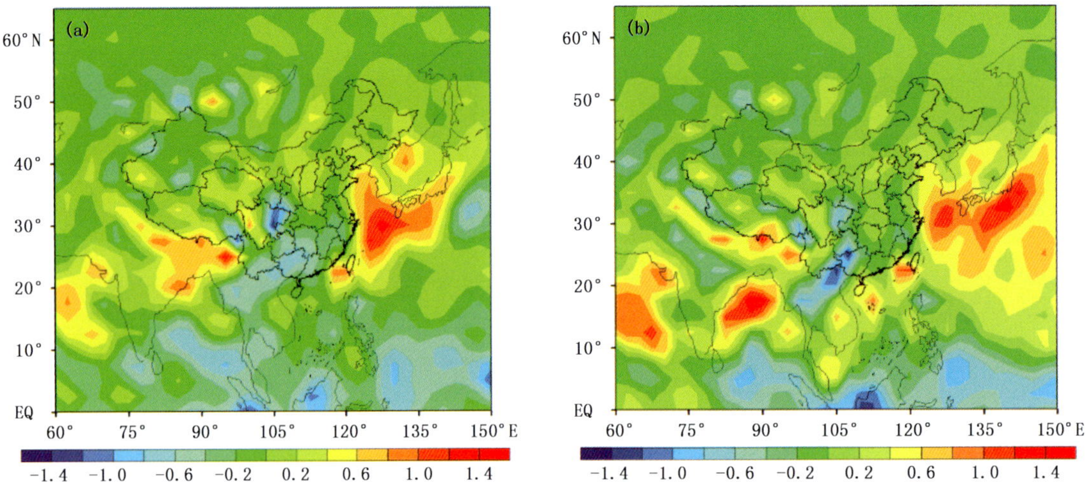

图 2.12　2012 年 10—11 月(a)、冬季(b)水汽输送通量散度分布（单位：克/(厘米^2·百帕·秒)）

Fig. 2.12　Distribution of vapor transport flux divergence in October-November (a) and winter (b) of 2012(unit: g/(cm^2·hPa·s))

胡学平等(2015)通过总结已有研究成果得到，北极涛动与中国西南地区的降水在冬、春季存在正相关。北极涛动对中国西南地区降水的影响主要从两方面来体现，一方面通过影响水汽输送的方式：冬、春季，北极涛动主要通过影响南支槽的强弱，得以实现影响中国西南地区降水，即北极涛动负异常时，青藏高原南侧的南支西风气流减弱，不利于孟加拉湾北部气旋性环流加强发展，南支槽减弱变浅，西南地区水汽输送减弱，使得西南地区降水偏少。另一方面通过影响降水所需动力条件的方式：北极涛动持续负异常会通过罗斯贝波破碎及非线性反射影响贝加尔湖脊系统的强弱，从而影响北方南下冷空气的强度及路径，即在冷空气南侵的过程中，由于行星涡度减小，根据绝对涡度守恒原理，其相对涡度逐渐增大，冷空气路径将逐渐转向偏东。贝加尔湖脊偏强时，脊前入侵中国的西北冷空气的相对负涡度较强，根据绝对涡度守恒原理，拥有较强相对负涡度的冷空气由北向南入侵中国时，将在更低的纬度上转向，因此冷空气可以入侵到更低的纬度，其路径也明显偏西；当贝加尔湖脊偏弱时，入侵中国的冷空气将在较高纬度转向，其路径将偏东。冷空气路径的异常改变致使西南地区上空缺少冷、暖空气交汇，最终导致该地区上空缺少降水所需的动力条件，使得西南地区降水偏少。

2012 年 10 月至 2013 年 4 月逐月北极涛动指数（图 2.13a）显示，干旱持续期间北极涛动持续负位相，对应西南地区旱情在同时段持续。南支槽强度指数均为正距平，表明南支槽强度持续偏弱，槽前西南气流水汽输送偏弱，南支槽强度指数正距平在 2013 年 2 月达到最大，此时南支槽强度最弱，旱情也发展至严重程度。贝加尔湖脊持续偏弱，虽然北极涛动处于负位相，北半球中高纬度地

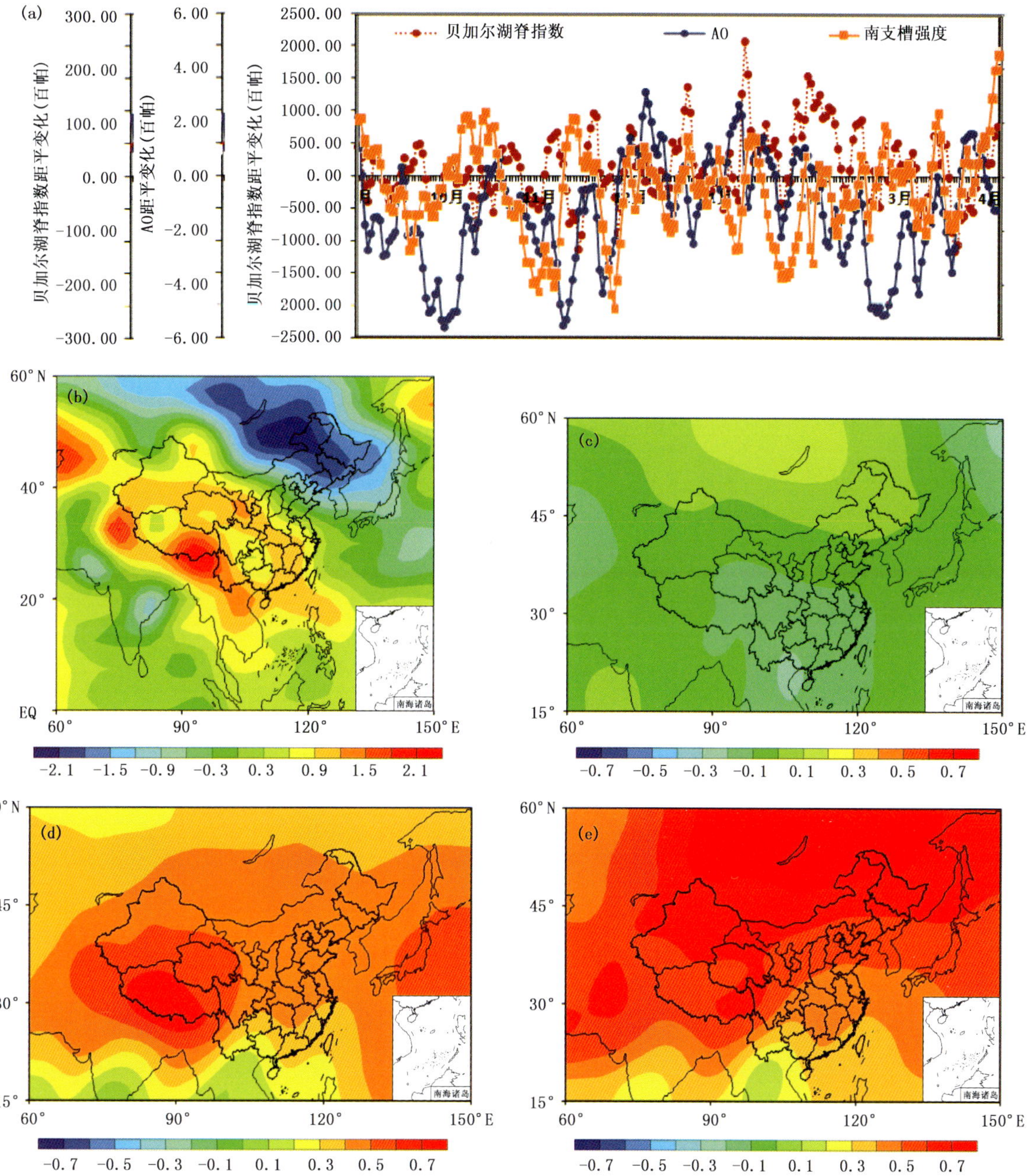

图 2.13 (a)2012 年 10 月至 2013 年 4 月北极涛动指数、贝加尔湖脊指数和南支槽强度指数距平变化,(b)2012 年 10 月至 2013 年 4 月西南地区 850 百帕的温度距平变化(单位:℃),(c)北极涛动指数与 850 百帕的温度相关系数,(d)贝加尔湖脊指数与 850 百帕的温度相关系数;(e)南支槽强度指数与 850 百帕的温度相关系数.

Fig. 2.13 (a) Arctic Oscillation Index, Lake Baikal ridge index and Southern Trough Index anomalies from October 2012 to April 2013; (b) the temperature of 850 hPa anomalies over the southwest China from October 2012 to April 2013 (unit: ℃); (c) The correlativity of the Arctic Oscillation Index and the temperature of 850 hPa; (d) The correlativity of the Lake Baikal ridge index and the temperature of 850 hPa; (e) The correlativity of the Southern Trough Index and the temperature of 850 hPa.

区的西风气流偏弱,大气环流以经向为主,利于冷空气南袭,但冷空气在较高纬度就发生了转向,路径主体偏东,不利于冷、暖空气在西南地区上空交汇。

2012年10月至2013年4月西南地区850百帕温度距平变化(图2.13b)显示,西南地区上空气温明显偏高,冷空气位置偏北,冷空气南下至南方旱区时较弱,致使南方旱区上空不具备冷、暖空气交汇条件。北极涛动指数、贝加尔湖脊指数和南支槽强度指数与850百帕格点温度的相关系数(图2.13c、d、e)显示,南方旱区上空温度越高(低),即北极涛动指数越低(高)、贝加尔湖脊指数越高(低)、南支槽强度指数越高(低),南方旱区上空冷空气越缺少(充足)。

综上所述,2012年10月至2013年4月,北极涛动持续处于负位相,有助于冷空气南袭,但北极涛动负异常的影响不仅使南支槽减弱变浅,西南水汽输送减少,还使得贝加尔湖高压脊偏弱,使北方南下冷空气路径偏东,不利于冷、暖空气在西南地区上空交汇。可见,北极涛动异常对西南地区2012年秋冬连旱有重要影响。

2.4 各省(区、市)干旱事件年表

中国大陆31省(区、市)范围内,各省(区、市)以MCI指数为基础,根据5个等级划分干旱类型,按照10%站点连续5天同时出现一种类型干旱,其首日定为一次该类型区域干旱的开始时间。期间,≤5天没有该类型干旱发生,认为该类型区域干旱事件仍在持续,直至少于10%的站点能够达到中、重干旱标准,其末日认为是此次该类型区域干旱事件结束时间。特旱标准为直至少于5%的站点能够达到特旱标准,其末日认为是此次该类型区域干旱事件结束时间(表2.1)。

表2.1　2012年各省(区、市)干旱事件

Tab. 2.1　The chronology of drought events of all provinces in 2012

省(区、市)	干旱等级	旱情主要时段
北京市	中旱	2012年2月中旬至3月中旬 2012年8月下旬至9月上旬
	重旱	无
	特旱	无
天津	中旱	2012年2月中旬至4月下旬
	重旱	2012年3月中旬
	特旱	无
河北	中旱	2012年2月中旬至3月下旬
	重旱	2012年3月中旬
	特旱	无
山西	中旱	2012年5月上旬至6月下旬
	重旱	无
	特旱	无
内蒙古	中旱	2012年5月上旬
	重旱	无
	特旱	无
辽宁	中旱	无
	重旱	无
	特旱	无

续表

省(区、市)	干旱等级	旱情主要时段
吉林	中旱	2012 年 1 月下旬至 2 月上旬
	重旱	无
	特旱	无
黑龙江	中旱	2012 年 1 月中旬至 2 月上旬 2012 年 3 月上旬
	重旱	无
	特旱	无
上海	中旱	2012 年 10 月中旬、下旬
	重旱	无
	特旱	无
江苏	中旱	2012 年 5 月下旬至 6 月中旬 2012 年 10 月中旬、下旬
	重旱	2012 年 6 月中旬至 7 月上旬
	特旱	2012 年 6 月下旬至 7 月上旬
浙江	中旱	无
	重旱	无
	特旱	无
安徽	中旱	2012 年 5 月下旬至 6 月中旬 2012 年 7 月下旬至 8 月上旬
	重旱	无
	特旱	2012 年 6 月下旬至 7 月上旬
福建	中旱	2012 年 10 月中旬至 11 月上旬
	重旱	无
	特旱	2012 年 10 月下旬
江西	中旱	无
	重旱	无
	特旱	无
山东	中旱	2012 年 3 月上旬、中旬 2012 年 5 月中旬至 6 月下旬 2012 年 7 月下旬至 8 月上旬 2012 年 10 月
	重旱	2012 年 6 月上旬、中旬
	特旱	2012 年 6 月中旬至 7 月上旬
河南	中旱	2012 年 5 月中旬至 8 月中旬 2012 年 10 月上旬至 11 月上旬
	重旱	2012 年 6 月中旬至 7 月上旬
	特旱	2012 年 6 月下旬
湖北	中旱	2012 年 5 月上旬
	重旱	无
	特旱	无

续表

省(区、市)	干旱等级	旱情主要时段
湖南	中旱	无
	重旱	无
	特旱	无
广东	中旱	2012 年 9 月至 11 月中旬
	重旱	2012 年 10 月中旬、下旬
	特旱	无
广西	中旱	2011 年 12 月中旬、下旬 2012 年 10 月中旬、下旬
	重旱	无
	特旱	无
海南	中旱	2012 年 10 月
	重旱	2012 年 10 月下旬
	特旱	无
重庆	中旱	2012 年 4 月 2012 年 10 月至 11 月上旬
	重旱	无
	特旱	无
四川	中旱	2011 年 12 月上旬 2012 年 4 月中旬、下旬
	重旱	无
	特旱	2012 年 5 月中旬、下旬
贵州	中旱	2012 年 4 月下旬
	重旱	无
	特旱	无
云南	中旱	2011 年 12 月 2012 年 2 月上旬至 5 月下旬 2012 年 10 月下旬至 11 月下旬
	重旱	2012 年 2 月下旬至 3 月上旬 2012 年 5 月下旬 2012 年 11 月下旬
	特旱	无
西藏	中旱	2011 年 12 月中旬、下旬 2012 年 5 月上旬至 6 月中旬 2012 年 8 月中旬 2012 年 10 月下旬至 11 月下旬
	重旱	无
	特旱	无

续表

省(区、市)	干旱等级	旱情主要时段
陕西	中旱	2012年5月上旬 2012年6月 2012年11月上旬、中旬
	重旱	无
	特旱	无
甘肃	中旱	无
	重旱	无
	特旱	无
青海	中旱	无
	重旱	无
	特旱	无
宁夏	中旱	无
	重旱	无
	特旱	无
新疆	中旱	2012年6月上旬、中旬
	重旱	无
	特旱	无

第3章　四季气象干旱特征

3.1　冬季气象干旱特征

3.1.1　冬季气象干旱空间分布

2011/2012 年冬季，中国干旱主要发生在西南地区中南部和西藏大部，这些地区干旱日数大多在 20 天以上，四川西南部干旱日数达 80 天(图 3.1a)。四川西南部、西藏东部、云南东北部和云南西部以及华中地区中部存在重旱，重旱日数普遍在 4 天以上，四川西南部重旱超过 20 天(图 3.1b)。

3.1.2　主要旱区干旱演变特征

2011 年 12 月中旬，四川南部、云南西北部及东部以轻旱为主，西藏东南部局部地区为中旱。2012 年 1 月上旬，云南西北部和中东部局部地区出现轻旱。2 月上旬开始，四川西南部及云南西部出现轻旱，局部地区存在中旱。2 月上旬末旱情开始持续发展，范围扩大，至 2 月下旬，云南大部中到重旱，西部局部地方存在特旱，四川中西部及南部地区存在重旱(图 3.2)。

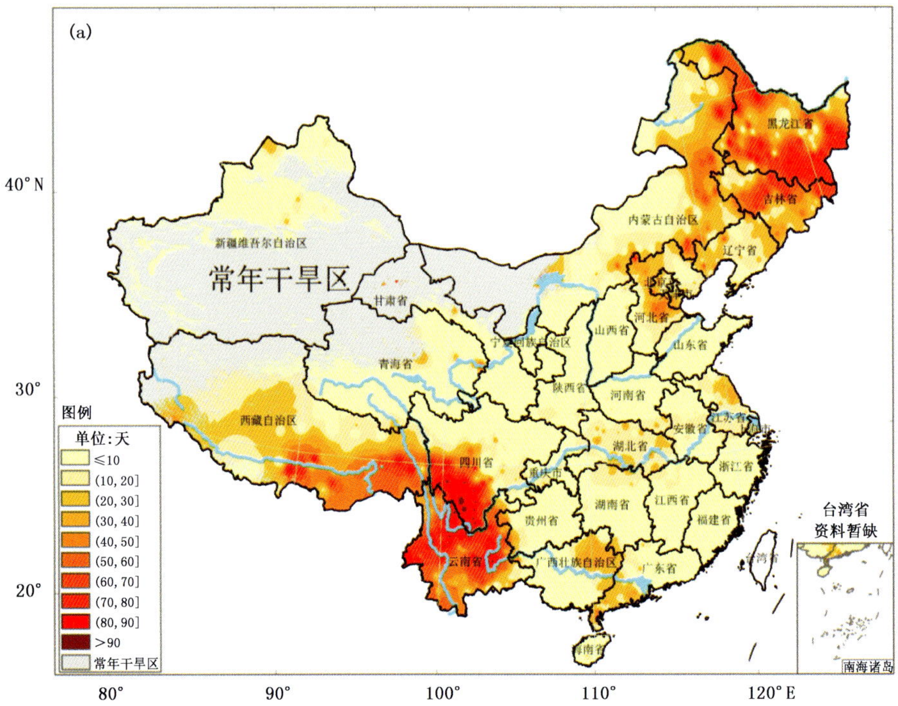

图 3.1　2011/2012 年冬季全国干旱日数(a)及重到特旱日数(b)分布

Fig. 3.1　Drought days (a) and days for heavy and severe droughts (b) distribution in China in winter of 2011/2012(unit:d)

3.1.3　旱区气温和降水变化

2011 年 12 月至 2012 年 2 月,青海、西藏、四川西部、云南大部气温偏高 1℃以上,云南中部偏高 2～4℃。川西高原降水量较常年同期偏少 5～8 成,局部地区偏少 8 成以上。云南大部降水量偏少 4～7 成,西部局部地区偏少 8 成以上。2011 年 12 月至 2012 年 1 月,云南省平均降水量为 31 毫米,比历年同期(37.1 毫米)偏少 6.1 毫米,偏少幅度为 16.4%。滇中、滇东北、滇西及滇西北的东部大部不到 25 毫米。降水过程主要出现在 1 月 14 日以前,1 月 15 日以后,除滇东和滇西北的边缘地区以外,全省大部分地区出现了连续近一个月的晴朗天气,1 月 15 日至 2 月 15 日,全省平均累计降水量 3.3 毫米。

2012 年冬季西南大部分地区降水偏少。2012 年 1 月,西南地区除四川中南部至广西西部的南北走向的狭长范围内降水偏多外,其余地区均偏少,呈现不同程度的干旱。在云南北部至四川西南部和广西东部出现两个负距平大值区,负距平大值区中心的降水偏少超过 80%,云南北部至四川西南部持续干旱,与历史同期相比降水偏少 40%。2 月旱情再度加重,除四川中西部外,整个西南地区出现大面积干旱,尤其是云南省,旱情严重,与历史同期相比降水偏少 100%。冬季整个西南地区东、西部降水均明显偏少,云南西北部、四川西部一带为低值中心,较常年降水偏少 60%左右;西南西部地区降水较同期偏少 50%以上。

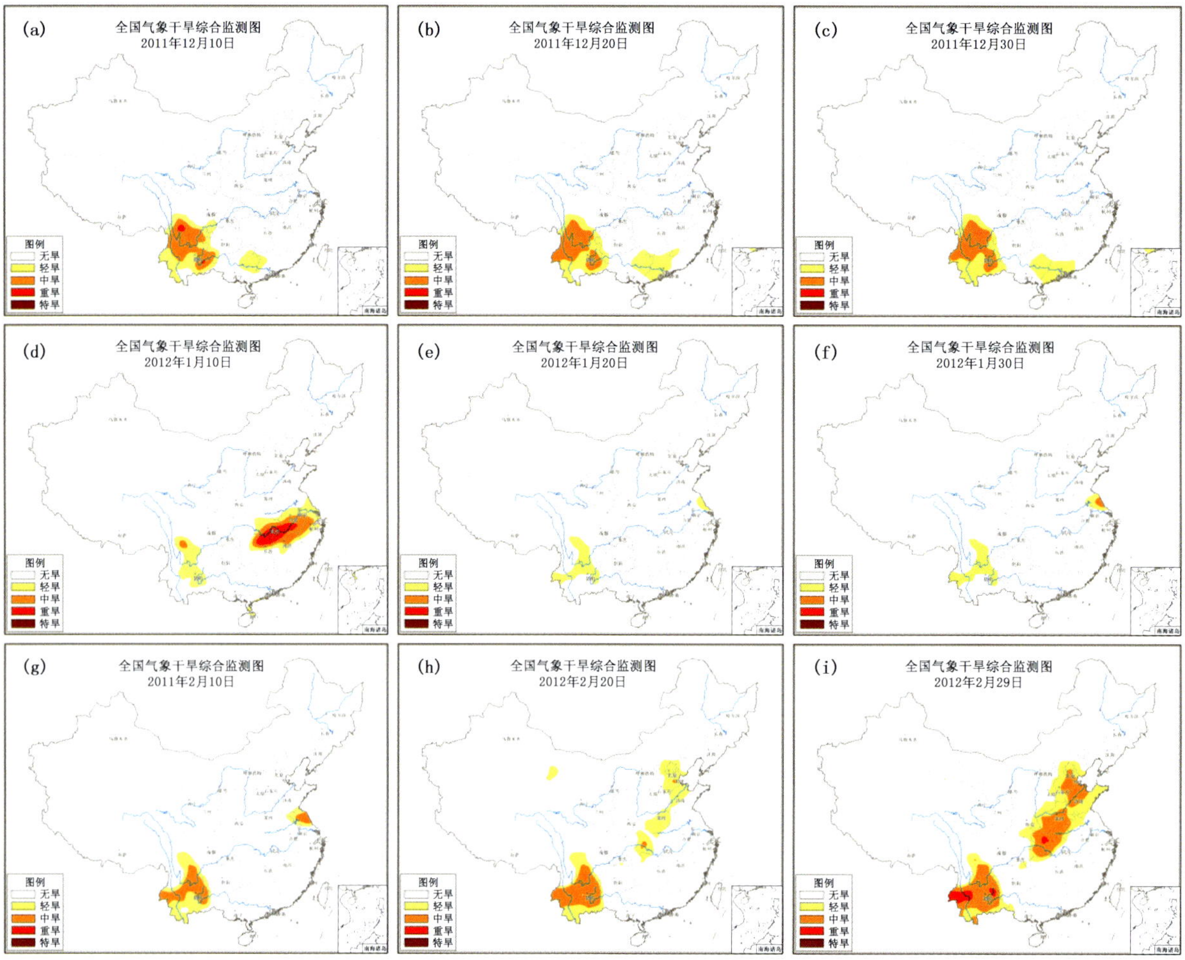

图 3.2　2011/2012 年冬季中国气象干旱时空演变

(a)12 月 10 日;(b)12 月 20 日;(c)12 月 30 日;(d)1 月 10 日;(e)1 月 20 日;(f)1 月 30 日;(g)2 月 10 日;(h)2 月 20 日;(i)2 月 29 日

Fig. 3.2　Spatio-temporal evolution of meteorological drought in China in winter of 2011/2012

(a)10 Dec;(b)20 Dec;(c)30 Dec;(d)10 Jan;(e)20 Jan;(f)30 Jan;(g)10 Feb;(h) 20 Feb;(i) 29 Feb

3.2　春季气象干旱特征

3.2.1　春季气象干旱空间分布

2012 年春季，中国旱区主要分布在内蒙古东部、东北北部、华北、西南、华南西部、西北地区东部、黄淮、江淮和江汉等地。存在 3 个明显的干旱中心，分别是西南大部和华南西部组成的西南旱区，东北西北部、内蒙古东部组成的东北旱区，以及西北地区东南部、华北、黄淮、江淮和江汉组成的中东部旱区。这些区域干旱日数大多在 20 天以上，部分区域干旱日数达 60 天。黑龙江西北部和内蒙古东部地区、西藏东南部、西南地区大部、华南西部、西北地区东南部和江汉大部存在重旱，重旱日数普遍在 4 天以上，部分区域重旱日数超过 20 天(图 3.3)。

3.2.2　主要旱区干旱演变特征

3.2.2.1　西南旱区

2012 年春季，云南大部、四川南部、重庆大部、贵州西部和广西西部均存在不同程度的干旱(图 3.4)。

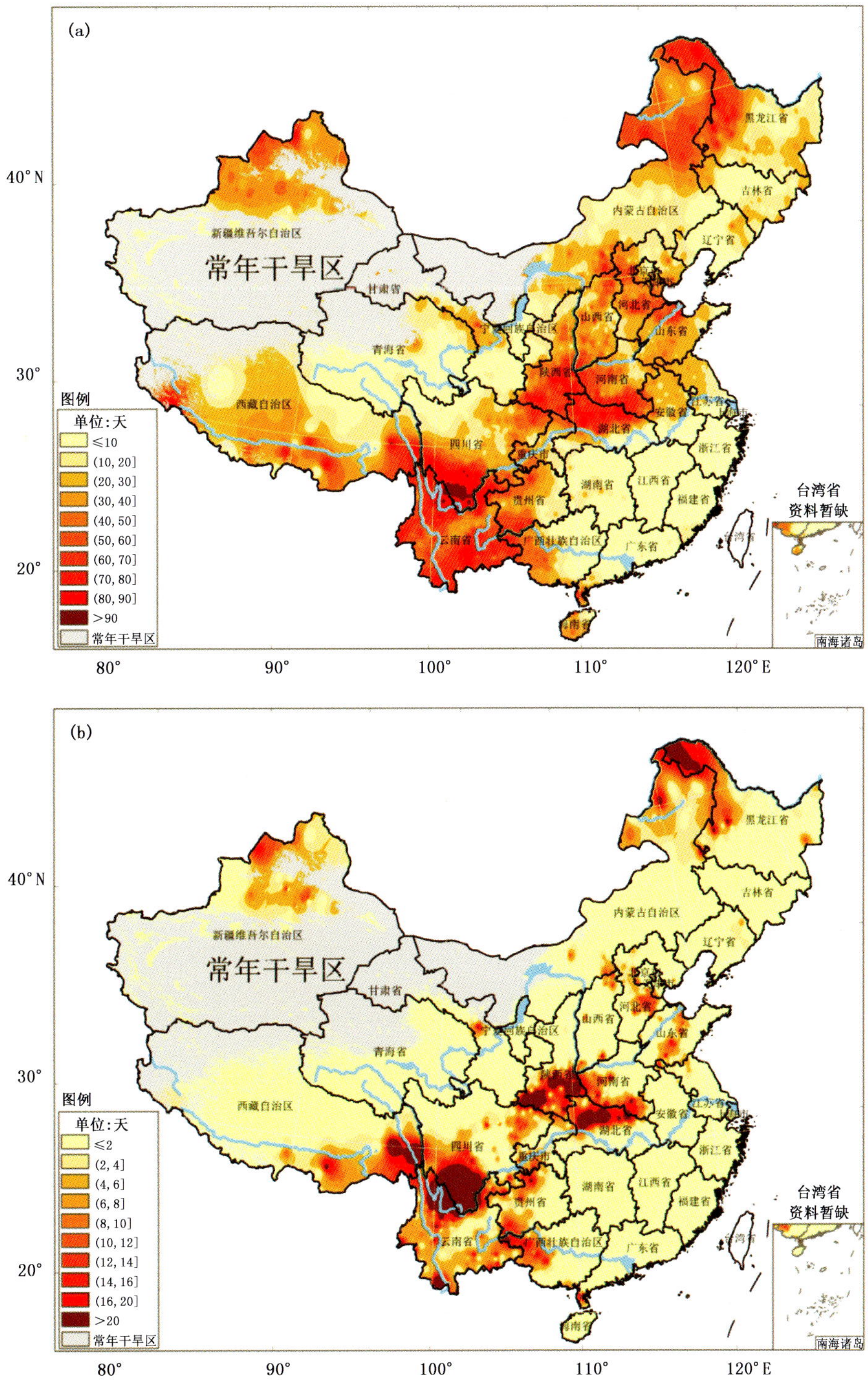

图 3.3　2012 年春季全国干旱日数(a)及重到特旱日数(b)分布

Fig. 3.3　Drought days (a) and days for heavy and severe droughts (b) distribution in China in spring of 2012(unit:d)

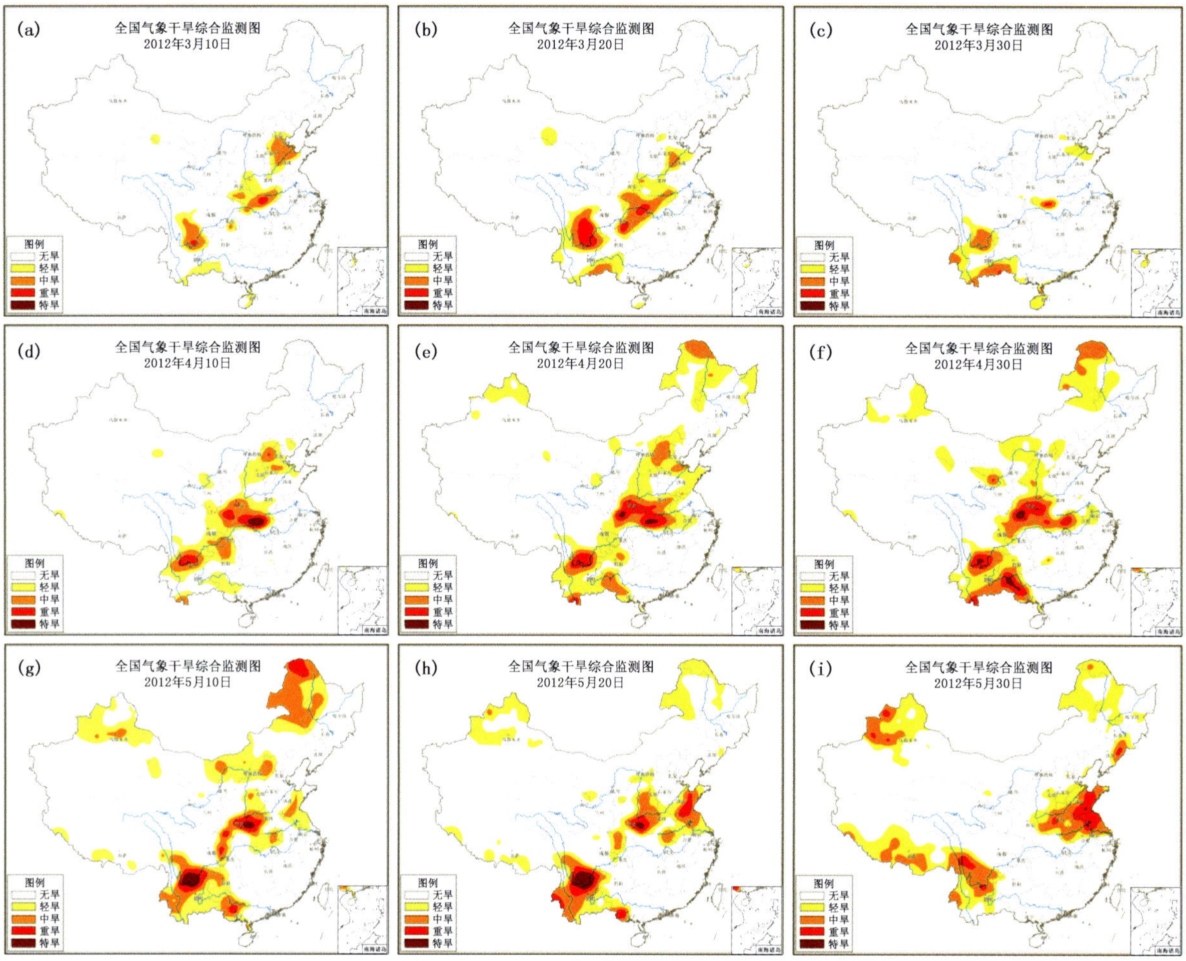

图 3.4 2012 年春季中国气象干旱时空演变

(a)3 月 10 日;(b)3 月 20 日;(c)3 月 30 日;(d)4 月 10 日;(e)4 月 20 日;(f)4 月 30 日;(g)5 月 10 日;(h)5 月 20 日;(i)5 月 30 日

Fig. 3.4 Spatio-temporal evolution of meteorological drought in China in spring of 2012

(a)10 Mar;(b)20 Mar;(c)30 Mar;(d)10 Apr;(e)20 Apr;(f)30 Apr;(g)10 May;(h)20 May;(i)30 May

3 月初,重庆中北部、云南大部、四川西南部仍延续 2 月以来的干旱,维持中到重旱,云南西部局地有特旱;第二候起,云南旱情稍有缓解,南部有中旱,局地重旱,四川、重庆旱情发展,至中旬,川西高原、川西南山地的大部分区域存在重到特旱,重庆大部存在中到重旱,局地特旱;3 月下旬末,川西南山地区域旱情缓解,存在中到重旱,云南东南部和北部旱情持续,仍有中到重旱。4 月上旬,贵州西部、广西西部旱情发展,存在轻到中旱;4 月中旬,云南北部出现中到重旱,局地特旱,广西西北部、贵州西北部发展为中到重旱,广西西北部局地出现特旱。5 月中旬,云南南部和贵州西部旱情缓解,为轻到中旱,云南西北部、四川旱情持续,存在中等以上气象干旱,云南西北部、川西南山地局地有特旱;5 月末,云南中北部、川西大部仍有中度以上气象干旱,局地有特旱。总体来讲,5 月是西南旱情较为严峻的月份(图略)。

3.2.2.2 东北旱区

春季,黑龙江西部、内蒙古东部存在不同程度的干旱。

4 月上旬末,黑龙江松嫩平原西部以及内蒙古东部呼伦贝尔西部、兴安盟东部和通辽市东部出现轻到中旱;4 月中旬末,黑龙江大兴安岭地区存在轻到中旱,局地有重旱,内蒙古呼伦贝尔西部出现重旱；4 月下旬，旱情继续发展，内蒙古东北部和黑龙江大兴安岭地区北部出现特旱。5 月上旬，内蒙古东北部存在中度以上气象干旱；5 月中旬后，旱情开始缓解，内蒙古东北部、黑龙江大小兴安岭地区存在轻到中旱。总体而言，4 月下旬至 5 月下旬是东北旱区旱情最为严峻的时段。

3.2.2.3 中东部旱区

2012 年春季，西北东部的陕西、华北大部、江汉大部以及黄淮和江淮区域存在不同程度的干旱。

3 月上旬，陕西南部、黄淮西部、华北东部存在轻到中旱，局地重旱；3 月下旬，华北、黄淮地区旱情缓解，陕西南部、江汉北部存在轻到中旱，局地有重旱。4 月上旬，旱情发展，陕西大部存在轻到中旱，南部有中等以上气象干旱，局地特旱，江汉北部有重到特旱，华北东部存在轻到中旱，局地重旱；4 月下旬，华北、黄淮旱情有所缓解。5 月，江淮西北部存在轻到中旱，局地重旱，山东中南部、江苏北部有轻到中旱；5 月下旬，旱情发展，黄淮、江淮中东部有中度以上气象干旱，局地有特旱。总体来讲，4 月至 5 月下旬是中东部旱区旱情最为严峻的时段。

3.2.3 旱区气温和降水变化

3 月，新疆东北部气温较常年偏高 1～2℃，局地偏高 2～3℃；新疆西北部、内蒙古中东部、东北大部、华北东部、黄淮东部、贵州东北部、湖北东南部、湖南中北部等地偏低 1～3℃，局地偏低 3℃以上；全国其余大部分地区气温接近常年同期。新疆大部、甘肃河西地区、西藏中西部、内蒙古西部和东北部、黑龙江西北部、川西高原和川西南山地、云南西北部和南部局地、华南西北部和东南部、陕西大部、湖北大部以及河北中部等地降水量较常年同期偏少 3～8 成，新疆东南部、甘肃河西西部以及内蒙古西部等地偏少 8 成以上；新疆西部、东北大部、内蒙古地区中部和东南部、青海东部和南部、四川西北部、江南中东部以及黄淮东南部、江淮东部等地降水量偏多 3 成至 1 倍，局地偏多 1 倍以上。

4 月，除青藏高原、东北以及内蒙古东北部等地气温接近常年外，全国大部分地区偏高 1℃以上，新疆北部、广西西部、江苏中南部、安徽东部以及浙江北部偏高 2～4℃，新疆北部局地偏高 4℃以上。新疆大部、内蒙古大部、青海东北部、甘肃中部、陕西中部和南部、湖北东北部、安徽中部和北部以及西南大部、广西西部等地降水量较常年同期偏少 3～8 成，新疆中南部、内蒙古西部等地偏少 8 成以上；新疆东部局地、内蒙古西部、甘肃西北部、华北东部、东北中部和南部、黄淮北部、青藏高原中部、宁夏大部、华南中部、江南东部等地偏多 3 成至 1 倍，部分地区偏多 1 倍以上。

5 月，新疆北部、内蒙古大部、东北大部、华北、黄淮大部、江淮东部、华南大部、西南大部以及青海南部、甘肃西部、西藏中南部等地气温较常年同期偏高 1～2℃，四川西南部、云南北部、河北南部和山东大部偏高 2～4℃；全国其余大部气温接近常年同期。新疆大部、西藏、四川西南部、云南北部、河北南部、山西南部、河南大部、安徽北部、江苏北部以及山东大部降水量较常年同期偏少 5～8 成，山东大部偏少 8 成以上；青海大部、新疆西南部、内蒙古中部、甘肃南部、陕西南部、四川东部、湖南北部、江西北部、湖北南部、浙江东北部、贵州大部分地区以及广西南部和西部、海南等地偏多 3 成至 1 倍，局地偏多 1 倍以上。

春季，除新疆西部局地、内蒙古东北部、黑龙江西北部和东部局地以及吉林东北部、辽宁南部等地气温较常年同期略偏低外，全国其余区域气温较常年同期不同程度偏高，新疆北部、云南大部、四川西南部、山西北部、河南东北部、山东西部以及河北西南部等地气温较常年同期偏高 1～2℃，北疆局地偏高 2～3℃。降水量与常年同期相比，黑龙江西北部、新疆大部、甘肃河西走廊西部、西藏大部、云南北部、四川西南部以及河南东北部、山东西部偏少 3～8 成，新疆局地偏少 8 成以上；内蒙古中西部、青海大部、西藏西部局地、辽宁中部以及浙江大部、江西北部等地偏多 3 成至 1 倍，局地偏多 1 倍以上。

3.3 夏季气象干旱特征

3.3.1 夏季气象干旱空间分布

2012年夏季，中国旱区主要分布在内蒙古东部、东北、华北、西南、西藏南部、新疆西北部以及黄淮、江淮和江汉等地。存在3个明显的干旱中心，分别是西南旱区，华北、黄淮、江淮和江汉组成的东部旱区，以及东北北部和内蒙古东部组成的东北旱区，这些地区干旱日数大多在20天以上。西藏南部以及东部旱区的黄淮、江淮、江汉有重旱，重旱日数均在4天以上，东部旱区的重旱超过20天，旱情严重(图3.5)。

3.3.2 主要旱区干旱演变特征

3.3.2.1 西南旱区

2012年5月底，云南中北部、川西大部有中度以上气象干旱，局地有特旱。6月以后西南旱区多次出现明显降水，6月下旬，西南地区前期旱情基本解除。

3.3.2.2 东部旱区

春季，华北、黄淮、江淮和江汉区域存在不同程度的旱情。6月，旱情持续发展，大部区域存在中度以上气象干旱，山东南部、江苏中北部、河南中北部、安徽北部、山西南部以及河北中南部的部分区域有重到特旱。7月，旱区出现明显降水，旱情得到有效缓解，局地有轻到中旱。8月上、中旬，黄淮、江淮和江汉地区旱情稍有发展，黄淮西部和中部、江淮西部以及江汉东部存在中度以上气象干旱，局地有特旱；8月下旬，黄淮、江淮和江汉区域旱情缓解，局地存在轻到中旱，河北北部有轻到中旱，局地重旱。总体来讲，6月是东部旱区旱情最为严峻的时段(图3.6)。

3.3.2.3 东北旱区

6月初，黑龙江西部和东南部的局部地区、辽宁东部、吉林南部以及内蒙古东北部的局部地区存在轻到中旱；6月上旬后期部分旱区出现降水，内蒙古旱情基本解除，黑龙江东部、吉林东北部存在中旱，局地有重旱。8月上旬末，黑龙江西部、内蒙古东部局地出现轻到中旱。

3.3.3 旱区气温和降水变化

2012年夏季，中国南疆西部的部分地区、陕西北部、华北大部、东北南部、西南地区东部以及两广交界地区等地气温较常年同期略偏低，全国其余区域气温略偏高，北疆东北部、甘肃河西东部、青海南部的部分地区、西藏局部地方、湖北东北部以及河南中南部气温较常年同期偏高1℃以上。2012年夏季，西北地区大部(除新疆沿天山地区及南疆中部和关中、陕南)、华北大部、东北南部、华东偏南地方、四川及华南沿海地区降水量较常年同期偏多3成至1倍；黑龙江三江平原地区、新疆沿天山地区及南疆中部、关中及陕南、黄淮地区、西南地区东南部、湖南大部降水偏少3成左右；全国其余区域降水量接近常年同期。

6月，除内蒙古中部、河北北部、吉林东北部、辽宁西部以及四川东部和贵州西部的局部地区气温偏低1～2℃外，全国大部分地区气温接近常年同期或略高，新疆北部和东部、内蒙古西部和东北部的部分地区、黑龙江北部、黄淮西部、江汉北部以及西藏中部、宁夏西部、甘肃中部和西部等地偏高1～2℃，局部偏高2℃以上。降水量与常年同期相比，新疆南部和东部、内蒙古、东北大部、华北北部、西北地区中部和东部的局部地区、西藏东南部、西南大部、江南南部部分地区以及华南中部等地偏多3成至2倍，新疆、内蒙古和西北地区的部分地区偏多超过2倍；黑龙江西部、华北南部、黄淮、江淮、江汉大部、重庆、陕西南部、西藏中西部等地偏少3～8成，局部偏少8成以上；全国其余大部分地区接近常年。

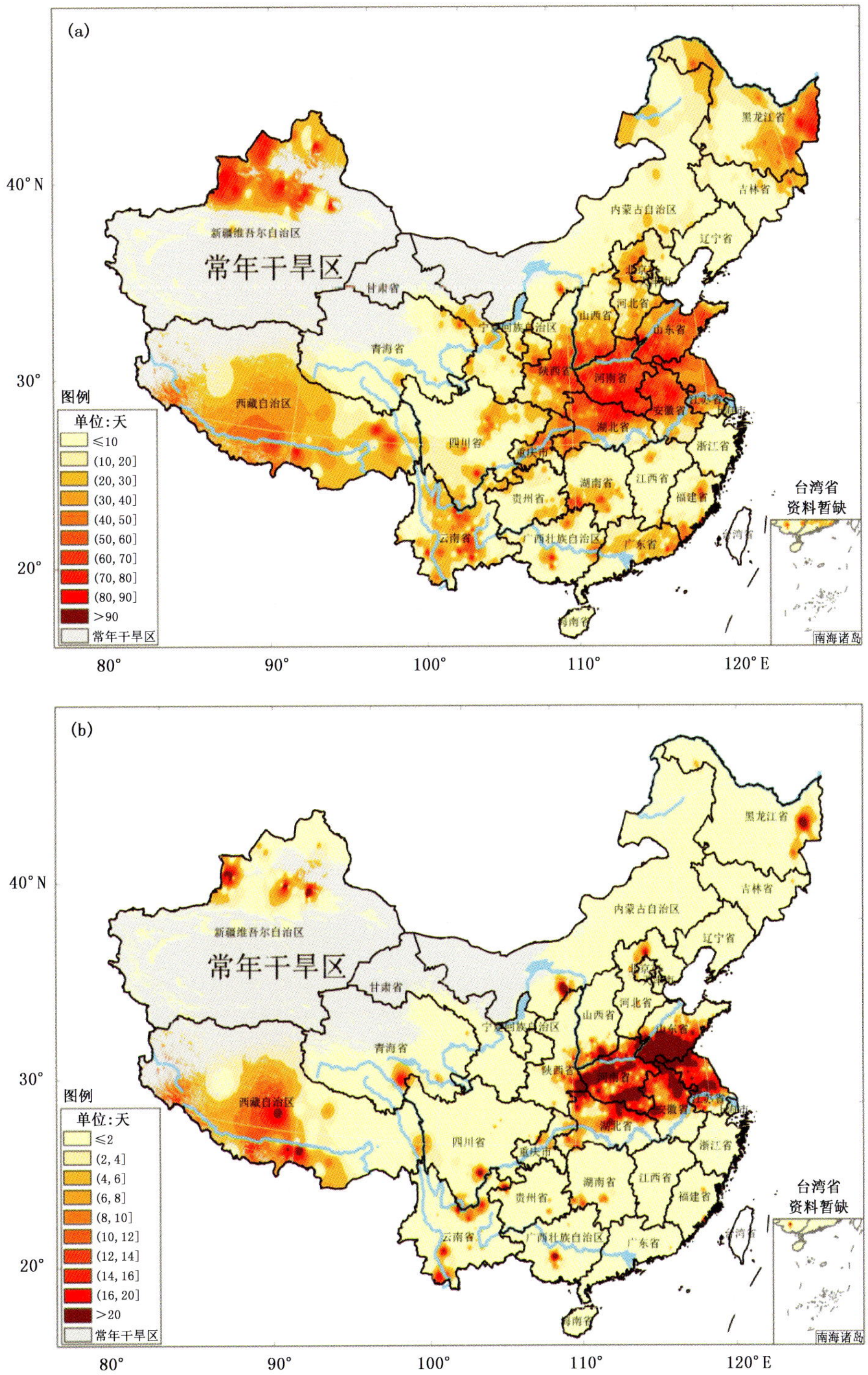

图 3.5　2012 年夏季全国干旱日数(a)及重到特旱日数(b)分布

Fig. 3.5　Drought days (a) and days for heavy and severe droughts (b) distribution in China in summer of 2012(unit:d)

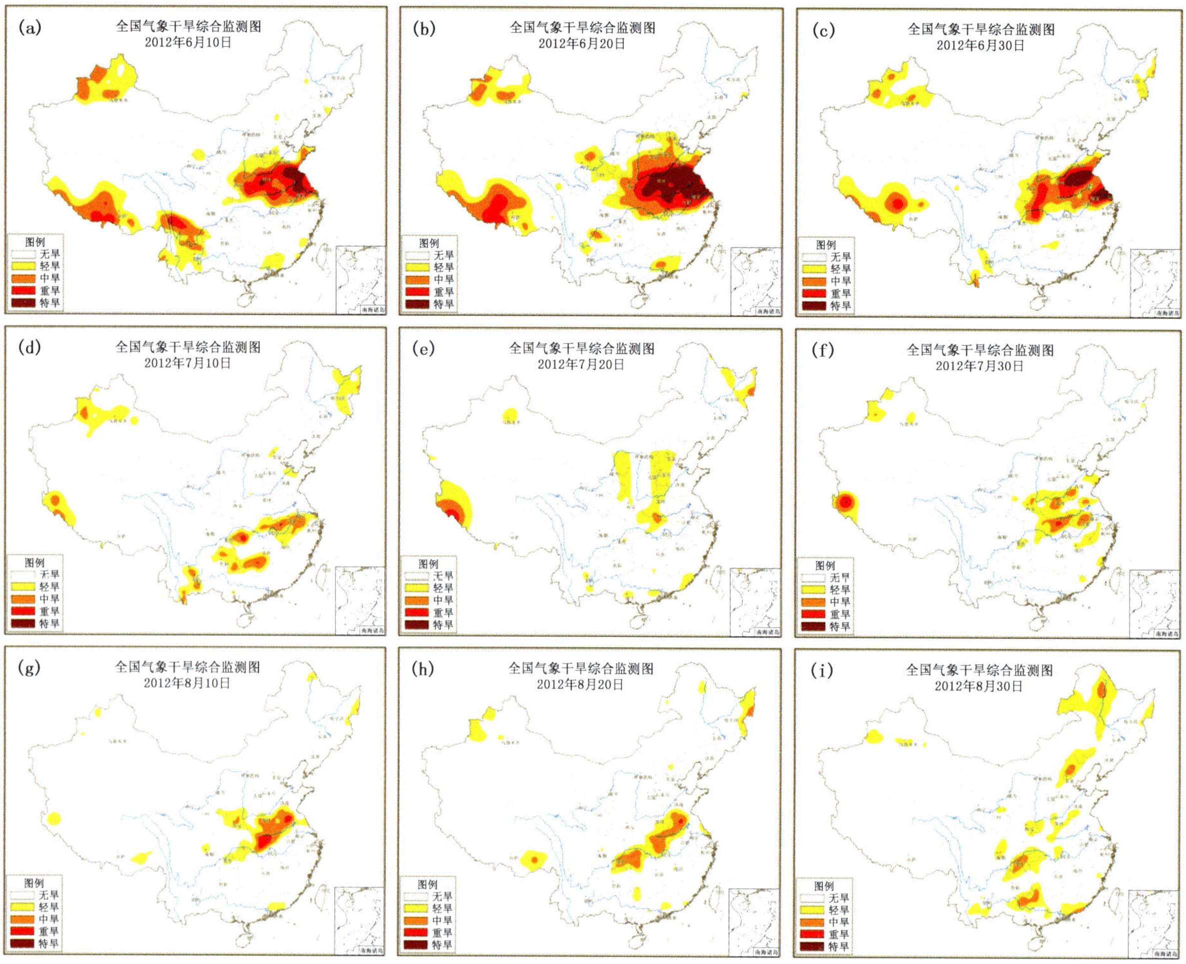

图 3.6　2012 年夏季中国气象干旱时空演变

(a)6 月 10 日;(b)6 月 20 日;(c)6 月 30 日;(d)7 月 10 日;(e)7 月 20 日;(f)7 月 30 日;(g)8 月 10 日;(h)8 月 20 日;(i)8 月 30 日

Fig. 3.6　Spatio-temporal evolution of meteorological drought in China in summer of 2012

(a)10 Jun;(b)20 Jun;(c)30 Jun;(d)10 Jul;(e)20 Jul;(f)30 Jul;(g)10 Aug;(h)20 Aug;(i)30 Aug

7 月,除新疆西部、青海北部、内蒙古中部、四川东部以及广东中西部气温较常年略偏低外,全国其余地区气温接近常年同期或略高,内蒙古东北部、黑龙江西北部、江南北部、江淮、江汉、黄淮大部以及西藏西部和北疆部分地区气温较常年同期偏高 1～2℃。新疆中西部、西藏中北部、西北地区中部、华北大部、内蒙古大部、东北中北部、黄淮东部、西南地区东部以及江南中部的部分地区降水量较常年同期偏多 3 成至 2 倍,局部偏多 2 倍以上;西藏西部、新疆南部、江汉大部、江南北部和东部的部分地区、华南大部偏少 3～5 成,新疆、西藏局部偏少 5 成以上;全国其余大部分地区接近常年。

8 月,除内蒙古东北部、东北大部、华北中南部、黄淮大部、江南西部等地气温较常年略偏低外,全国其余地区气温接近常年同期或略高,新疆中东部和南部的部分地区、内蒙古西部、甘肃河西走廊中东部、宁夏大部、青海南部、四川东部等地气温较常年同期偏高 1～2℃。新疆北部和西南部、西藏西部、青海中部和西北部、甘肃陇南、江淮南部、江南东部以及沿渤海一带降水量较常年同期偏多 3 成至 1 倍,新疆西部、江南东部局地偏多 1 倍以上;内蒙古大部、新疆中东部、黑龙江西部和东北部、吉林西部、山西中北部、河北大部、陕西北部、宁夏北部、甘肃河西走廊中东部、广东大部、江南西部、江汉南部以及贵州、广西北部等地降水偏少 3～5 成,内蒙古、新疆部分地区偏少近 1 倍;全国其余大部分地区接近常年。

3.4 秋季气象干旱特征

3.4.1 秋季气象干旱空间分布

2012年秋季，中国旱区主要分布在华南中东部、西南南部、华北南部、黄淮、江淮、江汉及西藏中部、内蒙古东部、黑龙江西部等地。存在3个明显的干旱中心，分别是华南旱区、西南旱区以及华北南部、黄淮、江淮和江汉区域组成的东部旱区，这些地区干旱日数普遍在20天以上。云南中西部、华南中部、西藏中部部分地区存在重旱，部分地区重旱日数超过16天，最高超过20天(图3.7)。

3.4.2 主要旱区干旱演变特征

3.4.2.1 华南旱区

秋季，华南大部分地区存在不同程度的气象干旱，广东中东部、福建西南部有重旱。9月下旬，广东中东部存在轻到中旱。10月旱情发展，华南大部分地区有轻到中旱，广东中东部、广西中部、福建西南部有重旱；10月下旬，旱情缓解，仅广东东南部存在轻到中旱；10月末，华南干旱全面解除。总体来说，10月中旬是华南旱区旱情最为严峻的时段(图3.8)。

3.4.2.2 西南旱区

10月下旬至11月，西南地区南部和东部的部分地区存在不同程度的干旱。

10月下旬，云南大部分地区存在不同程度的干旱，中部和西部的局部地区有中到重旱。11月上旬，旱情持续发展，云南大部分地区存在中等以上气象干旱，局地有特旱，贵州西南部、川西高原南部以及川西南山地存在轻旱；11月中旬末，云南南部旱情缓解，西北部存在轻到中旱，局地有重旱。总体来说，10月下旬到11月下旬是西南旱区旱情最为严峻的时段。

3.4.2.3 东部旱区

10—11月，华北南部、黄淮、江淮和江汉区域存在不同程度的干旱。

10月上旬，华北北部和黄淮西部存在轻旱；10月上旬末，旱情发展，华北北部和南部、黄淮、江淮以及江汉东部均存在不同程度的干旱，黄淮西部、江汉东部以及江淮大部有中到重旱；10月中旬末，黄淮、江汉区域旱情缓解，存在轻旱，江淮东部仍有中到重旱。11月，旱情继续缓解，大部分区域存在轻旱；11月中旬后，仅黄淮西部和华北南部部分区域有轻旱，其他区域无旱。总体来说，10月中旬是东部旱区旱情最为严峻的时段。

3.4.3 旱区气温和降水变化

9月，内蒙古东北部、东北大部、新疆大部、青藏高原大部气温较常年同期偏高1℃左右，全国其余大部分地区气温偏低1℃左右。降水量与常年同期相比，东北大部、华北大部、西北地区东部、长江中下游及西藏南部部分地区偏多，全国其余大部偏少。

10月，全国除西北地区东部、华中、华东以及西南地区东部气温较常年同期偏高1℃左右外，其余大部气温偏低1℃左右。降水量与常年同期相比，内蒙古东部、东北大部、北疆、青海东南部、四川西北部、长江中游部分地方以及华南西部等地偏多，其余大部分地区偏少。

11月，除黑龙江东部、南疆西部、青藏中西部、云南大部及华南大部分地区等气温较常年同期偏高外，全国其余大部气温偏低，内蒙古中部偏低3℃左右。降水量与常年同期相比，南疆西部、青藏高原西北部、西南地区大部、西北地区中东部、内蒙古西部及黄淮西部等地较常年同期偏少3成以上，全国其余区域降水量异常偏多。

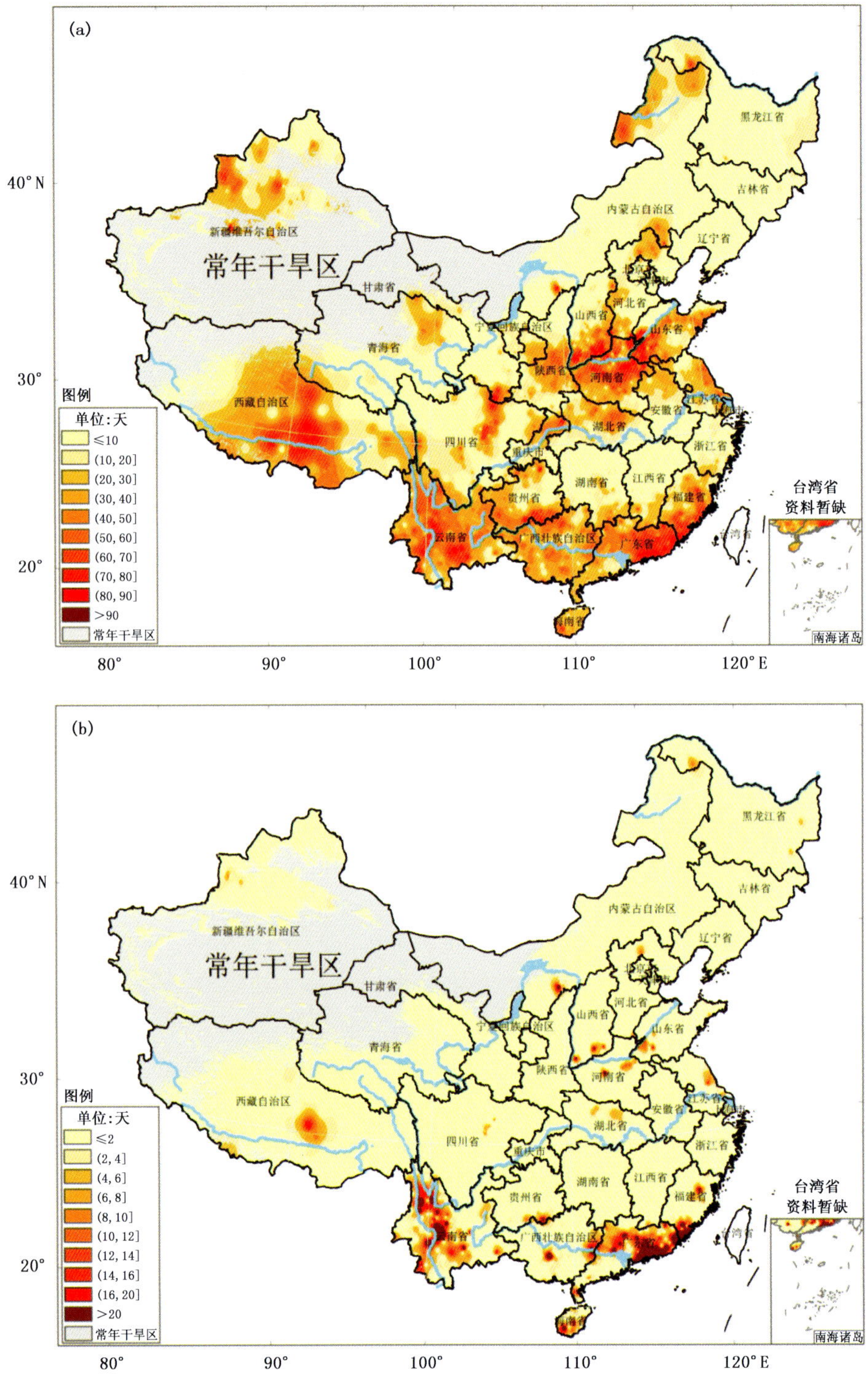

图 3.7　2012 年秋季全国干旱日数(a)及重到特旱日数(b)分布

Fig. 3.7　Drought days (a) and days for heavy and severe droughts (b) distribution in China in autumn of 2012(unit:d)

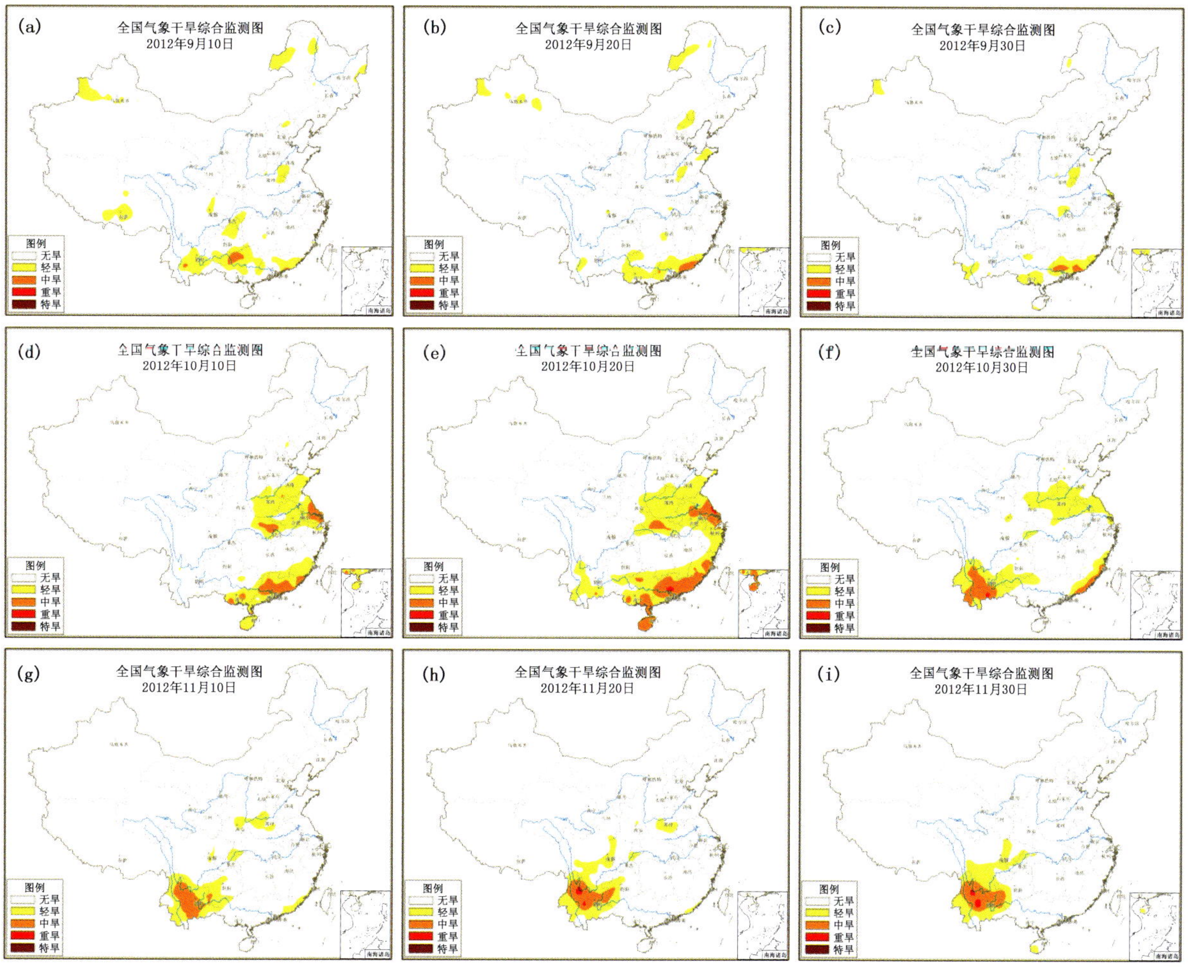

图 3.8　2012 年秋季我国气象干旱时空演变

(a)9 月 10 日;(b)9 月 20 日;(c)9 月 30 日;(d)10 月 10 日;(e)10 月 20 日;(f)10 月 30 日;(g)11 月 10 日;(h)11 月 20 日;(i)11 月 30 日

Fig. 3.8　Spatio-temporal evolution of meteorological drought in China in autumn of 2012

(a)10 Sep;(b)20 Sep;(c)30 Sep;(d)10 Oct;(e)20 Oct;(f)30 Oct;(g)10 Nov;(h)20 Nov;(i)30 Nov

第4章　干旱的影响

2012年中国干旱范围较常年偏少，但区域性和阶段性干旱严重。由于粮食主产区农作物生长发育关键时段未发生明显干旱，农作物因旱受灾面积较1990—2010年平均值明显偏小，属干旱灾害较轻年份，其总体影响较轻。

4.1　干旱对农业的影响

4.1.1　西南地区冬春连旱的影响

2011/2012年冬季，云南及四川南部降水量普遍在25毫米以下，比常年同期偏少5～8成；3月5日至5月24日，云南大部、四川南部降水量不足100毫米，云南北部和四川南部降水量不足50毫米；与常年同期相比，上述大部分地区降水量偏少3～8成，部分地区偏少8成以上。2011年12月1日至2012年5月24日，云南降水为114.6毫米，比常年同期偏少41%，为1980年以来同期最小值，长时间少雨导致气象干旱持续发展。受干旱影响，云南、四川南部的部分中小河流断流、小型水库干涸，冬小麦、蚕豆、油菜等农作物受灾；森林、草原火险气象等级居高不下，云南丽江、玉溪和四川西昌、理塘、甘孜一度发生森林火灾。

4.1.2　黄淮、江淮初夏旱的影响

5月1日至6月25日，华北南部、黄淮大部、江淮北部降水明显偏少，大部分地区累计降雨不足50毫米，较常年同期偏少5～8成，局部偏少8成以上。山东、江苏、河南3省区域平均降水量为41.9毫米，较常年同期(127.7毫米)偏少67%，为1951年以来历史同期最小值。江苏和山东均为1951年以来同期最小值，河南为第三小值。尤其6月1—25日，河南中北部、山东南部、江苏中北部、安徽东北部等地降水量不足10毫米，平均气温较常年同期普遍偏高1～2℃，局部还出现了12～15天35℃以上的高温天气。持续高温少雨使得华北南部、黄淮、江淮等地普遍出现中度以上气象干旱，河南大部、山东南部、江苏大部、安徽中北部等地达重到特旱，干旱导致夏播推迟，夏播作物出苗受到较大影响。

4.1.3　重庆、湖北、河南等地局部夏旱的影响

7月1日至8月17日，安徽北部、湖北中部和西南部、河南中部和南部、重庆东部降水量较常年同期偏少3～5成，河南南部和湖北北部局地偏少5～8成；同时上述地区出现持续高温天气，湖北东部、河南南部、安徽、重庆等地高温日数有15～30天，较常年同期偏多3～10天。温高雨少，土壤失墒快，导致上述部分地区出现不同程度的干旱。持续高温少雨造成旱区农作物减产，森林火险气象等级持续偏高，并使得林区有害生物大量滋生；水资源短缺，部分地区人畜饮水出现困难；城乡用电负荷持续居高不下。

4.1.4　各省干旱情况及其对农业的影响

黑龙江省　2012年5月以后东部地区降水持续偏少，特别是7月上中旬，黑龙江省大部分市、

县降水偏少，其中哈尔滨东部及三江平原东部等市、县偏少5成以上，7月中旬出现中等程度旱象，双鸭山市区、宝清、五常、通河及方正等县出现重旱。干旱导致七台河、鸡西等城市水库水位偏低、用水紧张。

山西省 2012年春夏两季，由于降水时空分布不均，加之温度阶段性冷暖起伏变化，部分地区出现旱情，给山西省农业生产带来一定不利影响。大同市春夏两季，由于阶段性的高温少雨，导致不同程度的阶段性旱象出现。4月1—22日大同市仅出现3次小于5.0毫米的阵性降水，由于降水持续偏少，气温偏高，土壤失墒快，大部分地区旱情持续并发展，至4月中旬，87.5%乡镇的表层土壤出现不同程度干旱，重度干旱达18个乡镇。4月下旬出现的降水虽然对前期的旱情有所缓解，但是进入5月，上旬大同市基本无有效降水，使得旱情蔓延加重，大同、天镇、左云整层土壤严重干旱，最大干土层厚度达到8厘米。大同市6月上、中旬降水持续偏少，且为分布不均的阵雨或雷雨，大同市大部分地区出现不同程度干旱，市区、大同县、天镇存在干土层，最大厚度达9厘米。7月中旬虽然出现降雨，但是日降雨量超过10毫米的仅有3站次，大同市大部分地区出现了明显的阶段性干旱，尤其是灵丘严重干旱，干土层厚度达8厘米。运城市自4月开始降水持续偏少，4月至6月末，运城市平均降雨量为70.7毫米，比2011年同期偏少30.5毫米，比历年同期偏少71.8毫米，特别是5月29日至6月25日，近一个月的时间运城市平均降水量仅为10.8毫米，比2011年同期偏少13.2毫米，比历年同期偏少50.3毫米，除零星降雨外，基本没有有效降雨，加之气温高，土壤失墒严重，旱情持续发展。严重的干旱影响到夏播进度和大秋作物的正常生长。

河北省 2012年河北省以阶段性干旱为主。夏秋时节发生的阶段性干旱给部分地区农业生产带来严重影响，农作物大面积绝收和大量人员及大牲畜出现临时饮水困难，张家口和承德地区北部受灾较重。据统计，2012年河北省因旱受灾人口299.5万人；农作物受灾面积43.0万公顷，其中绝收2.5万公顷；直接经济损失16.0亿元 。2011年12月9日至2012年3月15日，河北省大部分地区降水持续偏少，23%的县(市)无有效降水，河北省平均降水量2.0毫米，比常年同期偏少8成以上，为历史同期第三少雨年。受此影响，1月29日河北省旱情开始显露，而后持续发展。2月29日，河北省92%的县(市)出现中度以上气象干旱，局部达特旱程度。3月上中旬，降水逐渐增多，北部旱情逐步得到缓解；3月下旬，随着大范围降水过程的出现，河北省旱情明显缓解。2012年8月，张家口和承德地区平均降水量39.2毫米，较常年同期偏少58%，为历史同期第三少雨年。最长连续无降水日数在6天以上，其中1/4站点超过15天。受此影响，张家口和承德地区78%的县(市)出现中度以上气象干旱，22%的县(市)达特旱。丰宁7月8日开始连续75天存在中度以上干旱，此时正值农作物灌浆期，严重干旱造成大面积耕地受灾。据统计，丰宁县受灾人口25.7万，受灾面积2.1万公顷，直接经济损失1.5亿元。

山东省 2012年5—6月，山东省降水明显偏少，气温持续偏高。持续高温少雨天气，使部分地区旱情发展较快，受旱严重地区，夏播作物播种、出苗受阻，春播作物苗期生长及果品生产受到不利影响。根据6月24日卫星遥感数据计算分析，山东省农田干旱总面积约为120万公顷，其中重旱12.4万公顷，主要分布在临沂、日照、枣庄、泰安、潍坊、济宁、菏泽等地。7月4—5日，山东省出现了一次明显的大范围降雨过程，旱情基本解除。

河南省 2012年河南省因干旱造成农作物受灾面积100.2万公顷，其中成灾20.7万公顷，绝收0.3万公顷；直接经济损失9.4亿元，其中农业直接经济损失7.7亿元，与常年相比，干旱灾害属于较轻年份。年内干旱主要出现在初夏，5月1日至6月25日，河南省平均降水量为9.4毫米，较常年同期偏少86%；平均气温偏高1.8℃。特别是6月上中旬出现了大范围高温少雨天气，河南省平均降水量仅为4.3毫米，为1961年以来同期最小值。高温少雨导致土壤失墒严重，旱情发展较快，6月下旬河南省绝大部分地区出现重度以上气象干旱，有46%的测站土壤缺墒，11.5%的测站缺墒严重，对秋作物播种出苗较为不利。信阳市 2011 年以后降水明显偏少，致使水库蓄水量严重不足，水资源严重短缺，截至 8 月 14 日，信阳市 5 座大型水库总蓄水量比常年同期偏少 54%，蓄水量位于前两位的南湾水库和鲇鱼山水库偏少达 59%和 52%。一些水田因水库缺水无法灌溉，水稻正处于抽穗扬花的生长关键期，信阳市有 70%的水稻田受旱，有 28%严重受旱，对水稻产量造成不利影响。

安徽省 2012 年 5 月 1 日至 8 月 7 日安徽省平均降水量 385 毫米，偏少 3 成，为 2002 年以来最小值。降水持续偏少、气温偏高，出现阶段性干旱。此次干旱分为 2 个阶段：5 月中旬至 7 月上旬安徽省大部分地区、7 月下旬至 8 月上旬合肥以北及江南西南部。5 月中旬起沿淮淮北气象干旱露头，之后干旱范围不断扩大，程度也明显加重，6 月 25 日气象干旱达到最为严重程度，安徽省 69 个县(市)出现干旱，其中沿江江北有 7 个县(市)重旱，44 个县(市)特旱。梅雨期出现 3 次阶段性降水过程，有效缓解了前期旱情，至 7 月 14 日气象干旱基本解除。7 月 20 日起安徽省出现持续大范围晴热高温天气，土壤失墒加快，加之梅雨期降水偏少且分布不均，气象干旱再次露头并迅速发展，至 8 月 7 日，合肥以北及江南西南部出现不同程度的气象干旱，局部地区出现重旱。

伏旱造成池州、安庆部分河流断流、塘堰干涸，水稻大面积干枯。2012 年，安徽省因旱受灾人口 1414.2 万人，饮水困难 35.1 万人；农作物受灾面积 61.6 万公顷，绝收面积 2.2 万公顷；直接经济损失 27.9 亿元，其中农业损失 27.3 亿元。根据干旱年景指数评估，2012 年安徽省干旱属偏重年份。

湖北省 2012 年湖北省除鄂东地区外，大部分地区降水偏少 2～4 成，鄂北岗地、鄂东北西部和江汉平原北部大部先后遭遇了冬干、春旱、初夏旱和伏旱。旱情最为严重的是鄂北岗地和江汉平原北部。同时干旱呈阶段性缓解，5 月阴雨天气和 2 次区域性暴雨过程缓解了前期春旱，梅雨期强降水缓解了初夏旱，8 月 4—6 日和 20—21 日强降水过程则使前期中北部地区的持续干旱得到有效缓解，10 月中下旬降水过程基本解除了前期干旱。

湖南省 2012 年区域性和阶段性干旱明显，从时间上看中等以上的干旱主要出现在 7—9 月，发生地域以湘西南偏重。年内共有 83 个县(市)出现中度以上气象干旱，14 个县(市)一度出现特旱。2012 年，湖南省 1.02 万人因旱受灾，0.1 万人饮水困难；农作物受灾 200 公顷，绝收 25 公顷；直接经济损失 100 万元。粮食主产区和粮食生产关键期未受到严重旱灾影响。总体而言，2012 年属干旱灾害较轻年份。

福建省 2012 年福建省出现了不同程度的冬旱、春旱、夏旱和夏秋连旱，但整体气象干旱灾情较轻，夏秋连旱略有不利影响。冬季，南部地区出现较大范围的轻旱。自 2011 年 11 月下旬起，南部部分县(市)持续少雨，截至 2012 年 1 月 2 日，南部地区多个县(市)无有效降水日数达 44 天，出现气象干旱。1 月 3—6 日，福建省普降小到中雨，南部旱区旱情解除。春季，南部地区出现气象中旱。3 月中旬起降水偏少，3 月下旬南部地区出现气象干旱，一直持续到 4 月中旬，发展成气象中旱。4 月 20 日旱区出现大到暴雨，旱情得到有效缓解；4 月 25 日雨季开始，旱情彻底解除。初夏，福建省大部分县(市)出现气象轻到中旱。7 月上半月高温少雨，除闽北山区和中部沿海地区外，福建省大部分县(市)出现气象轻到中旱。7 月 16—18 日的暴雨过程使旱情得到解除。夏末秋初：福建省大部分县(市)出现气象干旱，中部、南部旱情较重。福建省降水自 8 月中旬以来持续偏少，9 月中旬南部沿海出现气象干旱，10 月旱情发展，福建省大部分县(市)出现了不同等级的气象干旱，中部、南部部分县(市)气象干旱较重，土壤持续缺墒。10 月下旬末，福建省大部分县(市)普降中到大雨，旱情得到缓解，仅西北内陆和中南沿海的部分县(市)气象干旱仍维持。11 月 9 日的暴雨过程解除了西北部的旱情，11 月下旬的持续降水也使南部沿海旱情得到彻底解除。

广西壮族自治区 2012 年，广西未出现大范围干旱，仅局部地区出现春旱或秋旱。全年干旱造成农作物受灾 7.7 万公顷，成灾 4.1 万公顷，绝收 0.3 万公顷；77.2 万人受灾；直接经济损失 1.73 亿元。总体而言,干旱比常年偏轻。

四川省 2012 年四川省干旱总体一般,春旱为一般偏重年份,夏旱、伏旱为偏轻年份。干旱范围涉及攀枝花、凉山和宜宾、泸州、自贡、乐山大部及内江、眉山、南充、广元、德阳、达州、绵阳、资阳、巴中、广安的部分地区。川西高原南部及攀西地区冬春降水异常偏少,季节性冬春连旱造成土壤失墒严重,塘库缺水干涸,森林火险等级高,农业生产和人民生活用水短缺。尤其攀西地区无水源保障区域,由于土壤严重缺墒,小春作物受旱危害突出,作物枯黄、枯死,甚至出现绝收,导致产量损失明显。据四川省民政厅统计,2012 年干旱灾害造成四川省 58 个县(市、区)不同程度受灾,受灾人口 545.1 万人,209.6 万人饮水困难;农作物受灾面积 22.2 万公顷,绝收面积 1.7 万公顷;直接经济损失 28.5 亿元。

重庆市 2012 年重庆市共出现 4 段气象干旱,分别是 2 初至 3 月中旬、4 月中旬至 5 月上旬、6 月下旬至 8 月底和 12 月。其中 2 月初至 3 月中旬和 6 月下旬至 8 月底的气象干旱影响较明显。根据国家综合气象干旱指数(CI)逐日监测显示,中部和东北部长江沿线气象干旱相对较重,全年累计中旱及以上等级日数普遍在 80 天以上;东南大部分地区降水较多,干旱日数较少。

贵州省 春季 3—4 月,贵州省降雨时、空分布不均,西南部、西部大部、中部局部降雨偏少,黔西南州大部、毕节市和安顺市局部出现干旱,最严重时 48.2 万人、18.7 万头大牲畜发生临时饮水困难。5 月 8—14 日出现降水过程,旱区旱情得到缓解;5 月 21—22 日的降水过程,使旱区旱情基本解除。与 2009—2010 年的夏秋连旱叠加冬春旱、2011 年 7—10 月全省大面积干旱相比,2012 年春季干旱程度不强、范围较小,仅造成部分地区土壤表墒较差,不利于夏季作物播种育苗。

云南省 2—5 月,云南省平均降水量较常年同期偏少 31%,加之 2011 年秋冬降水持续偏少,造成云南省大部分地区出现春旱和初夏旱,致使农作物受灾,人畜饮水困难,昆明、楚雄、玉溪、大理、临沧、丽江等州(市)灾情较重。干旱持续时间虽长,但影响范围及程度不及 2010 年。2012 年,云南省共有 16 个州(市)1421.5 万人因旱受灾;农作物受灾 107.3 万公顷,绝收 10.7 万公顷;直接经济损失 43.9 亿元,其中农业经济损失 59.7 亿元。

陕西省 2012 年 6 月上中旬持续的高温少雨天气导致陕西省出现干旱,对夏播作物的播种、出苗产生了一定的影响。6 月中旬陕北、关中大部分地区、陕南部分地方出现轻到中旱,陕北、渭北局地重旱;6 月下旬降水日数较多,大部分地区旱情得以缓解,但渭北东部和关中东部局地中旱仍在持续。干旱致使渭南、宝鸡农作物受灾 16.7 万公顷。

甘肃省 2012 年甘肃省干旱较常年范围小、程度轻,各个旱段持续时间短,且降水适时,土壤水分补充及时,对作物、牧草及林木生长非常有利。3 月中下旬,陇中部分地区、陇南南部个别地区降水偏少 4~6 成,陇中北部基本无降水,连续无降水日 39~44 天,陇中北部及陇南南部个别地区出现初春旱。据土壤测墒结果显示,4 月 0~50 厘米平均土壤相对湿度与常年同期相比,陇中部分地区、陇东个别地区及陇南市东南部偏低 1~15 个百分点,舟曲偏低 45 个百分点,上述区域出现了不同程度春末旱。初夏 6 月前期,河东出现初夏旱,但对农业生产影响不大。

青海省 2012 年 6 月,青海省降水东少西多,东部农业区大部、环青海湖大部、青南部分地区降水偏少 1~7 成,致使上述地区出现轻度到特重气象干旱,同仁、互助出现了特旱,贵德、尖扎出现了重旱,大通、化隆、门源和泽库等 9 站出现了中旱,湟中、贵南和河南 3 站出现了轻旱。受此影响,共和农作物受灾面积 1066.7 公顷,占播种总面积的 9%;贵德冬小麦乳熟期推迟 6 天;门源、互助主要油菜产粮区油菜现蕾、开花期推迟 6~7 天;互助马铃薯花序形成期、湟源蚕豆结荚期均推迟 7 天左右。随着 6 月 25—28 日中到大雨的出现,前期出现的旱情全部解除。

4.2 干旱对水资源的影响

4.2.1 水资源总量状况

2012 年水资源总量 29888.9 亿立方米，全国年水资源总量属于比较丰富年份。河北、吉林、黑龙江、福建、湖南、四川、宁夏属于比较丰富年份，北京、天津、内蒙古、辽宁、浙江、江西、青海属于异常丰富年份；云南属于异常欠缺年份，河南属于欠缺年份；其余 15 个省（区、市）均属正常年份（表 4.1）。

表 4.1　2012 年全国及各省（区、市）水资源总量和采用的指标及参数（亿立方米）

Table 4.1　Total water resources, evaluate indicators and parameters of the national and provinces in 2012 (unit: 10^8 m^3)

地　区	年水资源总量（亿立方米）	评估结果	指标 1	指标 2	指标 3	指标 4	a	b
北京	43.4	异常丰富	38.9	32.3	20.8	14.3	−16.19	0.47
天津	26.4	异常丰富	21.6	16.8	8.6	3.8	−14.56	0.45
河北	220.7	比较丰富	234.8	195.8	127.5	88.5	−127.42	0.31
山西	95.2	正常	118.3	105.9	84.2	71.9	−13.10	0.15
内蒙古	725.2	异常丰富	714.3	602.7	407.4	295.8	−466.23	0.26
辽宁	559.4	异常丰富	502	401.2	224.8	124	−373.81	0.73
吉林	510.6	比较丰富	550.5	470.8	331.3	251.7	−316.95	0.62
黑龙江	929.7	比较丰富	1061.6	916.9	663.6	518.9	−541.69	0.56
上海	39.7	正常	54.3	44.1	26.3	16.1	−38.73	1.00
江苏	368.1	正常	588.1	477.6	284.1	173.6	−538.26	0.88
浙江	1460.9	异常丰富	1274.2	1122.6	857.3	705.6	−642.37	1.06
安徽	730.9	正常	1087.1	913.4	609.4	435.6	−739.79	0.89
福建	1431.6	比较丰富	1539.9	1354.8	1030.8	845.7	−466.53	0.81
江西	2312.1	异常丰富	2087.2	1822.6	1359.6	1095	−851.90	0.88
山东	222.2	正常	430.1	345.6	197.8	113.3	−240.15	0.52
河南	220.1	欠缺	583.7	481.7	303.2	201.2	−322.35	0.58
湖北	883.9	正常	1394.5	1200.3	860.6	666.4	−733.08	0.79
湖南	2106.4	比较丰富	2159.1	1969.8	1638.4	1449.1	−303.90	0.71
广东	1912.3	正常	2320.9	2063.8	1613.9	1356.9	−454.50	0.73
广西	2140.9	正常	2433.2	2161.8	1686.8	1415.4	−588.01	0.69
海南	364.6	正常	456.6	391.6	277.9	212.9	−230.25	0.93
四川	2761.6	比较丰富	2962.6	2737	2342.2	2116.5	−1075.50	0.78
重庆	503	正常	682.7	607.6	476.4	401.3	−253.82	0.86
贵州	1024.4	正常	1221.8	1120.6	943.5	842.3	−356.11	0.67
云南	1703.9	异常欠缺	2568.1	2350.1	1968.5	1750.5	−839.80	0.70
西藏	4374.6	正常	4591.4	4509.5	4366.2	4284.3	3752.38	0.13
陕西	314.4	正常	516.7	436.7	296.7	216.7	−242.38	0.47
甘肃	219.2	正常	243.6	225.6	194.2	176.2	38.12	0.11
青海	762	异常丰富	759.6	696.7	586.5	523.6	−123.16	0.29
宁夏	12.6	比较丰富	13.3	11.7	9.1	7.6	−0.45	0.08
新疆	909	正常	1001.8	956.5	877.1	831.7	580.00	0.12
全国	29888.9	比较丰富	30334.2	28934.3	26484.4	25084.5		

* 资料来源于中国 2000 多个水文观测站；年水资源总量（W）丰枯等级划分标准为：$W>$指标 1 为异常丰富；指标 1$\geq W \geq$指标 2 为比较丰富；指标 2$>W>$指标 3 为正常；指标 3$\geq W \geq$指标 4 为较为欠缺；指标 4$>W$ 为异常欠缺。a、b 为参数，无单位。

4.2.2 四大流域水资源状况

2012年长江流域的赣江流域水资源总体偏多，较常年偏多26%～30%，汉江流域上游偏多，下游偏少；黄河上游、中游以偏多为主，除黑石关偏少28%外，其他子流域偏多，最大达17%；海河流域大部分子流域较常年偏少，仅阜平、刘家庄、宽城、李营偏多13%～65%；淮河流域大部分子流域较常年同期偏少，仅亳县、临沂（沂河）、大官庄（沭河）偏多27%～72%。

4.2.3 干旱对水资源影响的典型事件

（1）黄河上游降水偏多，来水量增大

2012年，黄河上游降水较常年偏多近2成，位列历史同期第三多值，尤其是夏季降水量大部分地区创历史极值。全年黄河上游平均流量为880.1米^3/秒，较历年偏丰41.1%，黄河上游各月来水量除9和10月外，其余均偏丰。充沛的降水使青海湖来水量增大，汛期青海湖面积较历年显著增大。据9月8日和9月21日EOS/MODIS卫星资料监测表明，青海湖、龙羊峡水库、扎陵湖和鄂陵湖面积分别为4402.55平方千米、387.92平方千米、558.54平方千米和676.78平方千米，与2011年同期相比，面积分别增加了48.83平方千米、40.31平方千米、10.59平方千米和14.56平方千米。偏丰的来水量给沿河水电站防汛带来了一定不利影响，但对青海省流域内农业、电力生产及下游地区供水较为有利。

（2）云南连续4年降水量偏少，水资源供需紧张

自2009年以后，云南连续4年降水量较常年偏少，水资源供需矛盾日益凸出。2012年云南遭受严重冬春连旱，水资源匮乏。自2011年汛末至2012年5月上旬，云南省河道平均来水量较常年整体偏少逾4成，539条中小河流断流，647座小型水库干涸，云南省库塘蓄水仅约为总库容的三分之一。云南省共有556万人、270万头大牲畜饮水困难，部分城镇供水紧张，部分企业、厂矿因缺水已处于停产或半停产状态。夏季降水分布不均，滇中等地进入雨季后降水总体偏少，加之前期库塘蓄水严重亏空，供水紧张形势一直延续至夏末才有所改善。昆明市主要供水源云龙水库7月10日水位线为2056.94米，为历史最低水位，库容量仅2050万立方米。昆明市库塘蓄水量同期仅4.36亿立方米，还不到2011年同期的一半。昆明主城区多个小区被迫实施计划性停水。截至8月20日，云南省库塘蓄水总量为43.50亿立方米，比常年同期少2.15亿立方米。秋季，大部分地区降水仍偏少，滇中的楚雄州、昆明市及大理州等地水资源尤为匮乏，至10月27日，云龙水库蓄水仅9240万立方米，只有常年的三分之一，供水形势十分严峻。楚雄州因市区主要水源九龙甸等水库蓄水量不足计划蓄水的7成，不得不从11月起实施划片区分时段供水。

（3）湖北、河南遭受阶段性干旱，水资源受影响

2011/2012年冬季以后，湖北省中北部降水持续偏少，鄂西北、鄂东北西部、江汉平原北部降水偏少最为明显，尤其在7月下旬至8月上旬与高温影响叠加，伏旱迅猛发展。阶段性干旱接连发生，造成湖北多数小型水库、堰塘蓄水偏少，甚至干涸，人畜饮水困难。8月初荆门市库塘总蓄水量为17.76亿立方米，比常年同期少10.64亿立方米。京山、钟祥蓄水量分别为2.44亿立方米及2.33亿立方米，均比常年同期偏少6成。2座大型水库、4座中型水库、194座小型水库处死水位以下，70多座水库干枯或接近干枯，60%塘堰无水，40多条中小河流断流。襄阳市水利工程蓄水总量10.35亿立方米，比常年同期偏少10.3%，水库干涸33座，机电井出水不足155口。

河南遭受初夏旱，5月1日至6月25日，河南省平均降水量为9.4毫米，较常年同期偏少86%；平均气温偏高1.8℃。6月上中旬出现了大范围高温少雨天气，平均降水量仅为4.3毫米，为1961年以来同期最小值。信阳市2011年以后降水明显偏少，致使水库蓄水量严重不足，水资源短缺，截至8月14日，信阳市5座大型水库总蓄水量比常年同期偏少54%，蓄水量位于前两位的南湾水库

和鲇鱼山水库偏少达59%和52%,一些水田因水库缺水无法灌溉。

4.3 干旱对生态环境的影响

2012年,除内蒙古中西部、西北东部和中西部大部、青藏高原中西部植被覆盖较差外,全国其余大部分地区植被覆盖较好或好。从季节分布来看,冬季和春季大部分地区植被状况与2011年同期接近,部分地区植被状况偏差,夏季和秋季植被状况较2011年同期略偏好,但空间差异较大。

阶段性气象干旱特征明显,但对植被影响较轻。2012年,东北大部、内蒙古东部、华北大部、西北东南部、黄淮、江淮、江汉、西南中东部以及南方地区植被覆盖较好或好;内蒙古中西部、西北东北部和中西部大部、青藏高原中西部植被覆盖较差(图4.1a)。与2011年相比,除黑龙江西部和东部、新疆北部、四川中部及西藏东南部等地植被长势偏差外,全国其余大部分地区植被长势与2011年相当,内蒙古中部部分地区和江淮部分地区植被长势偏好(图4.1b)。

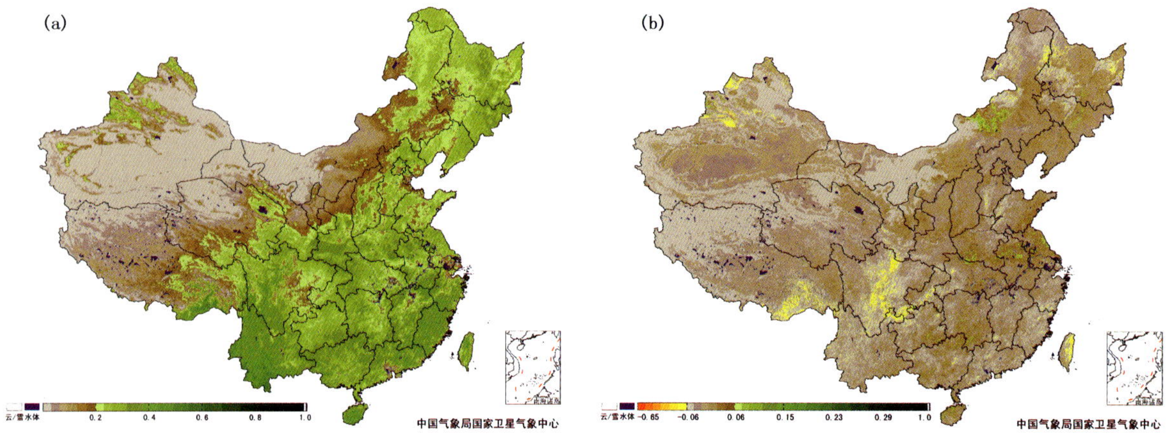

图4.1 2012年全国植被指数(a)与植被指数差异(2012年度与2011年度之差)(b)

Fig. 4.1 Vegetation index(a) and differences between vegetation index of 2011—2012 (b) in vegetation growing season in 2012

第5章　抗旱减灾重大服务

2012年，中国区域性和阶段性干旱明显，但粮食主产区和粮食生产关键期未受到严重旱灾影响。干旱范围小，全国农业受旱面积为1990年以来最小值。总体而言，2012年属干旱灾害较轻年份。党中央、国务院高度重视抗旱工作。胡锦涛总书记、温家宝总理对抗旱救灾作出重要指示，国务院副总理、国家防汛抗旱总指挥部总指挥回良玉亲赴云南旱区检查指导抗旱工作，并在旱区一线召开抗旱工作座谈会，安排部署各项抗旱工作。在党中央、国务院的高度重视和坚强领导下，国家防汛抗旱总指挥部以及气象、水利、农业等部门及早部署、科学决策、优化调度，各有关部门团结协作、密切配合、大力支持，旱区各级党委、政府加强领导、强化措施、有效应对，组织动员广大干部群众全力以赴抗旱减灾，确保了旱区群众饮水安全，保障了全国粮食丰收，维护了旱区社会稳定，取得了抗旱工作的全面胜利。

5.1　气象部门抗旱减灾重大服务

5.1.1　高度重视，切实加强组织领导

自2012年1月中旬云南等地出现气象干旱以后，中国气象局党组高度重视，各级气象部门积极配合、全力以赴，在第一时间开展了一系列超常规抗旱气象服务工作。2月初，气象专家即对干旱原因进行分析，并及时提供科学应对建议。农历大年初一，中国气象局党组书记、局长郑国光在早间天气会商时专门向专家询问云南旱情，并要求相关气象部门在节日期间做好抗旱服务。2月24—25日，中国气象局局长郑国光陪同回良玉副总理赴云南检查指导抗旱救灾气象服务工作。2月23日和3月1日，中国气象局先后派出抗旱检查指导工作组深入到云南和贵州，实地调查了解灾情，指导抗旱气象服务。此外，云南、广西等省（区）气象部门也都派出业务骨干，深入旱区部分村屯以及田间地头开展灾情调查，指导广大人民群众科学用水、科学抗旱。2月26日，云南省气象局启动重大气象灾害Ⅰ级应急响应。27日9时，中国气象局启动重大气象灾害Ⅲ级应急响应。气象部门各有关单位按照干旱应急响应工作流程及时有效地做好应急响应工作。为加强云南抗旱气象服务工作，中国气象局针对云南旱区等地人工影响天气服务特点，专门制定了抗旱服务业务技术方案，并成立云监测分析组、模式预报组、信息收集组和外场指导组，加强作业条件的监测分析服务和潜势模式预报系统服务，并启动作业信息采集和分析系统。

5.1.2　加强分析，做好决策气象服务

进入Ⅲ级应急响应后，国家气象中心加强了针对干旱的天气会商和与省气象局的沟通、联动工作；在日常天气预报产品中专门增加了旱区天气预报；每天上午制作旱区未来4天的天气趋势预报；农业气象中心和决策气象服务中心等每天向有关部门联合制作发布《抗旱气象服务专报》；与有关省气象局和农业部门开展加密会商，及时发布会商、监测结果和预测、预报结果。针对干旱，各级气象部门及时开展了监测、预警、评估服务，切实加强干旱灾害的灾前预警、灾中监测和灾后影响评

估，准确预测分析灾害演变形势、影响区域和程度。在天气转折时机，及时发布农用天气预报，提醒受灾地区抓住有利时机，采取有效措施加强农业生产管理，减轻灾害损失。云南省气象局密切监视旱情发展，加强旱情和土壤墒情滚动监测及分析评估。每日9时前，将综合气象干旱指数(CI)图报送云南省委、省政府。每周一、周四制作云南省气象干旱监测报告，供各级气象部门及时调用。积极与国家气候中心进行干旱会商，及时向中国气象局反馈云南的实际干旱情况和综合气象干旱CI指数存在的问题，同时研制开发反映云南旱情的地方标准，协助国家气候中心完成新CI指标的改进完善工作。

5.1.3 空地联动，开展人工增雨作业

除海南省、上海市之外的29个省(市、区)及新疆生产建设兵团均组织开展了人工影响天气作业，增雨作业目标区面积465.9万余平方千米。北京、天津、河北、山西、内蒙古、辽宁、吉林、黑龙江、福建、江西、山东、河南、湖北、广东、广西、重庆、四川、贵州、云南、陕西、甘肃、青海、宁夏、新疆等25个省(市、区)的气象部门，在空军和民航等部门的大力支持下，使用增雨飞机45架，组织开展了飞机人工增雨作业飞行955架次，作业2460余小时。除上海外，其余各省、自治区、直辖市和计划单列市以及新疆生产建设兵团的2266个县、团场和农垦农场等县级单位开展了地面人工影响天气作业。全国共使用高炮6654门，火箭架7213套(其中新型火箭架6047套)；全年实施地面增雨作业21582次，发射炮弹86.5万发、火箭弹11.8万枚(其中新型火箭弹9.9万枚)。全年增雨量累计达到465.3亿立方米。

2012年入秋后，福建省降水偏少，各地旱情露头。根据天气预报分析，10月29—31日福建省将出现有利于人工增雨作业时机，福建省气象局于10月28日及时启动人工增雨作业空地联动预案。29和30日闽赣粤飞机人工增雨指挥中心根据福建省气象局的申请，先后2次在福建省上空开展飞机人工增雨作业。30日福建省各级气象部门抓住有利时间，配合开展地面火箭人工增雨作业。福建省共有33个县(市)开展人工增雨作业64次，发射增雨火箭弹359枚、暖云催化烟条3根。从现场人工增雨作业情况来看，29日福建省中北部地区普降小到中雨，闽西地区出现中到大雨；30日中南部地区普降中到大雨。据统计，10月29日08时至31日08时，福建省有52个县(市)的506个乡镇降水量超过25毫米，有11个县(市)的40个乡镇降水量超过50毫米，以武平县武东乡的77.9毫米为最大。

2012年，广东省降水分布严重不均。年初，雷州半岛平均降雨量比历年同期偏少，湛江市区、徐闻偏少3～4成，雷州半岛偏少6成多。3月4日10时，湛江市气象局把握有利天气条件，打响了广东省2012年人工增雨第一炮。4—5月，在广东省人工影响天气中心的统筹协调下，空军、民航及有关部门积极支持配合，深圳气象局周密部署，精心组织，抓住有利天气时机，组织实施了深圳及东江流域飞机人工增雨作业。通过自然降水和人工增雨催化的共同作用，深圳、东莞、惠州和河源等东江流域地区降雨量明显增大。据统计，春季广东省气象部门共开展飞机作业13架次，作业飞行33小时，地面火箭人工增雨18次，发射火箭弹92枚，初步估算广东省增加降雨量3亿立方米以上。

各地全力做好人工增雨作业服务，取得了很好的抗旱效果。此外，在森林草原防火扑火、生态环境建设等方面也取得了显著的效益。全国开展森林防(扑)火作业329次、增水24.9亿立方米。北京市通过人工增雨增加密云等3个水库水量2733万吨，为缓解北京水资源压力做出了重要贡献。青海省发挥三江源人工增雨工程建设成效，在青海湖、黄河上游等地科学作业，三江源地面人工增雨作业期内共增加降水13.95亿立方米，9月青海湖面积同比增加了48.83平方千米，达到近12年来的最大值；黄河源头“姊妹湖”扎陵湖、鄂陵湖面积分别同比增加了10.59平方千米和14.56平方千米。甘肃省加大祁连山人工增雨(雪)力度，10月31日，民勤县蔡旗镇断面过水总量达到3.38亿

立方米，天然河道下泄水量超过 1.16 亿立方米，较 2009 年同期偏多 1.1 倍。

5.1.4 多种渠道，积极开展科普宣传

为了让全社会更多地了解干旱形势，正面倡导公众舆论，旱区气象部门利用广播、电视、报纸、手机短信、12121 电话、电子显示屏、网站等多种渠道及时向群众发布天气预报，开展抗旱减灾科普宣传。

面对干旱形势，云南省气象局加大了新闻宣传力度，全年就干旱情况接受媒体采访百余次，先后在中央电视台《晚间新闻》《新闻 1+1》以及新闻频道，上海东方卫视，云南卫视，云南省广播电台《都市条形码》《街头巷尾》，《云南日报》《生活新报》等多家新闻媒体播出。及时派出新闻报道组深入一线进行追踪报道，制作了《星云湖临近历史最低水位》《大旱之下，抚仙湖水位降至法定最低运行水位以下》《江川干旱严重》《气象人勇当守望者，云南晋宁持续山火基本扑灭》《云南干旱对鲜花的影响》等新闻，在中国气象频道播出后，受到了北京华风影视新闻中心的高度评价。

5.1.5 部门联动，形成抗旱减灾合力

国家防汛抗旱总指挥部各成员单位团结协作、密切配合，对抗旱工作给予了大力支持，形成抗旱减灾合力。财政部累计拨付 18.2 亿元中央特大抗旱补助费，支持各地做好抗旱减灾工作；民政部派出多个工作组深入重旱区协助组织灾后救助工作；农业部多次召开会议，分阶段部署农业防灾抗灾工作，在春播、"三夏""三秋"等关键农时，加强农情调查，强化应对措施；中宣部、国新办、广电总局统一协调报道力量，整合新闻资讯，营造良好抗旱氛围；中国气象局进一步完善了与各级防汛抗旱总指挥部门的信息共享及预警联动机制，加强了与水利、民政、农业、国土等部门的沟通联系和信息共享，建立健全了部门间的应急会商和早期预警机制。努力提高了预报预警的准确性、信息发布的及时性，气象服务的针对性以及会商联动的主动性，为各级防汛抗旱指挥部门的决策部署提供及时有效的气象服务。

5.2 水利部门抗旱减灾重大服务

根据水利部门统计，2012 年全国投入抗旱人力 4407 万，开动机电井 328 万眼、泵站 4.9 万处、机动抗旱设备 724 万台(套)，出动各类运水车 247 万辆。全年累计投入抗旱资金 142 亿元、抗旱用电 55 亿千瓦时、用油 30 万吨，完成抗旱浇地 1727 万公顷，抗旱挽回粮食损失 3146 万吨，挽回经济作物损失 265 亿元。采取各种应急措施，解决了 1303 万农村群众和 805 万头大牲畜的临时饮水困难，保障了旱区群众的生活用水安全。通过实施引黄济津、引黄入冀、珠江枯水期水量调度等应急调水，确保了天津、沧州、衡水、澳门、珠海等城市的供水安全，缓解了"华北明珠"白洋淀生态危机，取得了良好的社会效益和生态效益。

5.2.1 领导重视，指挥部署有力有序

国家防汛抗旱总指挥部副总指挥、水利部部长陈雷和国家防汛抗旱总指挥部秘书长、水利部副部长刘宁多次组织召开专题会商会，分析研判旱情发展趋势，部署各阶段的抗旱工作。国家防汛抗旱总指挥部先后 6 次下发通知对抗旱工作进行部署，并陆续派出 19 个工作组深入云南、四川、湖北、重庆等重旱地区了解旱情，协助指导抗旱工作。旱区各级党委、政府把抗旱作为保粮食安全、保社会稳定的大事来抓。云南省根据旱情变化情况，多次在省委常委会、省政府常务会上召开专题会议，安排部署抗旱工作，云南省防汛抗旱指挥部根据抗旱预案启动了抗旱Ⅱ级应急响应。湖北省政府在夏伏旱期间，多次召开常务扩大会，专题研究抗旱问题，湖北省防汛抗旱指挥部启动抗旱Ⅳ级应急响应。黑龙江省防汛抗旱指挥部在春耕生产和抗夏伏旱期间先后派出 12 个工作组，深入旱区

调查研究，督促落实各项抗旱措施。江苏省防汛抗旱指挥部针对5—6月苏北地区的严重干旱和用水短缺形势，及时启动抗旱应急预案，并多次召集有关地市和部门召开专题会商会研判抗旱形势，部署抗旱调水措施。山东省防汛抗旱指挥部先后6次召开专题会议研究部署抗旱工作，派出16个抗旱督导组赴旱情较重的市、县进行检查督导。重庆、广西、贵州，安徽、陕西等省（自治区、直辖市）均对区域内抗旱水源现状进行了摸底调查，对旱情趋势进行分析评估，并提前对抗旱工作进行部署。

5.2.2 完善预案，赢得抗旱工作主动

为保障流域生活用水，协调生产和生态用水，满足流域突发水安全事件处置的要求，国家防汛抗旱总指挥部组织长江防汛抗旱总指挥部、黄河防汛抗旱总指挥部和松花江防汛抗旱总指挥部编制了《嘉陵江水量应急调度预案》《黄河水量应急调度预案》《松花江水量应急调度预案》，进一步规范流域抗旱应急管理工作。旱区各地结合本地实际，加强抗旱预案的制定和落实。云南省水利厅与各市（州）签订了《2012年保障城乡供水安全责任书》，逐个明确了121项增蓄应急重点项目建设责任人。四川省川南5市（州）提前制定了各类保障供水预案270个，落实并公布了责任人员490名，为抗春旱做好了准备。贵州省按照“事前指导、事中检查、事后补助”的原则，大力推进抗旱预案体系建设，已完成省、市（州）、县3级抗旱总体应急预案以及贵阳市等13个建制市抗旱专项预案，保障了抗旱工作的有序、有力、有效开展。抗春旱期间，黑龙江省防汛抗旱指挥部组织全省13个市（地）68个县（市、区）、省农垦总局9个管理局编制了《抗旱措施落实方案》，详细调查土壤墒情、水源条件等基本情况，有针对性地制定了各项保灌措施，为黑龙江省春季农业生产提供强力保障。辽宁省防汛抗旱指挥部组织编制了《辽宁省水量应急调度预案》，主动应对可能发生的严重干旱缺水、突发性水污染事件以及不可预见的应急缺水事件。内蒙古自治区10个盟市、98个旗县编制或修订完善了抗旱预案。

5.2.3 强化措施，确保群众饮水安全

2012年，由于干旱，部分山丘区群众饮水困难问题十分突出，且持续时间较长。旱区各级党委、政府坚持以人为本，始终把确保群众饮水安全放在抗旱工作的首位，千方百计采取措施，全力解决群众饮水难题。广西、贵州通过限制高耗水行业用水等节水、限水措施，分别保障了20万和27万人饮水安全。云南省倒排供用水计划，对城镇、医院、学校等重要供水对象逐一细化供水方案，在确保城镇供水的基础上，对云南省160万个小水窖（池）实行应急补水，保障了800万农村群众饮水安全。针对昆明市汛后蓄水不足的严峻形势，云南省防汛抗旱指挥部采取节水、应急调水等措施确保2013年雨季到来前城区供水安全。湖北省及时组织协调，通过提引界牌水库蓄水，保障了大悟县城及沿线乡镇20万人基本生活用水。四川省共投入抗旱机电井18.8万眼、泵站1.3万处、机动运水车210辆（次），临时解决了76万人饮水困难。重庆市通过拉送水解决了綦江区和丰都县5400人的生活用水问题。甘肃省防汛抗旱指挥部及早安排部署抗旱减灾保饮用水工作，春节前就组织开展饮用水困难调查，准确掌握饮用水困难动态，制定应急供水措施。辽宁省投入专项资金1000万元用于辽东4市饮水解困工程建设，新建饮水井235眼，改造旧井209眼，铺设管网12.19万米，解决了18.14万人、2.63万头大牲畜饮水困难问题。

5.2.4 科学调度，保障抗旱用水需求

为保障天津、澳门、珠海及河北省沧州、衡水等城市供水安全，维护白洋淀、衡水湖等地生态系统，国家防汛抗旱总指挥部组织有关流域机构实施了2011—2012年度引黄济津、引黄入冀应急调水及珠江枯水期水量调度工作。引黄济津应急调水历时89天，天津市九宣闸收水1.806亿立方米，圆满完成了调水目标，同时还为河北省大浪淀调水约0.4亿立方米；引黄入冀调水历时84天，河北省

收水4.189亿立方米，比计划多收水0.589亿立方米，超额完成了应急调水目标，满足了河北省衡水、沧州和廊坊等城市供水和沿线地区的农业用水需求；通过2011—2012年度珠江枯水期水量调度，珠海抽取淡水2.24亿立方米，向澳门供水3676万立方米，保障了澳门、珠海等地供水安全，实现了供水、航运、发电和生态的多方共赢。松花江防汛抗旱总指挥部及时调整2012年尼尔基水库调度计划，加大尼尔基水库下泄流量，累计为下游输水23.2亿立方米，有力支持了下游地区抗春旱工作。黄河防汛抗旱指挥部统筹协调输沙和下游引黄用水需求，科学调度小浪底和西霞院水库，增加了中下游夏播抗旱用水，有力支援了沿黄地区抗旱保灌工作，为2012年河南省夏粮生产实现"十连增"奠定了坚实基础。为维持太湖合理水位，保障流域冬春供水安全，太湖防汛抗旱指挥部组织实施了引江济太水量调度，开启望亭水利枢纽引水入湖，保障了流域的供水安全和水生态安全。

旱区各地强化抗旱水源调度，通过水库放水、涵闸引水、泵站提水、渠道输水等综合措施以及河湖联调、湖库联调、库闸联调等多种手段，多引、多提、多拦、多蓄，全力保障抗旱用水。云南省从2011年8月开始，采取蓄、引、提、打井等多种措施，千方百计增加蓄水，使2011年末云南省库塘蓄水总量达到47.4亿立方米，为2012年上半年抗旱储备了宝贵的水源。针对沿淮地区水稻用水量大增，淮河干流来水锐减，蚌埠闸水位快速下降的不利局面，安徽省防汛抗旱指挥部及时调度临淮岗洪水控制工程向下游河道供水1.1亿立方米，保障了蚌埠闸以上地区生产生活用水需求。湖北省通过水库放水、泵站提水、涵闸引水，开展河湖库联调等措施，完成抗旱灌溉39万公顷。江苏省防汛抗旱指挥部实施江水北调、江水东引等措施，全力以赴增加抗旱水源，江水北调沿线泵站累计提水34.8亿立方米，泰州引江和江都东闸累计向里下河地区补水38.7亿立方米，保证了里下河和沿海地区用水。河北省精心组织、科学调度，千方百计增加水库蓄水，各类水利工程调度地上水12.6亿立方米，完成抗旱浇地57万公顷。四川省西南5市（州）及时组织实施保供水预案，通过多库联调全力确保城镇供水。

5.2.5 多措并举，全力增加抗旱投入

2012年全国累计投入抗旱资金142亿元，其中中央和地方各级财政投入35.7亿元。中央财政安排特大抗旱补助费18.2亿元支持旱区抗旱，5亿元用于支持各地开展抗旱应急水源工程建设，11.04亿元用于支持552支县级抗旱服务队购置抗旱设备。受旱地区也加大投入力度，充分调动群众抗旱积极性。云南省投入资金7.56亿元，建成增蓄应急重点项目121件，保障670万人、52万头大牲畜饮水安全，解决了2万公顷耕地灌溉用水问题。湖北省投入抗旱应急资金1.8亿元，建成各类水源工程3500余处，维修输水渠道486千米，保障了160万居民饮水安全，并为19万公顷耕地提供抗旱用水。四川省提前下达小农用水及饮用水安全建设资金12.07亿元，建成应急水源工程2930处，实现冬春提水2.7亿立方米，保障了76万偏远地区群众的饮水安全。江苏省累计投入抗旱资金3.87亿元、抗旱用电34254万千瓦、抗旱用油7529吨，完成抗旱浇灌面积86万公顷，临时解决了17.8万人、2.82万头大牲畜饮水困难。陕西省继续实行抗旱灌溉优惠政策，引导群众多引多灌，抗旱浇灌面积大幅度增加，为实现陕西省粮食生产"九连增"提供了有力保障。安徽省防汛抗旱指挥部会同省直有关部门先后下达农业抗灾用电指标1.8亿千瓦时，省财政安排3000万元专项资金，用于支持各地开展抗旱工作。

5.2.6 夯实基础，提升应急管理能力

针对抗旱工作的实际需要，国家防汛抗旱总指挥部办公室会同有关部门下大力气推进抗旱基础工作，在组织各省（自治区、直辖市）编制完成省级抗旱规划实施方案的基础上，编制完成全国抗旱规划实施方案；水文干旱特征指标的确定工作取得了初步成果，并组织有关流域机构和省（自治区、直辖市）完成了第一批519个水文控制站点的旱警水位（流量）确定工作。松花江防汛抗旱总指

挥部积极开展旱灾风险评估研究工作，完成了松辽流域干旱成因及其时空演变规律分析研究、旱灾形成机理及其时空演变规律分析研究等专题研究工作。黑龙江省防汛抗旱指挥部组织全省13个县(市、区)、94个县(市、区)，编制《黑龙江省抗旱基本情况》，收录了各行政区的自然、经济、社会、干旱特点、抗旱能力等基本情况，为各级领导决策提供了参考。江苏省根据旱情特点及抗旱实际情况，完成了《江苏省抗旱条例》编写工作，并列入省立法计划。湖北省防汛抗旱指挥部办公室积极与湖北省政府法制办和湖北省人大农委沟通，将《湖北省抗旱条例》列入省人大争取审议项目。贵州省累计投入省级抗旱经费近400万元，建成了毕节、铜仁、都匀、遵义、贵阳、修文6个旱情监测中心，形成了覆盖贵州省大部分地区的旱情监测网络。陕西省、湖北省防汛抗旱指挥部办公室集中各市、县(区)抗旱统计人员进行业务技能培训，提高了抗旱工作人员的业务水平，为扎实高效做好抗旱工作奠定了基础。

5.2.7 深入基层，发挥抗旱服务队作用

旱区各级抗旱服务队深入田间地头，大力开展小型、微型抗旱水源建设，出动流动抗旱设备全力开展抗旱浇灌，为群众拉水送水，受到旱区干部群众的高度赞扬。抗旱期间，安徽省50多支县级抗旱服务队、近200支镇(乡)级抗旱服务队活跃在抗旱一线，累计出动抗旱机械5000多台(套)，完成抗旱浇灌面积20万公顷。甘肃省充分发挥抗旱服务队抗旱突击队作用，冬春干旱期间，动用应急拉水车辆500余台(次)，为五保户、特困户、残疾人等困难群众拉运送水，缓解了15万农村人口临时饮水困难。湖北省随州、孝感、十堰等地23支县级抗旱服务队共出动拉水车辆58台，累计拉水3万立方米，解决了18万人饮水困难。内蒙古自治区各级抗旱服务队维修改造机电井1700多眼，新打机电井360多眼，抗旱挽回粮食损失2万吨，挽回经济损失8000万元。陕西省宜川、洛川等县2012年解决了抗旱服务队事业编制，眉县整合抗旱服务队和物资站，专门成立防汛抗旱服务保障处，全面提升了抗旱服务管理水平。

5.2.8 加强宣传，正确引导舆论导向

国家防汛抗旱总指挥部加强与主流媒体的密切配合，正确把握舆论导向，围绕不同阶段的工作重点，及时发布全国旱情灾情和抗旱工作信息，切实加强抗旱宣传工作。在抗旱关键时期，有关领导和专家多次接受中央电视台焦点访谈、新闻会客厅等栏目采访，主动发布新闻通稿20多篇，编发《当前旱情》38期、《防汛抗旱简报》20余期，及时、准确、全面通报旱情、灾情和抗旱工作部署情况。地方各级党委、政府也高度重视抗旱宣传工作。黑龙江省制定实施抗旱宣传方案，在不同抗旱阶段，突出不同抗旱主题，牢牢把握抗旱舆论引导主动权。甘肃省充分利用“中国水日”和“世界水周”宣传活动的时机，通过图板、宣传册、电视、广播等方式，向群众大力宣传甘肃省“十年九旱”的气候特点和缺水现状，教育引导群众牢固树立“抗大旱、防大灾”意识。陕西省强化抗旱宣传制度，汇总整理和分析上报旱情及抗旱信息18次，报刊等新闻媒体发布抗旱宣传报道25篇。河北省召开学习宣传贯彻《河北省抗旱规定》座谈会，通过新闻媒体、信息网站、政务信息等多种渠道，以及开辟宣传专栏、开展法律咨询、发放宣传材料、张贴宣传标语、组织知识竞赛等方式，向全社会广泛宣传抗旱工作。

5.3 农业部门抗旱减灾重大服务

5.3.1 充分认识抗旱严峻形势，高度重视抗旱救灾工作

2月4日，农业部决定启动抗旱Ⅱ级应急响应，加大对北方冬麦区抗旱春管的指导和支持力度，同时，要求旱区各级农业部门结合当地实际，因时因地因苗推进科学抗旱。2月18日，农业部在黑

龙江省哈尔滨市召开东北地区抗旱保春播工作座谈会，分析东北春耕生产形势，研判干旱发展态势，对春耕春播工作进行再动员、再部署，要求坚定保持粮食生产稳定发展目标不动摇，抢前抓早，科学应对，扎实推进抗旱保春播工作，为秋粮生产开好局，为全年粮食再获丰收奠定基础。4月16日，农业部在吉林省长春市召开东北四省(区)玉米抗旱播种现场会，贯彻落实中央关于农业农村工作尤其是当时春耕生产的一系列决策部署，深入分析东北春耕生产形势，推动玉米抗旱"坐水种"补助等政策落实，进一步部署东北抗旱保春播等各项工作。3月21—23日，云南省委领导深入大理白族自治州、楚雄彝族自治州，现场指导抗旱救灾工作，看望慰问基层干部群众。4月11—13日，农业部春耕生产第十一督导组到云南玉溪市检查指导抗旱救灾和备春耕工作，对春耕生产、地膜覆盖、抗旱救灾等情况进行技术指导和检查督导。5月23日上午，农业部副部长余欣荣主持召开农业部防汛抗旱领导小组工作会议，传达学习回良玉副总理在国家防汛抗旱总指挥部2012年第一次全体会议上的重要讲话精神，总结2012年以后农业防灾减灾工作，对当前和2012年下半年农业防汛抗旱等防灾减灾工作进行再动员、再部署。各级农业生产部门立足实际，最大限度调动基层和农民生产积极性，积极开展科学抗旱工作。

5.3.2 生产部门立足科学抗旱，积极推广节水种植技术

面对严重干旱，旱区农业生产部门根据水源条件合理安排作物结构，适当增加玉米、薯类、杂粮、杂豆等旱粮作物面积。努力增加抗旱水源，普及推广农田节水技术，积极开展造墒播种，大力推广抗旱品种和抗旱坐水种、地膜覆盖等技术，提高水资源的利用率。充分发挥农机作用，抢农时、增积温，加快播种进度，把各种作物全部播在丰产期。大力开展深松整地，推进科学整地、标准化整地、保墒整地、规模连片整地，提高整地质量，扩大适播面积。科学确定主推品种，指导农民选用好的、适宜的品种，特别是适期和偏早熟品种，防止越区种植。加大水稻棚膜育秧、种子包衣、玉米起垄种植、机械精量播种等技术推广力度，提高播种质量。加强肥水调控，促进作物的正常生长发育。

5.3.3 扎实开展技术指导培训，确保农业生产有序开展

针对2012年的干旱形势，农业部要求旱区各级农业生产部门根据各地实际情况制定分地区、分品种的技术指导意见。结合"农业科技促进年"活动，组织基层干部和农业技术人员进村入户，蹲点指导，搞好宣传培训，强化科技服务，落实关键技术，确保农业生产有序开展。

面对连续第三年遭遇大旱，云南省各级农业生产部门立即行动起来，组织农业专家和农业技术人员一起走进田间地头，参与当地群众的生产活动，普及抗旱知识，推广抗旱的各种科学措施，解决农民在抗旱保春耕中的问题。2012年4月16日，云南省科技厅"科技下乡"集中示范活动在昆明市五华区厂口片区启动，近百名专家和科技人员组成的科技下乡服务团为群众送服务。云南省科技厅和五华区以此次"科技下乡"为契机，结合"四群"教育工作，联手开展科技抗旱减灾。科技下乡服务团举办了科学养殖、蔬菜栽培等专题讲座，还组织养殖专家进村入户开展服务活动。此外，昆明市官渡区农业局派出技术人员50人次深入农业生产一线抗旱救灾，扎实开展技术指导和培训。官渡区以抗旱保丰收为重点，大力推行"良种、良法"的农业生产措施、方式，指导、帮助农户不误时令、做好抗旱节水的规范种植，促使大春生产顺利展开。官渡区农业部门经过前期实验，充分挖掘技术含量，把育苗移栽"移植"到蔬菜、鲜销玉米的种植中，发挥抗旱保丰收的连锁效应。

为应对四川省泸州、宜宾、自贡等市严重干旱给大春生产特别是水稻栽插带来的困难，作为四川省"农业科技促进年"活动的重要内容，四川省农业厅组织四川省农业科学院、四川农业大学、宜宾市农业科学院、自贡市农业科学院研究所、内江市农业科学院，以及国家现代农业产业技术体系和四川创新团队共20多名专家组成省级专家组，深入泸州、宜宾和自贡开展抗旱减灾技术指导服务，指导当地农业部门、基层干部、农业技术人员，坚持一县(乡)一策、一村一策，制定抗旱减灾技术

方案。

通过各级专家上下联动共同参与旱区抗旱减灾工作，既促进了专家与基层农业技术人员、科技与生产有效对接，又增强了基层干部、农民群众抗旱夺丰收的信心。

第 6 章　全球气象干旱

6.1　概况

世界气象组织在多哈和日内瓦同时发布的《世界气候状况年度临时声明》称，过去十年(2001—2011 年)是有记录以来的最热年份，2012 年全球表面平均温度仍较常年同期偏高。另外，值得关注的极端气候事件，如高温、干旱、洪水、飓风等在世界各地都有发生。根据报告提供的数据，2012 年是 1880 年以来同期第十个最热年。全球陆地和洋面温度比 1961—1990 年平均值高约 0.57℃(表 6.1)。年初的拉尼娜虽然对全球产生了一定降温作用，但自 4 月拉尼娜结束后，全球陆地和海洋的每月温度均高于平均值并不断攀升。最为明显的是北美，如美国本土就创下了最高的气温纪录。

表 6.1　1880—2012 年全球陆地海洋平均温度前 10 排名

Table 6.1　Ten warmest years(1880－2012) according to the global combined land and ocean annually-averaged temperature

排名 (1＝最热)	年份	距平 (℃)
1	2010	0.66
2	2005	0.65
3	1998	0.63
4	2003	0.62
5	2002	0.61
6(并列)	2006	0.59
6(并列)	2009	0.59
6(并列)	2007	0.59
9	2004	0.58
10	2012	0.57

2012 年，全球极端天气气候事件频发，全球十大天气/气候事件中，2 项为重大干旱事件(排名第 2 和第 8)，3 项为高温导致的热浪及南北极海冰面积异常偏小(表 6.2)。这些高温干旱事件导致经济损失严重，引起各界广泛关注。

表 6.2　2012 年全球天气气候事件前 10 排名

Table 6.2　Top ten global weather/climate events for 2012

排名	事件	发生时期
1	北极海冰面积减少	春末至秋季
2	农业干旱	夏季
3	飓风"桑迪"	10 月
4	超级台风"宝霞"	12 月
5	北半球热浪	全年
6	格陵兰冰盖和冰川消融	7 月
7	欧亚大陆寒潮	1—2 月
8	巴西东北部干旱	上半年
9	非洲洪涝	7—10 月
10	南极海冰消融	9 月

2012 年度，北半球受到比较严重的热浪影响，尤其是美国大陆和欧洲发生在 3—5 月的热浪，美国诞生了多项高温纪录；俄罗斯，2012 年是继 2010 年后的第二个最热年。严重的干旱事件是 2012 年全球气候异常的特点，根据美国干旱监测，2012 年 9 月 25 日，近三分之二的美国本土被定性为中等至极端干旱。俄罗斯在 6 和 7 月发生干旱；中国西南地区遭遇冬春季严重干旱；巴西北部发生了近 50 年最严重的干旱；澳大利亚 4—10 月的总降水量比正常值低 31%。

美国航天局戈达德航天研究所发布的研究报告称，2012 年全球平均气温为 14.6℃，比 20 世纪全球平均气温高 0.57℃，全球陆地表面平均温度比 20 世纪高 0.90℃。有记录以来的全球十大最热年份除 1998 年外均在 21 世纪，2010 和 2005 年为全球最热的两个年份。2012 年高温主要发生在北美、南美中部、欧洲西部等地，大西洋中部及南部、印度洋及太平洋北部等流域气温也显著偏高；全球降水偏少主要位于北美大部、西欧地区及澳大利亚等地，美国中部、巴西东部、印度南部及俄罗斯中部等地显著偏少（图 6.1）。

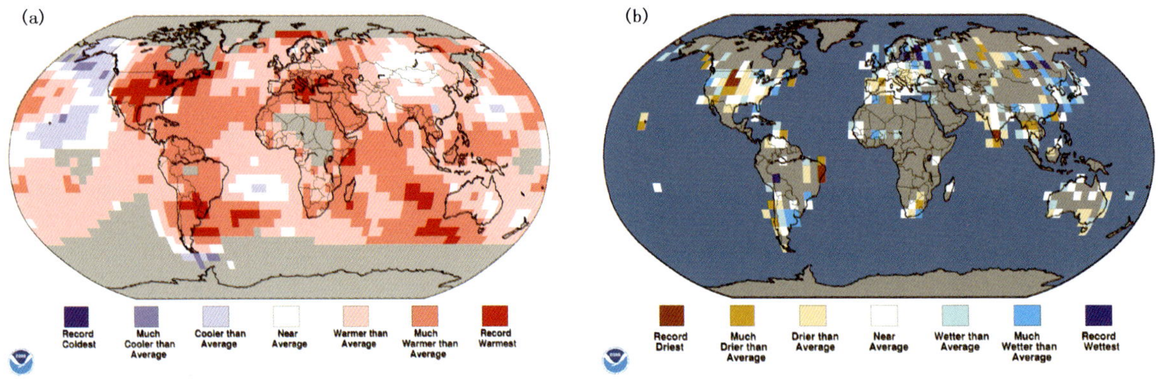

图 6.1　2012 年平均气温(a)和降水(b)百分位异常的全球分布(源自：NOAA)

Fig. 6.1　Annual distributions of the temperature (a) and precipitation (b) percentiles in 2012

另外，洪水和极端低温也是 2012 年的极端气候事件。如非洲西部大部分地区的降水比正常降水量高 40%，暴雨在尼日利亚全境引发严重洪水；中国南方遭遇过去 32 年中的最大降水；巴基斯坦遭遇破坏性季风洪水。1 月底到 2 月中旬，欧亚大陆寒潮的强度、持续时间和影响都非常突出，俄罗斯东部气温低至－50～－45℃，欧洲北部气温低于－40℃ 。

2012 年全球每个月份均发生不同程度的极端天气事件，并引发灾害，多集中在北美洲、欧洲和亚洲(图 6.2)。根据慕尼黑再保险公司有关的报告显示，2012 年上半年，全球因自然灾害导致的总经济损失为 260 亿美元，远低于近 10 年同期平均值(756 亿美元)，保险损失 120 亿美元。损失主要来自发生在美国的自然灾害，占全球保险损失总额的 85%。亚太地区 2012 年上半年的自然灾害损失相对较低，保险损失和经济损失在全球的占比仅为 4%和 23%。虽然 2012 年亚太地区地球物理事件的发生相对比较稳定，但造成损失的天气事件的数量在不断增多。

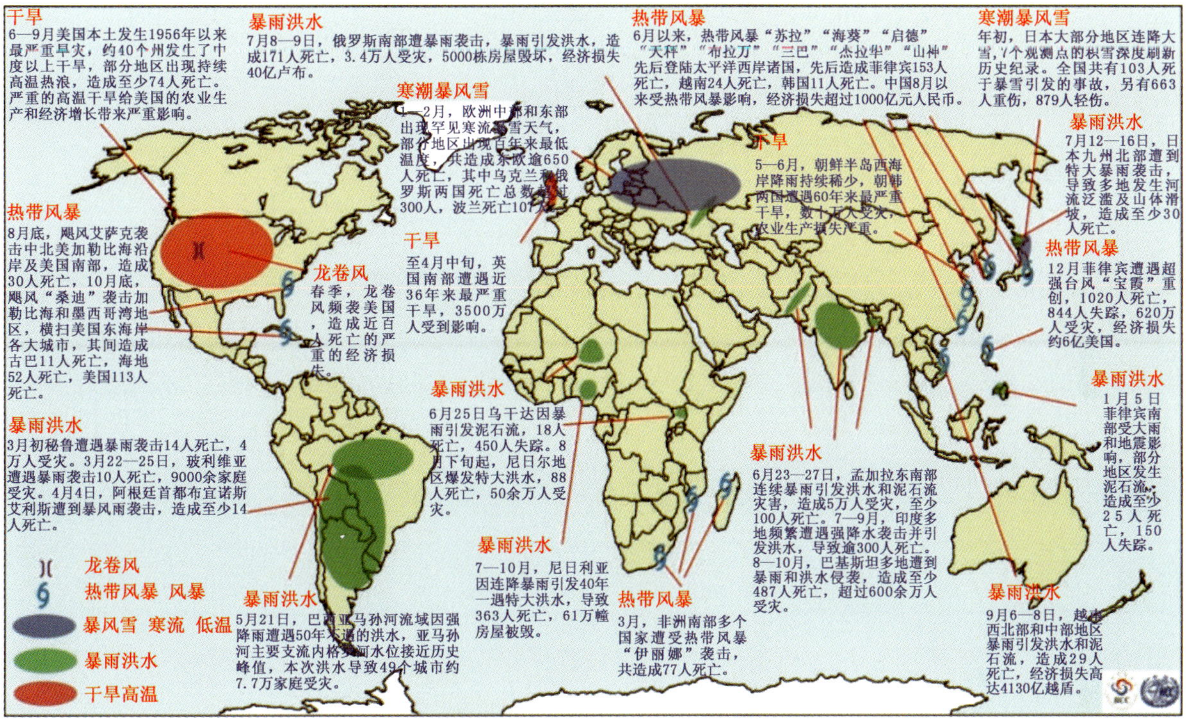

图 6.2　2012 年全球重大天气气候事件示意图

Fig. 6.2　Schematic of global major weather and climate events in 2012

6.2　全球重大干旱事件

6.2.1　美国干旱影响广泛，粮食减产，基础设施受损

受拉尼娜及其他气候系统的影响，2011—2012 年的冬季美国大部分地区气温偏高、降水量偏少。2012 年，美国有三分之二国土经历了 1956 年以来最严重的干旱。7 月全美干旱面积占全国面积 55.1%，为 1895 年有气象记录以来干旱面积第五大的干旱。8 月末，美国农业部将全国 1820 个县列为干旱受灾县。从 9 月 4 日发布的美国干旱监测图来看(图 6.3)，美国仍有大片区域处于不同程度的干旱状态，其中深红色表示该区域发生极端干旱，这也是干旱的最高等级。研究表明，此次干旱事件是伴随热浪快速发生发展的骤发干旱，持续高温干旱给美国的粮食生产、居民生活、生态环境甚至基础设施都带来不同程度的影响。

美国国家大气和海洋管理局(NOAA)的报告显示，2012 年 7 月不仅是美国 1895 年有记录来最热的 7 月，同时也是 117 年来 1400 多个月中最热的一个月。多个城市 7 月的气温打破纪录，科罗拉多州丹佛市的气温打破 1934 年 7 月的纪录，成为当地最热的 7 月，有 7 天气温超过 37.8℃(常年出

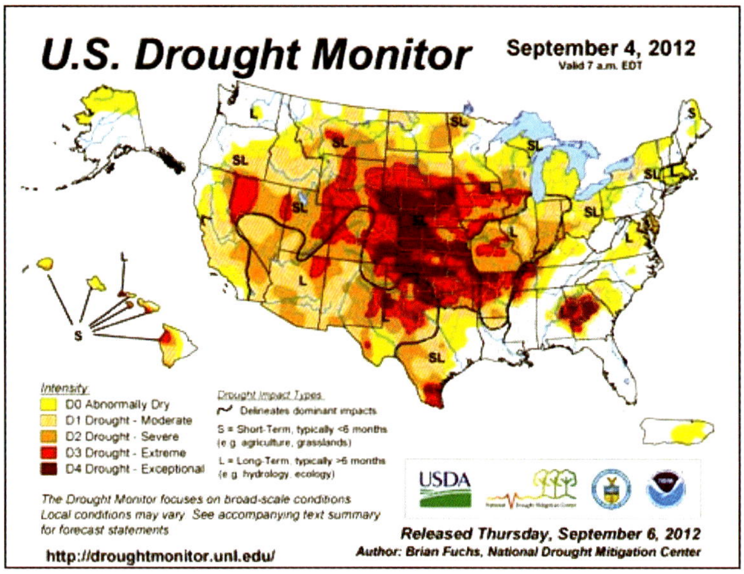

图 6.3　2012 年 9 月 4 日的美国干旱监测图

Fig. 6.3　U. S. drought monitor in Sep. 4,2012

现 37℃以上高温的日数为 1～2 天)；印第安纳州首府印第安纳波利斯也经历史上最热的 7 月，有 7 天的气温高于 37.8℃，7 月 7 日的气温更是高达 40.5℃，成为当地有记录以来最高气温。

中西部多地在经历高温炙烤的同时，降雨和历史同期相比明显偏少。2012 年春、夏两季的降雨只有常年同期的 20%。艾奥瓦州得梅因市 7 月降雨量为 31.5 毫米，而常年同期的降雨量为 113 毫米。新泽西州大西洋城，1—8 月的降雨量为 392 毫米，而常年同期的降雨量为 668 毫米。在玉米生长的关键时期，即 6 月至 8 月末，当地降雨量仅为 97 毫米，远少于常年同期的 342 毫米。

受干旱影响最严重的是种植业，玉米和大豆等农作物造成的损失程度为 25 年一遇。进入 7 月后，受旱程度迅速上升，受旱面积占农作物播种面积比重由 6 月中旬的 17%上升到 39%，而此时正值粮食作物的关键生长期，玉米和大豆主产区受灾损失不断加重，产量受到极大影响。美国是世界上最大的粮油出口国，也是一些大宗农产品的国际市场价格形成中心，美国粮食减产牵动着全球神经，令很多依赖从美国进口粮食的国家感到恐慌。据联合国粮农组织 2012 年 8 月初发布的监测数据，7 月，美国玉米平均出口价格达到每吨 330 美元，创历史最高水平；美国小麦平均出口价格达到每吨 352 美元，比 6 月上涨 23%，比 2011 年 7 月上涨了 15%，仍低于 2008 年 3 月的历史最高水平。总体而言，7 月国际粮食价格和全球谷物价格比 6 月分别上涨了 23%和 17%。由于美国遭遇旱灾，玉米、大豆大幅度减产，饲料价格随之上涨，作为饲料进口国的澳大利亚，农民生产鸡蛋的成本大幅度上涨，因此鸡蛋零售价格提升 50 美分；对依赖美国粮食进口的哥斯达黎来说，由于玉米、大麦、大豆的供应短缺，令该国食品价格普遍上涨。世界银行 8 月末发布的报告称，7 月全球食品价格上涨了 10%。重要谷物，如玉米、小麦和大豆的价格上涨幅度较大，世界银行称其为“历史性”的增长。

由于天干物燥，美国西部多州发生山火。6 月，西南部的加利福尼亚州、内华达州、亚利桑那州、犹他州、科罗拉多州和新墨西哥州发生山火，政府疏散了 3 万多名居民，投入了上千名消防人员全力灭火。其中，科罗拉多州的山火成为该州历史上规模最大、损失最严重的山火。截至 8 月下旬，密苏里州马克·吐温国家森林公园共发生 116 起山林大火，数量创纪录。

首都华盛顿连续数天 38℃的高温使得里根国家机场的停机坪变软，7 月 6 日一架飞机的机轮陷入地面，最终造成这架飞机行程延误近 3 小时。7 月上旬在马里兰州乔治王子县境内，一段铁路铁轨因高温膨胀变形，造成一列列车部分车厢出轨，所幸未造成人员伤亡，55 名乘客安全撤离。

6.2.2 朝鲜半岛春夏高温少雨，旱灾历史罕见

4 月底以后，朝鲜多数地区白天最高气温创下历史最高纪录，高温现象不断持续。高温导致土壤湿度降至 65%，主要用于灌溉的水库平均蓄水率仅为 55.4%，尤其是金城湖的蓄水率仅为 0.5%。朝鲜西海岸地区自 4 月 26 日以后几乎无降雨，干旱状况持续；除两江道和慈江道以外绝大多数地区 20 天未曾降雨。5 月，平壤市、南浦市和黄海南道的大部分地区以及平安南北道、黄海北道的平原地区的降雨量不足 10 毫米，特别是平壤市南部、黄海南道北部、南浦市、平安南道、黄海北道西部地区几乎未下雨，西海岸大部分地区的 5 月降雨量为 1962 年以来最小值，东海岸地区咸兴市和高山郡的降雨量也仅有 10 毫米左右，为有气象观测以来最小值。干旱情况不断加重，5 月下旬，朝鲜大部分地区白天最高气温较常年同期偏高 3～8℃，至 6 月中旬高出 7℃左右。6 月 24 日，平壤市的最高气温达 35℃、平城市和沙里院市为 34℃、南浦市为 33℃、海州市为 32℃，均创下有气象记录以来最高值。总体来说，5—6 月朝鲜半岛累计降水量 78.9 毫米，比常年同期(228.7 毫米)偏少 65.5%，朝鲜和韩国降水量均为 1979 年以来同期最少值，气温较常年偏高 0.6℃。

高温少雨造成朝鲜和韩国出现了历史罕见的严重旱灾，西海岸多地农作物生长发育不良，导致产量下降。据报道，此次严重干旱的原因主要为持久停留在朝鲜东海的高气压扩张至西海岸地区，北方冷空气无法南下，南方热空气持续流入，降雨条件未能达到。朝鲜持续的干旱和高温严重影响农业发展，西海岸多地农作物发育不全，江河与水库水位下降导致缺电，家畜也受到饮水短缺的影响，朝鲜全国上下掀起了寻找水源的运动。

6.2.3 英国南部春季发生近 36 年来最严重干旱，17 个郡用水紧缺

春天对于英国来说原本是多雨潮湿的季节，但 2012 年春季，英国降水却十分稀少。4 月，英格兰东部和南部已经进入干旱状态，全国有三分之二河流水位处于“特别低”的状态，是英国自 1976 年以来面临的最严重干旱，3500 万居民日常供水受到影响。整个英格兰地区都属于干旱区(图 6.4)，威尔士南部和中部地区的 17 个郡被确定为“水紧缺”地区。英国环境署表示，冬、春连续两个季节(2011 年冬及 2012 年春)的降雨不足使英国进入干旱状态，全国许多河川水位降到异常低点，地下水枯竭，农业生产受到严重影响。

为了应对干旱，英格兰东部和南部从 4 月 5 日开始实行一项临时“用水”限令，禁止居民使用外接橡胶和塑料水管浇灌花园、植物，清洗门前平台或洗车，违反限令者将面临最高 1000 英镑的罚款。据悉，这一限令影响到约 2000 万家庭。英国的 7 家自来水公司也呼吁用户减少用水，更加合理用水，节约用水。自来水公司和政府给居民提出的建议包括缩短淋浴的时间，用盆子装水洗涤蔬菜水果而不是直接在水龙头下冲洗。

干旱除了给居民生活带来不便之外，还给英国市场新鲜蔬菜及啤酒的供应带来威胁。英国啤酒与酒吧协会警告说，如果旱情在接下来的几个月得不到改善，将影响大麦、土豆、胡萝卜、小麦等作物的产量及质量，进而导致啤酒价格上涨。同时，动物健康专家也警告说，干旱之时，携带施马伦贝格病毒的蠓虫提早进入活跃期，给英国更多的牛羊等牲畜带来威胁。2011 年冬天以后肆虐欧洲的施马伦贝格病毒已影响了英国 200 多个牧场，导致许多羔羊或牛犊出生后畸形或脑部受损甚至死亡。

图 6.4　2012 年英国干旱区分布(浅黄色地区被英国环境署宣布为干旱区)

Fig. 6.4　Distribution of dry areas in the United Kingdom in 2012

6.2.4　中国云南遭受特旱袭击,经济损失严重

2012 年 2 月,严重干旱袭击中国云南,全省 90 个监测站出现气象干旱,120 多条中小河流断流,400 多座小型水库和坝塘干涸。根据云南省民政厅相关报告,旱灾造成昭通、曲靖、昆明、楚雄、玉溪、红河、文山、丽江、大理、临沧、保山、普洱、怒江 13 州(市)91 县(市、区)631.83 万人受灾,242.76 万余人、155.45 万头牲畜出现不同程度饮水困难;因干旱造成春季农作物受灾 65.1 万公顷,成灾 37.8 万公顷,绝收 6.2 万公顷;直接经济损失达 23.42 亿元,其中农业损失 22.19 亿元。

2012 年 10 月,云南大部分地区再次出现不同程度干旱,降水量较常年偏少 5～8 成。11—12 月,旱情进一步发展,云南西部和北部发展为特旱,且干旱范围扩大至四川、贵州等省。秋末至冬的干旱使云南、四川 2 省 513.9 万人受灾,59.6 万人需要生活救助,58.4 万头大牲畜饮水困难;农作物受灾面积 47.4 万公顷,绝收面积 6.6 万公顷;直接经济损失达 20.5 亿元。

6.3　全球重大干旱事件的特点及其成因

6.3.1　全球重大干旱事件的特点

2012 年是自 1880 年以来第十个最炎热的年份,持续了全球温度升高的长期趋势。因此,高温是 2012 年全球重大干旱事件发生的主要特点之一。从事地球表面温度监测的美国国家航空航天局(NASA)戈达德空间科学研究所于 2015 年 1 月 15 日发布分析报告,将 2012 年全球各地温度与

20世纪中叶全球平均温度做了比对，结果显示，2012年平均温度约是14.6℃，比20世纪全球平均气温高0.57℃，全球陆地表面平均温度比20世纪高0.90℃。据NOAA称，2012年是美国有温度记录以来最暖的一年，美国2012年1—9月的平均气温为1895年以来最高值，多地出现破纪录的高温天气，如密苏里州圣路易斯出现42℃的高温，打破1934年以来的高温纪录。澳大利亚则经历自1950年以来第三温暖的9月，气温比1961—1990年同期温度高约1.94℃。据阿根廷气象局统计数据，阿根廷大部分地区9月的平均日气温、日最高气温和最低气温均高于常年同期。据日本气象厅的统计，日本9月出现破纪录的高温，最高气温出现在北部北海道和东北地区，比常年同期高3.7℃。英国9月则经历了"火冰两重天"的转换，9月上半月英国大部分地区温暖和煦，下半月受低压系统影响，气温下降。

地球大气中不断上升的温室气体含量从长期看必然导致全球气温逐渐升高。戈达德航天研究所的数据显示，1880年地球大气中的二氧化碳含量为285 ppm*，1960年上升至315 ppm，2012年超过390 ppm。戈达德航天研究所气候学家加文·施密特表示，"重要的是这个十年的气温高于上个十年，而上个十年又高于此前十年。这个星球正在变暖，原因就是我们向大气中排放的二氧化碳不断增多"。除戈达德航天研究所之外，英国气象局哈得来气候预测与研究中心、世界气象组织也公布了有关2012年全球气温的类似报告，由于各机构的数据来源、数据分析方法以及采样地区等都不完全相同，不同机构的全球最热年份排名可能稍有差异，但全球气温总体升高趋势是一致的。

对于2012年美国严重干旱事件来说，"在短时间内迅速发展"是此次干旱的一大特点。美国国家干旱减灾中心（NDMC）的生态专家富克斯表示："受旱的大部分地区在5月时，情况还一切正常，'突发干旱'，且发展迅速，强度快速加强。"此次干旱令富克斯想起了1988年的情景。当年干旱的影响区域和2012年基本相同，最终成为一场自然灾害，经济损失严重。此次伴随热浪迅速发生发展并快速加强的突发干旱被称为"骤发干旱"，这类干旱对作物产量和水资源供给有严重威胁。目前骤发干旱发展演变过程中的水文气象特征及其与传统干旱的联系仍不明确。研究表明，存在两类骤发干旱事件：I型骤发干旱主要受高温驱动，并伴随蒸散发作用增强和土壤湿度的降低；II型骤发干旱主要由严重的水分亏缺引起，引发土壤快速变干和植被蒸散发能力的减弱。此次干旱属I型骤发干旱。

6.3.2 大气环流

研究表明，20世纪后半叶可能是过去1300年中最暖的50年。但从全球变暖的区域分布看，北半球高纬度地区尤其是极区变暖幅度几乎为中低纬度地区的1倍以上。由此产生的高纬度和中低纬度间的热力差异，导致中纬度地区的经向气压梯度力减小，使得西风基本流减速，环流经向度加大而移速变慢（因大气罗斯贝波移速变慢），大气环流异常的持续性随之增大，为极端事件的发生提供了有利的动力背景。从2012年入夏以后北半球对流层低层1000百帕的温度特征看，65°N以北的极区范围气温偏高了6～8℃，明显较中纬度地区偏暖的幅度大，反映出全球变暖的背景特征。从北美地区的环流形势看，2012年7月北美地区从对流层低层（1000百帕）到对流层中高层（500百帕）为一个深厚的暖性高压系统所控制，该系统经向跨度达30个纬度，基本覆盖整个北美大陆，并且自初夏至9月中旬稳定维持在北美大陆上空，使北美大陆大范围遭受严重的高温干旱影响。

6.3.3 海温

拉尼娜通常造成美国中部和北部平原的严重干旱、高温异常以及大范围的沙尘暴。始发于2011年10月的拉尼娜事件于2012年4月结束，这次拉尼娜事件为弱到中等强度，对美国中部平原

---

* 1 ppm表示百万分之一单位。

地区发生严重干旱有重要影响。2012 年 5—12 月，赤道中东太平洋海温处于接近正常或略偏高状态，并没有新的 ENSO 事件发生。

6.3.4 海冰

在持续异常高温的影响下，北极海冰的面积和厚度均逐渐缩小。北极海冰覆盖面积秋冬季扩大，春夏季缩减，一般在 9 月达到最低值。2012 年夏半年，北极海冰范围较历史同期显著偏少，7—9 月连续 3 个月均为开展卫星观测以来历史同期最低值，其中 8 月平均每日海冰范围减少约 9.2 万平方千米，为开展卫星观测以来海冰减少最快纪录，9 月 16 日，海冰范围达到年内最低值，仅为 341 万平方千米，较之前的海冰范围最低纪录（2007 年 9 月 18 日）偏少 18%，较 1979—2000 年平均值偏少 49%。北冰洋的冰川体积与此前的纪录相比，减少了 18%。格陵兰 97%的表面冰层出现不同程度的融化。

6.3.5 其他因素

美国国家海洋和大气管理局根据对太阳风暴强度测算表明，2012 年 7 月太阳风暴成为 2003 年 10 月以来最大的一次。物理学专家认为，强烈的太阳活动会干扰高频无线通信系统，并会给卫星控制、地面导航等业务带来一定影响。气象工作者认为，太阳黑子数与全球重大干旱事件的发生有密切关系。因此，2012 年强烈的太阳活动也可能是重大干旱事件发生的因素之一。

综上所述，受大气环流异常以及海洋和海冰等外强迫因子的共同影响，全球范围内出现了显著的气候异常和极端事件，如北美大陆的极端高温天气等。其中，大气环流异常是上述全球重大天气气候事件的直接原因，太平洋海温异常通过海-气相互作用对大气环流异常产生重要影响。另外，在全球变暖大背景下，气温平均值和变幅均增大，致使发生极端天气气候事件的概率增大，为全球许多国家和地区出现异常天气提供了有利的气候背景条件。

第7章　历史重大干旱事件

7.1　1784—1787年中国东部的持续大范围严重干旱事件

讨论温暖气候背景下的干旱灾例，复原其灾害实况、灾情的动态演变和救灾对策，对于当前处于全球大范围变暖气候背景下的旱灾预测和对策有特殊的意义。

7.1.1　旱灾实况

7.1.1.1　旱灾发生动态过程

1784—1787年，即清代乾隆四十九至五十二年，受旱区域主要在中国长江以北的辽、蒙、冀、山、陕、鲁、豫、鄂、皖、苏，后期扩展至赣、闽、湘、粤、桂以及川、甘等地，旱灾核心地带在黄河下游地区，旱灾持续4年多，直至1788年秋方得解除。综合1784—1780年受旱地区的动态演变如图7.1所示。

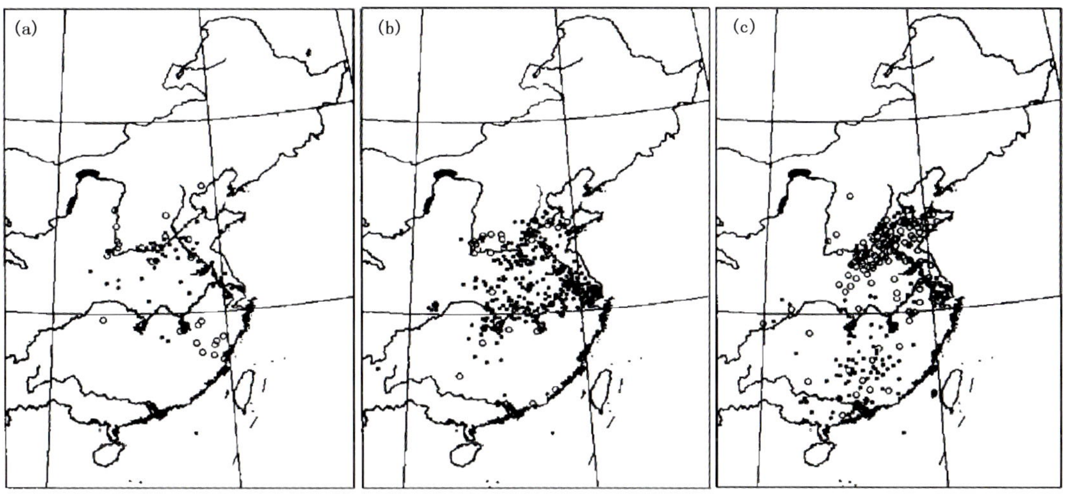

图7.1　1784—1786年严重旱灾区域动态演变(黑点表示严重旱灾地点，空心圆表示饥荒地点)
(a)1784年;(b)1785年;(c)1786年

Fig. 7.1　Distribution of severe drought-hit zones (blackened dot) and famine areas (circles) in 1784—1786 over east China
(a)1784;(b)1785;(c);1786

1784年春，河南境内原阳县等自闰三月起干旱不雨致使二麦枯槁，郾城等县影响秋禾推迟至六月方能播种，但旱情迄至"五月初旬大雨"即告解除(怀庆府志)。该年春夏旱的范围东至山东，西至陕西，以致二麦萎黄，夏收减产，甚至失收，揭开了连年酷旱的序幕。1784年，黄河中下游除了水源丰富、湖泊众多的山东济宁、菏泽、东平等地未受旱灾影响仍为"大有年"外，广大地区夏麦和秋禾无收或歉收,淮河流域的苏北、皖北和湖北也因旱象纷呈而歉收。

由1784年秋至1785年夏六月的长期持续少雨引起第二段旱灾发展,进入旱灾的主体阶段。夏六月至秋不雨的地域,涵盖河北南部及山东的德州、桓台等地以至秋麦无法播种,河南开封、鄢陵等地自秋季开始的干旱持续到次年五月。

1785年为旱灾的盛期,自上年秋至本年夏持续干旱受灾的主要区域是河北、山西、山东、河南等地,入夏以后,干旱少雨区递次扩展到黄淮、江淮、长江中下游和太湖流域,以及湖南等地,部分地区旱灾持续到秋季。本年度旱灾范围扩大,不仅在广东出现新的旱区,川东、滇北和甘肃也因旱成灾。

1786年春夏旱灾的核心地带仍在黄河中下游地区,入夏后安徽、江西、湖北、湖南以至福建等地相继干旱,夏秋以后广东、广西再现又一片旱区。

7.1.1.2 气候极值推断

1784—1786年的旱灾灾情记述中,有关河湖水位的记载较多。表7.1列出长江、淮河和太湖流域的溪河断流、湖泊干涸的记录及其发生地点。

表7.1 1785年长江中下游、淮河、太湖流域溪河断流和湖泊干涸记录

Table 7.1 Records of Changjiang, Huaihe River and Taihu Lake in 1785

地点	河、湖名	情景记述
六合	龙津桥河	秋后龙津桥上五里断流,下十五里河水亦断流
苏州		河港涸
太仓		河尽涸
常熟		河港尽涸
无锡	长广溪	夏秋大旱长广溪点滴无水
武进		自春至秋不雨河涸
江阴		五月至八月不雨,河流涸绝
吴江		港底俱涸
黎里	太湖	湖水不盈尺
宜兴	太湖	太湖水涸百余里,湖底掘得独木舟
宜兴	蠡塘河东西溪	涸流五月
江都	北湖	湖水涸竭
高邮	高宝诸河	干涸
高邮	七里湖	湖涸见底
泰县(姜堰市)		河港尽涸
杭州	西湖	浅涸
嘉善		支河汊港皆涸
平湖		河港皆涸
海盐		阖郡大旱,河皆涸,无收
桐乡		支河港汊皆涸
湖州		溪港自五月至七月不雨尽涸,苗尽槁
郧阳		大旱溪流皆断
黄冈		大旱鲍湖涸
房县		大旱河流皆断有数里,汲水不得者
大冶		湖涸可通行人

将表7.1中的记述与近50年(1950—1999年)的气候实况对照,排除现代水利工程设施带来的影响,仍可认为这样的酷旱历史记录为现代所未见。由江淮及太湖地区"自五月至七月不雨"的记述,可认为干旱约发生在公历6—8月,按现代6—8月夏季降水量距平百分率的最低值推断,主要旱区1875年夏季降水量应低于现代记录。清代苏州《晴雨录》的逐日天气记录统计,1785年夏季6—8月,苏州雨日数28天,推算得到的该年夏季降水量为174毫米,为18世纪该地夏季雨量的次低值,也低于现代降水量的最低纪录。若按现代(1951—1980年)平均雨量计算,其距平百分率低达-57.4%,偏少近6成。

7.1.2 气候背景和成因探讨

7.1.2.1 温度背景

1784—1786年处于近500年温度变化的相对暖位相,或称为1550—1890年小冰期的一个回暖时段。对照历史文献记录,还可看到事件发生前的1778和1779年连续暖冬,事件期间1784、1785和1786年连续出现暖冬,就连多雪的苏、皖等地在1784—1785年冬也出现冬暖无雪的记载。

7.1.2.2 太阳活动和环流背景

干旱事件发生在太阳活动11年周期表中的第4周,处于该周内太阳黑子数少的阶段。根据已有的研究结论,在太阳黑子的极值年之间纬向环流强而经向环流弱,气温高;纬向环流强时中国降水偏少。这不仅与温暖的气候背景实况相吻合,而且,这种由太阳活动周的位相推知的纬向环流强的特征,正好可以作为这次干旱事件的可能成因的最好解释。

7.1.2.3 厄尔尼诺历史记录的对照

据奎思由历史文献记录整理的厄尔尼诺历史年表可知,1783和1786年皆为厄尔尼诺年,其强度分别为强(S)和中(M)。因此,干旱极盛的1785年既可视为1783年强厄尔尼诺事件后的第2年,又可以视为1786年事件的前一年。已有的关于厄尔尼诺事件与中国降水关系的分析曾指出,在厄尔尼诺事件的前一年中国大部分地区以少雨为主,在黄河中下游、海河、淮河流域和长江下游地区均有较高的少雨概率。这些特点与本例的实况一致。本例作为一个典型的严重干旱历史事件印证了现有的研究结论,这对增进更好地认识二者的关联具有积极的意义。

7.1.3 旱灾伴生的蝗灾和疫疾

7.1.3.1 蝗灾

1784—1786年持续旱灾期间,黄河下游及黄淮、江淮飞蝗大暴发。在旱魃肆虐的背景上,助纣为虐,加重灾荒。

这次蝗灾发生的高峰出现在1785年,与适宜蝗虫发生的气候条件密切有关。从温度条件来看,1784、1785年的冬季极有利于蝗卵的越冬,春季的少雨、亢阳极有利于蝗卵的孵化,而1784年江淮地区发生过的局地雨洪灾害,使土地充分浸泡,接着1784年秋至1785年夏的持续亢旱,构成了"先涝后旱,蚂蚱成片"的典型环境条件,酿成虫患大发生。

7.1.3.2 疫疾

1784—1787年,伴随严重旱灾、饥荒的发生,还出现疫病大流行。从历年疫病发生地点的动态演变(图略)可见,以旱灾后期的1786年疫情最为严重,其范围广大,遍及山东、河南、江苏、安徽、湖北各地。历史文献记述如河南开封、鄢陵等地"夏秋之交瘟疫遍行,死者无数",固始等地"死者十之二三";山东费县等地则"大疫人死十分之七",山东菏泽、江苏淮安等地"大疫途死者相枕藉";安徽霍邱等地"大疫民死十之六,甚至有合家尽毙无人收敛者"。如此大灾之后的大疫,给人民带来深重灾难。

这场连续大范围持续少雨引起的连续多年的旱灾,以及伴生的蝗灾和疫情发生时,清朝政府和民间人士采取了一些减灾、救灾措施，如官方赈灾、减免田赋、施粥救济等。

发生在清代乾隆年间的这场大范围持续多年的严重旱灾，可视为温暖气候背景下的典型灾例。其持续少雨时间和旱情为近50年所未见，伴生的蝗灾和疫情更带来深重灾难。在当前全球大范围气候转暖的背景下，类似灾例在未来重现的可能性值得关注。

7.2 20世纪日本的重大旱灾事件

7.2.1 1939年大旱灾

1939年，日本发生大旱灾。5—9月，日本西部和中部大旱，以7和8月最重。7月，日本西部的降水量只有多年平均值的21%，北陆为常年的42%；8月，日本西部的降水量为常年同期的44%，北陆为39%。由于7和8月正处作物的生长旺季，生育能力强，蒸发量大，降水稀少，加之气温酷热，引起严重减产。实际上，1938年11月以后，降水一直不足，1939年5—6月，各地降水量不足常年的一半，如大分、下关等地，5月降水量为25毫米，仅相当于常年同期平均的17%～18%；7—8月降水量更少，冈山为24毫米、多度津为34毫米、松山为44毫米、广岛为48毫米；9月降水也十分短缺，不少地方只有常年的一半，如大分为常年的23%、福冈为常年的31%、熊本为常年的37%。在日本西部和中部地区，整个梅雨季和夏季均少雨，如冈山，5月降水量为多年平均的40%，6月为47% ，7月为3%，8月为17%，9月为37%，5—9月的总降水量不足200毫米。由于夏季直至秋季的降水极端稀少，1939年12月4日，近畿地区水库——琵琶湖的水位出现有观测记录以来的最低值，为103厘米。

7.2.2 1967年大旱灾

1967年，日本全国发生大旱。1967年4月下旬，干旱就已发生，直至6月下旬。除5月上旬的降水量稍多外，其他时段降水量严重偏少，许多地方不足常年的一半，如下关、熊本等地，6月降水量只有多年平均的25%；6月下旬至7月中旬雨量增多，曾一度解除了日本5—6月的干旱；7月出梅后，以濑户内海沿岸及北九州为中心，直至10月末第34号台风影响之前，连续出现极端少雨的创纪录干旱，7月的降水量，松本只有2毫米，东京9毫米、釜山4毫米，9月降雨量，佐贺0.2毫米(常年平均为215.3毫米)、长崎1.8毫米(常年平均为233.0毫米)，均为建站以来的极端少雨记录。九州地区，7—10月的降水量仅为常年同期的四分之一；8—9月降水量，在北九州的中部和北部，以及濑户内海的几乎所有测站都出现自有观测记录以来的最小值，如广岛为22毫米、下关30毫米、松山20毫米、宇和岛35毫米、熊本24毫米、大分10毫米，分别为多年同期平均值的5%、8%、7%、8%、7%和2%，均为有观测记录以来的最小值。1967年的旱灾分为5—6月和8—10月两个阶段，特别是8—10月，为创纪录的少雨干旱时期。由于干旱少雨，土壤湿度下降至永久凋萎湿度，导致作物受灾，特别是白薯和早稻的收成，达到多年来的最低值。比如，长崎白薯和早稻产量分别为多年平均产量的58%和5%；福冈为64%和16%；熊本为65%和55%；大分为66%和38%；佐贺为51%和34%。旱地作物受灾严重，九州地区旱稻受损总量高达45%。

7.2.3 1973年大旱灾

1973年6—8月，日本全国发生大旱。6月，北海道开始出现干旱，7月，干旱蔓延至东北地方，7—8月，自东北至西日本的广大地区出现高温少雨天气，农作物受到损害。与常年相比，1973年提早几天入梅，但6月中旬，高气压控制北海道导致连续晴天，北方的冷气团势力强盛，梅雨锋面不能靠近日本本土；北太平洋高压比常年偏南，使得湿润暖气流不易到达日本，日本出现全国性少雨；进入7月后不久，梅雨结束，日本受太平洋高压控制，出现破纪录的高温干旱天气；高温少雨，缺水非常严重，日本的不少地区不得不采取限制用水措施；8月，干旱持续，并连续高温，但北海道南部的雨水较多，旱情得到缓解。这次大旱，一方面是梅雨期至夏季的雨量极端少，如7月，多度津的雨量只有常年同期的2%，8月，熊本的雨量只有常年同期的5%，德岛只有8%；另一方面，与1972—1973年冬季至夏季连续少雨也有密切关系。1972年，日本北部山区的积雪极少，土壤水分严重不足，导致灾情加重。1973年旱稻严重歉收，宫城、福岛、山形、琦玉和枥水的旱稻收成分别只有多年平均产量的22%、74%、35%、44%和40%。日本因干旱造成的农作物损失约900亿日元。

7.2.4 1978年大旱灾

1978年6—11月，受西北太平洋副热带高压控制，自琉球群岛到日本的大部分地区降雨极少，7月以后，日本出现近百年来持续时间最长的高温天气，白天气温在32℃左右，夜间气温在25℃以上，日本除中部地区和北海道北部外普遍干旱少雨。7月，车户降水仅4.5毫米，福冈26毫米，为常年平均雨量的十分之一，千叶等地连续32天滴雨未降。少雨干旱使人们的生活用水供应产生困难，供应首都东京用水的大部分水库储水量比正常情况少40%。8月底，包括东京在内，日本大约有200个城市和部分岛屿实行定量供水。干旱天气造成的损失达7.05亿美元，其中五分之三的损失由蔬菜和粮食作物造成。

7.2.5 1984年大旱灾和酷暑

1984年是日本著名的酷暑和大旱年。1983—1984年冬季是大冷冬，春天也十分寒冷，东京樱花的开放日比常年晚13天，创樱花开放最晚日期记录。进入6月，气温突然升高，6月19日，低气压进入日本海，在日本刮起南风，出现全国范围的焚风和高温，如冈山的气温为34.4℃、米子为35.1℃，创6月日最高气温纪录。6月月平均气温，北海道的札幌为18.2℃，九州的福冈为23.1℃，均为有观测记录以来同期月平均的最高值。此外，在日本的北部和西部各地，6月也出现高温纪录。7月，日本各地仍然炎热，在九州南部，梅雨提前于7月3日结束，7月4日，在关东的内陆地区，气温高达36℃，夜晚如同热带地区，高温持续不断。整个7月，全日本范围内出现酷暑天气，降水量异常小，如福冈的降水量只有23毫米。

进入8月，整个日本被太平洋高压控制，气温进一步升高；这个月，以日本东部为中心，出现了第二次世界大战后最热的酷暑天气，降水量也创下最少记录。日本气象厅不断发出高温少雨的消息，日本全国9家电力公司的最大用电量记录每天都被重写。在东京，由于酷暑，截至8月10日，已发出24次光化学烟雾警报，这也是破纪录的事件。8月中旬，出现全国范围的酷暑，日本海一侧和日本东部、北部等地区供水不足，蔬菜生长迟缓，无法进行蔬菜秋播。名古屋、新潟等15个气象站都刷新了8月平均气温的最高纪录；日本的东部地区，出现自1946年以来最热的夏天；日本的西部地区，则为有观测记录以来第三个酷热的夏天；东京都的水库面临涸竭，东京不得不实行用水限制。盛夏日数，东京为27天(正常年为21天)，大阪为31天(正常年为26天)。如同热带地区的夜晚日数，东京为24天(正常年为9天)，大阪为25天 (正常年为14天)。

1984年，日本夏秋季节变换较早，秋雨很短，而且锋面活动也不活跃。近畿地区8—11月的总降水量不足正常年同期的一半，尤其是近畿的水库——琵琶湖周围降水更少，只有正常年的40%，水坝的贮水率低于20%，流量只有正常年的四分之一，以琵琶湖作为水源的大阪、京都等地严重缺水，琵琶湖水位1984年12月的记录为−92厘米，仅次于1939年12月4日出现的有观测记录以来的最低值(−103厘米)。大阪府自秋天开始限制从淀川取水，自11月6日开始，饮用水和工业用水分别削减20%以上，这种状态一直持续到年底。1984年，日本的酷暑和干旱天气使许多行业受到影响。如电力消费量因酷暑大幅度增长，7月增长11.5%，8月增长7.3%，9家电力公司电力2个月销售收入，1984年比1983年增加了2000亿日元。9月3日，首都圈发生酷暑，八王于的温度为

39.2℃，东京为38.1℃，均创造了历史同期最高纪录。

7.2.6 1994年大旱灾

1994年夏季，日本大部分地区持续高温少雨，多数水库水位急降，中部的琵琶湖出现1874年以来的最低水位，全国130多个城市的居民用水受到限制。东京7月雨量为93.5毫米，为常年同期的74%，8月上旬的雨量仅为5毫米，为常年同期的11%。东京地区提供用水的8个水库蓄水量仅为库容的25%，居民的供水被削减30%。严重的干旱使农、林、渔业的经济损失达5.97亿美元，仅次于历史上损失最重的1984年。

第 8 章　干旱监测设备与仪器

全球干旱半干旱气候区分布十分广泛，占陆地面积的 30% 以上。中国干旱半干旱气候区的总面积占全国总土地面积的一半以上。干旱半干旱气候区生态条件脆弱，生存环境艰苦，极大限制了人类的生存空间。由于气候变暖、人类活动加剧以及经济社会的快速发展，干旱灾害日趋严重，干旱发生频率不断升高，受旱范围不断扩大，局地性或区域性的干旱灾害几乎每年都会发生。干旱灾害对全球粮食、水资源和生态安全及人类可持续发展的威胁日益突出，已成为媒体"曝光率"最高的自然灾害之一。如何及时发现干旱状况，准确掌握干旱发生发展过程、程度与范围是有效预测和应对干旱灾害的重要前提。因此，加强干旱灾害监测，掌握旱情发展动态，是增强抗旱工作主动性和提高防灾减灾能力的一个重要环节，对抗旱预警和抗旱减灾有至关重要的作用。

近年来，地处西北干旱半干旱区的中国气象局兰州干旱气象研究所利用多手段、多设备、多方法从不同层面监测大范围干旱灾害，取得了长足进展。依托国家修购专项、公益性行业专项、国家自然基金和中国气象局项目的支持，干旱监测设备与仪器得到了很大充实与改进。目前，中国气象局兰州干旱气象研究所拥有各类科研仪器设备 120 多台(件)，覆盖常规气象、大气边界层、陆面过程、作物生理生态、土壤环境、大气化学等多学科方向，形成多层次、多方向的监测体系。就干旱半干旱区水、土、气、生四个方面进行同步观测，大部分仪器已实现自动、连续、常年观测。依托中国气象局兰州干旱气象研究所的五个野外试验基地(定西干旱气象与生态环境野外试验基地、张掖干旱气象与生态环境试验基地、平凉干旱气象与生态环境试验基地、庆阳干旱气象与生态环境试验基地、玛曲草原湿地生态与环境观测试验基地)(图 8.1)，围绕干旱形成机理与干旱监测预测技术、干旱陆-气相互作用及区域数值模式发展、干旱气候变化影响与适应等研究，建立了观测数据整合系统，系统可实现观测数据的远程访问监控、共享和下载存储。发展完善了干旱预测和预警系统关键技术，提升了中国西北地区干旱灾害发生的早期预警能力，干旱强度、影响范围及干旱灾害发展演变的预测能力，为干旱气象科学研究及相关业务服务提供有力支撑。

8.1　近地层微气象过程、地表能量与物质交换监测设备

近地层微气象过程、地表能量与物质交换监测包括近地层常规气象要素、陆面过程、通量、蒸散发、辐射、涡度、二氧化碳浓度等的监测(表 8.1，图 8.2—图 8.9)。

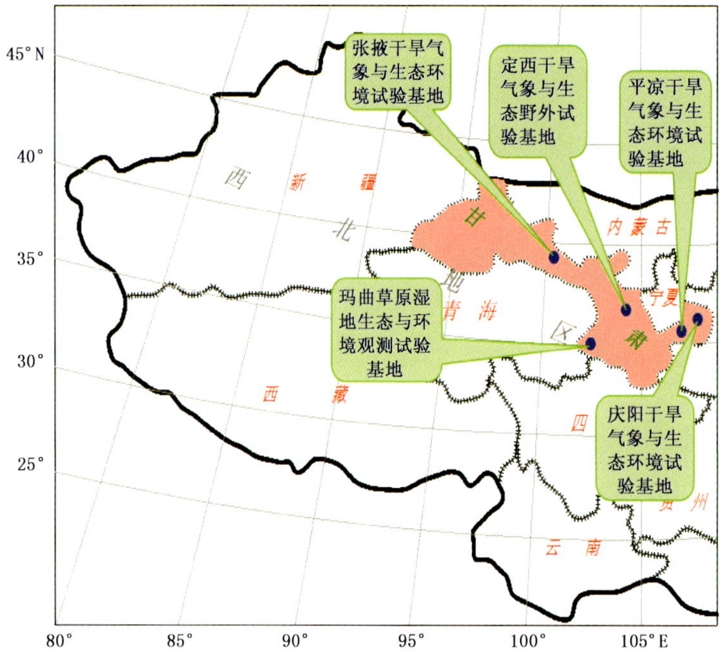

图 8.1 中国气象局兰州干旱气象研究所的 5 个干旱监测野外试验基地分布

Fig. 8.1 Distribution of field experimental station in Institute of Arid Meteorology of CMA

表 8.1 近地层微气象过程、地表能量与物质交换监测设备

Table 8.1 Near surface micro-meteorological processes, surface energy and material exchange monitoring

序号	设备名称	型号	产地（生产商）	监测要素和用途
1	气象要素梯度测量系统	CAWS600	中国华云气象科技集团公司	测量近地层风、温、湿、压等气象要素梯度
2	风温湿度梯度测量系统	HYA-G	中国华云气象科技集团公司	测量 20 米近地层风温湿 6 层梯度
3	风温湿梯度观测系统	HMP155	芬兰 VAISALA	风温湿梯度观测
4	温湿度传感器	HMP155A	美国 Campbell 公司	用于观测干旱区和沙尘气溶胶关键源区地层温湿度梯度
5	风速风向传感器	1405-PK-052	英国 Gill 公司	用于干旱区和沙尘气溶胶关键源区近地层风的梯度观测
6	蒸发蒸腾监测站	ET107	美国 Campbell 公司	测量计算潜在蒸散，即由土壤蒸发和植物蒸腾水分损失总量
7	蒸腾蒸发测量系统	900ET	美国 spectrum 公司	用于实时测量、计算蒸发蒸腾量
8	波文比站	BW-1000	美国 Campbell 公司	通过测量温湿度，来反映潜热显热能量变化
9	波文比能量平衡观测系统	AMI-Ⅱ	国产	测量地表能量平衡
10	十要素自动气象站系统	CR1000	美国 Campbell 公司	主要用于测量风速、温湿度、辐射、气压、雪深、土壤温度、土壤热通量等气象要素
11	自动气象站	CAWS600	中国华云技术开发公司	主要用于测量温度、湿度、风速、风向、气压、降雨量等气象要素
12	气压传感器	PTB330	芬兰 VAISALA	测量气压
13	降水传感器	RG13H	芬兰 VAISALA	测量降水
14	涡动相关测量系统	EC3000	美国 Campbell 公司	测量空气的三维风速及超声虚温，以及空气中的二氧化碳和水汽含量

续表

序号	设备名称	型号	产地（生产商）	监测要素和用途
15	涡动相关测量系统	GHG-1	美国 LI-COR 公司	测定干旱地-气通量交换过程
16	超声湍流观测系统	CSAT-3	美国 Campbell 公司	测量空气的三维风速及超声虚温
17	地表辐射测量系统	CNR4	荷兰 Kipp&Zonen 公司	测量地表净辐射，四分量输出
18	地表辐射测量系统	PC-2-T	锦州阳光科技发展有限公司	观测光合有效辐射、总辐射、净辐射、发射辐射、直接辐射等辐射分量
19	多光谱热红外辐射计	CE312	国产	用于农作物长势监测，估产，灌溉控制，以及热通量测量，云量观测
20	大口径闪烁仪	LAS	荷兰 KIPP&ZONE 公司	地表能量测定，湍流研究，微气象学稳定度监测
21	多波段太阳光度计	CE318N-VBS8	法国 CIMEL 公司	用于气溶胶光学特性和大气质量监测的自动测量仪器
22	气溶胶质谱分析仪	AMS	美国 AERODYNE RESEARCH，Inc	用于测定细颗粒气溶胶的粒径分布谱和单颗粒的化学成分
23	扫描迁移粒度测定仪	SMPS 3936	美国 TSI	用于气溶胶质谱分析仪的标定等测量工作
24	气相色谱质谱联用仪	Agilent 7896A /5975C	美国 安捷伦	用于有机混合物的分离，并对分离后的物质进行定性、定量分析
25	热/光学碳分析仪	DR2001	美国 Sunset Lab	测定气溶胶样品中的有机碳和元素碳的含量
26	液相色谱仪	Agilent 7500	美国 安捷伦	测定沙尘和气溶胶样品中的无机元素含量
27	便携式成像光谱仪	FS3-Hi-Res	美国 ASD 公司	高信噪比，高可靠性，高重复性实时显示、测量样品反射率
28	便携式热红外光谱仪	102F	美国 Designs & Prototypes 公司	用于地面、高空以及航空热红外观测
29	积分球	RTS-3Z	美国 ASD Seaspace 公司	测量样品反射率和透射率，可和 ASD 光谱仪配合使用

图 8.2　蒸腾蒸发站
Fig. 8.2　Evapotranspiration station

图 8.3　波文比系统
Fig. 8.3　Bowen ratio system

图 8.4　十要素自动气象站
Fig. 8.4　Automatic weather stations

图 8.5　梯度塔

Fig. 8.5　Gradient meteorology tower

图 8.6　土壤水分监测

Fig. 8.6　Soil moisture monitor

图 8.7　超声湍流观测系统

Fig. 8.7　Eddy covariance observation system

图 8.8　多光谱热红外辐射计

Fig. 8.8　Multi-spectral thermal infrared Radiometer

图 8.9　大口径闪烁仪(LAS)

Fig. 8.9　Large aperture scintillometer (LAS)

8.2　大气边界层监测设备

大气边界层监测设备包括边界层观测梯度塔、雷达、风廓线仪、辐射计、全天空成像仪、空气沙尘综合观测仪等(表 8.2,图 8.10—图 8.15)。

表 8.2　大气边界层监测设备

Table 8.2　Atmospheric boundary layer monitoring

序号	设备名称	型号	产地(生产商)	监测要素和用途
1	边界层综合观测梯度塔	MA-BA3	中国华云气象科技集团公司	用于安装近地层沙尘综合观测系统相关设备
2	激光雷达	ALS300	法国 LEOSPHERE 公司	测量大气中的水汽、云及气溶胶等
3	激光雷达	EV-LIDAR/TEMP12	北京怡孚和融科技有限公司	获取 5～10 千米高度大气中温度、气溶胶廓线信息
4	风廓线声雷达	XFAS	德国 Scintec AG 公司	测定大气垂直风廓线

续表

序号	设备名称	型号	产地（生产商）	监测要素和用途
5	边界层风廓线雷达（带 RASS 测温）	CLF03	中国航天科工集团第二研究院 23 所	测定大气垂直、风温廓线
6	风廓线仪	CLF03	中国航天科工集团第二研究院 23 所	测定大气垂直风廓线
7	温度廓线仪	MP-3000	美国 Radiometrics 公司	连续测量从地表到 10 千米温度
8	温度水汽廓线仪	TP/WV-3000	美国 Radiometrics 公司	连续测量从地表到 10 千米温度廓线和水汽廓线
9	微波辐射计	MP-3000A	美国 Radiometrics 公司	温度、湿度、水汽剖面到 10 千米;35 个标准频率通道,用于探测水汽廓线
10	微波辐射计	TP/WV-3000	美国	测量低层大气的风、温度、湿度
11	全天空成像仪	TSI-880	美国 Yankee 公司	全自动、全色彩天空成像仪系统,实时处理和显示白天的天空状态,计算存储云量和日照时数
12	全天空成像仪	ASI	国产(中国科学院大气物理研究所)	全自动、全色彩天空成像仪系统,实时处理和显示白天的天空状态,计算存储云量和日照时数
13	热成像仪	P65 PAL Package	美国 ThermaCAM 公司	全自动、全色彩天空成像仪系统,实时处理和显示白天的天空状态
14	空气颗粒物自动监测站	Grimm 108	德国 GRIMM 公司	用于测量分析 PM_{10}、$PM_{2.5}$、PM_{1} 颗粒物浓度和 31 种粒径
15	GPS 探空系统	iMet	美国 Intermet 公司	测量至少 10 千米高度大气层各高度的温度、湿度、气压等气象要素
16	GPS 探空系统	HY-GPS	中国华云气象科技集团公司	可测量至少 10 千米高度大气层各高度的温度、湿度、气压等气象要素
17	地基 GPS 水汽探测系统	GR10	瑞士 LEICA	双频接收机配合高精度天线,探测空中水汽总量
18	高分辨率红外热像仪	FLIR P630	美国菲力尔公司	测量目标温度,可生成清晰的红外图像
19	太阳光度计	CE318N-EBS9	法国 CIMEL	自动测量太阳和天空在可见光和近红外的不同波段、方向、时间的辐射亮度,推算大气气溶胶的物理和光学性质
20	雨雪量计	T-200B3	挪威 Geonor 公司	用于自动雨(雪)量监测
21	雪深观测仪	17013	奥地利 SOMMER	测量雪压、雪水当量
22	雪深探测仪	SR50A	美国 Campbell	测量积雪深度
23	雪水当量测量仪	CS725	美国 Campbell	测量雪水当量
24	能见度监测仪	DNQ1	中国华云气象科技集团公司	用来监测 0～16 千米的能见度状况
25	沙尘通量监测系统	SS1000	美国 Campbell 公司	用于沙尘水平输送通量及近地层风速、风向和风蚀观测
26	环境级精细颗粒物采样器	PQ200	美国 BGI 公司	用于美国 EPA 标准的 $PM_{2.5}$ 采样,适用于日采样、中间物采样或抽查采样等

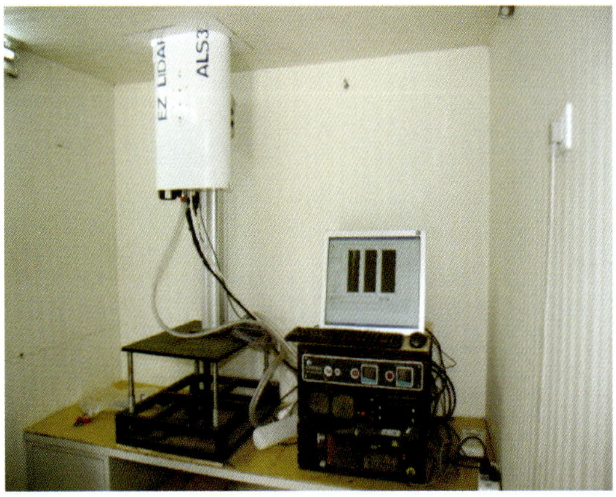

图 8.10　激光雷达

Fig. 8.10　Laser radar

图 8.11　风廓线声雷达

Fig. 8.11　Wind profilers acoustic radar

图 8.12　微波辐射计

Fig. 8.12　Microwave radiometer

图 8.13　全天空成像仪

Fig. 8.13　All-sky imager

图 8.14　移动式风廓线仪

Fig. 8.14　Mobile wind profiler

图 8.15　风廓线仪

Fig. 8.15　Wind profiler

8.3 土壤要素监测

土壤要素监测设备包括土壤温湿度、土壤水势、土壤养分、土壤水汽、土壤热特性等仪器（表 8.3，图 8.16—图 8.19）。

表 8.3 土壤监测设备

Table 8.3 Soil monitoring instruments

序号	设备名称	型号	产地（生产商）	监测要素和用途
1	大型称重式蒸渗计	LG-II	国产自制（中国气象局兰州干旱气象研究所自制）	长期、连续测定实际蒸散量
2	自动称重式蒸渗仪	QYZS-201	西安清远测控技术有限公司	用于测量实际蒸散量，进行干旱监测
3	蒸渗计	QYZS-202	西安清远测控技术有限公司	监测被测土体水分蒸腾蒸发、渗漏随时间的微小变化及气温、空气湿度、光照、降水等对应相关参数
4	土壤温度水分自动监测站	HYA-ST	中国华云气象科技集团公司	连续多层监测土壤温度、土壤含水量
5	土壤温湿度测量系统	SM1000-S	美国 Campbell 公司	测量土壤温度、湿度梯度
6	土壤温度水分观测系统	109/CS616	美国 Campbell 公司	用于测定干旱区土壤温度、湿度梯度
7	土壤水分仪	ECH_2O	美国 Decagon 公司	土壤水分连续监测
8	便携式土壤水分监测仪	Gstar-I	郑州巨星科技开发公司	快速测量土壤水分
9	土壤水分监测系统	MiniTrase	美国 SEC 公司	可用于土壤不同层次定点实时水分高精度检测和监测
10	土壤水分监测探头	CS616	美国 Campbell	连续自动观测土壤水分
11	便携式土壤水分速测仪	ML3	中国华云气象科技集团公司	随机观测土壤水分
12	宇宙射线土壤水分观测系统	CRS-1000B-1	美国 hydroinnova 公司	实现土壤水分在空间尺度上变化（500 米范围）监测的最有效手段，解决在大尺度的遥感土壤水分测量和有限的现场测定的问题
13	土壤水势测定仪	WP4	美国 Decagon 公司	土壤水势
14	土壤参数监测系统	PC-2ST	中国锦州阳光科技发展有限公司	系统可以实时测量出土壤水分、土壤温度、土壤热通量、土壤水势、土壤电导率等参数
15	U 盘型温度计	MicroLite	以色列	土壤温度
16	土壤碳通量观测系统	LI-8100	美国 LI-COR 公司	快速测量土壤二氧化碳通量，并可得到多个位置的数据，完成空间变异的准确测量
17	多通道土壤碳通量测量系统	LI-8150	美国 LI-COR 公司	多点土壤二氧化碳通量的长期、连续监测
18	土壤水汽吸附分析仪	AQUALAB VSA	美国 Decagon 公司	完成高精度的水活度/土壤水分特征曲线的测定
19	二氧化碳/水汽分析仪	CS7500	美国 Campbell 公司	可以精确测量湍流空气结构中的二氧化碳和水汽密度
20	液态水同位素分析仪	L2130-i	美国 Picarro 公司	测量液态水中的同位素比率，分析研究作物蒸腾和土壤蒸发
21	土壤养分计	CARDY	美国 spectrum 公司	测量土壤、水、植物中的钾离子、钠离子、硝酸根离子等养分和离子含量

续表

序号	设备名称	型号	产地（生产商）	监测要素和用途
22	土壤原位 pH 计	IQ150	美国 spectrum 公司	直接测量土壤的 pH 值和温度
23	便携式热特性分析仪	KD2	美国 Decagon 公司	测量土壤热导率、扩散率，用于评估土壤中能量储存状况
24	田间灾情监视器	农情-2V	江苏省无线电科学研究所有限公司	全天候环境要素与视频监测

图 8.16　LI-II 大型蒸渗计

Fig. 8.16　LI-II Large lysimeter meter

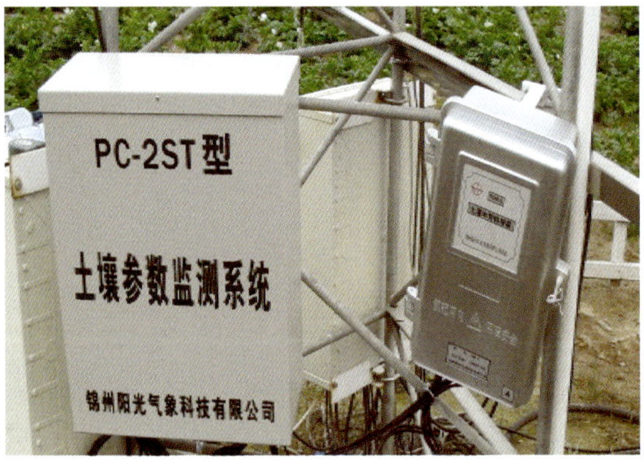

图 8.17　土壤参数监测系统

Fig. 8.17　Soil parameters monitoring system

图 8.18　土壤含水量测定

Fig. 8.18　Moisture Content measurement

图 8.19　土壤碳通量测量系统

Fig. 8.19　Soil carbon flux measurement system

8.4　生物和生理生态监测

生物要素监测包括作物生物量、光合特征、叶片特征、冠层特征、光谱特征、生理生态特征等监测仪器（表 8.4，图 8.20—图 8.27）。

表 8.4　生物、生理生态监测

Tab. 8.4　Vegetation, physiology monitoring

序号	设备名称	型号	产地（生产商）	监测要素和用途
1	便携式光合作用仪	LI-6400	美国 LI-COR 公司	测量植物叶片的光合作用和荧光参数指标，包括光合速率、蒸腾速率、气孔导度、胞间二氧化碳浓度、叶室气温、光合有效辐射等
2	便携式光合作用仪	LI-6400XT		
3	包裹式植物茎流计	Flow32	美国 Dynamax 公司	直接测量植物茎流量来确定植物的水分消耗（蒸腾）
4	植物导水率测定仪	HPFM	美国 Dynamax 公司	测量根部导水率、枝芽与叶柄导水率、树木或作物的根部压力分析、作物导水率研究
5	稳态气孔计	SC-1	美国 Decagon 公司	测量植物叶片气孔导度
6	露点水势仪	WP4C	美国 Decagon 公司	测定植物叶片水势
7	植物冠层分析仪	LAI-2000	美国 LI-COR 公司	测量叶面积指数（LAI），进行农作物长势监测研究
8	植物冠层分析仪	LAI-2200		
9	作物根系生长监测系统	BTC	美国 Bartz 公司	对作物根系生长进行监测，跟踪作物受旱后的生长过程
10	作物根系生长监测系统	BTC-100X	美国 Bartz 公司	对作物根系生长进行监测，从而跟踪其生长过程
11	便携式植物压力室	WP4C	美国 Decagon 公司	利用压力平衡法快速精确测量叶片、枝条和根的水势，为大气连续体中水势的动态变化提供依据
12	便携式叶绿素仪	Spad502 plus	日本 Konica 公司	即时测量植物的叶绿素相对含量或绿色程度
13	便携式叶面积仪	LI-3000A	美国 LI-COR 公司	由扫描和主机两部分组成，可以同时测量叶面积、叶长、最大叶宽、平均叶宽和累积叶面积等
14	台式叶面积仪	LI-3100C	美国 LI-COR 公司	适用于快速测量不同大小的叶片面积，可准确测量穿孔和具有不规则边缘的叶片面积
15	手持式激光叶面积仪	LI-3000C	美国 LI-COR 公司	测量活体或离体叶片叶面积、长度、宽度、周长、长宽比、形状因子；总面积、总宽度、总长度、总周长、柄长等参数
16	二氧化碳/水汽分析仪	LI-7500	美国 LI-COR 公司	用于全球涡度协方差碳通量监测
17	二氧化碳分析仪	LI-820	美国 LI-COR 公司	用于空气二氧化碳测量
18	手持式高精度冠层红外测温仪	AGRI-61104	美国 Omega 公司	用于测量自然环境中植物表面温度
19	液态水同位素分析仪	L2130-i	美国 Picarro 公司	测量液态水中的同位素比率，分析研究作物蒸腾和土壤蒸发
20	植物生理监控系统	LPS	美国 Dynamax 公司	对作物的生理生态特征量进行实时连续监测

续表

序号	设备名称	型号	产地（生产商）	监测要素和用途
21	超便携式调制叶绿素荧光仪	CFI	英国 TNC	用于研究作物受旱过程中光合作用机理、各种环境因子对植物生理状态的影响、植物抗逆性（干旱等）、植物的长期生态学变化等
22	便携式热红外光谱仪	102F	美国 Designs & Prototypes 公司	用于热红外光谱分布测量、温度测量、发射率测量等
23	机载/地面高光谱成像光谱仪	HyperSpec VNIR（400—1000nm）	美国 Headwall 公司	机载/地面两用获取可见光到近红外高光谱成像光谱资料
24	机载/地面两用短波红外高光谱成像光谱仪	HyperSpec-SWIR（1000—2500nm）	美国 Headwall 公司	机载/地面两用获取短波红外高光谱成像资料，更适于土壤测量
25	机载配件	/	中国华云气象科技集团公司	用于机载设备的固定和连接
26	探针式茎流测量系统	FLOW32	美国 Dynamax 公司	测量植物茎流量来确定植物的水分消耗（蒸腾）
27	气孔阻力计	SC-1	美国 Decagon 公司	用来定量测量计算出气孔阻力
28	气孔阻力计	AP4	英国 DELTA-T 公司	用来定量测量各种因素对气孔行为的影响，可方便、重复、准确地计算出气孔阻力
29	多光谱数码相机	Tetracam ADC3	美国 Tetracam 公司	测定植物光谱信息
30	二氧化碳浓度自动观测仪	AV-7001	中国华云气象科技集团公司	测量二氧化碳浓度
31	电热鼓风干燥箱	101-2	中国北京科伟永兴仪器公司	植物、土壤等样品的烘干
32	电子秤	ACS-W(SA)-3	中国上海精密仪器公司	植物、土壤等样品干鲜重的称量

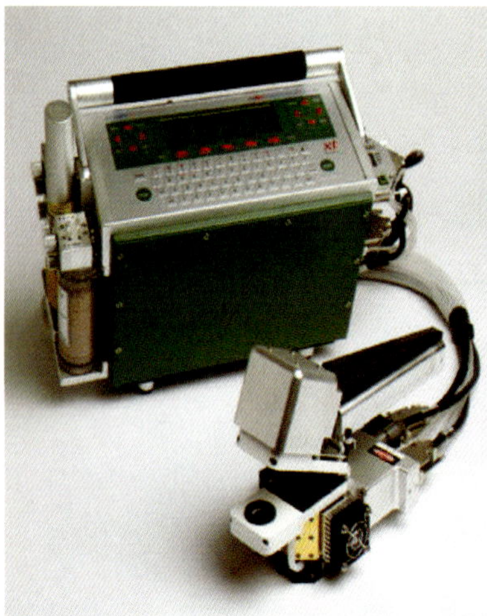

图 8.20 作物光合作用测定仪
Fig. 8.20 Photosynthesis measurement instrument

图 8.21 作物径流测定仪
Fig. 8.21 Crop runoff detector

图 8.22 植物导水率测定
Fig. 8.22 Plant hydraulic conductance

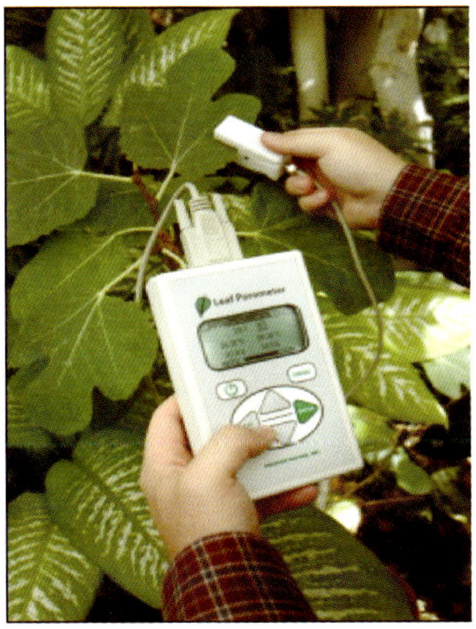

图 8.23　SC-1 稳态气孔计

Fig. 8.23　SC-1 Steady-state porometer

图 8.24　WP4 露点水势仪

8.24　Dew point water potential instrument

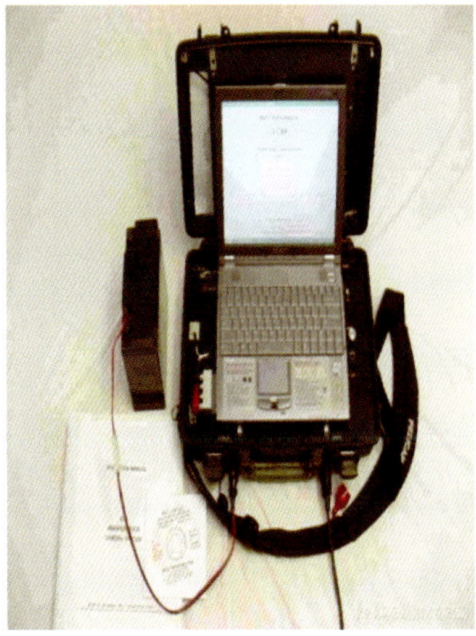

图 8.25　作物根系监测系统

Fig. 8.25　Crop root monitoring systems

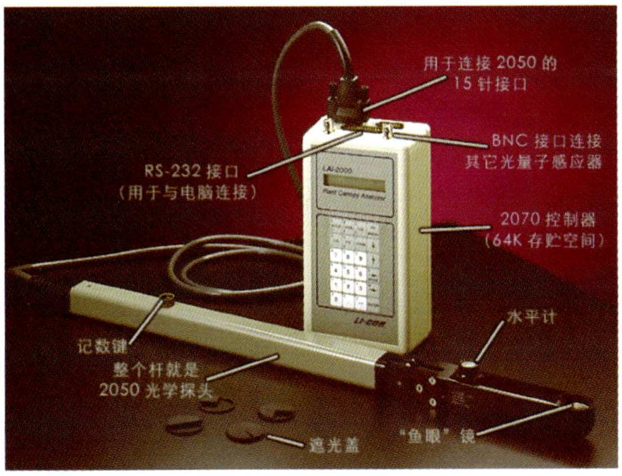

图 8.26　植物冠层分析仪

Fig. 8.26　Plant canopy analyzer

图 8.27　植物生理监控系统

Fig. 8.27　Plant physiology monitoring systems

8.5　气候变化模拟和设施农业监测设备

气候变化模拟和设施农业监测设备包括日光温室、水分试验场、增温系统、降雨模拟器等，可进行温度、水分、二氧化碳浓度、光照等不同气候变化情景对作物的影响模拟研究及监测（表 8.5，图 8.28—图 8.33）。

表 8.5　气候变化模拟、设施农业监测设备

Tab. 8.5　Simulation experiment of climate change and facilities agriculture monitoring

序号	设备名称	型号	产地	监测要素和用途
1	智能型科研日光温室	Venlo 式	国产	进行完全封闭情况下水分、温度、二氧化碳浓度、光照等变化对作物的影响研究及监测等
2	大型遮雨棚一水分池观测平台	/	国产自制	进行干旱胁迫对作物的影响研究及监测等

续表

序号	设备名称	型号	产地	监测要素和用途
3	红外线辐射器增温系统	/	国产自制	进行模拟增温试验时加热大气，并实时监测冠层温、湿度
4	FACE 模拟系统	/	国产自制	自由大气二氧化碳浓度升高模拟系统，进行完全开放环境条件下二氧化碳浓度升高对作物的影响研究及监测等
5	OTC 观测系统	/	国产自制	开顶式气室，进行半开放式环境条件下二氧化碳浓度升高对作物的影响研究及监测等
6	二氧化碳探头、温湿度监测系统	GMP343	芬兰 VAISALA	用于 FACE 圈内的二氧化碳、温湿度等的连续监测与实时调控
7	人工降雨模拟器	DIK6000	日本 DAIKI 公司	模拟自然降雨的影响，能在一定范围内任意调节雨滴的尺寸和降雨量，进行干旱致灾机理研究控制试验
8	大型植物生长箱	E-41HO	美国 PERCIVAL	可控制室内的光照、温度、湿度模拟植物生长环境，深入研究不同环境对作物受旱过程中生理生态的影响

图 8.28 自动化日光温室

Fig. 8.28 Automatic solar greenhouse

图 8.29 开放式增温平台

Fig. 8.29 Open-temperature increasing platform

图 8.30 自由大气二氧化碳富集系统

Fig. 8.30 FACE

图 8.31　开顶式气室

Fig. 8.31　OTC

图 8.32　人工降雨模拟器

Fig. 8.32　Artificial rainfall simulator

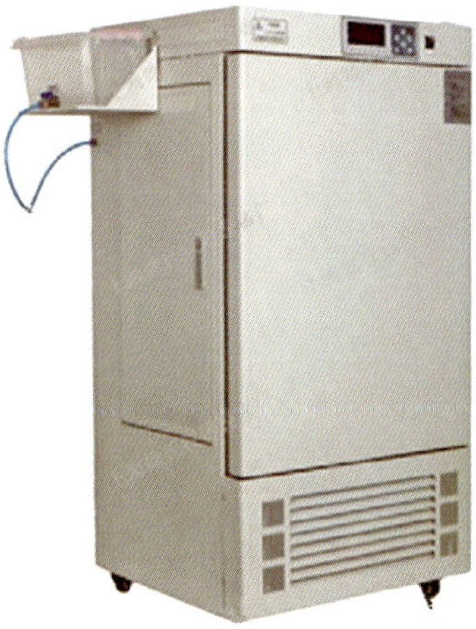

图 8.33　植物生长箱

Fig. 8.33　Plant growth box

参考文献

胡学平，许平平，宁贵财，等，2015. 2012—2013 年中国西南地区秋、冬、春季持续干旱的成因[J]. 中国沙漠，**35**(3)：763-773.

黄荣辉，刘永，王林，等，2012. 2009 年秋至 2010 年春我国西南地区严重干旱的成因分析[J]. 大气科学，**36**(3)：443-457.

范宝俊，1998. 人类灾难纪典[M]. 北京：改革出版社：220-341.

国家气候中心，2013. 全国气候影响评价[M]. 北京：气象出版社.

柳艳菊，2013. 2012 年秋季我国气候异常及成因分析[J]. 气象，**39**(4)：526-530.

刘洪岫，2013. 2012 年全国旱灾及抗旱行动情况[J]. 中国防汛抗旱，**23**(1)：18-21，31.

王东阡，王腾飞，任福民，等，2013. 2012 年全球重大天气气候事件及其成因[J]. 气象，**39**(4)：516-525.

王小兰，张荣，赵丽平，等，2013. 2011—2012 年冬季西南干旱成因的动力诊断分析[J]. 研究与探讨(235)：63-65.

王晓敏，周顺武，周兵，2012. 2009/2010 年西南地区秋冬春持续干旱的成因分析[J]. 气象，**38**(11)：1399-1407.

王有民，叶殿秀，艾婉秀，等，2013. 2012 年中国气候概况[J]. 气象，**39**(4)：500-507.

王艳姣，周兵，司东，等，2013. 2012 年夏季我国降水异常及成因分析[J]. 气象，**39**(1)：118-122.

张德二，2000. 相对温暖气候背景下的历史旱灾[J]. 地理学报，**55**(增刊)：106-112.

中国气象局，2007. 中国灾害性天气气候图集(1961—2006 年)[M]. 北京：气象出版社：32-39.

中国气象局，2010. 中国气象干旱图集(1956—2009 年)[M]. 北京：气象出版社：107-108.

中国气象局，2013. 中国气象年鉴[M]. 北京：气象出版社：577-588.

中国气象局，2013. 中国气候公报[M]. 北京：气象出版社.

周莉，蔡荣辉，兰明才，等，2018. 2011—2012 年冬季西南地区干旱的时空分布特征及其动力成因诊断[J]. 湖北农业科学，**57**(13)：28-33，45.

Hoerling M，Eischeid J，Kumar A，et al，2014. Causes and predictability of the 2012 great plains drought[J]. Bull Amer Meteoro Soc，**95**(2)：269-282.

Mo K C，Lettenmaier D P，2015. Heat wave flash droughts in decline[J]. Geophys Res Lett，**42**：2823-2829.

Otkin J，M Svoboda，E Hunt，et al，2017. Flash droughts：A review and assessment of the challenges imposed by rapid onset droughts in the United States[J]. Bull Amer Meteor Soc，doi：10.1175/BAMS-D-17-0149.1.

附录 A 2012 年全国干旱灾情统计年表

表 A 2012 年全国作物因旱受灾、绝收面积及农村因旱饮水困难统计表

Table A Summary of drought disaster-affected area of crops and disaster-affected population in China in 2012

地区	农作物受灾情况		人口受灾情况		直接经济损失（亿元）
	受灾面积（万公顷）	绝收面积（万公顷）	受灾人口（万人次）	饮水困难人口（万人次）	
北京	0	0	0	0	0
天津	0	0	0	0	0
河北	43.0	2.5	299.5	35.5	16.0
山西	40.4	0.5	87.8	4.4	3.5
内蒙古	45.4	1.1	146.6	43.1	5.3
辽宁	0	0	0	0	0
吉林	30.4	0.9	62.6	0.2	5.0
黑龙江	120.0	6.3	166.6	20.6	12.3
上海	0	0	0	0	0
江苏	36.7	0.9	310.2	0	6.3
浙江	0	0	0	0	0
安徽	61.6	2.2	1414.2	35.1	27.9
福建	0	0	0	0	0
江西	0	0	0	0	0
山东	67.3	0.7	558.6	44.4	13.3
河南	100.2	0.3	603.5	8.4	9.4
湖北	93.9	4.0	791.2	240.0	42.5
湖南	0	0	1.0	0.1	0
广东	0	0	0	0	0
广西	7.7	0.3	77.2	18.4	1.7
海南	0.3	0.1	23.9	0	0.8
重庆	6.2	0.1	110.7	34.5	1.7
四川	22.2	1.7	545.1	209.6	28.5
贵州	13.3	0.2	195.9	24.6	5.0
云南	107.3	10.7	923.9	518.0	43.9
西藏	0	0	9.8	0.5	0.2
陕西	22.8	0.7	217.9	2.2	4.9
甘肃	49.8	1.6	402.9	61.3	5.2
青海	3.3	0.1	15.0	0.4	0.7
宁夏	10.4	0	85.8	48.7	1.7
新疆（含兵团）	52.2	2.8	34.4	6.3	8.5
合计	934.4	37.7	7084.3	1356.3	244.3

来源：《中国气象灾害年鉴 2013》。表中数据不包含香港、澳门特别行政区和台湾省。

附录B　2012年气象干旱总日数分布

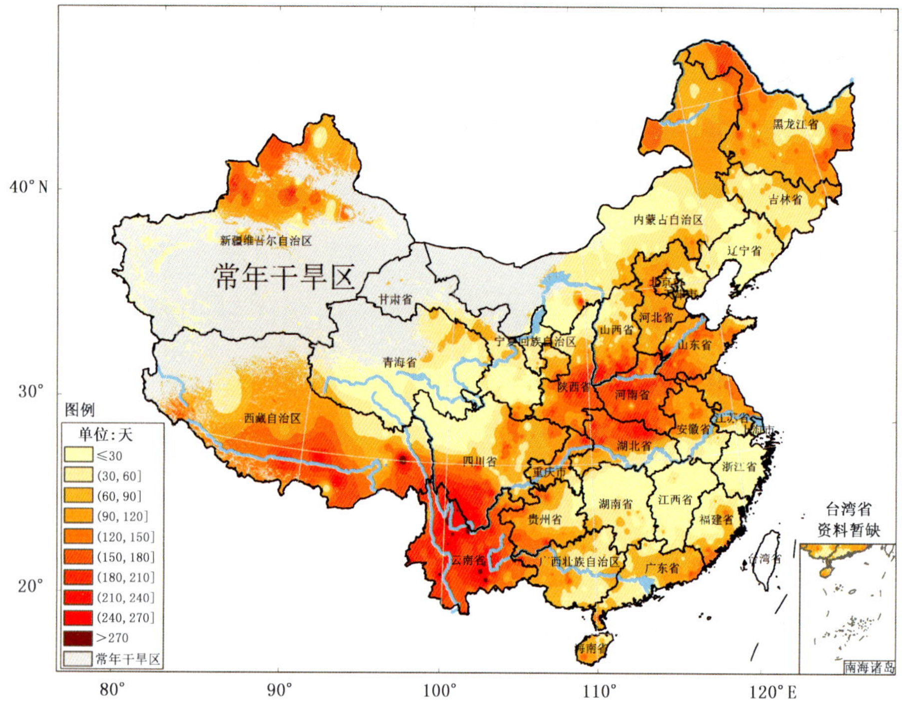

图B　2012年全国干旱总日数分布

Fig. B　The days of meteorological drought in China in 2012(unit:d)

附录 E　2012 年各季气象干旱日数分布

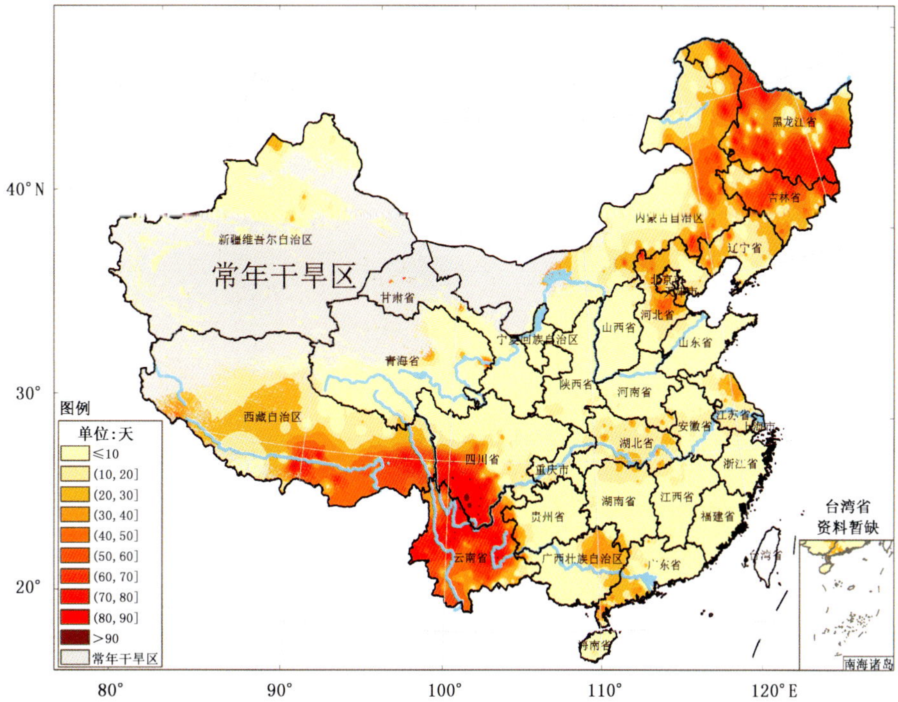

图 E1　2011/2012 年冬季全国干旱日数分布

Fig. E1　The days of meteorological drought in China in winter of 2011—2012 (unit:d)

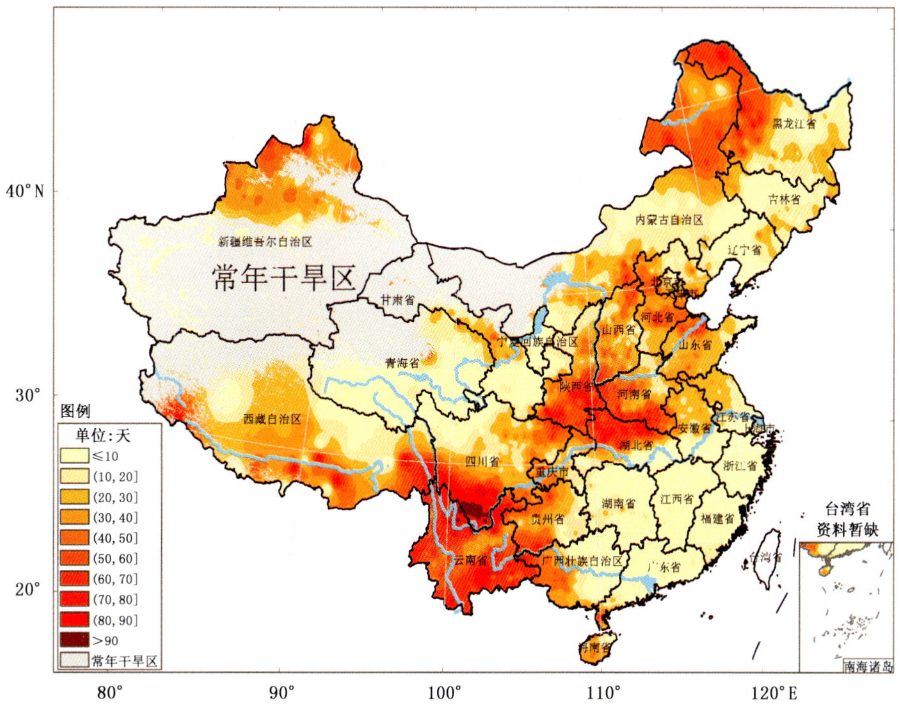

图 E2　2012 年春季全国干旱日数分布

Fig. E2　The days of meteorological drought in China in spring of 2012 (unit:d)

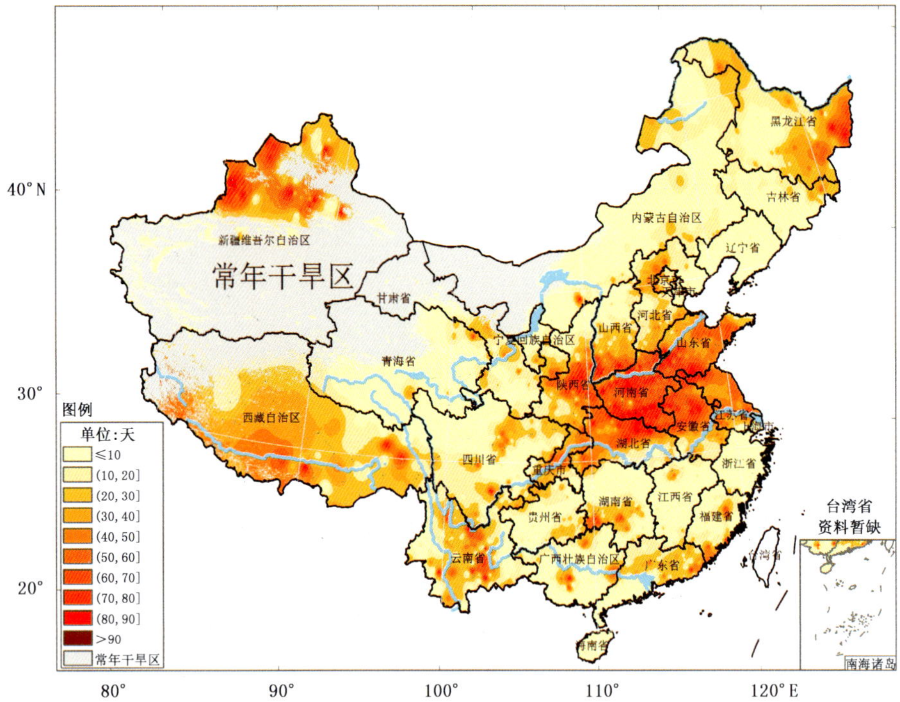

图 E3　2012 年夏季全国干旱日数分布

Fig. E3　The days of meteorological drought in China in summer of 2012 (unit:d)

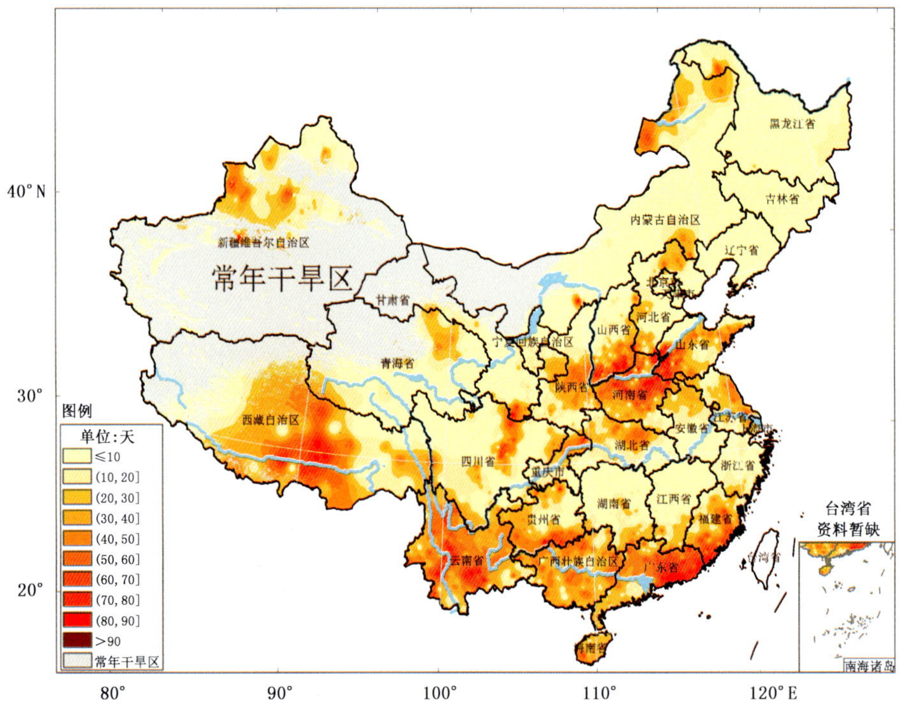

图 E4　2012 年秋季全国干旱日数分布

Fig. E4　The days of meteorological drought in China in autumn of 2012 (unit:d)

附录 F　2012 年各季气象干旱等级日数分布

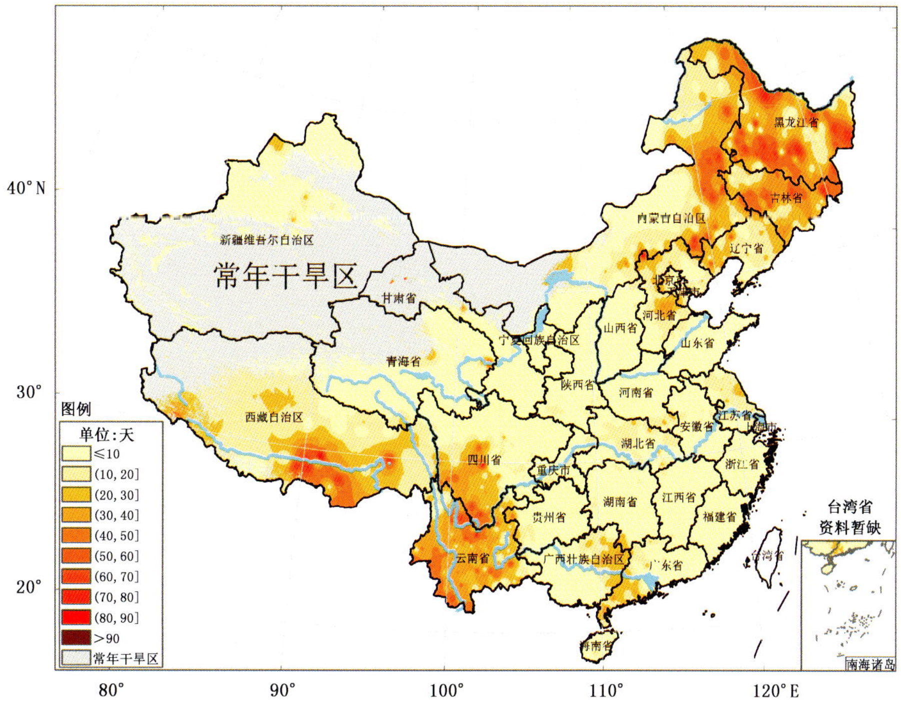

图 F1　2011/2012 年冬季全国轻旱日数分布

Fig. F1　The days under light drought stress in China in winter of 2011—2012 (unit:d)

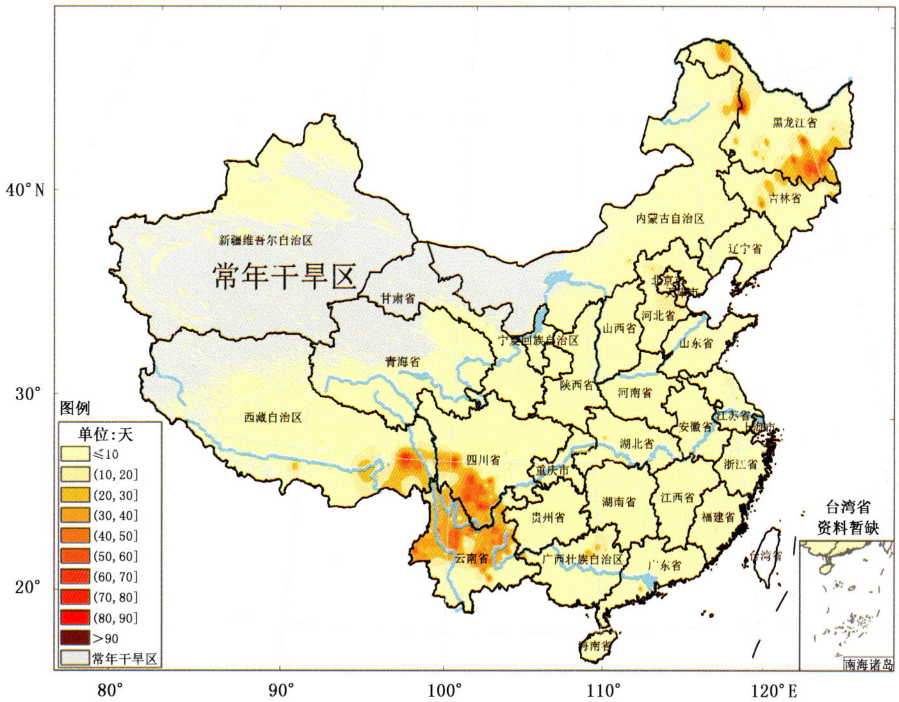

图 F2　2011/2012 年冬季全国中旱日数分布

Fig. F2　The days under moderate drought stress in China in winter of 2011—2012 (unit:d)

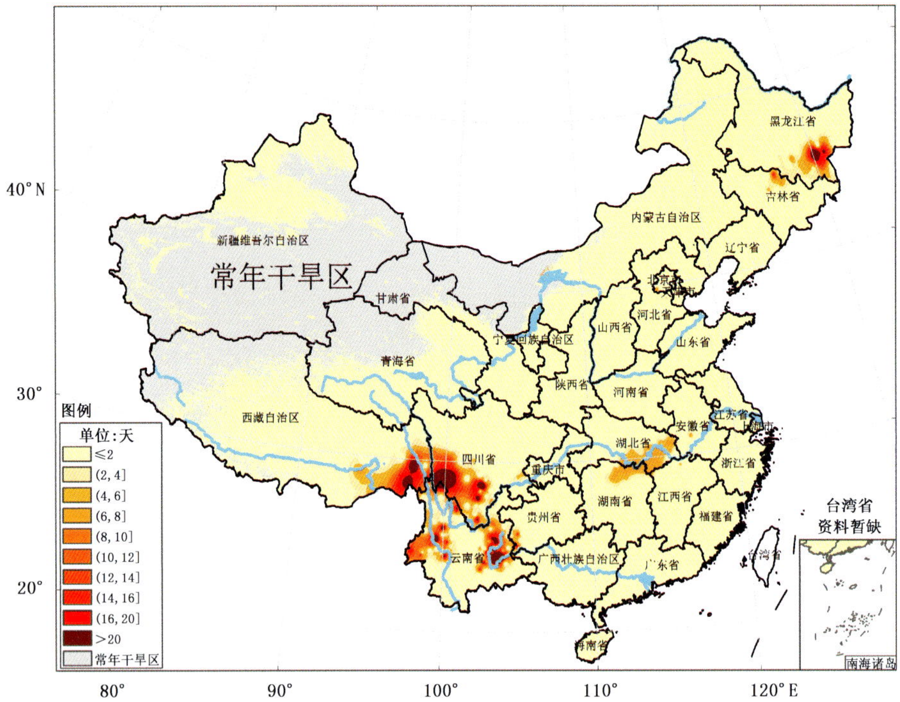

图 F3　2011/2012 年冬季全国重旱日数分布

Fig. F3　The days under severe drought stress in China in winter of 2011—2012 (unit:d)

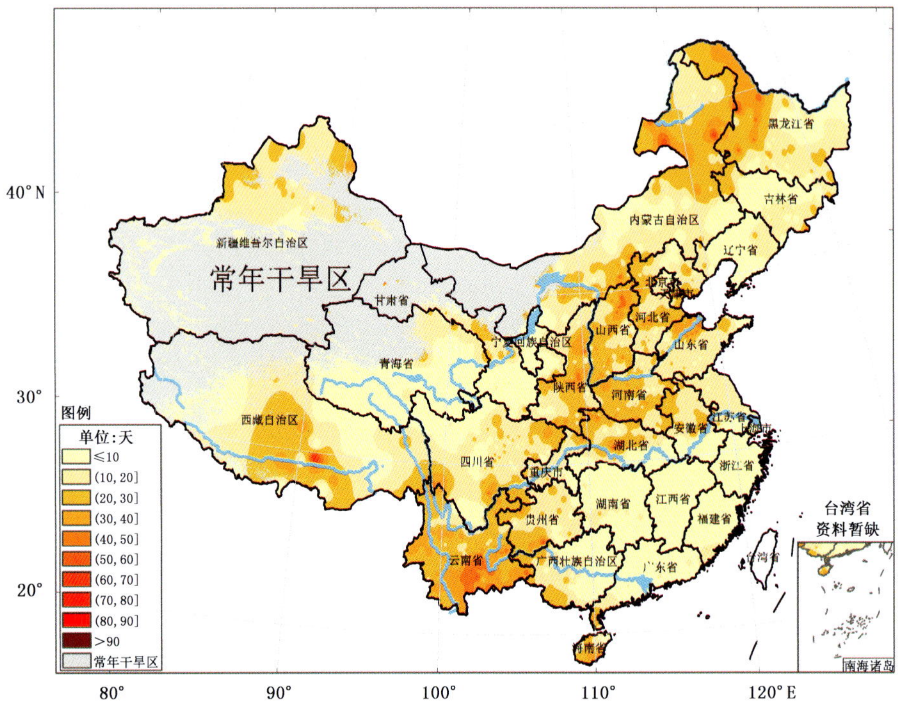

图 F4　2012 年春季全国轻旱日数分布

Fig. F4　The days under light drought stress in China in spring of 2012 (unit:d)

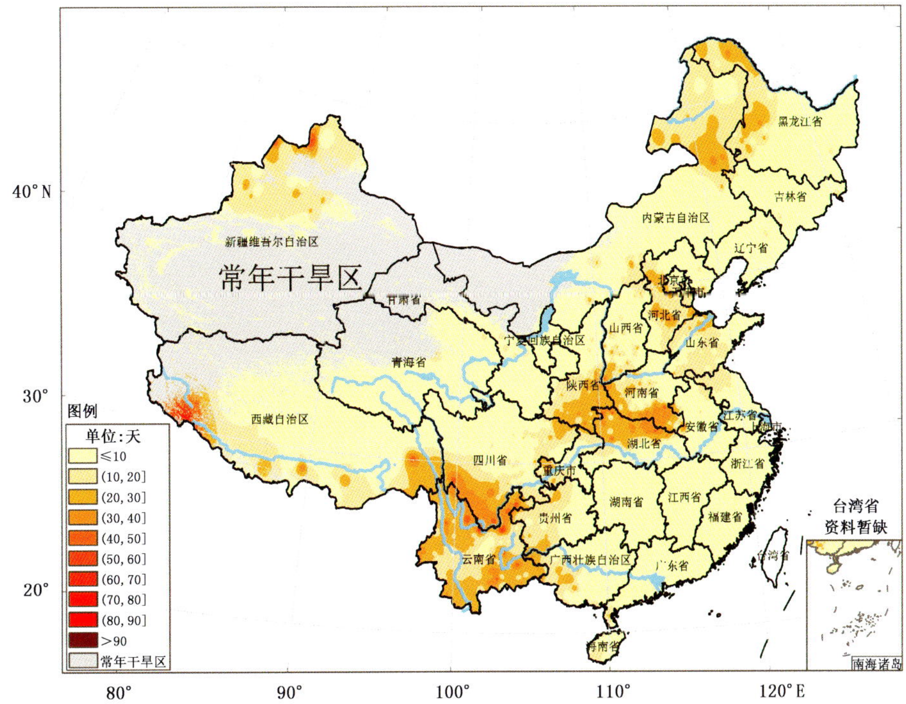

图 F5 2012 年春季全国中旱日数分布

Fig. F5 The days under moderate drought stress in China in spring of 2012 (unit:d)

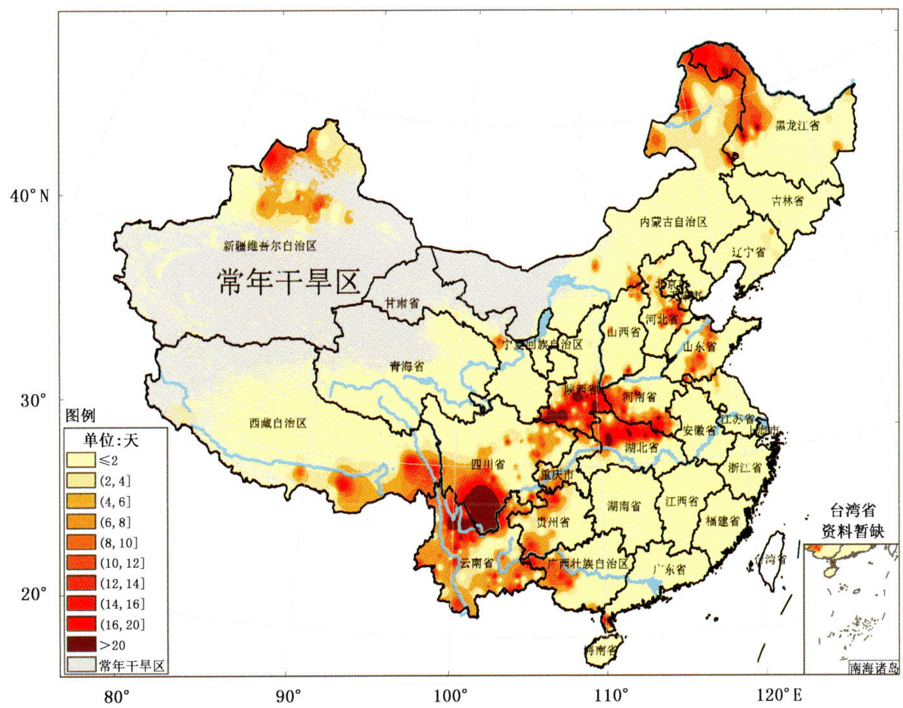

图 F6 2012 年春季全国重旱日数分布

Fig. F6 The days under severe drought stress in China in spring of 2012 (unit:d)

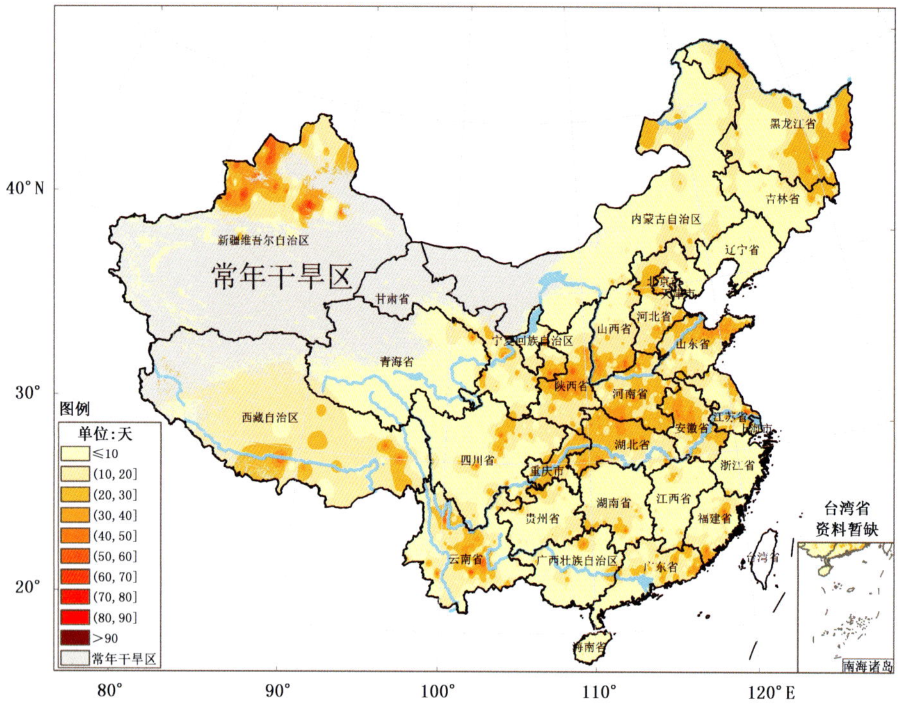

图 F7 2012 年夏季全国轻旱日数分布

Fig. F7 The days under light drought stress in China in summer of 2012 (unit:d)

图 F8 2012 年夏季全国中旱日数分布

Fig. F8 The days under moderate drought stress in China in summer of 2012 (unit:d)

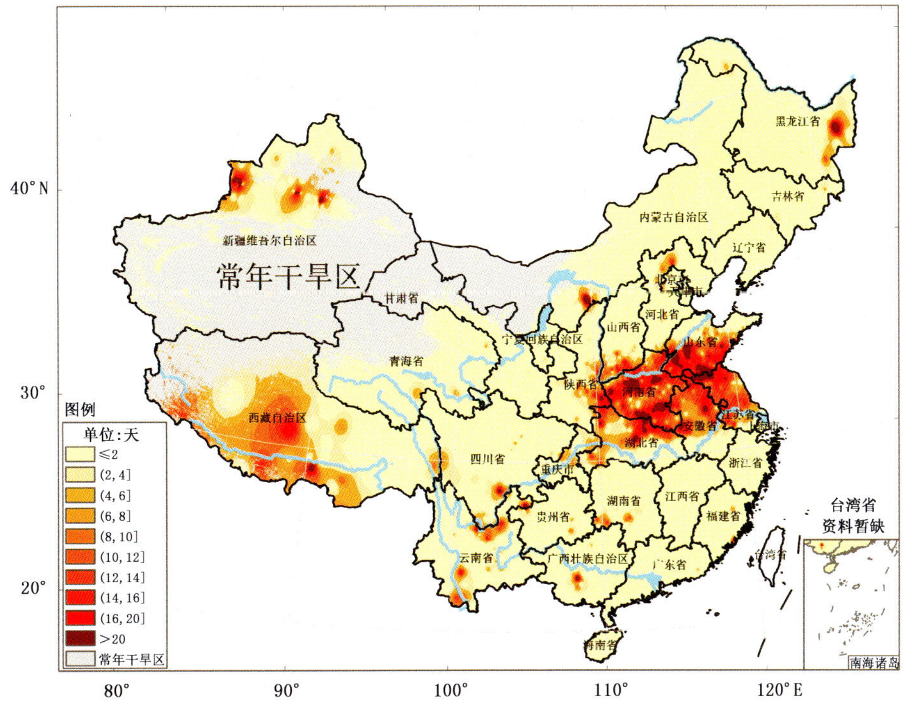

图 F9　2012 年夏季全国重旱日数分布

Fig. F9　The days under severe drought stress in China in summer of 2012 (unit:d)

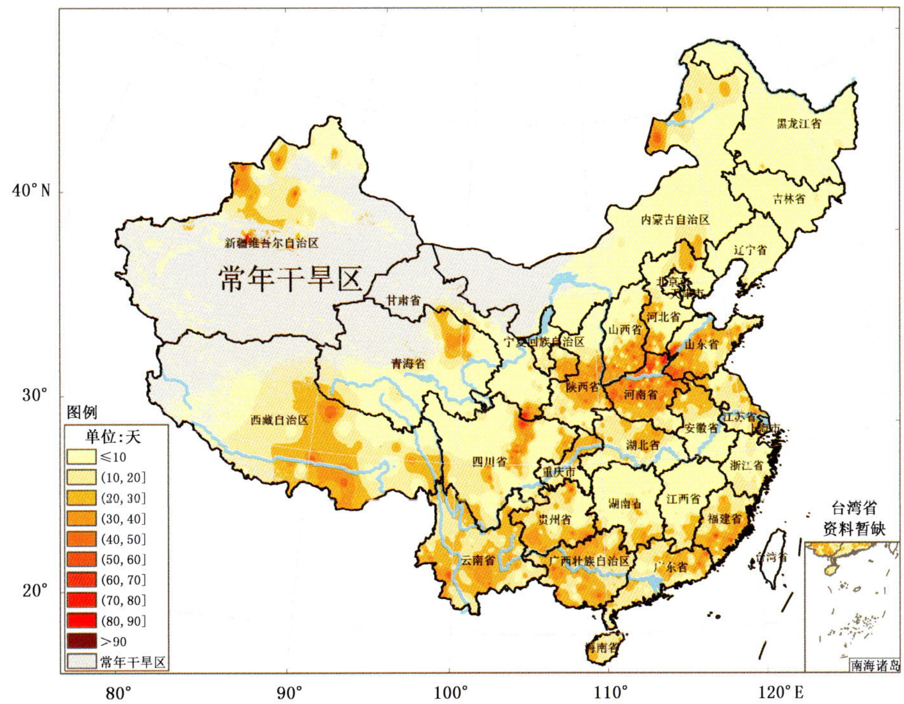

图 F10　2012 年秋季全国轻旱日数分布

Fig. F10　The days under light drought stress in China in autumn of 2012 (unit:d)

图 F11　2012 年秋季全国中旱日数分布

Fig. F11　The days under moderate drought stress in China in autumn of 2012 (unit: d)

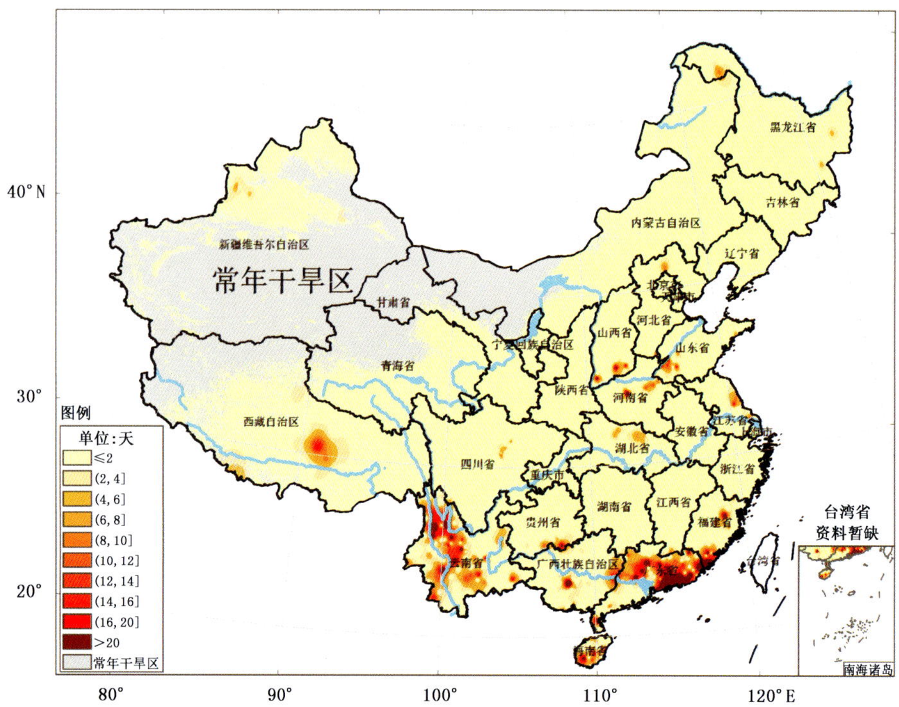

图 F12　2012 年秋季全国重旱日数分布

Fig. F12　The days under severe drought stress in China in autumn of 2012 (unit: d)

附录 G　2012 年各季气象干旱各等级日数距平分布

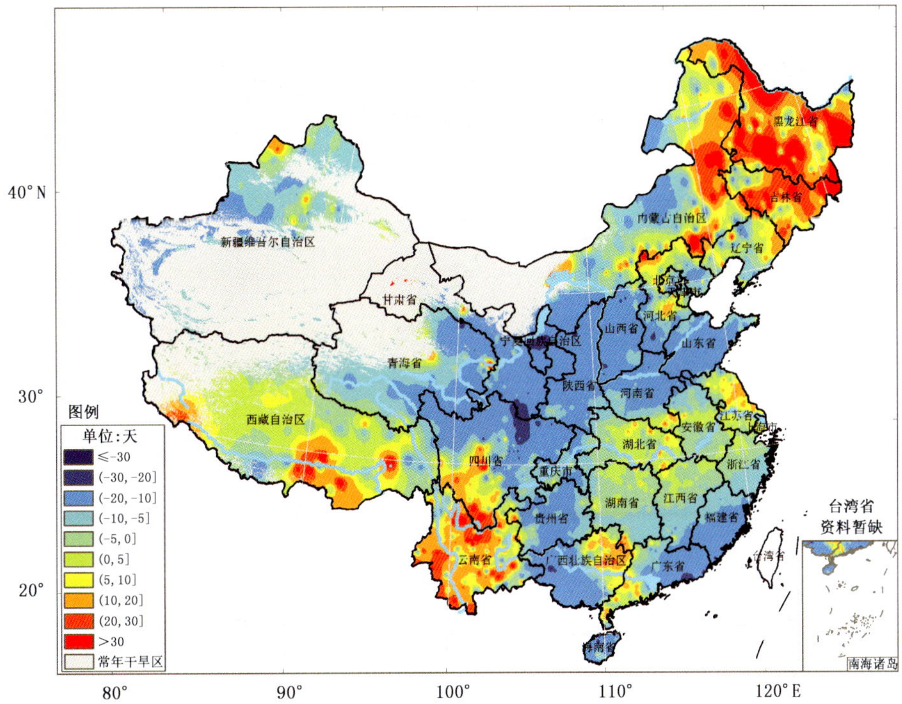

图 G1　2011/2012 年冬季全国轻旱日数距平分布

Fig. G1　The anomaly of light drought days in China in winter of 2011－2012 (unit:d)

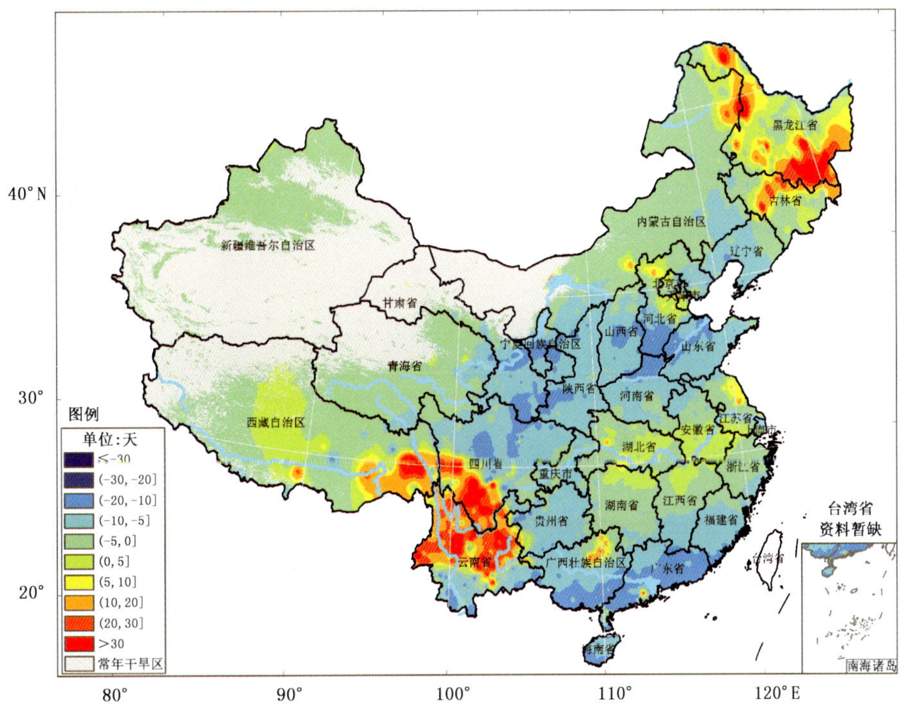

图 G2　2011/2012 年冬季全国中旱日数距平分布

Fig. G2　The anomaly of moderate drought days in China in winter of 2011－2012 (unit:d)

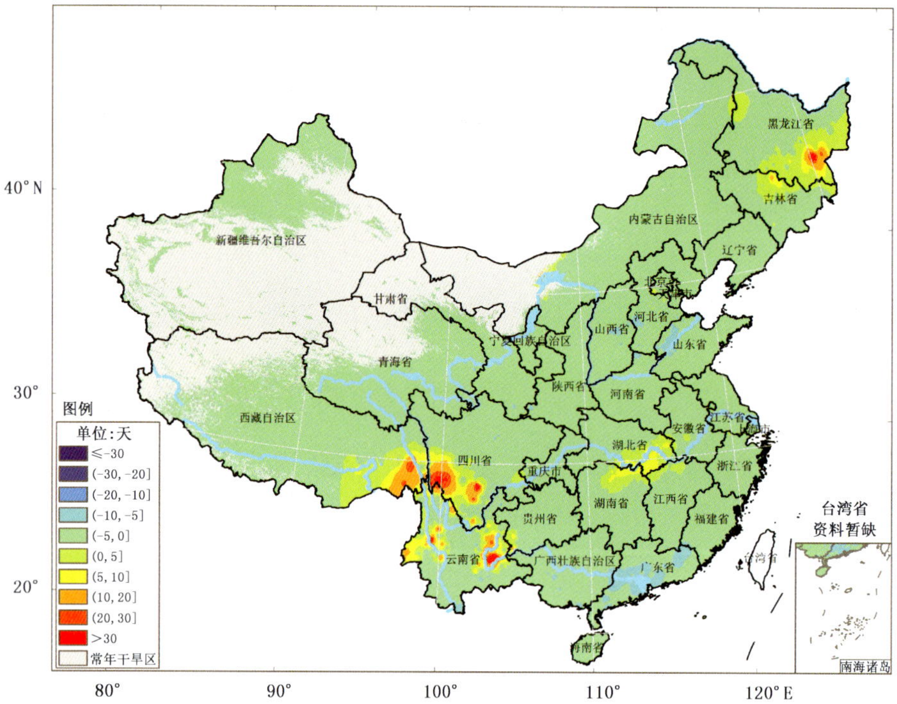

图 G3 2011/2012 年冬季全国重旱日数距平分布

Fig. G3 The anomaly of severe drought days in China in winter of 2011—2012 (unit:d)

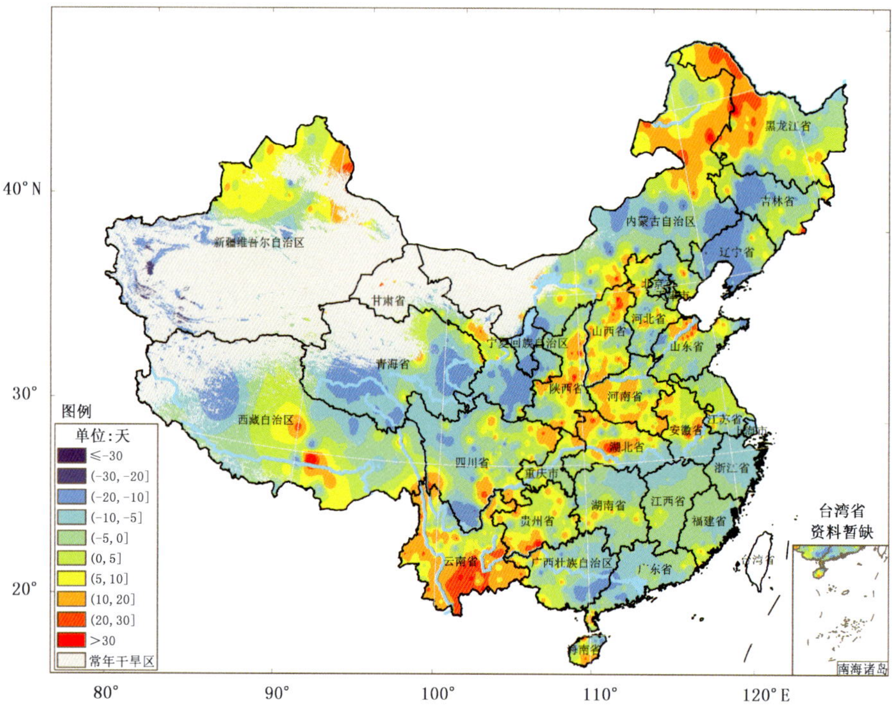

图 G4 2012 年春季全国轻旱日数距平分布

Fig. G4 The anomaly of light drought days in China in spring of 2012 (unit:d)

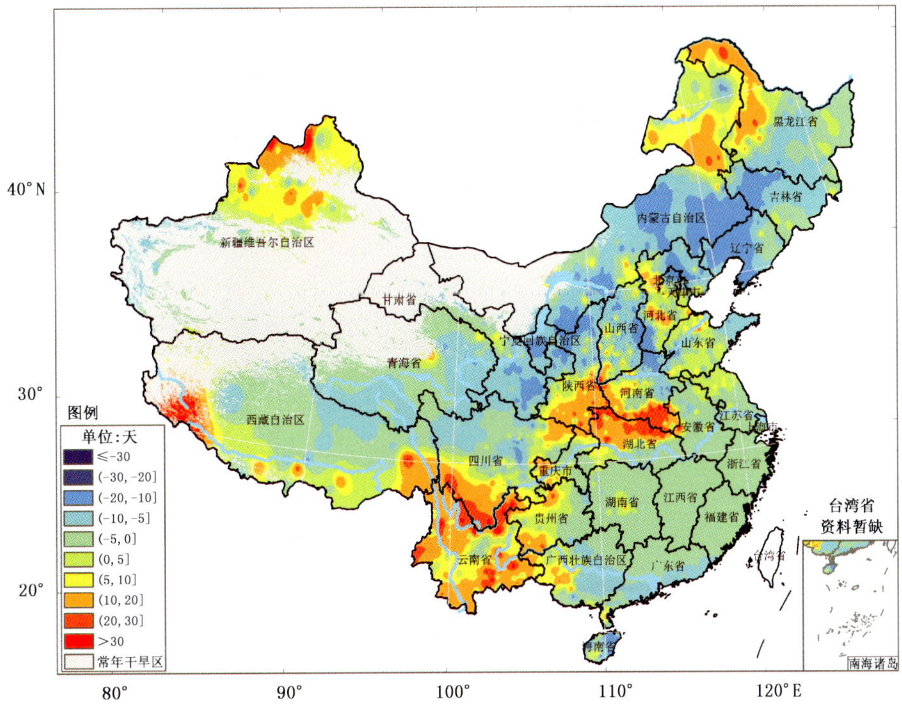

图 G5　2012 年春季全国中旱日数距平分布

Fig. G5　The anomaly of moderate drought days in China in spring of 2012 (unit:d)

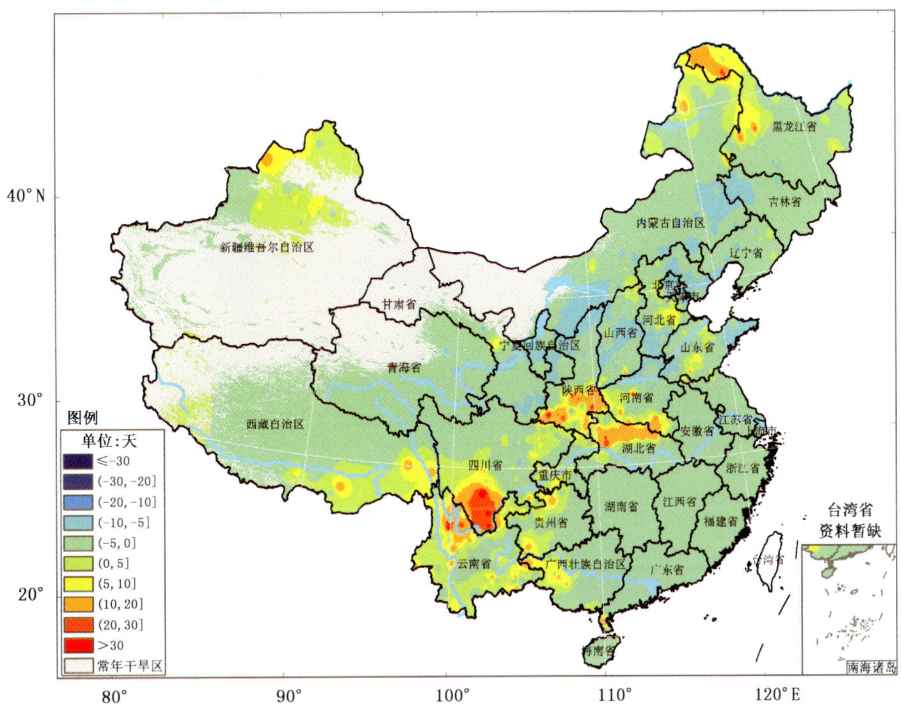

图 G6　2012 年春季全国重旱日数距平分布

Fig. G6　The anomaly of severe drought days in China in spring of 2012 (unit:d)

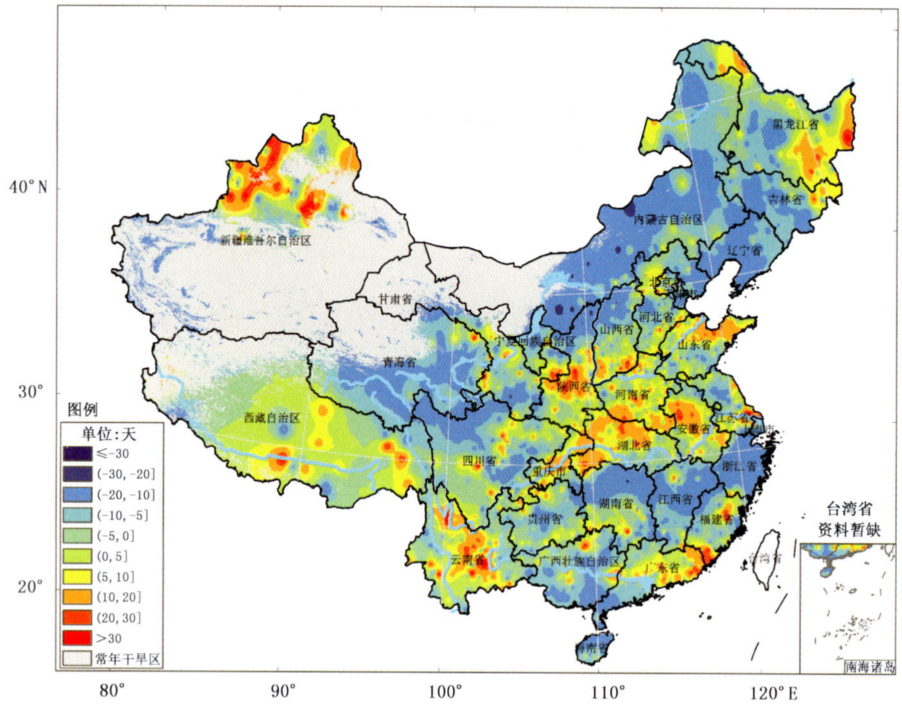

图 G7 2012 年夏季全国轻旱日数距平分布

Fig. G7 The anomaly of light drought days in China in summer of 2012 (unit:d)

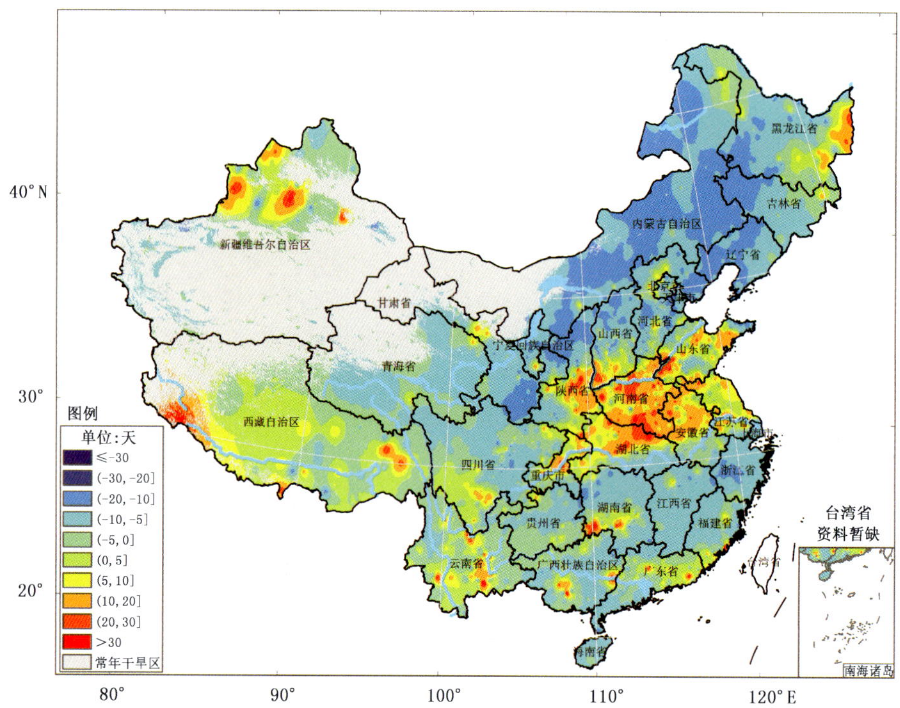

图 G8 2012 年夏季全国中旱日数距平分布

Fig. G8 The anomaly of moderate drought days in China in summer of 2012 (unit:d)

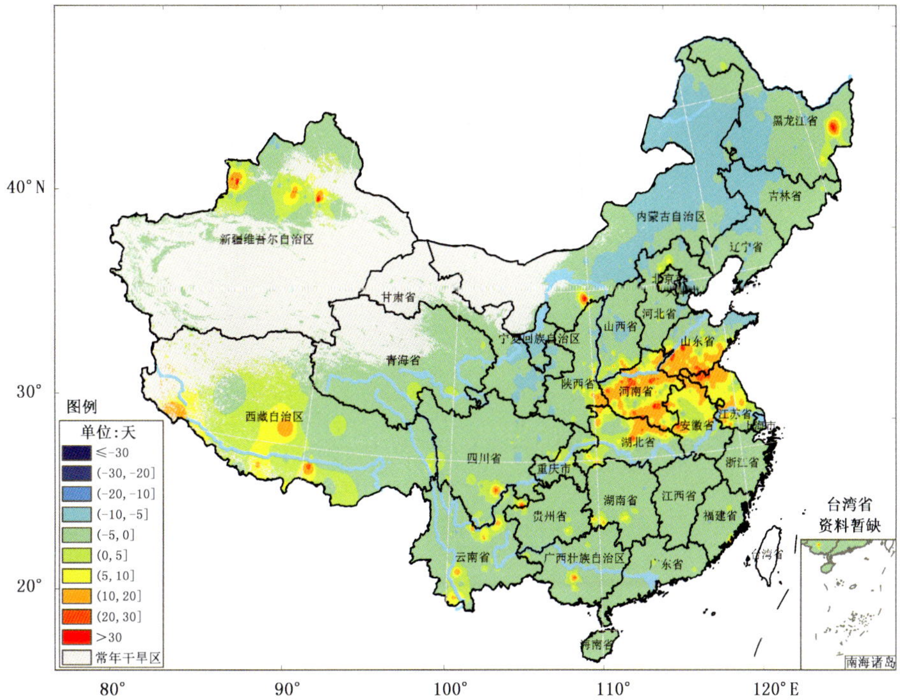

图 G9　2012 年夏季全国重旱日数距平分布

Fig. G9　The anomaly of severe drought days in China in summer of 2012 (unit:d)

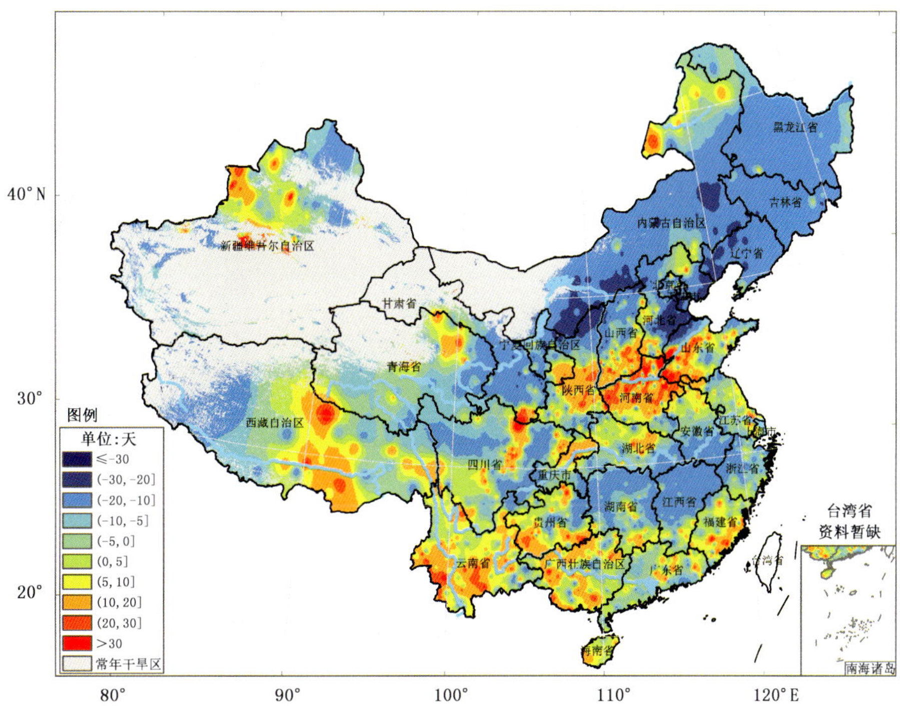

图 G10　2012 年秋季全国轻旱日数距平分布

Fig. G10　The anomaly of light drought days in China in autumn of 2012 (unit:d)

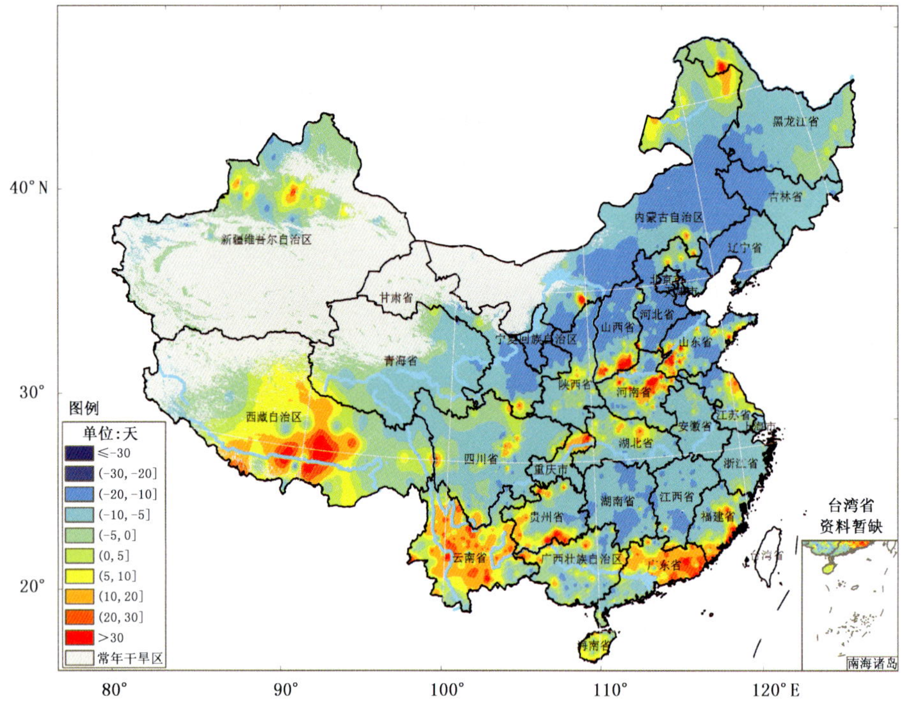

图 G11　2012 年秋季全国中旱日数距平分布

Fig. G11　The anomaly of moderate drought days in China in autumn of 2012 (unit:d)

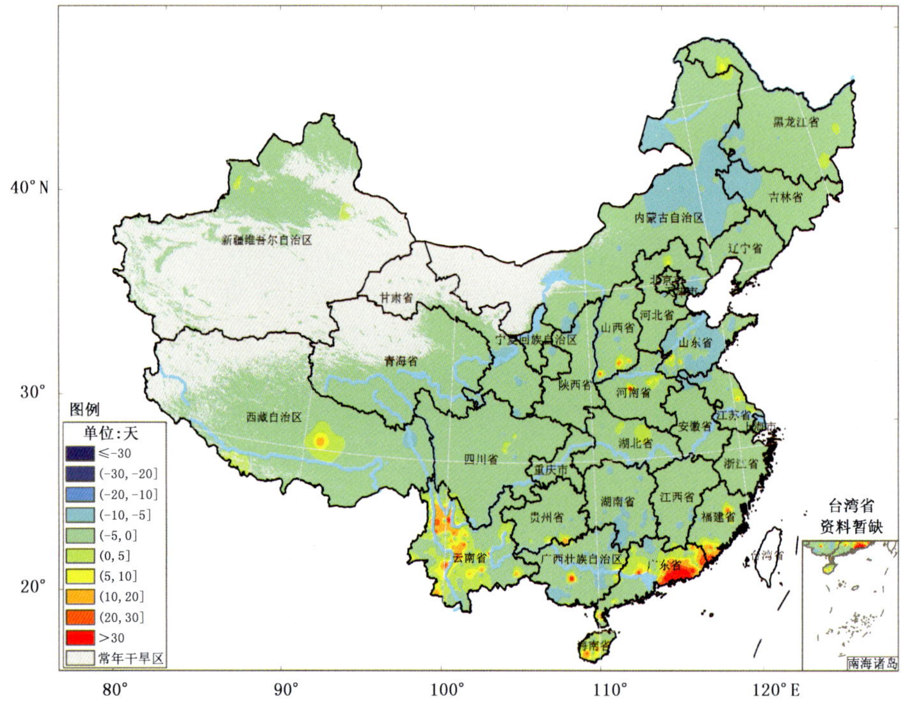

图 G12　2012 年秋季全国重旱日数距平分布

Fig. G12　The anomaly of severe drought days in China in autumn of 2012 (unit:d)

附录 H　2012 年各月气象干旱日数分布

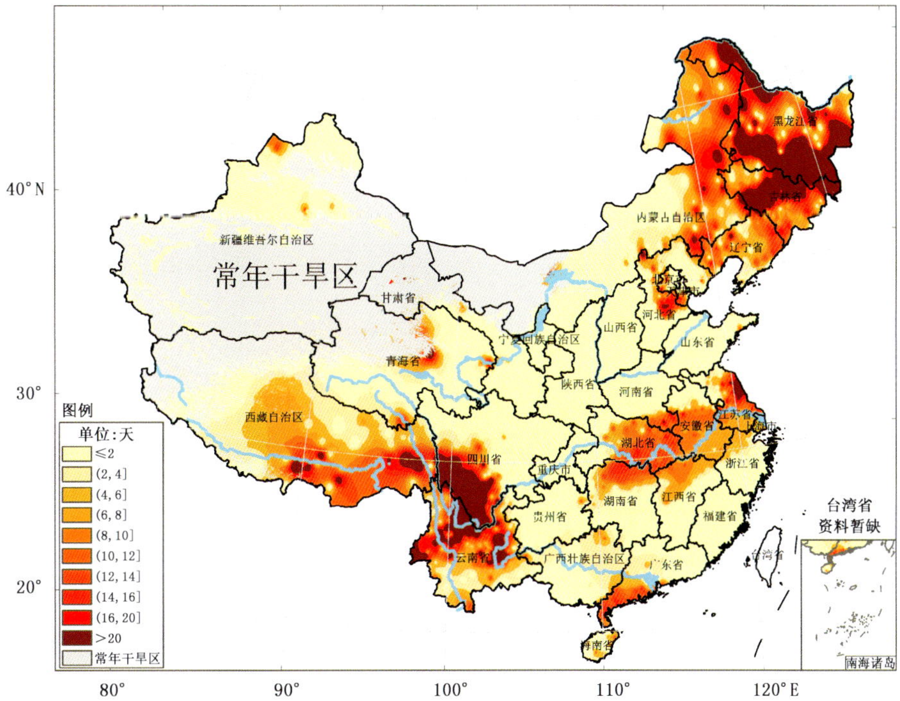

图 H1　2012 年 1 月全国干旱日数分布

Fig. H1　The days of meteorological drought in China in January 2012 (unit:d)

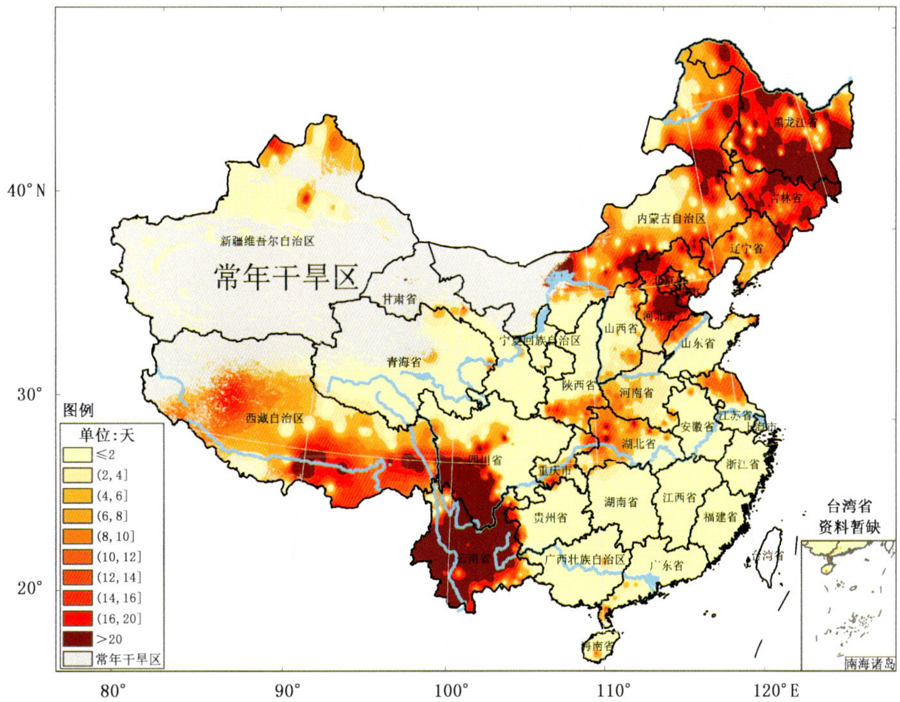

图 H2　2012 年 2 月全国干旱日数分布

Fig. H2　The days of meteorological drought in China in February 2012 (unit:d)

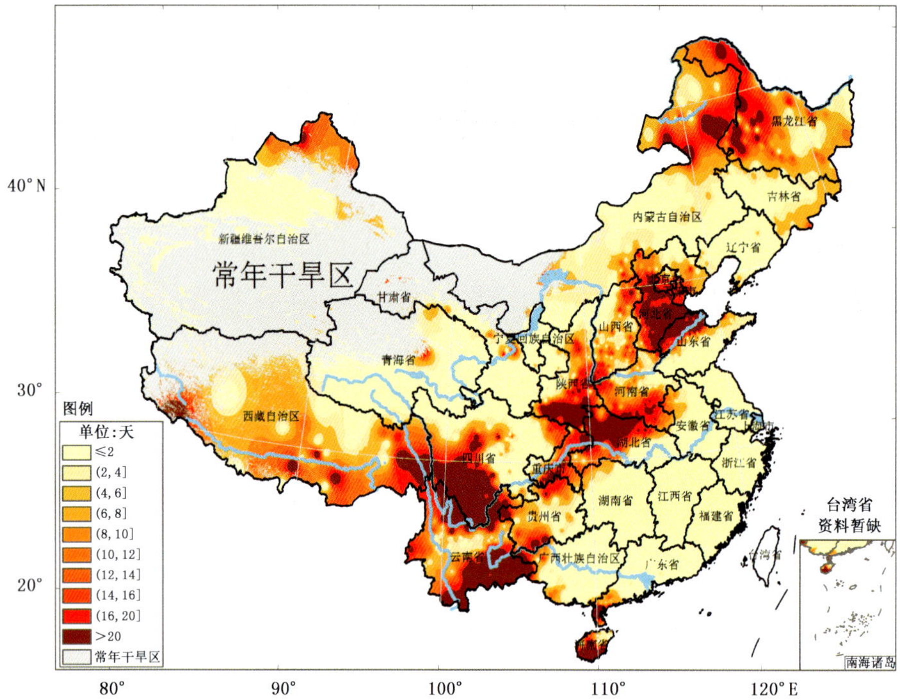

图 H3　2012 年 3 月全国干旱日数分布

Fig. H3　The days of meteorological drought in China in March 2012 (unit:d)

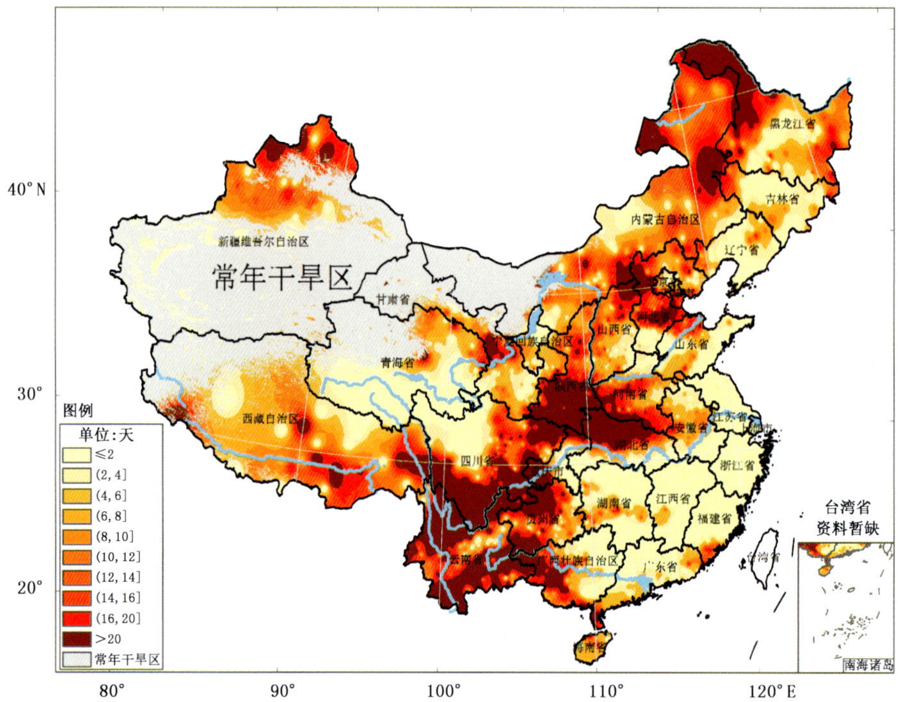

图 H4　2012 年 4 月全国干旱日数分布

Fig. H4　The days of meteorological drought in China in April 2012 (unit:d)

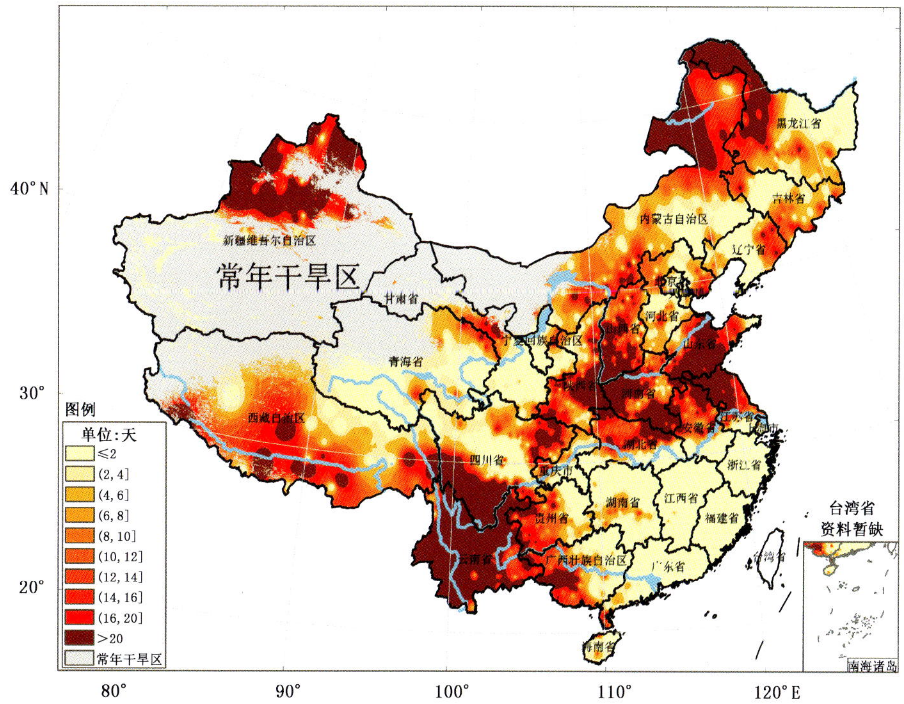

图 H5　2012 年 5 月全国干旱日数分布

Fig. H5　The days of meteorological drought in China in May 2012 (unit:d)

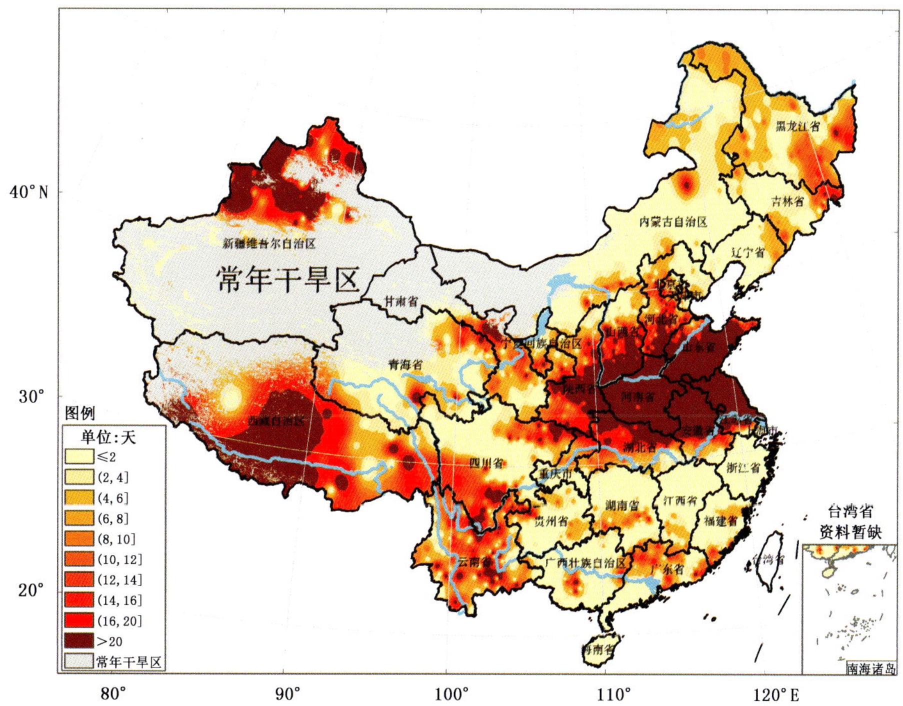

图 H6　2012 年 6 月全国干旱日数分布

Fig. H6　The days of meteorological drought in China in June 2012 (unit:d)

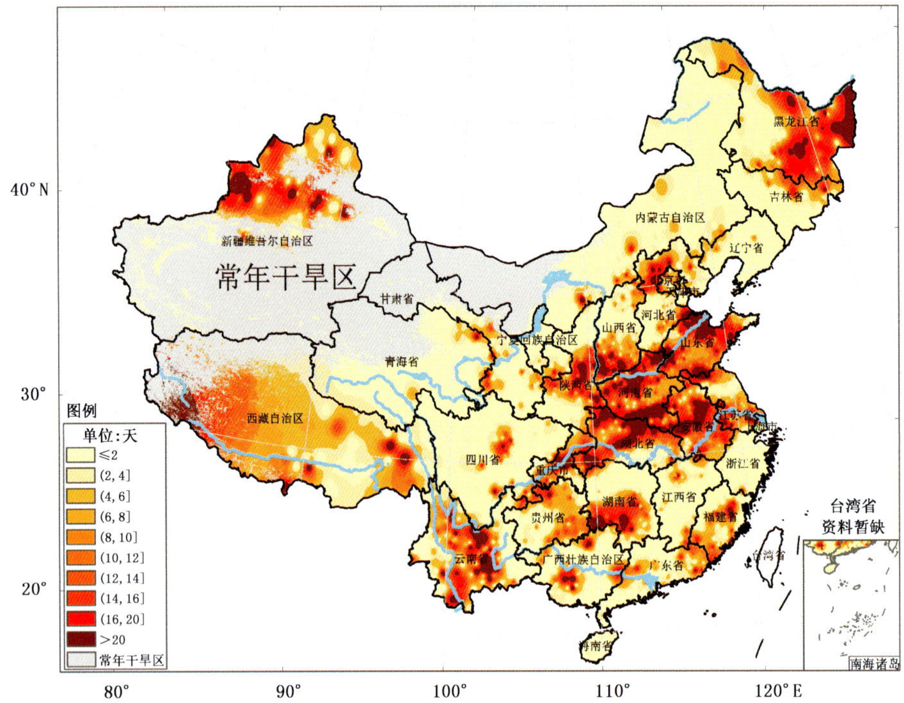

图 H7　2012 年 7 月全国干旱日数分布

Fig. H7　The days of meteorological drought in China in July 2012 (unit:d)

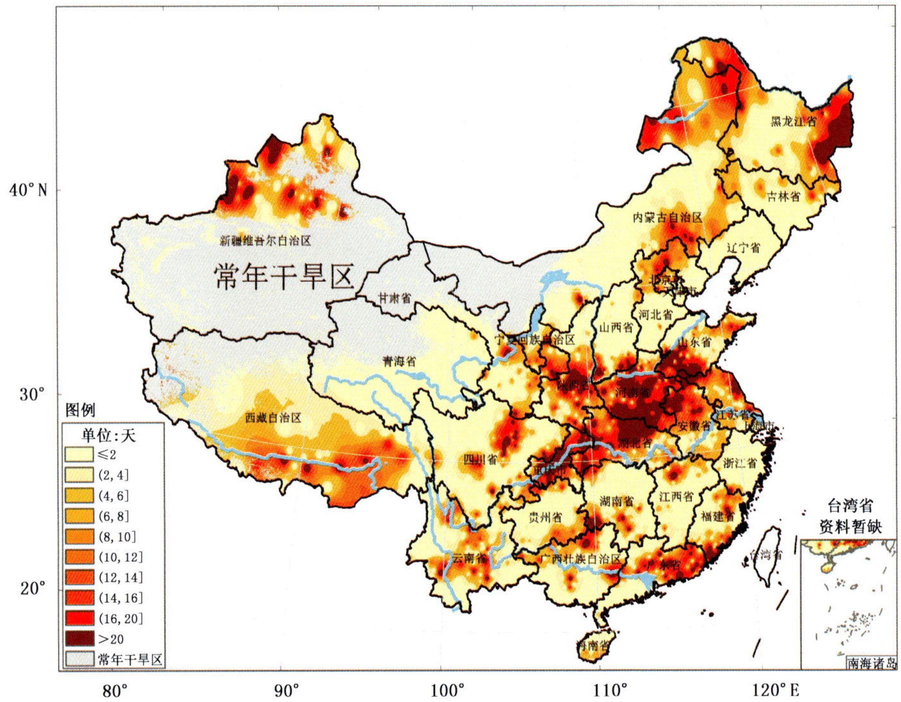

图 H8　2012 年 8 月全国干旱日数分布

Fig. H8　The days of meteorological drought in China in August 2012 (unit:d)

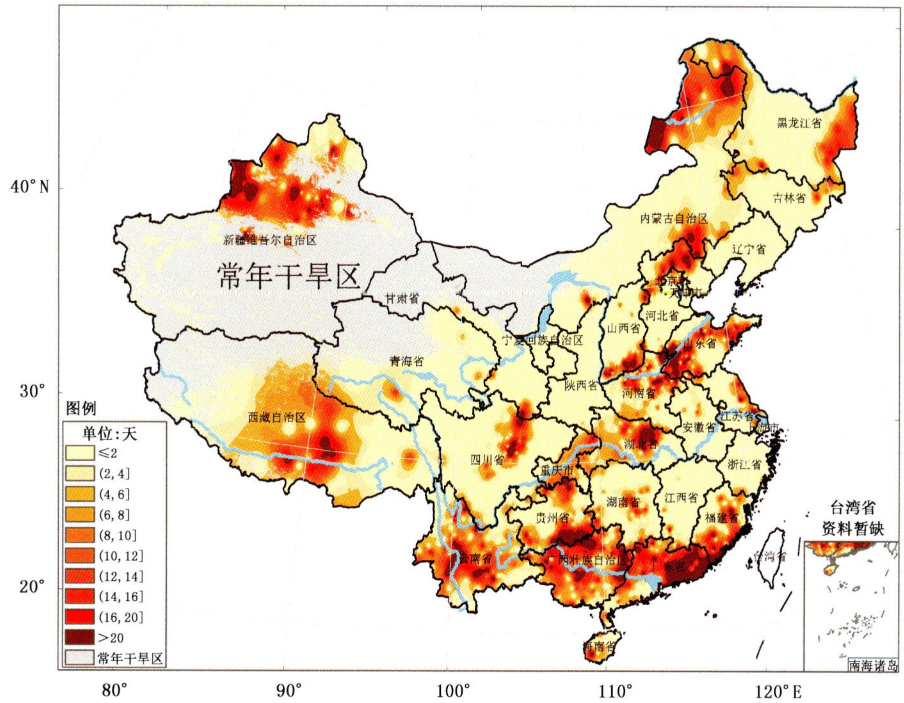

图 H9 2012 年 9 月全国干旱日数分布

Fig. H9 The days of meteorological drought in China in September 2012 (unit:d)

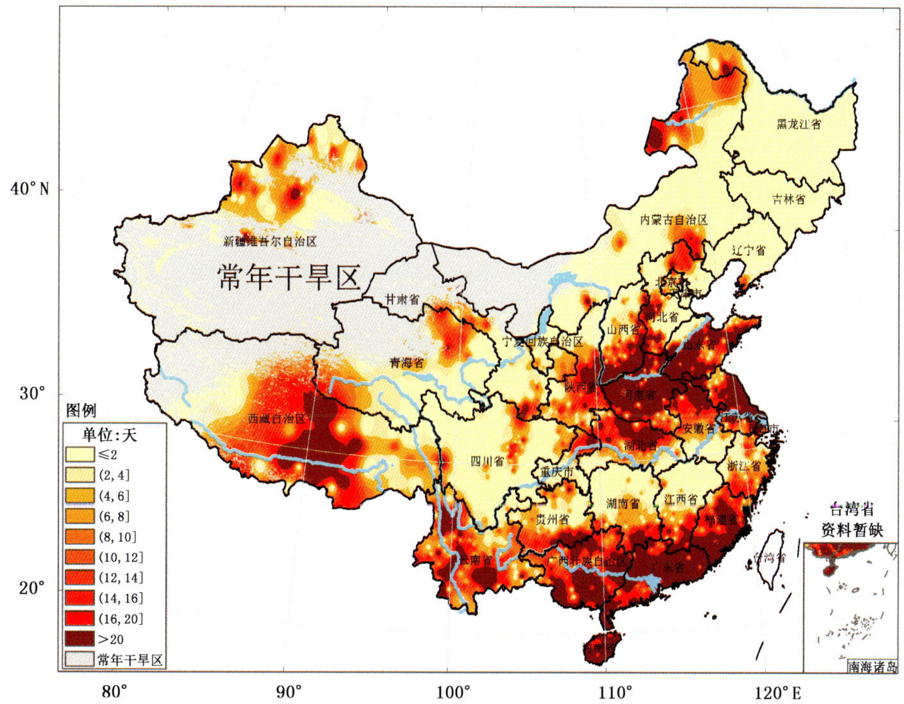

图 H10 2012 年 10 月全国干旱日数分布

Fig. H10 The days of meteorological drought in China in October 2012 (unit:d)

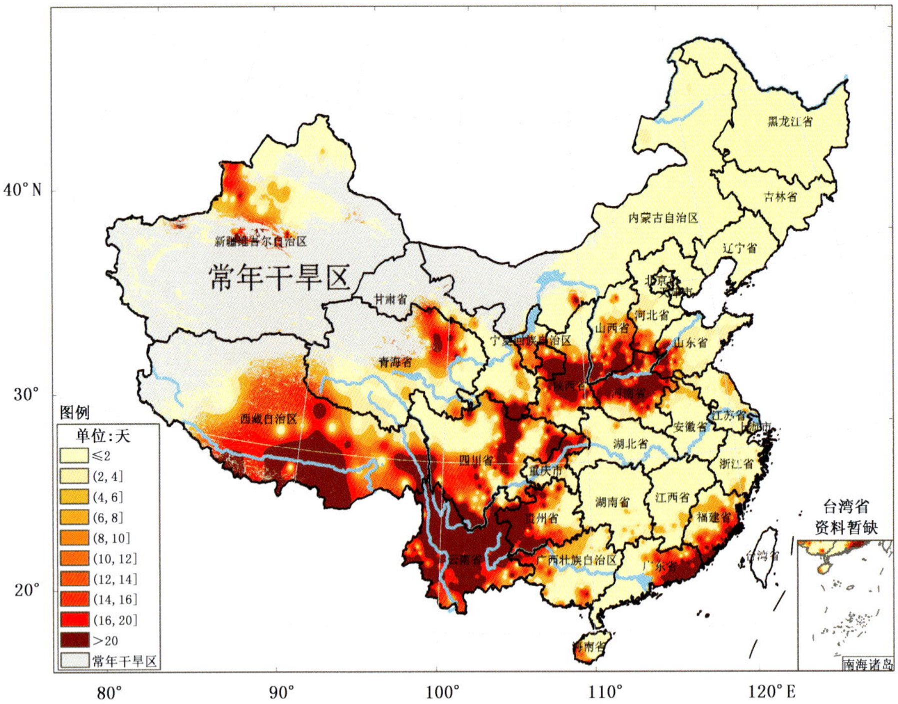

图 H11 2012 年 11 月全国干旱日数分布

Fig. H11 The days of meteorological drought in China in November 2012 (unit:d)

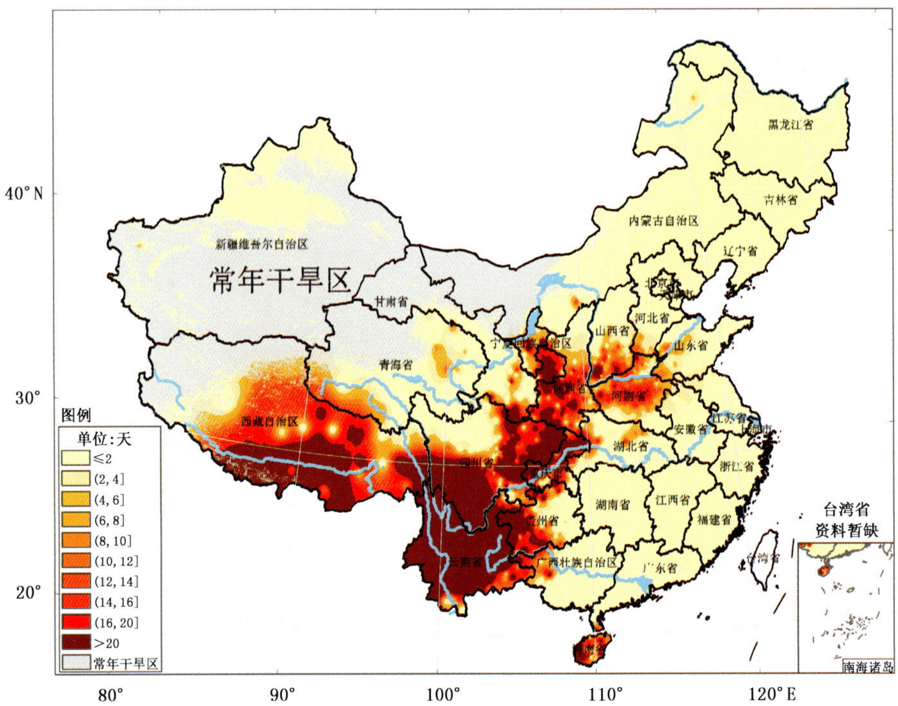

图 H12 2012 年 12 月全国干旱日数分布

Fig. H12 The days of meteorological drought in China in December 2012 (unit:d)

附录 I　2012 年各月气象干旱各等级日数分布

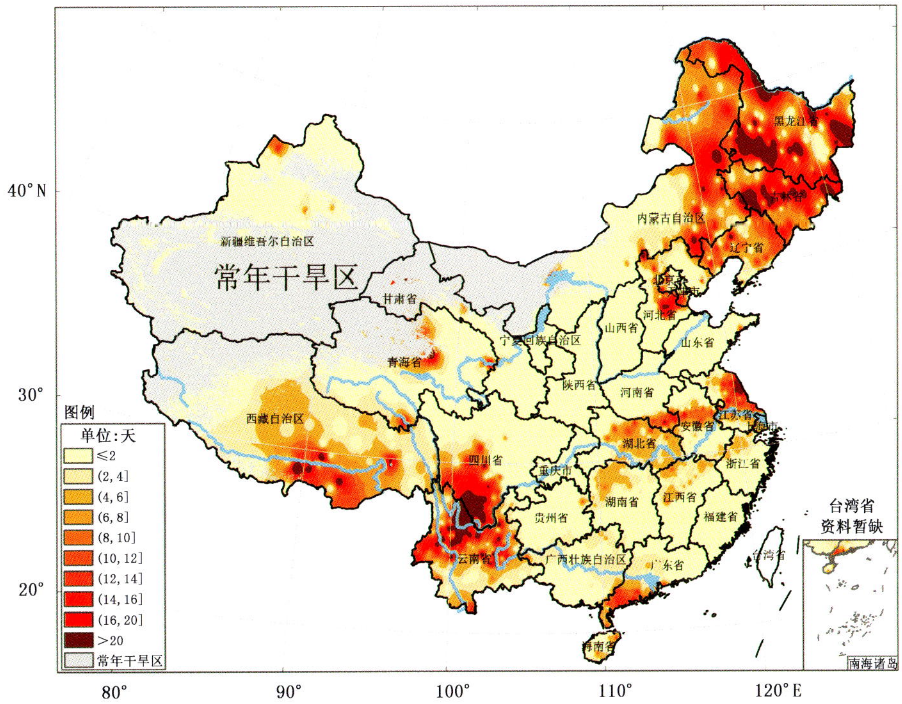

图 I1　2012 年 1 月全国轻旱日数分布

Fig. I1　The days under light drought stress in China in January 2012 (unit:d)

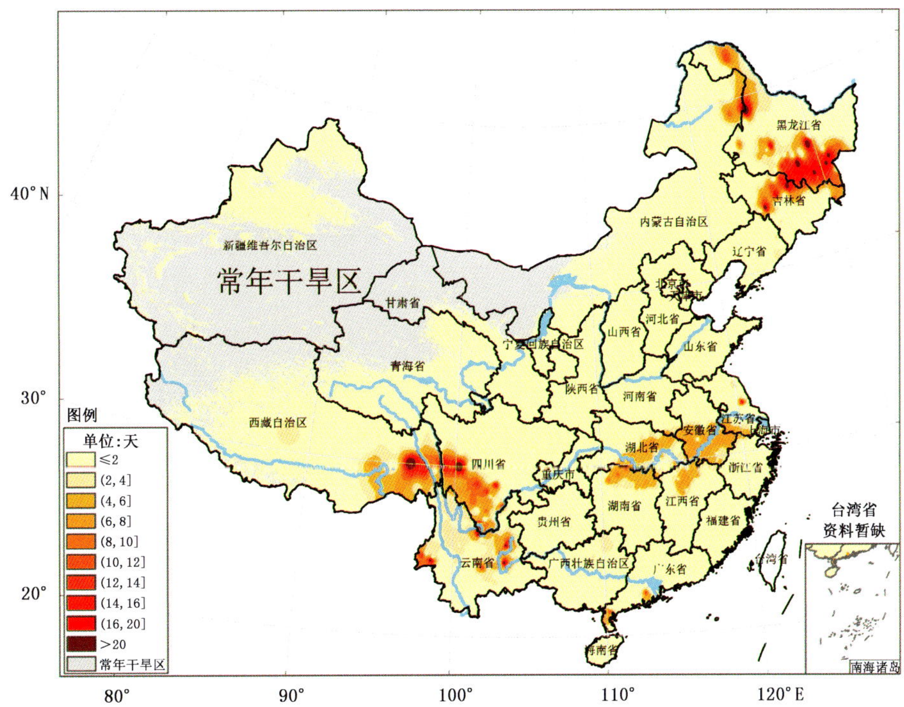

图 I2　2012 年 1 月全国中旱日数分布

Fig. I2　The days under moderate drought stress in China in January 2012 (unit:d)

图 I3　2012 年 1 月全国重旱日数分布

Fig. I3　The days under severe drought stress in China in January 2012 (unit:d)

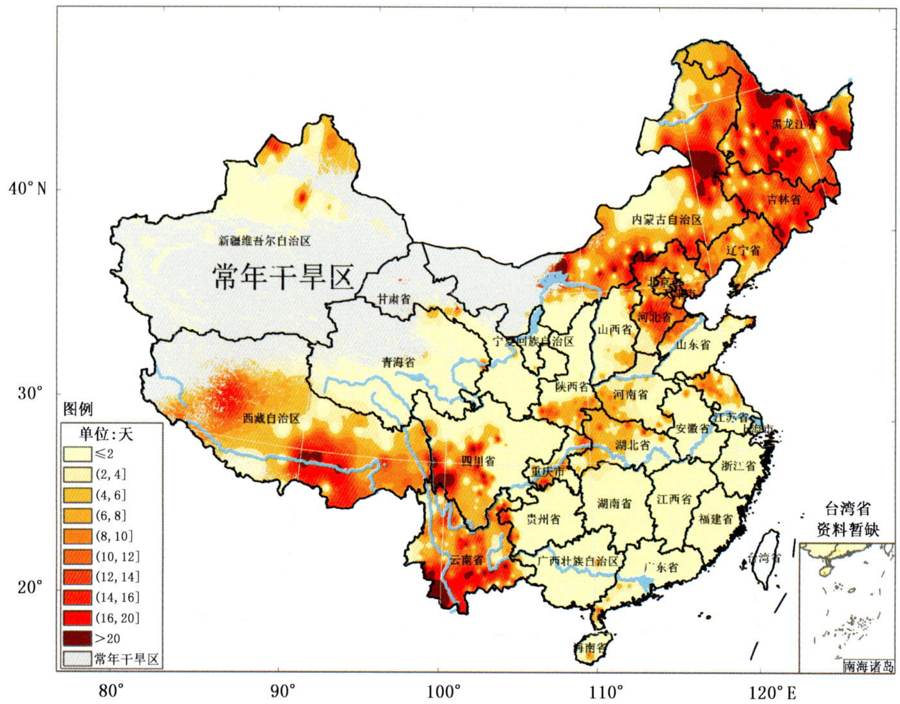

图 I4　2012 年 2 月全国轻旱日数分布

Fig. I4　The days under light drought stress in China in February 2012 (unit:d)

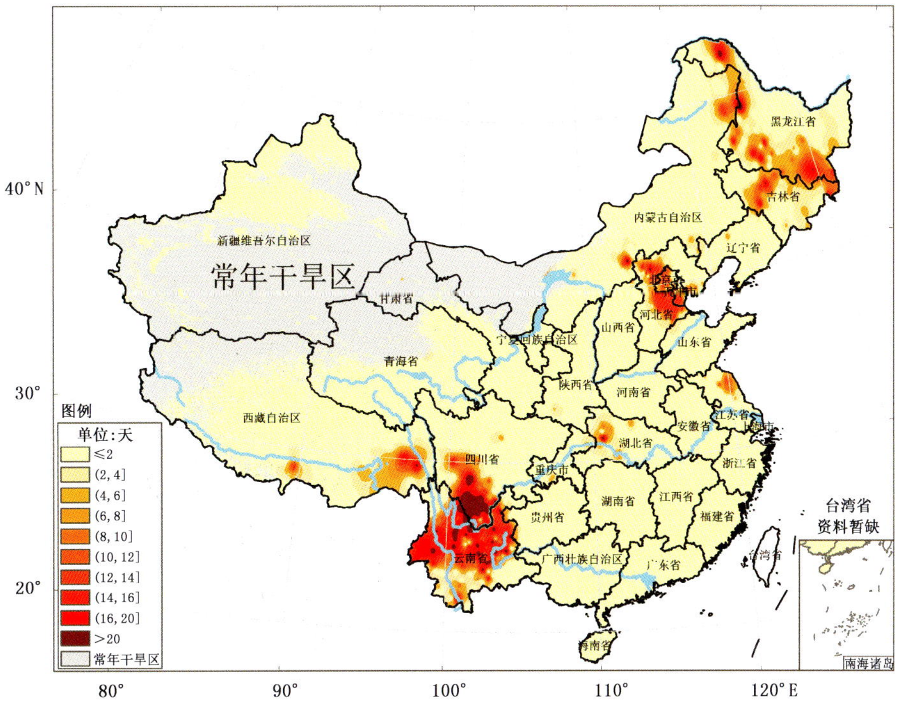

图 I5　2012 年 2 月全国中旱日数分布

Fig. I5　The days under moderate drought stress in China in February 2012 (unit:d)

图 I6　2012 年 2 月全国重旱日数分布

Fig. I6　The days under severe drought stress in China in February 2012 (unit:d)

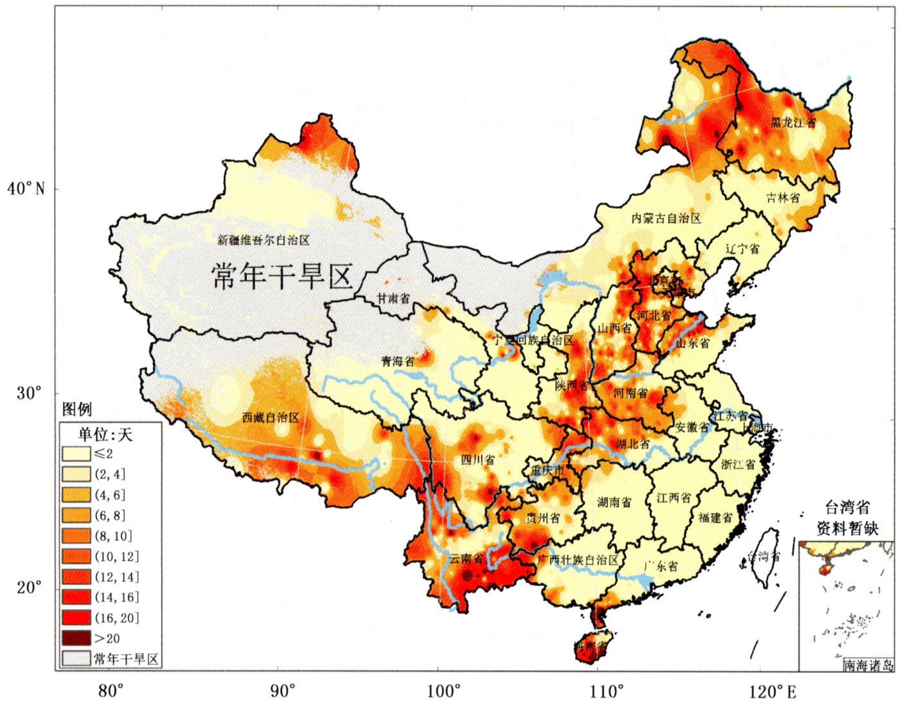

图 I7　2012 年 3 月全国轻旱日数分布

Fig. I7　The days under light drought stress in China in March 2012 (unit:d)

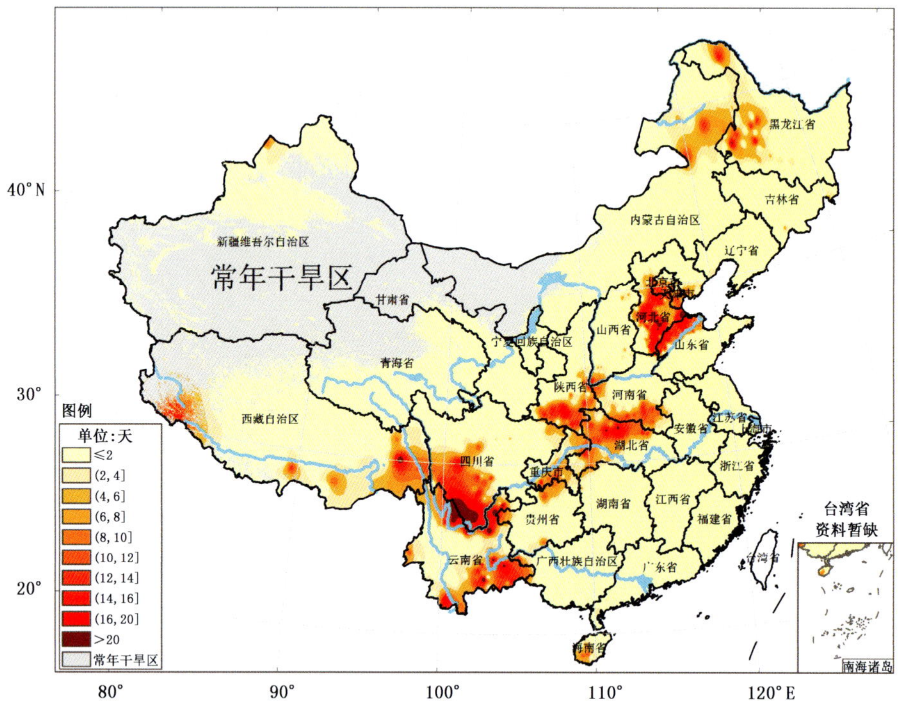

图 I8　2012 年全国 3 月中旱日数分布

Fig. I8　The days under moderate drought stress in China in March 2012 (unit:d)

图 I9　2012 年 3 月全国重旱日数分布

Fig. I9　The days under severe drought stress in China in March 2012 (unit:d)

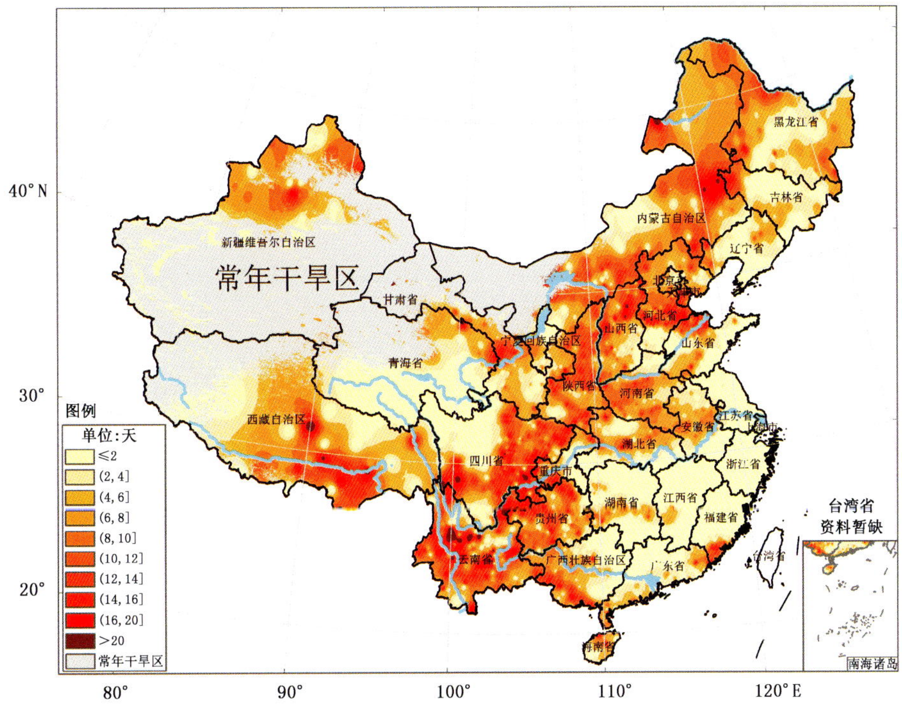

图 I10　2012 年 4 月全国轻旱日数分布

Fig. I10　The days under light drought stress in China in April 2012 (unit:d)

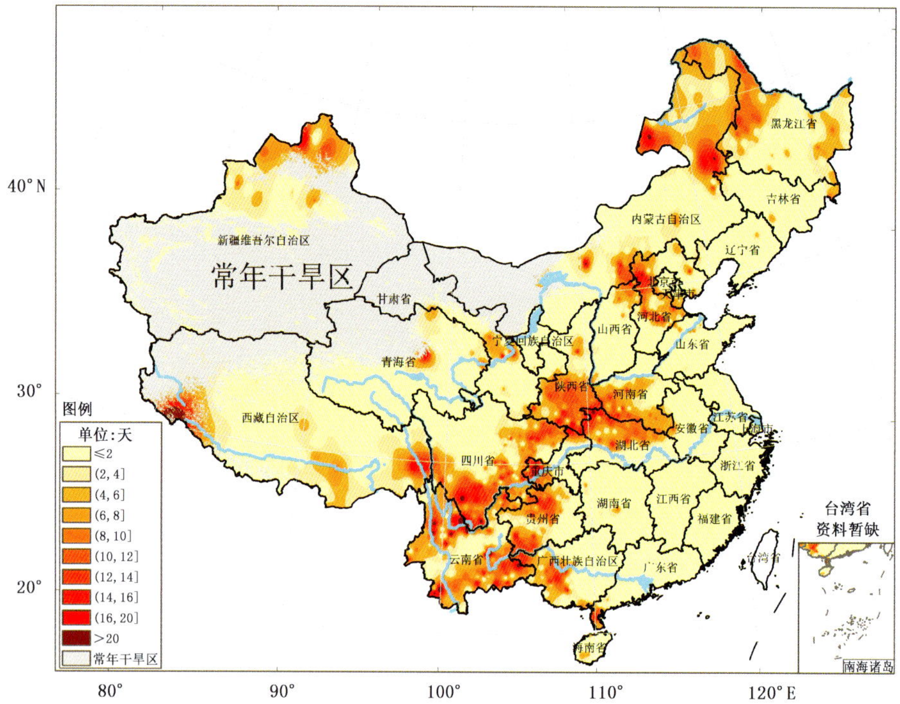

图 I11　2012 年 4 月全国中旱日数分布

Fig. I11　The days under moderate drought stress in China in April 2012 (unit:d)

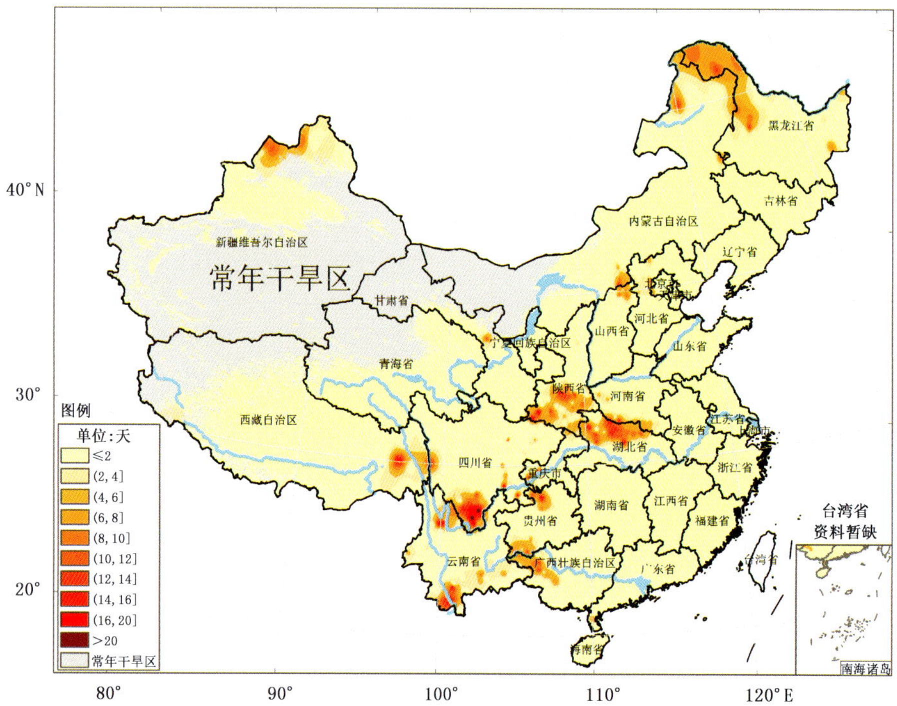

图 I12　2012 年 4 月全国重旱日数分布

Fig. I12　The days under severe drought stress in China in April 2012 (unit:d)

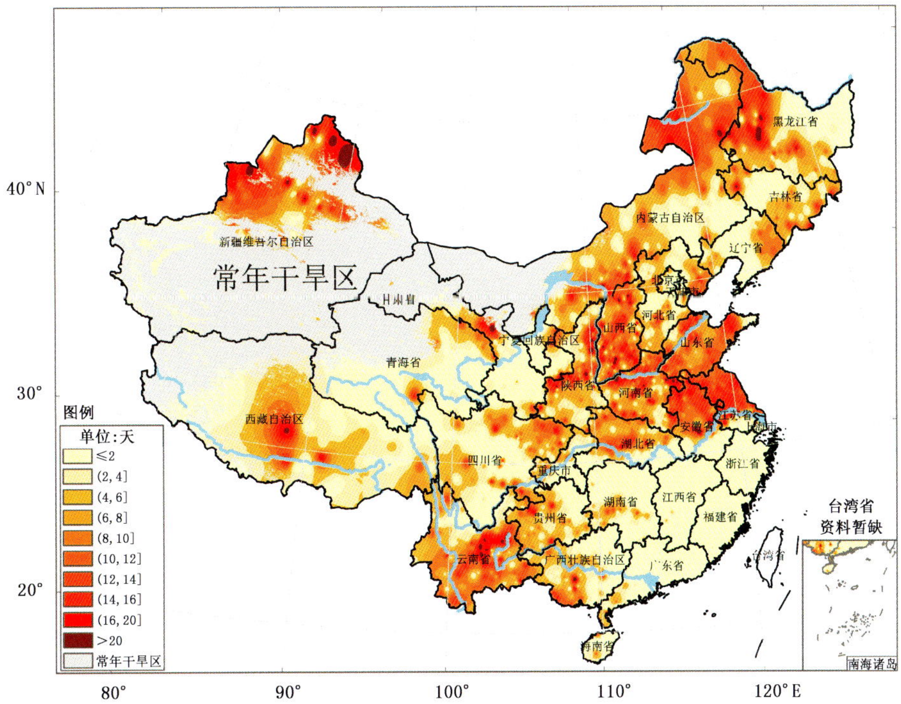

图 I13　2012 年 5 月全国轻旱日数分布

Fig. I13　The days under light drought stress in China in May 2012 (unit:d)

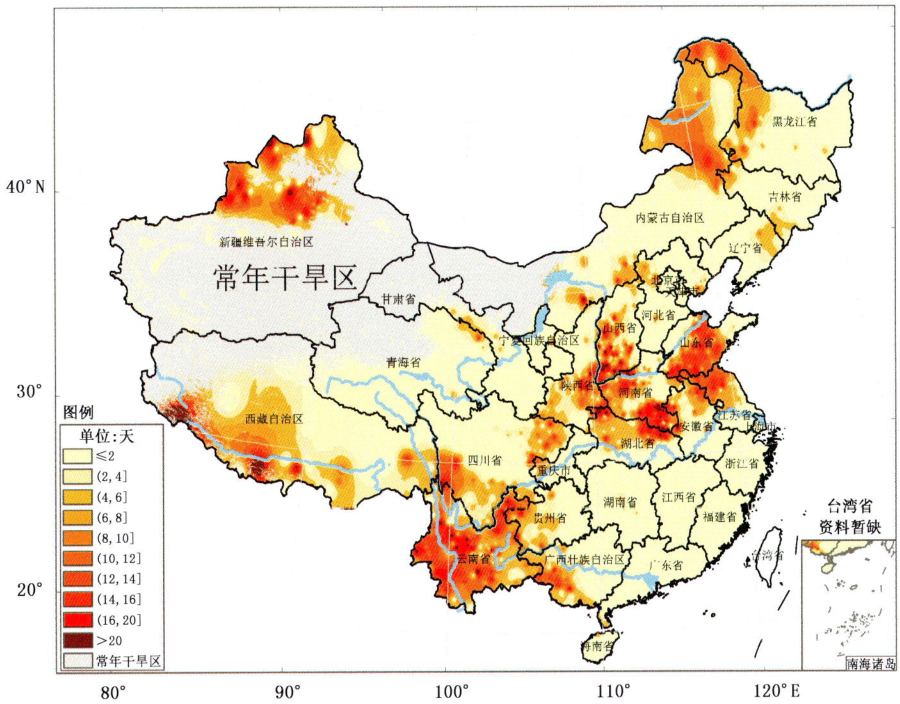

图 I14　2012 年 5 月全国中旱日数分布

Fig. I14　The days under moderate drought stress in China in May 2012 (unit:d)

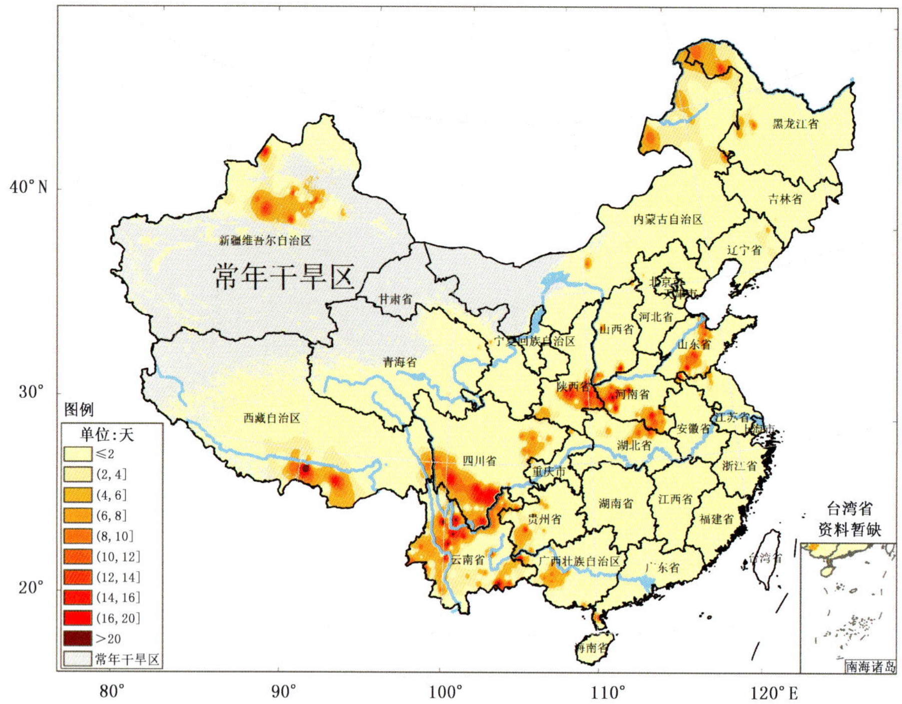

图 I15　2012 年 5 月全国重旱日数分布

Fig. I15　The days under severe drought stress in China in May 2012 (unit:d)

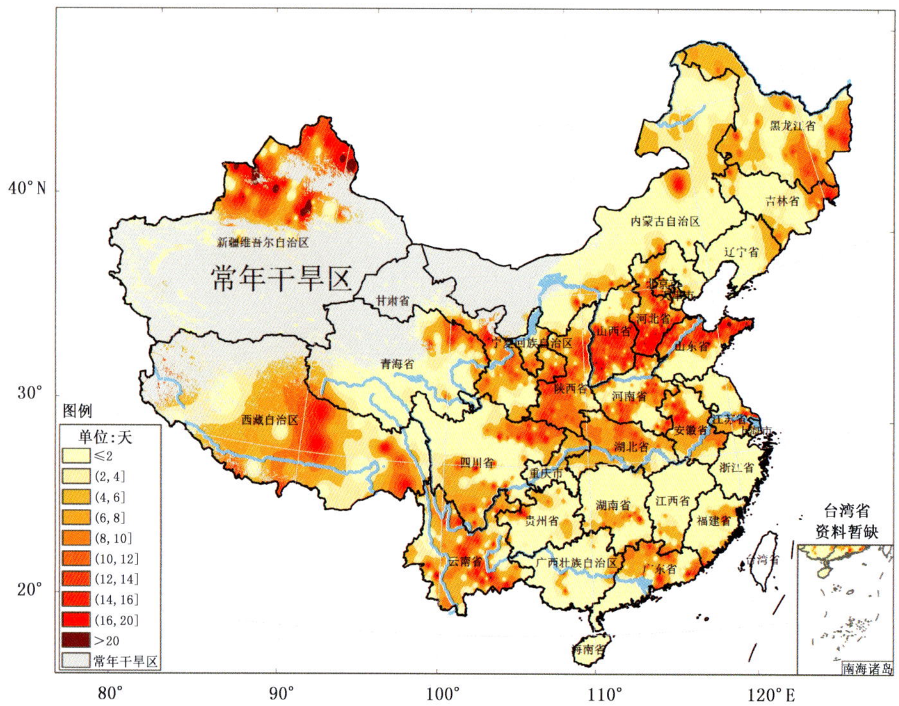

图 I16　2012 年 6 月全国轻旱日数分布

Fig. I16　The days under light drought stress in China in June 2012 (unit:d)

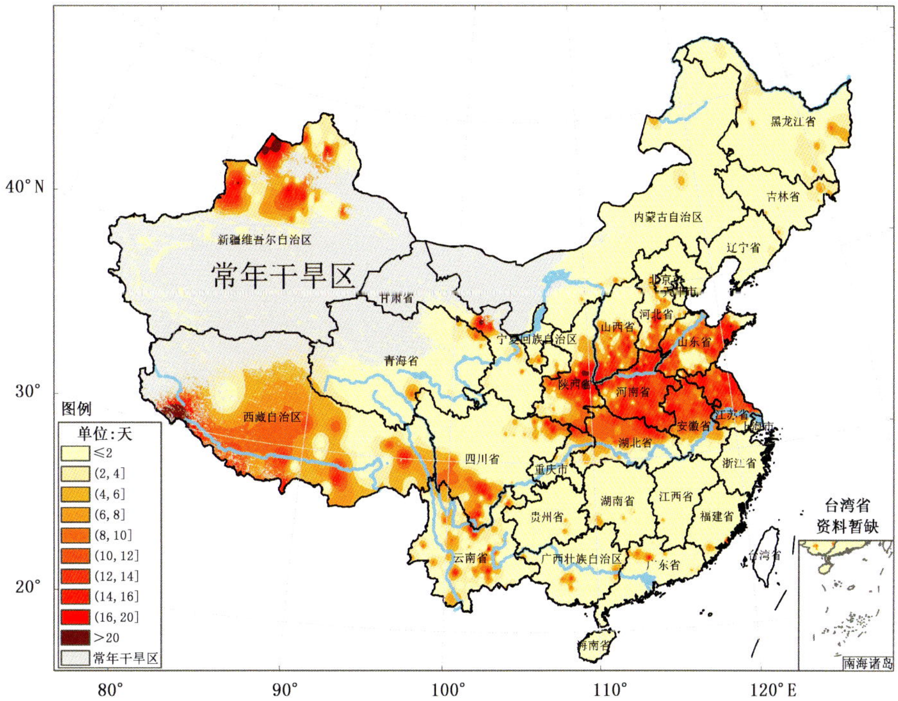

图 I17　2012 年 6 月全国中旱日数分布

Fig. I17　The days under moderate drought stress in China in June 2012 (unit: d)

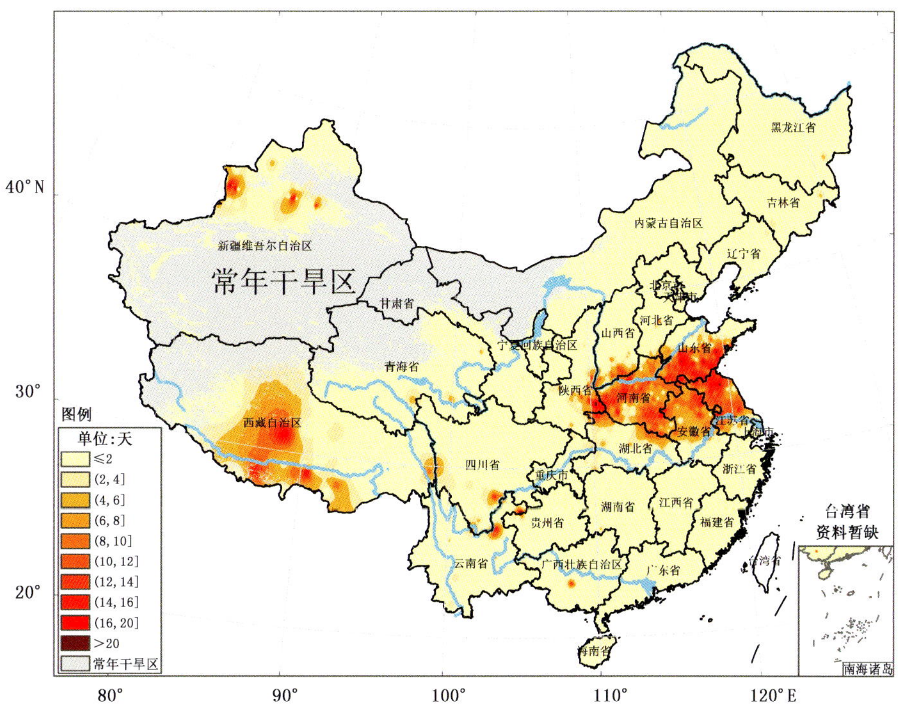

图 I18　2012 年 6 月全国重旱日数分布

Fig. I18　The days under severe drought stress in China in June 2012 (unit: d)

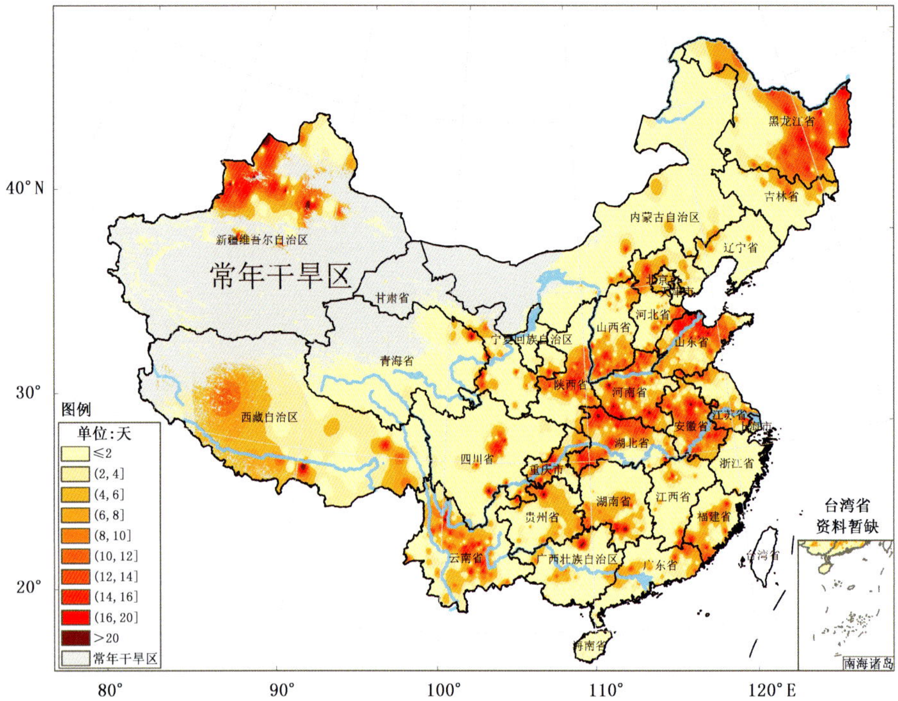

图 I19　2012 年 7 月全国轻旱日数分布

Fig. I19　The days under light drought stress in China in July 2012 (unit:d)

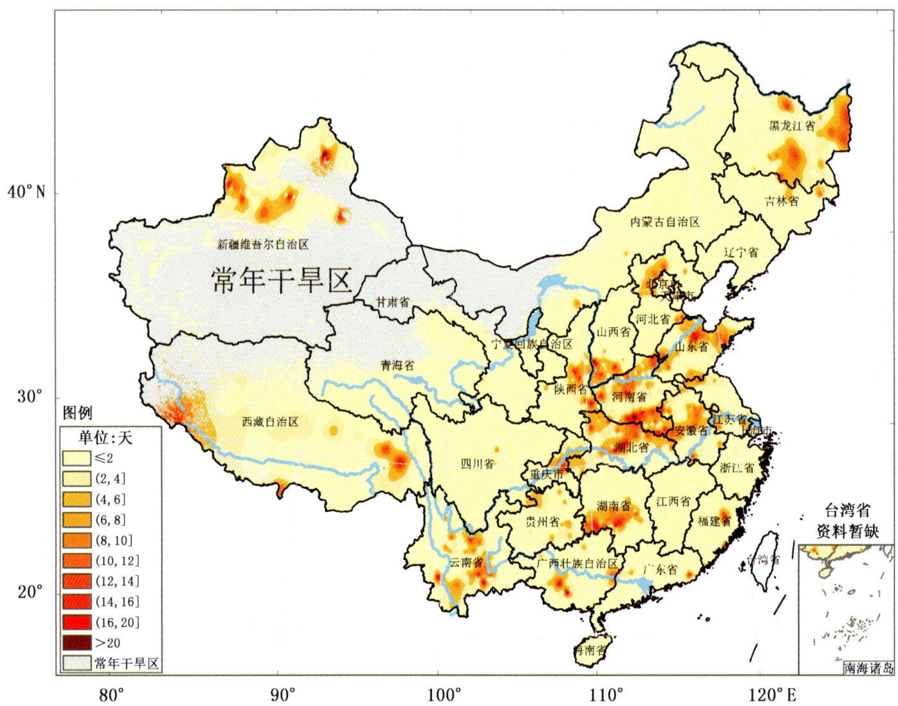

图 I20　2012 年 7 月全国中旱日数分布

Fig. I20　The days under moderate drought stress in China in July 2012 (unit:d)

图 I21　2012 年 7 月全国重旱日数分布

Fig. I21　The days under severe drought stress in China in July 2012 (unit:d)

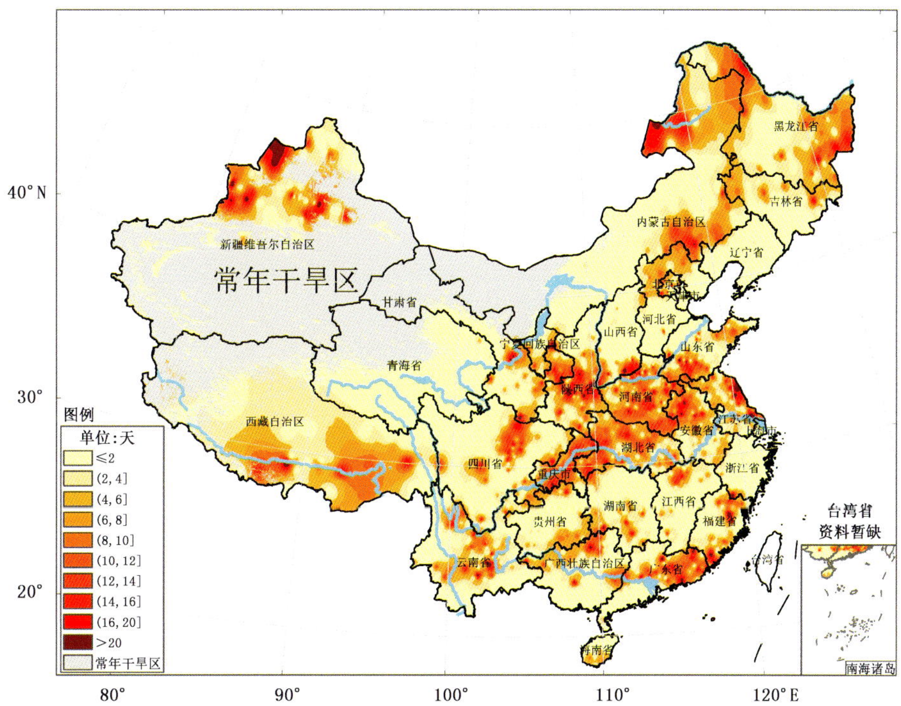

图 I22　2012 年 8 月全国轻旱日数分布

Fig. I22　The days under light drought stress in China in August 2012 (unit:d)

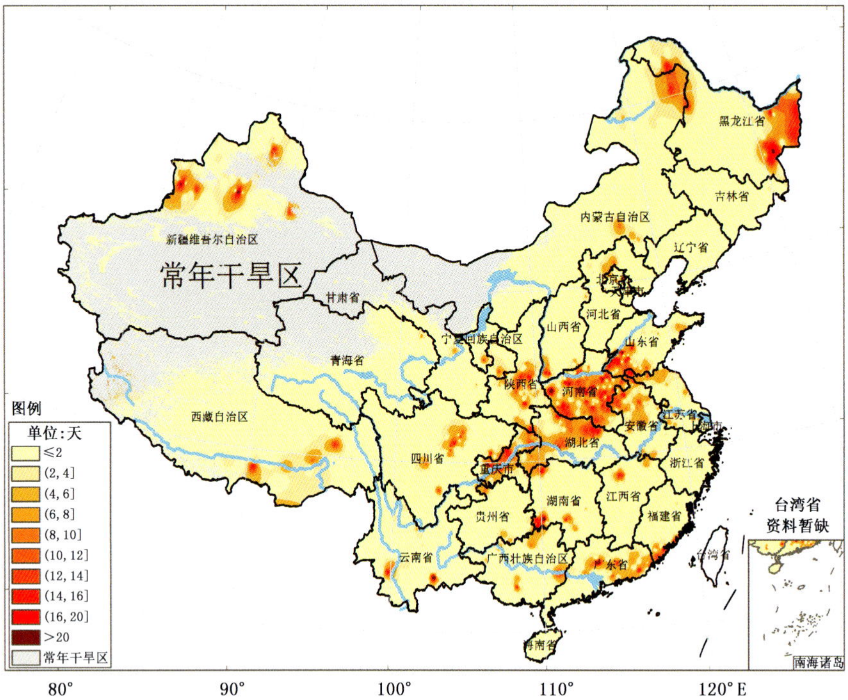

图 I23　2012 年 8 月全国中旱日数分布

Fig. I23　The days under moderate drought stress in China in August 2012 (unit:d)

图 I24　2012 年 8 月全国重旱日数分布

Fig. I24　The days under severe drought stress in China in August 2012 (unit:d)

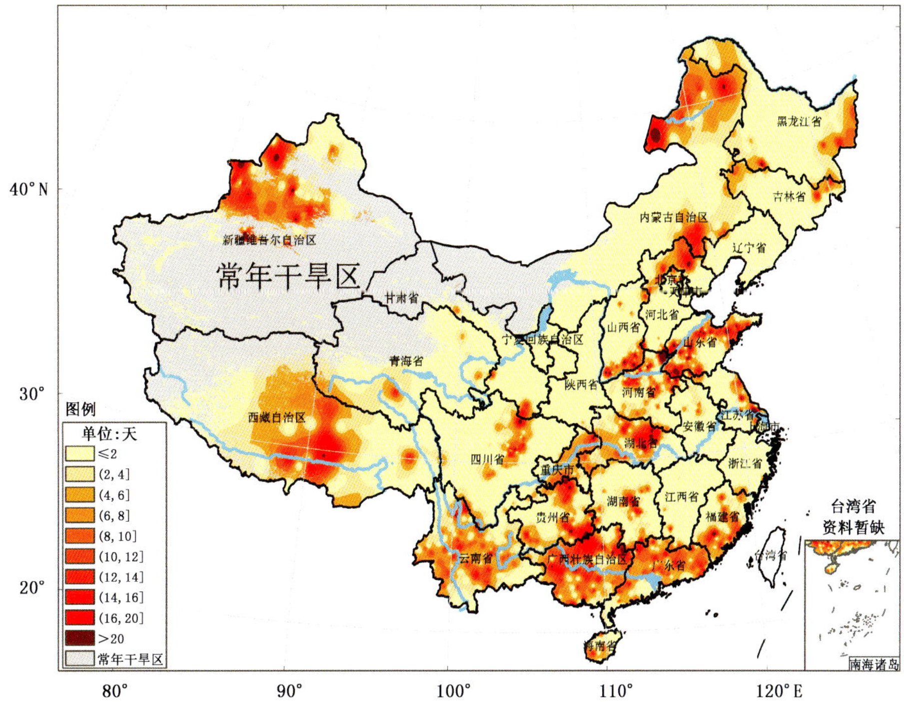

图 I25　2012 年 9 月全国轻旱日数分布

Fig. I25　The days under light drought stress in China in September 2012 (unit:d)

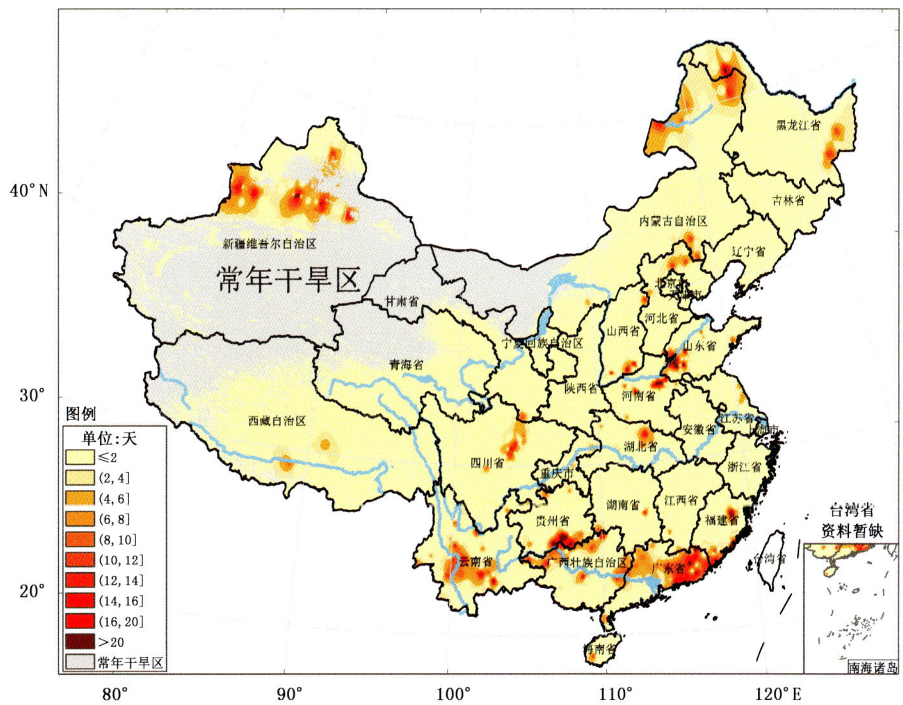

图 I26　2012 年 9 月全国中旱日数分布

Fig. I26　The days under moderate drought stress in China in September 2012 (unit:d)

图 I27　2012 年 9 月全国重旱日数分布

Fig. I27　The days under severe drought stress in China in September 2012 (unit:d)

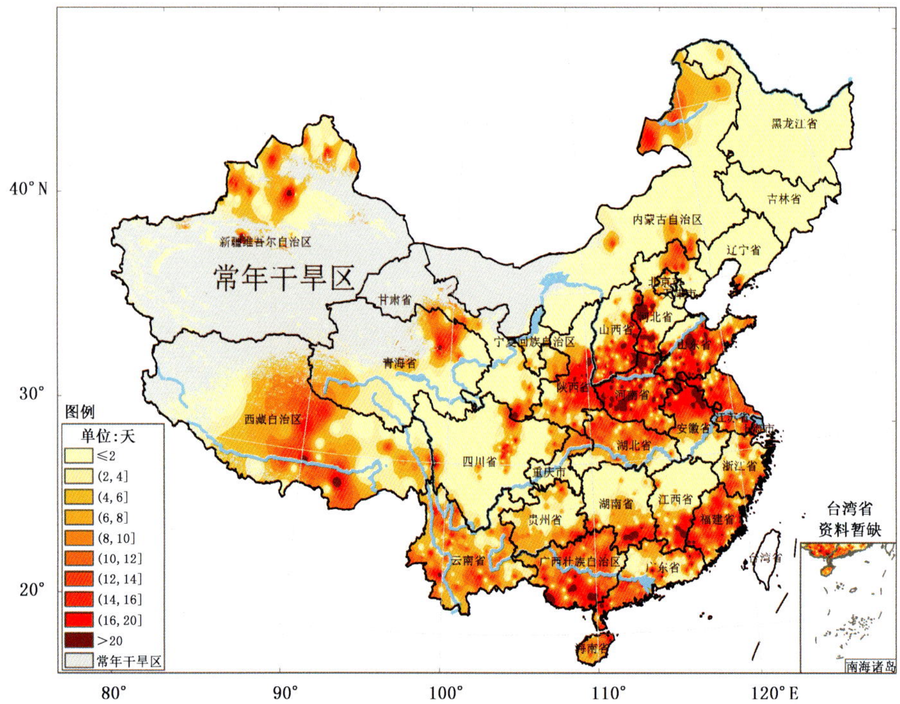

图 I28　2012 年 10 月全国轻旱日数分布

Fig. I28　The days under light drought stress in China in October 2012 (unit:d)

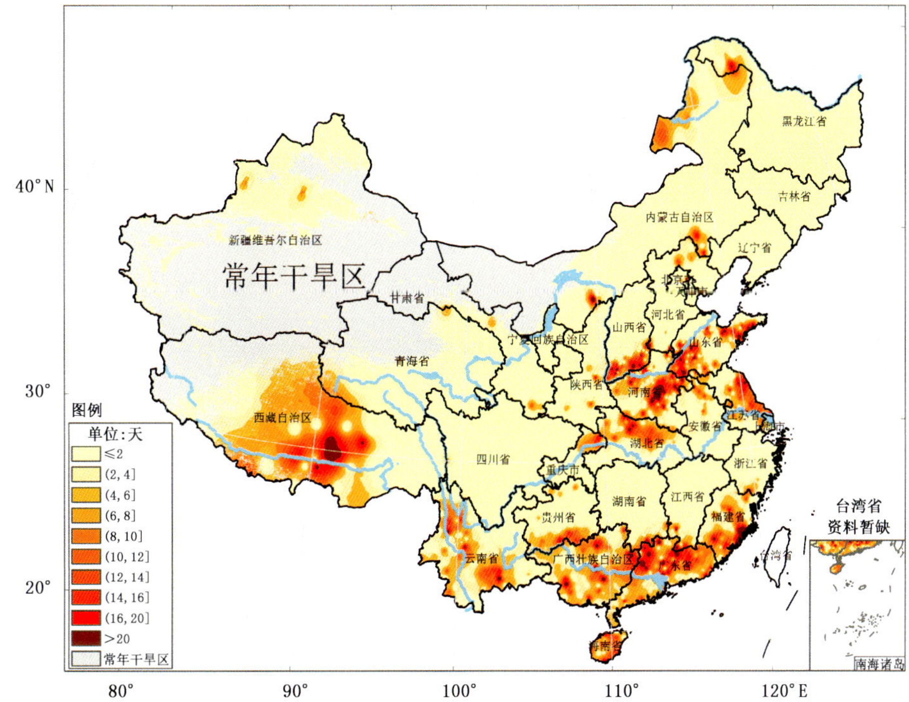

图 I29　2012 年 10 月全国中旱日数分布

Fig. I29　The days under moderate drought stress in China in October 2012 (unit:d)

图 I30　2012 年 10 月全国重旱日数分布

Fig. I30　The days under severe drought stress in China in October 2012 (unit:d)

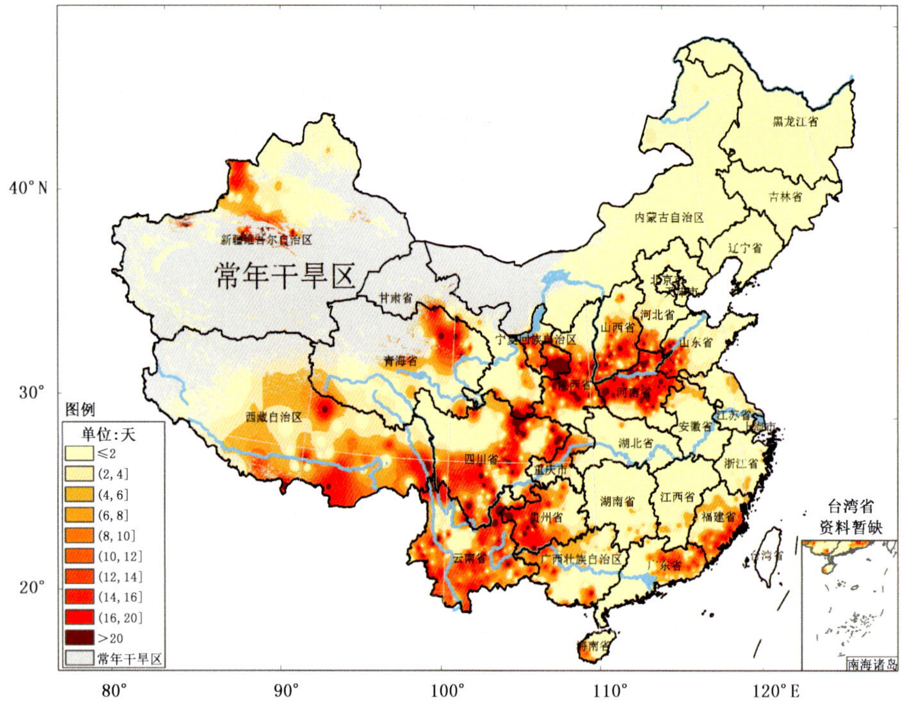

图 I31　2012 年 11 月全国轻旱日数分布

Fig. I31　The days under light drought stress in China in November 2012 (unit:d)

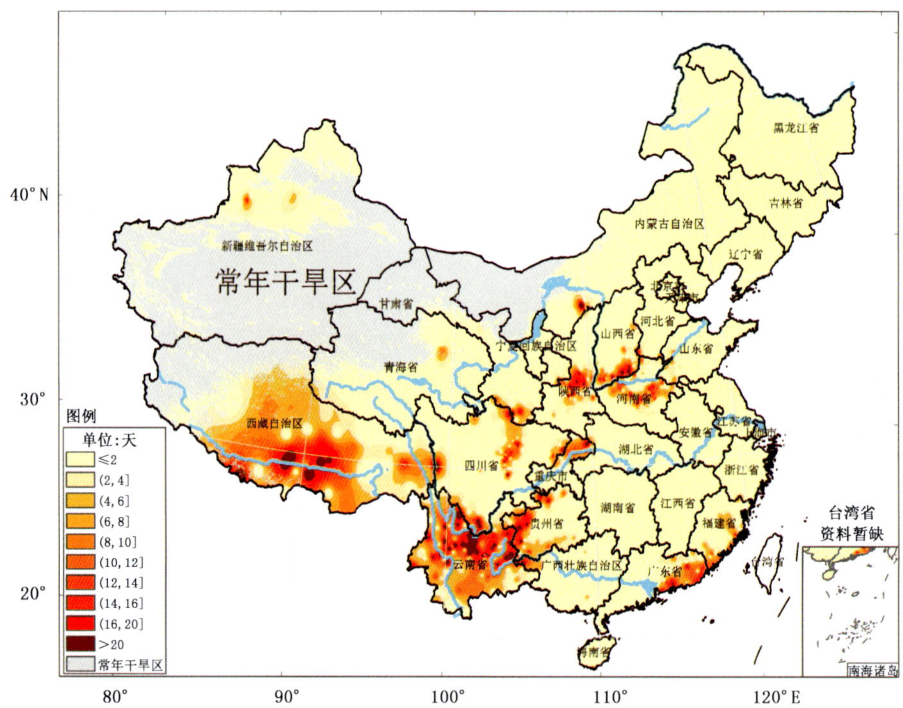

图 I32　2012 年 11 月全国中旱日数分布

Fig. I32　The days under moderate drought stress in China in November 2012 (unit:d)

图 I33　2012 年 11 月全国重旱日数分布

Fig. I33　The days under severe drought stress in China in November 2012 (unit:d)

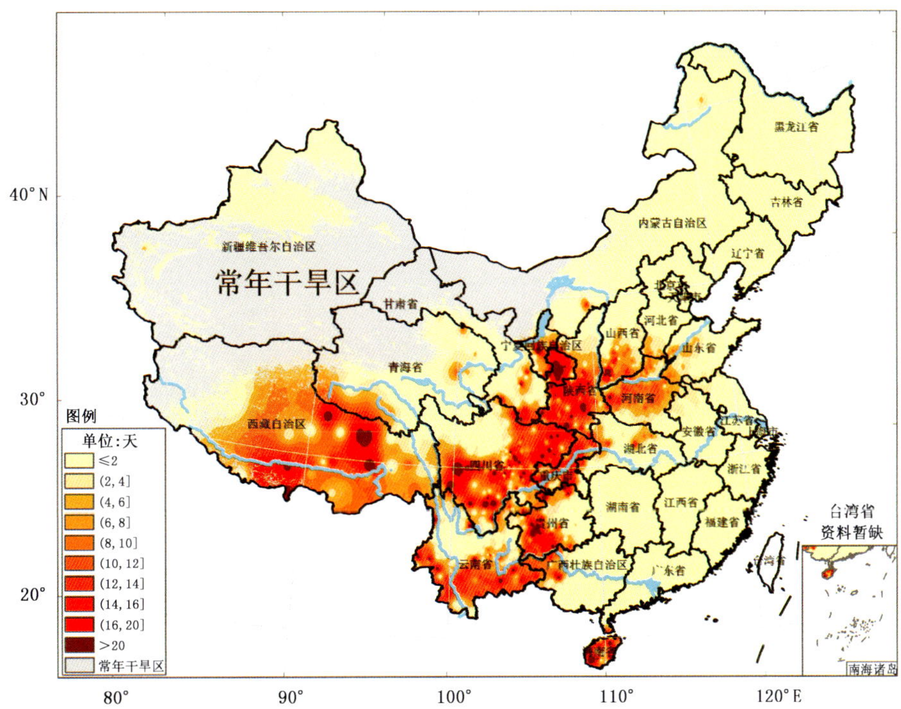

图 I34　2012 年 12 月全国轻旱日数分布

Fig. I34　The days under light drought stress in China in December 2012 (unit:d)

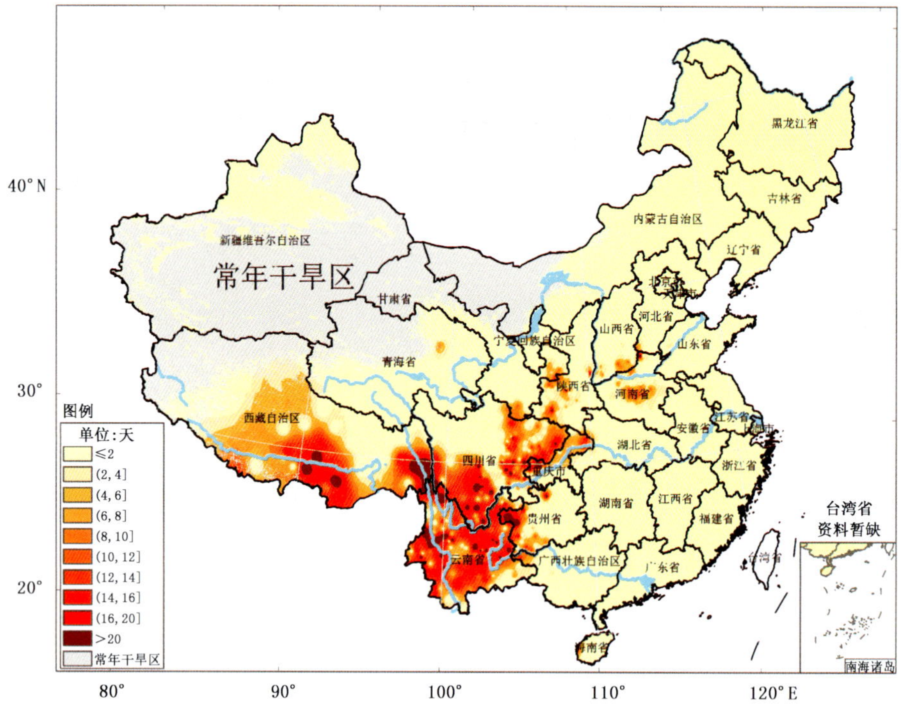

图 I35　2012 年 12 月全国中旱日数分布

Fig. I35　The days under moderate drought stress in China in December 2012 (unit:d)

图 I36　2012 年 12 月全国重旱日数分布

Fig. I36　The days under severe drought stress in China in December 2012 (unit:d)

附录 J　2012 年各月气象干旱各等级日数距平分布

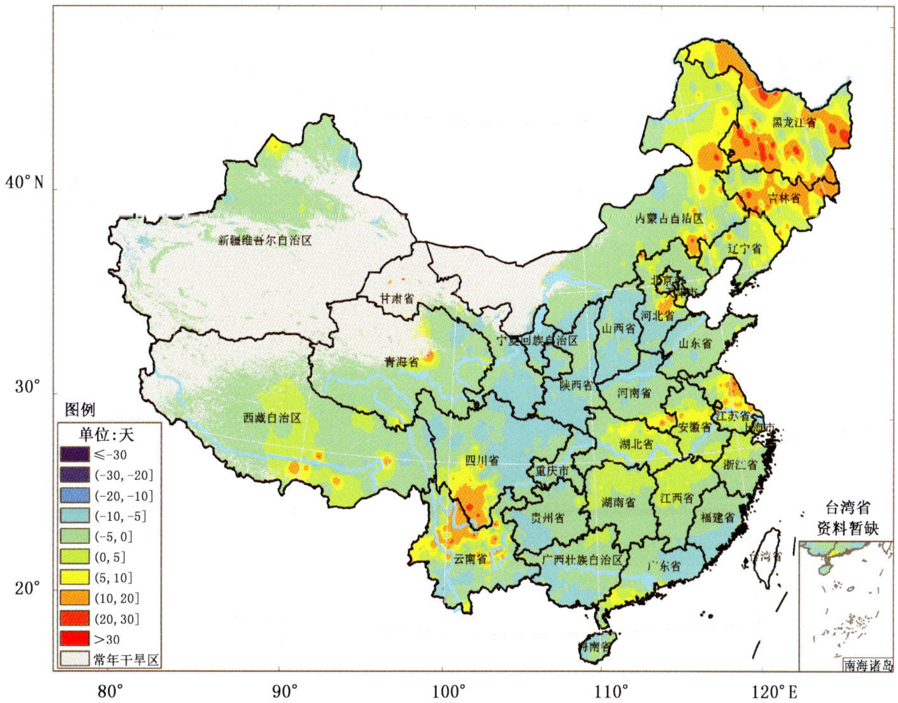

图 J1　2012 年 1 月全国轻旱日数距平分布

Fig. J1　The anomaly of light drought days in China in January 2012 (unit:d)

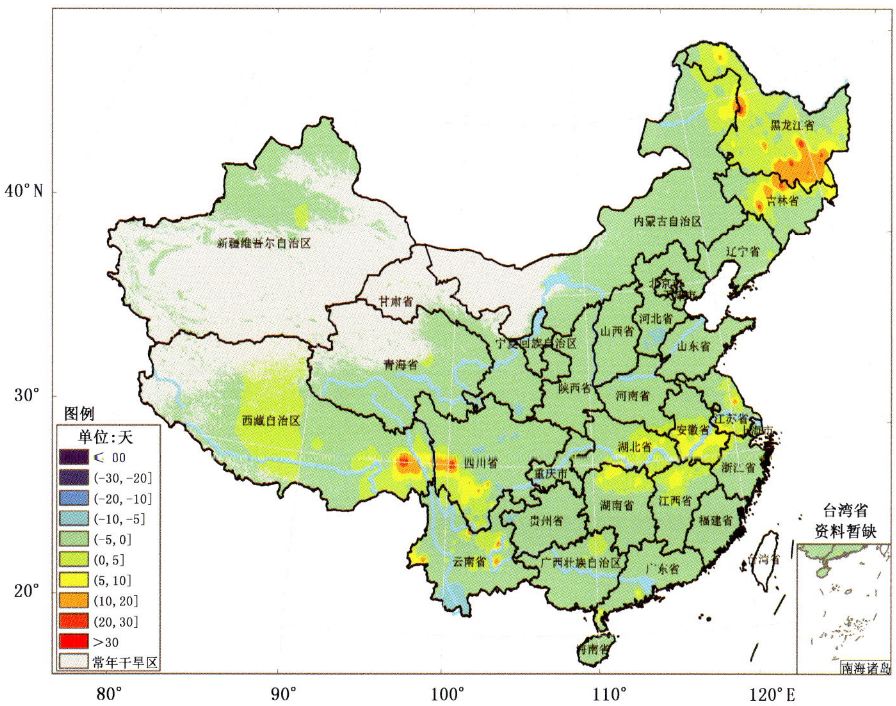

图 J2　2012 年 1 月全国中旱日数距平分布

Fig. J2　The anomaly of moderate drought days in China in January 2012 (unit:d)

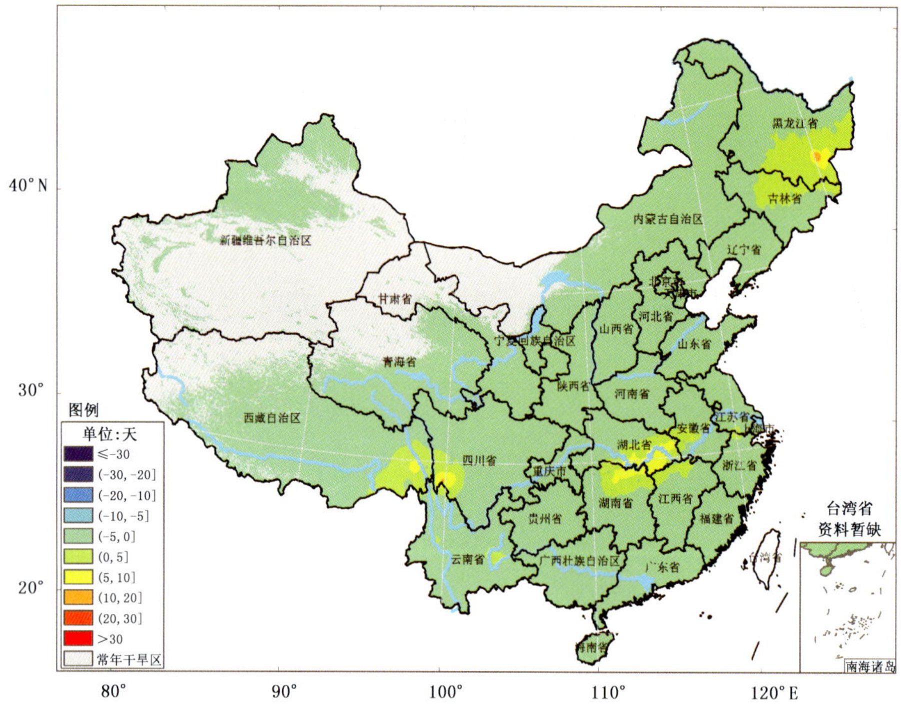

图 J3　2012 年 1 月全国重旱日数距平分布

Fig. J3　The anomaly of severe drought days in China in January 2012 (unit:d)

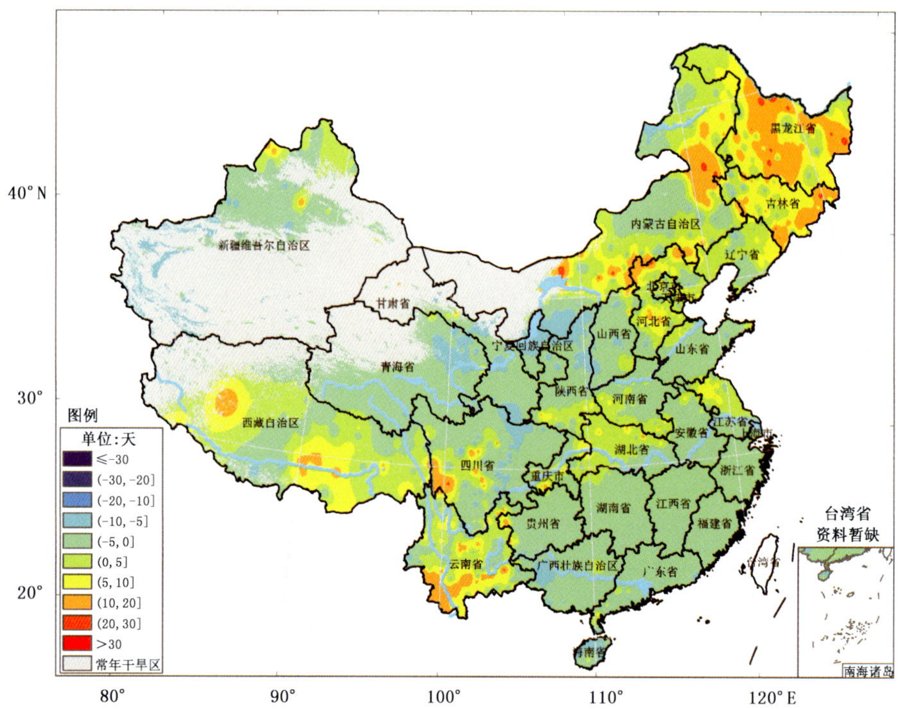

图 J4　2012 年 2 月全国轻旱日数距平分布

Fig. J4　The anomaly of light drought days in China in February 2012 (unit:d)

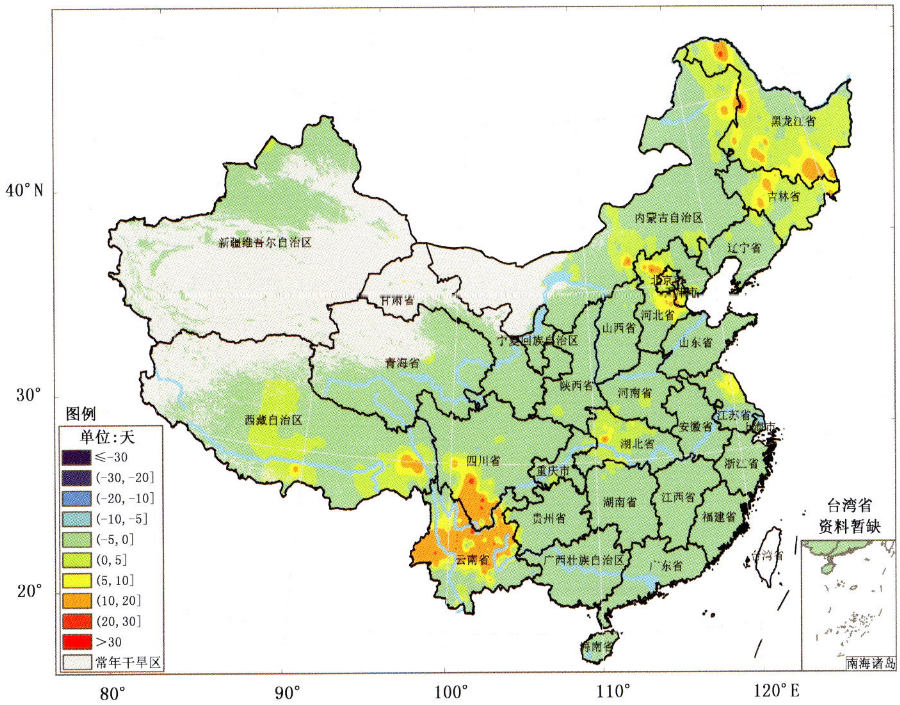

图 J5　2012 年 2 月全国中旱日数距平分布

Fig. J5　The anomaly of moderate drought days in China in February 2012 (unit:d)

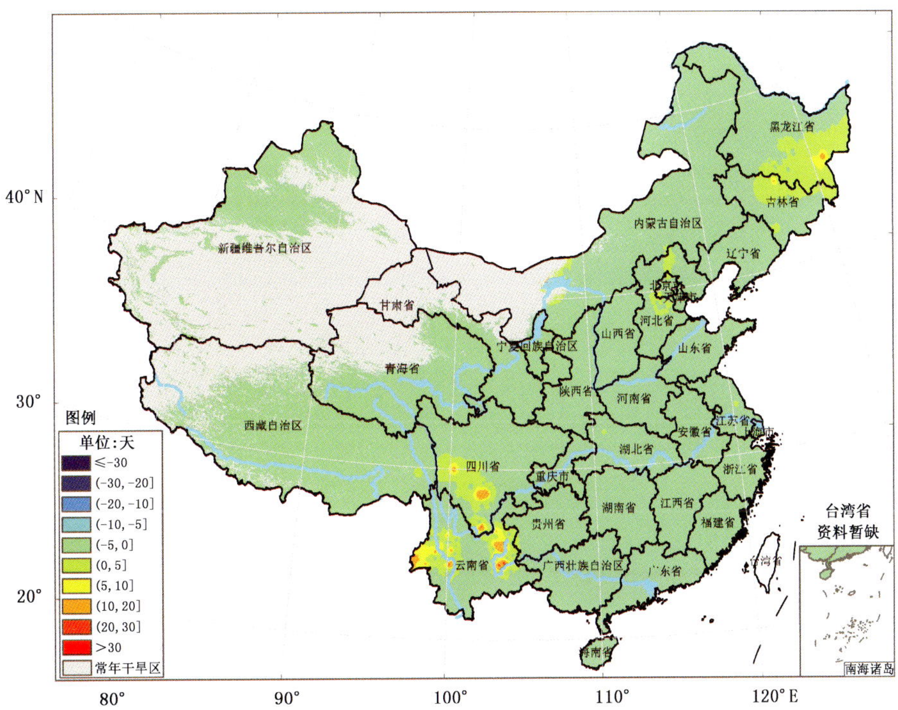

图 J6　2012 年 2 月全国重旱日数距平分布

Fig. J6　The anomaly of severe drought days in China in February 2012 (unit:d)

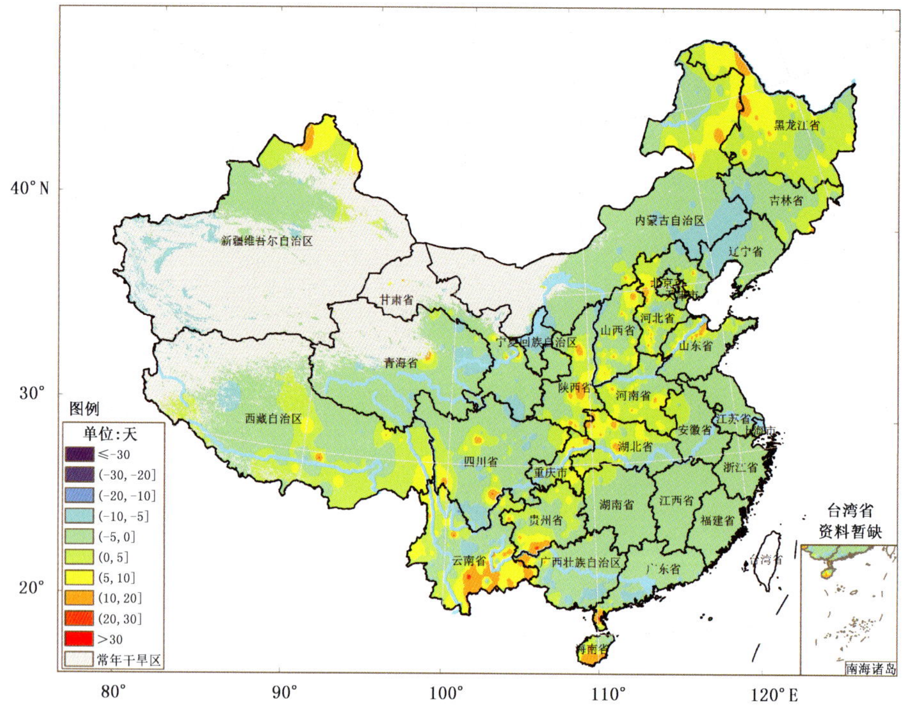

图 J7　2012 年 3 月全国轻旱日数距平分布

Fig. J7　The anomaly of light drought days in China in March 2012 (unit:d)

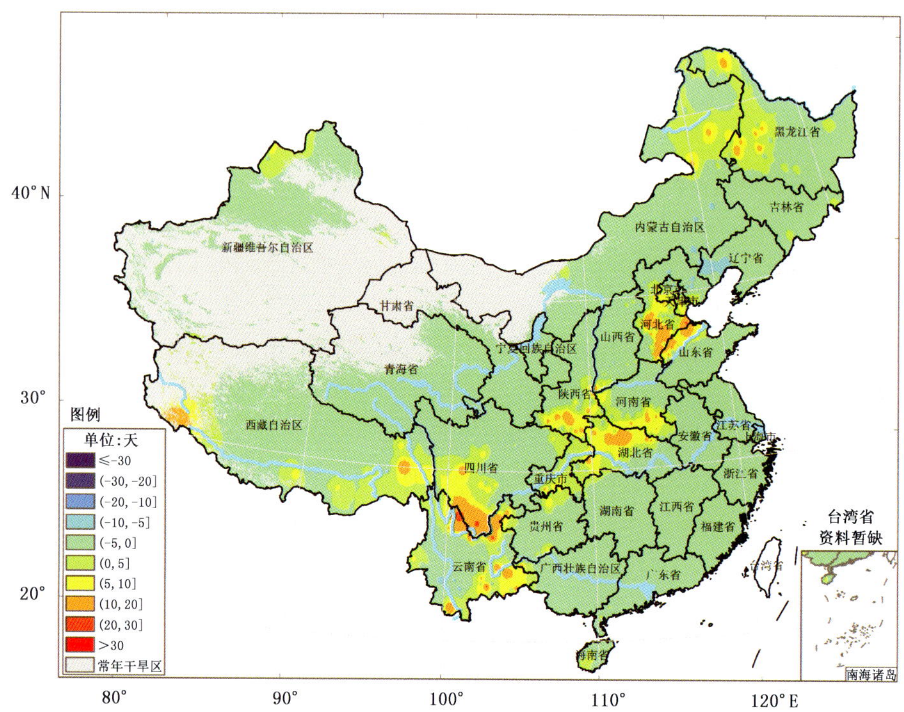

图 J8　2012 年全国 3 月中旱日数距平分布

Fig. J8　The anomaly of moderate drought days in China in March 2012 (unit:d)

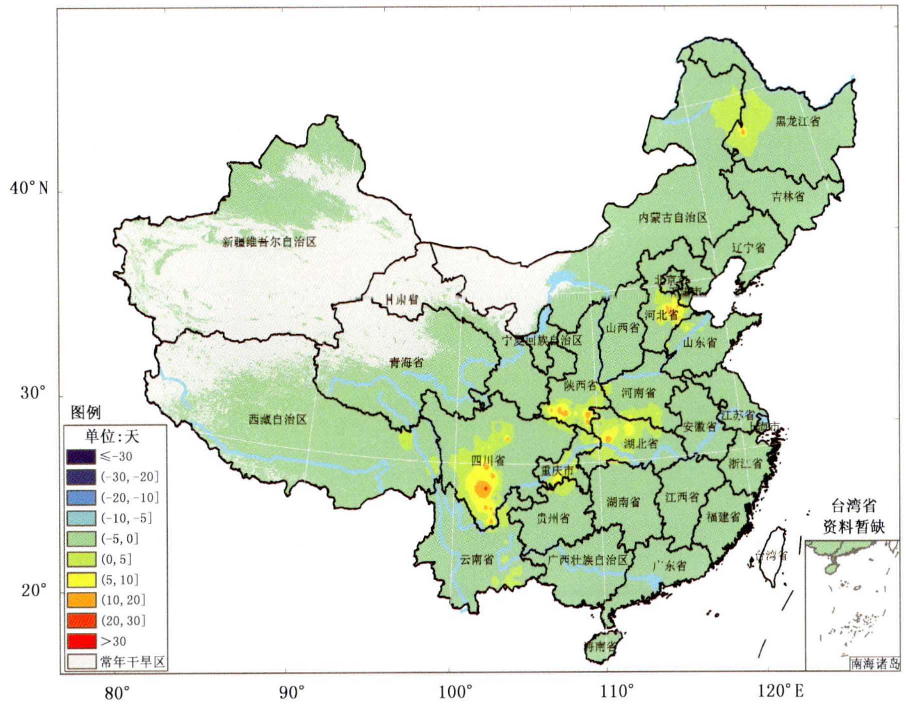

图 J9　2012 年 3 月全国重旱日数距平分布

Fig. J9　The anomaly of severe drought days in China in March 2012 (unit:d)

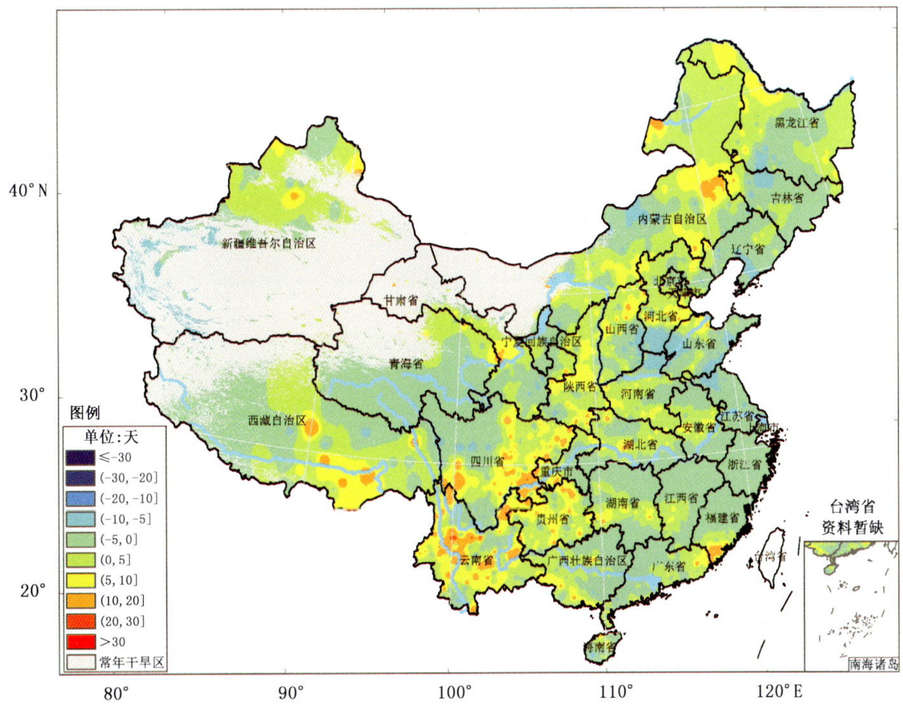

图 J10　2012 年 4 月全国轻旱日数距平分布

Fig. J10　The anomaly of light drought days in China in April 2012 (unit:d)

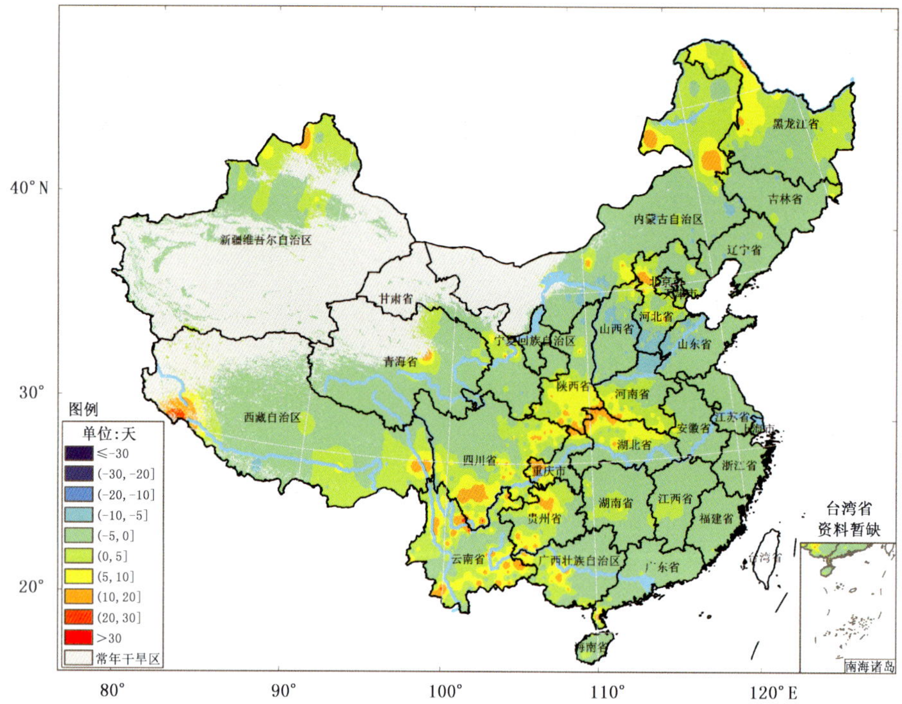

图 J11　2012 年 4 月全国中旱日数距平分布

Fig. J11　The anomaly of moderate drought days in China in April 2012 (unit:d)

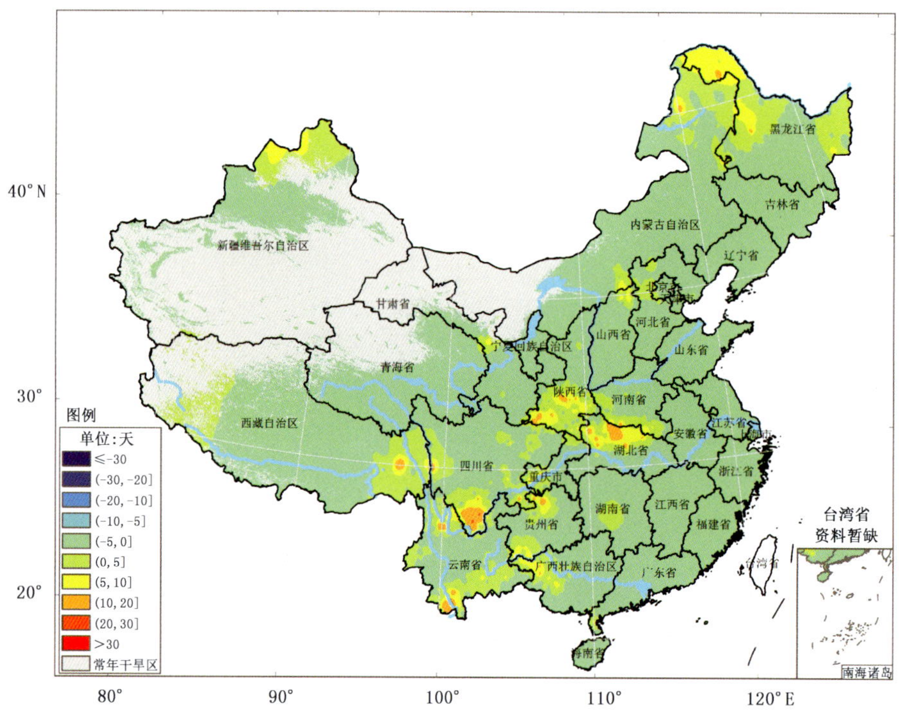

图 J12　2012 年 4 月全国重旱日数距平分布

Fig. J12　The anomaly of severe drought days in China in April 2012 (unit:d)

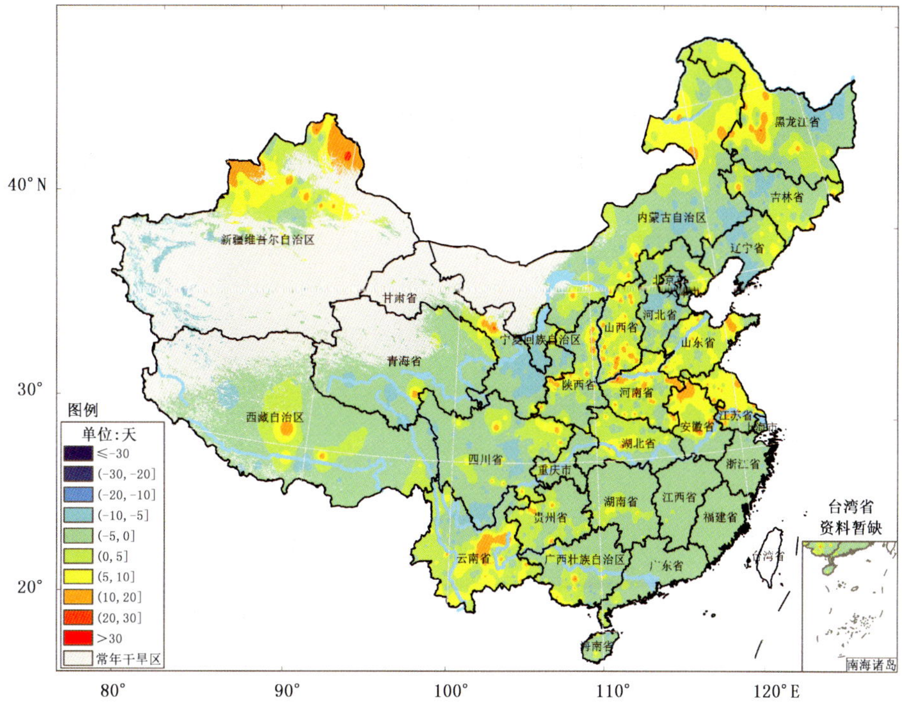

图 J13　2012 年 5 月全国轻旱日数距平分布

Fig. J13　The anomaly of light drought days in China in May 2012 (unit:d)

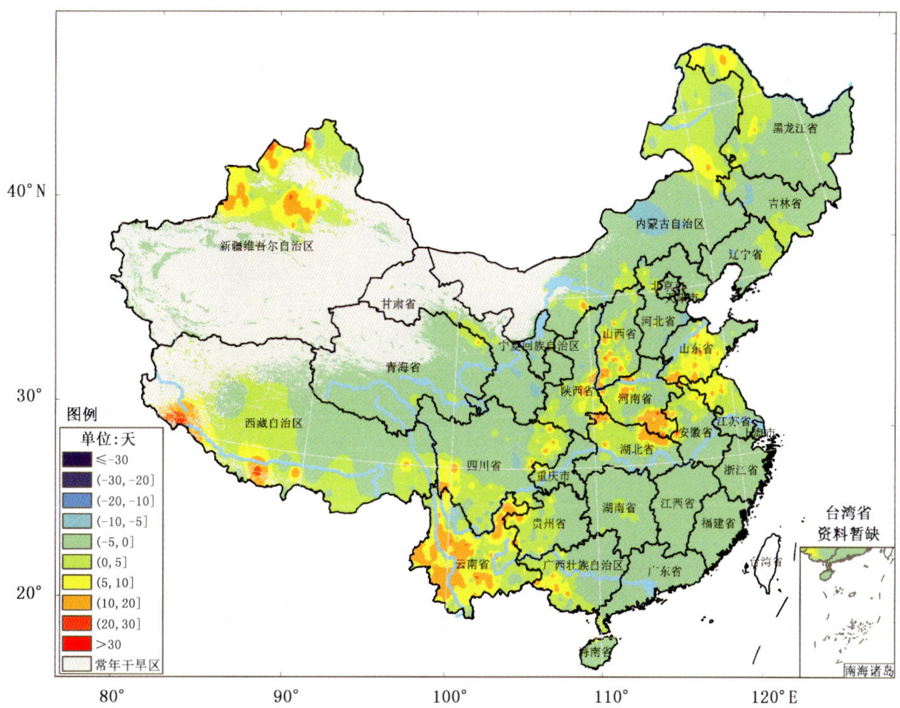

图 J14　2012 年 5 月全国中旱日数距平分布

Fig. J14　The anomaly of moderate drought days in China in May 2012 (unit:d)

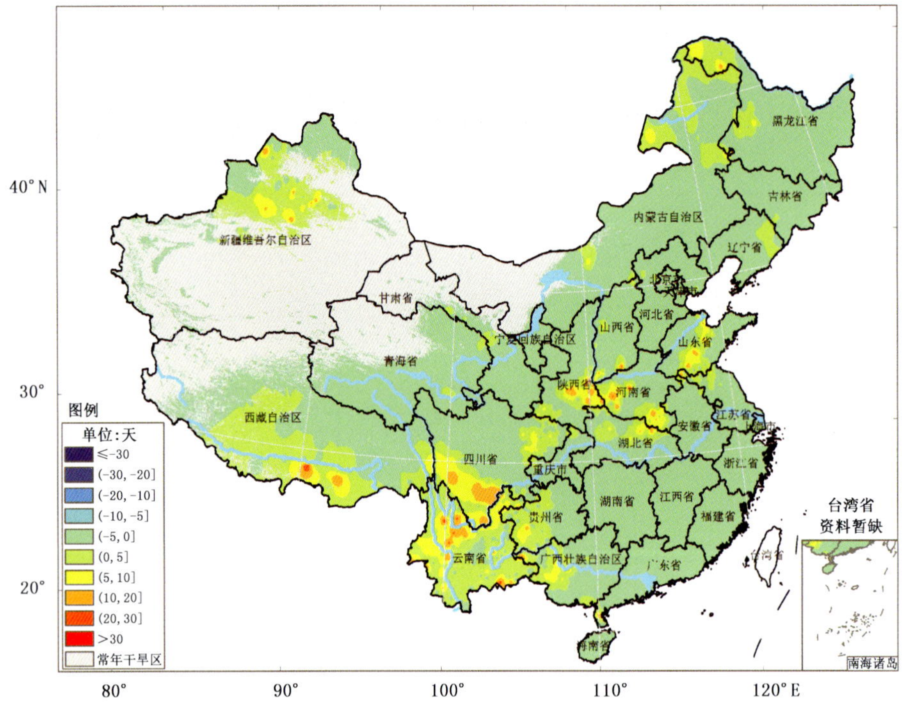

图 J15　2012 年 5 月全国重旱日数距平分布

Fig. J15　The anomaly of severe drought days in China in May 2012 (unit:d)

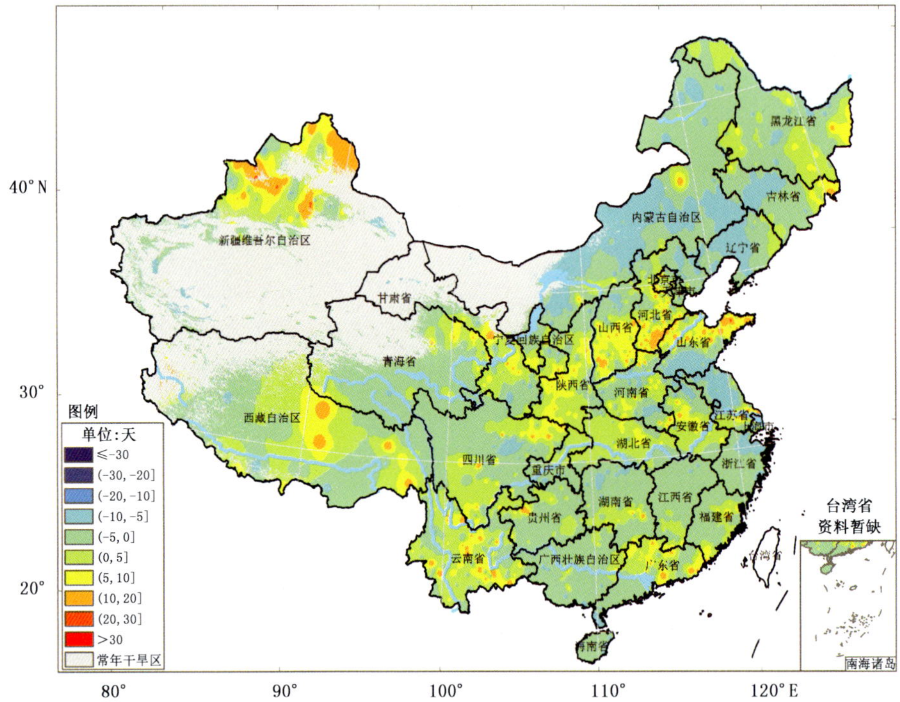

图 J16　2012 年 6 月全国轻旱日数距平分布

Fig. J16　The anomaly of light drought days in China in June 2012 (unit:d)

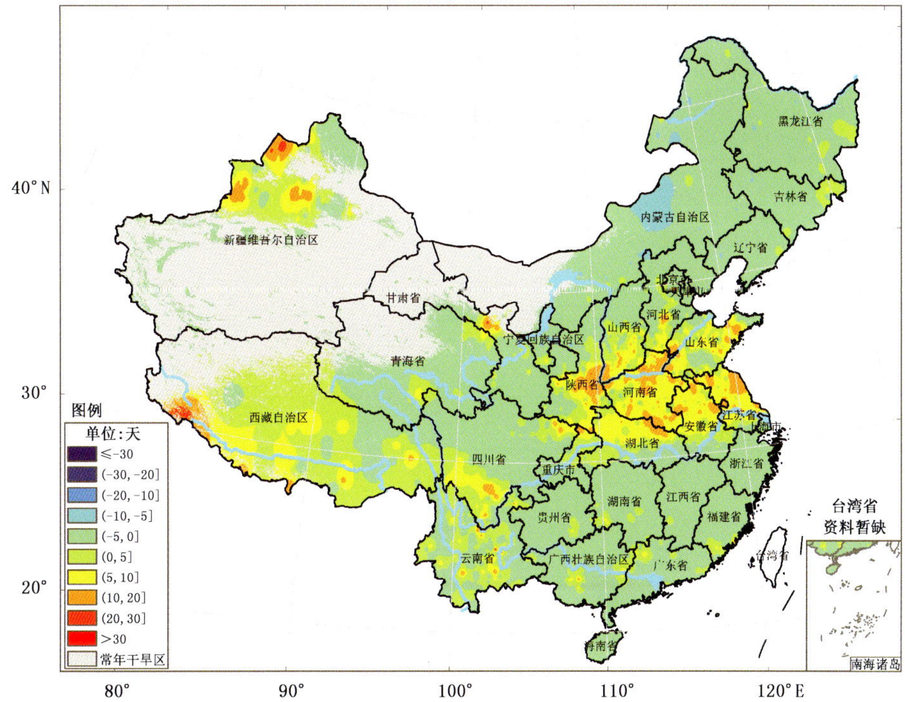

图 J17　2012 年 6 月全国中旱日数距平分布

Fig. J17　The anomaly of moderate drought days in China in June 2012 (unit:d)

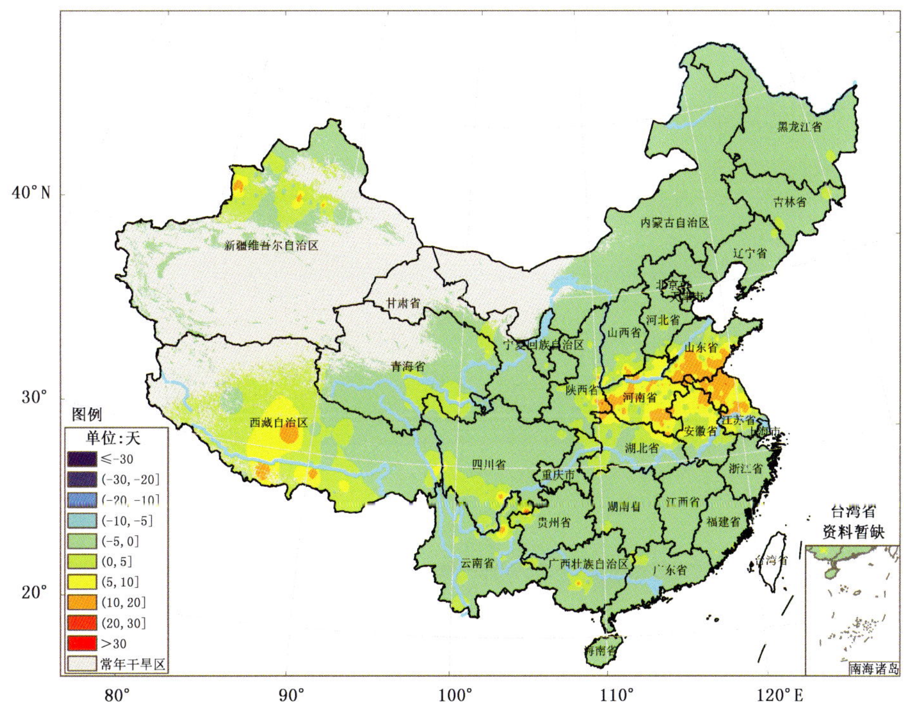

图 J18　2012 年 6 月全国重旱日数距平分布

Fig. J18　The anomaly of severe drought days in China in June 2012 (unit:d)

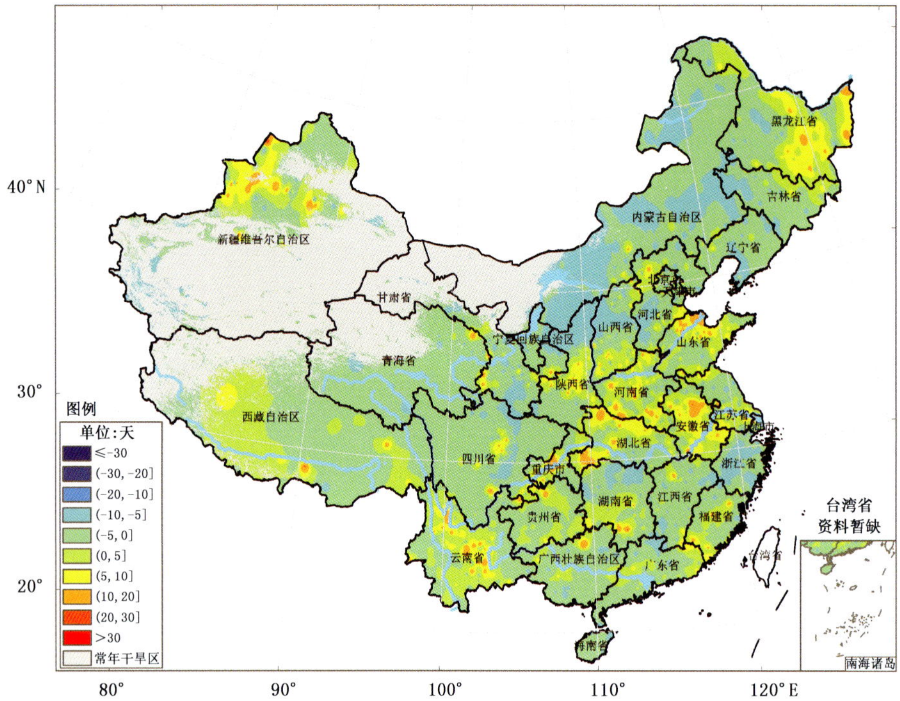

图 J19　2012 年 7 月全国轻旱日数距平分布

Fig. J19　The anomaly of light drought days in China in July 2012 (unit: d)

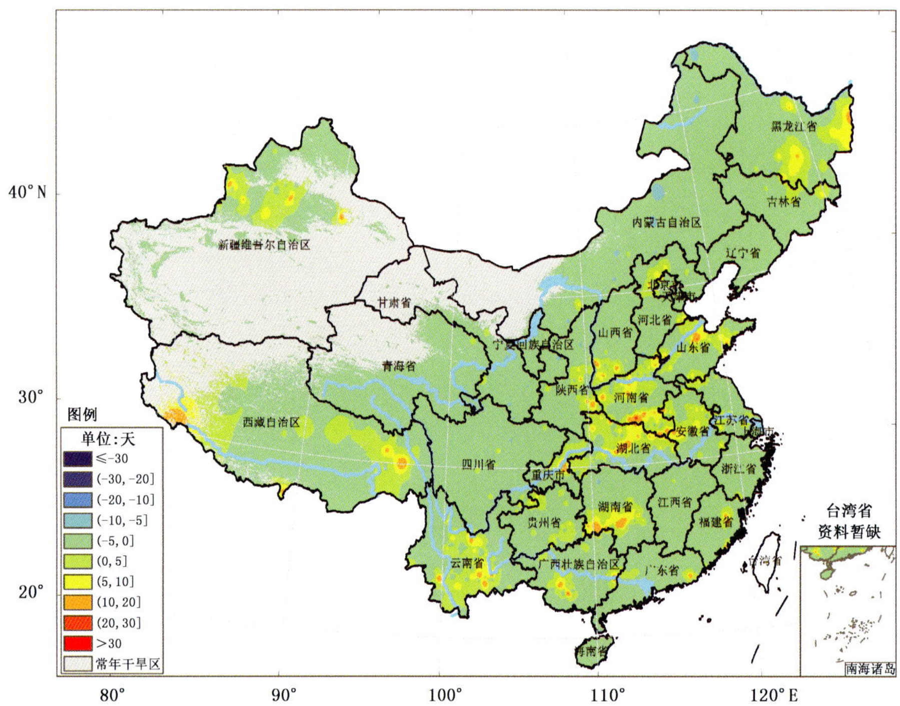

图 J20　2012 年 7 月全国中旱日数距平分布

Fig. J20　The anomaly of moderate drought days in China in July 2012 (unit: d)

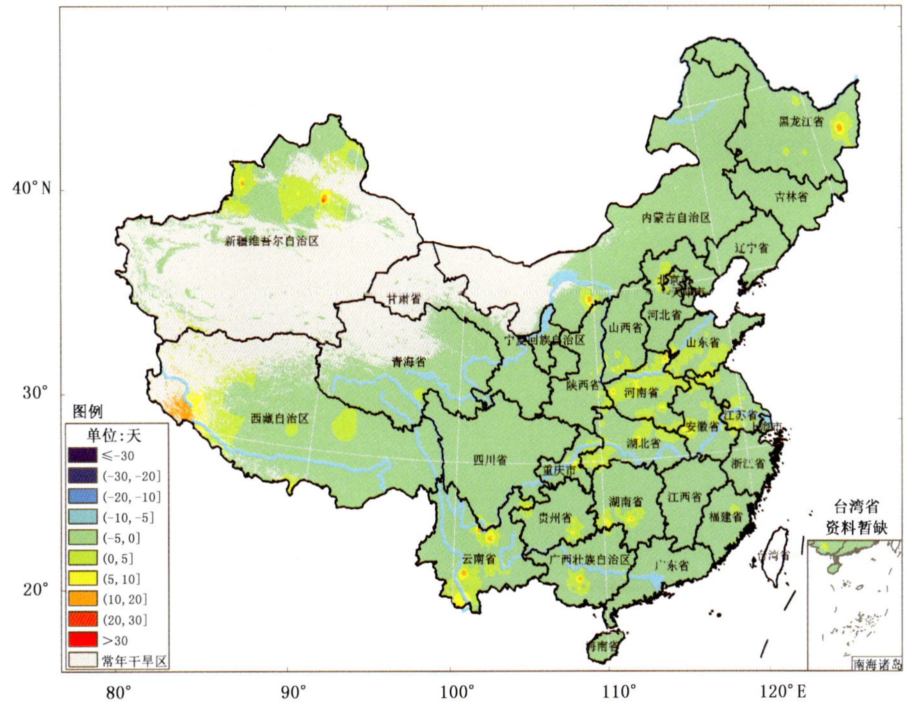

图 J21　2012 年 7 月全国重旱日数距平分布

Fig. J21　The anomaly of severe drought days in China in July 2012 (unit:d)

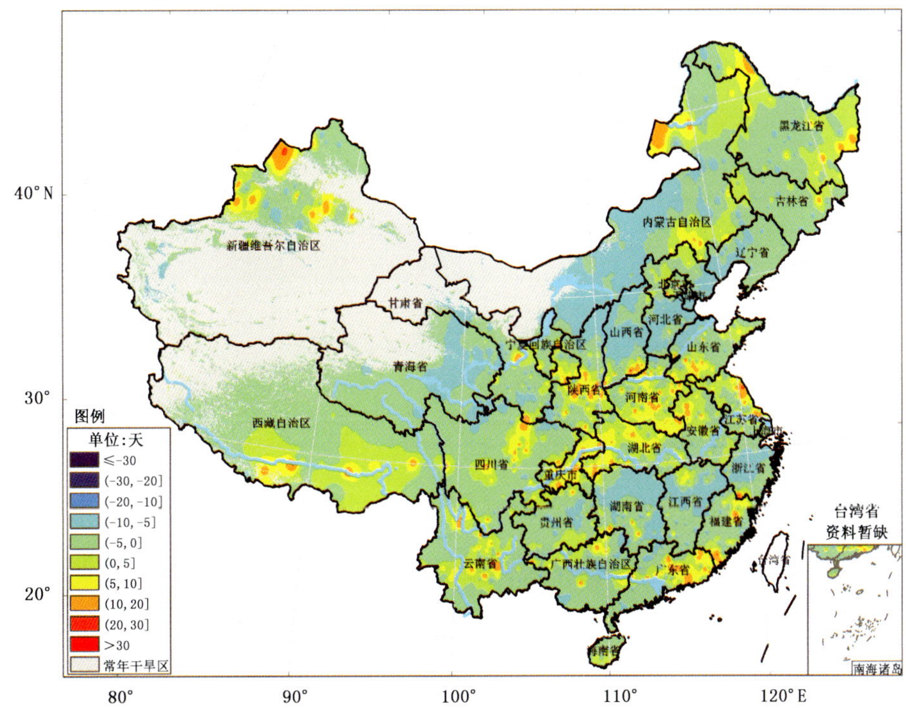

图 J22　2012 年 8 月全国轻旱日数距平分布

Fig. J22　The anomaly of light drought days in China in August 2012 (unit:d)

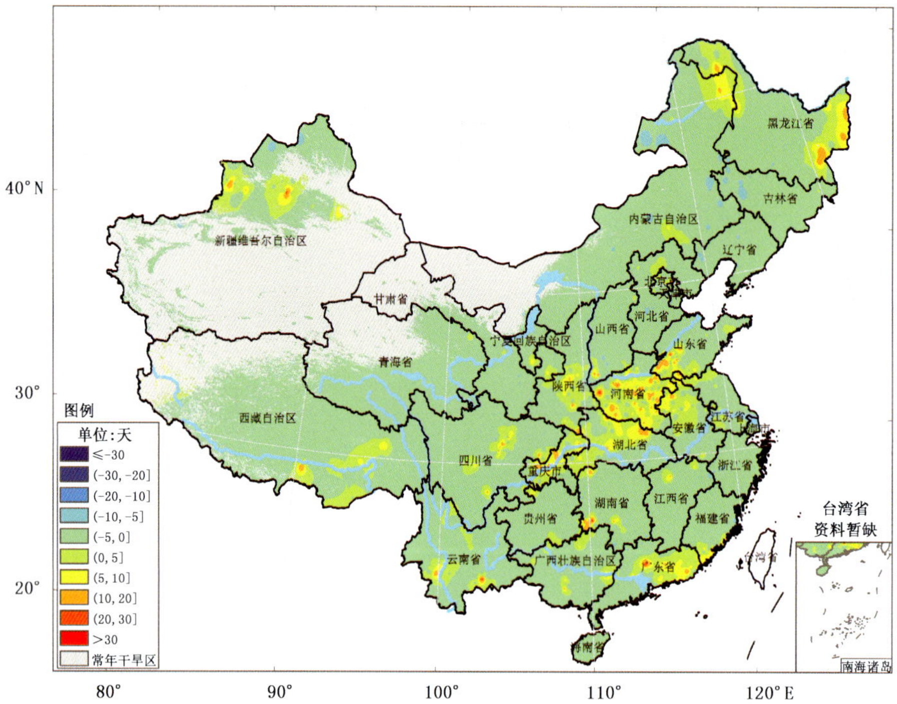

图 J23　2012 年 8 月全国中旱日数距平分布

Fig. J23　The anomaly of moderate drought days in China in August 2012 (unit:d)

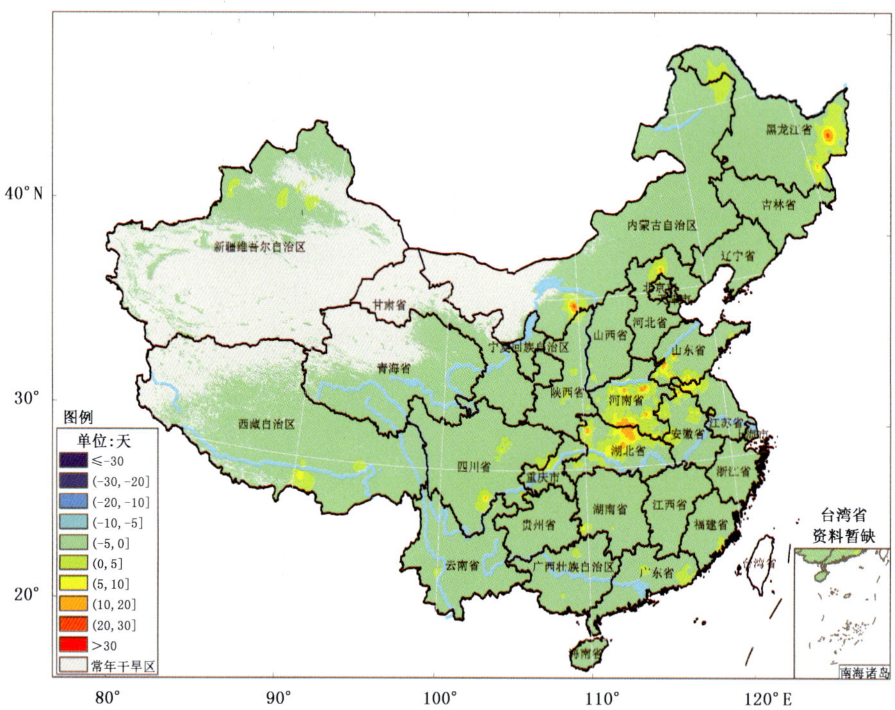

图 J24　2012 年 8 月全国重旱日数距平分布

Fig. J24　The anomaly of severe drought days in China in August 2012 (unit:d)

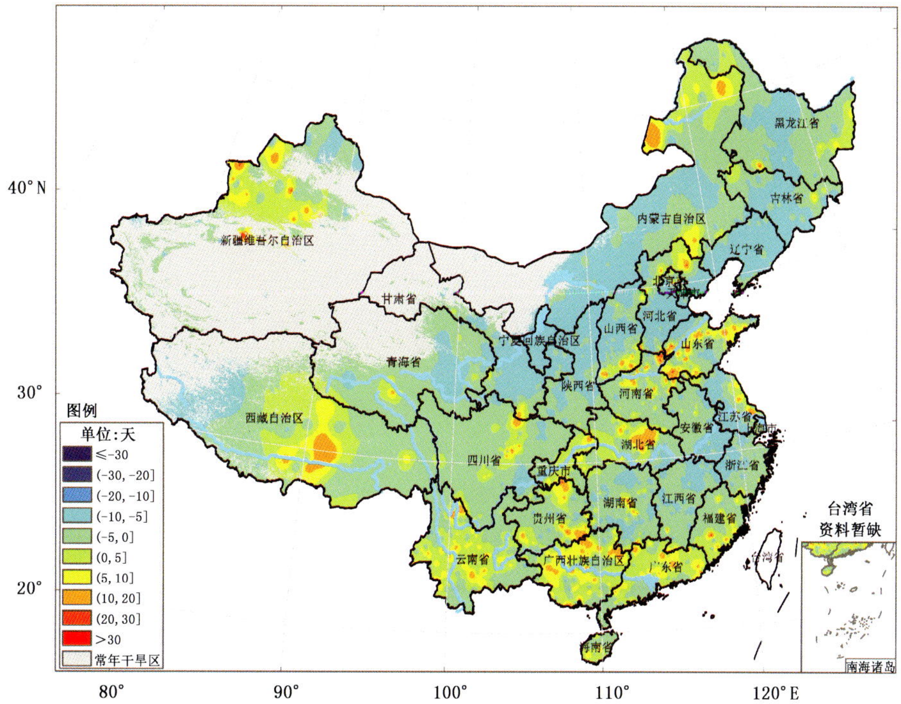

图 J25　2012 年 9 月全国轻旱日数距平分布

Fig. J25　The anomaly of light drought days in China in September 2012 (unit:d)

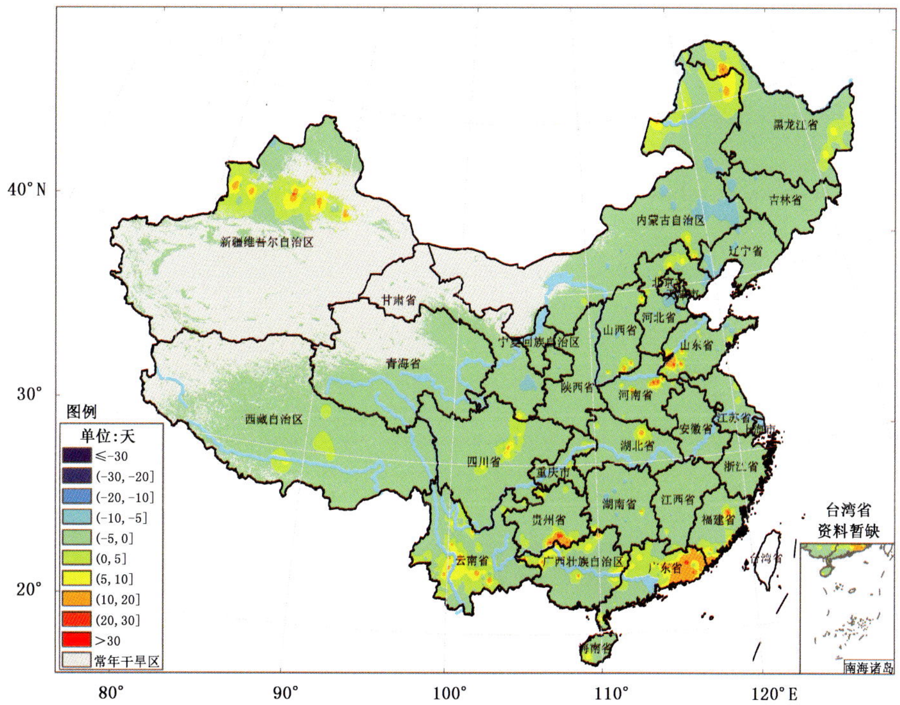

图 J26　2012 年 9 月全国中旱日数距平分布

Fig. J26　The anomaly of moderate drought days in China in September 2012 (unit:d)

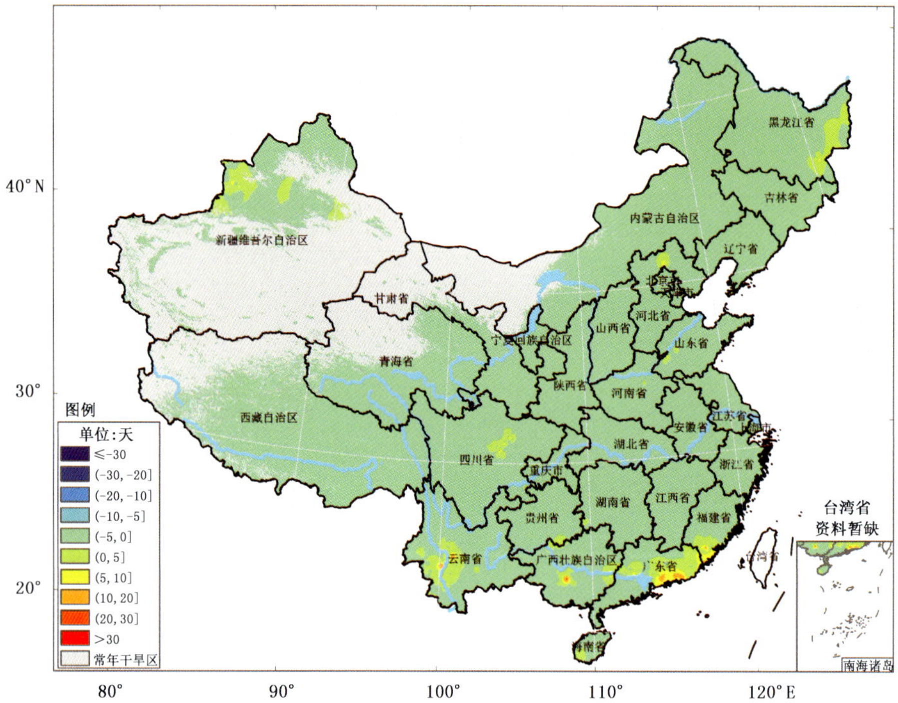

图 J27　2012 年 9 月全国重旱日数距平分布

Fig. J27　The anomaly of severe drought days in China in September 2012 (unit:d)

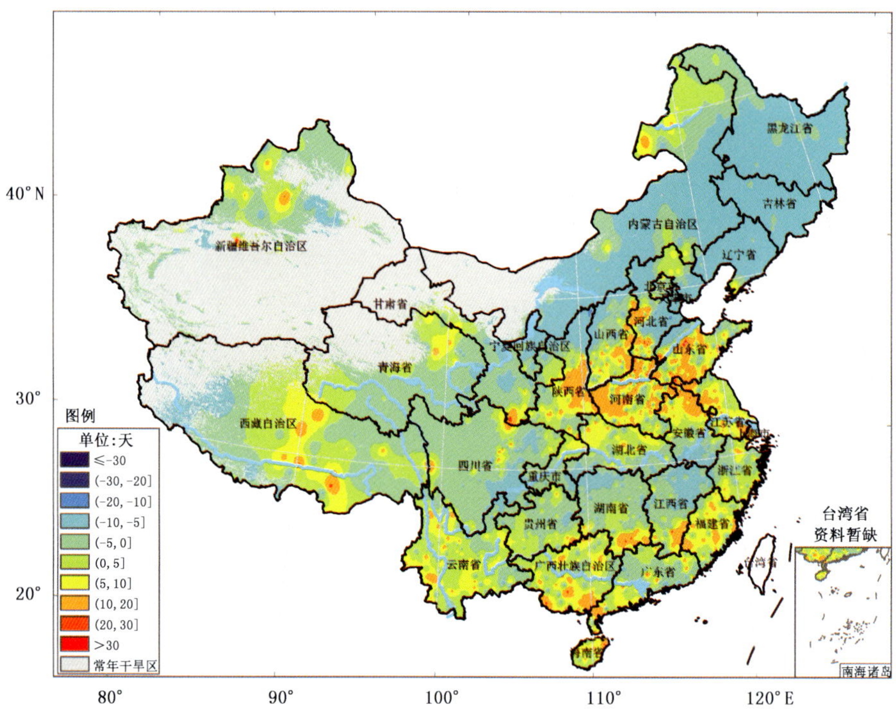

图 J28　2012 年 10 月全国轻旱日数距平分布

Fig. J28　The anomaly of light drought days in China in October 2012 (unit:d)

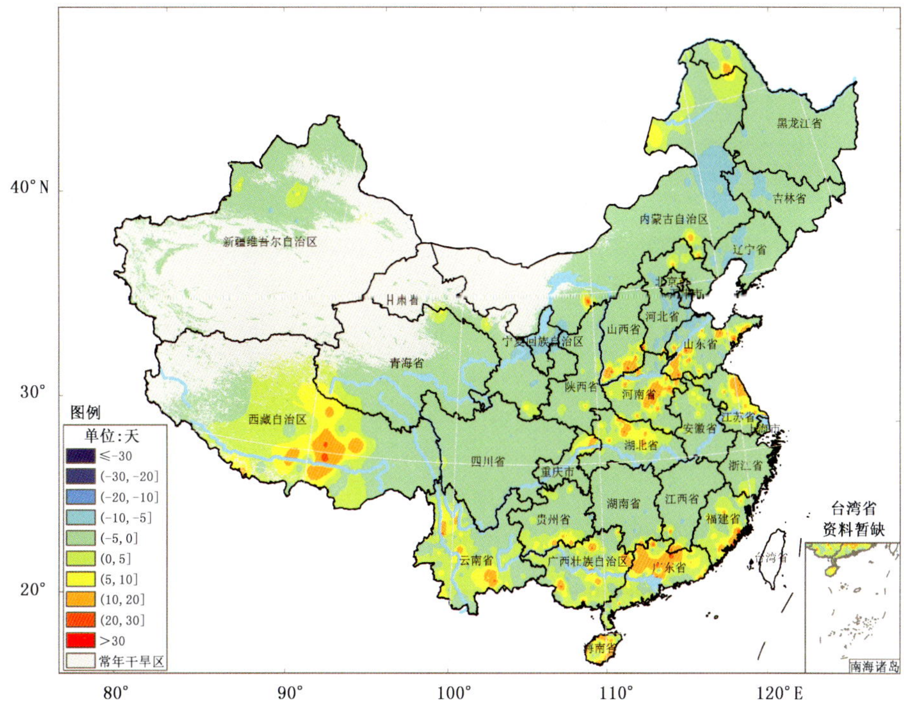

图 J29　2012 年 10 月全国中旱日数距平分布

Fig. J29　The anomaly of moderate drought days in China in October 2012 (unit:d)

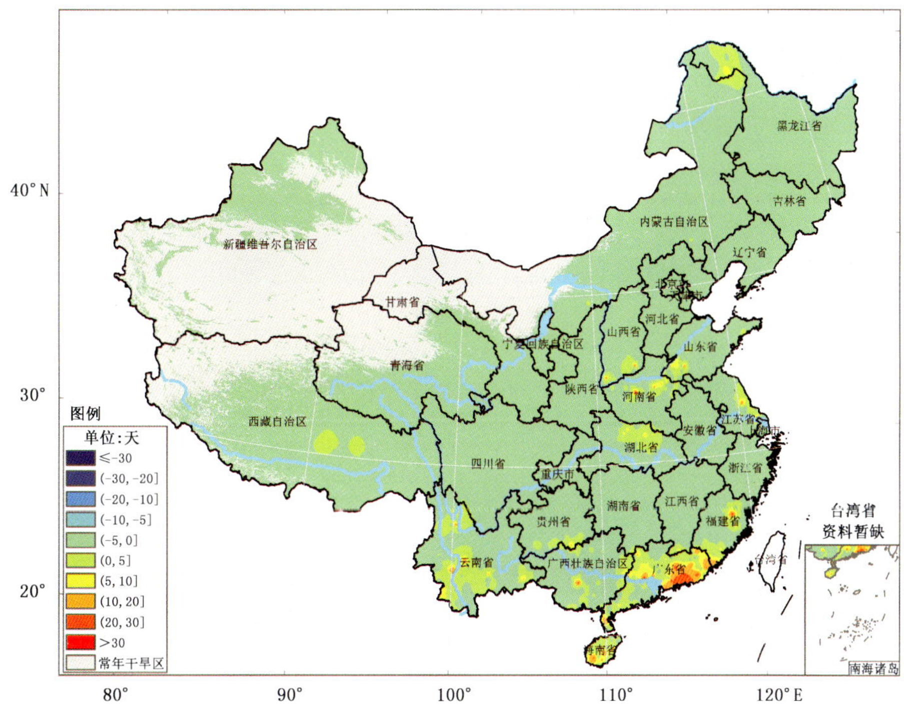

图 J30　2012 年 10 月全国重旱日数距平分布

Fig. J30　The anomaly of severe drought days in China in October 2012 (unit:d)

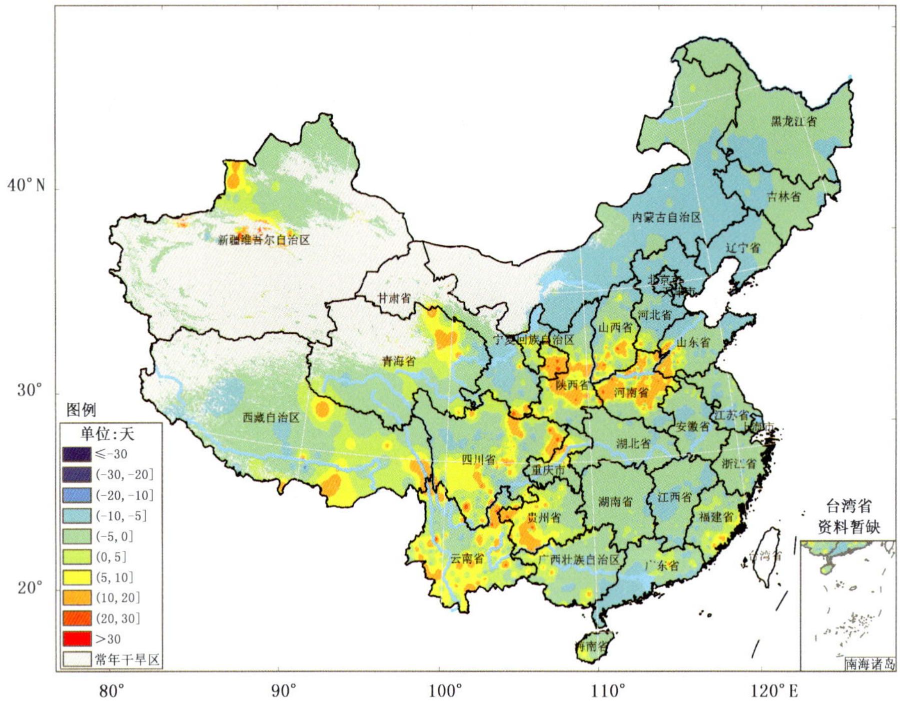

图 J31　2012 年 11 月全国轻旱日数距平分布

Fig. J31　The anomaly of light drought days in China in November 2012 (unit:d)

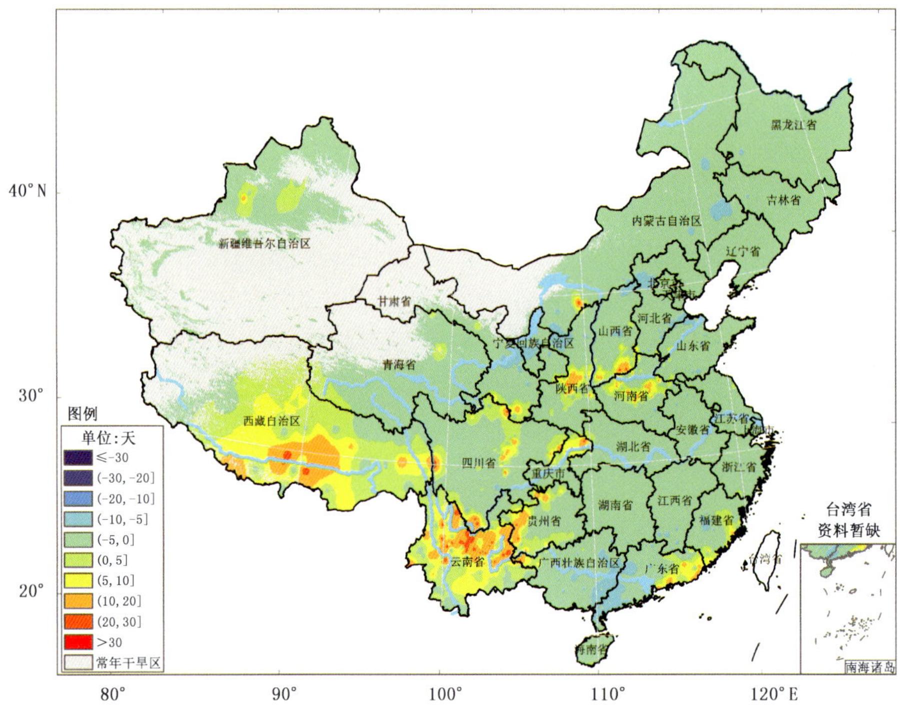

图 J32　2012 年 11 月全国中旱日数距平分布

Fig. J32　The anomaly of moderate drought days in China in November 2012 (unit:d)

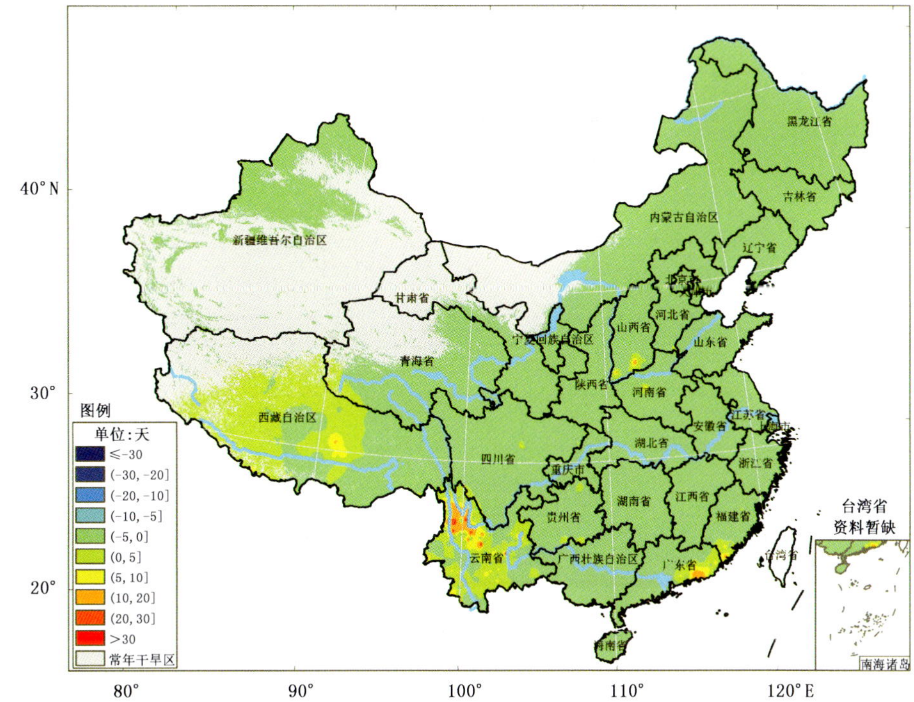

图 J33　2012 年 11 月全国重旱日数距平分布

Fig. J33　The anomaly of severe drought days in China in November 2012 (unit:d)

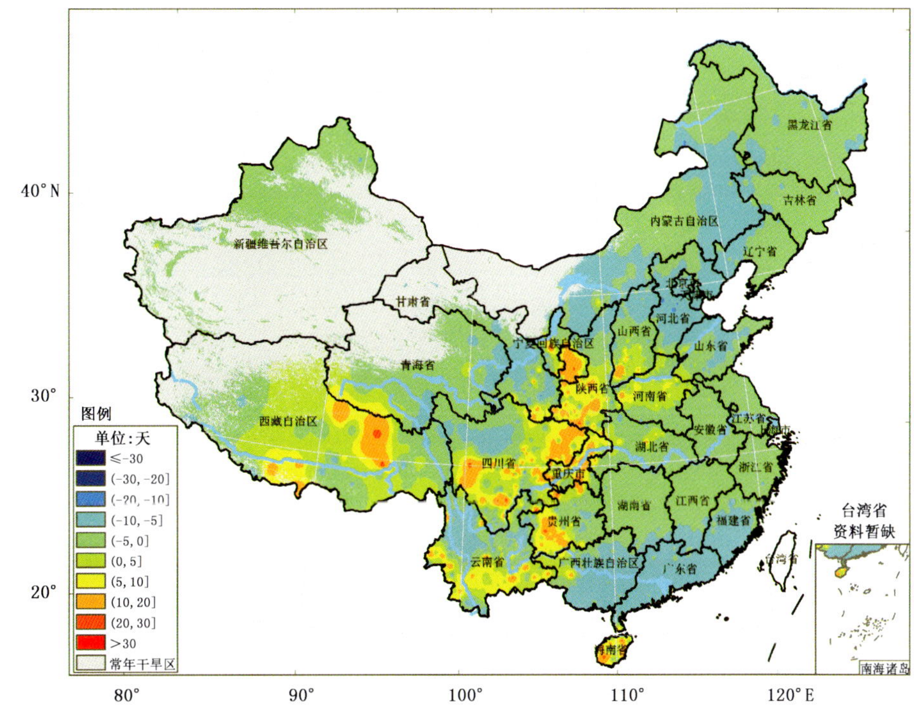

图 J34　2012 年 12 月全国轻旱日数距平分布

Fig. J34　The anomaly of light drought days in China in December 2012 (unit:d)

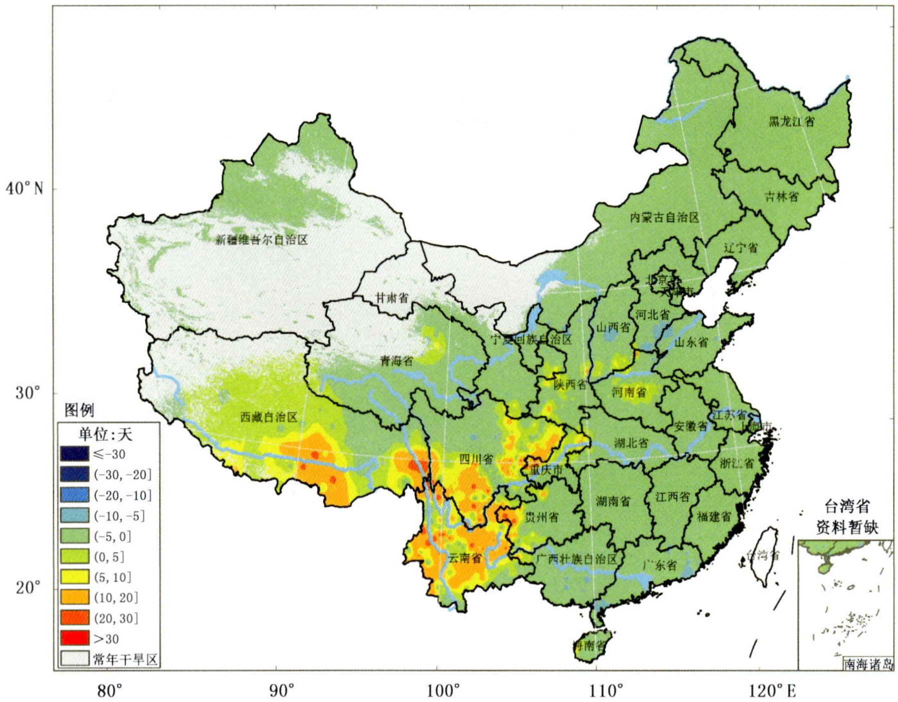

图 J35　2012 年 12 月全国中旱日数距平分布

Fig. J35　The anomaly of moderate drought days in China in December 2012 (unit:d)

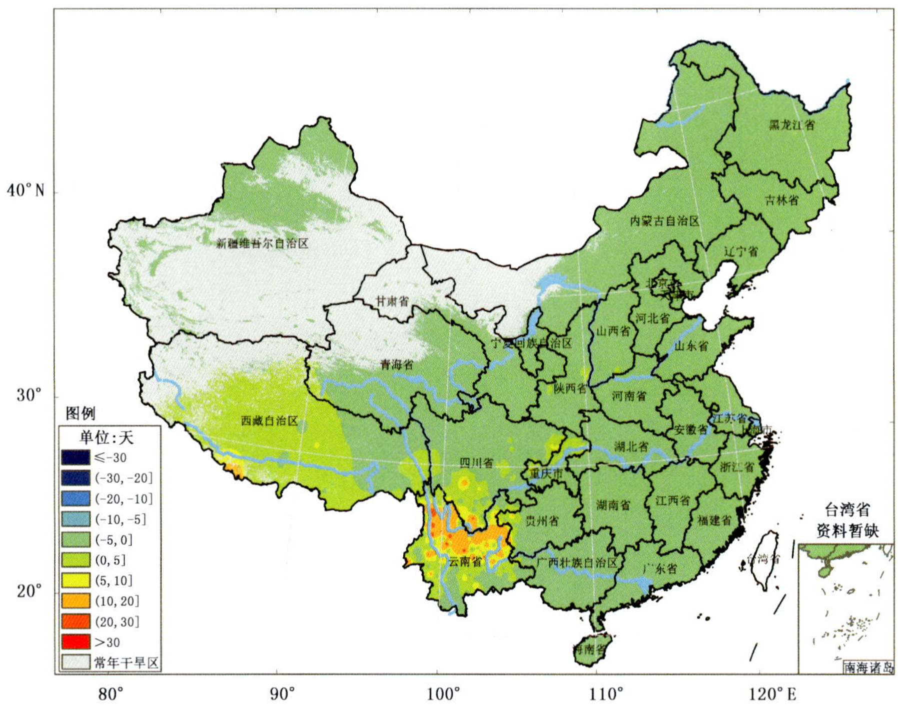

图 J36　2012 年 12 月全国重旱日数距平分布

Fig. J36　The anomaly of severe drought days in China in December 2012 (unit:d)

附录 K 2012 年全国主要城市降水量及其距平百分率

表 K1 2012 年全国主要城市降水量(单位:毫米)与降水量距平百分率(单位:%)

Table K1 The precipitation(unit:mm) and percentage of precipitation anomaly(unit:%) in major cities of China in 2012

城市	冬季		春季		夏季		秋季		年	
	降水量	降水量距平百分率	降水量	降水量距平百分率	降水量	降水量距平百分率	降水量	降水量距平百分率	降水量	降水量距平百分率
北京	3.0	−67.6	94.0	30.8	447.8	21.0	183.7	127.2	733.2	37.8
天津	0.4	−95.5	67.2	−0.4	529.1	49.7	147.6	80.8	755.3	47.7
石家庄	3.6	−76.1	91.6	24.3	417.5	25.0	130.6	39.9	649.4	25.8
太原	1.9	−82.1	38.2	−45.9	279.2	12.2	103.9	11.5	427.8	1.1
呼和浩特	1.8	−81.5	75.3	30.1	337.3	32.6	131.9	77.2	551.4	39.1
沈阳	12.6	−50.4	123.8	8.1	449.4	3.5	179.9	44.7	786.0	12.5
大连	6.4	−72.3	124.8	35.0	413.7	17.5	193.3	72.3	769.1	32.7
长春	15.6	10.8	129.4	47.4	424.5	7.1	136.6	74.0	718.3	24.5
哈尔滨	2.5	−83.8	86.8	20.6	499.3	38.9	139.3	53.8	740.8	37.7
济南	11.8	−47.0	93.1	−14.3	369.7	−18.0	74.1	−33.6	569.1	−17.9
青岛	25.1	−33.2	95.0	−15.2	383.9	2.4	118.2	−15.3	632.9	−4.7
上海	167.1	5.8	310.2	15.4	350.5	−32.9	219.0	0.8	1103.7	−5.5
南京	110.1	−13.3	197.9	−20.8	392.5	−25.1	166.1	−11.9	917.2	−15.9
杭州	314.8	45.8	492.2	25.4	595.9	7.5	238.1	−12.9	1728.8	20.2
合肥	78.9	−37.5	251.8	1.5	375.8	−15.3	195.1	7.2	936.4	−6.4
福州	346.7	105.9	602.9	23.9	587.1	19.3	336.5	38.2	1913.4	37.5
南昌	214.0	−4.2	856.9	38.2	488.0	−13.3	357.0	76.3	2059.8	27.7
郑州	7.6	−76.1	82.6	−32.0	270.4	−23.0	134.8	−1.0	498.7	−22.2
武汉	74.2	−49.1	456.2	16.1	569.4	1.3	269.5	25.5	1415.5	7.6
长沙	225.6	0.8	828.9	53.9	394.9	−16.7	302.6	30.1	1829.3	24.2
广州	143.5	−0.1	720.2	27.5	623.5	−21.1	281.0	−6.8	1813.9	0.7
海口	117.3	24.8	574.2	78.6	949.6	36.5	468.3	−20.1	2094.3	23.4
南宁	114.0	6.2	228.6	−30.0	460.5	−27.4	258.3	17.1	1086.8	−15.7
桂林	215.0	2.6	642.4	−6.0	829.2	7.6	324.6	46.5	2067.0	9.5
温江	26.5	−1.2	162.6	13.4	282.1	−45.9	143.4	−18.4	610.9	−29.6
重庆	95.7	43.3	315.6	10.3	340.8	−33.8	389.9	62.8	1104.4	−0.3
贵阳	66.0	4.8	317.9	16.5	592.9	13.8	253.8	17.9	1226.4	14.3
昆明	30.2	−31.3	197.2	52.7	434.6	−24.4	154.2	−33.2	802.1	−18.1
拉萨	0.0	−100.0	32.4	−17.8	306.5	−4.0	26.3	−66.0	365.2	−16.8
武功	21.6	1.6	91.5	−24.8	246.9	−9.3	150.1	−11.4	503.5	−13.9
兰州	5.5	4.7	88.1	44.0	138.7	−15.3	60.9	−4.1	293.9	0.1
银川	2.8	−37.8	37.9	−2.5	216.1	108.9	36.4	0.9	292.7	60.0
西宁	6.3	15.7	91.4	11.7	268.1	18.7	80.7	−5.6	446.1	11.9
乌鲁木齐	39.7	1.4	57.4	−38.9	62.6	−35.3	110.7	63.2	286.9	−3.9

说明:由于站点原因,西安资料用武功资料代替,以下相同。

表 K2　2012 年全国主要城市各月降水量(单位:毫米)

Table K2　The monthly precipitation in major cities of China in 2012 (unit:mm)

城市	1 月	2 月	3 月	4 月	5 月	6 月	7 月	8 月	9 月	10 月	11 月	12 月
北京	0.1	0.0	9.2	53.5	31.3	103.9	284.0	59.9	81.2	21.4	81.1	7.6
天津	0.0	0.0	6.0	54.4	6.8	76.9	320.4	131.8	67.9	21.7	58.0	11.4
石家庄	1.1	0.0	7.8	64.4	19.4	103.1	207.4	107.0	98.4	6.5	25.7	8.6
太原	1.1	0.3	8.7	18.4	11.1	56.1	195.0	28.1	83.4	11.6	8.9	5.1
呼和浩特	0.0	0.0	23.0	8.9	43.4	65.8	225.8	45.7	58.7	39.5	33.7	6.9
沈阳	0.7	10.9	23.3	40.9	59.6	105.3	102.5	241.6	56.3	93.8	29.8	21.3
大连	2.4	0.0	19.1	105.5	0.2	108.8	198.6	106.3	74.0	44.8	74.5	34.9
长春	0.7	14.8	39.2	56.4	33.8	128.9	133.9	161.7	61.0	25.6	50.0	12.3
哈尔滨	0.0	1.7	19.9	38.1	28.8	154.7	129.9	214.7	81.9	25.3	32.1	13.7
济南	2.4	0.5	16.6	63.4	13.1	44.6	175.9	149.2	40.9	11.2	22.0	29.3
青岛	1.8	2.5	31.1	61.7	2.2	25.2	192.9	165.8	26.4	11.0	80.8	31.5
上海	47.0	91.8	120.3	58.2	131.7	78.2	108.7	163.6	77.9	22.6	118.5	85.2
南京	21.0	73.3	79.3	56.2	62.4	17.8	176.4	198.3	68.7	54.6	42.8	66.4
杭州	148.5	125.7	223.8	99.3	169.1	303.2	52.9	239.8	107.8	35.4	94.9	128.4
合肥	14.5	52.1	84.2	57.3	110.3	68.9	86.4	220.5	100.7	60.0	34.4	47.1
福州	158.6	165.4	86.5	251.9	264.5	251.8	52.8	282.5	163.5	14.8	158.2	62.9
南昌	90.1	102.6	241.2	212.5	403.2	153.1	89.9	245.0	118.3	47.3	191.4	165.2
郑州	1.8	0.0	16.9	53.3	12.4	7.2	89.1	174.1	105.2	18.0	11.6	9.1
武汉	26.8	41.9	109.4	108.4	238.4	192.1	245.6	131.7	107.8	131.1	30.6	51.7
长沙	113.3	86.0	178.9	229.9	420.1	159.1	174.7	61.1	96.3	59.5	146.8	103.6
广州	72.6	70.8	63.9	365.2	291.1	302.9	136.6	184.0	69.4	42.8	168.8	45.8
海口	55.0	23.0	17.2	232.4	324.6	422.1	324.1	203.4	285.4	142.4	40.5	24.2
南宁	75.6	18.7	33.2	35.6	159.8	97.9	109.2	253.4	56.4	148.7	53.2	45.1
桂林	117.8	84.1	160.1	285.1	197.2	487.0	200.5	141.7	129.7	32.8	162.1	68.9
温江	13.6	6.3	26.2	17.6	118.8	74.9	143.1	64.1	76.7	57.0	9.7	2.9
重庆	31.5	15.3	29.7	55.9	230.0	149.1	85.2	106.5	278.2	80.3	31.4	11.3
贵阳	19.6	24.2	41.0	25.8	251.1	211.9	270.0	111.0	135.6	82.6	35.6	18.0
昆明	16.1	0.0	35.9	14.4	146.9	141.9	155.2	137.5	131.8	13.5	8.9	0.0
拉萨	0.0	0.0	0.7	10.2	21.5	91.6	132.5	82.4	24.8	1.5	0.0	0.0
武功	13.1	0.4	8.3	14.8	68.4	39.9	102.9	104.1	120.6	20.3	9.2	1.5
兰州	3.7	1.1	11.7	20.3	56.1	25.0	69.4	44.3	41.8	14.0	5.1	1.4
银川	2.3	0.0	2.0	25.9	10.0	48.9	143.4	23.8	34.2	2.2	0.0	0.0
西宁	3.0	2.2	8.1	6.9	76.4	58.6	147.7	61.8	57.4	20.2	3.1	0.7
乌鲁木齐	9.2	18.4	25.6	5.9	25.9	24.9	27.6	10.1	34.2	32.3	44.2	28.6

表 K3　2012 年全国主要城市各月降水量距平百分率(单位:%)

Table K3　The percentage of monthly precipitation anomaly in major cities of China in 2012(unit:%)

城市	1 月	2 月	3 月	4 月	5 月	6 月	7 月	8 月	9 月	10 月	11 月	12 月
北京	−96.2	−100.0	−7.2	116.8	−16.0	44.5	77.3	−56.6	67.4	−6.3	753.1	271.3
天津	−100.0	−100.0	−25.8	145.9	−81.8	−4.6	115.3	6.2	52.1	−17.6	444.3	306.2
石家庄	−73.1	−100.0	−36.6	221.0	−53.1	75.3	61.2	−27.0	84.7	−74.4	75.3	92.5
太原	−63.7	−94.0	−31.5	−7.0	−70.8	2.9	108.1	−72.1	46.1	−53.2	−21.4	95.4
呼和浩特	−100.0	−100.0	118.1	−40.9	34.5	33.1	118.5	−55.0	17.8	93.9	696.7	110.2
沈阳	−89.9	27.7	10.9	2.9	10.8	12.5	−41.3	45.6	−13.1	139.4	46.9	112.2
大连	−69.8	−100.0	41.3	260.1	−99.6	42.2	52.7	−27.0	24.0	30.2	311.1	321.3
长春	−82.4	232.1	188.5	136.5	−32.9	36.0	−20.6	21.6	42.8	13.2	278.9	105.0
哈尔滨	−100.0	−63.8	63.6	89.8	−27.6	71.2	−11.4	75.4	48.5	10.1	158.7	100.1
济南	−58.8	−94.7	14.5	115.8	−79.8	−47.7	−6.0	−16.4	−34.4	−65.9	34.2	319.4
青岛	−83.3	−82.5	43.4	102.3	−96.3	−66.8	31.3	9.1	−62.6	−73.1	187.3	152.7
上海	−23.4	53.6	30.8	−28.8	38.3	−54.7	−32.8	−13.0	−25.0	−61.7	118.1	123.0
南京	−53.7	38.3	−0.3	−30.0	−30.6	−89.3	−17.7	37.9	−5.8	−8.5	−23.5	125.4
杭州	84.2	42.5	59.1	−19.3	31.5	38.2	−69.4	48.0	−12.7	−54.9	32.8	162.7
合肥	−66.2	−2.4	11.6	−29.7	21.1	−52.7	−49.9	75.4	54.0	3.4	−41.3	53.1
福州	216.5	93.4	−39.4	62.6	40.0	26.0	−57.6	68.5	5.6	−69.0	285.9	84.8
南昌	14.0	−2.1	36.4	−3.6	80.9	−48.8	−35.5	96.7	68.1	−15.1	150.5	275.0
郑州	−81.3	−100.0	−37.9	74.1	−80.5	−89.2	−39.7	27.0	38.3	−52.9	−46.7	−3.0
武汉	−45.3	−38	22.2	−20.5	42.8	−12.7	9.3	12.1	45.1	61.3	−48.2	73.8
长沙	44.0	−13.7	19.7	14.4	123.1	−29.3	31.1	−47.2	29.4	−20.9	76.9	111.8
广州	64.6	−0.4	−31.6	97.8	1.5	−4.9	−42.7	−21.3	−64.3	−37.7	339.4	56.2
海口	171.9	−40.6	−65.9	155.3	80.3	89.9	51.4	−21.6	11.2	−44.6	−43.8	−29.9
南宁	91.0	−58.6	−46.3	−59.8	−9.3	−54.7	−54.3	41.1	−54.8	190.1	19.6	96.1
桂林	75.9	−14.2	15.6	30.6	−39.6	22.8	−12.5	−2.3	57.3	−51.1	124.8	46.7
温江	55.3	−49.0	10.2	−60.4	58.1	−32.1	−30.9	−68.6	−37.9	51.0	−32.9	−51.4
重庆	60.1	−34.6	−30.8	−42.1	56.8	−23.1	−54.2	−21.2	163.5	−6.3	−34.8	−53.5
贵阳	−6.3	6.0	17.5	−69.1	62.5	5.7	43.8	−16.5	61.7	−6.9	−16.6	−8.8
昆明	1.2	−100.0	100.5	−42.6	70.5	−17.9	−24.1	−30.4	16.8	−83.5	−75.2	−100.0
拉萨	−100.0	−100.0	−77.4	39.0	−25.9	28.0	7.5	−33.8	−64.3	−79.2	−100.0	−100.0
武功	125.5	−96.2	−70.5	−58.3	17.8	−42.0	25.3	−14.3	25.0	−63.3	−47.7	−69.8
兰州	123.3	−60.2	49.9	32.2	47.6	−44.9	29.3	−31.5	3.3	−35.0	238.5	59.1
银川	82.5	−100.0	−66.6	190.1	−58.3	104.5	293.6	−44.8	40.0	−76.4	−100.0	−100.0
西宁	64.5	5.9	−7.5	−67.3	47.1	−8.4	82.3	−23.6	−5.8	−3.6	−12.8	−55.6
乌鲁木齐	−17.0	50.9	34.0	−83.2	−34.8	−24.3	−25.5	−62.4	44.9	31.7	124.4	71.6

附录 L　2012 年主要城市干旱等级日数及其距平

表 L1　2012 年全国主要城市中旱日数与日数距平(单位:天)

Table L1　The moderate drought days and its anomalies in major cities of China in 2012(unit:d)

城市	冬季		春季		夏季		秋季		年	
	中旱日数	中旱日数距平	中旱日数	中旱日数距平	中旱日数	中旱日数距平	中旱日数	中旱日数距平	中旱日数	中旱日数距平
北京	10	−4.4	16	2.4	0	−10.9	0	−14.0	26	−26.9
天津	14	3.2	20	5.4	0	−9.3	0	−12.4	34	−13.3
石家庄	2	−8.6	13	−0.2	0	−12.1	0	−13.3	15	−34.5
太原	0	−11.2	16	4.3	13	1.1	0	−14.2	29	−20.2
呼和浩特	0	−6.3	2	−12.9	0	−10.3	0	−11.6	2	−41.0
沈阳	2	−5.7	—	—	0	−10.5	0	−6.5	—	—
大连	8	−0.3	4	−8.5	0	−12.7	0	−14.0	12	−35.3
长春	12	10.1	0	−8.9	0	−7.7	0	−12.0	12	−18.5
哈尔滨	0	−2.7	2	−8.8	0	−9.1	0	−7.3	2	−27.8
济南	0	−12.1	0	−10.3	6	−3.4	3	−7.6	9	−34.2
青岛	0	−5.2	4	−6.0	15	3.8	16	0.6	35	−7.0
上海	—	—	—	—	0	−8.6	11	2.7	—	—
南京	8	4.1	—	—	24	14.6	5	−4.5	—	—
杭州	0	−2.0	—	—	0	−8.8	0	−7.0	—	—
合肥	0	−4.0	—	—	25	14.6	0	−10.2	—	—
福州	0	−7.7	—	—	0	−9.5	0	−8.8	—	—
南昌	8	4.1	—	—	0	−11.6	0	−10.5	—	—
郑州	0	−9.2	—	—	36	25.5	0	−10.7	—	—
武汉	2	−0.9	—	—	0	−6.5	0	−6.9	—	—
长沙	0	−2.4	0	−2.3	0	−6.4	0	−8.2	0	−19.5
广州	—	—	—	—	0	−6.5	35	24.0	—	—
海口	0	−13.3	—	—	0	−7.2	0	−9.7	—	—
南宁	0	−12.0	—	—	48	40.2	4	−6.0	—	—
桂林	16	12.8	—	—	0	−4.9	0	−13.0	—	—
温江	0	−12.6	1	−8.6	17	6.3	36	25.5	54	10.6
重庆	0	−5.7	—	—	4	−2.7	0	−9.2	—	—
贵阳	0	−8.6	11	1.8	0	−6.6	0	−9.2	11	−22.6
昆明	10	−0.5	—	—	0	−8.0	35	29.1	—	—
拉萨	0	−3.5	9	−1.9	0	−9.0	55	42.3	93	56.9
武功	0	−12.8	—	—	16	3.4	0	−11.7	—	—
兰州	0	−15.1	0	−10.8	0	−10.8	0	−16.9	0	−53.5
银川	0	−1.2	0	−8.1	0	−3.4	0	−2.5	0	−15.1
西宁	0	−7.3	—	—	0	−6.6	0	−6.8	—	—
乌鲁木齐	—	—	—	—	2	−6.9	11	3.3	—	—

表 L2　2012 年全国主要城市重旱日数及其距平(单位:天)

Table L2　The severe drought days and its anomalies in major cities of China in 2012(unit:d)

城市	冬季		春季		夏季		秋季		年	
	重旱日数	重旱日数距平	重旱日数	重旱日数距平	重旱日数	重旱日数距平	重旱日数	重旱日数距平	重旱日数	重旱日数距平
北京	0	−2.1	4	−2.8	0	−5.7	0	−5.2	4	−15.7
天津	0	−2.2	6	−0.9	0	−5.6	0	−3.8	6	−12.6
石家庄	0	−5.2	0	−5.3	0	−1.9	0	−3.2	0	−15.6
太原	0	−6.9	0	−5.7	0	−4.8	0	−3.2	0	−20.6
呼和浩特	0	−1.7	0	−6.3	0	−5.8	0	−2.8	0	−16.6
沈阳	0	−0.8	—	—	0	−4.9	0	−1.7	—	—
大连	0	−3.9	0	−5.6	0	−4.1	0	−3.1	0	−16.8
长春	0	−0.4	0	−3.7	0	−4.3	0	−4.3	0	−12.6
哈尔滨	0	−0.2	0	−5.5	0	−4.2	0	−1.7	0	−11.6
济南	0	−5.2	0	−5.6	0	−3.3	0	−4.8	0	−19.1
青岛	0	−5.1	0	−4.9	20	14.0	0	−3.2	20	0.2
上海	—	—	—	—	0	−3.8	0	−1.0	—	—
南京	0	−0.7	—	—	11	8.7	0	−3.6	—	—
杭州	0	−0.8	—	—	0	−2.4	0	−4.1	—	—
合肥	0	−2.2	—	—	2	−0.9	0	−4.8	—	—
福州	0	−2.6	—	—	0	−5.5	0	−5.1	—	—
南昌	0	−0.6	—	—	0	−0.9	0	−2.3	—	—
郑州	0	−1.6	—	—	15	12.3	0	−3.1	—	—
武汉	7	5.9	—	—	0	−2.4	0	−1.4	—	—
长沙	0	−0.9	0	−1.2	0	−5.7	0	−4.4	0	−12.4
广州	—	—	—	—	0	−2.0	2	−0.3	—	—
海口	0	−2.1	—	—	0	−2.4	0	−2.9	—	—
南宁	0	−3.5	—	—	10	7.1	0	−6.3	—	—
桂林	0	−3.5	—	—	0	−1.1	0	−4.2	—	—
温江	0	−2.0	0	−3.5	6	1.7	15	12.3	21	8.5
重庆	0	−1.5	—	—	0	−2.1	0	−2.5	—	—
贵阳	0	−2.2	0	−5.0	0	−2.9	0	−4.3	0	−14.3
昆明	0	−6.3	—	—	0	−4.5	0	−1.5	—	—
拉萨	0	−0.1	0	−2.7	0	−5.2	7	5.1	8	−2.0
武功	0	−1.9	—	—	0	−5.2	0	−3.8	—	—
兰州	0	−7.4	0	−5.3	0	−5.4	0	−5.0	0	−22.1
银川	0	0.0	0	−1.2	0	−2.3	0	−0.6	0	−4.2
西宁	0	−3.9	—	—	0	−2.5	0	−5.1	—	—
乌鲁木齐	—	—	—	—	0	−2.7	0	−2.4	—	—

表 L3　2012 年全国主要城市中旱以上日数与日数距平(单位:天)

Table L3　The days from moderate to extreme drought and its anomalies in major cities of China in 2012(unit:d)

城市	冬季		春季		夏季		秋季		年	
	中旱以上日数	中旱以上日数距平	中旱以上日数	中旱以上日数距平	中旱以上日数	中旱以上日数距平	中旱以上日数	中旱以上日数距平	中旱以上日数	中旱以上日数距平
北京	10	−6.5	20	−1.5	0	−17.9	0	−19.7	30	−45.6
天津	14	0.9	26	3.2	0	−15.5	0	−16.7	40	−28.3
石家庄	2	−14.7	13	−6.7	0	−14.0	0	−16.5	15	−52.3
太原	0	−19.3	16	−4.0	13	−4.3	0	−18.4	29	−46.3
呼和浩特	0	−8.0	2	−21.4	0	−18.1	0	−14.4	2	−61.9
沈阳	2	−6.6	—	—	0	−17.5	0	−8.2	—	—
大连	8	−5.3	4	−15.3	0	−18.7	0	−19.3	12	−58.4
长春	12	9.8	0	−12.9	0	−12.9	0	−16.8	12	−32.9
哈尔滨	0	−2.8	2	−14.7	0	−15.4	0	−9.3	2	−42.2
济南	0	−18.6	0	−19.0	6	−7.2	3	−13.4	9	−59.2
青岛	0	−10.7	4	−13.1	35	15.0	16	−3.4	55	−13.2
上海	—	—	—	—	0	−13.5	11	1.7	—	—
南京	8	3.0	—	—	37	25.2	5	−8.5	—	—
杭州	0	−3.1	—	—	0	−12.0	0	−12.2	—	—
合肥	0	−6.9	—	—	27	12.8	0	−16.2	—	—
福州	0	−11.0	—	—	0	−16.7	0	−14.5	—	—
南昌	8	3.1	—	—	0	−12.5	0	−12.8	—	—
郑州	0	−12.2	—	—	51	36.7	0	−14.4	—	—
武汉	9	4.4	—	—	0	−9.1	0	−9.0	—	—
长沙	0	−3.3	0	−4.3	0	−13.7	0	−12.6	0	−34.4
广州	—	—	—	—	0	−8.9	37	22.9	—	—
海口	0	−16.3	—	—	0	−12.3	0	−14.7	—	—
南宁	0	−16.3	—	—	58	46.6	4	−14.3	—	—
桂林	16	8.5	—	—	0	−6.0	0	−17.7	—	—
温江	0	−14.6	1	−14.5	23	7.8	51	37.7	75	16.4
重庆	0	−7.3	—	—	4	−5.2	0	−12.3	—	—
贵阳	0	−10.8	11	−3.7	0	−10.4	0	−14.3	11	−39.2
昆明	10	−7.3	—	—	0	−13.9	35	26.4	—	—
拉萨	0	−3.6	9	−4.7	0	−16.0	62	47.3	101	53.0
武功	0	−15.8	—	—	16	−3.8	0	−16.2	—	—
兰州	0	−22.6	0	−19.1	0	−19.7	0	−22.7	0	−83.1
银川	0	−1.2	0	−9.3	0	−6.0	0	−3.1	0	−19.6
西宁	0	−12.4	—	—	0	−10.0	0	−13.1	—	—
乌鲁木齐	—	—	—	—	2	−10.2	11	−0.3	—	—

附录 M　2012 年主要城市各月干旱等级日数及其距平

表 M1　2012 年全国主要城市各月中旱日数(单位:天)

Table M1　The monthly moderate drought days in major cities of China in 2012(unit:d)

城市	1 月	2 月	3 月	4 月	5 月	6 月	7 月	8 月	9 月	10 月	11 月	12 月
北京	0	10	13	3	0	0	0	0	0	0	0	0
天津	0	14	11	9	0	0	0	0	0	0	0	0
石家庄	0	2	13	0	0	0	0	0	0	0	0	0
太原	0	0	0	0	16	13	0	0	0	0	0	0
呼和浩特	0	0	2	0	0	0	0	0	0	0	0	0
沈阳	0	2	—	2	4	0	0	0	0	0	0	0
大连	0	8	4	0	0	0	0	0	0	0	0	0
长春	7	5	0	0	0	0	0	0	0	0	0	0
哈尔滨	0	0	2	0	0	0	0	0	0	0	0	0
济南	0	0	0	0	0	6	0	0	0	3	0	0
青岛	0	0	0	0	4	10	5	0	0	16	0	0
上海	0	—	—	—	0	0	0	0	0	11	0	0
南京	8	0	—	0	0	10	9	5	0	5	0	0
杭州	0	0	—	0	0	0	0	0	0	0	0	0
合肥	0	0	—	0	0	8	9	8	0	0	0	0
福州	0	0	—	0	0	0	0	0	0	0	0	0
南昌	8	0	—	0	0	0	0	0	0	0	0	0
郑州	0	0	—	8	0	19	7	10	0	0	0	0
武汉	2	0	—	0	0	0	0	0	0	0	0	0
长沙	0	0	0	0	0	0	0	0	0	0	0	0
广州	0	—	—	—	—	0	0	0	8	27	0	0
海口	0	0	—	1	0	0	0	0	0	0	0	0
南宁	0	0	—	17	9	10	24	14	0	4	0	0
桂林	4	0	—	0	0	0	0	0	0	0	0	0
温江	0	0	0	1	0	0	0	17	15	2	19	0
重庆	0	0	—	18	7	0	0	4	0	0	0	0
贵阳	0	0	0	3	8	0	0	0	0	0	0	0
昆明	0	10	—	0	0	0	0	0	0	5	30	15
拉萨	0	0	0	7	2	0	0	0	1	31	23	29
武功	0	0	—	7	9	16	0	0	0	0	0	13
兰州	0	0	0	0	0	0	0	0	0	0	0	0
银川	0	0	0	0	0	0	0	0	0	0	0	0
西宁	0	0	—	—	1	0	0	0	0	0	0	0
乌鲁木齐	0	—	—	—	13	2	0	0	11	0	0	0

表 M2　2012 年全国主要城市各月重旱日数(单位:天)

Table M2　The monthly severe drought days in major cities of China in 2012(unit:d)

城市	1 月	2 月	3 月	4 月	5 月	6 月	7 月	8 月	9 月	10 月	11 月	12 月
北京	0	0	4	0	0	0	0	0	0	0	0	0
天津	0	0	6	0	0	0	0	0	0	0	0	0
石家庄	0	0	0	0	0	0	0	0	0	0	0	0
太原	0	0	0	0	0	0	0	0	0	0	0	0
呼和浩特	0	0	0	0	0	0	0	0	0	0	0	0
沈阳	0	0	—	0	0	0	0	0	0	0	0	0
大连	0	0	0	0	0	0	0	0	0	0	0	0
长春	0	0	0	0	0	0	0	0	0	0	0	0
哈尔滨	0	0	0	0	0	0	0	0	0	0	0	0
济南	0	0	0	0	0	0	0	0	0	0	0	0
青岛	0	0	0	0	0	20	0	0	0	0	0	0
上海	0	—	—	—	0	0	0	0	0	0	0	0
南京	0	0	—	0	0	9	2	0	0	0	0	0
杭州	0	0	—	0	0	0	0	0	0	0	0	0
合肥	0	0	—	0	0	2	0	0	0	0	0	0
福州	0	0	—	0	0	0	0	0	0	0	0	0
南昌	0	0	—	0	0	0	0	0	0	0	0	0
郑州	0	0	—	0	0	10	5	0	0	0	0	0
武汉	7	0	—	0	0	0	0	0	0	0	0	0
长沙	0	0	0	0	0	0	0	0	0	0	0	0
广州	0	—	—	—	—	0	0	0	0	2	0	0
海口	0	0	—	0	0	0	0	0	0	0	0	0
南宁	0	0	—	0	0	0	7	3	0	0	0	0
桂林	0	0	—	0	0	0	0	0	0	0	0	0
温江	0	0	0	0	0	0	0	6	15	0	0	0
重庆	0	0	—	6	0	0	0	0	0	0	0	0
贵阳	0	0	0	0	0	0	0	0	0	0	0	0
昆明	0	0	—	0	0	0	0	0	0	0	0	16
拉萨	0	0	0	0	0	0	0	0	0	0	7	1
武功	0	0	—	20	12	0	0	0	0	0	0	0
兰州	0	0	0	0	0	0	0	0	0	0	0	0
银川	0	0	0	0	0	0	0	0	0	0	0	0
西宁	0	0	—	—	0	0	0	0	0	0	0	0
乌鲁木齐	0	—	—	—	6	0	0	0	0	0	0	0

表 M3　2012 年全国主要城市各月中旱以上日数(单位:天)

Table M3　The monthly days with moderate to extreme drought in major cities of China in 2012(unit:d)

城市	1 月	2 月	3 月	4 月	5 月	6 月	7 月	8 月	9 月	10 月	11 月	12 月
北京	0	10	17	3	0	0	0	0	0	0	0	0
天津	0	14	17	9	0	0	0	0	0	0	0	0
石家庄	0	2	13	0	0	0	0	0	0	0	0	0
太原	0	0	0	0	16	13	0	0	0	0	0	0
呼和浩特	0	0	2	0	0	0	0	0	0	0	0	0
沈阳	0	2	—	2	4	0	0	0	0	0	0	0
大连	0	8	4	0	0	0	0	0	0	0	0	0
长春	7	5	0	0	0	0	0	0	0	0	0	0
哈尔滨	0	0	2	0	0	0	0	0	0	0	0	0
济南	0	0	0	0	0	6	0	0	0	3	0	0
青岛	0	0	0	0	4	30	5	0	0	16	0	0
上海	0	—	—	—	0	0	0	0	0	11	0	0
南京	8	0	—	0	0	21	11	5	0	5	0	0
杭州	0	0	—	0	0	0	0	0	0	0	0	0
合肥	0	0	—	0	0	10	9	8	0	0	0	0
福州	0	0	—	0	0	0	0	0	0	0	0	0
南昌	8	0	—	0	0	0	0	0	0	0	0	0
郑州	0	0	—	8	0	29	12	10	0	0	0	0
武汉	9	0	—	0	0	0	0	0	0	0	0	0
长沙	0	0	0	0	0	0	0	0	0	0	0	0
广州	0	—	—	—	—	0	0	0	8	29	0	0
海口	0	0	—	1	0	0	0	0	0	0	0	0
南宁	0	0	—	17	9	10	31	17	0	4	0	0
桂林	4	0	—	0	0	0	0	0	0	0	0	0
温江	0	0	0	1	0	0	0	23	30	2	19	0
重庆	0	0	—	24	7	0	0	4	0	0	0	0
贵阳	0	0	0	3	8	0	0	0	0	0	0	0
昆明	0	10	—	0	0	0	0	0	0	5	30	31
拉萨	0	0	0	7	2	0	0	0	1	31	30	30
武功	0	0	—	30	21	16	0	0	0	0	0	13
兰州	0	0	0	0	0	0	0	0	0	0	0	0
银川	0	0	0	0	0	0	0	0	0	0	0	0
西宁	0	0	—	—	1	0	0	0	0	0	0	0
乌鲁木齐	0	—	—	—	19	2	0	0	11	0	0	0

表 M4　2012 年全国主要城市各月中旱日数距平(单位:天)

Table M4　The anomaly of monthly moderate drought days in major cities of China in 2012(unit:d)

城市	1月	2月	3月	4月	5月	6月	7月	8月	9月	10月	11月	12月
北京	-4.0	4.7	7.4	-1.0	-4.0	-3.2	-4.3	-3.4	-4.9	-6.4	-2.8	-5.2
天津	-3.0	9.9	6.5	3.8	-4.9	-3.6	-2.3	-3.5	-3.6	-5.2	-3.6	-3.9
石家庄	-4.1	-1.7	9.4	-5.5	-4.1	-4.8	-3.2	-4.1	-4.7	-5.2	-3.3	-3.2
太原	-3.7	-4.0	-4.2	-4.8	13.3	9.1	-3.8	-4.2	-4.9	-4.1	-5.1	-3.7
呼和浩特	-1.1	-1.5	-2.4	-5.4	-5.1	-4.3	-4.4	-1.6	-2.7	-5.5	-3.4	-3.7
沈阳	-2.2	-1.5	—	-1.2	0.4	-4.2	-2.2	-4.1	-3.3	-2.5	-0.7	-2.0
大连	-2.6	5.4	0.6	-4.5	-4.6	-4.5	-4.5	-3.7	-5.5	-5.2	-3.3	-2.9
长春	6.6	4.5	-2.3	-4.1	-2.5	-3.6	-2.3	-1.8	-3.6	-6.2	-2.3	-1.0
哈尔滨	-0.2	-0.9	-0.7	-4.1	-4.0	-3.8	-3.0	-2.2	-1.7	-3.3	-2.2	-1.6
济南	-4.8	-3.6	-2.9	-4.3	-3.2	2.4	-3.5	-2.3	-2.3	-1.0	-4.3	-4.5
青岛	-0.4	-1.5	-1.9	-2.9	-1.2	5.6	1.7	-3.5	-3.5	8.5	-4.4	-3.5
上海	-1.1	—	—	—	-3.0	-3.3	-2.7	-2.6	-1.8	8.2	-3.7	-0.5
南京	7.1	-0.8	—	-2.3	-3.4	6.2	6.3	2.2	-2.6	1.1	-3.1	-2.1
杭州	-1.0	0.0	—	-1.0	-2.5	-3.0	-2.2	-3.5	-2.3	-1.7	-3.0	-1.0
合肥	-1.2	-1.3	—	-2.9	-3.6	3.9	6.8	3.9	-2.0	-3.7	-4.6	-1.1
福州	-3.5	-1.5	—	-0.1	-1.9	-1.1	-3.5	-5.0	-3.4	-2.4	-3.0	-2.7
南昌	6.8	-0.1	—	0.0	-2.4	-2.4	-4.2	-5.0	-2.5	-3.4	-4.6	-2.6
郑州	-3.5	-3.1	—	3.0	-3.0	15.4	2.7	7.3	-3.3	-4.4	-3.0	-2.6
武汉	1.5	-0.9	—	-1.6	-2.7	-3.1	-1.8	-1.6	-1.3	-2.6	-2.9	-1.5
长沙	-0.9	0.0	-0.3	-0.4	-1.6	-1.4	-1.9	-3.1	-3.2	-2.0	-2.9	-1.5
广州	-3.1	—	—	—	—	-1.7	-2.2	-2.6	5.2	23.3	-4.6	-3.1
海口	-5.8	-3.1	—	-3.8	-4.2	-1.9	-3.0	-2.2	-2.0	-3.3	-4.3	-4.4
南宁	-3.8	-2.4	—	12.6	4.6	6.7	21.9	11.6	-2.2	-0.1	-3.6	-5.8
桂林	3.3	-0.6	—	-0.8	-1.7	-0.3	-1.8	-2.8	-3.0	-5.1	-4.8	-1.9
温江	-5.1	-2.9	-3.1	-1.8	-3.7	-2.9	-4.4	13.6	11.9	-0.7	14.4	-4.6
重庆	-2.2	-1.8	—	16.0	5.5	-2.3	-1.4	1.0	-4.2	-2.1	-2.9	-1.7
贵阳	-2.9	-2.2	-3.4	0.7	4.5	-2.8	-1.5	-2.3	-3.3	-3.2	-2.6	-3.5
昆明	-3.1	7.1	—	-3.5	-3.5	-2.8	-3.3	-1.9	-2.2	2.8	28.5	10.8
拉萨	-0.2	-0.7	-3.7	3.7	-1.9	-2.7	-3.6	-2.8	-2.6	26.0	18.9	26.5
武功	-4.0	-3.4	—	3.4	3.9	11.1	-4.2	-3.5	-4.4	-3.4	-3.9	7.6
兰州	-3.3	-5.8	-2.3	-4.6	-3.9	-3.0	-4.2	-3.7	-2.9	-5.9	-8.1	-5.9
银川	0.0	-0.2	-1.7	-4.1	-2.3	-0.8	-1.7	-0.9	-0.5	-1.4	-0.5	-1.0
西宁	-1.7	-3.0	—	—	-2.7	-3.1	-2.0	-1.5	-1.1	-2.5	-3.2	-2.5
乌鲁木齐	-0.5	—	—	—	11.8	-0.4	-3.4	-3.1	8.3	-4.0	-1.0	-0.1

表 M5　2012 年全国主要城市各月重旱日数距平(单位:天)

Table M5　The anomaly of monthly severe drought days in major cities of China in 2012(unit:d)

城市	1月	2月	3月	4月	5月	6月	7月	8月	9月	10月	11月	12月
北京	−0.6	−1.4	0.9	−2.1	−1.5	−1.4	−1.9	−2.4	−2.6	−1.3	−1.4	−0.1
天津	−0.4	−1.2	2.8	−2.0	−1.7	−2.2	−1.7	−1.7	−2.1	−0.7	−1.1	−0.6
石家庄	−1.5	−2.2	−3.1	−1.3	−0.9	−0.6	−0.7	−0.6	−0.9	−0.8	−1.6	−1.6
太原	−2.6	−0.6	−1.6	−1.9	−2.2	−1.6	−1.5	−1.7	−1.0	−0.6	−1.6	−3.7
呼和浩特	0.0	−0.7	−1.8	−2.5	−1.9	−1.8	−1.7	−2.2	−1.1	0.0	−1.8	−1.0
沈阳	−0.1	−0.3	—	−1.9	−1.8	−1.6	−1.8	−1.5	−1.2	−0.2	−0.2	−0.4
大连	−1.6	−1.5	−1.3	−2.0	−2.3	−1.4	−1.7	−1.0	−0.3	−2.5	−0.3	−0.8
长春	0.0	0.0	−0.6	−1.5	−1.5	−1.8	−1.1	−1.4	−1.4	−1.6	−1.3	−0.4
哈尔滨	0.0	−0.1	−0.8	−1.8	−3.0	−1.9	−1.2	−1.1	−1.3	−0.1	−0.3	−0.1
济南	−2.0	−2.1	−0.8	−2.2	−2.6	−1.5	−0.7	−1.2	−1.5	−1.7	−1.6	−1.3
青岛	−2.1	−1.4	−1.2	−1.6	−2.1	17.0	−1.3	−1.7	−1.6	−0.8	−0.8	−2.3
上海	−0.2	—	—	—	−0.3	−1.5	−1.3	−0.9	−0.1	−0.1	−0.7	−0.6
南京	−0.3	−0.2	—	−0.3	−1.7	8.0	1.4	−0.6	−1.3	−1.5	−0.8	−0.1
杭州	0.0	0.0	—	−0.2	−1.0	−1.2	−0.5	−0.7	−0.6	−2.4	−1.1	−0.8
合肥	−0.5	−0.2	—	−0.8	−1.1	0.8	−1.2	−0.5	−1.8	−2.0	−1.0	−1.4
福州	−0.8	−0.6	—	0	−1.1	−1.7	−1.7	−2.2	−1.7	−1.8	−1.6	−1.2
南昌	0.0	−0.1	—	0.0	−0.2	−0.2	−0.6	−0.1	−0.4	−1.3	−0.6	−0.5
郑州	−0.5	−0.3	—	−1.7	−2.7	9.0	4.0	−0.7	−0.9	−1.2	−0.9	−1.6
武汉	6.9	−0.3	—	−0.8	−1.1	−1.1	−0.7	−0.5	−0.4	−0.3	−0.7	−0.7
长沙	0.0	0.0	−0.1	−0.1	−1.0	−1.7	−2.3	−1.7	−0.9	−1.8	−1.6	−0.9
广州	−2.0	—	—	—	—	−0.2	−0.3	−1.4	−0.6	1.2	−0.9	−2.1
海口	−0.4	−1.1	—	−0.3	−1.2	−0.5	−1.0	−0.9	−0.6	−0.9	−1.4	−0.7
南宁	−1.1	−1.7	—	−1.1	−1.2	−0.6	6.4	1.3	−1.4	−2.2	−2.7	−0.8
桂林	−1.3	−0.5	—	−0.3	−0.2	−0.2	−0.1	−0.9	−1.1	−1.2	−1.8	−1.7
温江	−0.7	−0.6	−1.0	−1.6	−0.8	−1.9	−1.4	5.0	14.9	−1.8	−0.9	−0.7
重庆	−0.1	−0.8	—	5.6	−1.7	−0.8	−0.4	−1.0	−0.7	−1.1	−0.6	−0.6
贵阳	−0.6	−0.6	−1.6	−1.1	−2.2	−1.4	−0.4	−1.1	−2.0	−0.5	−1.8	−1.0
昆明	2.4	2.6		1.3	0.9	1.1	2.3	1.0	0.6	0.6	0.3	14.8
拉萨	0.0	0.0	−0.1	−1.3	−1.3	−2.1	−1.9	−1.2	−0.6	−0.6	6.2	0.9
武功	−1.1	−0.7	—	18.0	10.0	−2.0	−2.1	−1.1	−1.7	−1.3	−0.7	−0.1
兰州	−2.6	−2.0	−1.9	−1.1	−2.3	−2.1	−2.0	−1.2	−2.1	−1.1	−1.9	−1.8
银川	0.0	0.0	0.0	0.0	−1.2	−1.4	−0.3	−0.5	−0.6	0.0	0.0	0.0
西宁	−1.0	−0.8	—	—	−1.8	−0.5	−1.2	−0.9	−1.3	−2.1	−1.7	−1.5
乌鲁木齐	0.0	—	—	—	4.7	−1.6	−1.0	0.0	−1.1	−0.5	−0.9	0.0

表 M6　2012 年全国主要城市各月中旱以上日数距平(单位:天)

Table M6　The anomalies of moderate to extreme drought days in major cities of China in 2012(unit:d)

城市	1 月	2 月	3 月	4 月	5 月	6 月	7 月	8 月	9 月	10 月	11 月	12 月
北京	−4.6	3.4	8.1	−3.9	−5.8	−5.4	−6.3	−6.2	−7.9	−7.6	−4.2	−5.2
天津	−3.5	8.8	9.1	1.3	−7.3	−6.0	−4.3	−5.2	−6.0	−5.9	−4.7	−4.6
石家庄	−5.6	−4.7	6.0	−7.4	−5.3	−5.4	−4.0	−4.6	−5.6	−6.0	−4.9	−4.8
太原	−6.6	−5.5	−6.8	−7.3	10.1	7.0	−5.4	−5.9	−6.3	−5.2	−6.9	−7.5
呼和浩特	−1.1	−2.2	−4.8	−9.0	−7.6	−7.0	−7.0	−4.2	−3.8	−5.5	−5.1	−4.7
沈阳	−2.3	−1.9	—	−3.3	−3.0	−7.1	−4.4	−6.1	−4.5	−2.7	−0.9	−2.3
大连	−4.5	3.3	−1.2	−6.6	−7.5	−6.5	−6.7	−5.5	−7.7	−8.0	−3.6	−3.9
长春	6.6	4.5	−3.0	−5.8	−4.1	−5.6	−3.9	−3.4	−5.0	−8.2	−3.6	−1.4
哈尔滨	−0.2	−1.0	−1.5	−5.9	−7.3	−6.8	−4.9	−3.7	−3.3	−3.4	−2.5	−1.7
济南	−6.7	−6.8	−5.4	−7.5	−6.1	0.8	−4.4	−3.6	−4.4	−2.6	−6.4	−6.1
青岛	−2.5	−3.3	−4.4	−5.3	−3.4	21.9	−0.9	−6.0	−5.4	7.2	−5.1	−5.9
上海	−1.4	—	—	—	−3.3	−5.4	−4.4	−3.7	−1.9	8.1	−4.5	−2.0
南京	6.8	−1.0	—	−2.8	−5.2	16.2	7.6	1.3	−3.9	−0.4	−4.2	−2.7
杭州	−1.0	0.0	—	−1.2	−3.6	−4.6	−3.2	−4.2	−3.3	−4.1	−4.8	−2.1
合肥	−1.6	−1.5	—	−4.1	−5.4	4.7	5.1	3.0	−4.2	−5.7	−6.3	−3.2
福州	−4.3	−2.1	—	−0.1	−3.0	−3.7	−5.7	−7.4	−5.1	−4.7	−4.8	−4.6
南昌	6.7	−0.2	—	0.0	−2.7	−2.5	−4.8	−5.1	−2.9	−4.7	−5.3	−3.4
郑州	−4.4	−4.4	—	1.2	−7.0	23.9	6.7	6.1	−4.6	−5.6	−4.2	−4.3
武汉	8.4	−1.3	—	−2.9	−4.7	−4.5	−2.6	−2.1	−2.3	−3.1	−3.6	−2.7
长沙	−0.9	0.0	−0.5	−0.4	−3.2	−3.8	−4.9	−5.0	−4.2	−3.9	−4.4	−2.4
广州	−5.1	—	—	—	—	−1.9	−2.6	−4.3	4.3	24.2	−5.6	−5.2
海口	−6.2	−4.3	—	−4.1	−5.4	−3.3	−5.1	−4.0	−3.5	−4.5	−6.7	−5.9
南宁	−4.9	−4.3	—	11.5	3.0	5.9	28.1	12.6	−4.5	−2.8	−7.1	−7.2
桂林	1.9	−1.1	—	−1.0	−1.9	−0.5	−1.9	−3.6	−4.5	−6.4	−6.8	−4.4
温江	−5.8	−3.5	−5.1	−4.6	−4.8	−4.9	−5.8	18.5	26.8	−2.5	13.4	−5.4
重庆	−2.3	−2.6	—	21.7	3.0	−3.4	−1.8	0.0	−5.0	−3.7	−3.6	−2.4
贵阳	−3.5	−2.8	−5.4	−0.4	2.1	−4.2	−2.5	−3.7	−5.5	−4.4	−4.4	−4.5
昆明	−5.7	4.2	—	−5.0	−4.4	−4.2	−6.2	−3.6	−2.8	1.7	27.5	25.5
拉萨	−0.2	−0.7	−3.8	2.3	−3.3	−5.1	−6.5	−4.3	−3.1	25.4	25.1	27.3
武功	−5.4	−5.0	—	24.1	13.3	8.6	−6.8	−5.6	−6.7	−4.8	−4.6	7.6
兰州	−5.9	−7.8	−5.1	−6.4	−7.5	−6.7	−7.1	−5.9	−5.2	−7.6	−9.9	−7.9
银川	0.0	−0.2	−1.7	−4.1	−3.5	−2.2	−2.4	−1.4	−1.2	−1.4	−0.5	−1.0
西宁	−2.7	−4.1	—	—	−4.7	−3.6	−3.7	−2.8	−2.9	−5.0	−5.2	−4.6
乌鲁木齐	−0.5	—	—	—	15.7	−2.6	−4.6	−3.1	7.2	−5.4	−2.1	−0.1

附录 N 2012 年丝绸之路中国城市降水量及其降水距平百分率

表 N1 2012 年丝绸之路中国城市降水量(单位:毫米)与降水量距平百分率(单位:%)

Table N1 The precipitation(unit:mm) and percentage of precipitation anomaly(unit:%) of the Silk Roads cities of China in 2012

城市	冬季		春季		夏季		秋季		年	
	降水量	降水量距平百分率	降水量	降水量距平百分率	降水量	降水量距平百分率	降水量	降水量距平百分率	降水量	降水量距平百分率
武功	21.6	1.6	91.5	−24.8	246.9	−9.3	150.1	−11.4	503.5	−13.9
宝鸡	28.2	27.0	119.3	−6.2	392.1	26.4	182.4	−2.0	715.3	10.8
天水	13.7	−11.1	173.1	61.0	198.2	−19.0	103.6	−22.2	491.0	−1.9
兰州	5.5	4.7	88.1	44.0	138.7	−15.3	60.9	−4.1	293.9	0.1
临洮	12.3	16.6	151.9	34.1	343.1	32.4	132.3	19.2	640.6	29.7
临夏	19.6	80.0	115.3	3.1	320.9	20.4	124.4	10.9	581.0	15.9
武威	5.5	1.9	16.1	−51.9	78.6	−16.2	46.6	21.5	151.0	−11.7
张掖	2.7	−47.3	18.5	−21.1	99.1	29.3	12.3	−54.9	136.8	3.2
酒泉	5.3	24.6	9.0	−49.3	105.3	111.0	4.1	−75.0	125.4	41.9
瓜州	1.1	−68.6	5.8	−46.8	46.0	64.4	2.1	−69.3	62.8	27.6
敦煌	0.0	−100.0	5.7	−43.6	57.5	155.2	2.3	−52.4	69.5	74.1
哈密	2.8	−36.6	7.5	−11.1	32.5	59.4	9.9	−3.2	61.9	41.6
吐鲁番	1.5	0.4	0.0	−100.0	6.4	−10.4	2.2	−41.6	21.6	41.5
乌什	26.0	234.8	28.4	−13.6	65.6	9.1	6.9	−74.9	117.1	−8.7
阿克苏	11.0	51.7	31.8	77.1	37.4	−9.5	3.2	−77.0	80.8	0.4
库车	14.1	101.1	1.7	−89.4	31.1	−25.8	11.6	−2.1	59.6	−22.5
喀什	52.8	548.9	30.4	29.4	48.9	88.6	9.0	−34.8	120.5	68.8

表 N2 2012 年丝绸之路中国城市各月降水量(单位:毫米)

Table N2 The monthly precipitation of the Silk Roads cities of China in 2012 (unit:mm)

城市	1 月	2 月	3 月	4 月	5 月	6 月	7 月	8 月	9 月	10 月	11 月	12 月
武功	13.1	0.4	8.3	14.8	68.4	39.9	102.9	104.1	120.6	20.3	9.2	1.5
宝鸡	19.9	0.5	14.7	30.3	74.3	50.8	141.9	199.4	136.1	35.5	10.8	1.1
天水	10.1	1.2	28.0	34.9	110.2	43.6	34.9	119.7	67.7	20.3	15.6	4.8
兰州	3.7	1.1	11.7	20.3	56.1	25.0	69.4	44.3	41.8	14.0	5.1	1.4
临洮	6.1	5.1	19.0	22.4	110.5	69.1	175.9	98.1	85.3	41.4	5.6	2.1
临夏	10.0	8.1	18.1	48.9	48.3	53.8	160.2	106.9	89.2	29.7	5.5	2.3
武威	3.9	0.0	3.1	3.7	9.3	18.0	51.0	9.6	36.9	2.6	7.1	5.8
张掖	1.1	0.6	1.9	2.8	13.8	55.7	32.8	10.6	8.0	0.7	3.6	5.2
酒泉	3.0	1.0	0.6	4.6	3.8	20.4	79.5	5.4	0.7	0.0	3.4	3.0
瓜州	0.0	1.1	0.0	2.9	2.9	21.1	13.0	11.9	1.9	0.0	0.2	7.8
敦煌	0.0	0.0	0.0	0.2	5.5	3.1	37.8	16.6	1.4	0.0	0.9	4.0
哈密	2.8	0.0	0.0	1.3	6.2	29.6	1.4	1.5	2.4	1.6	5.9	9.2
吐鲁番	1.5	0.0	0.0	0.0	0.0	1.7	4.2	0.5	1.0	1.2	0.0	11.5
乌什	3.1	11.7	6.2	2.7	19.5	22.2	24.6	18.8	5.0	0.0	1.9	1.4
阿克苏	6.3	1.1	13.3	0.0	18.5	11.9	10.3	15.2	2.7	0.0	0.5	1.0
库车	12.4	0.1	1.4	0.0	0.3	14.8	13.1	3.2	3.4	0.0	8.2	2.7
喀什	4.6	23.0	14.5	0.2	15.7	9.4	36.2	3.3	9.0	0.0	0.0	4.6

表 N3 2012 年丝绸之路中国城市各月降水量距平百分率(单位:%)

Table N3 The percentage of monthly precipitation anomaly of the Silk Roads cities of China in 2012(unit:%)

城市	1月	2月	3月	4月	5月	6月	7月	8月	9月	10月	11月	12月
武功	125.5	−96.2	−70.5	−58.3	17.8	−42.0	25.3	−14.3	25.0	−63.3	−47.7	−69.8
宝鸡	203.4	−95.3	−41.1	−27.4	22.7	−35.9	34.2	59.2	19.0	−36.4	−32.0	−78.3
天水	105.0	−82.4	48.6	2.8	101.3	−39.1	−59.6	38.1	−11.4	−56.1	48.1	28.9
兰州	123.3	−60.2	49.9	32.2	47.6	−44.9	29.3	−31.5	3.3	−35.0	238.5	59.1
临洮	63.1	12.4	29.9	−36.6	74.5	0.9	86.3	1.9	22.8	11.2	28.3	−10.4
临夏	177.8	51.7	6.2	50.6	−22.5	−24.3	70.3	5.5	26.3	−21.0	40.4	14.2
武威	137.8	−100.0	−56.8	−55.2	−48.5	−36.1	68.7	−72.9	48.2	−75.9	165.9	291.0
张掖	−47.5	−56.1	−53.5	−46.7	−2.2	168.3	14.3	−61.0	−59.3	−87.8	94.9	200.0
酒泉	97.8	−21.1	−90.1	37.6	−54.5	45.7	323.0	−68.5	−93.6	−100.0	72.6	97.4
瓜州	−100.0	55.7	−100.0	−16.6	−31.4	168.0	18.4	30.5	−44.5	−100.0	−84.5	330.1
敦煌	−100.0	−100.0	−100.0	−93.3	14.3	−53.1	253.4	218.0	−50.4	−100.0	−24.2	256.1
哈密	106.9	−100.0	−100.0	−61.4	75.0	394.4	−84.0	−73.4	−28.2	−60.1	105.3	397.3
吐鲁番	248.8	−100.0	−100.0	−100.0	−100.0	−42.5	88.1	−74.4	−41.1	−4.5	−100.0	1725.4
乌什	49.0	234.3	−30.8	−72.0	36.7	21.2	11.2	−4.6	−75.0	−100.0	−10.0	−36.0
阿克苏	258.0	−59.6	197.1	−100.0	88.1	−6.0	−36.6	22.4	−67.6	−100.0	−47.9	−63.9
库车	433.0	−96.7	−53.9	−100.0	−96.8	−18.2	4.4	−71.6	−45.2	−100.0	345.7	59.8
喀什	68.9	511.7	103.3	−96.1	40.4	3.9	290.4	−56.6	41.4	−100.0	−100.0	178.2

附录 O　2012 年丝绸之路中国城市干旱等级日数及其距平

表 O1　2012 年丝绸之路中国城市中旱日数与日数距平(单位:天)

Table O1　The moderate drought days and its anomalies of the Silk Roads cities of China in 2012 (unit: d)

城市	冬季		春季		夏季		秋季		年	
	中旱日数	中旱日数距平	中旱日数	中旱日数距平	中旱日数	中旱日数距平	中旱日数	中旱日数距平	中旱日数	中旱日数距平
武功	0	−12.8	—	—	16	3.4	0	−11.7	—	—
宝鸡	0	−12.2	15	3.5	6	−4.5	0	−8.6	21	−22.7
天水	0	−11.8	0	−11.1	5	−7.5	0	−12.1	5	−43.0
兰州	0	−15.1	0	−10.8	0	−10.8	0	−16.9	0	−53.5
临洮	0	−11.2	0	−10.6	0	−8.8	0	−10.5	0	−41.5
临夏	—	—	—	—	0	−6.9	0	−6.9	—	—
武威	0	−4.0	0	−5.4	18	12.0	0	−4.3	18	−1.7
张掖	0	−5.5	0	−7.3	0	−4.5	0	−12.6	0	−30.0
酒泉	0	−4.0	0	−8.1	0	−5.2	0	−3.3	0	−20.6
瓜州	8	7.3	0	−5.9	0	−6.3	0	−2.1	8	−7.0
敦煌	0	−2.1	2	−3.8	0	−3.5	0	−2.0	2	−11.4
哈密	—	—	—	—	0	−5.5	0	−1.7	—	—
吐鲁番	—	—	—	—	0	−1.8	0	−0.6	—	—
乌什	0	−1.5	0	−6.6	0	−7.2	0	−3.0	0	−18.3
阿克苏	0	−1.5	—	—	0	−8.2	0	−2.6	—	—
库车	—	—	—	—	0	−2.9	0	−2.6	—	—
喀什	—	—	—	—	0	−5.3	0	−5.6	—	—

表 O2　2012 年丝绸之路中国城市重旱日数与日数距平(单位:天)

Table O2　The severe drought days and its anomalies of the Silk Roads cities of China in 2012(unit: d)

城市	冬季		春季		夏季		秋季		年	
	重旱日数	重旱日数距平	重旱日数	重旱日数距平	重旱日数	重旱日数距平	重旱日数	重旱日数距平	重旱日数	重旱日数距平
武功	0	−1.9	—	—	0	−5.2	0	−3.8	—	—
宝鸡	0	−3.3	3	−3.7	0	−4.6	0	−1.6	3	−12.8
天水	0	−3.3	0	−5.3	0	−6.6	0	−4.2	0	−19.5
兰州	0	−7.4	0	−5.3	0	−5.4	0	−5.0	0	−22.1
临洮	0	−5.0	0	−3.7	0	−4.4	0	−3.9	0	−15.9
临夏	—	—	—	—	0	−2.9	0	−5.2	—	—
武威	0	−0.3	0	−2.1	0	−0.2	0	−0.6	0	−3.2
张掖	0	−0.2	0	−1.3	0	−1.1	0	−0.5	0	−3.1
酒泉	0	−0.3	0	−0.5	0	−0.7	0	0.0	0	−1.5
瓜州	0	0.0	0	−0.6	0	−0.9	0	−0.2	0	−1.7
敦煌	0	0.0	0	0.0	0	−1.5	0	0.0	0	−1.5
哈密	—	—	—	—	0	−1.0	0	0.0	—	—
吐鲁番	—	—	—	—	0	0.0	0	0.0	—	—
乌什	0	0.0	0	−0.5	0	−0.7	0	−1.1	0	−2.3
阿克苏	0	0.0	—	—	0	−0.6	0	−1.5	—	—
库车	—	—	—	—	0	−0.7	0	−0.6	—	—
喀什	—	—	—	—	0	−1.6	0	−0.5	—	—

表 O3 2012 年丝绸之路中国城市中旱以上日数与日数距平(单位:天)

Table O3 The days with moderate to extreme drought and its anomaly of the Silk Roads cities of China in 2012(unit: d)

城市	冬季		春季		夏季		秋季		年	
	中旱以上日数	中旱以上日数距平	中旱以上日数	中旱以上日数距平	中旱以上日数	中旱以上日数距平	中旱以上日数	中旱以上日数距平	中旱以上日数	中旱以上日数距平
武功	0	−15.8	—	—	16	−3.8	0	−16.2	—	—
宝鸡	0	−16.8	18	−1.5	6	−11.5	0	−10.6	24	−39.8
天水	0	−15.1	0	−17.0	5	−15.5	0	−17.1	5	−65.2
兰州	0	−22.6	0	−19.1	0	−19.7	0	−22.7	0	−83.1
临洮	0	−17.3	0	−16.0	0	−15.8	0	−15.1	0	−63.6
临夏	—	—	—	—	0	−11.3	0	−13.2	—	—
武威	0	−4.3	0	−7.7	18	11.8	0	−5.1	18	−5.3
张掖	0	−5.7	0	−8.6	0	−6.7	0	−13.1	0	−34.1
酒泉	0	−4.2	0	−8.6	0	−5.9	0	−3.3	0	−22.1
瓜州	8	7.3	0	−6.5	0	−7.2	0	−2.3	8	−8.8
敦煌	0	−2.1	2	−3.8	0	−5.4	0	−2.0	2	−13.3
哈密	—	—	—	—	0	−7.3	0	−2.9	—	—
吐鲁番	—	—	—	—	0	−1.9	0	−0.6	—	—
乌什	0	−1.5	0	−7.1	0	−8.0	0	−4.0	0	−20.6
阿克苏	0	−1.5	—	—	0	−8.8	0	−4.1	—	—
库车	—	—	—	—	0	−3.6	0	−3.3	—	—
喀什	—	—	—	—	0	−6.9	0	−6.1	—	—

附录 P　2012 年丝绸之路中国城市各月干旱等级日数及其距平

表 P1　2012 年丝绸之路中国城市各月中旱日数(单位:天)

Table P1　The monthly moderate drought days of the Silk Roads cities of China in 2012 (unit: d)

城市	1 月	2 月	3 月	4 月	5 月	6 月	7 月	8 月	9 月	10 月	11 月	12 月
武功	0	0	—	7	9	16	0	0	0	0	0	13
宝鸡	0	0	0	9	6	6	0	0	0	0	0	0
天水	0	0	0	0	0	0	0	5	0	0	0	0
兰州	0	0	0	0	0	0	0	0	0	0	0	0
临洮	0	0	0	0	0	0	0	0	0	0	0	0
临夏	0	—	—	—	0	0	0	0	0	0	0	0
武威	0	0	0	0	0	15	3	0	0	0	0	0
张掖	0	0	0	0	0	0	0	0	0	0	0	0
酒泉	0	0	0	0	0	0	0	0	0	0	0	0
瓜州	2	6	0	0	0	0	0	0	0	0	0	0
敦煌	0	0	0	0	2	0	0	0	0	0	0	0
哈密	0	—	—	—	0	0	0	0	0	0	0	0
吐鲁番	0	—	—	—	0	0	0	0	0	0	0	0
乌什	0	0	0	0	0	0	0	0	0	0	0	0
阿克苏	0	0	—	0	0	0	0	0	0	0	0	0
库车	0	—	—	—	0	0	0	0	0	0	0	0
喀什	0	—	—	—	0	0	0	0	0	0	0	0

表 P2　2012 年丝绸之路中国城市各月重旱日数(单位:天)

Table P2　The monthly severe drought days of the Silk Roads cities of China in 2012 (unit: d)

城市	1 月	2 月	3 月	4 月	5 月	6 月	7 月	8 月	9 月	10 月	11 月	12 月
武功	0	0	—	20	12	0	0	0	0	0	0	0
宝鸡	0	0	0	3	0	0	0	0	0	0	0	0
天水	0	0	0	0	0	0	0	0	0	0	0	0
兰州	0	0	0	0	0	0	0	0	0	0	0	0
临洮	0	0	0	0	0	0	0	0	0	0	0	0
临夏	0	—	—	—	0	0	0	0	0	0	0	0
武威	0	0	0	0	0	0	0	0	0	0	0	0
张掖	0	0	0	0	0	0	0	0	0	0	0	0
酒泉	0	0	0	0	0	0	0	0	0	0	0	0
瓜州	0	0	0	0	0	0	0	0	0	0	0	0
敦煌	0	0	0	0	0	0	0	0	0	0	0	0
哈密	0	—	—	—	0	0	0	0	0	0	0	0
吐鲁番	0	—	—	—	0	0	0	0	0	0	0	0
乌什	0	0	0	0	0	0	0	0	0	0	0	0
阿克苏	0	0	—	0	0	0	0	0	0	0	0	0
库车	0	—	—	—	0	0	0	0	0	0	0	0
喀什	0	—	—	—	0	0	0	0	0	0	0	0

表 P3　2012 年丝绸之路中国城市各月中旱以上日数(单位:天)

Table P3　The monthly moderate to extreme drought days of the Silk Roads cities of China in 2012(unit: d)

城市	1月	2月	3月	4月	5月	6月	7月	8月	9月	10月	11月	12月
武功	0	0	—	30	21	16	0	0	0	0	0	13
宝鸡	0	0	0	12	6	6	0	0	0	0	0	0
天水	0	0	0	0	0	0	0	5	0	0	0	0
兰州	0	0	0	0	0	0	0	0	0	0	0	0
临洮	0	0	0	0	0	0	0	0	0	0	0	0
临夏	0	—	—	—	0	0	0	0	0	0	0	0
武威	0	0	0	0	0	15	3	0	0	0	0	0
张掖	0	0	0	0	0	0	0	0	0	0	0	0
酒泉	0	0	0	0	0	0	0	0	0	0	0	0
瓜州	2	6	0	0	0	0	0	0	0	0	0	0
敦煌	0	0	0	0	2	0	0	0	0	0	0	0
哈密	0	—	—	—	0	0	0	0	0	0	0	0
吐鲁番	0	—	—	—	0	0	0	0	0	0	0	0
乌什	0	0	0	0	0	0	0	0	0	0	0	0
阿克苏	0	0	—	0	0	0	0	0	0	0	0	0
库车	0	—	—	—	0	0	0	0	0	0	0	0
喀什	0	—	—	—	0	0	0	0	0	0	0	0

表 P4　2012 年丝绸之路中国城市各月中旱日数距平(单位:天)

Table P4　The anomaly of monthly moderate drought days of the Silk Roads cities of China in 2012(unit: d)

城市	1月	2月	3月	4月	5月	6月	7月	8月	9月	10月	11月	12月
武功	−4.0	−3.4	—	3.4	3.9	11.1	−4.2	−3.5	−4.4	−3.4	−3.9	7.6
宝鸡	−3.4	−3.5	−2.4	5.3	0.7	2.1	−3.8	−2.8	−2.6	−2.5	−3.5	−5.6
天水	−4.2	−2.7	−2.8	−3.9	−4.5	−4.0	−3.5	0.0	−4.8	−2.9	−4.4	−5.4
兰州	−3.3	−5.8	−2.3	−4.6	−3.9	−3.0	−4.2	−3.7	−2.9	−5.9	−8.1	−5.9
临洮	−3.4	−2.5	−3.1	−2.7	−4.8	−2.3	−3.3	−3.2	−3.3	−2.9	−4.4	−5.7
临夏	−2.6	—	—	—	−4.0	−3.2	−2.4	−1.3	−2.3	−2.0	−2.6	−2.1
武威	−0.8	−2.2	−2.4	−1.5	−1.5	13.3	1.8	−3.1	−1.0	−2.2	−1.1	−1.1
张掖	−1.5	−2.5	−3.2	−1.6	−2.5	−1.4	−1.6	−1.6	−4.4	−4.5	−3.8	−1.5
酒泉	−1.9	−1.5	−3.0	−2.6	−2.6	−2.5	−1.7	−1.0	−1.5	−1.1	−0.6	−0.5
瓜州	2.0	5.7	−2.4	−2.0	−1.6	−1.4	−1.4	−3.5	−1.6	−0.5	0.0	−0.4
敦煌	−0.5	−1.5	−2.8	−1.3	0.2	−1.2	−1.3	−1.0	−1.3	−0.5	−0.2	−0.1
哈密	0.0	—	—	—	−0.6	−1.9	−2.3	−1.3	0.0	−1.0	−0.7	−0.8
吐鲁番	0.0	—	—	—	0.0	−0.4	−0.7	−0.8	−0.6	0.0	0.0	0.0
乌什	0.0	−1.5	−1.8	−2.3	−2.5	−1.3	−2.2	−3.8	−1.5	−0.6	−0.9	0.0
阿克苏	0.0	−1.5	—	−1.9	−2.9	−1.9	−2.7	−3.6	−1.2	−0.6	−0.8	0.0
库车	−0.2	—	—	—	−1.9	−0.5	−1.4	−1.1	−0.2	−1.6	−0.8	−0.1
喀什	−0.8	—	—	—	−4.1	−1.9	−1.5	−1.9	−2.4	−2.3	−0.9	−0.2

表 P5　2012 年丝绸之路中国城市各月重旱日数距平(单位:天)

Table P5　The anomaly of monthly severe drought days of the Silk Roads cities of China in 2012(unit: d)

城市	1 月	2 月	3 月	4 月	5 月	6 月	7 月	8 月	9 月	10 月	11 月	12 月
武功	-1.1	-0.7	—	18.0	10.0	-2.0	-2.1	-1.1	-1.7	-1.3	-0.7	-0.1
宝鸡	-2.1	-1.1	-1.7	1.1	-3.0	-3.0	-1.3	-0.3	-0.6	-0.9	-0.1	-0.1
天水	-1.4	-1.2	-0.9	-1.6	-2.8	-1.6	-2.2	-2.9	-1.5	-2.3	-0.4	-0.7
兰州	-2.6	-2.0	-1.9	-1.1	-2.3	-2.1	-2.0	-1.2	-2.1	-1.1	-1.9	-1.8
临洮	-1.6	-1.5	-1.5	-0.7	-1.5	-2.2	-1.4	-0.8	-0.9	-1.5	-1.5	-0.9
临夏	1.0				1.0	1.0	1.4	0.5	0.9	2.4	2.0	2.4
武威	0.0	-0.2	-0.5	-1.4	-0.2	0.0	-0.2	0.0	-0.6	0.0	0.0	-0.1
张掖	0.0	-0.2	-0.1	-0.8	-0.4	-0.8	0.0	-0.4	0.0	-0.5	0.0	0.0
酒泉	0.0	-0.3	-0.1	-0.3	-0.1	0.0	-0.7	0.0	0.0	0.0	0.0	0.0
瓜州	0.0	0.0	0.0	-0.4	-0.2	0.0	0.0	-0.9	-0.2	0.0	0.0	0.0
敦煌	0.0	0.0	0.0	0.0	0.0	0.0	-0.5	-1.0	0.0	0.0	0.0	0.0
哈密	0.0	—	—	—	0.0	0.0	-0.6	-0.4	0.0	0.0	0.0	0.0
吐鲁番	0.0	—	—	—	0.0	0.0	0.0	0.0	0.0	0.0	0.0	0.0
乌什	0.0	0.0	-0.4	0.0	-0.1	-0.3	-0.5	0.0	0.0	-0.8	-0.2	0.0
阿克苏	0.0	0.0	—	0.0	-0.1	-0.2	-0.4	0.0	-0.1	-0.9	-0.4	0.0
库车	0.0	—	—	—	-0.3	0.0	0.0	-0.7	-0.6	0.0	0.0	0.0
喀什	0.0	—	—	—	0.0	-0.6	-0.3	-0.7	-0.5	0.0	0.0	0.0

表 P6　2012 年丝绸之路中国城市各月中旱以上日数距平(单位:天)

Table P6　The anomaly of monthly moderate to extreme drought days of the Silk Roads cities of China in 2012 (unit: d)

城市	1 月	2 月	3 月	4 月	5 月	6 月	7 月	8 月	9 月	10 月	11 月	12 月
武功	-5.4	-5.0	—	24.1	13.3	8.6	-6.8	-5.6	-6.7	-4.8	-4.6	7.6
宝鸡	-5.6	-5.7	-4.6	6.0	-3.0	-1.1	-6.3	-4.1	-3.6	-3.4	-3.6	-5.7
天水	-5.6	-4.0	-3.8	-5.7	-7.5	-5.6	-6.8	-3.1	-6.7	-5.4	-5.0	-6.1
兰州	-5.9	-7.8	-5.1	-6.4	-7.5	-6.7	-7.1	-5.9	-5.2	-7.6	-9.9	-7.9
临洮	-5.1	-4.9	-5.6	-4.1	-6.3	-5.3	-5.5	-5.0	-4.2	-4.7	-6.2	-6.6
临夏	-4.2	—	—	—	-5.1	-4.4	-4.4	-2.6	-3.2	-4.8	-5.2	-4.4
武威	-0.8	-2.4	-2.9	-3.1	-1.7	13.3	1.7	-3.1	-1.8	-2.2	-1.1	-1.1
张掖	-1.5	-2.7	-3.2	-2.5	-2.9	-2.6	-2.1	-2.0	-4.4	-4.9	-3.8	-1.5
酒泉	-1.9	-1.8	-3.1	-2.9	-2.7	-2.5	-2.4	-1.0	-1.5	-1.1	-0.6	-0.5
瓜州	2.0	5.7	-2.4	-2.4	-1.8	-1.4	-1.4	-4.4	-1.8	-0.5	0.0	-0.4
敦煌	-0.5	-1.5	-2.8	-1.3	0.2	-1.2	-2.0	-2.2	-1.3	-0.5	-0.2	-0.1
哈密	0.0	—	—	—	-0.6	-1.9	-3.0	-2.4	-1.0	-1.2	-0.7	-0.8
吐鲁番	0.0	—	—	—	0.0	-0.4	-0.7	-0.8	-0.6	0.0	0.0	0.0
乌什	0.0	-1.5	-2.2	-2.3	-2.6	-1.6	-2.6	-3.8	-1.5	-1.4	-1.1	0.0
阿克苏	0.0	-1.5	—	-1.9	-3.0	-2.1	-3.1	-3.6	-1.4	-1.5	-1.2	0.0
库车	-0.2	—	—	—	-2.2	-0.5	-1.4	-1.7	-0.9	-1.6	-0.8	-0.1
喀什	-0.8	—	—	—	-4.1	-2.6	-1.8	-2.6	-2.9	-2.3	-0.9	-0.2

Brief Introduction

This yearbook is a comprehensive record, analysis and overview of Chinese meteorological drought in 2012. It is divided into eight chapters. The first chapter describes Chinese climatic characteristics and the temporal, spatial distribution of meteorological droughts in 2012. The second chapter diagnoses the characteristics and causes of major regional serious drought events in China. The third chapter analyzes the characteristics of meteorological drought in four seasons. The fourth chapter describes the impact of drought. The fifth introduces the major meteorological service for drought prevention and disaster reduction. The sixth chapter describes the characteristics of global meteorological drought, global major meteorological drought events and their causes in 2012. The seventh chapter reviews the historical major regional drought events at home and abroad. The eighth chapter gives a detailed introduction to the drought monitoring equipments and instruments owned by IAM. This yearbook makes a comprehensively summary and analysis on the characteristic and influence of meteorological drought in China in 2012. It is a reference for the government decision-making departments and the persons who work on the service, researcher and teaching in meteorology, agriculture, hydrology, geology, geography, ecology, environment, insurance, humanities, economy, drought risk assessment and management and other industries.

Contents